Gegenwart und Zukunft des Sozialmanagements und der Sozialwirtschaft

Waltraud Grillitsch · Paul Brandl
Stephanie Schuller
(Hrsg.)

Gegenwart und Zukunft des Sozialmanagements und der Sozialwirtschaft

Aktuelle Herausforderungen, strategische Ansätze und fachliche Perspektiven

2. Auflage

Springer VS

Herausgeber
Waltraud Grillitsch
FH Kärnten
Feldkirchen
Österreich

Stephanie Schuller
FH Kärnten
Feldkirchen
Österreich

Paul Brandl
FH Oberösterreich
Linz
Österreich

ISBN 978-3-658-21606-1   ISBN 978-3-658-21607-8 (eBook)
https://doi.org/10.1007/978-3-658-21607-8

Die Deutsche Nationalbibliothek verzeichnet diese Publikation in der Deutschen Nationalbibliografie; detaillierte bibliografische Daten sind im Internet über http://dnb.d-nb.de abrufbar.

Springer VS
© Springer Fachmedien Wiesbaden GmbH, ein Teil von Springer Nature 2017, 2018
Das Werk einschließlich aller seiner Teile ist urheberrechtlich geschützt. Jede Verwertung, die nicht ausdrücklich vom Urheberrechtsgesetz zugelassen ist, bedarf der vorherigen Zustimmung des Verlags. Das gilt insbesondere für Vervielfältigungen, Bearbeitungen, Übersetzungen, Mikroverfilmungen und die Einspeicherung und Verarbeitung in elektronischen Systemen.
Die Wiedergabe von Gebrauchsnamen, Handelsnamen, Warenbezeichnungen usw. in diesem Werk berechtigt auch ohne besondere Kennzeichnung nicht zu der Annahme, dass solche Namen im Sinne der Warenzeichen- und Markenschutz-Gesetzgebung als frei zu betrachten wären und daher von jedermann benutzt werden dürften.
Der Verlag, die Autoren und die Herausgeber gehen davon aus, dass die Angaben und Informationen in diesem Werk zum Zeitpunkt der Veröffentlichung vollständig und korrekt sind. Weder der Verlag noch die Autoren oder die Herausgeber übernehmen, ausdrücklich oder implizit, Gewähr für den Inhalt des Werkes, etwaige Fehler oder Äußerungen. Der Verlag bleibt im Hinblick auf geografische Zuordnungen und Gebietsbezeichnungen in veröffentlichten Karten und Institutionsadressen neutral.

Gedruckt auf säurefreiem und chlorfrei gebleichtem Papier

Springer VS ist ein Imprint der eingetragenen Gesellschaft Springer Fachmedien Wiesbaden GmbH und ist ein Teil von Springer Nature
Die Anschrift der Gesellschaft ist: Abraham-Lincoln-Str. 46, 65189 Wiesbaden, Germany

Danksagung

Großer Dank gilt den Autorinnen und Autoren dieser Publikation, die ihre vielfältigen Beiträge innerhalb einer kurzen Frist zur Verfügung gestellt haben. Ein herzliches Dankeschön sprechen wir der Internationalen Arbeitsgemeinschaft Sozialmanagement/Sozialwirtschaft INAS e.V. aus - sie hat durch ideelle und personelle Unterstützung den INAS-Fachkongress „Zukunftsstrategien der Sozialwirtschaft und des Sozialmanagements in Theorie, Forschung und Praxis" und die daraus hervorgegangene Publikation ermöglicht. Insbesondere sei allen Kolleginnen und Kollegen der INAS-Fachgruppe gedankt, die Workshops moderierten, den Kongress mit Diskussionsbeiträgen bereicherten und sich im Vorfeld für den Fachkongress engagierten.

Wir danken den Mitgliedern der Steuergruppe Prof. Dr. Klaus Grunwald und Prof. Dr. Klaus Schellberg (Deutschland) sowie Prof. Melanie Germann-Hänni und Andreas Laib, MAS (Schweiz) für ihre fachliche Begleitung.

Besonderer Dank gebührt der Fachhochschule Kärnten, Studienbereich „Gesundheit und Soziales" für die materiellen und personellen Ressourcen und den Mitarbeiterinnen und Mitarbeitern, die den Kongress tatkräftig unterstützt haben. Namentlich möchten wir FH-Prof. Dr. Christian W. Oswald erwähnen und für die Moderation des INAS-Fachkongresses danken.

Abschließend gilt unser Dank Springer VS, der Verlag hat ein Erscheinen dieser Publikation erst möglich gemacht. Hervorzuheben sind Dr. Andreas Beierwaltes und Stefanie Loyal für ihr Interesse an der Thematik und den erfolgten Feinschliff des vorliegenden Buches.

(Organisationsteam des INAS Kongresses 2016 und Herausgeber der vorliegenden Publikation)	FH-Prof. MMag. Dr. Waltraud Grillitsch, FH-Prof. Dr. Paul Brandl und Stephanie Schuller, BSc., MSc., M.Ed

Inhaltsverzeichnis

Einleitung... 1
Waltraud Grillitsch, Paul Brandl und Stephanie Schuller

**Teil I   Sozialmanagement – kritischer Rückblick und
theoretischer Diskurs**

25 Jahre Sozialmanagement – ein kritischer Rückblick.............. 7
Armin Wöhrle

Meritorik in der Sozialwirtschaft.............................. 35
Beate Finis Siegler

„Marktlich" oder „nichtmarktlich" vorankommen?................ 59
Wolf Rainer Wendt

Teil II   Exemplarische Herausforderungen des Sozialmanagements

Über die Nichtsteuerbarkeit der Jugendhilfe und die gemeinsame
Verantwortung von öffentlichen und freien Jugendhilfeträgern....... 81
Andreas Dexheimer und Johannes Nathschläger

Das Zelt-Dilemma... 93
Bernadette Wüthrich, Enrico Cavedon, Stefan M. Adam und
Jeremias Amstutz

Die Gleichzeitigkeit von Leitung und Beratung/Betreuung in der
Sozialen Arbeit 109
Brigitta Zierer

MitarbeiterInnen – Konstante oder Variable einer sozialen Organisation 129
Christina Pitsch

Organisation eines europäischen Netzwerkes für SozialmanagerInnen – Struktur, Finanzierung, Steuerung 147
Jutta Sieren

Teil III   Strategische Optionen und Veränderungsanforderungen

Innehalten: Zeit für Veränderungen in der Sozialwirtschaft 177
Paul Brandl

Nachhaltigkeit als Herausforderung und Zielsetzung des Managements sozialer Unternehmen 195
Armin Schneider

Holistic Management Systems for Nonprofit Organisations........... 211
Bernd Schwien

Organisationale und interpersonelle Netzwerke 227
Monika Sagmeister

Kooperationsmanagement als Handlungsstrategie des Sozialmanagements.. 243
Waltraud Grillitsch und Christian Oswald

Teil IV   Dienstleistungen neu denken

Klienten als (Teilzeit)Mitarbeitende 269
Georg Kortendieck

Personenzentrierte Hilfen – Konsequenzen für das Management von Sozialunternehmen........................... 285
Klaus Schellberg

Marketing und Soziale Arbeit 297
Axel Olaf Kern und Perpetua Schmid

Anwendung systemdynamischer Modelle im Sozialplanungsprozess 315
Martin Müller und Alexander Scheidegger

Teil V Social Entrepreneurship

Social Entrepreneurship als neues Leitbild der Sozialpolitik?......... 345
Katrin Schneiders

Das neue wirtschaftliche Selbstverständnis im Management
hybrider Organisationen am Beispiel Social Entrepreneurship........ 359
Peter Stepanek

Teil VI Evaluation, Messung und Wirkung

Social Impact Bonds: Ein unternehmerischer Ansatz zur
Beförderung messbarer und relevanter sozialer Veränderung?........ 385
Uwe Kaspers

Stadtteil in der Schule – Strategie und Handlungsanalyse einer
kindsbezogenen Armutsprävention............................... 401
Ludger Kolhoff

Optimieren und Neugestalten mit benchmark- und
prozessorientiertem Qualitätsmanagement....................... 437
Paul Brandl

Teil VII Bildung und Ausbildung

Zwischen Innovation und Konsolidierung – Studiengänge
im Bereich Sozialmanagement/Sozialwirtschaft an
deutschsprachigen Hochschulen................................ 455
Andreas Markert

Den Wohlfahrtsmix gemeinsam steuern?.......................... 469
Andrea Tabatt-Hirschfeldt

Managing Amid Paradoxes: Perspectives of Non-Profit
Management Education... 491
Michael Herzka und Chris Mowles

Zukunftsstrategien und Synergie erzeugende Optionen des
Sozialmanagements und Schulmanagements....................... 507
Herbert Bassarak

Teil VIII   Aktuelle Diskurse aus den World Café Diskussionen
der Konferenz – zusammengefasst durch die
DiskussionsleiterInnen

Innovationen in kleinen Organisationen: Herausforderungen,
Themen und Zukunftsfelder für Social Entrepreneurship............ 529
Peter Stepanek

Innovative Hochschulausbildung: Künftige Rahmenbedingungen,
didaktische Methoden und Lernumgebungen..................... 533
Michael Herzka

Gestaltung sozialer Dienstleistungen: Fragen der Einbindung von
AdressatInnen, Aspekte des Service Design...................... 539
Anton Konrad Riedl

Einleitung

Waltraud Grillitsch, Paul Brandl und Stephanie Schuller

Die Fachhochschule Kärnten veranstaltete im Februar 2016 den vierten Fachkongress der internationalen Arbeitsgemeinschaft Sozialwirtschaft/Sozialmanagement (INAS). Forschende, Studierende und interessierte Personen aus Österreich, Deutschland und der Schweiz kamen drei Tage in Feldkirchen zusammen, um sich über strategische Ansätze, aktuelle Herausforderungen sowie Entwicklungsperspektiven des Sozialmanagements und der Sozialwirtschaft auszutauschen und einen gemeinsamen Blick in die Zukunft zu wagen. Das Spannungsfeld zwischen ökonomischen Notwendigkeiten und professionell-ethischem Selbstanspruch wird zukünftig zur immer größeren Herausforderung für soziale Organisationen. Im Rahmen dieser Zukunftsorientierung scheint es sinnvoll, retrospektiv danach zu

W. Grillitsch (✉)
Fachhochschule Kärnten, Studiengang Soziale Arbeit,
Feldkirchen i.K., Österreich
E-Mail: w.grillitsch@fh-kaernten.at

P. Brandl
Fachhochschule Oberösterreich - Linz, Studiengang Sozialmanagement,
Linz, Österreich
E-Mail: paul.brandl@fh-linz.at

S. Schuller
Fachhochschule Kärnten, Studiengang Soziale Arbeit,
Feldkirchen i.K., Österreich
E-Mail: s.schuller@fh-kaernten.at

fragen, wie sich Sozialmanagement und Sozialwirtschaft jeweils disziplinär verorten und sich anstehenden Entwicklungsaufgaben nähern können.

Aus dem Kongress heraus entstand die vorliegende Publikation, die von einer ebenso evaluativen wie reflexiven Rückschau ausgeht und aufbauend künftige Entwicklungsrahmen und Handlungsoptionen diskutiert. Damit soll ein Fundament für innovative theoretische und praktische Ansätze, Methoden und Konzepte künftiger Entwicklungsplanung und Steuerung gelegt werden.

Die Publikation gliedert sich thematisch in acht Teile und ermöglicht den Leserinnen und Lesern unterschiedliche theoretische und empirische Zugänge zu Themen des Sozialmanagements und der Sozialwirtschaft. Die einzelnen Beiträge stehen für sich und können aus dem Gesamtkontext herausgelöst gelesen werden. Das Buch dokumentiert die Vorträge und wesentlichen Ergebnisse des vierten internationalen INAS-Fachkongresses für Interessentinnen und Interessenten aus Wissenschaft, Forschung und Praxis.

Im ersten Teil des Buches wirft Armin Wöhrle einen Blick zurück auf eine schon länger als 25 Jahre dauernde Diskussion über das Sozialmanagement und zieht eine kritische Bilanz. Beate Finis Siegler erörtert die Meritorik als ökonomisches Alternativmodell und als denkbaren Analyserahmen für Sozialwirtschaft, der Norm, Markt und Moral verknüpft. Wolf Rainer Wendt untersucht die strategischen Optionen der Sozialwirtschaft und des Sozialmanagements in Europa und fragt, ob „marktlich" oder „nichtmarktlich" gestaltete Varianten größeres Entwicklungspotential bergen.

Teil zwei widmet sich exemplarischen Herausforderungen des Sozialmanagements. Andreas Dexheimer und Johannes Nathschläger beschreiben in ihrem Beitrag die Schwierigkeiten und Lösungsansätze, die eine angemessene Versorgung zahlreicher unbegleiteter minderjähriger Flüchtlinge durch kommunale Träger und Behörden in München mit sich bringen. Jutta Sieren diskutiert die Notwendigkeit eines europäischen Netzwerkes für SozialmanagerInnen und sucht nach Bedingungen, unter denen eine solche Vernetzung zu gewünschten neuen Erkenntnissen und einer konstruktiven Zusammenarbeit führen kann. Bernadette Wüthrich, Enrico Cavedon, Stefan M. Adam und Jeremias Amstutz richten ihre Perspektive auf Spannungsfelder hybrider Organisationen im Bereich beruflicher und sozialer Integration. Brigitta Zierer wägt in ihrem Beitrag die Balance einer „Gleichzeitigkeit von Leitung und Beratung" ab. Christina Pitsch rundet diesen Teil mit Überlegungen zur „Bindung von MitarbeiterInnen in sozialen Organisationen" ab.

Gegenstand des dritten Teils sind strategische Optionen und Veränderungsanforderungen im Sozialmanagement und der Sozialwirtschaft. Zunächst befasst sich Paul Brandl mit der Entwicklungsaufgabe von Organisationen und sozialwirtschaftlichen Ansätzen, sich permanentem gesellschaftlichem Wandel zu stellen. Armin Schneider und Bernd Schwien widmen sich dem Ziel, ein holistisch orientiertes Managementsystems nachhaltig zu etablieren. Monika Sagmeister diskutiert Chancen, Ressourcen und Risiken von organisationalen und interpersonalen Netzwerken, Waltraud Grillitsch und Christian W. Oswald stellen Kooperationsmanagement als Handlungsstrategie des Sozialmanagement vor.

Der vierte Teil wagt das gedankliche Experiment: „Dienstleistungen neu denken". Georg Kortendieck fragt, wie sich die Wertschöpfung verändern kann, wenn AdressatInnen nicht als passive LeistungsempfängerInnen, sondern als einzubeziehende Produktionsfaktoren wahrgenommen werden. Axel Olaf Kern und Perpetua Schmid beschäftigen sich mit dem Mehrwert für KundInnen und soziale Einrichtungen durch gezielten Einsatz von Marketing. Schließlich präsentiert Teil vier einerseits Reflexionen von Klaus Schellberg zu „Personenzentrierten Hilfen" andererseits Argumente von Martin Müller und Alexander Scheidegger zur Anwendung systemdynamischer Modelle im Sozialplanungsprozess.

„Social Entrepreneurship" steht im Blickpunkt des fünften Teiles. Nach einer begrifflichen Annäherung illustriert Katrin Schneiders mit kurzen Fallstudien, welche Ausprägungen „Social Entrepreneurship" in Deutschland aufweisen kann. Peter Stepanek behandelt das „wirtschaftliche Selbstverständnis im Management hybrider Organisationen am Beispiel des Social Entrepreneurship".

Der sechste Teil des Buches widmet sich einer breiten Aufgabenstellung: der Evaluation, Messung und Wirkung von Sozialmanagement. Uwe Kaspers überlegt, ob „Social Impact Bonds", als relativ neues Finanzierungsinstrument für soziale Dienstleistungen zu messbaren und relevanten sozialen Änderungen führen könnten: über eine Neuverteilung von Aufgaben zwischen öffentlichem und privatem Sektor. Der Beitrag von Ludger Kolhoff zeigt, wie ein Projekt zur „kindsbezogenen Armutsprävention" entwickelt, implementiert und evaluiert werden kann. Paul Brandl skizziert in seinem Beitrag die theoretische Basis des „QMS 2.0", einer Weiterentwicklung des „prozessbasierten Qualitätsmanagements" für den Bereich der stationären Altenbetreuung und -pflege.

Im siebten Teil der Publikation geht es um Bildung und Ausbildung. Andreas Markert wirft einen Blick auf bestehende Studienangebote im Bereich Sozialmanagement/Sozialwirtschaft, insbesondere auf die Dimensionen der Theorieentwicklung, der Professionsbestimmung und der Forschungssituation. Andrea Tabatt-Hirschfeldt begibt sich auf die „Suche nach Wegen für die Integration von Studiengängen des Sozial- und Public-Managements". Michael Herzka mit Chris Mowles beschäftigen sich mit den sogenannten „Managing amid paradoxes" und Herbert Bassarak lotet Synergien und Zukunftspotentiale des „Sozialmanagements und Schulmanagements" aus.

Im achten und letzten Teil werden aktuelle Diskurse dargestellt, die auf der Konferenz im Rahmen von thematisch unterschiedlichen World Cafés mit allen

KonferenzteilnehmerInnen erörtert wurden. Die Wortbeiträge wurden von Peter Stepanek (Innovationen in kleinen Organisationen), Michael Herzka (Innovative Hochschulausbildung) und Anton Riedl (Gestaltung sozialer Dienstleistungen) als Moderatoren der World Cafés zusammengefasst. Die Kollegen erläutern die Ausgangslage, die facettenreichen Diskussionen und stellen Prognosen in ihren Beiträgen vor.

Teil I
Sozialmanagement – kritischer Rückblick und theoretischer Diskurs

25 Jahre Sozialmanagement – ein kritischer Rückblick

Armin Wöhrle

1 Vorbemerkungen

Auf dem ersten Vier-Länder-Kongress Sozialmanagement/Sozialwirtschaft in Luzern, der von der deutschen Bundesarbeitsgemeinschaft Sozialmanagement/Sozialwirtschaft 2008 initiiert wurde und auf dem die Internationale Arbeitsgemeinschaft Sozialmanagement/Sozialwirtschaft (INAS) gegründet wurde (Bassarak und Wöhrle 2008), deutete es sich bereits an. Wir sind in eine Phase getreten, in der Bilanz gezogen werden muss. Zu dieser Bilanz sind aus den Reihen der INAS eine Reihe an Bänden beigetragen worden (Wendt und Wöhrle 2007; Bassarak und Noll 2012; Bassarak und Schneider 2012; Wöhrle 2012a). Die aktuellste Bilanz erscheint gerade um die Zeit, in der ich diese Rede halte (Schwarz et al. 2016). Im Modus dieses Bilanzziehens und wie der Zufall so spielt, wirkte ich nicht nur in diesem Bilanzband mit und wurde für die Rede auf diesem Fachkongress in Feldkirchen angefragt, sondern auch noch für die Festschrift, die der Fachbereichstag Soziale Arbeit zu seinem Jubiläum im Frühjahr 2017 in Hamburg mit dem Motto „100 Jahre Zusammenarbeit der Ausbildungsinstitutionen der Sozialen Arbeit" herausbringt. Es ist eine interessante Herausforderung, eine Bilanz zum Komplex des Sozialmanagements unter unterschiedlichen Zugängen zu verfassen, zumal

A. Wöhrle (✉)
Hochschule Mittweida, Fakultät Soziale Arbeit,
Mittweida, Deutschland
E-Mail: woehrle@hs-mittweida.de

auch 2016 ein vierter Band erscheint, in dem ich vor einiger Zeit um eine Bilanz in der Reihe „Professionalität und Soziale Arbeit" gebeten worden war. Man kann die vier Veröffentlichungen sozusagen als Vierfaltigkeit lesen. In dem bereits früher verfassten Artikel, der erst jetzt erscheint, suche ich die Ambivalenz der Sozialen Arbeit zu Organisationsfragen, aber auch die Entdeckung der eigenen Steuerung durch die Soziale Arbeit zu erfassen (Busse et al. 2016). Unter dem Titel „Die Diskussionen über das Sozialmanagement" suche ich im Bilanzband der INAS das nachzuzeichnen, was uns als Lehrende und Forschende auf diesem neuen Gebiet des Sozialmanagements bewegte, wo eine Öffnung hinsichtlich neuer Denkansätze hinzukam und neue Fragestellungen entstanden (Schwarz et al. 2016). Im Blick auf die Fragestellung des Fachbereichstages, die mir durch das Thema „Soziale Arbeit und das Management des Sozialen" vorgegeben wird, bedarf es einer deutlichen Verortung des Sozialmanagements in seinem Verhältnis zur Sozialen Arbeit, aber auch eine grundsätzliche Erweiterung des Horizontes hinsichtlich der Größenverhältnisse der Sozialwirtschaft und ihrer gesellschaftlichen Bedeutung. Das manageriale Denken muss dort noch begründet werden, während es auf diesem Kongress in Feldkirchen Voraussetzung ist.

Also kann der Blick hier fokussiert werden. Unter Fachleuten sollte er kritisch sein. Ich sehe unsere zweijährigen Kongresse nicht als Leistungsschau, auf der wir ausstellen was wir alles können, sondern als Workshop, in dem wir unter uns Fachleuten berichten welche Probleme wir entdeckt haben, wie wir an deren Bearbeitung herangehen, was wir dabei herausfinden und welche offen Fragen wir dabei haben, um mit anderen, die wiederum einen anderen Weg gegangen sind, herauszufinden, wie wir das besser machen können. Das gilt für die praktische Anwendung wie für die Theorie.

Will man über einen Verlauf berichten, so sollte man zunächst den Ausgangspunkt definieren. Ebenso wichtig ist es, den Gegenstand einzukreisen, über dessen Entwicklungsgeschichte berichtet werden soll. Beides ist hinsichtlich des Sozialmanagements nicht einfach. Der Gegenstand wird unterschiedlich gesehen und definiert. Und, von der Betrachtungsweise abhängig, gibt es unterschiedliche Ausgangspunkte und Verläufe.

Nähern wir uns zunächst dem Ausgangspunkt. Warum 25 Jahre?

Silvia Staub-Bernasconi stellt in einem aktuellen Artikel Mary Parker Folletts (1868–1933) als eine Vordenkerin des Sozialmanagements vor (Staub-Bernasconi 2016). Wenn auch diesbezüglich zu wenig aufgearbeitet, könnten auch bei Alice Salomon (1872–1948), die Volkswirtschaftslehre studiert hatte, erste Ansatzpunkte aufgefunden werden (Kuhlmann 2000). Demnach könnten wir von einem Ausgangspunkt vor über 100 Jahren sprechen. Als „Begriffserfinder" wird unbestritten Albrecht Müller-Schöll (1927–1997) angesehen, der in Kursen der Diakonischen

Akademie bereits in den 1970er Jahren den Begriff des Sozialmanagements einführte (Grunwald 1999). Damit hätten wir eine Rückschau auf eine 40-45-jährige Geschichte zu halten. Genauso richtig wäre jedoch, wenn wir in den 1980er Jahren ansetzen. Hier legten Müller-Schöll zusammen mit Manfred Priepke (1983) einen Band zum Sozialmanagement vor. Durch Bernd Maelicke (1989) und Gotthart Schwarz (1994) entstanden erste grundlegende Werke, die in Veröffentlichungsreihen zum Sozialmanagement mündeten. Auch das könnte ein Ausgangspunkt sein. Auf die 25 Jahre kommen wir in jedem Fall, wenn wir die 1990er Jahre zum Ausgangspunkt nehmen. In dieser Zeit setzte sich der lange in der Sozialen Arbeit abgewehrte Begriff durch, es war ein Boom an Literatur zum Thema zu verzeichnen und die ersten Studiengänge für das Sozialmanagement entstanden.

Den Hintergrund dafür liefert das Phänomen, das in den verschiedenen Zusammenhängen als „Ökonomisierung" (Brünner 2007; Buestrich et al. 2008) bezeichnet wird. Verständlicherweise werde ich hier nur insofern darauf eingehen können, als unser Thema davon berührt ist. Und es ist davon berührt, da lange Zeit das Sozialmanagement von Diskutanten in der Sozialen Arbeit als zentraler Akteur bzw. Verursacher der Ökonomisierung ausgemacht wurde (z. B. Galuske 2007). In unserem Diskussionszusammenhang kann als unstrittig gelten, dass mit dieser Wertung die Bedeutung des Sozialmanagements nicht angemessen erfasst ist.

2 Geschichte

Auf dem bereits erwähnten ersten Vier-Länder-Kongress Sozialmanagement/Sozialwirtschaft in Luzern versuchte ich die Geschichte des Sozialmanagements nachzuzeichnen. Damals ist von mir eine Grafik vorgestellt worden (siehe Abb. 1), die heute hinsichtlich ihrer Prognosen überprüft werden kann.

Die Untersetzung der jeweiligen Phasen wurde von mir an verschiedenen Stellen vorgenommen (z. B. Wöhrle 2012b, S. 22ff.). Verständlicherweise muss ich mich hier mit holzschnittartigen Argumentationslinien begnügen.

Sozialmanagement als Befreiungsversuch vom „Anhängseldasein zur öffentlichen Verwaltung"
Während die erste Phase als „dunkle oder vorbewusste" charakterisiert werden könnte, in der sich die Steuernden in Organisationen der Sozialen Arbeit in einem Art Anhängseldasein gegenüber der öffentlichen Verwaltung erlebten, entstand ab den 1970er Jahren eine Suchbewegung in Fortbildungs- und Beratungsprozessen der Wohlfahrtsverbände, aber auch in den alternativen Einrichtungen, um sich davon zu befreien. Diese ersten „Emanzipationsversuche" im Hinblick auf ein

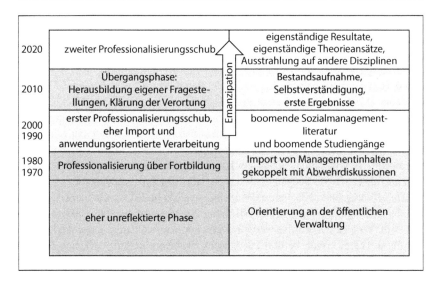

Abb. 1 Phasen des Sozialmanagements und des Managements in der Sozialwirtschaft (Grafik: Wöhrle 2008, S. 72)

eigenständiges Managementverständnis wurden überrollt durch Entscheidungen in der Politik, mit denen eine neue Sozialpolitik und eine neue Art der Steuerung für die Organisationen im Sozialbereich (aber auch im Gesundheits-, Pflege-, Kultur und Bildungsbereich) zu etablieren gesucht wurde.

Sozialmanagement als ein Produkt des Umbaus der (Sozial-)Politik
Und nun befinden wir uns exakt an der Stelle, an dem Ausgangspunkt, auf die wir mit dem Rückblick auf 25 Jahre hin zielen. Mit dem Umbau der Systeme, also der Umwelt, die Organisationen der Sozialen Arbeit umgibt, ergeben sich völlig neue Herausforderungen und wird eine neue Art des Managens erzwungen. Es kann also bereits hier festgehalten werden, dass nicht das Sozialmanagement, das sich als Emanzipationsbewegung aus einem „Anhängseldasein gegenüber der öffentlichen Verwaltung" befreien wollte, die Ursache für die Ökonomisierung sein kann. Vielmehr waren die Leitungen der Organisationen der Sozialen Arbeit heraus- und überfordert durch die Vorgaben des Staates. Sie waren in den 1990er Jahren in dem Zustand, auf ein turbulentes Umfeld ohne ausreichende neue Handlungsinstrumente reagieren zu müssen.

Betrachten wir die Situation aus einer Metaebene: Auf dem Hintergrund der Globalisierung und der darauf reagierenden Europäisierung setzte sich im politischen

System Europas eine (neo-)liberale Denkweise bei der Steuerung der unterschiedlichen staatlich zu lenkenden Prozesse durch. Wachsende Unübersichtlichkeit bzw. die Zunahme von Komplexität wurde und wird dadurch zu reduzieren versucht, indem die Steuerung und die Lasten des Staates reduziert und auf mehrere Schultern zu übertragen gesucht werden (Schwarz 2016). Am besten wird dies aus Sicht der der Mainstream-Ökonomie durch die freien Kräfte auf dem Markt realisiert. Angebot und Nachfrage rütteln aus dieser Sicht das zurecht, was durch strukturelle Vorgaben und Planungen des Staates nicht gesteuert und gestemmt werden kann.

Die Verteilung von Lasten auf mehrere Schultern bringt in der Sozialpolitik nicht nur neue Akteure verstärkt ins Spiel (die Versicherten selbst – siehe Riester-Rente, gesellschaftliche Kräfte – siehe die Zunahme von Stiftungen und spendengenerierende Organisationen, Sponsoren), sondern durch den Rückzug des Staates bei der (Voll-) Förderung von Organisationen der Sozialen Arbeit entsteht ein neuer Bedarf an Steuerung in den Organisationen, da nun neben der Einwerbung staatlicher Mittel auch solche aus der Gesellschaft (zusätzlich zu den Ehrenamtlichen) generiert werden müssen (Einwerbung von Projektmitteln, von Spenden und Sponsoren). Aber damit nicht genug. Mit den Vorgaben der öffentlichen Verwaltung, die selbst auf Neue Steuerung umgestellt wird und Eigenmittel fordert, dadurch immer mehr die Leitlinie der „vertrauensvollen Zusammenarbeit" mit den freien Trägern (siehe KJHG) zu verlassen gezwungen ist und in die Position des Auftraggebers kommt, wird aus dem neuen Bedarf an Steuerung in den Organisationen der Sozialen Arbeit zunehmend ein Bedarf an Management, das in der Lage sein muss, die Überlebensfähigkeit der Organisation zu sichern. Es entsteht zudem die Notwendigkeit, selbst Geld unabhängig von öffentlichen Finanzgebern hinzuzuverdienen, um „Löcher zu stopfen" oder für wichtig gehaltene Projekte vorzufinanzieren.

Nun ist Managementwissen gefragt. Organisationen benötigen Marketing, Qualitätsmanagement ist (insbesondere durch die Vorgaben der unterschiedlichen Finanzgeber) verlangt, Rechtsformen passen nicht mehr (e.V.s müssen zu GmbHs oder gGmbHs umgebaut werden). Auch die Organisationen müssen sich weiterentwickeln, um sich an das neue, turbulente Umfeld anzupassen. Was in der Privatwirtschaft unter den Bedingungen der Globalisierung schon eingetreten war, wird nun in der Sozialwirtschaft auch notwendig. Da sich Organisationen in einem unübersichtlichen Gelände immer weniger zentral steuern lassen, bedarf es auch auf dieser Ebene einer Reduktion von Komplexität, d. h. Managementkonzepte, die dezentrale Feineinpassungen zwischen einem differenzierten Umfeld und unterschiedlichen Bereichen der eigenen Organisation ermöglichen. Es müssen dezentrale, sich selbst steuernde Organisationseinheiten geschaffen werden, die mit Budgets ausgestattet sind und flexibel auf sich beständig ändernde Umgebungen reagieren können. Gleichzeitig driften diese Einheiten auseinander und es bedarf wiederum Steuerungsinstrumente, um sie auf eine gemeinsame Linie zu bringen (Leitbilder, Zielvereinbarungen). Und schließlich ist im Change Management, das den Umbau der Organisationen zu bewältigen sucht, ein Gleichklang von Qualitätsentwicklung, Organisationsentwicklung und insbesondere Personalentwicklung gefragt, denn es bedarf letztendlich der Mitarbeitenden, die diesen Umbruch meistern können. (Auf den hierbei notwenigen Kulturwandel, der mit den extremen Anforderungen des Umbaus der Organisationen verbunden ist, kann ich hier leider nicht eingehen – siehe Wöhrle 2005).

Sozialmanagement als unreflektierter Import von wirtschaftswissenschaftlichem Wissen
All diese Anforderungen konnten in den 1990er Jahren von der Leitung in Organisationen der Sozialen Arbeit nicht erfüllt werden. Ihr Rüstzeug war das Wenige, das durch die Verwaltungsbürokratie damals vorgegeben war. Deshalb der Bedarf an Managementliteratur, an Fortbildung und Beratung und an neuen Studiengängen. Aber gleichzeitig entstand durch diesen immensen Bedarf auch ein unreflektierter Import von Allem und Jedem insbesondere aus der Betriebswirtschaftlehre. Jedes passende, aber auch nicht passende Instrument wurde übernommen und unter den Folgen haben wir heute noch zu leiden, weil diese schnell importierten Instrumente mit einem modischen Anstrich überwiegend die alte bürokratische Denkweise weiterleben ließ.

Sozialmanagement wird wissenschaftlich durchdrungen
Auch wenn ich der Einführung des Bolognaprozesses mit all seiner Bürokratisierung, die gleichzeitig die vorgegebenen Ziele eines internationalen Studiums nicht unterstützt und die geisteswissenschaftlichen gegenüber den technischen benachteiligt, sehr skeptisch genüberstehe, so hat dieser Impuls zumindest bewirkt, dass in dieser Zeit die wir hier fokussieren, eine Menge neuer Studiengänge ins Leben gerufen wurden (hinsichtlich der Studiengänge Sozialmanagement und Sozialwirtschaft siehe: Boeßenecker und Markert 2014). Mit der Implementierung dieser Studiengänge – so die Hoffnung, die in meiner eingangs eingefügten Grafik zum Ausdruck kommt – entfaltet sich der Mechanismus des Wissenschaftsbetriebs. Es werden Zahlen und Daten gesammelt, es wird registriert, was vorhanden ist und sortiert. Es entstehen Kategorien. Dadurch ergeben sich Abgrenzungen und Definitionen. Mit Vergleichen werden Abweichungen und Auffälligkeiten deutlich. Irgendwann entstehen neue Fragestellungen, die nicht mehr über die gängigen Wege der Hinzuziehung bisheriger Erklärungsmuster aus bestehenden Disziplinen (Soziale Arbeit oder Wirtschaftswissenschaften) zu beantworten sind. Und dann wird es spannend.

An dieser Stelle suche ich einzusteigen, um eine Bilanz hinsichtlich des heutigen Sozialmanagements zu ziehen.

3 Bestandsaufnahme

Sozialmanagement – der Begriff
Was wir zunächst benötigen, ist die Definition des Begriffs. Selbstverständlich lautet die grundlegende Definition, dass Sozialmanagement sich mit der Leitung, Steuerung und Führung von und in Organisationen der Sozialen Arbeit beschäftigt. Aber in diesem turbulenten Umfeld entstehen im nächsten Schritt bereits erhebliche Abweichungen hinsichtlich der Sicht auf den Gegenstandsbereich. In meinem Beitrag, in dem ich die gegenwärtig gebräuchlichen Begriffe in Bezug auf das Sozialmanagement untersuche (Wöhrle 2013b), nehme ich eine einschneidende Differenzierung zwischen dem Sozialmanagement und dem Management in der Sozialwirtschaft vor. Dies ist dem Umstand geschuldet, dass die größten Organisationen, sprich die Wohlfahrtsverbände, zwar maßgeblich als Leistungserbringer für die Soziale Arbeit fungieren, aber nicht als Organisationen der Sozialen Arbeit bezeichnet werden können, da sie ebenso in unterschiedlichen Bereiche der Gesundheitsversorgung, Pflege, der Bildungs- und Kulturarbeit usw. tätig sind. Daneben werden weitere, wie z. B. Management in Nonprofit-Organisationen ihre Berechtigung behalten, weniger jedoch für das Sozialmanagement, allerdings bleibt der Begriff des Managements des Sozialen (Flösser und Otto 1992; Grunwald 2009) aktuell. Vermutlich handelt es sich um einen vorläufigen Begriff, der mit dem Einstieg weiterer Disziplinen in den Dialog eine veränderte Fassung erhalten wird (Wöhrle 2013b). Im weiteren Verlauf der Darlegungen wird dies deutlicher.

Parallel zur Diskussion über das Sozialmanagement und das Management der Sozialwirtschaft gibt es Bestrebungen, das Gesundheits-, das Pflege-, aber auch das Bildungs- und das Kultur- und länger schon das öffentliche Dienstleistungsmanagement theoretisch zu fassen. Hervorzuheben sind insbesondere die Bemühungen, das Sozialmanagement und das öffentliche Dienstleistungsmanagement bzw. Publicmanagement zusammenzudenken (siehe hierzu das Projekt in der Bundesarbeitsgemeinschaft Sozialmanagement/Sozialwirtschaft – Kolhoff 2015).

Zusammenwirken von Sozialer Arbeit und Wirtschaftswissenschaften in Studium und Lehre des Sozialmanagements
Wurde das Wirtschaften in den Ausbildungen von Alice Salomon noch mitgedacht, so haben die universitären Studiengänge im Rahmen der Erziehungswissenschaften nach 1945 die Wirtschaftswissenschaften völlig ausgeblendet. Auch die anwendungsbezogenen Studiengänge an Fachhochschulen begannen dieses Wissen erst ab den 1980/1990er Jahren aus den Wirtschaftswissenschaften und damit zusammenhängenden Gebieten der Soziologie und Psychologie abzurufen.

In der „Notgemeinschaft", schlüssige Curricula und eine schlüssige Lehre für die neuen Studiengänge nicht nur des Sozialmanagements und der Sozialwirtschaft, sondern auch der Masterstudiengänge Soziale Arbeit zu entwerfen, musste interdisziplinär gedacht und gearbeitet werden. Themen der Steuerung, Leitung und Führung konnten nicht mehr ausgeblendet werden. Dabei entstanden Bereicherungen auf beiden Seiten. Da ich die Bereicherungen in den Wirtschaftswissenschaften nicht überblicke, will ich vor allem von denen berichten, die in den Fakultäten der Sozialen Arbeit angekommen sind.

Die Sozialmanagementliteratur, die auf der Basis der Diskussionslinien in der Sozialen Arbeit operierte, verarbeitete ab den 1990er Jahren die Erkenntnisse der Organisationssoziologie und bekam damit ein Bild, das über den Tellerrand der Verwaltungsbürokratie hinausragte, das theoretisch die Systemtheorie bemühte, Vorstellungen von geschlossenen und offenen Systemen erkennen, Erweiterungen der Konzipierung von Organisationen über die bürokratische Fassung hinausdenken und mit einer neuen Managementlehre in Verbindung bringen konnte. Auf dieser Basis wurden Verbindungslinien zwischen der Organisationssoziologie und der Theoriebildung Sozialer Arbeit (z. B. zu Schütz, Thiersch und Böhnisch) herstellbar (Grunwald 2008, 2013). Unter diesem Blickwinkel sind nun auch Kategorien wie Mikropolitik, Mythen, Riten und sozusagen alles Menschliche, das es auch in Organisationen gibt, nicht mehr fremd (Wöhrle 2013a). Zusätzlich erhielt das Managen über den Aspekt der lernenden Organisationen eine Verbindungslinie zu den Erziehungswissenschaften. So entfaltet Geißler ein „Organisationslernen als organisationskulturelles Identitätslernen …, das Zweckrationalitäts- und Sittlichkeitslernen miteinander verbindet" (Geißler 1995, S. 291).

Ohne den tatsächlichen Weg zu verfolgen, der in der Literatur deutlich wurde, sondern der Systematik verfolgend die für die Lehre wichtig war, musste in den Curricula der Gegenstandbereich auf den sich das Sozialmanagement richtet neu erfasst werden, denn er war mit der Ökonomisierung außer Kontrolle geraten. Nun nicht mehr nur als Anhängsel der öffentlichen Verwaltung, sondern neben öffentlichen Finanzgebern auch von solchen aus der Gesellschaft (Stiftungen, Spendenorganisationen, Sponsoren) abhängig, aber auch mit der Möglichkeit versehen und zu der Notwendigkeit gezwungen zusätzliche Eigenmittel einzuwerben, musste die neue Identität von Organisationen auf neu entstehenden Märkten und Als-ob-Märkten definiert werden. Diese können als „hybride Organisationsformen" definiert werden (Grunwald und Roß 2014). Für sie bedarf es wiederum eines erweiterten Managementverständnisses, für das die aktuellsten Erkenntnisse aus der Managementlehre eingearbeitet werden müssen. Durch das Hereinholen neuer Erkenntnisse der Managementlehre räumt Grunwald mit dem „Machertum" im Management auf und trifft genau auf den Punkt des Verständnisses eines Sozialmanagements im Übergang mit der Formulierung der „Bewältigung von Dilemmata und Paradoxien als zentrale Qualifikation von Leitungskräften in der Sozialwirtschaft" (Grunwald 2012).

Wir befinden uns inmitten eines Umbruchs, der ein Change Management verlangt. Dieses kann aus unterschiedlichen Blickwinkeln angegangen werden. Ausgehend von der Sozialen Arbeit kann die Qualität der Leistungserbringung im Vordergrund stehen und aus diesem Ansatzpunkt das Sozialmanagement in die Pflicht genommen werden (Merchel 2013). Wir können uns ebenso aus der Sicht der Personalentwicklung und der Führung nähern (Fröse et al. 2015). Egal ob wir es aus dem Blickwinkel der Qualitätsentwicklung, Organisationsentwicklung oder der Personalentwicklung angehen, es muss das gesamte Programm des Umbaus und somit des Change Managements (Wöhrle 2002, 2005) gestemmt werden.

Eigene Theoriebildung des Sozialmanagements
Zunächst kann festgestellt werden, dass sich eine ganze Reihe von Diskussionszusammenhängen um eine Sortierung, Ordnung und theoretischen Aufarbeitung der Hintergründe und interdisziplinären Bezüge für die Erfassung des Sozialmanagements bemühen. Marlies W. Fröse hat diese in einer Grafik (siehe Abb. 2) angedeutet.

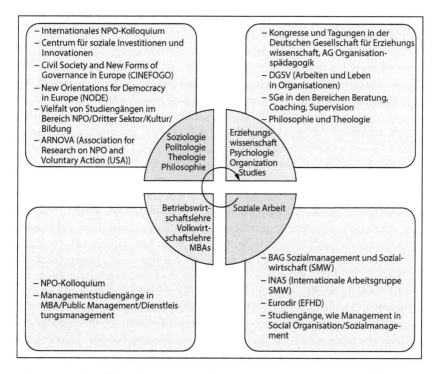

Abb. 2 Wissenschaftliche Verortungen und dazugehörende Netzwerke (Fröse 2012, S. 104)

Ohne dass im Moment alle die hier gewonnenen Erkenntnisse bereits zusammengetragen sind, will ich den Versuch machen, erste Ergebnisse zu skizzieren:

1. **Versuch: Verortung im Wissenschaftsbetrieb**
Zunächst muss geprüft werden, wo das Sozialmanagement im Wissenschaftsbetrieb verortet werden kann. Hinsichtlich der Ansiedelung der Studiengänge und ihrer Untersetzung durch Wissensbestandteile stehen die Disziplin der Sozialen Arbeit und die der Wirtschaftswissenschaften im Vordergrund.

Es kann festgestellt werden, dass der Gegenstand verschwommener ist als vor 25 Jahren. Mit den Veränderungen in den Organisationen die Soziale Arbeit anbieten, mit dem Umbau der großen Verbände zu Organisationen der Sozialwirtschaft und ihren Bezügen zu Arbeitsfeldern und Branchen über die Soziale Arbeit hinaus, ist die Unterscheidung zu treffen die ich bereits in der Auseinandersetzung mit den Begriffen vorgestellt habe. Der Begriff des Sozialmanagements behält seine Nähe zur Sozialen Arbeit, das Management in der Sozialwirtschaft erweitert sich um fachliche Bezüge, die nicht zur Sozialen Arbeit gerechnet werden können. Die gegenwärtigen Bemühungen, Publicmanagement, Gesundheitsmanagement, Bildungsmanagement usw. mit Sozialmanagement zusammenzudenken, sind alle wichtige Unternehmungen, die jedoch den Rahmen des Sozialmanagements (in seiner engen Verbindung zur Sozialen Arbeit) überschreiten und damit besser unter dem Begriff des Managements in der Sozialwirtschaft aufgehoben sind (Wöhrle 2013b).

Diskutanten aus den Fakultäten der Sozialen Arbeit wandten sehr viel Mühe auf, Besonderheiten und Merkmale herauszuarbeiten, um eine Unvereinbarkeit des betriebswirtschaftlichen Wirtschaftens mit der Fachlichkeit zu belegen. Es wurden die Besonderheiten der Klienten und anderer Stakeholder, die Merkmale der Dienstleistungserbringung usw. bemüht (Wöhrle 2013b). Es kann hier die Argumentation mit dem Hinweis abgekürzt werden, dass die Wirtschaftswissenschaften genügend Argumentationsvermögen parat haben, um vermeintliche Alleinstellungsmerkmale der Sozialen Arbeit ihrer Exklusivität zu berauben (ausführlicher in Wöhrle 2013b, 2016a, c). Wesentliche Kennzeichen der Leistungserbringung der Sozialen Arbeit sind deckungsgleich mit denen anderer Dienstleistungsbereiche. Dass nicht der Leistungsempfänger für die Leistung bezahlt, sondern ein Dritter, dafür haben die Wirtschaftswissenschaften das „nicht-schlüssige Tauschverhältnis" als Begriff parat (Burla 1989, S. 108) und das ist nicht nur anzutreffen in der Sozialen Arbeit, dem Gesundheitswesen, dem Kultur-, Wissenschafts- und Bildungsbereich, sondern auch in der Versicherungsbranche. Die Ehrenamtlichkeit und das bürgerschaftliche Engagement teilt die Soziale Arbeit mit anderen Bereichen, angefangen vom

Natur- und Tierschutz, über den Sport bis hin zur Entwicklungshilfe. Mit dem Begriff der meritorischen Güter wird auch die Klientenorientierung deutlicher gefasst, indem die Person des Klienten als Prosument der Sozialwirtschaft in den Vordergrund rückt und damit der Prozess der Bedarfsbildung im Kontext von Lebenslagen (Finis Siegler in diesem Band).

Die von Horst Steinmann und Georg Schreyögg geprägte Managementlehre versteht sich nicht als interdisziplinär, sondern als „infradisziplinär" oder gar ihrer Natur nach „a-disziplinär", d. h. sie versteht sich als den Grundlagendisziplinen vorgelagert. Deutlich formuliert: Die Managementlehre „ist der erste Adressat, wenn es um die Klärung ungelöster Steuerungsprobleme geht" (Steinmann und Schreyögg 2000, S. 37). Klaus Schellberg argumentiert entsprechend, wenn er feststellt, „Die Soziale Arbeit liefert die Ziele und die Inhalte der Arbeit. Die Ökonomie löst die Ressourcenfrage" (Schellberg 2013, S.119). Unter diesem Blickwinkel ist es eindeutig, dass das Sozialmanagement der Managementlehre zugeordnet werden muss und sich seine Besonderheiten erst mit der Ausrichtung auf die fachlichen Anforderungen der Sozialen Arbeit entfalten. Damit sind wir an einer Stelle zwar einen Schritt hinsichtlich der Verortung weiter, jedoch holen uns die offenen Fragen an einer späteren Stelle wieder ein.

2. **Versuch: eigenständiges Managementkonzept**

Hier ist nicht der Platz, um auf all die Veröffentlichungen einzugehen, die in der Absicht geschrieben wurden, Anleitungen für die Praxis des Managementhandelns zu geben. Da in ihnen immer schon Wissen interdisziplinär zusammengedacht werden musste, kann teilweise bereits von Managementkonzepten (im Sinne von Entwürfen) gesprochen werden (siehe auch die Sammlung von Konzepten bei: Wöhrle 2012a).

Hinsichtlich des „Zusammenbauens" eines Curriculums, aber auch bei den Anregungen für die Praxis kann das Einbringen von Wissen einfach im Hinzufügen bestehen. Interessant wird es erst mit der interdisziplinären Durchdringung. Von einer systematischen Herangehensweise an ein schlüssiges Sozialmanagementkonzept kann erst gesprochen werden, wenn von einer Metatheorie ausgehend, die verschiedenen Bestandteile verortet und schlüssig miteinander verbunden werden können (Wöhrle 2007; Fröse 2012).

Bereits Bernd Maelicke hatte sich in seinem ganzheitlichen, sozialökologischen Ansatz auf das St. Galler Managementmodell berufen, allerdings den Ansatz nie detailliert ausgearbeitet (Maelicke 1989). Es ist deshalb konsequent, dass eine Gruppe Luzerner Forscher bestehende Managementansätze daraufhin überprüften, inwieweit diese eine Grundlage für das Sozialmanagement abgeben können. Auf der Basis eines aus die Systemtheorie abgeleiteten Untersuchungsplans prüften sie mehrere Managementmodelle unter entsprechenden

Fragestellungen und kamen u. a. auch für das St. Galler Modell zu dem Schluss, dass sie die Anforderungen des Sozialmanagements nicht erfüllen können. Sie entwickeln entsprechende Anforderungen für ein passendes Modell (Bürgisser et al. 2012, S. 231ff.).

Agnès Fritze und Beat Uebelhart gehen ebenfalls von einem systemischen Theoriehintergrund aus und stellen das „Social Impact Modell" vor (Fritze et al. 2011). Mit diesem Analyse-, Planungs- und Steuerungsmodell soll der Kreislauf zwischen Problem und Lösung durch Problemkonstruktion, Lösungskonstruktion, Umsetzung und Wirkungsevaluation abgebildet werden. Dabei werden vier Grundsätze bei der „Lösung/Verhinderung/Linderung sozialer Probleme" berücksichtigt „Multiperspektivische Betrachtungsweisen, interinstitutionell respektive multiprofessionelle Herangehensweisen, eine transparente Werteorientierung und eine demokratiekonforme, echte Partizipation" (Uebelhart 2011, S. 275). Sie liefern damit die Klammer zwischen der Makro- und der Mesoebene mit.

In dieser Reihe, aus einem systemischen Blickwinkel einen Gesamtentwurf vorzunehmen, ist auch Helmut Lambers zu nennen, der ein „systemtheoretisch reflektiertes Managementmodell" vorlegt (Lambers 2015). Auch sind hier Fortführungen von Forschungsgemeinschaften aus Luzern zu nennen, die interdisziplinär aus den Departements Wirtschaft und Soziale Arbeit zusammengestellt, in enger Kooperation mit der Managementpraxis ein integriertes strategische und operatives Führungskonzept erarbeiteten (Stricker et al. 2015).

Neben dieser, auf einen systemtheoretischen Ansatz zurückgehenden Linie, sind nun alle anderen Ausrichtungen auf Metatheorien (z. B. auf die kritische Theorie und Habermas) denkbar und nicht geprüft. Bei Klaus Grunwald könnte bei seinem Hintergrund auch eine andere Metatheorie vermutet werden. In seinen Arbeiten jedenfalls zeigt er eine Verzahnung der Theoriebildung der Sozialen Arbeit und der Wirtschaftswissenschaften auf. Dazu gehört die bereits oben erwähnte Verbindungslinie (Grunwald 2013), insbesondere das Hereinholen der Organisationssoziologie (Grunwald 2008) und der Managementlehre (Grunwald 2012) in den Diskurs der Sozialen Arbeit. Diese Integrationsbemühungen münden bei ihm in Konzeptentwürfen für ein „Entwicklungsorientierten Management" (Grunwald 2012) und ein „Governance Sozialer Arbeit" (Grunwald und Roß 2014).

4 Bilanzvorbereitende Überlegungen

Mit der Anschlussfähigkeit der Organisationstheorie an Theorieansätzen der Sozialen Arbeit und einer Zuordnung des Sozialmanagements zur Managementlehre ist nicht viel gewonnen. Es bleiben drängende Fragen in der Praxis und Theorie.

Zentral ist die Fragestellung, ob das Sozialmanagement und die neue Art der Steuerung tatsächlich zu einer Verbesserung der Praxis Sozialer Arbeit beigetragen haben. Dazu muss einerseits der Umbau der Sozialpolitik und der Steuerung der Organisationen bewertet werden, andererseits das, was in den Organisationen, also durch das Sozialmanagement, zu verantworten ist.

Abgleiche mit Bezugsgrößen für eine Bilanz
Ich versuche im Folgenden mehrere bilanzierende Abgleiche um festzustellen, was sich in den 25 Jahren verändert hat und danach die Fragen und Aufgabenstellungen zu filtern an denen wir arbeiten müssen.

Im Abgleich der Praxis des Managens in Organisationen der Sozialen Arbeit, mit dem früheren Verwalten als Anhängsel der öffentlichen Verwaltung, ist das Aufgabengebiet schwieriger geworden. Gleichzeitig hat das Management mehr Möglichkeiten an Qualifikation, mehr Gestaltungsspielraum und hierfür mehr Steuerungsinstrumente an die Hand bekommen. Aber der Markt hat nicht nur hinsichtlich der Steuerung der Organisationen mehr Gewicht bekommen, er ist auch an einer anderen Stelle deutlich auf den Plan getreten: Der Arbeitsmarkt signalisiert einen Fachkräftemangel. Wir haben es mit enormen Anforderungen an die Personalentwicklung zu tun und es müssen die Probleme der Sociosclerose unbedingt gelöst werden (Evans et al. 2012). Und es wird die Gefahr gesehen, dass die Marktmechanismen die Traditionen des Ehrenamts und des anwaltschaftlichen Engagements der Wohlfahrtsverbände überformen (Dahme et al. 2005).

Im Abgleich mit der Praxis der Professionellen wird deutlich, dass sie in einem bisher nicht gewohnten Maße in eine Kosten-Nutzen-Rechnung eingebunden und damit rechenschaftspflichtig sind. Die Zielerreichung ist über Kosten mit dem Überleben der Organisation gekoppelt und von ihnen wird ein Mitunternehmertum (Entrepreneurship) verlangt. Gleichzeitig kommen viele Instrumente ihrem Verantwortungsbewusstsein und Gestaltungswillen entgegen. Im Rahmen von Leitbildern, darauf bezogenen Zielvereinbarungen und Qualitätsbeurteilungskriterien können eigene Ziele gesetzt und Ressourcen akquiriert werden, diese zu erreichen. Dieses Mitunternehmertum kann motivierend sein und es kann mit Gratifikationen verbunden werden.

Dem Abgleich mit der Disziplin der Sozialen Arbeit muss zunächst vorangestellt werden, dass die Autonomie für die Fachlichkeit Sozialer Arbeit genauso unverzichtbar ist wie z. B. für die Medizin. Da die Umsetzung Sozialer Arbeit in der Regel in Organisationen erbracht wird und nicht ohne politische Rahmenbedingungen, mitwirkende gesellschaftliche Kräfte und ökonomische Faktoren realisiert werden kann, ist die Praxis der Sozialen Arbeit keineswegs autonom (Wöhrle 2016a). Von der Auseinandersetzung mit Fragen der Organisationstheorie und Managementlehre profitiert die Disziplin der Sozialen Arbeit insofern, als sie hinsichtlich ihrer Aussagen genauer werden kann. In Zukunft können somit die Modelle und Theorieansätze komplexer und hinsichtlich ihres Aussagegehalts präziser werden. Lediglich auf Abwehrbestrebungen gegen neue Entwicklungen zu setzen, wird auch in den eigenen Reihen kritisiert. So verweist Lothar Böhnisch darauf, „wie sich Sozialstaat und Soziale Arbeit – vor dem Hintergrund der Angewiesenheit des globalisierten Kapitals auf regionale Entwicklungen und der sozialstaatlichen Mediationsfunktion – neu formieren" könne. Dies verlange von der Sozialen Arbeit eine neue Sicht auf ihre Adressaten: „Diese seien nicht länger als Klienten, sondern als Bürger zu betrachten, die dazu befähigt werden müssen, ihre sozialen Rechte nicht nur auch außerhalb der Sozialarbeit, sondern notfalls auch gegen sie durchzusetzen". Und vom Sozialmanagement verlange es „ein organisationsüberschreitendes gouvernementales Denken" (Böhnisch 2016).

Hinsichtlich des Abgleichs mit der Praxis der Sozialen Arbeit und damit dem Outcome (wofür wir eigentlich den ganzen Aufwand betreiben), mehren sich Beschreibungen von unzumutbaren Zuständen in der Praxis (Seithe und Wiesner-Rau 2013; Douma 2016). Da verschwinden fachliche Gesichtspunkte unter dem Kostendruck, Rationalisierung, Personalverdichtung, Personalmangel und die belastende Situation für das bestehende Personal wird deutlich. Burn-Out-Erkrankungen nehmen im Sozialbereich zu und die Gefahr der Entprofessionalisierung wächst, weil zu wenig qualifiziertes Personal gewonnen werden kann.

Hinsichtlich letzter Auffälligkeiten sollten Erklärungen gesucht werden. Nun können schnell Gründe für die Erklärung dieser Missstände vermutet werden: (1) Es wird schlecht gemanagt. Konzepte und Modelle werden nicht richtig umgesetzt. Wer berufsbegleitend Studierende ausbildet, hat hierfür eine Menge Beispiele parat. (2) Die Vorgaben für die Steuerung passen nicht zu dem Bereich, der gemanagt werden soll. – Wenn immer nur als zentrales Ziel das Sparen vorgegeben wird, dann kann etwas Unpassendes herauskommen. Aber es sind auch hintergründigere Ursachen denkbar: (3) Die Neue Steuerung passt grundsätzlich nicht zu dem, was bewirtschaftet werden soll oder (4) im gesamten wirtschaftlichen Gefüge gibt es Unstimmigkeiten, die hier beispielhaft zutage treten.

Festgestellte Unstimmigkeiten bei der Steuerung
Mit den individuellen Schwächen von Sozialmanagern und spezifischen organisationalen Schwächen können wir uns hier nicht beschäftigen. Allerdings wird es interessant und bedenklich zugleich, wenn ein nicht passendes Zusammenspiel zwischen den neuen Steuerungsvorgaben in Organisationen und den Erfahrungswerten von Professionellen nicht nur auf der Ebene von Erfahrungsberichten, sondern auf einer analytisch durchdrungenen Ebene konstatiert werden kann.

Silvia Staub-Bernasconi stellt eine „stille Anpassung des Mandates/Arbeitsauftrags Sozialer Arbeit an das neue Steuerungsmodell" fest, damit die „Reduktion des Mandates auf den staatlichen Kontrollauftrag" und die „Enteignung der Sozialarbeiterin von ihrem professionellen Hilfe-Mandat zugunsten einer Finanzierungsvorgabe", in Folge die „völlige Aufgabe des professionellen Mandates – die Sorge gilt dem Schutz der Organisation und des Sozialarbeiters, nicht der Klientel", selbst die „professionelle Fachsprache wird durch die Sprache des Qualitätsmanagements ersetzt" (Staub-Bernasconi 2016).

Dass sich Professionelle nun deutlicher auf die eigene Organisation einlassen müssen und zu Mitunternehmenden werden, wurde bereits festgestellt. Allerdings ist die Verbindung zu der Auffälligkeit, dass damit eine Minimierung von Fachlichkeit in der Realisierung des Outcome einhergeht bedenklich und muss ein Nachdenken über die neu eingeführten Mechanismen der Steuerung in diesem Bereich auslösen.

Sind Markmechanismen dem Sozialbereich angemessen? Oder: Ist Moral und Geschäft vereinbar?

Dass die alte Kameralistik keine angemessene Steuerung war, darüber dürften wir uns alle einig sein. Irgendwann musste vom Feudalismus auf Kapitalismus umgestellt werden. Hinsichtlich der Umstellung auf Marktmechanismen gibt es nun aber die gleichen Zweifel wie gegenüber der alten Denklogik.

Der Zweifel wird allerdings geradezu flächendeckend angefacht, indem fast zeitgleich mit dem Umstellen der öffentlichen Verwaltung auf mehr Markt und den Anspruch an ein Management in der Sozialwirtschaft, immer mehr auf dem globalen Markt wirkende Top-Manager diese Art des Wirtschaftens diskreditieren. Durch Leerkäufe und faule Investmentpakete in denen Verluste versteckt wurden, sicherten sie sich kurzfristig hohe Gewinne, lösten aber eine Finanzkrise aus und zwangen den Staat über den Mechanismus der Systemrelevanz („too big to fail") einzugreifen. Vermutlich hat die alte StaMoKap-Fraktion gejubelt: Mit der Finanzkrise musste erstmalig der Staat den Markt retten (FAZ vom 4.10.2008). Der (Neo-)liberalimus mit seinem Credo, dass der Markt alles richten kann, hat über die von ihm durchgesetzten Lockerungen in der Finanzwirtschaft die Grenze ausgelotet, ab der die Marktgesetze einen Zusammenbruch der Finanzmärkte herbeiführen und kein geordnetes gesellschaftliches Gefüge mehr möglich ist. Es gab nur noch die Lösung, dass der von den Liberalen so verschmähte Staat eingreift und wieder einen geordneten Markt durch den Einsatz von Steuergeldern herstellt.

Allein dieser Vorgang musste eine Diskussion über Gerechtigkeitsfragen, über Moral und Geschäft bzw. ethisches Verhalten im Wirtschaftsleben auslösen, da die Steuerzahler nun dafür aufkommen müssen, dass sich Top-Manager die sich verzockt haben, dabei aber Millionen-Boni eingestrichen haben, ihre Organisationen an die Wand gefahren haben. Aber damit nicht genug: Skandale bzw. Berichte darüber, wie Eliten die persönliche Bereicherung vorleben, mehrten sich. „Middelhoff, Juncker, Schröder, Maschmeyer – handeln die Eliten unmoralisch? Nein, aber sie entspringen ganz dem Geist einer liberalen Epoche" schreibt Hauke Brunkhorst in „Die Zeit" (Brunkhorst 2014, S. 52). Neben Spitzenmanagern aus der Finanzbranche muss man in der Zwischenzeit unbedingt die Manager von VW mit in dieser Reihe aufführen.

Und dann kamen die ersten „Aufregerthemen" aus der Sozialwirtschaft hinzu: Herr Ehlert von der Treberhilfe Berlin, der erste Sozialmanager, der überhaupt in der deutschen Presse erwähnt wurde, leistete sich einen Maserati als Dienstwagen, eine Wohnung in einer Villa am See bei Berlin und ein hohes Gehalt (Sussebach und Wilke 2010). Da war nun für manche das Maß voll. Soll das Management in der Sozialwirtschaft tatsächlich nun auch diesen Weg eines liberalen, im Sinne des homo oeconomicus, lediglich den eigene Vorteil im Blick habenden Denkens gehen?

Auch in der Sozialwirtschaft wird das Thema nun verhandelt (Wöhrle 2016b). Dabei stellt Armin Schneider fest, dass Gewinne und ethisches Handeln durchaus vereinbar sind, allerdings ist die Verknüpfung an bestimmte Voraussetzungen gebunden. Entscheidend ist die Koppelung der Gewinnerzielungsabsicht an das Gemeinwohl und das öffentliche Interesse (Schneider 2016).

Kann die Sozialwirtschaft neutral sein und anonyme Mechanismen tolerieren?
Verfolgen wir die Kritik am gegenwärtigen Wirtschaften, so können wir konstatieren, dass eine Fortsetzung dieser Art des gegenwärtigen Ressourcenverbrauchs in keine befriedigende ökologischen Zukunft führt (Jens 1991). Kritiker deuten die gegenwärtige Entwicklung so, dass die Politik von einem anonymen Markt getrieben wird (Rosa 2013). Nicht nur in der Finanzwirtschaft wäre somit eine anonyme Rationalität den moralisch „begründeten" Entscheidungen vorgeschaltet. Auf der Ebene des globalen Marktes und der nationalen, aber auch europäischen Politik, ist demnach nicht eindeutig auszumachen, ob die Bürger und Bürgerinnen noch Einfluss auf wirtschaftspolitische Entwicklungen haben. Moral und Demokratie, damit auch autonome fachliche Entscheidungen haben nach Colin Crouch zunehmend weniger eine Chance (Crouch 2008, 2015). Auf dieser Ebene bedarf es aus Sicht der Kritiker einer Entschleunigung finanzpolitischer Prozesse, damit sie wieder an demokratische Prozesse gekoppelt werden können, in denen wertorientierte Maßstäbe erarbeitet und für die Entscheidungsfindung herangezogen werden können (Rosa 2013).

Mit der Feststellung der Anonymität der Marktmechanismen sind wir offensichtlich der Gefahr auf der Spur, die eine Entkoppelung von Geschäft und Moral ermöglicht. Wolfgang Faust mischt sich in die Debatte über die Sozialwirtschaft und das Sozialmanagement ein, indem er die neoklassische Theoriebildung in der Wirtschaftslehre als lebensfremd kritisiert. Sie eliminiere im Interesse der mathematischen Abstraktion sämtliche Ethik und Moral, Kriterien und Normen, Urteile und Werte aus ihrem theoretischen Kernbereich. Mit der Neuen Institutionenökonomik (insbesondere der Theorie der Verfügungsrechte, der Agencytheorie und der Transaktionskostentheorie) sieht er eine Chance, dass moralisches Handeln als Bedingung gelingender ökonomischer Transaktionen seinen Platz zurück erhält. Er hält dies für zwingend, um die Lebensferne in der Theoriebildung zu überwinden (Faust 2012, 2016). In dieser Argumentationslogik bedarf es nicht einer Separierung der Sozialen Arbeit, sondern eines generellen Gleichklangs von ökonomisch ausgerichtetem und gesellschaftlich verantwortungsbewusstem und moralischen Handeln (Jonas 1984; Ulrich 2010).

Dachten wir, dass mit der Zuordnung des Sozialmanagements zur Managementtheorie das Verortungsproblem gelöst sei, so sind wir genau dadurch jetzt in eine komplexere Debatte geraten.

Es ist nicht die Soziale Arbeit, die laut nach neuen Anforderungen des Steuerns ruft, denn sie ist zu sehr damit beschäftigt, die neuen Anforderungen zu erfüllen bzw. ihr Rufen wird ohnehin kaum vernommen, sondern ihr leises Klagen wird übertönt von gesellschaftlichen Kräften die laut rufen, dass das gegenwärtige Wirtschaften bzw. die gegenwärtige Ausprägung, wie Eliten sich bedienen und wie die Schere zwischen Arm und Reich auseinandergeht, die Ungerechtigkeiten in der Gesellschaft befördern. Und weltweit ist eine Ökonomisierung im Gange, in der alles in einen Sog der Käuflichkeit gezogen wird (Sandel 2014).

Wir sind in der Sozialwirtschaft sogar noch geschützt, da die Vorstellungen in der Europäischen Gemeinschaft, die ein Soziales Unternehmertum fördern wollen, weit von einer Vorstellung eines Marktes wie in der Finanzwirtschaft entfernt sind. Und der nationale Staat als zentraler Finanzgeber drosselt über seine Verwaltung die Prozesse ohnehin auf das bürokratische Maß. Sensibilisiert durch die Gefahr anonymer Mechanismen des Marktes stellen sich allerdings durch die Zuordnung zu den Wirtschaftswissenschaften hinsichtlich des Managements und der Ausrichtung auf einen Markt oder einen Als-ob-Markt neue Fragen für das Sozialmanagement.

Kann das Sozialmanagement neutral sein? Oder: das doppelte Mandat des Sozialmanagements
Vergegenwärtigen wir uns nochmals die bereits geschilderte Entstehung des Sozialmanagements. Indem die Politik zunehmende Belastungen auf mehrere Schultern (Gesellschaft und Individuum) verteilt hat, suchte sie sich gleichzeitig von

der Steuerung der Komplexität zu entlasten und setzte auf die Feineinpassung durch den Markt und künstlich geschaffene Als-ob-Märkte. Damit wurde das Sozialmanagement nötig und es bediente sich einer zweiten Stufe der Reduktion von Komplexität, indem in den Organisationen dezentrale, sich selbst steuerende Einheiten, verbunden durch Zielvereinbarungen bis hin zur individuellen Ergebnisverantwortung und Mitunternehmertum eingerichtet wurden. Das Sozialmanagement bildet damit das Zentrum des Umbaus, ist gleichsam Umsetzer, Scharnier, aber auch Vermittlungsinstanz, Mediator usw.

Damit tritt das Sozialmanagement ein schwieriges Erbe an. Selbst wenn wir die Neutralität des Wirtschaftens mit Steinmann/Schreyögg und Schellberg als gegeben annehmen, kann das Sozialmanagement weder als Vertreter der Sozialen Arbeit noch als Vermittler, Mediator etc. neutral sein. Wenn die Fachlichkeit die Vorgaben macht und die Ökonomie die Ressourcen dafür bereitstellt (Schellberg), dann ist das Sozialmanagement für die Umsetzung der Fachlichkeit in der Praxis verantwortlich, damit geht der Code of Ethics der Sozialarbeit auf das Sozialmanagement über. Wenn das Sozialmanagement als Vermittler und Mediator verstanden wird, dann steht es zwischen der Umsetzung der Umbauinteressen des Staates und der Fachlichkeit und gerät damit in die gleiche Zwickmühle wie die Soziale Arbeit mit ihrem „doppelten Mandat" (der Klientel verpflichtet, aber auch im öffentlichen Auftrag tätig). Für das Sozialmanagement spitzt sich das Spannungsverhältnis im Konfliktfall zu auf die Entscheidung: den Betrieb retten und die Fachlichkeit verraten oder die Fachlichkeit und ethisch-moralische Werte hochhalten und Aufträge nicht übernehmen oder gar den Betrieb nicht retten zu können. Es gibt Autoren, die aus ethischen Gesichtspunkten die „Exit-Option" vertreten (Maurer und Schneiders 2016).

Was wäre, wenn die „Exit-Option" massenhaft befolgt würde? Wer würde dann die Aufgaben übernehmen? Doch wieder der Staat? Und was wäre, wenn niemand die „Exit-Option" ernst nimmt? Wie weit entfernt sich dann das Sozialmanagement von seiner Verbindung zur Sozialen Arbeit?

Wie ist es mit den Wirtschaftswissenschaften und ihrer Neutralität bestellt? Oder: Muss der Positivismusstreit neu geführt werden?
Mit Steinmann/Schreyögg und Schellberg haben wir uns erst einmal auf das Neutralitätstheorem eingelassen. Mit den in der öffentlichen Diskussion geschürten Zweifeln, ob gerecht gewirtschaftet wird, werden Fragen an die Ökonomie neu aufgeworfen und Crouch und Faust haben ja bereits das zentrale Argument gegen scheinbar neutrale, anonyme Mechanismen geliefert. Es scheint an der Zeit, den alten Positivismusstreit oder Werturteilsstreit (Adorno, Dahrendorf, Pilot, Albert, Habermas, Popper – siehe Adorno et al. 1972) und nun weniger in der

Sozialwirtschaft isoliert, sondern im Gesamtzusammenhang des nationalen und globalen Wirtschaftens neu zu führen.

Begrenzen wir uns hier auf die Sozialwirtschaft. Michael J. Sandels Aussage passt hier sehr gut: „Ökonomen gehen oft davon aus, dass Märkte keinen Einfluss auf die dort gehandelten Güter hätten. Doch das ist nicht wahr. Märkte hinterlassen ihren Stempel…" (Sandel 2014, S.16).

Damit sollten wir nach Zeichen suchen, dass der Werturteilsstreit bereits geführt wird.

Dazu hören wir von Staub-Bernasconi in ihrer Rekonstruktion der Arbeiten von Mary Parker Folletts, dass auch der „Liberalismus" in seinem Ursprung nicht wertneutral war, sondern die Umsetzung liberaler Philosophie sowie der Freiheitsversprechen der Amerikanischen und Französischen Menschenrechtserklärungen bedeutete. In der Folge hätte hinsichtlich des Umbaus der Sozialsysteme an ein Freiheitsversprechen von staatlicher Bevormundung dank eines qualitätsbezogenen Dienstleistungsverständnisses geglaubt werden können. Von Faust hörten wir, dass die neoklassische Theoriebildung von der Verortung in Werten und moralischen Grundsätzen entfernt hätte und dadurch lebensfern geworden wäre.

Wolf Rainer Wendt klagt schon seit geraumer Zeit ein, dass bei der Betrachtung des Wirtschaftens das „Ganze Haus" (abgeleitet vom griechischen οἶκος) ins Blickfeld genommen werden müsste. Ich habe in entsprechenden Debatten mit Ingenieuren immer das Bild von der Henne und dem Ei bemüht. Was wäre denn, wenn ein Betrieb für all die Investitionen, die von der Familie, der Gemeinschaft und dem Staat (über den Kindergarten, die Schule, die Hochschulausbildung etc.) erst einmal bezahlen müsste, um ihn einstellen zu dürfen? Damit wird doch deutlich, dass die Sichtweise, in der produzierenden Wirtschaft wird das Geld verdient, das über Steuern abgeführt wird, um dann sozialen Dienstleistungen zugute zu kommen, so nicht stimmt. Die volkswirtschaftliche Gesamtsicht rechnet einseitig. Es wäre zu begrüßen, wenn sich die jeweiligen Rechnungen auf eine gesamtgesellschaftliche Logik beziehen würden, in der z. B. Ziele wie ein ökologisches Wirtschaften und eine gerechte Gesellschaft angestrebt würden. Damit ist keineswegs eine Planwirtschaft gemeint, sondern ein verantwortungsbewusstes Wirtschaften in allen gesellschaftlichen Zusammenhängen.

Mit Wendt ergibt sich für die Sozialwirtschaft aus der getrennten Logik des Sozialleistungssystems und der Logik der Lebensführung seiner individuellen Nutzer ein dreierlei aufgeteiltes Geschäft: Auf der Makroebene geht es um die Verwirklichung sozialer Gerechtigkeit und sozialer Sicherheit, auf der Mesoebene suchen die Akteure das Leistungsgeschehen mit einem wirtschaftlichen Betrieb zu vereinbaren und auf der Mikroebene wirken hinsichtlich der Lebensführung von den Betroffenen selbst getroffene Arrangements der Versorgung, die professionell gestützt und begleitet werden müssen (Wendt 2016).

Damit haben wir nun genügend Bezüge zu der Diskussion, die unter der Überschrift Management des Sozialen in den Erziehungswissenschaften geführt wurde (Flösser und Otto 1992; Grunwald 2009). Und es werden Ansprüche deutlich, die sich an das heutige Management in Theorie und Praxis richten.

5 Bilanz

Kommen wir zur eigentlichen Bilanz.

Der Auslöser für das heute bestehende Sozialmanagement ging von der Politik aus. Die angestrebte Reduktion von Komplexität durch Marktmechanismen führte zu einem Ergebnis zunehmender Unübersichtlichkeit: (1) In der Europäischen Gemeinschaft wird die Sozialwirtschaft als bedeutende Wachstumsbranche wahrgenommen, man setzt auf Soziales Unternehmertum, aber man hat (wie der Beitrag von Wendt in diesem Band belegt), kein klares Bild, was die Sozialwirtschaft überhaupt ist. (2) Die Umsetzung in den Verwaltungen ist eine Mischform von alter Bürokratie und modernen Steuerungsinstrumenten, die teilweise wieder zur Kontrolle benutzt wird, jedoch nicht die Qualität der Dienstleistungserbringung wirklich befördert. (3) Die im Ergebnis nicht verminderte, sondern „durchgereichte" Komplexität wird auf die Ebene des Sozialmanagements als zunehmende Komplexität deutlich.

Das Sozialmanagement in der Praxis ist kaum präsent in der öffentlichen Wahrnehmung. Selbst die starken Wohlfahrtsverbände treten kaum in öffentlichen Debatten in Erscheinung. Statt einer sachlichen Beschreibung der neueren Entwicklung einer Sozialwirtschaft wird eine sich maßlos ausweitende und sich selbst aufblähende Sozialwirtschaft (Wüllenweber 2011) öffentlich diskutiert. Es ist absurd, dass als einziger Sozialmanager Herr Ehlert in der Öffentlichkeit wahrgenommen wird. Das Sozialmanagement hat sich zwar mit einer gut frequentierten Messe (ConSozial in Nürnberg)[1] und verschiedenen Kongressen[2] Plattformen geschaffen, hat es aber nicht geschafft, sich in einer breiteren Öffentlichkeit zu präsentieren.

Aus Sicht der Wissenschaft wurde von diesem jungen Wissenschaftszweig einiges geleistet. Es wurden Curricula, Lehrbuchreihen, Lexika usw. entwickelt,

---

[1] Siehe: http://www.consozial.de/
[2] Kongress der Sozialwirtschaft der Wohlfahrtsverbände, der Bank für Sozialwirtschaft, der Nomos Verlagsgesellschaft usw. – siehe http://sozkon.de/ oder der INAS in Deutschland, Österreich und der Schweiz – siehe http://www.inas-ev.eu/

Sortierungen, Begriffsklärungen, Bestandsaufnahmen usw. vorgenommen, es liegen interdisziplinäre Forschungsergebnisse mit eigenständigen Fragestellungen vor, Bestandsaufnahmen und Selbstverortung sind in vollem Gange. Aber wir müssen auch feststellen, dass wir einige Diskussionsstränge (v.a. internationale) noch nicht verbunden haben. Es wurden mehr Fragen aufgeworfen als wir früher hatten, grundsätzliche Fragen sind angesprochen, aber nicht geklärt. Gegenwärtig ist das Sozialmanagement aufgrund seiner überwiegend anwendungsbezogenen Studiengänge dabei, sich der Anpassung an vorgegebene Trends zu verschreiben. Die schätzungsweise über 2000 wissenschaftlichen Arbeiten, die jährlich an einschlägigen Studiengängen an Hochschulen vergeben werden, dienen überwiegend der Lösung praktischer, von außen vorgegebener Steuerungsprobleme. In diesem Duktus folgt das Sozialmanagement der Logik einer anwendungsorientierten Wissenschaft, die besagt, dass von der Praxis die Fragen vorgegeben werde, für deren Beantwortung die Wissenschaft die Methoden bereithält um die Probleme zu lösen. Hier hat der Positivismusstreit offensichtlich noch nicht Einzug gehalten. Die aufgegebenen Anforderungen an die Praxis sind nicht neutral und die Werturteile sind bereits in den Fragestellungen enthalten.

Meine abschließende Bilanz bezogen auf die eingangs vorgestellte Prognose lautet: Ein zweiter Professionalisierungsschub ist noch nicht gelungen!

6 Aufgabenstellungen

Die Perspektive, die der Positivismusstreit einnimmt, scheint mir in dieser Phase der Entwicklung von besonderer Bedeutung zu sein. Mit ihr ist das eigene Erkenntnisinteresse gefragt. Aus meinem Verständnis der Diskussion über das Sozialmanagement, an dem ich seit seinem Beginn reges Interesse hatte (Wöhrle 2016c), folgere ich folgende Grundannahme: Wir sind nicht im Sozialmanagement angetreten, um schlecht arbeitende Betriebe am Leben zu halten, sondern gute Sozialarbeit abzuliefern! Dazu sollten die Praxis wie die Theorie ihre Beiträge liefern.

Das Sozialmanagement sollte sich auf diesem Hintergrund deutlich mit einem werteorientierten Standpunkt positionieren, der sowohl die Ansprüche und Fachlichkeit der Sozialen Arbeit als das Vermögen der Wirtschaftswissenschaften umfasst. Hierfür sollten angemessene Ressourcen beschafft und der Praxis Steuerungsbedingungen zur Verfügung gestellt werden. Auf dem Hintergrund eines interessenbezogenes Handelns, für das sich das Sozialmanagement deutlich als etwas Eigenes positionieren muss und nicht in einem Vermittlerdasein verschwimmen darf, können dann Positionen bezogen werden. Die wesentlichen Positionen die gegenwärtig bezogen werden müssen, betreffen eigene Standards hinsichtlich der Leistungen im Verhältnis zu den Kosten sowie in einem weiteren Zusammenhang eine Anwaltschaft für besonders benachteiligte und verletzliche Menschengruppen in der Gesellschaft.

Zunächst kann übereinstimmend festgesellt werden, dass sich Markt und Konkurrenz nicht einseitig als Verbilligung von sozialen Leistungen auswirken dürfen. Hier hat die Politik über die neuen Steuerungsmechanismen viel an Einsparpotential erreicht, aber das hat dann seine Grenze, wenn eine Deprofessionalisierung stattfindet und Schlechtleistungen entstehen. Markt ist auch Wettbewerb um die besten Lösungen und die höchste Qualität. Hierfür kann die Soziale Arbeit Vorgaben liefern. Die Träger sollten – im Zusammenspiel mit der Wissenschaft – die Best-Practice-Modelle definieren. Auf deren Hintergrund (das Beste mit dem geringsten Mittelverbrauch realisieren zu können) müssten nun aber Mindeststandards definiert werden und die Kosten dafür festgestellt werden, um Aussagen zu haben, was weder an der einen (hinsichtlich Wirkung und Qualität) noch an der anderen Stelle (hinsichtlich Kosten) unterschritten werden darf.

Im Moment hat die bevorzugte Strategie der Einführung von Marktmechanismen der öffentlichen Hand viel Kosten eingespart, jedoch hat sie nicht mit dem Markt gerechnet, mit dem sie an der Front der Beschäftigung konfrontiert ist. Wenn nun eine Überalterung des Personals und neue soziale Problemlagen (Flüchtlinge) mehr Personal verlangen, Fachkräftemangel bereits heute feststellbar ist (Akquinet 2012), gleichzeitig das bestehende Personal im Verhältnis zu vergleichbaren Abschlüssen viel schlechter bezahlt wird, prekäre Arbeitsverhältnisse überwiegen und Untersuchungen in der Europäischen Union im Ergebnis eine „Sociosclerose" aufzeigen (Hilbert et al. 2015), also eine zersplitterte Tariflandschaft, die eine Negativspirale zur Verbilligung und Prekarisierung der Beschäftigung aufzeigt (SDB 2011), dann müssen alle Bestrebungen darauf gerichtet sein, dass einigermaßen geordnete Bezahlungs- und Beschäftigungsverhältnisse hergestellt werden. Denn ohne diese, ist eine Personalentwicklung für das Sozialmanagement nicht mehr möglich.

Die Aufgaben für die Forschung sind hinsichtlich dieser Herausforderungen selbstverständlich ungebremst auf der Ebene der Suche nach anwendungsbezogenen Lösungen fortzusetzen. Allerdings sollte deutlich geworden sein, dass das Sozialmanagement hinsichtlich seines Selbstverständnisses klarer werden sollte. Nur so könnte es auch einen werteorientierten Impuls für andere Bereiche des Wirtschaftens aussenden, der dringend benötigt wird. Um auf dieser Strecke weiter voranzukommen, bedarf es mehr Grundlagenforschung. Da es sich hier nicht mehr um Aufgabenstellungen einer Hochschule handelt, sondern um Aufgabenstellungen von Verbundforschungsprojekten, muss unbedingt der Ausbau von Vernetzungsstrukturen vorangetrieben werden.

Hinsichtlich der eingangs aufgestellten Prognose befinden wir uns ja noch im Zeitlimit. Wir haben den zweiten Professionalisierungsschub nicht geschafft, aber wir arbeiten daran. Allerdings ist noch einiges dafür zu tun.

7 Zum Geleit

Zum Geleit für den Kongress, aber auch für die Aufgabenstellung insgesamt, möchte ich ein Zitat von Theodor W. Adorno in Erwiderung auf Karl R. Popper aus dem Positivismusstreit ans Ende stellen: „Im emphatischen Begriff der Wahrheit ist die richtige Einrichtung der Gesellschaft mitgedacht, so wenig sie auch als Zukunftsbild auszupinseln ist" (Adorno et al. 1972, S. 143).

Literatur

Adorno, Theodor W., Ralf Dahrendorf, Harald Pilot, Hans Albert, Jürgen Habermas, und Karl R Popper. 1972. *Der Positivismusstreit in der deutschen Soziologie*. Darmstadt: Luchterhand.
Akquinet. 2012. Fachkräftemangel in der Sozialwirtschaft. Eine empirische Studie von akquinet business consulting GmbH in Zusammenarbeit mit der Universität St. Gallen und der Beuth Hochschule Berlin. http://www.sonderpaedagogik.uni-wuerzburg.de/fileadmin/06040030/Downloads/Ratz/Studie_Fachkraeftemangel_2012_Ergebnisse_Langfassung_01.pdf. Zugegriffen: 20. April 2014.
Bassarak, Herbert und Armin Wöhrle (Hrsg.). 2008. *Sozialwirtschaft und Sozialmanagement im deutschsprachigen Raum – Bestandsaufnahme und Perspektiven*. Augsburg: Ziel.
Bassarak, Herbert, und Armin Schneider (Hrsg.). 2012. *Forschung und Entwicklung im Management sozialer Organisationen*. Augsburg: Ziel.
Bassarak, Herbert, und Sebastian Noll (Hrsg.). 2012. *Personal im Sozialmanagement. Neueste Entwicklungen in Forschung*. Wiesbaden: Springer VS.
Blanke, Hermann-Josef (Hrsg.). 2007. *Die Reform des Sozialstaats zwischen Freiheitlichkeit und Solidarität*. Tübingen: Mohr Siebeck.
Böhnisch, Lothar. 2016. Sozialmanagement und sozialpolitische Reflexivität – Im Spannungsfeld von investiver Sozialpolitik und Governance. In *Sozialmanagement – Eine Zwischenbilanz. Eine Veröffentlichung der Internationalen Arbeitsgemeinschaft Sozialmanagement/Sozialwirtschaft (INAS e.V.)*, Hrsg. Gotthart Schwarz, Armin Wöhrle, Agnès Fritze, und Thomas Prinz. Wiesbaden: Springer VS.
Boeßenecker, Karl-Heinz, und Andreas Markert. 2014. *Studienführer Sozialmanagement. Studienangebote in Deutschland, Österreich und der Schweiz: Befunde – Analysen – Perspektiven*, 3. vollständig überarbeitete und aktualisierte Auflage. Baden-Baden: Nomos.

Brünner, Frank. 2007. Die Rolle freier Träger angesichts der Ökonomisierung sozialer Dienste. In *Die Reform des Sozialstaats zwischen Freiheitlichkeit und Solidarität*, Hrsg. Hermann-Josef Blanke, 209ff. Tübingen: Mohr Siebeck.
Brunkhorst, Hauke. 2014. Nicht von dieser Welt, 52. In *Die Zeit* Nr. 48/v. 20. Nov. 2014.
Bürgisser, Herbert, Christoph Buerkli, Jürgen Stremlow, Oliver Kessler, und Fernanda Benz. 2012. Skizze eines systemischen Management-Modells für den Sozialbereich. In *Auf der Suche nach Sozialmanagementkonzepten und Managementkonzepten für und in der Sozialwirtschaft. Eine Bestandsaufnahme zum Stand der Diskussion und Forschung*, Hrsg. Armin Wöhrle, 3 Bände, Bd. 2, 231ff. Augsburg: Ziel.
Buestrich, Michael, Monika Burmester, Heinz-Jürgen Dahme, und Norbert Wohlfahrt (Hrsg.). 2008. *Die Ökonomisierung Sozialer Dienste und Sozialer Arbeit. Entwicklungen – Theoretische Grundlagen – Wirkungen*. Band 18 Grundlagen der Sozialen Arbeit. Baltmannsweiler: Schneider.
Burla, Stephan. 1989. *Rationales management in non-profit-organisationen*. Bern: Haupt.
Busse, Stefan, Gudrun Ehlert, Roland Becker-Lenz, und Silke Müller-Hermann (Hrsg.). 2016. *Professionalität und Organisation*. Wiesbaden: Springer VS.
Crouch, Colin. 2008. *Postdemokratie*. Frankfurt a.M.: Suhrkamp.
Crouch, Colin. 2015. *Die bezifferte Welt. Wie die Logik der Finanzmärkte das Wissen bedroht*. Frankfurt a.M.: Suhrkamp.
Dahme, Heinz-J., Gertrud Kühnlein, und Norbert Wohlfahrt. 2005. *Zwischen Wettbewerb und Subsidiarität. Wohlfahrtsverbände unterwegs in die Sozialwirtschaft*. Berlin: edition sigma.
Douma, Eva. 2016. Die Ökonomisierung der Sozialen Arbeit schafft die Wohlfahrt ab? In *Moral und Geschäft. Positionen zum ethischen Management in der Sozialwirtschaft*, Hrsg. Armin Wöhrle, 35ff. Baden-Baden: Nomos.
Evans, Michaela, Wjatscheslav Galtschenko, und Josef Hilbert. 2012. *Befund „Sociosclerose": Arbeitgeber-Arbeitnehmerbeziehungen in der Sozialwirtschaft in Deutschland in Modernisierungsverantwortung*. German country report to the European Project „Promoting employers' social services organisations in social dialogue". Gelsenkirchen: Duncker & Humblot.
Faust, Wolfgang. 2012. Auf der Suche nach der verlorenen Vernunft – Grundlagen der Sozialwirtschaft. S. 167ff. In *Auf der Suche nach Sozialmanagementkonzepten und Managementkonzepten für und in der Sozialwirtschaft. Eine Bestandsaufnahme zum Stand der Diskussion und Forschung*, Hrsg. Armin Wöhrle, 3 Bände, Bd. 2, 167ff. Augsburg: Ziel.
Faust, Wolfgang. 2016. Moral und andere Kleinigkeiten. In *Moral und Geschäft. Positionen zum ethischen Management in der Sozialwirtschaft*, Hrsg. Armin Wöhrle, 93ff. Baden-Baden: Nomos.
FAZ. 2008. Der Staat rettet den Kapitalismus, FAZ, Oktober 4. http://www.faz.net/aktuell/wirtschaft/der-staat-rettet-den-kapitalismus-11394665.html. Zugegriffen: 26. Jan 2016.
Flösser, Gaby, und Hans-Uwe Otto (Hrsg.). 1992. *Sozialmanagement oder Management des Sozialen?* Bielefeld: Böllert KTVerlag.
Fritze, Agnés, Bernd Maelicke, und Baet Uebelhart (Hrsg.). 2011. *Management und Systementwicklung in der Sozialen Arbeit*. Baden-Baden: Nomos.
Fröse, Marlies W. 2012. Zur Theoriebildung in Sozialwirtschaft du Sozialmanagement. In *Auf der Suche nach Sozialmanagementkonzepten und Managementkonzepten für und in der Sozialwirtschaft. Eine Bestandsaufnahme zum Stand der Diskussion und Forschung*, Hrsg. Armin Wöhrle, 3 Bände, Bd. 1, 94ff. Augsburg: Ziel.

Fröse, Marlies W., Stephanie Kaudela-Baum, und Frank E.P. Dievernich (Hrsg.). 2015. *Emotion und Intuition in Führung und Organisation*. Springer/Gabler/SGO Schriftenreihe „uniscope".
Galuske, Mchael. 2007. Wenn Soziale Arbeit zum Management wird .... In *Soziale Arbeit zwischen Ökonomisierung und Selbstbestimmung*, Hrsg. E. Jürgen Krauß, Michael Möller, und Richard Münchmeier, 333ff. Kassel: University Press.
Geißler, Harald. 1995. *Grundlagen des Organisationslernens*. Weinheim: Deutscher Studienverlag.
Grunwald, Klaus. 1999. Das Konzept „Management in sozialen Organisationen" der Diakonischen Akademie Deutschland. In *Sozialwirtschaft und Sozialmanagement in der Ausbildung*, Hrsg. Wolf Rainer Wendt, 192ff. Baden-Baden: Nomos.
Grunwald, Klaus. 2008. Zur Nähe der heutigen Auffassungen der Organisationssoziologie zu zentrale Konzepten der Sozialen Arbeit am Beispiel der Lebensweltorientierten Sozialen Arbeit – Annäherungen zwischen Sozialmanagement und Sozialer Arbeit. In *Sozialwirtschaft und Sozialmanagement im deutschsprachigen Raum – Bestandsaufnahme und Perspektiven*, Hrsg. Herbert Bassarak, und Armin Wöhrle, 194ff. Augsburg: Ziel.
Grunwald, Klaus. 2009. *Vom Sozialmanagement zum Management des Sozialen? Eine Bestandsaufnahme*. Hohengehren: Schneider.
Grunwald, Klaus. 2012. Zur Bewältigung von Dilemmata und Paradoxien als zentrale Qualifikation von Leitungskräften in der Sozialwirtschaft. In *Personal im Sozialmanagement. Neueste Entwicklungen in Forschung, Lehre und Praxis*, Hrsg. Herbert Bassarak, und Sebastian Noll, 55ff. Wiesbaden: Springer VS.
Grunwald, Klaus. 2013. Soziale Arbeit, ihre Selbstverortung und ihr Verhältnis zu Fragen der Steuerung sozialwirtschaftlicher Unternehmen. In *Grundlagen des Managements in der Sozialwirtschaf*, Hrsg. Armin Wöhrle, Reinhilde Beck, Klaus Grunwald, Klaus Schellberg, Gotthart Schwarz, und Wolf Rainer Wendt, 81ff. Baden-Baden: Nomos.
Grunwald, Klaus, und Paul Stefan Roß. 2014. „Governance Sozialer Arbeit". Versuch einer theoriebasierten Handlungsorientierung für die Sozialwirtschaft. In *Öffentliche und Soziale Steuerung – Public Management und Sozialmanagement im Diskurs*, Hrsg. Andrea Tabatt-Hirschfeldt, 17ff. Baden-Baden: Nomos.
Grunwald, Klaus, Georg Horcher, und Bernd Maelicke (Hrsg.). 2013. *Lexikon der Sozialwirtschaft. 2. aktualisierte und vollständig überarbeitete Auflage*. Baden-Baden: Nomos.
Hilbert, Josef, Michaela Evans, und Viacheslav Galtschenko. 2015. *Sociosclerose. Zukunftsfähigkeit gefährdet*, 7ff. SOZIALwirtschaft 3/2015.
Jens, Uwe (Hrsg.). 1991. *Der Umbau. Von der Kommandowirtschaft zur Öko-sozialen Marktwirtschaft*. Baden-Baden: Nomos.
Jonas, Hans. 1984. *Das Prinzip Verantwortung. Versuch einer Ethik für die technologische Zivilisation*. Frankfurt a.M.: Suhrkamp.
Krauß, E. Jürgen, Michael Möller, und Richard Münchmeier (Hrsg.). 2007. *Soziale Arbeit zwischen Ökonomisierung und Selbstbestimmung*. Kassel: University Press.
Kolhoff, Ludger (Hrsg.). 2015. *Zur Entwicklung eines verzahnten Studienangebots zum Sozial- und Publicmanagement*. Brandenburg: Hochschulverbund Distance Learning.
Kuhlmann, Carola. 2000. *Alice Salomon: Ihr Lebenswerk als Beitrag zur Entwicklung der Theorie und Praxis sozialer Arbeit*. Weinheim: Deutscher Studienverlag.
Lambers, Helmut. 2015. *Management in der Sozialen Arbeit und in der Sozialwirtschaft. Ein systemtheoretisch reflektiertes Managementmodell*. Weinheim: Beltz Juventa.

Maelicke, Bernd. 1989. *Management in sozialen Organisationen. Ganzheitliche und sozialökologische Organisationsentwicklung für Non-Profit-Unternehmen*, 67ff. Blätter der Wohlfahrtspflege 3/1989.
Manager Magazin. 2016. Der späte Gesinnungswandel des Alan Greenspan, Januar 28. http://www.manager-magazin.de/politik/weltwirtschaft/alan-greenspan-raeumt-denkfehler-ein-a-942789.html.
Mauerer, Alfons, und Katrin Schneiders. 2016. Die Exit-Option als Erweiterung des Handlungsspielraums – Wann und unter welchen Bedingungen bleibt nur noch der Ausstieg? In *Moral und Geschäft. Positionen zum ethischen Management in der Sozialwirtschaft*, Hrsg. Armin Wöhrle, 215ff. Baden-Baden: Nomos.
Merchel, Joachim. 2013. *Qualitätsmanagement in der sozialen Arbeit*. 4., überarb. Aufl. Weinheim: Juventa.
Müller-Schöll, Albrecht, und Manfred Priepke. 1983. *Sozialmanagement. Zur Förderung systematischen Entscheidens, Planens, Organisierens, Führens und Kontrollierens in Gruppen*. Frankfurt a.M.
Rosa, Hartmut. 2013. *Beschleunigung und Entfremdung. Entwurf einer Kritischen Theorie spätmoderner Zeitlichkeit*. Berlin: Suhrkamp.
Sandel, Michael J. 2014. *Was man für Geld nicht kaufen kann. Die moralischen Grenzen des Marktes*. Berlin: Ullstein.
Schellberg, Klaus. 2013. Die Wirtschaftswissenschaften und ihr Verhältnis zur Sozialwirtschaft (und der Sozialen Arbeit). In *Grundlagen des Managements in der Sozialwirtschaf*, Hrsg. Armin Wöhrle, Reinhilde Beck, Klaus Grunwald, Klaus Schellberg, Gotthart Schwarz, und Wolf Rainer Wendt. Baden-Baden: Nomos.
Schneider, Armin. 2016. Können denn Gewinne Sünde sein? In *Moral und Geschäft. Positionen zum ethischen Management in der Sozialwirtschaft*, Hrsg. Armin Wöhrle, 139ff. Baden-Baden: Nomos.
Schwarz, Gotthart. 1994. *Sozialmanagement*. Augsburg: Ziel.
Schwarz, Gotthart. 2016. Wie (un)politisch ist das Sozialmanagement? Anmerkungen zu den konzeptionellen Zielen, den politischen Rahmenbedingungen und künftigen Aufgaben des Sozialmanagements. In *Sozialmanagement – Eine Zwischenbilanz. Eine Veröffentlichung der Internationalen Arbeitsgemeinschaft Sozialmanagement/ Sozialwirtschaft (INAS e.V.)*, Hrsg. Gotthart Schwarz, Armin Wöhrle, Agnés Fritze, und Thomas Prinz. Wiesbaden: Springer VS.
Schwarz, Gotthart, Armin Wöhrle, Agnés Fritze, und Thomas Prinz. 2016. *Sozialmanagement – Eine Zwischenbilanz. Eine Veröffentlichung der Internationalen Arbeitsgemeinschaft Sozialmanagement/Sozialwirtschaft (INAS e.V.)*. Wiesbaden: Springer VS.
SDB (Soziale Dienste Berlin-Brandenburg e.V.). 2011. Abschlussbericht Befragung zur sozialen und beruflichen Lage von Fachkräften der Sozialen Dienste in Berlin und Brandenburg, Berlin 2011 (zu beziehen bei: SDB, Oldenburger Str. 4 b, 10551 Berlin, Tel. 030/394 94 319, www.sdb-ev.de, sdb-ev@t-online.de.
Seithe, Mechthild, und Corinna Wiesner-Rauh. 2013. *Das kann ich nicht mehr verantworten!*, 2 Aufl. Neumünster: Paranus-Verlag.
Staub-Bernasconi, Silvia. 2016. „Bringing the Client Back In" – Die Relevanz von Mary Parker Folletts (1868–1933) Sozialmanagementkonzept für die heutige Soziale Arbeit unter neoliberalem Vorzeichen. In *Sozialmanagement – Eine Zwischenbilanz. Eine Veröffentlichung der Internationalen Arbeitsgemeinschaft Sozialmanagement/ Sozialwirtschaft*

(INAS e.V.), Hrsg. Gotthart Schwarz, Armin Wöhrle, Agnés Fritze, und Thomas Prinz. Wiesbaden: Springer VS.
Steinmann, Horst, und Georg Schreyögg. 2000. Management. *Grundlagen der Unternehmensführung. Konzepte – Funktionen – Fallstudien,* 5. Aufl. Wiesbaden: Gabler.
Stricker, Silvan, Patrick Renz, Donat Knecht, Alex Lötscher, und Werner Riedweg. 2015. *Soziale Organisationen wirkungsvoll führen. Entwicklung dank ganzheitlicher Governance - ein Fitnessradar.* Baden-Baden: Nomos.
Sussebach, Henning, und Stefan Wilke. 2010. *Der König der unteren Zehntausend,* 13ff. Die Zeit 27/2010.
Tabatt-Hirschfeldt, Andrea. 2014. *Öffentliche und Soziale Steuerung – Public Management und Sozialmanagement im Diskurs.* Baden-Baden: Nomos.
Uebelhart, Bernd. 2011. Das Social-Impact-Modell (SMI) – vom sozialen Problem zur Wirkung. In *Management und Systementwicklung in der Sozialen Arbeit,* Hrsg. Agnés Fritze, Bernd Maelicke, und Baet Uebelhart, 221ff. Baden-Baden: Nomos.
Ulrich, Peter. 2010. *Zivilisierte Marktwirtschaft.* Bern: Haupt.
Wendt, Wolf Rainer. 1999. *Sozialwirtschaft und Sozialmanagement in der Ausbildung.* Baden-Baden: Nomos.
Wendt, Wolf Rainer. 2016. Was recht und billig ist. Über Differenzen in Lebens- und Versorgungsgeschäften. In *Moral und Geschäft. Positionen zum ethischen Management in der Sozialwirtschaft,* Hrsg. Armin Wöhrle, 21ff. Baden-Baden: Nomos.
Wendt, Wolf Rainer, und Armin Wöhrle. 2007. *Sozialwirtschaft und Sozialmanagement in der Entwicklung ihrer Theorie.* Augsburg: Ziel.
Wöhrle, Armin. 2002. *Change Management. Organisationen zwischen Hamsterlaufrad und Kulturwandel.* Augsburg: Ziel.
Wöhrle, Armin. 2005. *Den Wandel managen. Organisationen analysieren und entwickeln.* Baden-Baden: Nomos.
Wöhrle, Armin. 2007. Zum Stand der Theorieentwicklung des Sozialmanagements. In *Sozialwirtschaft und Sozialmanagement in der Entwicklung ihrer Theorie,* Hrsg. Wolf Rainer Wendt, und Armin Wöhrle, 101ff. Augsburg: Ziel.
Wöhrle, Armin. 2008. Soziale Arbeit und ihr Management – ein schwieriges Verhältnis und eine Vision. In *Sozialwirtschaft und Sozialmanagement im deutschsprachigen Raum – Bestandsaufnahme und Perspektiven,* Hrsg. Herbert Bassarak, und Armin Wöhrle, 63ff. Augsburg: Ziel.
Wöhrle, Armin (Hrsg.). 2012a. *Auf der Suche nach Sozialmanagementkonzepten und Managementkonzepten für und in der Sozialwirtschaft. Eine Bestandsaufnahme zum Stand der Diskussion und Forschung,* 3 Bände. Augsburg: Ziel.
Wöhrle, Armin. 2012b. *Sozialmanagementkonzepte, Studienbrief 2-020-1401.* Brandenburg: Hochschulverbund Distance Learning.
Wöhrle, Armin. 2013a. Mikropolitik, S. 659–660; Mythen, S. 677–680 und Ritual, S. 847–850. In *Lexikon der Sozialwirtschaft. 2. aktualisierte und vollständig überarbeitete Auflage,* Hrsg. Klaus Grunwald, Georg Horcher, und Bernd Maelicke. Baden-Baden: Nomos.
Wöhrle, Armin. 2013b. Mit welchen Begriffen des Managements argumentieren wir? Ein Beitrag zur Klärung der Begriffe Management von Organisationen, die Dienstleistungen der Sozialen Arbeit erbringen, Sozialmanagement, Management in der Sozialwirtschaft und Management des Sozialen. In *Kölner Journal. Wissenschaftliches Forum für Sozialwirtschaft und Sozialmanagement* 1/2013, 34–59. Baden-Baden: Nomos.

Wöhrle, Armin. 2016a. Die Entdeckung der eigenen Steuerung. Die Entstehung des Sozialmanagements zwischen Abwehr und Erweiterung. In *Professionalität und Organisation*, Hrsg. Stefan Busse, Gudrun Ehlert, Roland Becker-Lenz, und Silke Müller-Hermann, 227ff. Wiesbaden: Springer VS.
Wöhrle, Armin (Hrsg.). 2016b. *Moral und Geschäft. Positionen zum ethischen Management in der Sozialwirtschaft*. Baden-Baden: Nomos.
Wöhrle, Armin. 2016c. Die Diskussionen über das Sozialmanagement. In *Sozialmanagement – Eine Zwischenbilanz. Eine Veröffentlichung der Internationalen Arbeitsgemeinschaft Sozialmanagement/ Sozialwirtschaft (INAS e.V.)*, Hrsg. Gotthart Schwarz, Armin Wöhrle, Agnés Fritze, und Thomas Prinz. Wiesbaden: Springer VS.
Wüllenweber, Walter. 2011. *Die Hilfsindustrie*. Stern 8/2011, 92ff.

Prof. Dr. rer. soc. Armin Wöhrle Lehrstuhl mit Schwerpunkt auf Sozialmanagement, Organisations- und Personalentwicklung an der Hochschule Mittweida; Autor und Herausgeber von Buchreihen zum Sozialmanagement/Management in der Sozialwirtschaft; Vorstandsmitglied in der INAS. E-Mail: woehrle@hs-mittweida.de.

Meritorik in der Sozialwirtschaft

Warum die Sozialwirtschaft ein anderes Ökonomiemodell braucht

Beate Finis Siegler

1 Sozialökonomischer Zugang zum Verständnis von Sozialwirtschaft in einem Mehr-Ebenen-Modell

Die Sozialwirtschaft ist der Bereich der Wohlfahrtsproduktion in dem ökonomische, sozialrechtliche, sozialpolitische und ethische Anforderungen aufeinander treffen. Sie kann als Sektor mit eigener Steuerungslogik beschrieben und ihr Beitrag zur Verbesserung der gesellschaftlichen Wohlfahrt in quantitativer (BIP), qualitativer (Versorgungsniveau) und struktureller Hinsicht (Zusammensetzung) analysiert werden. Die Sozialwirtschaft gehört zur Meso-Ebene der Wohlfahrtsproduktion. Sie erstellt Leistungen, die überwiegend deshalb öffentlich refinanziert werden, weil sie Probleme behandeln, die auf der Makroebene sozialpolitischer Entscheidungen als soziale definiert wurden. In der Konsequenz dominieren nicht-schlüssige Tauschbeziehungen, der Markt versagt und Konsumentensouveränität spielt keine Rolle. Der Bedarf ist öffentlich bestimmt, spiegelt soziale und nicht individuelle Präferenzen wieder und die Nachfrage nach den Leistungen ist anbieterdominiert. Die Sozialwirtschaft ist der ökonomische Ort der Transformation kollektiver Entscheidungen in Leistungen, mit denen in die Lebenslage von

---

B. Finis Siegler (✉)
Frankfurt University of Applied Sciences,
Fachbereich Soziale Arbeit und Gesundheit,
Frankfurt am Main, Deutschland
E-Mail: finis@fb4.fra-uas.de

© Springer Fachmedien Wiesbaden GmbH, ein Teil von Springer Nature 2018
W. Grillitsch et al. (Hrsg.), *Gegenwart und Zukunft des Sozialmanagements und der Sozialwirtschaft*, https://doi.org/10.1007/978-3-658-21607-8_3

Zielgruppen der Sozialpolitik interveniert wird. Die Lebenslagen bilden als mehrdimensionaler Handlungsraum die Ressourcen und die Kompetenzen ab über die Individuen verfügen und die ihre Präferenzen für Güter und Dienstleistungen auf der individuellen Ebene beeinflussen. Auf der Mikroebene sozialwirtschaftlicher Organisationen treffen die individuellen und sozialen Präferenzen aufeinander, wenn die individuellen Bedürfnisse in vordefinierten Bedarf eingepasst werden sollen. Ein Auseinanderfallen von individuellen und sozialen Präferenzen, von individuellem Bedarf und kollektiver Bedarfsbestimmung ist eine sozialwirtschaftliche Herausforderung für die Inspruchnahme der Leistungen, weil deren konkrete Ausgestaltung auf der Produktionsseite von der Mitwirkungsbereitschaft und Mitwirkungsfähigkeit der Zielgruppe abhängt und auf der Konsumtionsseite vom erwarteten Nutzen und den damit verbundenen Kosten für die Klienten. Das gilt für die Inanspruchnahme personenbezogener Dienstleistungen durch das uno-actu-Prinzip in besonderer Weise.

2 Normative Grundlegung eines ökonomischen Alternativmodells für die Sozialwirtschaft

Für die Sozialwirtschaft stellen sich daher zwei Fragen: eine normative nach dem Verhältnis von Selbstbestimmung und Herstellung von Handlungs- und Entscheidungsfähigkeit der Klienten im jeweiligen soziokulturellen Kontext/Lebenslage und eine steuerungslogische nach dem Verhältnis von politischem Prozess, Markt und Moral bei der Wohlfahrtsproduktion. Es geht um Autonomie, Freiheit und Wohlergehen gegenüber paternalistischer Fremdbestimmung sei es durch staatliche Sozialpolitik, sei es durch Philanthropie und um die Legitimation nicht-schlüssiger Tauschbeziehungen. Da sich sowohl der Erbringungskontext als auch das Erbringungsverhältnis sozialwirtschaftlicher Leistungen und die Stellung der involvierten Akteursgruppen gravierend von den Annahmen des ökonomischen Standardmodells unterscheiden, soll im Folgenden untersucht werden, inwiefern die Meritorik einen geeigneten theoretischen Rahmen liefern kann, um Antworten auf die oben gestellten Fragen zu geben. Das zu entwickelnde Konzept der Meritorik soll den unterschiedlichen Analyse-Ebenen Rechnung tragen und möglichst an andere diskutierte Ansätze anschlussfähig sein. Auf der Makro-Ebene der gesellschaftlichen Wohlfahrt soll es in Beziehung gesetzt werden zum Lebenslagekonzept von Weisser (1978) und Capabilityansätzen (Sen 2007; Bartelheimer 2009; Nussbaum 2014) auf der Meso-Ebene der Sozialwirtschaft zu institutionenökonomischen Ansätzen (Elsner et al. 1998) und zu Interventionskonzepten (Kaufmann 1999, 2005) auf der Mikro-Ebene sozialwirtschaftlicher Organisationen zu

Organisations- und Dienstleistungstheorien (Seibold 2008; Andeßner et al. 2015), auf der interaktiven Ebene zu Agency und Empowermentansätzen der Sozialen Arbeit (Oelkers et al. 2010; Otto und Ziegler 2010) und zur ökonomischen Prinzipal-Agent-Theorie sowie auf der individuellen Ebene zu Ansätzen der Entscheidungs- und Wahlhandlungstheorie (Kirchgässner 2013), der Verhaltensökonomik (Thaler und Sunstein 2015) sowie zu theoretischen Ansätzen der Präferenzgenese.

3 Bedürfnisse, Präferenzbildung, Nutzenbewertung und Wohlfahrt im Lichte verschiedener Disziplinen

Die sozialökonomische Beschreibung der Sozialwirtschaft macht deutlich, dass weder Angebot noch Nachfrage nach sozialwirtschaftlichen Leistungen den Annahmen des ökonomischen Standardmodells folgen. Da mit den Leistungen in die Lebenslage von Klienten interveniert, in ihre Präferenzen eingegriffen und damit ihre Nutzenfunktion verändert wird, spielt die Frage der Bedürfnis- und Präferenzbildung für die Sozialwirtschaft aus legitimatorischer Sicht eine zentrale Rolle. Im Unterschied zum mainstream-Ökonomiemodell, das von gegebenen Präferenzen ausgeht und folglich deren Bezug zu den Bedürfnissen und ihrer Entwicklung keine besondere Aufmerksamkeit zukommen lässt, muss es hier um einen Ansatz gehen, der die Bedürfnis- und die Präferenzbildung eingehender betrachtet, weil erstens die Befriedigung von Bedürfnissen als intentionales Handeln begriffen wird, das neben einer instrumentellen auch eine normative Orientierung hat, zweitens die Möglichkeit und Fähigkeit Bedürfnisse artikulieren zu können gesellschaftlich ungleich verteilt ist und drittens nicht alle Bedürfnisse organisations- und artikulationsfähig sind (Hondrich 1977). Die traditionelle Ökonomik sieht im „Bedürfnis" eine vorökonomische Handlungsmotivation und behandelt sie deshalb als Datum, obgleich es – wie der Rekurs auf die Maslowsche Bedürfnispyramide in der ökonomischen Literatur belegt – ein zentraler Begriff ökonomischen Denkens zu sein scheint (kritisch hierzu Wiswede 1981, 1987). Theoretische Ansätze aus Biologie und Psychologie zur Entstehung und zum Wandel von Bedürfnissen beschreiben die Bedürfnisbefriedigung als einen Lernprozess. Bedürfnisbefriedigung setzt nicht nur ein Bewusstsein über eigene Bedürfnisse voraus, sondern auch ein Wissen über die Möglichkeiten zu ihrer Befriedigung. Solche subjektiven Wissensinhalte kommen in Präferenzen zum Ausdruck. „Bedürfnis und Präferenz sind folglich voneinander zu unterscheiden: Das Bedürfnis ist die eigentliche Ursache dafür, daß Individuen (…) Handlungen an den Tag legen. Die Präferenzen dagegen bestimmen, welche Wahlentscheidungen getroffen werden, wodurch Bedürfnisse befriedigt werden" (Engelhard 1999, S. 42). Da in der traditionellen Ökonomik die Präferenzen eine „black box" darstellen, die Präferenzen als gegeben unterstellt werden und das Zustandekommen der Wahlentscheidung als revealed preference nicht weiter Gegenstand der Betrachtung ist (kritisch hierzu Binder 2010; Witt und Schubert 2013) rekurriert eine sozialökonomische Beschäftigung mit der Präferenzbildung auch auf andere Disziplinen. Sozialpsychologische Aspekte der Präferenzbildung (Wiswede 1987; kritisch hierzu Lerch 2000) beschreiben den Prozess lerntheoretisch über Verstärkungsvorgänge primärer und sekundärer Art, die auch zur Internalisierung von Präferenzen führen. Bevorzugte Handlungsalternativen sind mit Erwartungen verknüpft, nämlich mit der subjektiven Erwartung, dass die beabsichtigten Handlungskonsequenzen auch tatsächlich eintreten, ökonomisch gesprochen, dass der erwartete Nutzen erzielt wird. Macht das Individuum wiederholt diese Erfahrung wird das als positive Verstärkung erlebt. Kahneman et al. (1997) sprechen von Erfahrungsnutzen, den sie vom Entscheidungsnutzen abgrenzen. „Der Mensch (besitzt so) interne und internalisierte Präferenzen. Die internen Präferenzen beziehen sich auf neurophysiologische Gegebenheiten, die internalisierten Präferenzen reflektieren die Erfahrung mit Gütern und Handlungskonsequenzen, die Beobachtung der Handlungsweise von anderen Menschen sowie das Handeln gemäß Normen. (…) Er entwickelt eine ‚soziale Persönlichkeitsstruktur', einen ‚sozialen Habitus' und kann sich individuell selbstregulieren" (Weise 2002, S. 87).

Im Unterschied zur Annahme stabiler, situationsunabhängiger und konsistenter Präferenzen verweisen empirische Ergebnisse darauf, dass Framing- und Ankereffekte das Entscheidungsverhalten beeinflussen (Enste und Hüther 2011, Enste und Eyerund 2014; Thaler und Sunstein 2015) und Menschen häufig nicht zwischen kurz- und langfristigen Konsequenzen ihres Handelns unterscheiden. Ein typisches Beispiel ist die Bevorzugung von Gegenwartskonsum gegenüber Zukunftskonsum. Die Kontextabhängigkeit und Hierarchisierung von Präferenzen zeigt sich in der Unterscheidung von Konsumenten- und Bürgerpräferenzen sowie in der Differenzierung zwischen instrumentellen Präferenzen und Meta-Präferenzen (Scherhorn 1981; Brennan und Lomasky 1983; Schnellenbach 2015). Mit dem Zusammenhang von Präferenzbildung und Sozialstruktur befassen sich auch so unterschiedliche Ansätze wie die Praxistheorie von Bourdieu (1976) und die Theorie Sozialer Rationalität von (Lindenberg 2001). In beiden Ansätzen sind Präferenzen in den Handlungsdispositionen der Individuen verankert, bei Bourdieu im Habituskonzept und bei Lindenberg im Goal-Frame-Ansatz (Reddig und Tranow 2014). Präferenzen bilden die Nahtstelle zwischen Handlung und Struktur. Sie ordnen vor dem Hintergrund der Lebenslage die Handlungen. Die Lebenslage als mehrdimensionaler Handlungsspielraum im Weisser´schen (1978) Verständnis spielt in mehrfacher Hinsicht eine Rolle. Sie beeinflusst nicht nur, welche Handlungspräferenzen inhaltlich ausgebildet werden, ob die Option A der Option B vorgezogen wird, sondern auch welche Zielpräferenzen Menschen haben, was sie sich unter einem guten Leben vorstellen. Sie beeinflusst die Kompetenz, Handlungspräferenzen anhand der Zielpräferenzen zu bewerten, d. h. Meta-Präferenzen auszubilden. Kompetenzen und Ressourcen definieren so den individuellen Handlungsspielraum. Sie bedingen die Möglichkeit, Bedürfnisse artikulieren und Präferenzen entwickeln zu können.

Aus dem bisher Gesagten folgt, dass Präferenzen gelernt, internalisiert, aber auch an Restriktionen angepasst und durch Restriktionen in ihrer Ausbildung beeinflusst werden sowie, dass vergangene Erfahrungen Maßstab für künftiges Verhalten sind. Aus einer sozialökonomischen Perspektive stellt sich daher auf der Objektebene die Frage, welche Rolle der Sozialstaat und seine Agenten für die Entwicklung von Bedürfnissen, Bedarfen und Präferenzen der Zielgruppen der Sozialpolitik spielen und wie sie durch meritorische Nutzeninterdependenz zu individueller und sozialer Wohlfahrt beitragen. Auf der Metaebene geht es um die Begründung der Meritorik als Analyserahmen.

4 Das Konzept der Meritorik und die Diskussion der Konsumentensouveränität

In diesem Beitrag wird die These vertreten, dass das auf Musgrave (1969) zurückgehende Konzept meritorischer Güter (merit goods), für die sozialökonomische Analyse der Sozialwirtschaft und für die Steuerung ihres Leistungsangebots und ihrer -nachfrage fruchtbar gemacht werden kann (s.auch Finis Siegler und Schönig 2013). In Musgraves Ansatz zur Theorie des öffentlichen Haushalts geht es um die Begründung von Nichtmarktsteuerung. Er beschreibt neben öffentlichen Gütern eine weitere Kategorie von Gütern, bei denen politische Entscheidungen eine zentrale Rolle spielen. „Sie werden durch den Markt innerhalb der Grenzen, die die wirksame Nachfrage auferlegt, befriedigt und gelangen dann in den Bereich öffentlicher Bedürfnisse, wenn sie als so bedeutend angesehen werden, dass für ihre Befriedigung durch das öffentliche Budget über das hinaus Sorge getragen wird, was der Markt zur Verfügung stellt und was von privaten Käufern bezahlt wird" (Musgrave 1969, S. 15). Musgrave spricht von meritorischen Bedürfnissen, die „ihrer Natur nach eine Einmischung des Staates in die Konsumentenpräferenzen ein[schließen]" (Musgrave 1969, S.15).

Mangelnde Konsumentensouveränität und Besonderheiten dieses Gütertyps begründen die Entscheidung für eine nicht-konsumentengesteuerte Ressourcenallokation bei Wohlfahrtsgütern. Ressourcen werden fehlgesteuert, weil der Markt allokativ und distributiv versagt. Während beim distributiven Marktversagen

Gerechtigkeitsdefizite mit Blick auf Zahlungsfähigkeit und Zahlungsbereitschaft im Vordergrund stehen, wird das allokative Marktversagen auf informationelle Defizite, Internalisierungsdefizite und Rationalitätsdefizite zurückgeführt. Hierzu gehören die Informationsasymmetrie zwischen Anbieter (Produzent) und Nachfrager (Konsument), das Vorliegen externer Effekte und der Anreiz zum free-rider-Verhalten und „moral hazard" sowie „verzerrte" Präferenzen bei den Konsumenten, die eine Intervention erfordern. Von Musgrave et al. (1990) selbst ins Feld geführte Anwendungsfälle sind Personen, denen es an Konsumentensouveränität mangelt, sog. „pathologische Fälle", die einer Vormundschaft bedürfen, Umverteilung durch Sach- und Dienstleistungen, die „Willensschwäche" von Entscheidungsträgern und in neueren Einlassungen die Befriedigung von Gemeinschaftsbedürfnissen.

Bei der Kontroverse um das Konzept der Meritorik wird nach Gründen Ausschau gehalten, staatliche Eingriffe in die Souveränität der Konsumenten, die die Praxis kennzeichnen, auch theoretisch zu legitimieren. Die Diskussion erfolgte zunächst in der Zeitschrift Finanzarchiv (Head 1966, 1969, 1988; Mc Lure 1968; Andel 1969, 1984; Brennan und Lomasky 1983) und fand ihre Fortsetzung in der Zeitschrift für Wirtschafts- und Sozialwissenschaften (Schmidt 1988, Priddat 1992; Tietzel und Müller 1998). Zum Teil ist die Kontroverse auf Unklarheiten in Musgraves eigener Beschreibung seiner Konzeption und ihrer Vereinbarkeit mit der Idee der Konsumentensouveränität zurückzuführen (hierzu auch Ver Eecke 2013, S. 37ff.). Im Ergebnis halten die meisten Autoren das Konzept für unvereinbar mit dem methodologischen Individualismus und neoklassischen Positionen und sehen die Meritorik deshalb insgesamt kritisch (Hösel 2007, 2008). So formuliert Erlei (1989), dass selbst wenn es möglich sei, dass meritorische Bedürfnisse existieren, dies nichts darüber aussagt, ob und wie sie durch die Bereitstellung von Gütern befriedigt werden sollen. Die Bereitstellung sei mit fünf Problemen verbunden: einem Erkennungs-, Entscheidungs- und Missbrauchsproblem sowie den Problemen des Umgangs mit Minderheitenpräferenzen im Kontext eines demokratischen Entscheidungsverfahrens über Güterbündel und nicht einzelne Güter.

Im Zuge der Auseinandersetzung mit dem Konzept wurde von Musgrave selbst, aber auch von anderen Autoren eine Weiterentwicklung vom paternalistischen Ansatz zu einem individualistischen vorgestellt, die eine Vereinbarkeit mit den normativen Grundlagen der Konsumentensouveränität ermöglichen soll. Die verschiedenen Positionen unterscheiden sich nicht nur hinsichtlich der Bewertung des Konzepts, sondern auch hinsichtlich der Definition, was unter meritorischen Gütern zu verstehen ist (Brennan und Lomasky 1983; Head 1988; Richter und Weimann 1991; Priddat 1992; Gottschalk 2001; Müller und Tietzel 2002; Schröder 2007).

5 Grundzüge des Meritorik-Modells aus der Mehr-Ebenen-Perspektive

Während sich die öffentliche Debatte um die Meritorik bevorzugt um die Frage dreht, ob und wie die zahlreich stattfindenden meritorischen Eingriffe des Staates in die Lebenslage der Bevölkerung mit dem normativen Individualismus traditionellen ökonomischen Denkens und der Idee der Konsumentensouveränität vereinbar sei (Lerch 2000; Schröder 2007), hält eine sozialökonomische Betrachtung das traditionelle Ökonomiemodell für einen ungeeigneten Maßstab und versteht unter „Meritorik" einen Prozess der gesellschaftlichen Konstruktion von Wohlfahrt und Nutzen.

Gesellschaftliche Wohlfahrt ist auf der Makro-Ebene nicht als Addition individueller über Nutzenmaximierung erreichter Wohlfahrtspositionen bei stabilen Präferenzen darstellbar, sondern sie ist eine gesellschaftliche Konstruktionsleistung. „Soziale Wohlfahrt ist eben keine Summengröße, sondern eine Konstruktionsleistung interagierender Individuen und Institutionen" (Schulz-Nieswandt 1992, S. 45). Nutzenvorstellungen sind ebenso kulturell geprägt wie die Entscheidung zu meritorischen Eingriffen von normativen Leitbildern abhängt. Meritorische Eingriffe sind „moral value judgements", kulturelle Artefakte (Rüffer 2007). Sie bringen Präferenzen über Präferenzen zum Ausdruck. Zu meritorischen Gütern werden solche gemacht, denen eine hohe materiale Wertqualität und ein hoher Öffentlichkeitsgrad zugeschrieben wird. „The concept of merit goods argues that there are goods which are so important that people might not have a pure economic interest in a particular good or service but they have an ethical interest in that good or service" (Ver Eecke 2013, S. 73). Die Politik übernimmt hier eine Gestaltungsfunktion, Sozialpolitik wird zur Lebenslagegestaltung mittels rechtlicher, ökonomischer, ökologischer und pädagogischer Interventionen. Der Bedarf an meritorischen Gütern und Dienstleistungen wird in einem politischen Prozess bestimmt und als sozialstaatlich definierter Bedarf auf der Meso-Ebene administriert.

Die Steuerung der Ressourcen für die Befriedigung des sozialstaatlich definierten Bedarfs erfolgt auf der Meso-Ebene. Meritorik auf der Meso-Ebene heißt Umwandlung des sozialstaatlich definierten Bedarfs in sozialstaatliche Nachfrage und Organisation eines Angebots an meritorischen Gütern und Dienstleistungen sei es in wettbewerblichen oder eher neokorporatistischen Strukturen. Die Allokation wird so strukturiert, „als ob" die sozialstaatliche Nachfrage den Präferenzen der Klienten entspräche. Zur Meritorik gehört aber auch die Entscheidung sozialwirtschaftlicher Organisationen einen Teil ihrer Ressourcen in eigene Angebote an meritorischen Gütern und Dienstleistungen zu lenken, deren Inanspruchnahme aus ihrer Sicht den Klienten einen Nutzen stiften würde.

Auf der Mikro-Ebene der einzelnen sozialwirtschaftlichen Anbieter besteht die Herausforderung durch die Meritorik darin, die Fiktion des „als ob" in beiden Varianten zur Realität zu machen. Die Organisationen müssen sich fragen, wie sie die Akzeptanz des Angebots bei den Klienten erreichen oder steigern können, damit seitens des Klienten überhaupt Entscheidungsnutzen entstehen kann. Damit verschiebt sich der Fokus von der Organisation und Bereitstellung meritorischer Güter und Dienstleistungen zur Frage, welchen Beitrag die Sozialwirtschaft zur Bildung von Präferenzen für meritorische Güter und Dienstleistungen leisten kann und wie Klienten an Definitions- und Entscheidungsprozessen beteiligt werden können.

Das bedeutet auf der interaktiven Ebene zwischen dem Experten der Organisation und dem Klienten dialogisch die Klientenpräferenzen zu klären und den konkreten Bedarf festzustellen, weil die faktische Inanspruchnahme des Angebots die Mitwirkung des Klienten voraussetzt. Die Beseitigung von Inanspruchnahmebarrieren sowohl auf Seiten der Organisation als auch auf Klientenseite ist eine zentrale Aufgabe, um Prozessnutzen beim Klienten zu ermöglichen und Ergebnisnutzen zu erzeugen. Die Meritorisierung transformiert auf der interaktiven Ebene die bedarfgesteuerte Ressourcenallokation in einen simultanen Prozess von Ko-Produktion und Pro-Sumtion.

Meritorik auf der individuellen Ebene zielt ab auf die Sicherung individueller Wohlfahrt durch Intervention in die Lebenslage von Menschen. Lebenslagekontexte sind für Entwicklung und Wandel von Präferenz- und Verhaltensmustern von großer Bedeutung. Änderungen in der Lebenslage können folglich auch zu Änderungen in den Präferenzen führen und zu anderen individuellen Entscheidungen über Bedarf und Nachfrage nach Gütern und Dienstleistungen. Die Lebenslage beeinflusst die Handlungsspielräume eines Individuums, seine Ressourcen und seine Kompetenzen. Meritorisierung kann sich deshalb auf die Erweiterung von Handlungsspielräumen beziehen durch Verbesserung der Ressourcenlage und /oder der Kompetenzen durch Wissensvermittlung, Erfahrung, Erziehung etc., wobei Kompetenzen zugleich die Präferenzbildung beeinflussen. Präferenzänderungen wirken auf die Lebenslage zurück. Meritorisierung dient so der Spielraumerweiterung für autonomes Handeln.

Das Modell einer autonomieförderlichen Meritorik negiert nicht potenzielle Konflikte zwischen individuellen und sozialen Präferenzen, die sowohl interpersonell als auch intrapersonell sein können, sondern plädiert für eine dialogorientierte Auseinandersetzung auf der interpersonellen und einer reflexiven auf der intraindividuellen Ebene. Das hat unmittelbare Konsequenzen für die Sozialwirtschaft und ihre Fokussierung auf die Angebotsseite des meritorischen Prozesses.

6 Autonomieförderliche Meritorik: Vermittlung zwischen Bedürfnis- und Güter- und Dienstleistungsorientierung

Meritorik kann nachfrage- und angebotsseitig betrachtet werden. Musgrave hat in der Anfangsphase seiner Auseinandersetzung mit dem Konzept von merit wants, von meritorischen Bedürfnissen gesprochen, die einen Eingriff in die Konsumentensouveränität erfordern. Der Fokus lag auf der Nachfrageseite. Bestimmte Bedürfnisse werden von den Konsumenten aus unterschiedlichen Gründen nicht so wahrgenommen, wie sie wahrgenommen werden sollten. Grundsätzlich lassen sich die meritorischen Bedürfnisse über den Markt befriedigen. Allerdings ist das, was als Nachfrage am Markt auftaucht aus gesamtgesellschaftlicher Sicht nicht ausreichend, so dass zusätzlich öffentliche Mittel zur Verfügung gestellt werden müssen, damit zusätzliche Nachfrage entsteht und befriedigt werden kann. Das bedeutet zugleich, dass die von den Konsumenten am Markt bekundeten Präferenzen so nicht akzeptiert werden, sich der Staat in die Konsumentenpräferenzen einmischt, um weitere Nachfrage auszulösen. Das Augenmerk liegt hier also auf der Entwicklung von Bedürfnissen und Bildung von Präferenzen sowie der Entwicklung von Nutzenbewertung, die dann zu einem Bedarf führt, der in Nachfrage am Markt einmündet. Die „verzerrten Präferenzen" führen zu einer „verzerrten" Nutzenbewertung seitens der Konsumenten und erfordern eine Korrektur der Nachfrage. Die Nachfrage ist staatlich induziert.

Die Rede von meritorischen Gütern und Dienstleistungen hingegen verschiebt den Fokus auf die Angebotsseite (Jones und Cullis 2002). Dabei kann es unterschiedliche „Modes of public provision" (Head 1966, S. 219) geben. Über politische Entscheidungen werden die Angebotsmengen beeinflusst sei es durch öffentliche Subventionierung eines privaten Angebots oder öffentliche Bereitstellung der Güter und Dienstleistungen. In allen Fällen wird die Allokation verändert und damit der Erbringungskontext für die Sozialwirtschaft, die mit den Kosten- und Leistungsträgern Vereinbarungen über Quantität und Qualität des Leistungsangebots sowie die Vergütung trifft. Das, was tatsächlich als Angebot zustande kommt, ist ebenfalls staatlich induziert. Offen bleibt bei dieser Betrachtung allerdings, ob die angebotenen meritorischen Güter und Dienstleistungen für die Befriedigung der meritorischem Bedürfnisse tatsächlich geeignet sind; denn die öffentliche Sicherstellung des Angebots sagt noch nichts über die reale Inanspruchnahme und den beim meritorisierten Konsumenten erzeugten Nutzen weder über dessen Entscheidungs-, Prozess- noch Ergebnisnutzen.

Die Sozialwirtschaft, die meritorische Güter und Dienstleistungen anbietet, steht sowohl als Agent des Sozialstaats als auch als altruistischer und/oder eigeninteressierter Akteur vor der Herausforderung in quantitativer, qualitativer und struktureller Hinsicht einen Beitrag zur gesellschaftlichen Wohlfahrtsproduktion zu leisten und zugleich als Agent der Zielgruppen die Restriktionen für deren individuelles Wohlergehen nicht aus dem Auge zu verlieren. Je besser das gelingt, umso eher führt eine Verbesserung des Güterversorgungsniveaus des Empfängers auch zu einer Verbesserung seines Nutzenniveaus und damit zu einer Erweiterung seines Handlungsspielraums. Aus der Sicht einer autonomieförderlichen Meritorik muss es darum gehen die Präferenzbildung der Zielgruppen auf die Agenda der Sozialwirtschaft zu nehmen.

7 Meritorische Nutzeninterdependenz – die Modellierung nicht-schlüssiger Tauschbeziehungen

Generell meint meritorische Nutzeninterdependenz die Präferenz für in-kind-Transfers zur Sicherstellung eines bestimmten Versorgungsniveaus der Bevölkerung mit Wohlfahrtsgütern. Alle Bürger werden im Verlauf ihres Lebens zu Klienten des Sozialstaats als Versicherte oder Empfänger von Vor- und Fürsorgeleistungen. Das Leistungsangebot kann danach unterteilt werden, ob es sich um Pflichtleistungen oder freiwillige Leistungen und um Leistungen in Form von Geld-, Sach- oder Dienstleistungen handelt. Mit der Bereitstellung von in-kind-Transfers stellt der Sozialstaat seiner Bevölkerung diejenigen Güter und Dienstleistungen zur Verfügung, deren Konsum auch unabhängig vom direkten Einsatz eigener ökonomischen Ressourcen möglich sein soll. Im Regelfall handelt es sich also um nicht-schlüssige Tauschbeziehungen. Bei einem Teil der Leistungen müssen die Leistungsnutzer allerdings einen Eigenbeitrag in unterschiedlicher Höhe leisten. Auf der Seite derjenigen, für die die Leistungen erstellt werden, kann danach unterschieden werden, ob sie aus eigenem Antrieb kommen oder weil sie verpflichtet werden, die Leistung zu nutzen, also Konsumzwang besteht. Folglich deckt das Leistungsspektrum der Sozialwirtschaft zahlreiche Handlungsfelder mit unterschiedlichen Leistungserstellungsbedingungen ab. Hinzu kommen Leistungen, die sozialwirtschaftliche Organisationen vor dem Hintergrund eigener weltanschaulicher oder humanitärer Überzeugungen anbieten. Entsprechend sind bei der Diskussion meritorischer Nutzeninterdependenz unterschiedliche Fälle zu differenzieren.

8 Meritorische Interpretation des Leistungsdreiecks

Ein bedeutender Teil der Versorgung der Bevölkerung mit meritorischen Gütern und Dienstleistungen erfolgt über die Konstruktion eines Leistungsdreiecks zwischen dem Kosten- und Leistungsträger, dem Leistungsanbieter und den direkten Leistungsnutzern. Grundlage ist ein subjektiver Rechtsanspruch der Bürger auf eine im Sozialrecht verankerte Leistung. Erstellt der Sozialleistungsträger die Leistung nicht selbst, sondern bedient sich eines privaten Anbieters, wendet sich der anspruchsberechtigte Bürger an den Anbieter, um die Leistung in Anspruch zu nehmen. Er schließt mit ihm einen privatrechtlichen Vertrag. Zwischen Anbieter und Leistungsträger existieren Verträge auf öffentlich-rechtlicher Basis.

9 Kosten- und Leistungsträger als Entscheider im Meritorisierungsprozess

Mit der Entscheidung Güter und Dienstleistungen zu meritorischen zu machen, nimmt der Staat sowohl Einfluss auf die Allokation der Ressourcen als auch die Verteilung der Güter und Dienstleistungen. Der Zugang der Menschen zu den Leistungen hängt nicht von deren ökonomischen Ressourcen, sondern von der Anspruchsberechtigung ab. Das Ausschlussprinzip soll nicht gelten. So sichert die Sozialpolitik den Zugang bedürftiger Bürger zu sozialen Dienstleistungen. Wiese (2009, S. 88ff.) spricht von der Funktionsspaltung der Nachfrageseite. „Den Kostenträgern kommt die Funktion zu, die Finanzmittel zu verwalten und Versorgungsverträge mit den Anbietern auszuhandeln. Die Nutzer initiieren durch die Formulierung ihres Bedarfs (Antragstellung beim Sozialamt) den Leistungsprozess und empfangen bei positivem Bescheid (Kostenübernahme) die Leistung" (Wiese 2009, S. 89). Über Inhalt, Qualität, Menge und Preis des meritorischen Gutes trifft folglich der Kosten- und Leistungsträger Regelungen. In vielen Bereichen des Sozialrechts können private Anbieter nur dann zum Zuge kommen, wenn sie mit dem Leistungsträger vertragliche Regelungen getroffen haben. Das Dreiecksverhältnis kann dabei ganz unterschiedlich ausgestaltet sein (Cremer et al. 2013, S. 115–141). So steuert der Staat das meritorische Angebot und die zu seiner Finanzierung erforderlichen öffentlichen Ressourcen. Er versucht eine mögliche anbieterdominierte Nachfrage durch die sozialwirtschaftlichen Organisationen zu kontrollieren und damit Einfluss auf das Leistungsgeschehen zu nehmen. Aus sozialökonomischer Sicht kritisch zu sehen ist, dass die inhaltliche Festlegung von Hilfeleistungen zwischen Kostenträger und Leistungsanbieter quasi unter Ausschluss der Nutzer ausgehandelt wird, so dass die Gefahr besteht, dass an den tatsächlichen Bedürfnissen und Bedarfen der Nutzer vorbei gearbeitet wird mit der Folge einer suboptimalen Verteilung und unnötiger Kosten. Zu diesem Ergebnis kommt Wiese (2009) in ihrer Untersuchung zu sozialen Dienstleistungen für Menschen ohne Wohnung und Obdach. Ähnlich kritisch fällt die Befassung von Reis und Siebenhaar (2015) zum aktuellen Reformbedarf bei Zielsetzung und Aufgabenstellung im SGB II aus.

10 Sozialwirtschaftliche Organisationen als Verhandler im Meritorisierungsprozess

Aus der Entscheidung des Staates, sich mehr und mehr aus der eigenen Leistungserstellung meritorischer Güter und Dienstleistungen zurückzuziehen folgt, dass andere Organisationen gefunden werden müssen, die als Anbieter die sozialstaatlich definierten Leistungen produzieren und an die Nutzer abgeben. Aufgrund geänderter rechtlicher Rahmenregelungen hat sich der potenzielle Anbieterkreis auch um privatgewerbliche Anbieter erweitert, so dass zur Sozialwirtschaft nun sowohl öffentliche als auch freigemeinnützige und privatgewerbliche Organisationen gehören, die grundsätzlich Versorgungsverträge mit den Kosten- und Leistungsträgern abschließen können. „Der Inhalt der Verträge auf der Ebene der örtlichen Leistungsträger und Leistungserbringer wird maßgeblich durch Kollektivvereinbarungen zwischen den Zusammenschlüssen der Leistungsträger und Leistungserbringer auf Landes- und Bundesebene beeinflusst" (Cremer et al. 2013, S. 139). Die Leistungsanbieter haben es hier also mit der bereits erwähnten gespaltenen Nachfragesituation von Leistungsträger und Leistungsempfänger zu tun. Die Vertragsverhandlungen um das meritorische Angebot werden mit dem Leistungsträger geführt, der den von ihm definierten Bedarf in die Vertragsverhandlungen einbringt. Auf den ausgehandelten Leistungsinhalt, das meritorische Gut als normierte Sachleistung, hat der Klient als Nachfrager respektive Leistungsempfänger keinen Einfluss. Da der Klient als Nachfrager die Leistung auch nicht finanziert, sind die sozialwirtschaftlichen Organisationen in erster Linie aus Eigeninteresse daran interessiert, mit den Kosten- und Leistungsträgern zu Vereinbarungen über den Leistungsinhalt und möglichst attraktiven Vergütungen zu kommen. Eine konkrete Vergütung wird aber erst durch die Inanspruchnahme der Leistung durch den Nutzer/Klienten ausgelöst. Das Interesse der Leistungsanbieter muss sich also auch darauf ausrichten, dass sie im Fall von Wahlmöglichkeiten vom Nutzer gewählt werden. Grundsätzlich wird das dann der Fall sein, wenn sich der Nutzer von der Inanspruchnahme überhaupt einen Nutzen verspricht. M. a. W. die persönliche Präferenz des Nutzers muss dem meritorischen Leistungsangebot und dem konkreten Anbieter entsprechen.

Die Sozialwirtschaft und die ihr zugehörigen Organisationen spielen in dem Meritorisierungsprozess nicht nur als Verhandler um Rahmenverträge oder konkrete Verträge mit den jeweils zuständigen Leistungsträgern eine Rolle, sondern sie treten auch in ihrer Anwaltsrolle für die Anliegen von Nutzern und als Lobbyisten in eigener Sache auf, was zu Konflikten und Widersprüchen führen kann. In unterschiedlichen Gremien wirken sie an der Meinungsbildung und an der Bedarfsplanung mit. So formuliert die Monopolkommission (2012/2013, S. 158) kritisch: „Im Jugendhilfeausschuss, dem zentralen Steuergremium des Jugendamtes, verfügen neben den öffentlichen die anerkannten Träger der freien Jugendhilfe über ein wesentliches Mitspracherecht hinsichtlich der Jugendhilfeplanung, der finanziellen Ausstattung und der Auswahl der zu fördernden Maßnahmen. Die Monopolkommission sieht einen Interessenkonflikt und eine Minderung der Entscheidungsqualität, wenn Vertreter anerkannter Träger der freien Jugendhilfe an Entscheidungen beteiligt sind, von denen sie mitunter in erheblichem Maße selbst tangiert werden".

Sozialwirtschaftliche Organisationen sind nicht nur Agenten des Prinzipals Leistungsträger, sondern auch Agenten des Prinzipals unmittelbarer Leistungsnutzer. In dieser letztgenannten Agentenfunktion muss es im Meritorisierungsprozess darum gehen, gegenüber dem Leistungsträger bislang ungehörte Bedürfnisse zu artikulieren und Bedarf von Klienten in die politischen Entscheidungen über meritorische Güter und Dienstleistungen einfließen zu lassen. Dabei sollen die Leistungsanbieter ihr Wissen an Gesetzgeber und Exekutive weitergeben und Öffentlichkeitsarbeit für die unmittelbaren Leistungsnutzer betreiben. Die Interpretation der Agentenrolle im Meritorisierungsprozess bedeutet aber auch neue Wege zu gehen. Zum einen geht es darum, Menschen bei der Klärung ihrer eigenen Bedürfnisse und Bedarfe als Partner zur Verfügung zu stehen und sie zu befähigen, Handlungspräferenzen auszubilden und vor diesem Hintergrund über die konkrete Ausgestaltung des meritorischen Angebots mit den Leistungsträgern zu verhandeln und zum anderen Menschen dabei zu unterstützen, ihre eigenen Ressourcen zu mobilisieren.

11 Experten sozialwirtschaftlicher Organisationen als Koproduzenten im Meritorisierungsprozess

Bei den von der Sozialwirtschaft angebotenen Gütern und Dienstleistungen gründet die meritorische Komponente in dem über private Kosten- und Nutzenüberlegungen hinausgehenden sozialen Mehrwert, der zu politischen Entscheidungen über das Güterangebot und seine öffentliche Refinanzierung geführt hat. Gutsspezifisch ist, dass es sich häufig um Glaubens- oder Vertrauensgüter handelt mit einer ausgeprägten Informationsasymmetrie zwischen Anbieter und unmittelbarem Nutzer. Bevor es zum Konsum dieser Güter und Dienstleistungen und den damit verbundenen positiven externen Effekten kommen kann, müssen sie erst produziert werden. Personenbezogene Dienstleistungen wie Bildung, Erziehung, Beratung und Pflege setzen eine Infrastruktur voraus, innerhalb derer Experten ihre Leistungsbereitschaft zum Abruf bereitstellen. M.a. W. die Experten treten als Koproduzenten der eigentlichen Leistung auf. Sie sind darauf angewiesen, dass ihre Leistungsbereitschaft de facto abgerufen wird. Sonst findet gar keine Produktion statt. Angebotene Maßnahmen können nur Wirkung entfalten, wenn sie genutzt werden. Im Leistungsdreieck erscheint der Nutzer aber eher als Objekt der Fürsorge. Experten entscheiden vor dem Hintergrund ihres Fachwissens und ihrer Erfahrung, welches für den Betroffenen die richtige Maßnahme ist. Letzterer folgt häufig dem Fachmann und da für ihn keine Zahlungsverpflichtung mit der Inanspruchnahme verbunden ist, entfällt die individuelle Kosten- Nutzenabwägung. Es gibt die Leistung quasi zum Nulltarif. Ein fehlgesteuerter Ressourceneinsatz kann die Folge sein.

In einem nicht paternalistischen Meritorikverständnis kann es aber nicht darum gehen, den Nutzer mit einer als gesellschaftlich wertvoll deklarierten Leistung zu versehen, für die er erkennbar keinen Bedarf hat und er folglich auch keine Präferenz artikuliert. Ausgangspunkt müsste sein, vor dem Hintergrund der Lebenslage des Klienten gemeinsam mit ihm zu klären, über welche Ressourcen er verfügt, wie aus seiner Sicht Hilfe zur Selbsthilfe aussehen könnte und ihn anzuleiten über seine eigenen Präferenzen zu reflektieren. Da Präferenzen in sozialer Interaktion gebildet werden, können potenzielle Leistungsnutzer als Experten in eigener Sache mit den Experten der sozialwirtschaftlichen Organisationen im Dialog eine Klärung ihrer Präferenzen herbeiführen und es könnte gemeinsam gesichtet werden, inwiefern das bestehende meritorische Angebot von Nutzen sein könnte, bzw. welche Änderungen mit den Leistungsträgern verhandelt werden müssten.

12 Klienten als Prosumenten im Meritorisierungsprozess

Klienten werden in zwei grundsätzlich unterschiedlichen Settings als Akteure angetroffen. Sie können einen gesetzlichen Anspruch auf Leistungen haben oder sie erhalten auf privater Basis freiwillige Leistungen. Der erstgenannte Fall wird hier im Rahmen des Leistungsdreiecks diskutiert, der zweitgenannte als Transferaltruismus bei freiwilligen Wohlfahrtsleistungen. In beiden Konstellationen sind die Klienten nicht nur Leistungskonsumenten, sondern auch Leistungsproduzenten.

Beim Leistungsdreieck sind drei Fälle idealtypisch zu unterscheiden: Erstens es existiert eine Kongruenz von meritorischem Bedürfnis, individueller Präferenz und meritorischem Güter- und Dienstleistungsangebot, zweitens eine Inkongruenz und drittens eine Indifferenz. Die drei Fälle stellen unterschiedliche Herausforderungen für die sozialwirtschaftlichen Organisationen mit Blick auf die tatsächliche Inanspruchnahme der Leistungen dar. Insbesondere wenn es sich um personenbezogene Dienstleistungen handelt sind auf der Produktionsseite die Mitwirkungsbereitschaft und Mitwirkungsfähigkeit der Klienten für die konkrete Ausgestaltung der Leistung erforderlich und auf der Konsumtionsseite sind der erwartete Nutzen und die Kosten relevant. Die Klienten sind Prosumenten von Transformationsgütern, weil der Klient gleichermaßen Subjekt und Objekt der Leistungserstellung ist (Finis Siegler 2009, S. 44; 132ff.). Nach Priddat handelt es sich um autoreferentielle Güter, die den Nutzer ändern (Priddat 2009, S. 120).

Der erste Fall ist weitgehend konfliktfrei. Klienten entscheiden sich einen Rechtsanspruch wahrzunehmen und fragen die meritorische Leistung nach, die ihren eigenen Präferenzen entspricht. Ihre Mitwirkungsbereitschaft steht außer Frage und eine möglicherweise eingeschränkte Mitwirkungsfähigkeit lässt sich durch unterstützende Maßnahmen ausgleichen. Gemeinsam mit den Experten der sozialwirtschaftlichen Organisationen erstellen die Klienten die Leistung, weil sie sich von der Inanspruchnahme einen individuellen Nutzen versprechen. Der potenziell Berechtigte stellt sich als materiell berechtigt heraus, löst seinen Anspruch ein und nimmt die Leistung in Anspruch. Der meritorische Aspekt betrifft hier die Frage der Akzeptabilität und Neigung, bestimmte Güter und Dienstleistungen zu konsumieren in Verbindung mit Verteilungsfragen. Der Klient kann die auch von ihm präferierte, öffentlich refinanzierte Leistung kostenfrei nutzen. Sie trägt gemäß seiner eigenen Einschätzung zu seiner individuellen Wohlfahrt bei und über die positiven externen Effekte auch zur sozialen. Die Herausforderung für die sozialwirtschaftlichen Organisationen besteht darin, mögliche Inanspruchnahmebarrieren seitens der Organisation wie räumliche und zeitliche Erreichbarkeit abzubauen und vorhandene Informationsasymmetrien nicht auszubeuten.

Im zweiten Fall hat das Individuum von sich aus keine Veranlassung die meritorischen Güter und Dienstleistungen nachzufragen. Es gibt zwar einen sozialstaatlich definierten Bedarf und von den sozialwirtschaftlichen Organisationen ein entsprechendes meritorisches Angebot, jedoch keinen auch von den Klienten verspürten Bedarf. Im Gegenteil. Die Klienten wollen das Angebot nicht. Sie haben eine negative Präferenz. Handelt es sich um Leistungen, zu deren Inanspruchnahme sie verpflichtet werden können, bedeutet dies eine massive autonomiebeschränkende Intervention in ihre Nutzenfunktion. Mögliche Rechtfertigungsgründe sind die Verhinderung der Schädigung Dritter oder die Vermeidung von Selbstschädigung. Im Sinne meritorischer Nutzeninterdependenz soll der Klient ein Gut konsumieren, dem aus Sicht der das Gut zur Verfügungstellenden ein hoher Nutzen innewohnt und zwar sowohl für den Klienten als auch die Gesellschaft insgesamt. Dass der Klient diese Einschätzung nicht teilt, kann seiner Lebenslage geschuldet sein. „Those who most need to be made wiser and better, usually desire it least, and if they desired it, would be incapable of finding the way to it by their own lights" (Mill 1848, S. 868). Selbst Mill verweist hier auf den Zusammenhang von Lebenslage und mangelnder Kompetenz, Wissen und Erfahrung. Diesen Zusammenhang gilt es zu beachten. Die sozialwirtschaftliche Organisation kann zwar die Inanspruchnahme sicherstellen, das bedeutet aber nicht, dass auch der mit der Inanspruchnahme beabsichtigte Effekt beim Klienten eintritt. Wenn beim Klienten ein Ergebnisnutzen ausbleibt, wird kein Lerneffekt einsetzen, der für eine langfristige Präferenzänderung erforderlich ist. Schon bei der Inanspruchnahme bleibt die Mitwirkungsbereitschaft herabgesetzt, was bereits den Prozessnutzen schmälert. Wenn der Sinn sozialwirtschaftlicher Organisationen sich nicht darin erschöpft für abgegebene Leistungen ausreichend refinanziert zu werden, sondern es auch darum geht, dass die mit der Leistungsabgabe verbundenen Ziele erreicht werden, dann muss ein besonderes Augenmerk auf die Lebensumstände der Klienten und ihre Beteiligung im Produktionsprozess gelegt werden. Das gilt auch für den Fall, dass kein Konsumzwang für das Angebot besteht, die angebotenen Nutzungschancen aber ungenutzt bleiben.

Der dritte Fall basiert wieder auf Freiwilligkeit. Allerdings kennen die Klienten das meritorische Angebot nicht und können folglich auch keine Präferenz und keinen Bedarf entwickeln. Die sozialwirtschaftlichen Organisationen betreiben hier als Agenten des Sozialstaats eine Art soziales Marketing. Der primäre Grund für die Versorgung der Klienten mit meritorischen Gütern sind nicht deren fehlende ökonomische Ressourcen, sondern defizitäre Handlungen. Fehlende Kompetenzen beschränken den Handlungsspielraum der Klienten und beeinträchtigen damit die Bedingungen der Möglichkeit, Bedürfnisse artikulieren und Präferenzen entwickeln zu können. Es reicht nicht aus, mit dem Angebot nur Nutzungschancen zu kreieren, sondern es bedarf auch pädagogischer Interventionen, um über Kompetenzerwerb die Bedingungen zu schaffen, dass sich Klienten über die Inanspruchnahme des Angebots neue Handlungsspielräume verschaffen, die sie zur selbstbestimmten Gestaltung ihrer Lebensentwürfe nutzen können (Leßmann 2011). Für sozialwirtschaftliche Organisationen verbindet sich damit die Aufforderung, sich den Bewältigungslagen der Klienten zu öffnen, um ihre Handlungsfähigkeit zu stärken (Grundmann 2008; Böhnisch und Schröer 2013; Vahsen und Mane 2015).

13 Meritorische Interpretation freiwilliger Wohlfahrtsleistungen

In diesem Abschnitt geht es um Leistungen, bei denen die sozialwirtschaftlichen Organisationen nicht Agenten des Sozialstaats sind. Wohltätige Fremdhilfe ist das Stichwort unter dem die Meritorisierung als freiwilliger Transferaltruismus auftaucht. Als bedürftig ausgemachte Zielgruppen erhalten kostenfrei Transfers in Form von Sach- und Dienstleistungen, die aus Sicht der Geber von der Zielgruppe genutzt werden sollten. Es handelt sich um eine Form von philanthropischem Paternalismus oder Güteraltruismus (Collard 1978). Aufgrund weltanschaulicher Überzeugungen und/oder Zugehörigkeit zu einem bestimmten sozio-kulturellen Milieu leisten Mitglieder freiwillig Beiträge, um das Wohlergehen anderer Menschen zu fördern. „Handlungsleitende Motive sind internalisierte Normen über gesellschaftlich wünschenswertes und damit moralisches Verhalten" (Schaad 1995, S. 96). Auf diese Weise können auch Minderheitenbedürfnisse von speziellen Zielgruppen wie sozialen Randgruppen in den Blick genommen werden. Typischerweise fehlt hier eine schlüssige Tauschbeziehung zwischen Leistungsanbieter und Leistungsnutzer. Voraussetzung für die Bedürfnisbefriedigung ist weder ökonomische Macht in Form von Kaufkraft noch politische Macht in Form der Wählerstimme, sondern sozio-kulturelle Macht, die Mobilisierung von Gruppensolidarität. Gelten die von den sozialwirtschaftlichen Organisationen angebotenen Wohlfahrtsleistungen aber auch aus sozialpolitischer Sicht als förderungswürdige Zwecke, besteht die Möglichkeit zusätzlich zu den privaten Mitteln öffentliche Mittel zur Leistungserstellung in Form beantragter und genehmigter Zuwendungen für die Organisation und/oder Steuervergünstigungen einzusetzen, um die Leistungen zu erstellen.

14 Sozialwirtschaft im Spagat zwischen Eigeninteresse, Klienteninteresse und gesellschaftlicher Verantwortung – das Meritorik-Modell

Die Sozialwirtschaft sieht sich sozialrechtlichen, sozialpolitischen, ökonomischen und ethischen Anforderungen gegenüber, die sie als Sektor mit einer eigenen Steuerungslogik ausweist. Während eine betriebswirtschaftliche Betrachtung der Sozialwirtschaft primär auf Effizienz bei der Leistungserstellung und Erfolg im Wettbewerb abstellt, eine sozialarbeiterische auf den Klienten und seine Lebens-/ Bewältigungslage und eine sozialpolitische auf die soziale Wohlfahrt und gesellschaftliche Verantwortung, bündelt die Meritorik diese Sichtweisen.

Im Meritorik-Modell ist die Sozialwirtschaft sowohl Agent staatlicher Sozialpolitik als auch der Klienten. Damit fällt ihr eine Vermittlerrolle zu, der sie nur dann gerecht werden kann, wenn sie ihr Eigeninteresse kontrolliert. Der institutionalisierte Sinn der Sozialwirtschaft als eigener Sektor besteht folglich in der Verschränkung unterschiedlicher Interessen mit dem Ziel synergetischer Nutzenstiftung. Synergetische Nutzenstiftung meint, die öffentlich refinanzierten meritorischen Güter und Dienstleistungen treffen die meritorischen Bedürfnisse, verbessern das Güter- und Dienstleistungsniveau der Gesellschaft und die Chancen für individuelles Wohlergehen. Lingenfelser (2011, S. 80) formuliert: „Im ´Dienst von Menschen für Menschen´ stellen sich die Institutionen der Freien Wohlfahrtspflege multifunktional als hybride Institutionen dar, die sich sowohl als Gemeinwohl-Agenturen als auch als Anwalt Betroffener (Sozialanwaltschaft) sowie zugleich als soziale Dienstleistungsanbieter verstehen. Zentrale Orientierungspunkte sind dabei Menschen und ihre Lebenslagen, die sich in allen drei Funktionen widerspiegeln". Die Sozialwirtschaft ist der ökonomische Ort der Transformation kollektiver Entscheidungen in Leistungen, mit denen in die Lebenslage von Zielgruppen der Sozialpolitik interveniert wird. Das gilt für die Freie Wohlfahrtspflege wie auch für die öffentliche Wohlfahrtspflege und die privat gewerblichen Anbieter. Die mit der Intervention beabsichtigte Verhaltensänderung tritt umso eher ein, je weniger sie als Fremdbestimmung von der Zielgruppe erlebt wird. Tragen die Interventionen zur Herstellung von Handlungs- und Entscheidungsfähigkeit der Zielgruppe bei, kann die meritorische Nutzeninterdependenz nicht nur zur Verbesserung des gesellschaftlichen und individuellen Güterversorgungsniveaus, sondern auch des Nutzenniveaus der Zielgruppe führen. Intervention ist dann als ein Vorgang von Präferenzbildung durch Lernen, Wissen und Erfahrung zu interpretieren und zu legitimieren. Nur wer Angebote kennt, kann auch abschätzen, ob sie für ihn von Nutzen sein können. Nur wer sie tatsächlich verwendet, resp. sich an ihrer Herstellung beteiligt, kann einschätzen lernen, ob sie für ihn nützlich sind. Meritorisierung ist eine autonomiefördernde Möglichkeit die Lebenslageabhängigkeit von Präferenzen aufzuweichen. Sie bietet Klienten die Chance, ihre Handlungsspielräume zu erweitern und sich für neue Wege zu entscheiden.

Meritorisierung selbst ist mehrdimensional. Sie erweitert Handlungsspielräume durch Verbesserung der Ressourcenlage in Form von in-kind-Transfers und sie stärkt Kompetenzen im Sinne von Hilfe zur Selbsthilfe und sie ist als pädagogische Intervention ein Beitrag zur Präferenzbildung. In ihrer Mehrdimensionalität kann sie auf unterschiedliche Weise zur Verbesserung der Lebenslage beitragen. Ihre Ausgestaltung bewegt sich auf einem Kontinuum zwischen Ge- und Verboten, Delegation von Entscheidungskompetenz und sozialem Lernen. Als ökonomisches Alternativmodell verknüpft die Meritorik Norm, Markt und Moral, verbindet politischen Prozess, ökonomisches Handeln und kulturelle Wertungen und erweist sich so für die Sozialwirtschaft als geeigneter Analyserahmen.

Literatur

Andel, Norbert. 1969. Zur Diskussion über Musgraves Begriff der „merit wants". *Finanzarchiv* 28(2): 209–213.
Andel, Norbert. 1984. Zum Konzept der meritorischen Güter. *Finanzarchiv* 42(3): 630–648.
Andeßner, René et al. (Hrsg.). 2015. *Ressourcenmobilisierung durch Nonprofit-Organisationen. Theoretische Grundlagen, empirische Ergebnisse und Anwendungsbeispiele*. Linz: Trauner (Dokumentation des 11. Internationalen NPO-Colloquiums am 3. und 4. April 2014 an der Johannes Keppler Universität Linz).
Bartelheimer, Peter. 2009. Verwirklichungschancen als Maßstab lokaler Sozialpolitik? *Sozialer Fortschritt* 58(2–3): 48–55.
Binder, Martin. 2010. *Elements of an Evolutionary Theory of Welfare. Assessing welfare when preferences change*. London: Routledge.
Böhnisch, Lothar, und Wolfgang Schröer. 2013. Agency und die Entgrenzung des Sozialen – Bewältigungslagen als sozialpädagogisches Zugangskonzept. In *Aktuelle Themen und Theoriediskurse in der Sozialen Arbeit*, Hrsg. N. Oelkers, und M. Richter, 117–131. Frankfurt a.M.: Peter Lang.
Bourdieu, Pierre. 1976. *Entwurf einer Theorie der Praxis auf der ethnologischen Grundlage der kabylischen Gesellschaft*. Frankfurt a.M.: Suhrkamp.
Brennan, Geoffrey, und Loren Lomasky. 1983. Institutional aspects of "Merit Goods" analysis. *Finanzarchiv* 41(2): 183–206.
Collard, David A. 1978. *Altruism and economy: A study in non-selfish economy*. Oxford: Robertson.
Cremer, Georg, Nils Goldschmidt, und Sven Höfer. 2013. *Soziale Dienstleistungen. Ökonomie, Recht, Politik*. Tübingen: Mohr Siebeck.
Elsner, W., W.W. Engelhardt, und W. Glastetter. (Hrsg.). 1998. *Ökonomie in gesellschaftlicher Verantwortung. Sozialökonomik und Gesellschaftsreform heute*. Berlin: Duncker & Humblot (Festschrift zum 65. Geburtstag von Siegfried Katterle).
Engelhard, Peter. 1999. *Paradigmata des Konsumentenverhaltens: Die Rolle der Nachfrage im Innovationsprozeß. Ein sozialökonomischer Beitrag zur subjektivistischen Theorie der Wahlhandlungen von Konsumenten*. Berlin: Duncker & Humblot.
Enste, Dominik, und Theresa Eyerund. 2014. Editorial: Verhaltensökonomik und Sozialpolitik. *Sozialer Fortschritt* 63(3): 41–42.
Enste, Dominik H., und Michael Hüther. 2011. *Verhaltensökonomik und Ordnungspolitik. Zur Psychologie der Freiheit*. Köln: Eigenverlag.
Erlei, Mathias. 1989. Meritorische Güter und die Problematik der Rechtfertigung meritorischer Eingriffe. In *Der Staat in den Volkswirtschaften Polens und der Bundesrepublik Deutschland*, Hrsg. J. Schumann, 111–126. Bad Honnef: Bock Herchen.
Finis Siegler, Beate. 2009. *Ökonomik Sozialer Arbeit* (2., überarb. u. erw. Aufl.). Freiburg i. Br.: Lambertus.

Finis Siegler, Beate, und Werner Schönig. 2013. Sozialökonomische Analyse Sozialer Arbeit. In *Politik Sozialer Arbeit. Grundlagen, theoretische Perspektive und Diskurse*, Hrsg. B. Benz, et al., 195–218. Weinheim: Juventa.

Gottschalk, Ingrid. 2001. Meritorische Güter und Konsumentensouveränität – Aktualität einer konfliktreichen Beziehung. *Jahrbuch für Wirtschaftswissenschaften. Review of Economics* 52(2): 152–170.

Grundmann, Matthias. 2008. Handlungsbefähigung – eine sozialisationstheoretische Perspektive. In *Quo vadis Wirtschaftspolitik? Ausgewählte Aspekte der aktuellen Diskussion. Festschrift für Norbert Eickhof*, Hrsg. M. Grusevaja, et al., 131–142. Frankfurt a.M: Peter Lang.

Head, John G. 1966. On merit goods. *Finanzarchiv* 25(1): 1–29.

Head, John G. 1969. Merit goods revisited. *Finanzarchiv* 28(2): 214–225.

Head, John G. 1988. On merit wants: Reflections on the evolution, normative status and policy relevance of a controversial public finance concept. *Finanzarchiv* 46(1): 1–37.

Hondrich, Otto. 1977. Soziologische Theorieansätze und ihre Relevanz für die Sozialpolitik. Der bedürfnistheoretische Ansatz. In *Soziologie und Sozialpolitik*. Kölner Zeitschrift für Soziologie und Sozialpsychologie, Sonderheft, Hrsg. C. v. Ferber, und F.-X. Kaufmann, vol. 19, 215–231. Opladen: Westdeutscher Verlag.

Hösel, Ulrike. 2007. *Die Konzepte öffentlicher und meritorischer Güter: Darstellung, Diskussion und ihre Anwendung auf freie Berufe am Beispiel der Ärzte und Rechtsanwälte* (Volkswirtschaftliche Diskussionsbeiträge Nr. 92). Potsdam: Universität Potsdam.

Hösel, Ulrike. 2008. Die Konzepte öffentlicher und meritorischer Güter: Darstellung, Diskussion und Vergleich mithilfe von Transaktionskosten und positiven externen Effekten. In *Quo vadis Wirtschaftspolitik? Ausgewählte Aspekte der aktuellen Diskussion. Festschrift für Norbert Eickhof*, Hrsg. M. Grusevaja, et al., 279–299. Frankfurt a.M.: Peter Lang.

Jones, P., und J. Cullis. 2002. Merit want status and motivation. The Knight meets the self-loving Butcher, Brewer, and Baker. *Public Finance Review* 30(2): 83–101. doi:10.1177/109114210203000201.

Kahneman, Daniel, Peter Wakker, und Rakesh Sarin. 1997. Back To Bentham? Explorations of experienced utility. *The Quarterly Journal of Economics* 112(2): 375–405.

Kaufmann, Fanz-Xaver. 1999. Konzept und Formen sozialer Intervention. In *Handbuch Soziale Probleme*, Hrsg. G. Albrecht, A. Groenemeyer, und F.W. Stallberg, 921–940. Opladen: Westdeutscher Verlag.

Kaufmann, Fanz-Xaver. 2005. *Sozialpolitik und Sozialstaat. Soziologische Analysen* (2., erw. Aufl.). Wiesbaden: VS.

Kirchgässner, Gebhard. 2013. Das schwache Rationalitätsprinzip als Grundlage einer verstehenden Sozialwissenschaft. *zfwu Zeitschrift für Wirtschafts- und Unternehmensethik* 14(2): 259–281.

Lerch, Achim. 2000. Das Prinzip der Konsumentensouveränität aus ethischer Sicht. *zfwu Zeitschrift für Wirtschafts- und Unternehmensethik* 1: 174–186.

Leßmann, Ortrud. 2011. Verwirklichungschancen und Entscheidungskompetenz. In *Der Capability-Approach in sozialwissenschaftlichen Kontexten*, Hrsg. C. Sedmak, et al. 53–73. Wiesbaden: VS.

Lindenberg, Siegwart. 2001. Social rationality versus rational egoism. In *Handbook of sociological theory*. Handbooks of sociology and social research, Hrsg. J. H. Turner, 635–668. Boston: Springer.

Lingenfelser, Stefanie. 2011. *Freie Wohlfahrtspflege in Deutschland. Sozialwirtschaftliches Handeln zwischen ethischen und ökonomischen Anforderungen*. Marburg: Metropolis.

Mc Lure, Charles E. 1968. Merit Wants: a Normatively Empty Box. *Finanzarchiv* 27(3): 474–483.

Mill, John S. 1848. *Principles of political economy*. London: Longman.

Monopolkommission. 2012/2013. *Auszug aus Hauptgutachten XX. Kapitel I Aktuelle Probleme der Wettbewerbspolitik*. Wettbewerb in der deutschen Kinder- und Jugendhilfe. http://www.monopolkommission.de/images/PDF/HG/HG20/1_Kap_5_A_HG20.pdf. Zugegriffen: 17. Febr 2016.

Müller, Christian, und Manfred Tietzel. 2002. Merit goods from a constitutional perspective. In *Method and morals in constitutional economics. Essays in honor of* James M. *Buchanan*. Studies in economic ethics and philosophy, Hrsg. G. Brennan, H. Kliemt, und R.D. Tollison, 375–400. Berlin: Springer.

Musgrave, Richard A. 1969. *Finanztheorie* (2., erg. und verb. Aufl.). Tübingen: Mohr.

Musgrave, Richard A., Peggy B. Musgrave, und Lore Kullmer. 1990. *Die öffentlichen Finanzen in Theorie und Praxis*. UTB für Wissenschaft Uni-Taschenbücher (Bd. 449, 5., überarb. Aufl.). Tübingen: Mohr.

Nussbaum, Martha C. 2014. *Gerechtigkeit oder das gute Leben*. Gender studies in der edition suhrkamp (Neue Folge Bd. 739, 8. Aufl.). Frankfurt a.M.: Suhrkamp (herausgegeben von Herlinde Pauer-Studer. Übersetzt von Ilse Utz).

Oelkers, Nina, Hans-Uwe Otto, und Holger Ziegler 2010. Handlungsbefähigung und Wohlergehen: Der Capabilities-Ansatz als alternatives Fundament der Bildungs- und Wohlfahrtsforschung. In *Capabilities – Handlungsbefähigung und Verwirklichungschancen in der Erziehungswissenschaft*, Hrsg. H.-U. Otto, und H. Ziegler (2. Aufl., 85–89). Wiesbaden: VS.

Otto, Hans-Uwe, und Holger Ziegler, (Hrsg.). 2010. *Capabilities - Handlungsbefähigung und Verwirklichungschancen in der Erziehungswissenschaft* (2. Aufl.). Wiesbaden: VS.

Priddat, Birger. 1992. Zur Ökonomik der Gemeinschaftsbedürfnisse: Neuere Versuche einer ethischen Begründung der Theorie meritorischer Güter. *Zeitschrift für Wirtschafts- und Sozialwissenschaften (ZWS)* 112(2): 239–259.

Priddat, Birger P. 2009. *Politische Ökonomie. Neue Schnittstellendynamik zwischen Wirtschaft, Gesellschaft und Politik* (1. Aufl.). Wiesbaden: VS.

Reddig, Melanie, und Ulf Tranow. 2014. Präferenzbildung und Sozialstruktur: Bourdieus Praxistheorie und Lindenbergs Theorie sozialer Rationalität im Vergleich. *Zeitschrift für Soziologie* 43(4): 302–318.

Reis, Claus, und Benedikt Siebenhaar. Juli 2015. *Befähigen statt aktivieren. Aktueller Reformbedarf bei Zielsetzung und Aufgabenstellung im SGB II*. Expertise im Auftrag der Abteilung Wirtschafts- und Sozialpolitik der Friedrich-Ebert-Stiftung (WISO Diskurs).

Richter, Wolfram, und Joachim Weimann. 1991. Meritorik, Verteilung und sozialer Grenznutzen vom Einkommen. *Jahrbuch für Sozialwissenschaft* 42(1): 118–130.

Rüffer, Christina. 2007. *Merit Goods Determined by Society Value Jugdements - Political Implications für Public Participation. Support from an empirical analysis concerning environmental goods*. Stuttgart: ibidem (Diss. Uni Göttingen 2006).
Schaad, Martina. 1995. *Nonprofit-Organisationen in der ökonomischen Theorie. Eine Analyse der Entwicklung und der Handlungsmotivation der Freien Wohlfahrtspflege*. Wiesbaden: Gabler.
Scherhorn, Gerhard. 1981. Methoden und Chancen einer Beeinflussung der Konsumenten zur rationalen Überprüfung von Präferenzen. In *Wert- und Präferenzprobleme in den Sozialwissenschaften*, Hrsg. R. Tietz, 171–194. Berlin: Duncker & Humblot.
Schmidt, Kurt. 1988. Mehr zur Meritorik. *Zeitschrift für Wirtschafts- und Sozialwissenschaften (ZWS)* 108(3): 383–403.
Schnellenbach, Jan. 2015. *A constitutional economics perspective on soft paternalism* (Freiburger Diskussionspapiere zur Ordnungsökonomik 15/02).: Walter Eucken Institut. http://hdl.handle.net/10419/107764. Zugegriffen: 31. Okt 2015.
Schröder, Guido. 2007. De Gustibus Disputandum Est? Thomas Schellings transdisziplinärer und meritorikfreier Ansatz zur Analyse konkreter Gesellschaftsprobleme. In *Thomas Schellings ökonomischer Liberalismus. Konzepte der Gesellschaftstheorie*, Hrsg. I. Pies, und M. Leschke, Nr. 13, 39–61. Tübingen.
Schulz-Nieswandt, Frank. 1992. *Bedarfsorientierte Gesundheitspolitik. Grundfragen einer kritizistischen Lehre meritorischer Wohlfahrtspolitik*. Regensburg: Transfer.
Seibold, Gerald. 2008. *Austauschbeziehungen bei sozialen Dienstleistungen*. Norderstedt: Books on Demand.
Sen, Amartya. 2007. *Ökonomie für den Menschen. Wege zu Gerechtigkeit und Solidarität in der Marktwirtschaft* (4. Aufl.). München: Deutscher Taschenbuch Verlag.
Thaler, Richard H., und Cass R. Sunstein 2015. *Nudge. Wie man kluge Entscheidungen anstößt* (5. Aufl.). Berlin: Ullstein.
Tietzel, Manfred, und Christian Müller. 1998. Noch mehr zur Meritorik. *Zeitschrift für Wirtschafts- und Sozialwissenschaften (ZWS)* 118(1): 87–127.
Vahsen, Friedhelm, und Gudrun Mane. 2015. Rasender Stillstand auf rutschenden Hängen. Neue Bezugspunkte sozialarbeiterischen Handelns. *Blätter der Wohlfahrtspflege* 162(2): 65–67.
Ver Eecke, Wilfried. 2013. *Ethical Reflections on the Financial Crisis 2007/2008. Making Use of Smith, Musgrave and Rajan*. Springer briefs in economics. Berlin: Springer.
Weise, Peter. 2002. Meritorik zwischen Markt, Norm und Moral. In *„Alles käuflich". Ökonomie und Gesellschaft*, Hrsg. M. Prisching, Bd. 18, 73–96. Marburg: Metropolis
Weisser, Gerhard. 1978. Sozialpolitik. In *Beiträge zur Gesellschaftspolitik*, Hrsg. S. u. Katterle, 275–283. Göttingen: Schwartz.
Wiese, Birgit. 2009. *Konsumentensouveränität im Bereich sozialer Dienstleistungen: ein Mittel zur sozialen Integration? Eine qualitative Studie am Beispiel der Obdach- und Wohnungslosenhilfe* (Europäische Hochschulschriften Reihe 5, Volks- und Betriebswirtschaft, Bd. 3327). Frankfurt am Main u. a.: Lang (Humboldt-Univ., Diss–Berlin, 2008).
Wiswede, Günter. 1981. Sozialpsychologische Aspekte der Präferenzbildung. In *Wert- und Präferenzprobleme in den Sozialwissenschaften*, Hrsg. R. Tietz, 83–110. Berlin: Duncker & Humblot.

Wiswede, Günter. 1987. Über die Entstehung von Präferenzen. In *Soziologie wirtschaftlichen Handelns. Kölner Zeitschrift für Soziologie und Sozialpsychologie*, Sonderheft 28/1987, Hrsg. K. Heinemann, 40–53. Opladen: Westdeutscher Verlag.

Witt, Ulrich, und Christian Schubert. 2013. Verhaltensökonomische und evolutionsökonomische Perspektiven auf Konsumentensouveränität und Wohlfahrt. In *Grenzen der Konsumentensouveränität. Normative und institutionelle Grundfragen der Ökonomik,* Jahrbuch 12, Hrsg. M. Held, G. Kubon-Gilke, und R. Sturn, 251–273. Marburg: Metropolis.

Dr. rer. pol. Beate Finis Siegler Professorin für Ökonomik und Sozialpolitik, FB Soziale Arbeit und Gesundheit, Frankfurt University of Applied Sciences. Arbeits- und Forschungsschwerpunkte: Ökonomik Sozialer Arbeit, Sozialpolitik und Wohlfahrtsproduktion. E-Mail: finis@fb4.fra-uas.de

„Marktlich" oder „nichtmarktlich" vorankommen?

Strategische Optionen der Sozialwirtschaft und des Sozialmanagements in Europa

Wolf Rainer Wendt

Was definitiv zur Sozialwirtschaft gehört, ist in den vergangenen Jahrzehnten auf der Ebene der europäischen Wirtschaftspolitik in zwei entgegengesetzte Richtungen ausgelegt worden. Einerseits hat man kooperative Selbsthilfeorganisationen im Wirtschaftsleben zu Sozialunternehmen erklärt und diese mit ihrem sozialen Auftrag im Markt und gesamtwirtschaftlich verortet. Andererseits wurde der Auftritt von Organisationen gemeinschaftlicher Selbsthilfe im Markt ausgedehnt auf das Feld humandienstlicher Wohlfahrtspflege, womit sich auch sie mit ihren Unternehmen der gleichen Wirtschaftsbranche wie Genossenschaften und Gegenseitigkeitsvereinigungen zurechnen ließen. Kurz: Soziales Wirtschaften bekam seinen Platz in der Marktwirtschaft und sie griff mit ihrer Logik auf das Sozialwesen über.

Wie wird es nun nach dieser in Europa wirtschaftspolitisch gewollten Ausformung der Sozialwirtschaft mit ihr weitergehen? Im Interesse an bedarfsgerechter sozialer Versorgung ist zu erörtern, inwieweit sich ein merkantiles Verständnis sozialer Versorgung durchsetzt oder ob sich ein auf Solidarität und partnerschaftlicher Sorge gegründetes Format der Sozialwirtschaft behauptet. Die Relation von profitablem Geschäft einerseits und unmittelbar wohlfahrtsdienlichem Einsatz von Menschen für Menschen andererseits steht zur Debatte – und sei im Folgenden unter strategischen Gesichtspunkten untersucht. Inwieweit kann soziale Versorgung warenförmig geliefert werden? Welche Rolle spielen Unternehmen

W. R. Wendt (✉)
Stuttgart, Deutschland
E-Mail: prof.dr.wendt@gmail.com

in einem Wohlfahrts- und Sorgeregime und wie wird in und mit ihm nachhaltig sorgend gewirtschaftet? – Der Intention des Beitrags nach hätte er in zugespitzter Formulierung auch mit *Care versus Kommerz* überschrieben sein können.

1 Eine Klärung des Handlungsrahmens

Die Sozialwirtschaft stellt ein ausgedehntes Geschehen dar. Sie hat institutionell und funktional ihren Anfang bekanntlich (vgl. zur Geschichte: Wendt 2014) bei mitgliedernützigen Organisationen genommen, in denen Menschen kooperativ für ihr eigenes Auskommen gemeinschaftlich sorgten. Diese *member-serving organisations* sicherten ihre Mitglieder materiell ab und institutionalisierten deren kollektive Selbsthilfe. Später ist die Aufgabe der sozialen Sicherung und Versorgung sozialpolitisch und wohlfahrtsstaatlich übernommen und ausgebaut worden, womit die Sozialwirtschaft von den partikularen Gestalten der frühen Genossenschaften und Gegenseitigkeitsvereinigungen zu den Strukturen des für alle Menschen zugänglichen Sozial- und Gesundheitswesens, seiner Dienste, Einrichtungen und zugehörigen Maßnahmen aufschließen konnte.

Zur begrifflichen Klärung scheint es angebracht, zunächst das Handlungsfeld ein- und abzugrenzen, in dem wir uns nun mit der Sozialwirtschaft bewegen. *Was in ihr unternommen wird, dehnt sich auf der Makroebene eines Wohlfahrtsregimes, auf der Mesoebene dienstleistender Organisationen und auf der Mikroebene der Personen aus, die formell oder informell mit der Bewältigung sozialer Probleme befasst oder von ihnen betroffen sind.* In den Blick zu nehmen ist das *Sozialsystem*, wie es politisch gerne bezeichnet wird, korrekter das *Sozialleistungssystem*. In ihm und um es herum alle die Akteure, die zu der sozialen Versorgung der Bevölkerung beitragen. Wie umfangreich die dazu gehörenden Maßnahmen, Dienste und Einrichtungen sind, wird heutzutage exemplarisch am Insgesamt der Eingliederung von Flüchtlingen deutlich; ebenso zu denken ist an das Insgesamt der von jeher nötigen Versorgung von kranken, behinderten und pflegebedürftigen Menschen sowie an die Kinder- und Jugendhilfe oder die Maßnahmen zur Eingliederung in den Arbeitsmarkt.

Personenbezogene Dienstleistungen und die sie erbringenden Organisationen allein füllen den sozialwirtschaftlichen Gegenstandsbereich aber nicht. In ihm verbinden sich die *public-serving organisations* mit den oben genannten *member-serving organisations*. Diese Verbindung von außenorientierten und binnenorientierten Akteuren, von Agenturen im öffentlichen Auftrag und selbstorganisierten Vereinigungen erschwert die begriffliche Eingrenzung von Sozialwirtschaft. Eine von allen, die den Terminus benutzen, geteilte Definition ist nicht zu haben – und beim Stand der internationalen Diskussion auch nicht zu erwarten. Wenigsten nicht, solange man den Blick statt auf die einzelnen Handlungseinheiten nicht auf das System und das ganze Geschehen richtet, in dem die vielen sozialwirtschaftlich Mitwirkenden ihre Rolle spielen und eine Funktion erfüllen.

Die Probleme der Begriffsbestimmung haben auch mit den unterschiedlichen Perspektiven zu tun, aus denen das Handlungsfeld betrachtet wird. So behilft man sich gewöhnlich mit der Beschreibung einer Mannigfaltigkeit auf der einzelwirtschaftlichen Ebene. In den Gremien der Europäischen Union ging man zunächst, der Tradition der französischen *économie sociale* folgend, von den „vier Familien" der Co-operatives, Mutual Societies, Associations, Foundations, kurz CMAF, aus (Wendt 2014, S. 64ff.; Monzón und Chaves 2012, S. 13ff.). Eine funktionale Differenzierung hat sich (aus französischer Sicht) ergeben mit der „Unterscheidung zwischen der Sozialwirtschaft älterer Prägung (in Sektoren wie Landwirtschaft und Einzelhandel) und jener neuerer Prägung, die sich eher auf aktuelle Problemstellungen wie soziale Ausgrenzung, Wohlfahrtsdienstleistungen u. dgl. konzentriert" (Europäische Kommission 2013, S. 12). Hier wird auch von „Solidarwirtschaft" gesprochen (Laville 2011) – mit wiederum länderspezifischen Konzepten nah oder fern von öffentlicher Versorgung.

Mit der Zeit ist die Zuordnung von Strukturen zur Sozialwirtschaft nicht präziser, sondern eher diffuser geworden. Im „Dritten Sektor" der Wirtschaft, ihrem Nonprofit-Bereich, richtet sich der Blick weniger auf den Typus der Assoziation, vielmehr auf ihren Charakter als Unternehmen mit sozialer Zielsetzung und Zweckbestimmung: *Sozialunternehmen* erbringen „Dienstleistungen von allgemeinem Interesse"; sie werden wegen ihrer produktiven Aktivitäten seit 1989 in den offenen Markt der EU einbezogen (Mitteilung 1989, S. 17), wobei strittig bleibt, inwieweit sie ihre Leistungen tatsächlich „marktlich" oder „nichtmarktlich" erbringen. Sie gehören zur Daseinsvorsorge, die staatlich oder parastaatlich oder auch gewerblich betrieben wird. In Formulierung der Europäischen Kommission: „Leistungen der Daseinsvorsorge (oder gemeinwohlorientierte Leistungen) sind marktbezogene oder nichtmarktbezogene Tätigkeiten, die im Interesse der Allgemeinheit erbracht und daher von den Behörden mit spezifischen Gemeinwohlverpflichtungen verknüpft werden" (Mitteilung 1996, S. 6). Indes gehören Sozial- und Gesundheitsdienste als solche nicht in die Zuständigkeit der EU; man muss also bei den *Unternehmen* bleiben, die sie erbringen.

Auf jene Zuordnung und auf die Tradition der CMAF bezogen klassifiziert das *Centre International de Recherches et d'Information sur l'Économie Publique, Sociale et Coopérative* (CIRIEC) in seinen Berichten an den Wirtschafts- und Sozialausschuss des Europäischen Parlaments die Sozialwirtschaft in einen „market or business sub-sector" und einen „non-market sub-sector", in denen

Nonprofit-Organisationen Dienstleistungen für Haushalte erbringen (Monzón und Chaves 2012, S. 23). Zum ersten Bereich werden die Kooperative und Gegenseitigkeitsvereinigungen und ihnen zuzuordnende Unternehmen gerechnet. „They are created to meet their members' needs through applying the principle of self-help, i. e. they are companies in which the members and the users of the activity in question are usually one and the same" (a.a.O., S. 24). Zum zweiten Bereich rechnen die Autoren des genannten Reports Organisationen in verschiedener Rechtsform, die der volkswirtschaftlichen Statistik nach Dienste für Haushalte leisten (a.a.O., S. 28ff.).

Wie immer eingeteilt, die gesamtwirtschaftliche Bedeutung der Sozialwirtschaft wird international betont. Sie spiele „an important role in job creation and retention, social cohesion, social innovation, rural and regional development, and environmental protection" (CIRIEC 2015, S. 11). Man müsse die ganze Breite ihrer Betätigung wahrnehmen und könne die Besonderheit der Sozialwirtschaft nur mit ihrer organisationalen Charakteristik und dem Vorrang von „people over capital" begründen (CIRIEC 2015, S. 15). Der Rat der EU ist jüngst dieser Auffassung gefolgt (s. u. Abschn. 4). Es gibt sozialwirtschaftliche Organisationen in frei-gemeinnütziger und in öffentlicher Trägerschaft und auch privat-gewerblich betrieben. Entscheidend bleibt die Ökonomie des sozialwirtschaftlichen Einsatzes, der nicht primär zur Gewinnzielung erfolgt (wobei selbstverständlich die an diesem Einsatz beteiligten Unternehmen jeder Art ihre betrieblichen Prozesse einem Kostenkalkül unterziehen und sich refinanzieren müssen).

2 Die Landschaft der sozialen Versorgung

Die Frage nach dem sozialwirtschaftlichen Einsatz muss gestellt werden, wenn es um strategische Optionen der Sozialwirtschaft und des Sozialmanagements gehen soll. Zu denken wäre an Optionen für bestimmte Akteure, für einzelne Dienstleister, Chancen für Unternehmen – oder aber an wirtschaftspolitische Optionen für Wachstum, zu dem die Sozial- und Gesundheitswirtschaft insgesamt in erheblichem Maße beitragen kann. Dagegen rückt im Hinblick auf das sozialwirtschaftliche Sachziel der Deckung sozialen Bedarfs das Versorgungsgeschehen in den Fokus, an dem jene Akteure, Leistungsträger, Dienstleister und ihre Organisationen in der Infrastruktur der Sozialwirtschaft mitwirken. Welchen Anforderungen müssen sie jetzt und in Zukunft nachkommen?

Führten einst die Sorgen von Handwerkern und armen Arbeitern diese in *friendly societies*, Gegenseitigkeitsvereinen und Genossenschaften zusammen, sind es nun die Sorgen bei vielfältigen sozialen Problemen, zu deren Behandlung und Behebung sozialwirtschaftliche Strukturen, Infrastrukturen der Versorgung im Sozial- und Gesundheitswesen und für Bildung und Beschäftigung, unterhalten werden. *Soziale Versorgung* ist sozialstaatlich reguliert. Man kann von einem „Sozialwirtschaftsrecht" sprechen, in dem die „Direktionskraft des Sozialstaatsprinzips bei der Ordnung der Ökonomie des Sozialen" (Rixen 2005, S. 25) zum Tragen kommt. Soziale Versorgung besteht im Wesentlichen in

- Versorgung mit Arbeit (Maßnahmen zur Integration in das Arbeitsleben)
- Versorgung mit Wohnung (samt Diensten der Wohnbegleitung)
- Gesundheitsversorgung (einschließlich Rehabilitation und Pflege)
- Familienunterstützung (insbesondere in Form von Kinder- und Jugendhilfe)
- Behindertenhilfen (mit Diensten zur Teilhabe)
- Versorgung zu sozialer Integration (diverser Personengruppen).

Die Bewirtschaftung des Leistungsgeschehens in diesen Versorgungsbereichen erfolgt in und mit einer Vielfalt von Einrichtungen, Diensten, Maßnahmen und Veranstaltungen. Sie könnte grundsätzlich aber auch lebensgemeinschaftlich bzw. *member-serving* in einer Einheit materieller und immaterieller Versorgung (mit Arbeit, Wohnung, Gesundheitspflege, Erziehung und sozialer Teilhabe) organisiert sein. Tatsächlich erfolgt gewöhnlich eine Abstimmung im Nehmen und Geben zwischen den im System der Versorgung agierenden Stellen und Personen einerseits und den mit ihrer Lebensführung einbezogenen Individuen oder Gruppen andererseits, wirtschaften diese doch in ihrer Arbeit, ihrem Wohnen, ihrem gesundheitlichen Verhalten, ihrem Familienleben und ihrer gesellschaftlichen Teilhabe mit ihren eigenen Mitteln und Möglichkeiten.

In funktionaler Differenzierung sind an den Strukturen und Prozessen der sozialen Versorgung Akteure der öffentlichen Hand, vorwiegend als Sozialleistungsträger, viele frei-gemeinnützige Organisationen, privat-gewerbliche Dienstleister, bürgerschaftlich engagierte, Selbsthilfegruppen und Personenhaushalte in eigener Sorgearbeit beteiligt. Der Handlungszusammenhang all dieser Akteure in der *mixed production of welfare* ist im Blick auf die weitere Entwicklung der Sozialwirtschaft und des sozialen Managements des Versorgungsgeschehens zu bedenken. Hier kann an die Erörterungen beim INAS-Kongress 2014 „Soziale Versorgung zukunftsfähig gestalten" angeschlossen werden, die sich mit ihren Diskussionsbeiträgen in einem ausgedehnten Beziehungs- und Aktionsraum sozialen Wirtschaftens bewegten (Wendt 2015, S. 423ff.).

Die operativ Mitwirkenden an der gemischten Wohlfahrtsproduktion setzen ihre Ressourcen in sie ein und sie leisten die nötige Arbeit in Form von Versorgungsarbeit, Eigenarbeit, Gemeinschaftsarbeit und Erwerbsarbeit (Spangenberg und

Lorek 2002, S. 455f.). Die Zusammensetzung des Produktionsfaktors Arbeit in der Deckung sozialen Bedarfs ändert sich: Der „aktivierende" Sozialstaat erwartet Mitarbeit; Integration in den Arbeitsmarkt erspart Sozialkosten; Sozialgenossenschaften verschiedener Art übernehmen Unterstützungs- und Entwicklungsaufgaben; Freiwillige leisten unbezahlt vielerlei Hilfen; die Eigenarbeit von Familien in der Erziehung von Kindern und in der Pflege von Angehörigen wird durch Dienste gefördert und vom Staat – wenn auch ungenügend – finanziell abgesichert. Mit all dem vollzieht sich das sozialwirtschaftliche Geschehen außerhalb des kommerziellen Verkehrs und seiner Marktlogik.

3 Wirtschaftlichkeit nur im Markt?

Für die soziale Versorgung ist ein offener Markt prinzipiell nicht erforderlich. Wohnungsversorgung zum Beispiel kann auch allein von der öffentlichen Hand gesteuert werden. In Notzeiten ist dies auch wiederholt geschehen, etwa zur Unterbringung von Flüchtlingen. Auch die Gesundheitsversorgung wird in manchen Ländern vom Staat übernommen. – Nun ist aber die faktische Bedeutung von Marktelementen im sozialwirtschaftlichen Geschehen nicht zu leugnen (Zacher 2009, S. 4ff.). Sie sind seit den 1980er Jahren in der Wohlfahrtspflege eingeführt. Sie betreffen einesteils die inneren Beziehungen der an der sozialen Versorgung beteiligten Dienstleister. Sie konkurrieren untereinander um Leistungsverträge und in einem „Hilfemarkt" oder „Behandlungsmarkt" um Klienten und Patienten. Im Gesundheitswesen gibt es im Wettbewerb der Kassen um Versicherte auch eine Leistungsträgerkonkurrenz. (Vgl. zur Unterscheidung von Behandlungs-, Leistungs- und Versicherungsmarkt Blenk et al. 2016.)

In der Rede vom Sozialmarkt ist gewöhnlich der Wettbewerb von dienstleistenden Unternehmen um Aufträge gemeint. Begriffen wird der Sozialmarkt, so wie er reguliert ist, als Quasi-Markt (Bartlett und Le Grand 1993), als Steuerungsregime der öffentlichen Hand – intern bei dezentraler Ressourcenverantwortung und externalisiert per Ausschreibungsverfahren. Die Marktorientierung betrifft andererseits die Einordnung der Versorgungsarbeit in „die Wirtschaft" und ihre Entwicklung generell. Man schätzt auf der europäischen Ebene die Sozialwirtschaft als Wachstumsfaktor im Gemeinsamen Markt und erörtert sie unter dem Gesichtspunkt ihrer Produktivität seit 1989 in den Brüsseler Gremien (Wendt 2002, S. 68f.).

Die Europäische Kommission hat bei ihren Aussagen zur Sozialwirtschaft zwischen *marktbezogenen* Dienstleistungen und *nichtmarktbezogenen* Dienstleistungen unterschieden – und die einen als *wirtschaftliche* Leistungen und die anderen als *nichtwirtschaftliche* Leistungen deklariert. Die Kommission folgte damit der

Rechtsprechung des Europäischen Gerichtshofs, nach der ein Marktangebot mit Unternehmens- und Wirtschaftstätigkeit gleichzusetzen sei. Marktbezogene Dienstleistungen unterliegen den Vorschriften für den Binnenmarkt, den Wettbewerb, zu freiem Dienstleistungsverkehr und staatlichen Beihilfen; nichtwirtschaftliche Leistungen unterliegen diesen Vorschriften nicht. „Was die Unterscheidung zwischen Leistungen wirtschaftlichen Charakters und Leistungen nichtwirtschaftlichen Charakters angeht, gilt jede Tätigkeit, die darin besteht, Güter und Dienstleistungen auf einem bestimmten Markt anzubieten, als wirtschaftliche Tätigkeit" (Kommission 2003, S. 16f.). „Nichtwirtschaftlich" sind danach vom Staat hoheitlich zu erledigende Aufgaben, das Pflichtschulwesen sowie Leistungen der mit einer Pflichtmitgliedschaft verbundenen Grundversorgungssysteme und die Ausführung von gesetzlich vorgesehenen Sozialleistungen (Mitteilung 1996, S. 9). Eine Festschreibung, was dazu gehört und eine klare Abgrenzung von wirtschaftlichen Tätigkeiten im Rahmen der Dienstleistungen von allgemeinem Interesse, haben die Mitteilungen der Kommission nicht vorgenommen – mit Hinweis darauf, dass in der Sozial- und Gesundheitspolitik jeder Mitgliedsstaat seinen eigenen Regeln folgt.

Die Nichtzuständigkeit für soziale Versorgung hat die europäischen Gremien nicht davon abgehalten, sich in der Wachstumsstrategie des gemeinsamen Markts der Förderung der Sozialwirtschaft anzunehmen und dazu die getroffene Unterscheidung von „wirtschaftlicher" und „nichtwirtschaftlicher" Betätigung offen zu halten. Dazu passt, dass man sich mit der Eigenart der Sozialwirtschaft *als Ökonomie* nicht näher befasst. Dimmel bemerkte 2005, dass die Dritte-Sektor-Organisationen in den Brüsseler Dokumenten keine Erwähnung finden. „Der auf alle Anbieterorganisationen angewendete funktionale Unternehmensbegriff scheint die Diskussion der Frage zu erübrigen, ob es nicht im Dritten Sektor spezifische Formen des Wirtschaftens gibt, die anderer Natur sind als das Wirtschaften im Staatssektor und Wettbewerbsmarkt." (Dimmel 2005, S. 114)

Wird das „soziale Geschäft" als *Unternehmen* betrieben, trägt es mit den Diensten die es leistet und mit der Beschäftigung die es anbietet zur Konsolidierung der Wirtschaft im Ganzen bei. Das Interesse gilt auf der Makroebene der Wirtschaftspolitik dem „social business", weil man mit ihm „wirtschaftlich" auch den großen Bereich der „nichtwirtschaftlichen" Versorgung im Gemeinsamen Markt erschließen möchte. 2011 hat die Europäische Kommission in ihrer Mitteilung zur „Initiative für soziales Unternehmertum. Schaffung eines ‚Ökosystems' zur Förderung der Sozialunternehmen als Schlüsselakteure der Sozialwirtschaft und der sozialen Innovation" (KOM (2011) 682 endg.) befunden, für Sozialunternehmen sei das „soziale oder gesellschaftliche gemeinnützige Ziel Sinn und Zweck ihrer Geschäftstätigkeit". Zugerechnet werden diesen Unternehmen die folgenden beiden „types of business":

- Unternehmen, die Sozialdienstleistungen erbringen und/oder Güter und Dienstleistungen für besonders schutzbedürftige Bevölkerungsgruppen anbieten (Vermittlung von Wohnraum, Zugang zu Gesundheitsdienstleistungen, Betreuung von älteren und behinderten Personen, Integration sozial schwacher Bevölkerungsgruppen, Kinderbetreuung, Zugang zu Beschäftigung und lebenslangem Lernen, Pflegemanagement usw.) und/oder
- Unternehmen, die bei der Produktion von Waren bzw. der Erbringung von Dienstleistungen ein soziales Ziel anstreben (soziale und berufliche Eingliederung durch den Zugang zur Beschäftigung für Personen, die insbesondere aufgrund ihrer geringen Qualifikation oder aufgrund von sozialen oder beruflichen Problemen, die zu Ausgrenzung und Marginalisierung führen, benachteiligt sind), deren Tätigkeit jedoch auch nicht sozial ausgerichtete Güter und Dienstleistungen umfassen kann. (KOM (2011) 682 endg., S. 3).

Es müssen „Unternehmen" sein, um sie in der Marktökonomie wahrnehmen zu können, unabhängig davon, wo und wie sie tätig sind und in welchem Zusammenhang sie ihren sozialen Zweck erfüllen.

Aufgabenbezogen kommt es auf den unternehmerischen Charakter des Einsatzes nicht an. In Kanada wird die sozialwirtschaftliche Leistung durch freiwillige Assoziation und zivilgesellschaftlichen Einsatz in Wechselbeziehung zu öffentlichen Diensten mit ihren Beiträgen zur kommunalen Wirtschaftsentwicklung geschätzt (Quarter et al. 2009; McMurtry 2009; Novkovics und Brown 2012). Auch in den USA ist man davon abgekommen, nur Nonprofit-Unternehmen der Sozialwirtschaft zuzurechnen. Organisationen mit sozialer Zwecksetzung agierten oft sektorübergreifend; Sozialwirtschaft sei deshalb „as a mixed economy within the capitalist system" zu betrachten (Mook et al. 2015, S. 14). Es gebe

- *social economy businesses* in unterschiedlicher Rechtsform
- *local development enterprises* mit unterschiedlicher Aufgabenstellung
- *public sector nonprofits* wie Gesundheitsorganisationen und Wohnungsgesellschaften
- *civil society organizations* von Selbsthilfegruppen bis zu Gewerkschaften

(Mook et al. 2015, S. 16ff.)

Die Einteilung der Bereiche und die Zuordnung von Akteuren zu ihnen erfolgen landesspezifisch; erkannt wird jedenfalls eine Verzahnung unterschiedlicher Typen sozialen Einsatzes in der Spannweite staatlicher, bürgerschaftlicher und privater Beteiligung.

4 Zunehmende Wertschätzung und Förderung

Das Bewusstsein der Bedeutung der Sozialwirtschaft, was immer an Strukturen und Geschehen ihr für das Gedeihen von Wirtschaft und Gesellschaft insgesamt zugerechnet wird, wächst in Europa. Nach Konferenzen in Straßburg und Rom 2014 und in Luxemburg 2015 sowie einer Stellungnahme des Europäischen Wirtschafts- und Sozialausschusses zur „Schaffung eines Finanzökosystems für Sozialunternehmen" (Stellungnahme 2015) hat am 7. Dezember 2015 der Rat der Europäischen Union *Schlussfolgerungen*, wie es heißt, zum Thema „Förderung der Sozialwirtschaft als treibende Kraft der wirtschaftlichen und sozialen Entwicklung in Europa" verabschiedet (data.consilium.europa.eu/doc/document/ ST-13766-2015-INIT/de/pdf), worin eingangs festgestellt wird: „Die Sozialwirtschaft, die ein breites, vielfältiges Spektrum von Organisationsformen umfasst, die zwar von unterschiedlichen nationalen Gegebenheiten und Wohlfahrtssystemen geprägt sind, aber gemeinsame Werte, Merkmale und Ziele haben, kombiniert nachhaltige Wirtschaftstätigkeiten mit positiver sozialer Wirkung, wobei sie ihre Waren und Dienstleistungen am Bedarf ausrichtet. Sie spielt eine wichtige Rolle beim Umbau und bei der Weiterentwicklung der heutigen Gesellschaften, Wirtschaftssysteme und Volkswirtschaften und leistet somit einen erheblichen Beitrag zur wirtschaftlichen, sozialen und menschlichen Entwicklung in Europa und darüber hinaus und sie ergänzt in vielen Mitgliedstaaten die bestehenden Wohlfahrtssysteme."

Die Sozialwirtschaft, wie die genannten Schlussfolgerungen sie interpretieren, enthalte „ein gewaltiges Innovationspotential". Es wird den sozialen Unternehmen zugeordnet, wobei es wiederum notwendig erscheint zu definieren, welche Akteure damit gemeint sind: „Der Begriff ‚sozialwirtschaftliche Unternehmen' bezeichnet die Gesamtheit der Organisationen, die auf dem Grundsatz "Menschen vor Kapital" beruhen; hierzu zählen Organisationsformen wie Genossenschaften, Gegenseitigkeitsgesellschaften, Stiftungen und Vereine sowie neuere Arten von sozialen Unternehmen, die als Vehikel des sozialen und wirtschaftlichen Zusammenhalts in Europa betrachtet werden können, da sie zum Aufbau einer pluralistischen und widerstandsfähigen sozialen Marktwirtschaft beitragen. Sozialwirtschaftliche Unternehmen handeln im Interesse der Allgemeinheit und schaffen Arbeitsplätze, bieten sozial innovative Dienstleistungen und Waren an, erleichtern die soziale Inklusion und begünstigen eine nachhaltigere, lokal verankerte Wirtschaft. Sie beruhen auf den Grundsätzen der Solidarität und der Teilhabe." Offensichtlich wird als Hauptziel die Stärkung der „sozialen Marktwirtschaft" betrachtet; die soziale Ausrichtung ist angesichts der Herausforderungen zu schätzen, vor der diese Wirtschaft steht.

Der Sozialwirtschaft soll im „Ökosystem" ihrer Förderung ein verbesserter Zugang zu Finanzmitteln, mehr Sichtbarkeit für das soziale Unternehmertum und eine Verbesserung des rechtlichen Umfeldes verschafft werden. Man will *in Menschen investieren*, in ihre Bildung, Gesundheit, Beschäftigungsfähigkeit und soziale Teilhabe. Die dafür aufgelegten Programme tragen gewiss zur Versorgung und Pflege von Wohlfahrt bei, können es aber nicht mit der Allokation und Distribution der Mittel im nationalen Sozialleistungssystem aufnehmen, sondern nur verstreut in es eingemischt werden.

5 Kreativ sein – im Versorgungszusammenhang

Unternehmerische Innovation soll das soziale Geschäft beleben und erweitern. Von außen treten in die Szene sozialer Leistungserbringung neuerdings einzelne „effektive Altruisten" ein, die ihr Geld in einer utilitaristischen Kosten-Nutzen-Rechnung zu optimaler Wirkung bringen wollen (Singer 2009; Friedman 2013; Morvaridi 2015). Die neue Philanthropie bringt aber wie die alte kein organisiertes und zusammenhängendes Versorgungsgeschehen zuwege, sondern sie stiftet Gutes an vielen einzelnen Stellen bzw. bei einer Zahl von Menschen. Das gilt auch für die sozialen Entrepreneure, welche in der Szene mit dem Anspruch der Innovation auftreten (Jansen et al. 2013; Schwarz 2014; Brinkmann 2014). Sie erfüllen diesen Anspruch – soweit ihr Geschäftsmodell überhaupt in den Bereich sozialer Versorgung fällt – zumeist in Nischen oder am Rande des Versorgungsgeschehens, etwa mit neuen Beschäftigungsmöglichkeiten bei Behinderung oder mit Startups in der *Sharing Economy*, also des kollaborativen Konsums. Sozialentrepreneure widmen sich nach der Typologie von Zahra et al. (Zahra et al. 2009, S. 51 ff.) entweder als „Social Bricoleurs" lokalen sozialen Aufgaben oder suchen als „Social Constructionists" in der Gesellschaft nach generell neuen Problemlösungen und wollen als „Social Engineers" vorhandene Strukturen der Problembearbeitung aufbrechen und gesellschaftlichen Wandel erreichen. Es sind eine Menge unterschiedlicher Spezies im „Zoo der Sozialunternehmen" (Young und Lecy 2014) vertreten.

Mit all dem kann zur personenbezogenen Wohlfahrtsproduktion in ihrer Vielfalt beigetragen werden. Das sehen auch die Vertreter der Social-Business-Strategie in ihrem Interesse an ausgeweiteter Dienstleistungsproduktion. Von einer „gemischten" Struktur der Sozialwirtschaft wird in der *Rom-Strategie* im Ergebnis einer Konferenz „Unlocking the Potential of the Social Economy for EU Growth" im November 2014 ausgegangen (www.socialeconomy.it/files/Rome%20strategy_EN.pdf). An der Sozialwirtschaft hätten viele Stakeholder Anteil und sie sichere mit deren aktiver Teilhabe das europäische Sozialmodell. Zu den traditionellen

"Familien" der Sozialwirtschaft seien andere Sozialunternehmen und Wohlfahrtsorganisationen mit ihren Diensten getreten. Während die einen direkt zum Wirtschaftswachstum beitragen würden, stützten und stärkten die anderen es komplementär mit ihrer Arbeit am Wohlergehen von Menschen. In der *Rom-Strategie* wird zu einer koordinierten Aktion aller Akteure aufgefordert, um das Potential der Sozialwirtschaft weiter zu erschließen und ihren Einsatz zu fördern.

An der genannten römischen Konferenz wie an anderen Veranstaltungen der letzten Jahre zur Thematik (s. o.) nahmen fast ausschließlich Teilnehmer aus dem französischsprachigen Raum und aus Mittelmeerländern teil. Auch die Vorlage zu den Schlussfolgerungen des Rates der EU vom 7. 12. 2015 wurde von ihnen eingebracht. Die deutschsprachige Fachdiskussion zur Sozialwirtschaft und zum Sozialmanagement hat zumeist die einzelne Organisation und ihren Betrieb in der Wohlfahrtspflege zum Gegenstand, betrieblich relevante Beziehungen zu anderen Organisationen eingeschlossen. Rücken wir aber die Aufgabenstellung, sozialen Bedarf zu decken und Versorgung zu leisten, in den Mittelpunkt, fungieren die einzelnen Organisationen als Akteure im größeren Zusammenhang des sozialen Leistungsgeschehens und sie sind mit ihrem Beitrag zu ihm zu betrachten.

Gegenstand der sozialwirtschaftlichen Theorie muss nach allem die Gestaltung des ganzen Zusammenhangs sein, in dem einzelne Akteure in wechselseitiger Beziehung aufeinander ihren Auftrag wahrnehmen. Im sozialwirtschaftlichem Handlungsrahmen gibt es Unternehmen als Fremdleistungsbetriebe, alimentiert im wohlfahrtsstaatlichen Haushalt, teils angehörig besonderen Haushalten (wie diakonische Unternehmen dem Haushalt ihrer Glaubensgemeinschaft angehören), und es gibt Unternehmen in gemeinschaftlicher Selbsthilfe (*member-serving organisations*) sowie die persönlichen Unternehmungen in Belangen eigener Wohlfahrt und im individuellen Einsatz für die Belange anderer Menschen und gemeinsamen Lebens.

6 Sozial wirtschaften in Netzen der Akteure

Es gibt in Deutschland wie in anderen Ländern tausende Vereine mit sozialer Zwecksetzung. In ihnen sind neben hauptamtlich Beschäftigten vor allem viele freiwillig Engagierte tätig. Als Organisationen tragen die Vereine Dienste und Einrichtungen, führen Projekte und Veranstaltungen durch, werben dafür Geldmittel aus staatlichen Fördertöpfen, aus Spenden oder von Stiftungen ein und mobilisieren die Mitarbeit anderer Helfender und auch Mitwirkung derjenigen Menschen, für deren Belange sie eintreten. Ohne Zweifel sind diese Vereinigungen wirtschaftlich aktiv. Sie mobilisieren Ressourcen, produzieren Wohlergehen, schaffen soziales Kapital und pflegen sozialen Zusammenhalt – aber sie sind keine Unternehmen.

Sie zehren von den Haushaltsmitteln, welche ihnen von Staat und Kommune, von Stiftungen und anderen Zweckvereinigungen zugewiesen werden und sie nutzen zudem die Zeit und die Kraft aus dem persönlichen Haushalt von Menschen, die bei ihnen mitarbeiten.

Die Energie der organisierten Sozialwirtschaft speist sich aus der *Vernetzung*, in der ihre Komponenten aufeinander verwiesen sind. Die Akteure stehen in vertikaler und horizontaler Verbindung. Die Systemsteuerung auf der (sozialpolitischen) Makroebene nimmt Rücksicht auf die Gegebenheiten auf der Mesoebene der Organisationen und auf der Mikroebene der Endnutzer (und setzt dabei nicht nur auf Kooperation, sondern auch auf Wettbewerb unter den Beteiligten und auf Leistungsanreize für sie). Im sozialrechtlichen Dreiecksverhältnis von Leistungsträgern, Leistungserbringern und Leistungsnehmern werden Verträge geschlossen, welche die Entgelte festlegen und für die Sicherung und Entwicklung der Qualität der Leistungen vorgesehen sind. Die Bereitstellung von Haushaltsmitteln auf sozialpolitischer Ebene für bestimmte Aufgaben richtet sich auch nach den betrieblichen und fachlichen Anforderungen der Organisationen und Unternehmen, welche diese Aufgaben zu erledigen haben. Die individuellen Nutzer von Leistungen im Sozial- und Gesundheitswesen haben ihre Interessenvertreter, welche die Art und Weise der Versorgung kritisch beobachten und auf politischer Ebene Einfluss auf deren Gestaltung nehmen. In Kommunikation darüber spielen Medien ihre Rolle als Kanalisierer, Übersetzer und mittelbare Steuerer (Backhaus-Maul 2009, S. 77)

Im Sozialraum wird die Vernetzung der Akteure sozialwirtschaftlich mit der Erschließung von Ressourcen für ihr Zusammenwirken relevant. Dafür gibt es Koordinierungsstellen und Stützpunkte; ein Quartiersmanagement regt Kooperation an und steuert sie; ziviles und freiwilliges Engagement mehrt den lokalen Faktoreinsatz an Arbeit und generiert zusätzliches soziales Kapital; ein kommunales Netzwerk Frühe Hilfen koordiniert den zweckmäßigen Einsatz von Fachkräften aus unterschiedlichen Bereichen; Mehrgenerationenhäuser ermöglichen an ihren Standorten generationenübergreifenden Austausch und gesellschaftliche Teilhabe. Auf einem anderen Gebiet soll das Konzept einer „Netzwerkmedizin" (Stiftung Münch 2015) eine zukunftsfähige Gesundheitsversorgung durch Vernetzung verschiedener Versorgungsstufen und Spezialisierungen bieten. Dem Aufgabenbereich der Jugendarbeit wird eine vernetzte Infrastruktur gerecht, die viele einzelne professionelle Projekte und informell beginnende Aktionen und Initiativen von jungen Menschen einbinden kann (siehe Wendt und Hoßfeld 2012). Informationstechnologisch aufgerüstet, kommen „Jugendnetze" hinzu, in denen im virtuellen Raum die Adressaten der Jugendarbeit selbständig agieren und sich für eigene und gemeinsame Vorhaben engagieren.

Das produktive Potential einer Vernetzung, in der die Zielpersonen des Handelns eigenaktiv zur Zweckerfüllung, also zur Herstellung des Produktes beitragen, ist in der Erwerbswirtschaft längst erkannt. Dienstleister in allen möglichen Branchen haben ihre Kunden als aktive Partner entdeckt, die sich zur Leistungserstellung und damit auch zur Mehrung von Umsatz heranziehen lassen. Die Interaktion mit den Kunden wird zu optimieren gesucht, um zu diesem Erfolg zu gelangen. Personenbezogene Dienstleistungsarbeit finden wir als *Interaktionsarbeit* beschrieben (Böhle und Glaser 2006), in der man sich mit den Interessen und Bedürfnissen von Kunden aktiv auseinandersetzt. Sie ist „eine instrumentelle Interaktion, die notwendig ist, um ein Dienstleistungsergebnis zu erzielen" (Böhle et al. 2015, S. 37). Auch Krankenversorgung, Pflege und Soziale Arbeit bedürfe dieser zielgerichteten Interaktion (Bieber und Geiger 2014). Sie wirkt anders als in der kommerziellen Sphäre auf ein subjektbezogenes Arrangement hin, dessen Erfolg an die Personen gebunden bleibt, die es realisieren. Insofern kann die „Interaktionsarbeit in der Pflege" (Böhle und Glaser 2006, S. 43ff.) nicht gleichgesetzt werden mit „Interaktionsarbeit in der Softwareentwicklung" (Böhle und Glaser 2006, S. 153ff.) Werden hier die Mitwirkenden zu Erfüllungsgehilfen eines Unternehmens, erfüllen die Partner in der Sozialwirtschaft eine sie betreffende, gemeinsam zu bewältigende Aufgabe. In Zeiten der Digitalisierung und Mediatisierung können aber *soziale Startups* unternehmerisch neue Knoten in virtuellen Netzwerken knüpfen, in denen diese Aufgabe bearbeitet wird.

7 Entwicklungstrends und Optionen

Mag die Strategie einzelner Unternehmen und ihrer Führungskräfte in der Sozialwirtschaft darauf gerichtet sein, sich bei den Gegebenheiten des „Sozialmarktes" im Wettbewerb um Aufträge, Fördermittel und kostendeckende Finanzierung zu behaupten, das sozialwirtschaftliche Geschehen insgesamt folgt dem Wandel seiner Anforderungen. So vollzieht sich seit Jahren ein Übergang von vornehmlich stationärer Versorgung in ambulante Versorgung und, mit und ohne diese, in *häusliche Versorgung*. Letztere besteht in häuslicher Pflege, Kinder- und Jugendhilfe in der Familie, Home Treatment in der Psychiatrie, präventiver Begleitung chronischer Krankheitsverläufe, Versorgung mit einem persönlichen Budget bei Behinderung usw. Zum Trend der Deinstitutionalisierung und Personalisierung gehört stets eine Verschiebung in der Zuweisung von Mitteln.

Der Übergang von Objektförderung zu Subjektförderung, von Anbieterorientierung zu Nutzerorientierung ermöglicht und erfordert neue Gestaltungsweisen. Häusliche Versorgungsformen können von Diensten nicht passend gestaltet werden – und sind in der Gefahr, ineffektiv zu sein – ohne Selbstbestimmung ihrer Nutzer. Neue Wohnformen im Alter z. B. werden am besten nach Wunsch und Wahl derjenigen Personen eingerichtet, die sich für sie entscheiden. Gemeinschaftliches Wohnen kann von Nutzern selbst und unabhängig von benötigten Dienstleistungen bestellt und bezahlt werden (Michel 2016). Geeignete Arrangements in der Eingliederungshilfe, in der Rehabilitation chronisch Kranker oder bei nahräumlichen Hilfen zur Erziehung setzen ein einzelfallbezogenes Management voraus, dessen Implementierung wiederum einen entsprechenden Ressourceneinsatz erfordert. Ein Case Management zieht unterschiedliche Dienste heran, deren Verknüpfung Sache des örtlichen oder regionalen Sozialmanagements ist und auch zur Aufgabe einer integrierten Sozialplanung gehört.

Eine Umstellung in der Sozialwirtschaft – wie im Gesundheitssystem mit dem Konzept einer „Sozialen Gesundheitswirtschaft" (Hilbert et al. 2011) – findet statt, weil sich aus neu erkannten und neu bewerteten Problemen ein neuer oder veränderter Handlungsbedarf ableitet. Das trifft auf den demografischen Wandel zu, auf die Inklusion von Menschen mit Behinderung oder auf die Migration, die in fast allen Versorgungsbereichen (s. o.) einen quantitativ und qualitativ erheblichen Ressourceneinsatz erfordert – im Ausbau der Infrastruktur, im Zuschnitt von Sozialleistungen, im Angebot von Diensten, in Umwidmung von Einrichtungen und im Personalmanagement. In jeder Hinsicht ist eine angemessene operative und strategische Steuerung verlangt. Das kann für das Management in Anlehnung an das Social-Impact-Modell (Uebelhart 2011) heißen, bedarfs- und damit zielbezogen für die ausgemachte soziale Problematik eine Lösungskonstruktion unter verschiedenen Gesichtspunkten ins Auge zu fassen und ihre Umsetzung auf Wirksamkeit hin zu entwerfen. Darin einbeziehen lassen sich viele einzelne Initiativen – u. a. mit *Impact Investing* durch Geldgeber, die sich einen zugleich sozialen und finanziellen Ertrag von ihrer Anlage versprechen (OECD 2015) und mit Finanzierung im Rahmen der europäischen Förderung des sozialen Unternehmertums, wie sie das *Programme for Employment and Social Innovation* (EaSI) und der *European Social Entrepreneurship Funds* (EuSEF) im Kontext der *Strategie Europa* 2020 auch zur Armutsbekämpfung und sozialen Eingliederung vorsehen (Mitteilung 2010).

Neue Finanzierungsquellen ergänzen die sozialwirtschaftliche Regelfinanzierung, können und sollen aber nicht an ihre Stelle treten. Wirkungsorientierte Investitionen von privater Seite haben ihren Wert besonders in Bereichen, wohin das vorhandene Leistungssystem nicht oder nur unzulänglich hinreicht. Das betrifft etwa das weite und offene Feld der *Prävention*. Investitionen darin werden im Abschlussbericht des „National Advisory Board Deutschland" empfohlen, erstellt für die *Social Impact Investment Taskforce* der G8. Der Bericht betont die komplementäre Funktion von Wirkungsorientierten Investitionen (WI). Für sie hat sich ein eigener Markt entwickelt (Bertelsmann Stiftung 2016). Die WI sollen „das Finanzierungssystem der Sozialwirtschaft erweitern und verstärken. Durch WI finanzierte Maßnahmen können nach Wirkungsnachweis in das sozialrechtlich abgesicherte Regelsystem überführt werden. Der Einsatz von WI sollte insbesondere keine Privatisierung oder Kommerzialisierung der staatlich garantierten Daseinsvorsorge einleiten." (National Advisory Board 2014, S. 8)

Das so anerkannte Regelsystem der Daseinsvorsorge hat die Chance, seinerseits die Initiativen und Unternehmungen privater Investoren aufzugreifen und ihre Innovationen im Versorgungsgefüge zu verwerten. In ihm sind auf dem Weg der Anpassung und nachhaltiger Problemlösung andauernd Situationsanalysen und Planungen unter Beteiligung möglichst aller Stakeholder erforderlich. Diese klärenden Prozesse können mehr oder weniger organisiert stattfinden und bestimmte Schwerpunktsetzungen im sozialwirtschaftlichen Geschehen ergeben. Die öffentliche Diskussion und das Handeln der Akteure fokussieren auf vorrangige Ziele und für sie zu erschließende Mittel und Wege. In einer strategischen Analyse lassen sich drei komplementäre Optionen (für das Sozialmanagement) in der vorhandenen bzw. absehbaren Problemkonstellation hervorheben:

- Engagement in vielfältiger ziviler Betätigung
- Integration (zu sozialem Zusammenhalt)
- Teilhabe (nicht nur für Behinderte).

Integration gelingt nicht ohne entsprechendes Engagement; Teilhabe setzt integrative Bemühungen voraus; Engagement resultiert in tatsächlicher Teilhabe. In jeder Hinsicht muss auf *informelle* Mitwirkung gebaut werden, sei es auf freiwilligen Hilfen, auf Selbstsorge von Zielpersonen, auf ihre eigene technikgestützte Kommunikation, auf nahräumliche Unterstützung oder auf zivilgesellschaftliche Aktion. Formelle und professionelle Dienste allein bewältigen die Aufgaben in keinem Bereich der sozialen und gesundheitlichen Versorgung. Überall müssen Mitarbeit, Eigeninitiative, informelle Vor-, Mit- und Nachsorge und selbstbestimmte individuelle Gestaltung verlangt und gefördert werden.

Damit rückt die Mikroebene sozialwirtschaftlicher Prozesse in den Fokus strategischer Überlegungen. Beispielsweise gelingt die Integration von Flüchtlingen (für die in der großen Zahl auf der politischen und administrativen Ebene enorme Kosten für Unterbringung, Verpflegung und für Sprach- und Integrationskurse veranschlagt werden) nur in diskreten und fallweisen Anpassungen, die von personenbezogenen Initiativen in der Lebens- und Arbeitsumwelt der einzelnen Zuwanderer und von ihnen selber ausgehen. Man hat in der Vergangenheit von „migrantischen Ökonomien" gesprochen und damit vor allem Existenzgründungen in selbständigen

Geschäften gemeint (Hillmann 2011); es kommt nun darauf an, die *capabilities* des einzelnen Zuwanderers als seine Verwirklichungschancen systematisch zu entwickeln und dazu im Nahraum seines Umfeldes die Ressourcen – bezogen auf Wohnen, Arbeit, Gesundheit und soziale Beziehungen – zu mobilisieren. Damit das in vielen Fällen gelingt, ist das Sozialmanagement (mitsamt systematischem Freiwilligenmanagement und Sozialraummanagement) gefordert und es sind in den öffentlichen Haushalten sektor- und ressortübergreifend angemessene Allokations-, Distributions- und Stabilisierungsentscheidungen zu treffen.

Die soziale Bewirtschaftung der Eingliederung von Flüchtlingen stellt ein Exempel dar für die Mehrebenenstrategie, in der vom Staat verlangt wird, den Prozess administrativ zu bahnen und die nötigen Mittel bereitzustellen, während von den beteiligten Organisationen flexible Lösungen für die einzelnen Problembereiche der Integration erwartet werden und es auf der Individualebene vor Ort und fallweise auf eine Verbindung informeller und formeller Hilfen ankommt. Eigenes Bemühen der Adressaten des Versorgungsgeschehens kann unterstellt werden. Sie leisten ohnehin den größten Teil der Sorgearbeit, von der das Wohl von Menschen alltäglich abhängt und die ein gedeihliches soziales Zusammenleben erfordert.

Die Sozialwirtschaft greift auf jeder Ebene des Geschehens auf ein *informelles Reservoir* zu, das in der häuslichen und außerhäuslichen *Lebenssorge* (Klinger 2012), der Selbstsorge und den Eigenaktivitäten der Menschen in den Belangen ihres Ergehens und ihrer Wohlfahrt besteht. Weder die Erziehung von Kindern oder die Pflege bedürftiger Alter noch generell der Aufbau sozialer Beziehungen und die Wahrung von Zusammenhalt können formelle Dienste, wie umfangreich sie vorhanden und wie gut ausgestattet sie sein mögen, allein durch sich leisten. Die Stärkung des informellen Vermögens sozialer Problembewältigung ist als eine Hauptaufgabe sozialen Wirtschaftens und des Managements in ihm anzusehen. Diese Aufgabe wird nicht „marktlich" erfüllt – und oftmals laufen Angebote im Markt der Dienstleistungen dem Bestreben zuwider, die eigenen Kräfte und Möglichkeiten von Menschen zu ihrem Wohl zu mobilisieren.

8 Fazit

Soziale Versorgung differenziert sich bedarfsentsprechend bei zunehmender Verlagerung in ambulante und häusliche Hilfe, personalisierte Ausformung und im Übergang von formeller in informelle Wohlfahrtsproduktion bzw. in Beteiligung der einen an der anderen. Der Erhalt und auch die Dynamik der Versorgung wird von den Stakeholdern gewährleistet, die als verantwortliche Träger, engagierte Organisationen, mittelbar Beteiligte und in ziviler Interessenvertretung von

Betroffenen andauernd mit der Gestaltung von Diensten zur gemeinschaftlichen und personenbezogenen Problembewältigung zu tun haben. Darin eingemischt ein Unternehmertum mit neuen Vorhaben und zusätzlicher Investition, dass aber angewiesen bleibt auf ein funktionierendes System der Allokation und Distribution der Mittel und einer verlässlichen Organisation ihres Einsatzes.

Somit bestimmt über soziale Versorgung nicht der Markt und er leistet sie nicht in ihren Zusammenhängen. Bei aller einzelunternehmerischen Innovation und bei allem Wettbewerb unter Leistungsanbietern wird soziale Versorgung in ihrem geregelten System weiterhin nur in öffentlicher und ziviler Verantwortung gewährleistet und gestaltet. Nachhaltig gelangt die ihr aufgetragene Problembewältigung *ökonomisch* zum Erfolg in dem Maße, in dem sie solidargemeinschaftlich durchgehalten und *sozial* in vielseitiger Mitarbeit betrieben wird.

Literatur

Backhaus-Maul, und Holger. 2009. Akteure in der Sozialwirtschaft: institutionalisierte Routinen und neue Gestaltungsspielräume. *Archiv für Wissenschaft und Praxis der sozialen Arbeit* 40: 62–84.

Bartlett, Will, und Julian Le Grand. 1993. *Quasi-markets and social policy*. London: Palgrave Macmillan.

Bertelsmann Stiftung (Hrsg.). 2016. *Social Impact Investment in Deutschland 2016. Kann das Momentum zum Aufbruch genutzt werden?* Gütersloh: Bertelsmann Stiftung.

Bieber, Daniel, und Manfred Geiger (Hrsg.). 2014. *Personenbezogene Dienstleistungen im Kontext komplexer Wertschöpfung. Anwendungsfeld „Seltene Krankheiten"*. Wiesbaden: Springer VS.

Blenk, Timo, Nora Knötig, und Thomas Wüstrich. 2016. *Die Rolle des Wettbewerbs im Gesundheitswesen. Erfahrungen aus Deutschland, den Niederlanden und der Schweiz*. WISO Diskurs 01/2016. Bonn: Friedrich Ebert Stiftung.

Böhle, Fritz, und Jürgen Glaser (Hrsg.). 2006. *Arbeit in der Interaktion – Interaktion als Arbeit. Arbeitsorganisation und Interaktionsarbeit in der Dienstleistung*. Wiesbaden: VS Verlag für Sozialwissenschaften.

Böhle, Fritz, Ursula Stöger, und Margit Weihrich. 2015. Wie lässt sich Interaktionsarbeit menschengerecht gestalten? Zur Notwendigkeit einer Neubestimmung. *Arbeits- und Industriesoziologische Studien* 8: 37–54.

Brinkmann, Volker (Hrsg.). 2014. *Sozialunternehmertum*. Baltmannsweiler: Schneider Verlag Hohengehren.

CIRIEC, Marie J. Bouchard, und Damien Rousseliere (eds.). 2015. *The weight of the social economy. An international perspective*. Frankfurt am Main: Peter Lang.

Dimmel, Nikolaus. 2005. *Perspektiven der Sozialwirtschaft 2005–2015. Vergaberecht – Leistungsverträge – Sozialplanung*. Wien: Lit.

Europäische Kommission. 2013. *Sozialwirtschaft: Fundamente für innovative Antworten auf Gegenwartsprobleme*. Syntheseberichte. Luxemburg: Amt für Veröffentlichungen der Europäischen Union.

Friedman, Eric. 2013. *Reinventing philanthropy. A framework for more effective giving.* Lincoln: Potomac Books.

Hilbert, Josef, Birgit Mickley, und Michaela Evans. 2011. *Soziale Gesundheitswirtschaft. Mehr Gesundheit – gute Arbeit – qualitatives Wachstum.* Bonn: Friedrich-Ebert-Stiftung.

Hillmann, Felicitas (Hrsg.). 2011. *Marginale Urbanität. Migrantisches Unternehmertum und Stadtentwicklung.* Bielefeld: Transcript.

Jansen, Stephan A., Rolf Heinze, und Markus Beckmann (Hrsg.). 2013. *Sozialunternehmen in Deutschland. Analysen, Trends und Handlungsempfehlungen.* Wiesbaden: Springer VS.

Klinger, Cornelia. 2012. Leibdienst – Liebesdienst – Dienstleistung. In *Kapitalismustheorie und Arbeit. Neue Ansätze soziologischer Kritik*, Hrsg. Klauss Dörre, Dieter Sauer, und Volker Wittke, 258–272. Frankfurt am Main: Campus.

Kommission der Europäischen Gemeinschaften. 2003. *Grünbuch zu Dienstleistungen von allgemeinem Interesse.* KOM(2003) 270 endg. vom 21.5.2003. Brüssel.

Laville, Jean-Louis. 2011. *L'économie solidaire: Une perspective international.* Paris: Hachette.

McMurtry, John Justin. 2009. *Living economics. Canadian perspective on the social economy, co-operatives, and community economic development.* Toronto: Edmond Montgomery Publications.

Michel, Lutz H. 2016. Im „Altenpflegeheim 2025" wird endlich privat gewohnt! *Blätter der Wohlfahrtspflege* 163: 10–12.

Mitteilung. 1989. der Kommission der Europäischen Gemeinschaften an den Rat *über die Unternehmen der Economie Sociale und die Schaffung des europäischen Marktes ohne Grenzen*, SEK (1989) 2187 endg. vom 18.12.1989.

Mitteilung der Kommission. 1996. *Leistungen der Daseinsvorsorge in Europa.* Luxemburg: Amt für amtliche Veröffentlichungen der Europäischen Gemeinschaften.

Mitteilung der Kommission. 2010. *Europa 2020. Eine Strategie für intelligentes, nachhaltiges und integratives Wachstum.* KOM(2010) 2020 endg. vom 3.3.2010. Brüssel: Europäische Kommission.

Monzón, José Luis, und Rafael Chaves. 2012. *The social economy in the European Union.* Report drawn up for the European Economic and Social Committee by the International Centre of Research and Information on the Public, Social and Cooperative Economy. Brüssel: European Union.

Mook, Laurie, Jon R. Whitman, Jack Quarter, und Ann Armstrong. 2015. *Understanding the social economy of the United States.* Toronto: University of Toronto Press.

Morvaridi, Behrooz (ed.). 2015. *New philanthropy and social justice. Debating the conceptual and policy discourse.* Bristol: Policy Press.

National Advisory Board Deutschland (Hrsg.). 2014. *Wirkungsorientiertes Investieren: Neue Finanzierungsquellen zur Lösung gesellschaftlicher Herausforderungen.* Gütersloh: Bertelsmann Stiftung.

Novkovic, Sonja, und Leslie Brown (eds.). 2012. *Social economy. Communities, economics and solidarity in Atlantic Canada.* Sydney: Cape Breton University Press.

OECD. 2015. *Social impact investment. Building the evidence base.* Paris: OECD Publications.

Quarter, Jack, Laurie Mook, und Ann Armstrong. 2009. *Understanding the social economy. A Canadian perspective.* Toronto: University of Toronto Press.

Rixen, Stephan. 2005. *Sozialrecht als öffentliches Wirtschaftsrecht – am Beispiel des Leistungserbringungsrechts der gesetzlichen Krankenversicherung*. Tübingen: Mohr Siebeck.
Schwarz, Sabine. 2014. *Social Entrepreneurship Projekte. Unternehmerische Konzepte als innovativer Beitrag zur Gestaltung einer sozialen Gesellschaft*. Wiesbaden: Springer VS.
Singer, Peter. 2009. *The life you can save. Acting now to end world poverty*. New York: Random House.
Spangenberg, Joachim H., und Sylvia Lorek. 2002. Lebensstandardmessung einschließlich nicht-marktlicher Dienstleistungen. In *Die Zukunft von Dienstleistungen. Ihre Auswirkungen auf Markt, Umwelt und Lebensstandard*, Hrsg. Gerhard Bosch, Peter Hennicke, Josef Hilbert, Kora Kristof, und Gerhard Schellhorn, 455–481. Frankfurt am Main: Campus.
Stellungnahme des Europäischen Wirtschafts- und Sozialausschusses. 2015. zum Thema *Schaffung eines Finanzökosystems für Sozialunternehmen*. Brüssel, den 16. Sept. 2015. In Amtsblatt der Europäischen Union vom 15.1.2016.
Stiftung Münch (Hrsg.). 2015. *Netzwerkmedizin – Fakten. Diskurs. Perspektiven in der Umsetzung*. Heidelberg: Medhochzwei.
Uebelhart, Beat. 2011. Das Social-Impact-Modell (SIM) – vom sozialen Problem zur Wirkung. In *Management und Systementwicklung in der Sozialen Arbeit*, Hrsg. Agnés Fritze, Bernd Maelicke, und Beat Uebelhart, 221–286. Baden-Baden: Nomos.
Wendt, Wolf Rainer. 2002. *Sozialwirtschaftslehre. Grundlagen und Perspektiven*. Baden-Baden: Nomos.
Wendt, Wolf Rainer. 2014. Die Geschichte der Sozialwirtschaft – Herkommen und Entwicklung. In *Lehrbuch der Sozialwirtschaft*, Hrsg. Ulli Arnold, Klaus Grunwald, und Bernd Maelicke, 64–85, 4. Aufl. Baden-Baden: Nomos.
Wendt, Wolf Rainer. 2015. Das sozialwirtschaftliche Geflecht der Versorgung. Ein Fazit aus den Beiträgen. In *Soziale Versorgung zukunftsfähig gestalten*, Hrsg. Bernadette Wüthrich, Jeremias Amstutz, und Agnès Fritze, 423–432. Wiesbaden: Springer VS.
Wendt, Wolf Rainer und Cornelia Hoßfeld. 2012. *Bunte junge Praxis. Eine Wirkungsstudie zu 30 Jahren Jugendförderung und Jugendbildung. Die Projektlandschaft der Jugendstiftung Baden-Württemberg*. Baltmannsweiler: Schneider Verlag Hohengehren.
Young, Dennis R. und Jesse D. Lecy. 2014. Defining the universe of social enterprise: Competing metaphors. *Voluntas* 25: 1307–1332.
Zacher, Johannes. 2009. Wirtschaftsordnungen für die Sozialwirtschaft. *Archiv für Wissenschaft und Praxis der sozialen Arbeit* 40: 4–34.
Zahra, Shaker A., Eric Gedajlovic, Donald O. Neubaum, und Joel M. Shulman. 2009. A typology of social entrepreneurs. Motives, search processes and ethical challenges. *Journal of Business Venturing* 24: 519–532.

Prof. Dr. phil, Dipl.-Psych Wolf Rainer Wendt Case Manager Ausbilder. Nach Tätigkeit in der Jugendhilfe war er von 1978 bis 2004 Leiter des Studienbereichs Sozialwesen der Berufsakademie Stuttgart (jetzt Duale Hochschule BW), Mitbegründer der Deutschen Gesellschaft für Soziale Arbeit und bis 2009 deren Vorsitzender. E-Mail: prof.dr.wendt@gmail.com

Teil II
Exemplarische Herausforderungen des Sozialmanagements

# Über die Nichtsteuerbarkeit der Jugendhilfe und die gemeinsame Verantwortung von öffentlichen und freien Jugendhilfeträgern

Jugendhilfe für neu ankommende unbegleitete minderjährige Flüchtlinge in München

Andreas Dexheimer und Johannes Nathschläger

1 Die Ausgangslage

Deutschland ratifizierte die UN-Kinderrechtskonvention im März 1992. Allerdings unter Vorbehalt: Das Ausländerrecht sollte weiterhin Vorrang vor der UN-Kinderrechtskonvention haben. Erst im Juli 2010 wurde dieser Vorbehalt zurückgenommen, seitdem ist „bei allen Maßnahmen, die Kinder betreffen, gleichviel ob sie von öffentlichen oder privaten Einrichtungen der sozialen Fürsorge, Gerichten, Verwaltungsbehörden oder Gesetzgebungsorganen getroffen werden, … das Wohl des Kindes {…} vorrangig zu berücksichtigen" (Art. 1 Abs. 3 UN-Kinderrechtskonvention).

Drei Jahre später wurde in Bayern beschlossen, dass ab Januar 2014 auch alle 16- und 17-jährigen unbegleiteten minderjährigen Flüchtlinge in Einrichtungen der Jugendhilfe unterzubringen seien. Bis dahin wurde nur die vergleichsweise kleine

---

A. Dexheimer (✉) · J. Nathschläger
Diakonie – Jugendhilfe Oberbayern, München, Deutschland
E-Mail: Andreas@dexheimer.net

J. Nathschläger
E-Mail: j.nathschlaeger@katho-nrw.de

© Springer Fachmedien Wiesbaden GmbH, ein Teil von Springer Nature 2018
W. Grillitsch et al. (Hrsg.), *Gegenwart und Zukunft des Sozialmanagements und der Sozialwirtschaft*, https://doi.org/10.1007/978-3-658-21607-8_5

Gruppe der unter 16-jährigen unbegleiteten minderjährigen Flüchtlinge in geeigneten Plätzen der Jugendhilfe, beispielsweise in zielgruppenspezifischen Inobhutnahmestellen, betreut. Doch hinsichtlich der Beachtung des Kindeswohls war den freien und öffentlichen Trägern der Jugendhilfe schon lange bewusst, dass der Verbleib von alleine nach Deutschland eingereisten minderjährigen Flüchtlingen in Gemeinschaftsunterkünften für Asylbewerber ein völlig inakzeptabler Zustand ist. Trotzdem ahnte wohl niemand, welche „Herkules"-Aufgabe da an unsere Tür anklopfen würde.

Das zuständige Bayerische Staatsministerium für Arbeit und Soziales, Familie und Integration entwickelte unter Beteiligung des Bayerischen Städte- und Landkreistags, der Heimaufsichten, der Wohlfahrts- und Fachverbände sowie verschiedener Vertreter(innen) der freien und öffentlichen Jugendhilfe unter der Überschrift „For.UM" den Plan, bayernweit rund 200 Plätze in sogenannten Zentralen Inobhutnahmestellen (ZIO) in freier Trägerschaft für 16- und 17-jährige unbegleitete minderjährige Flüchtlinge zu schaffen. Auch in München sollten ab Januar 2014 solche Einrichtungen mit einer Kapazität von insgesamt 50 Plätzen entstehen.

Im Herbst 2013 war das vorrangige Ziel, das alte und überholte System abzuwickeln. Die in München zu diesem Zeitpunkt zu versorgenden 16- und 17-jährigen unbegleiteten minderjährigen Flüchtlinge waren im Haus 58 der Bayernkaserne untergebracht und wurden dort durch den Sozialdienst der Regierung von Oberbayern betreut. Das Haus war völlig überbelegt, es kam oft zu Gewaltandrohungen und tatsächlicher Gewalt, selbstschädigendes Verhalten war an der Tagesordnung und Konflikte mit dem Sicherheitsdienst und den Essensversorgern eskalierten häufig.

Die freien Jugendhilfeträger stellten weitere Fachkräfte ab, um zumindest eine angemessene Betreuung zu gewährleisten.

Am Rande einer Fachtagung unterbreiteten einige Vertreterinnen und Vertreter von Münchner Jugendhilfeträgern der Leiterin des Stadtjugendamts den Vorschlag, die Situation im Haus 58 der Bayernkaserne durch temporären Einsatz von zusätzlichen pädagogischen Fachkräften zu entspannen. Nachdem diverse Bedenken aufseiten der Regierung von Oberbayern ausgeräumt werden konnten, wurde dieser Vorschlag umgesetzt. Gleichzeitig wurde vereinbart, dass neu ankommende unbegleitete minderjährige Flüchtlinge nicht mehr im Haus 58 der Bayernkaserne untergebracht werden sollten. Vielmehr – so die damalige Planung – sollten die jungen Menschen bis zur Eröffnung der ersten Zentralen Inobhutnahmestellen im Ankunftszentrum der Regierung von Oberbayern in der Baierbrunnerstraße in München-Sendling leben und dort von pädagogischen Fachkräften der beteiligten freien Jugendhilfeträger ambulant betreut werden. Die Finanzierung der Fachkräfte erfolgte analog zur ambulanten Erziehungshilfe in der Stadt München pauschal.

Trotz intensiver Bemühungen des Stadtjugendamts, der Regierung von Oberbayern, des Sozialdienstes und der pädagogischen Fachkräfte der beteiligten freien Jugendhilfeträger dauerte es bis Mai 2014, bis auch der letzte Bewohner des Hauses 58 der Bayernkaserne in eine geeignete Jugendhilfeeinrichtung verlegt, das Haus geschlossen und damit das alte System abgewickelt werden konnte.

In den ersten drei Monaten des Jahres 2014 kamen 255 neue unbegleitete minderjährige Flüchtlinge in München an. Die Kapazitäten in der Baierbrunnerstraße reichten daher nicht lange aus. Obwohl die ersten Zentralen Inobhutnahmestellen Anfang 2014 in Betrieb gingen, wurden zusätzliche Zimmer in Pensionen angemietet. Die freien Jugendhilfeträger stellten weitere Fachkräfte ab, um zumindest eine angemessene Betreuung zu gewährleisten.

Spätestens im März 2014 wurde den Beteiligten bewusst, dass die Planungen hinsichtlich der Zentralen Inobhutnahmestellen mit Sicherheit nicht ausreichen würden, den immer weiter steigenden Bedarf zu befriedigen. Daher wurde vereinbart, das Haus 19 der Bayernkaserne mit 100 Plätzen zu ertüchtigen und dauerhaft als Anlaufstelle für alle in München neu ankommenden unbegleiteten minderjährigen Flüchtlinge zu nutzen. Die bis dahin in der Baierbrunnerstraße und in diversen Pensionen arbeitenden Fachkräfte sollten zusammengezogen werden. Entsprechend sollten auch die betreuten unbegleiteten minderjährigen Flüchtlinge umziehen.

2 Jugendhilfe für neu ankommende unbegleitete minderjährige Flüchtlinge (JHumF)

Konzeptionell gesehen gingen alle am Haus 19 in der Bayernkaserne Beteiligten neue und bis dato unbekannte Wege. Träger dieser Jugendhilfeeinrichtung für neu ankommende unbegleitete minderjährige Flüchtlinge (JHumF) sollte das Stadtjugendamt sein. Die Betreuung der jungen Menschen übernahmen Fachkräfte verschiedener Jugendhilfeträger, Ausstattung, Versorgung und Sicherheit gewährleistete ein privates Dienstleistungsunternehmen (siehe Abb. 1).

Abb. 1 Organisation der JHumF

Aufgrund der Größe des Hauses wurde vereinbart, dass die jungen Flüchtlinge in vier Gruppen mit je rund 25 Plätzen zusammenleben sollen. Jede dieser Gruppen wird von einem Team bestehend aus mindestens fünf pädagogischen Fachkräften (5 VZÄ), einer psychologischen Fachkraft (0,5 VZÄ) und einer Teamleitung (1 VZÄ) betreut. Die Fachkräfte arbeiten zwischen 08:00 und 23:00 Uhr und halten eine Rufbereitschaft für die Nachtstunden vor. Zudem sind zahlreiche Lehrkräfte für Deutsch als Fremd- bzw. Zweitsprache (DaZ/DaF) mit der Beschulung der jungen Flüchtlinge beschäftigt. Dieser Minimalstandard sollte sukzessiv hin zu einem „normalen" Jugendhilfestandard aufgebessert werden.

Inhaltlich steht die Sicherung grundlegender physiologischer, psychischer, sozialer und kognitiver Bedürfnisse im Mittelpunkt. Daneben kommt der Abklärung des weiteren Hilfebedarfs (Clearing) eine besondere Bedeutung zu. Dafür entwickelten die an der JHumF beteiligten Träger ein modulares Clearingverfahren. Basierend auf den sogenannten W-Fragen von Professor Kaspar Geiser (2004, S. 292 ff.) wird geklärt, wer der junge Flüchtling ist, woher er kommt, warum er hier ist, wie er hierhergekommen ist, wie es ihm geht, was er weiterhin möchte und welche Anschlusshilfe er braucht. Der Tagesablauf wird zum einen durch die gemeinsamen Mahlzeiten, zum anderen aber auch durch einen bereits am ersten Aufenthaltstag beginnenden Deutschunterricht strukturiert. Inhaltlich geht es natürlich nicht nur um den reinen Spracherwerb, sondern auch um ein Kennenlernen der deutschen Kultur und die Vermittlung grundlegender Werte und Verhaltensweisen in der deutschen Gesellschaft. Verschiedene Gruppen- und Freizeitaktivitäten runden das Angebot ab.

Die Finanzierung der Personal-, Sach- und Gemeinkosten erfolgt auch weiterhin pauschal, sodass das Belegungsrisiko aufseiten des Stadtjugendamts liegt. Der Betreuungsaufwand wird von den Trägern verauslagt und muss am Jahresende „spitz" abgerechnet werden.

All das wurde in einer Kooperationsvereinbarung niedergeschrieben. Anfangs waren vier und im Laufe der Zeit bis zu zwölf freie Träger der Jugendhilfe an der JHumF beteiligt.

3 Der Ausbau

An dieser Stelle ist es notwendig und hilfreich, sich die besondere geografische Lage Münchens vor Augen zu führen. Mit ihrem Kopfbahnhof liegt die bayerische Landeshauptstadt am vorläufigen Ende sowohl der Balkanroute über die Türkei und Griechenland als auch der Libyen-Mittelmeer-Italien-Route. Es verwundert

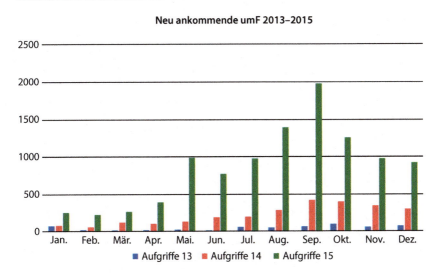

Abb. 2 Neu ankommende umF in München 2013–2015

deshalb nicht, dass viele unbegleitete minderjährige Flüchtlinge direkt im Münchner Hauptbahnhof oder in dessen Umkreis aufgegriffen werden und dadurch unter die hoheitliche Zuständigkeit des Stadtjugendamtes München fallen. Im Jahr 2013 wurden 553 unbegleitete minderjährige Flüchtlinge aufgegriffen, 2014 waren es schon 2.610 und 2015 schließlich 10.319 (siehe Abb. 2).

Entsprechend reichten auch die 100 Plätze im Haus 19 der Bayernkaserne nicht lange aus. Anstatt die neu gefundenen Fachkräfte zur Verstärkung der Teams nutzen zu können, wurden immer mehr Einrichtungen des gleichen Typs im ganzen Münchner Stadtgebiet (und vereinzelt auch darüber hinaus) eröffnet. Bis zum Jahresende 2015 entstanden so 13 JHumF-Einrichtungen mit zusammen 1.447 Plätzen; die an der JHumF beteiligten Träger konnten dafür 372 Vollzeitstellen schaffen und besetzen.

4 Probleme und Lösungsversuche

Um die vielen neuen Fachkräfte (unter denen sich auch zahlreiche Berufsanfänger befanden) gezielt einarbeiten zu können, wurde von den an der JHumF beteiligten Trägern ein Einarbeitungscurriculum erarbeitet. Alle Fachkräfte wurden und werden so zu den Themen Grundlagen der Arbeit in der JHumF, Interkulturelle

Kompetenz, Beziehungsarbeit, Alltagsbildung, Traumatische Erlebnisse und ihre Folgen, Gruppendynamik, Krisenintervention, Sexualisierte Gewalt und Modulares Clearingverfahren geschult. Diese eintägigen Fortbildungen werden von Anfang an sehr gut angenommen und leisten einen wichtigen Beitrag zur Qualifizierung in diesem schwierigen Arbeitsfeld.

Nicht alle zwischen April 2014 und Dezember 2015 eröffneten JHumF-Einrichtungen waren auf Dauer angelegt. So kam es aufgrund der Immobilienknappheit immer wieder vor, dass auch Objekte angemietet wurden, die nur für wenige Monate zur Verfügung standen. Dies führte in Bezug auf die eigentlichen Ansprüche funktionierender Jugendhilfe zu hochproblematischen Rahmenbedingungen. Unbegleitete minderjährige Flüchtlinge, die sich gerade erst von den vielfältigen Strapazen einer nicht selten monatelangen Flucht zu erholen versuchen, müssen weiterhin mit der Ungewissheit leben, wo sie nächste Woche oder nächsten Monat untergebracht werden. Und den Fachkräften, die sie betreuen, ergeht es nicht anders. Hinzu kommen allfällige Schwierigkeiten mit der Besorgung der Ausstattung (insbesondere EDV und Telekommunikation), die für einen Regelbetrieb unentbehrlich ist.

Auch wenn die Grundversorgung der neu ankommenden unbegleiteten minderjährigen Flüchtlinge durch die JHumF-Einrichtungen gewährleistet war, stellte sich doch die Frage, wie es perspektivisch weitergehen sollte. So viele junge Flüchtlinge bringen eine Menge an individuellen (Jugendhilfe)bedarfen mit, die weit über eine temporäre Befriedigung grundlegender Bedürfnisse hinausgehen. Traumatisierte junge Flüchtlinge brauchen zudem therapeutische Hilfe. Schulplätze müssen gefunden oder geschaffen werden, Übergänge in Ausbildung und Arbeit, Hilfen zur Verselbstständigung und Freizeitaktivitäten sind weitere anstehende Herausforderungen in der pädagogischen Arbeit.

Anschlussplätze in der Jugendhilfe in München zu finden, zumal in dieser Größenordnung – das war allen Beteiligten schon Mitte 2014 klar –, wird nicht möglich sein. Gleiches galt natürlich auch für andere stark betroffene Standorte wie Passau und Rosenheim. Daher entschied das zuständige Bayerische Staatsministerium für Arbeit und Soziales, Familie und Integration unbegleitete minderjährige Flüchtlinge nach dem Clearing (in der Regel also nach spätestens drei Monaten) bayernweit in geeignete Anschlusshilfen zu verlegen. Dadurch sollten auch andere Jugendämter in die Pflicht genommen werden, wenngleich vorerst noch ohne entsprechende gesetzliche Grundlage. Seit November 2014 wurden daher Jugendliche mit geklärtem Hilfebedarf aus den Münchner JHumF-Einrichtungen heraus bayernweit verlegt – eine wichtige Entlastung für den Standort München.

Unter dem Druck der immer weiter steigenden Fallzahlen wurde ab September 2014 vermehrt ein bundesweites Verteilverfahren für neu ankommende unbegleitete

Minderjährige gefordert. Sowohl das Bayerische Staatsministerium für Arbeit und Soziales, Familie und Integration als auch das Stadtjugendamt München und die an der JHumF beteiligten Träger setzten sich dafür ein, dass unbegleitete Minderjährige – ähnlich wie erwachsene Flüchtlinge – gleichmäßiger auf alle deutschen Jugendämter verteilt werden sollten. Denn München und einige wenige andere Städte und Landkreise – in Bayern vor allem Passau und Rosenheim, ansonsten naturgemäß besonders die Stadtstaaten Berlin und Hamburg – mussten fast die gesamte Last alleine tragen. Dieser Zustand war nicht nur offensichtlich ungerecht, sondern widersprach vor allem jedem ehrlichen Interesse am Kindeswohl. Denn selbst die Ressourcen einer Stadt wie München sind endlicher Natur – und das nicht in erster Linie im finanziellen Sinne. Es fehlen qualifizierte Fachkräfte, geeignete Immobilien, zielgruppenspezifische Beschulungsmöglichkeiten, therapeutische Hilfen und vor allem langfristig gesehen bezahlbarer Wohnraum.

Die Einführung einer bundesweiten Verteilung war aber nicht unumstritten. Verschiedene Interessenverbände vertraten die Position, dass die spezifischen Bedarfe dieser Zielgruppe in ländlich geprägten Regionen erst recht nicht befriedigt werden könnten und die Verteilung an sich das Wohl der jungen Flüchtlinge gefährde. Am Ende blieben aber die Bemühungen der Vertreter einer bundesweiten Verteilung erfolgreich und mündeten schließlich im Gesetz zur verbesserten Unterbringung, Versorgung und Betreuung von ausländischen Kindern und Jugendlichen, welches am 01.11.2015 in Kraft trat. Als entscheidende Fürsprecherin fungierte die zuständige Bundesministerin für Familie, Senioren, Frauen und Jugend, Manuela Schwesig. Zu den gesetzlichen Veränderungen erfolgen an späterer Stelle weitere Ausführungen.

Doch nun zurück zur Situation in München. Neben den freien Trägern stand auch das Stadtjugendamt vor der äußerst herausfordernden Aufgabe, seine inneren Strukturen der massiv und nachhaltig veränderten Situation anzupassen. Im Prinzip galt es, ad hoc eine völlig neue Abteilung zu konzipieren und personell und finanziell adäquat auszustatten. Die wohl schwierigste Aufgabe war, geeignete pädagogische Fachkräfte für die Betreuung der jungen Menschen und Mitarbeitende für die Verwaltung zu finden. Hinzu kam – wie bei allen öffentlichen Trägern – der politische Weg über den Kinder- und Jugendhilfeausschuss und die notwendige Beschlussfassung im Stadtrat. Zum 01.04.2015 wurde dann aber erfolgreich die Abteilung Unbegleitete Minderjährige im Stadtjugendamt München etabliert.

Der Mangel an geeigneten Fachkräften beschäftigte nicht nur das Stadtjugendamt München. In ganz Bayern war es ausgesprochen schwierig, neu geschaffene Stellen adäquat zu besetzen. Daher erlaubte das Bayerische Staatsministerium für Arbeit und Soziales, Familie und Integration im Frühsommer des Jahres 2015, dass für „Not- und Übergangslösungen" auch Absolvent(inn)en anderer sozial- oder geisteswissenschaftlicher Studiengänge wie beispielsweise Ethnologie und Soziologie sowie Ergänzungskräfte wie Handwerker mit Erfahrung in der Arbeit mit Jugendlichen eingesetzt werden können.

Ein weiteres strukturelles Problem bezog sich auf die anfangs unsystematische Aufnahmesituation. Bis zum Frühjahr 2015 wurde de facto jeder junge Flüchtling in München in Obhut genommen, der von sich behauptete, minderjährig und unbegleitet zu sein. Alterseinschätzungen fanden, wenn überhaupt, erst im Nachhinein statt. Eine Arbeitsgruppe aus Vertreter(inne)n des Stadtjugendamts und der an der JHumF beteiligten Träger nahm sich des Problems an und entwickelte ein Rahmenkonzept für ein Sozialpädagogisches Aufnahmezentrum (SpAz). Dort sollten neu ankommende junge Flüchtlinge registriert und mit dem Notwendigsten versorgt werden. Nach einem medizinischen Kurzscreening sollte dann möglichst rasch ein Gespräch zur Alterseinschätzung erfolgen, um ohne Zeitverlust Klarheit zu schaffen, ob eine Inobhutnahme tatsächlich angezeigt ist oder ob – aufgrund auszuschließender Minderjährigkeit – eine Verlegung in eine Gemeinschaftsunterkunft für Erwachsene erfolgen muss.

Das SpAz nahm im April 2015 seinen Betrieb auf – vorläufig ebenfalls auf dem Gelände der Bayernkaserne in dafür bereitgestellten Containermodulen. Aufgabe des Ankunftszentrums ist die Registrierung der jungen Menschen, die Zuweisung eines Bettes und das medizinische Kurzscreening. Hier haben die Jugendlichen die Möglichkeit, mit einem Arzt oder einer Ärztin zu sprechen. Vor allem sollen ansteckende Krankheiten und Lausbefall erkannt und gegebenenfalls kurzfristig behandelt werden. Danach erfolgt die Alterseinschätzung (oder wie es seit der Gesetzesänderung zum 01.11.2015 heißt: die qualifizierte Inaugenscheinnahme).

Besonders erwähnenswert ist, dass sich die an der JHumF beteiligten Träger und das Stadtjugendamt von Anfang an der verantwortungsvollen Aufgabe der Alterseinschätzung gemeinsam stellten, wenngleich die hoheitliche Letztverantwortung beim öffentlichen Jugendhilfeträger liegt. Konkret werden die Gespräche zur Alterseinschätzung („Interviews") im Beisein eines Dolmetschers und je eines oder einer Mitarbeitenden des Stadtjugendamtes und der freien Träger geführt, die Altersfestlegung erfolgt im Konsens zwischen den beiden Letztgenannten. Da die Alterseinschätzung (AE) in gewissem Maße das „Nadelöhr" im System darstellt, galt es hier besonders geeignetes Personal zu gewinnen. Bis zum Jahresende 2015 besetzten die an der JHumF beteiligten Träger und das Stadtjugendamt jeweils etwa 15 Vollzeitstellen. In den enorm zugangsreichen Monaten im Spätsommer und Herbst 2015 wurden teilweise über 100 Gespräche pro Tag geführt. Der Spitzenwert wurde am 14. September mit 123 Interviews aufgestellt. Im Schnitt des Jahres 2015 endeten übrigens 57 Prozent der Gespräche mit dem Ergebnis „minderjährig" und einer darauf folgenden (vorläufigen) Inobhutnahme.

Während im ersten Halbjahr 2015 die personelle Situation bei den an der JHumF beteiligten freien Trägern stetig verbessert werden konnte, wurden die zur Verfügung stehenden Plätze immer knapper und bereits zu Pfingsten musste eine Lagerhalle vorübergehend zum Bettenlager des Aufnahmezentrums in der Bayernkaserne umfunktioniert werden. Bis zu 146 Jugendliche waren hier zumindest für bis zu drei Nächten untergebracht. Dazu kamen noch 380 regulär zu belegende Betten, sodass alleine das Aufnahmezentrum über eine Gesamtkapazität von weit über 500 Plätzen verfügte – und diese auch regelmäßig vollständig ausschöpfen musste.

Den kritischsten Punkt im vergangenen Jahr erreichte das System der JHumF im geschichtsträchtigen September, kurz nach der Verkündigung der Grenzöffnung für Flüchtlinge, die über Ungarn einreisten. Doch auch ohne diese politische Entscheidung existierten Prognosen der freien Träger, welche diesen quantitativen Höhepunkt bereits ein halbes Jahr zuvor richtig vorhergesagt hatten. Insgesamt gab es im September 2.053 Aufgriffe (also durchschnittlich fast 70 pro Tag). Nicht unterschlagen werden sollte hier aber auch eine andere Zahl: 499 der aufgegriffenen jungen Menschen verschwanden in diesem Monat noch vor der Alterseinschätzung und wurden als vermisst gemeldet. Der überwiegende Anteil dürfte seine Reise respektive Flucht fortgesetzt haben – zum Beispiel in Richtung Skandinavien oder Norddeutschland.

Zum 01. November 2015 wurden vom Bundesgesetzgeber unter anderem die Paragrafen 42a bis 42e ins SGB VIII aufgenommen. Unbegleitet in München ankommende minderjährige Flüchtlinge werden nun vom Stadtjugendamt nur noch vorläufig in Obhut genommen. Innerhalb der ersten Tage muss geklärt werden, ob und wo sich Familienangehörige aufhalten, ob das Wohl des jungen Flüchtlings und sein Gesundheitszustand eine Verteilung zulassen und ob eine gemeinsame Inobhutnahme mit Geschwistern oder anderen unbegleiteten ausländischen Kindern oder Jugendlichen erforderlich ist. Auch diese sogenannte Ersteinschätzung wird von Mitarbeitenden des Stadtjugendamts und den an der JHumF beteiligten Trägern gemeinsam durchgeführt. Die Fallverantwortung liegt beim Stadtjugendamt, die Fachkräfte der an der JHumF beteiligten Träger klären jedoch die individuelle Situation konkret ab.

5 Fazit

Insgesamt kann festgehalten werden: Sowohl durch die bayernweite Verlegung (über 3.000 seit November 2014) als auch durch die nun anlaufende bundesweite Verteilung (knapp 500 Verlegungen seit November 2015) hat sich die Situation der unbegleiteten minderjährigen Flüchtlinge in München deutlich entspannt. In allen

JHumF-Einrichtungen liegt der Betreuungsschlüssel jetzt unter eins zu zwei, das heißt, eine Fachkraft ist maximal für zwei junge Flüchtlinge zuständig. Allerdings muss man hier beachten, dass seit Jahren nur rund zwei Prozent der jährlichen Aufgriffe im Februar erfolgen, im September sind es aber 20 Prozent. So gilt mit Blick auf die Statistik der vergangenen Jahre: „Kommt im Februar ein unbegleiteter Minderjähriger an, sind es im September zehn."

In den vergangenen Jahren – das soll aus dem Gesagten deutlich werden – ist viel geschehen. Harte Arbeit liegt hinter allen Beteiligten, gleichzeitig weiß keiner, was die Zukunft bringt. Werden die Zahlen im Jahr 2016 wieder ansteigen, wie in den zurückliegenden Jahren? Oder werden internationale Abkommen auf politischer Ebene auch den Zuzug von unbegleiteten minderjährigen Flüchtlingen massiv verringern? Auf jeden Fall muss jetzt der „Notfall-Modus" verlassen werden, Plätze in den „Not- oder Übergangslösungen" müssen entweder durch reguläre Plätze ersetzt oder aufgelöst werden.

Wie aber kann die Münchner Jugendhilfe die (vorläufige) Inobhutnahme so organisieren, dass dauerhaft eine kind- und jugendgerechte Unterbringung, Versorgung und Betreuung gewährleistet sind? Diesbezüglich kann aus den bisherigen Erfahrungen der JHumF einiges gewonnen werden, für alle offenen Fragen gibt es aber noch keine ausreichenden Antworten.

Die (vorläufigen) Inobhutnahmeeinrichtungen müssen so flexibel organisiert werden, dass ein Betrieb in den aufgriffsschwachen Monaten (Januar bis März) wirtschaftlich ist und trotzdem alle Neuankömmlinge in den aufgriffsstarken Monaten (Mai bis November) adäquat betreut werden können. Diesbezüglich muss sicherlich über eine räumlich und personell gut ausgestattete ganzjährige Grundversorgung, beispielsweise in einer Immobilie mit maximal 50 Betten, die im Februar nur mit zehn jungen Flüchtlingen belegt wird, und eine Zusatzversorgung in den Sommermonaten (weitere temporäre Immobilien) nachgedacht werden.

Die trägerübergreifende Zusammenarbeit und die gemeinsame Verantwortung zwischen dem öffentlichen und den einzelnen freien Jugendhilfeträgern hat eine neue Qualität hervorgebracht.

Die Betreuungsintensität wird jahreszeitlich variieren (müssen). In der Jugendhilfe können keine „Saisonkräfte" eingestellt werden. Daher wird ein großzügig bemessener Pool an Fachkräften in den aufgriffsschwachen Monaten vergleichsweise wenige junge Flüchtlinge betreuen, etwa eins zu eins. Dafür kann der Betreuungsschlüssel über die Sommermonate sukzessive reduziert werden und im September (zum Beispiel eins zu fünf) sein Minimum erreichen. Zudem müssen weitere (gegebenenfalls auch nicht Fachkräfte) Mitarbeitende temporär für die aufgriffsstarken Monate eingesetzt oder aus anderen Arbeitsbereichen der Jugendhilfe abgezogen werden.

Viele Mitarbeitende der JHumF berichten immer wieder, dass sich der konsequente Einsatz von Doppeldiensten (zwei Mitarbeitende sind parallel im Dienst, eine Fachkraft kümmert sich um die Belange der Gruppe, die andere um die Betreuung Einzelner) sehr bewährt hat. Dafür werden auch deutlich größere Gruppen (hier bis zu 25) gerne in Kauf genommen. Zudem fällt es weniger schwer (auch wenn das mit einer deutlich reduzierten Qualität einhergeht), Fachkräfte zu gewinnen, wenn die Nachtzeiten (in der JHumF 23:00 bis 08:00 Uhr) anderweitig (hier Sicherheitsdienst) betreut werden.

Vor allem in großen Einrichtungen hat sich bewährt, nicht alle erdenklichen Aufgaben durch pädagogische Fachkräfte ausführen zu lassen. Vor allen Dingen im Bereich der Ausstattung, Versorgung oder Reinigung können externe Dienstleister eingesetzt werden. Zudem können auch andere Berufsgruppen wie etwa Lehrkräfte, Übungsleiter, Verwaltungskräfte, Hauswirtschaftskräfte oder Handwerker nicht dezidiert sozialpädagogische Teile der Betreuung übernehmen.

Die trägerübergreifende Zusammenarbeit und die gemeinsame Verantwortung zwischen dem öffentlichen und den einzelnen freien Trägern der Jugendhilfe hat in der JHumF eine gänzlich neue Qualität erreicht, die auch auf andere Arbeitsfelder der Jugendhilfe „abstrahlt". Das Stadtjugendamt ist nicht alleine für die Unterbringung, Versorgung und Betreuung einer vorher nicht zu bestimmenden Anzahl von unbegleiteten minderjährigen Flüchtlingen verantwortlich. Die Verantwortung liegt bei allen Beteiligten, dafür werden den freien Trägern aber auch erhebliche Gestaltungs- und Mitbestimmungsmöglichkeiten eingeräumt. Ein „Wir sind aber voll." gibt es dann aber auch nicht (mehr).

Gemeinsame Fortbildungen in relevanten Themengebieten ermöglichen nicht nur eine effektive, sondern auch eine effiziente Form der Einarbeitung. Dadurch lernen sich Kolleginnen und Kollegen verschiedener freier Träger und vom Jugendamt kennen und können von Anfang an kooperative Zusammenarbeit einüben und erproben.

Letztlich braucht es aber auch gesicherte Perspektiven für die Anschlusshilfen und die Zeit nach der Inobhutnahme.

Die Finanzierung darf nicht das wirtschaftliche Risiko auf die freien Träger der Jugendhilfe verlagern. Eine Entgeltfinanzierung über einen Tagessatz ist bei einer so stark schwankenden und ungewissen Nachfragesituation kein geeignetes Finanzierungsinstrument. Hier hat sich eine pauschale Finanzierung der besetzten Stellen als Alternative gut bewährt.

Letztlich braucht es aber auch gesicherte Perspektiven für die Anschlusshilfen und die Zeit nach der Inobhutnahme. Davon ausgehend, dass sich die stark schwankenden Zugangszahlen mit einer dreimonatigen Verzögerung – so lange dauert in der Regel ein Clearing in einer Inobhutnahmeeinrichtung – auch vollumfänglich auf die Anschlusshilfen auswirken, müssen flexiblere und vor allem in Bezug auf die Platzzahlen variablere Angebote geschaffen werden. Der Bundesgesetzgeber hat nicht zuletzt mit dem Gesetz zur Verbesserung der Unterbringung, Versorgung und Betreuung ausländischer Kinder und Jugendlicher unmissverständlich klar gemacht, dass junge Flüchtlinge (begleitet oder unbegleitet, minderjährig oder volljährig) einen vollumfänglichen Zugang zu allen Leistungen der Kinder- und Jugendhilfe haben. Dies gilt vor allem auch für junge Volljährige, die Hilfe zur Persönlichkeitsentwicklung und zu einer eigenverantwortlichen Lebensführung benötigen.

Literatur

Geiser, Kaspar. 2004. *Problem-und Ressourcenanalyse in der Sozialen Arbeit*. Freiburg: Lambertus-Verlag.

Dr. Andreas Dexheimer studierte zwischen 1986 und 1990 an der Katholischen Stiftungsfachhochschule München Sozialarbeit und Sozialpädagogik. Zudem nahm er zwischen 2003 und 2005 am Weiterbildungsstudium Master of Social Work an der gleichen Hochschule teil. 2010 schloss er seine Promotion an der Fakultät für Sozial- und Verhaltenswissenschaften der Friedrich-Schiller-Universität Jena ab. Seit 1997 leitet er die Geschäftsstelle München des Diakonischen Werks Rosenheims. Im Rahmen verschiedener Hilfsangebote aus einer Hand betreuen dort etwa ca. 660 Mitarbeitende über 2500 Kinder, Jugendliche, junge Erwachsene und deren Familien. Zudem ist er seit 2003 als Lehrbeauftragter an der Katholischen Stiftungsfachhochschule München, Technischen Hochschule Nürnberg Georg Simon Ohm und an der Hochschule für angewandte Wissenschaften Würzburg-Schweinfurt tätig.

Dr. Johannes Nathschläger studierte in Berlin Sozialpädagogik und Sozialarbeit und promovierte 2013 an der Hochschule für Philosophie SJ in München über den Capabilities Approach Martha Nussbaums. Seit 2005 arbeitete er als Sozialpädagoge in verschiedenen Positionen, vorwiegend im Bereich der Jugend- und Suchthilfe. Von 2013–2016 war er Sozialpädagoge bei der Jugendhilfe Oberbayern. Seit September 2016 ist er Professor für Theorien und Konzepte der Sozialen Arbeit an der Katholischen Hochschule Münster (KatHO). Internet: http://www.johannes-nathschlaeger.de.

Das Zelt-Dilemma

Unternehmen der sozialen und beruflichen Integration im Spannungsfeld hybrider Zielsetzungen

Bernadette Wüthrich, Enrico Cavedon, Stefan M. Adam und Jeremias Amstutz

1 Die doppelte Zielsetzung – ein Zielkonflikt?

„You are trying to do both at the same time, and it will never work. (Novogratz 2009, zit. nach Renko 2013, S. 1051)"

Fokus und Ausgangslage unseres Beitrags kreisen um ein scheinbar jüngeres Phänomen, das sich im Begriff der Hybridität fassen lässt. Hybridität wird vielfach als Berücksichtigung mindestens zweier Zieldimensionen unternehmerischer Aktivität aufgefasst (double oder triple bottom line) (Emerson 2003). Wenn auch

---

B. Wüthrich (✉) · E. Cavedon · S. M. Adam
Fachhochschule Nordwestschweiz, Hochschule für Soziale Arbeit,
Olten, Schweiz
E-Mail: bernadette.wuethrich@fhnw.ch

E. Cavedon
E-Mail: enrico.cavedon@fhnw.ch

S. M. Adam
E-Mail: stefan.adam@fhnw.ch

J. Amstutz
Fachhochschule Nordwestschweiz, Institut Beratung,
Coaching und Sozialmanagement,
Olten, Schweiz
E-Mail: jeremias.amstutz@fhnw.ch

© Springer Fachmedien Wiesbaden GmbH, ein Teil von Springer Nature 2018
W. Grillitsch et al. (Hrsg.), *Gegenwart und Zukunft des Sozialmanagements und der Sozialwirtschaft*, https://doi.org/10.1007/978-3-658-21607-8_6

zunehmend postuliert und erforscht, stößt das (gleichzeitige) Verfolgen sozialer und ökonomischer Zielsetzungen bisweilen auf Skepsis oder wird gar für unmöglich befunden.

Der lateinische Ursprung des Begriffs (hybrida) deutet den Kerngehalt an: Hybride sind in der Biologie und Botanik die Nachkommen aus der Kreuzung zweier Arten. Ob diese Kreuzung ähnlich wie in der Biologie auch im Bereich der sozialen Unternehmen zu gewissermassen „unfruchtbaren Nachkommen" führen kann oder im Gegenteil eine bessere Anpassung an die Anforderungen der Umwelt mit sich bringt, werden wir nachfolgend näher beleuchten.

Wenn von Hybridität die Rede ist, ist also zunächst einmal das Mischen oder Kombinieren von mindestens zwei verschiedenen Elementen gemeint. Diesem Grundgedanken folgt die Begriffsverwendung im Diskurs um hybride Organisationen. So werden Organisationen oft als hybrid bezeichnet, wenn sie mindestens zwei Sektorlogiken vereinigen (Marktlogik, Solidaritätslogik) (Glänzel und Schmitz 2012, S. 181) resp. mehr als eine Zielorientierung aufweisen (ökonomische, soziale, ökologische Orientierung) (Glänzel und Schmitz 2012, S. 183). Glänzel und Schmitz zeichnen den Diskurs nach und zeigen deutlich die Problematik der begrifflichen Unschärfe auf. Im Kern ist Hybridität bereits feststellbar, wenn eine Organisation „Mittel von verschiedenen Sektoren in den Kernaktivitäten (…) kombiniert" oder wenn sie „Ziele [aus unterschiedlichen Sektoren] gleichrangig" verbindet (Glänzel und Schmitz 2012, S. 185). Ein solches Verständnis erlaubt aber kaum sinnvolle Unterscheidungen, da „jede Organisation (…) hybrid [ist], wenngleich in unterschiedlichem Ausmass" (Glänzel und Schmitz 2012, S. 188). Ausgehend von der Absicht, genauere Differenzierungen zu ermöglichen, schlagen Glänzel und Schmitz eine Systematik zur Unterscheidung von schwach hybriden und idealtypischen, stark hybriden Organisationen vor (Glänzel und Schmitz 2012, S. 188ff.). Um unterschiedliche Grade von Hybridität zu erfassen, soll der Blick demnach stärker auf die spezifische Kombination und die Art der Verknüpfung von Sektorlogiken gerichtet werden. Im entwickelten Modell schlagen Glänzel und Schmitz entsprechend die Orientierung an drei Dimensionen vor (Glänzel und Schmitz 2012, S. 190f.):

- Dimension der Mittel/Sektorressourcen: Mit welchen Mitteln (Werten, Praktiken, Rationalitäten) wird der Prozess einer Organisation gesteuert? Ökonomische, politische und soziale Mittel sind hier differenzierbar.
- Dimension der Ziele/Nachhaltigkeit: Welche Resultate werden durch die Tätigkeit der Organisation angestrebt? Möglich sind hier ökonomische, soziale und ökologische Resultate.

- Dimension des organisationalen Ortes: Wo und wie (durchgängig) werden die Dimensionen Mittel und Ziele in der Organisation verknüpft? Hier lassen sich Input, Prozess und Output unterscheiden.

Organisationen sind diesem Unterscheidungsvorschlag folgend umso stärker als hybrid einzustufen, je durchgängiger sie Mittel und Ziele aus unterschiedlichen Sektoren in ihrem Prozess verknüpfen und je enger diese Verknüpfung erfolgt. Insbesondere liegt „starke Hybridität dann vor, wenn [...] Ziele gleichberechtigt verfolgt werden" (Glänzel und Schmitz 2012, S. 187).

Vor diesem Hintergrund sind Organisationen im Bereich der arbeitsmarktlichen Integration als starke und „echte" Hybride zu betrachten, weil sie hybride Mittel und Ziele gleichrangig verfolgen und, wie wir noch ausführlicher zeigen, eng miteinander verzahnen. Ihre kommerziellen Aktivitäten dienen nicht nur dazu, Mittel zur Erreichung der sozialen Zielsetzungen zu generieren, sondern verknüpfen gezielt zwei gleichwertige Zieldimensionen: jene der Marktlogik, weil mit der kommerziellen Produktionstätigkeit Erlöse generiert und betriebswirtschaftlicher Erfolg erreicht werden soll und jene der Solidaritätslogik, weil mittels der gleichen Produktionstätigkeit Arbeitsfähigkeit erhalten resp. hergestellt werden soll, um die Integration von benachteiligten Zielgruppen zu erzielen.

2 Unternehmen der sozialen und beruflichen Integration in der Schweiz

Bevor wir auf die konkreten Spannungsfelder eingehen, möchten wir die empirische Grundlage unserer Überlegungen näher erläutern. Unser Beitrag fokussiert ein spezifisches Arbeitsfeld und basiert auf der Untersuchung von Organisationen der arbeitsmarktbezogenen beruflichen und sozialen Integration in der Schweiz. Die untersuchten Organisationen, das Umfeld von Arbeitsintegration in der Schweiz sowie die wesentlichen Ergebnisse der quantitativen und qualitativen Untersuchungen werden nachfolgend kurz dargestellt.

2.1 Begriffe

Das Arbeiteld der arbeitsmarktlichen Integration ist in der Schweiz seit Mitte der 1990er Jahre deutlich gewachsen und zeichnet sich durch eine relative Vielfalt an Organisationstypen und auch regulatorischer Rahmenbedingungen aus. Entlang der drei in diesem Zusammenhang zentralen wohlfahrtsstaatlichen Regulative – der Invalidenversicherung (IV), der Arbeitslosenversicherung (ALV) sowie der Sozialhilfe (SH), nachfolgend auch als Sozialwerke bezeichnet – finden sich Organisationen mit Bezug zu Beschäftigung und Arbeitsmarkt, die sich in Entstehungshintergrund und Erscheinungsform teilweise erheblich unterscheiden. Organisationen, die sich vorwiegend an Menschen mit Beeinträchtigung richten, sind vergleichsweise früh entstanden (vor 1990), während Organisationen für die Zielgruppen der Arbeitslosen und Sozialhilfebeziehenden eher ab den 1990er Jahren aktiv wurden. Dies ist nicht zuletzt auf gesetzliche Reformen im Bereich der Arbeitslosenversicherung (1996) und der Sozialhilfe (ab 2000) zurückzuführen, mit welchen Maßnahmen zur Eingliederung in den Arbeitsmarkt im Sinne „aktivierender Sozialpolitik" stärker betont wurden. Entsprechend besteht in der Schweiz eine relativ große Heterogenität an Organisationstypen, was sich ebenfalls in begrifflicher Vielfalt zeigt. Mit dem Aufkommen explizit unternehmerisch ausgerichteter Typen und Integrationskonzepte ab ca. 2005 gerieten diese Organisationsmodelle stärker in den Fokus der Forschung und wurden zunächst unter dem Begriff der „Sozialfirma" diskutiert (Adam 2012; Kehrli 2007). Angesichts der begrifflichen, rechtlichen und sprachregionalen Heterogenität sowie der uneinheitlichen Verwendung des „Containerbegriffs Sozialfirma" (Adam 2009) erwies sich die empirische Identifizierung der fraglichen Organisationen jedoch als eine der zentralen Herausforderungen (Wüthrich et al. 2012). Im nationalen Forschungsprojekt, auf dem dieser Beitrag basiert, wurde daher das Konzept der work integration social enterprise (WISE) zugrunde gelegt, um in der Landschaft der Schweizer Arbeitsintegrations-Organisationen (AIO) jene zu identifizieren, die als *Unternehmen der sozialen und beruflichen Integration (USBI)* stärker wirtschaftlich operieren. Ausgehend von der international verwendeten Definition nach EMES[1] wurden für die Untersuchung vereinfachte Kriterien definiert und jene Organisationen als USBI betrachtet, die einen Teil der Einnahmen aus dem Verkauf von Produkten und/oder Dienstleistungen generieren und für ihre Zielgruppen Arbeitsplätze in der Produktion von Gütern und Dienstleistungen anbieten.

---

[1]Das EMES-Konzept der *social enterprise* umfasst 9 Kriterien (Defourny und Nyssens 2012, S. 12-15): „a) a continuous activity producing goods and/or selling services, b) a significant level of economic risk, c) a minimum amount of paid work, d) an explicit aim to benefit the community, e) an initiative launched by a group of citizens or civil society organizations, f) a limited profit distribution, g) a high degree of autonomy, h) a decision-making power not based on capital ownership, i) a participatory nature, which involves various parties affected by the activity".

2.2 Stand der Forschung

Grundlage unseres Beitrags und der nachfolgenden Ausführungen bilden mehrere Forschungsprojekte zur Untersuchung der Schweizer USBI. In der transdisziplinären Forschungskooperation[2] wurden mehrere Zielsetzungen verfolgt: neben der erstmaligen Bestandsaufnahme und Beschreibung der USBI sollten auch ihre spezifischen Funktionsweisen sowie die zentralen Erfolgsfaktoren im Hinblick auf Arbeitsintegration und Armutsbekämpfung eruiert werden.[3] Die Fragestellungen wurden mit einem multimethodischen Vorgehen untersucht, das eine quantitative Erhebung, vertiefende qualitative Organisationsanalysen und Finanzanalysen sowie qualitative Befragungen ausgewählter Anspruchsgruppen (Leistungsfinanzierer, Klientinnen und Klienten) kombinierte (Adam et al. 2015, 2016).

Es war zunächst notwendig, die Schweizer Landschaft an Organisationen im Bereich Arbeitsintegration (AIO) im Überblick zu erfassen. Aufgrund des Fehlens einer spezifischen Rechtsform und zentral geführter Register war hierfür ein mehrstufiges Vorgehen notwendig. In die Befragung zur Bestandsaufnahme konnten schließlich 1150 AIO einbezogen werden, von denen 700 Organisationen teilgenommen haben. 313 Organisationen wurden als USBI im Sinne der Arbeitsdefinition identifiziert und näher untersucht.

Die untersuchten USBI sind vergleichsweise „jung": 60 % von ihnen wurden seit den 1990er Jahren gegründet. Sie richten sich mit 50 % zum größten Teil an Personen mit Beeinträchtigungen und mit Anspruch auf Leistungen der Invalidenversicherung (nachfolgend: IV-Beziehende), zu einem geringeren Teil an arbeitslose Personen mit Anspruch auf Leistungen der ALV (nachfolgend: ALV-Beziehende) oder auf Leistungen der Sozialhilfe (nachfolgend: SH-Beziehende). Die USBI sind zum überwiegenden Teil kleinere Unternehmen, vereinzelt aber auch sehr groß: 50 % der USBI beschäftigen bis zu 50 Klientinnen und Klienten und verfügen über bis zu 10 festangestellte Mitarbeitende. Mehr als 300 Klientinnen und Klienten werden in immerhin 20 % der USBI beschäftigt, in 10 % der USBI sind mehr als 100 feste Mitarbeitende angestellt. Der Umsatz aus Markterlösen variiert ebenfalls: 20 % der USBI erzielen einen Umsatz bis 100.000 Franken,

---

[2]Die Forschungskooperation aus betriebs- und finanzwirtschaftlicher, soziologischer und sozialarbeiterischer Perspektive wurde von der Scuola universitaria professionale della Svizzera italiana SUPSI, der Fachhochschule Nordwestschweiz FHNW und der Fernfachhochschule Schweiz FFHS realisiert.

[3]vgl. zum Forschungsvorhaben Adam/Amstutz/Wüthrich 2014, zur Bestandsaufnahme siehe Adam et al. 2015, zur Exploration der Erfolgsfaktoren siehe Adam et al. 2016.

35 % überschreiten die Grenze von 1 Million Franken, die übrigen 45 % bewegen sich dazwischen. Die Markterlöse machen durchschnittlich etwas mehr als die Hälfte der Einnahmen von USBI aus, die andere Hälfte stammt zum größten Teil aus öffentlichen Mitteln. Rund die Hälfte der USBI bietet ihren Klientinnen und Klienten kurzfristige und langfristige Beschäftigungsmöglichkeiten an, in gut 30 % der USBI ohne eine Form von Entschädigung, während knapp 30 % eine mindestens leistungsangepasste Entlohnung vorsehen. Rund ein Fünftel der USBI sind einer teilweisen oder vollen Wettbewerbseinschränkung unterworfen.

Die Hochrechnung ergibt, dass in der Schweiz über 400 USBI tätig sind, die rund 43.000 Klientinnen und Klienten sowie 10.000 festangestellte Mitarbeitende beschäftigen und mit Produkten und Dienstleistungen einen Marktumsatz von 630 Millionen Franken generieren (Wüthrich et al. 2014).

Wie sich aus der quantitativen Befragung weiter zeigt, sehen sich USBI als hybride Organisationen in den schweizerischen Steuerungs- und Finanzierungsmechanismen einigen Herausforderungen gegenüber. So wird ein großes Bedürfnis nach neuen Finanzierungsmodellen und -quellen sichtbar, ebenso ein Fokus auf Optimierung im Markt, Wachstum und Innovation in Bezug auf Angebote. Es scheint, dass die Besonderheiten von hybriden Unternehmen von den öffentlichen Auftraggebern noch wenig erkannt werden resp. sich noch wenig in den Finanzierungs- und Steuerungsmodalitäten niederschlagen (Adam et al. 2015).

Den Kernprozess von USBI skizzieren wir auf der Basis der Untersuchung der Erfolgsfaktoren unter Bezug auf den capabilities approach (Clark 2005) idealtypisch als die Transformation eines vorhandenen Leistungspotenzials in eine realisierbare Leistungsfähigkeit: konkret wird eine vorhandene „Arbeitsfähigkeit" einer Klientin oder eines Klienten mithilfe von verschränkten Betreuungs- und Produktionsprozessen in eine realisierbare „Arbeitsmarktfähigkeit" umgewandelt. Die Verschränkung der Fall- und Strukturebene über die Phasen Input, Prozess und Output hinweg verdeutlicht das generische Wirkmodell (siehe Abb. 1) (Adam et al. 2016, S. 59):

Den Beginn **des Umwandlungsprozesses** markieren Kontextfaktoren sowohl des konkreten Einzelfalles (persönliche Ausgangslagen und Integrationshemmnisse der Klientin oder des Klienten) wie des gesellschaftlichen Umfeldes (Arbeitsmarktsituation). Sozialstaatliche Akteure in Form öffentlicher Auftraggeber sind anschließend involviert und definieren Rahmenbedingungen wiederum auf Fallebene (Setting der Integrationsmaßnahme wie Dauer, Entschädigung etc.) sowie auf struktureller Ebene (Leistungsvereinbarungen mit dem USBI). Der vom USBI gesteuerte unternehmerische Prozess umfasst Aktivitäten auf Fallebene (Begleitung) und auf struktureller Ebene (Management), wobei sich die Fallebene und die strukturelle Ebene in den konkreten Produktionsprozessen

Das Zelt-Dilemma

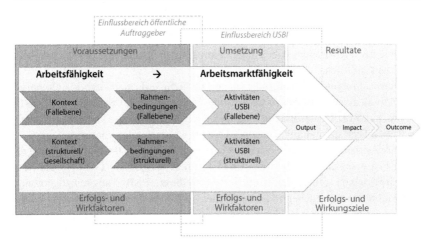

Abb. 1 Wirkmodell unternehmerischer Arbeitsintegration

unmittelbar verzahnen. Der unternehmerische Prozess führt zu Ergebnissen auf Fallebene (soziale Zielsetzungen wie Qualifizierung, Leistungsfähigkeit, arbeitsmarktliche und soziale Integration) wie auch auf Strukturebene (Betriebsergebnis). Idealerweise führt der Gesamtprozess zu einer Steigerung sowohl in Bezug auf die sozialen Zielsetzungen wie auch auf die betriebliche Situation bis hin zur gesellschaftlichen Wertschöpfung.

3 Spannungsfelder der Hybridität oder das Zelt-Dilemma

Für die explorative Studie zu Erfolgsfaktoren von USBI wurden unter anderen Führungspersonen von auftraggebenden Sozialwerken in Form von Leitfadeninterviews befragt. Dabei berichtete die Leiterin einer IV-Stelle, welche entscheidet, ob Mittel für Arbeitsplätze von der IV an die USBI gesprochen werden, von folgendem Erlebnis:

> Ich nahm an einem Fest einer erfolgreichen USBI teil, in der die IV einige integrative Arbeitsplätze finanziert. Der Anlass fand in einem großen und schönen Zelt statt. Plötzlich habe ich mich gefragt: Hat die IV dieses Zelt bezahlt? Aber das Geld der IV ist nicht dazu gedacht, Zelte zu kaufen, sondern dazu, die Arbeitsintegration von IV-Beziehenden zu fördern.

Diese Irritation verweist auf den Umstand, dass die Investition der Mittel in die Anschaffung eines Zelts und damit stellvertretend auch andere Verwendungszwecke mit der angestrebten Arbeitsintegration auf den ersten Blick im Widerspruch zu stehen scheinen.

Die nachfolgende Auseinandersetzung mit USBI als stark hybride Organisation soll einerseits darlegen, dass derartige Widersprüche explizit aus der Funktionsweise von USBI resultieren, und andererseits zeigen, dass sie nicht per se als Indiz von Dysfunktionalität einzelner USBI bewertet werden können.

Das Zeltbeispiel bildet hier eine Klammer um die sozial- und arbeitsintegrativen Prozesse, die den Kern der USBI-Identität bilden: Die IV-Mittel als Ausgangsressourcen werden den *Voraussetzungen* für die USBI-Tätigkeit zugeordnet, die Einbindung von Klientinnen und Klienten in den Produktionsprozess bilden die *Umsetzung* und der Zeltkauf wird als *Resultat* der USBI-Tätigkeit betrachtet. Dabei steht der Zeltkauf für das autonome Handeln des USBI im Rahmen des unternehmerischen Handlungsspielraums und soll die Unabhängigkeit unterstreichen, die ein USBI ausmacht. Als weitere notwendige Bedingung liegt bei einem USBI der Hauptfokus auf der Einbindung von Personen mit eingeschränkter Arbeits(markt)fähigkeit in Produktionsprozesse.

Diese Einbindung in den Produktionsprozess macht den Kern der Hybridität von USBI aus, weil dort die soziale und die ökonomische Logik am stärksten verzahnt sind. Die hybride USBI-Logik basiert auf der Grundannahme, dass durch ein (maßvolles) Anstreben von ökonomischen Zielen und durch die Organisation der Produktionsprozesse nach ökonomischen Mechanismen die für die Zielgruppe angestrebten sozialen Ziele (wie soziale Integration, Steigerung des Selbstbewusstseins) sowie beruflichen Ziele (wie Kompetenzsteigerung und Vermittlung in den ersten Arbeitsmarkt) stärker gefördert werden, als durch eine rein soziale (oder rein ökonomische) Ausrichtung. Diese Hybridität in der *Umsetzung* ist mit der *Ausgangslage* und den *Resultaten* verknüpft, wobei sich Spannungsfelder innerhalb der Phasen als auch zwischen den Phasen ergeben. In Situationen, die Entscheidungen erfordern, aktivieren sich die Spannungsfelder. Darin entstehende Konflikte in Werten oder Logiken müssen durch Abwägung und Ausgleich bearbeitet werden. Einzelne Spannungsfelder, die sich durch die Hybridität ergeben, werden nachfolgend grob entlang der Phasen des Wirkmodells näher erläutert.

Ebene der Ausgangslage: Sicherheit vs. Unabhängigkeit
Durch die Einbindung der Zielgruppe in die Produktionsprozesse sind USBI auf mehr materielle Mittel angewiesen, als sie an einem rein nach ökonomischer Logik funktionierenden Absatz- oder Investitionsmarkt generieren könnten. Dementsprechend kommen staatliche Gelder, beispielsweise von der Invalidenversicherung, in

Form von Subventionen oder Dienstleistungsabgeltung ins Spiel, die gemäß der sozialstaatlichen oder Solidaritätslogik zweckgebunden sind. Dies erzeugt aus Perspektive der USBI ein Spannungsfeld zwischen finanzieller Sicherheit und unternehmerischer Unabhängigkeit (Adam et al. 2016, S. 65f.).

Ebenen Umsetzung und Ausgangslage: Hilfe vs. Kontrolle
Dieses Spannungsfeld der Teilabhängigkeit von staatlichen Mitteln wirkt auch auf die Umsetzung ein und zeigt sich im Konflikt zwischen Hilfe und Kontrolle der Zielgruppe. So können reguläre Mitarbeitende des USBI mit einer Betreuungsfunktion aufgrund des Mehrfachmandats in ein "Solidaritätsdilemma" kommen, wenn Klientinnen und Klienten beispielsweise häufige Abwesenheiten im USBI aufweisen, welche, bei Weiterleitung der Information an die finanzierende staatliche Stelle, eine Streichung von Unterstützungsgeldern für die Klientin oder den Klienten zur Folge hätte. Das Rapportieren der Fehltage würde das Vertrauensverhältnis zwischen der Betreuungsperson und der Klientin resp. dem Klienten schwächen und die Chancen auf das Erreichen der sozialen Zielsetzung „Steigerung der Arbeitsmarktfähigkeit" in Zusammenarbeit mit der Klientin resp. dem Klienten kurz- bis mittelfristig stark senken. Anderseits kann das Zurückhalten der Information über Abwesenheiten das Vertrauensverhältnis zur öffentlichen Auftraggeberschaft schwächen und dadurch deren Finanzierung mittel- bis langfristig aufs Spiel setzen.

Ebene der Umsetzung: Betriebliche Produktivität vs. Betreuung und Befähigung
Das Spannungsfeld zwischen Hilfe für die und Kontrolle der Zielgruppen als verlängerter Arm einer sozialstaatlichen Institution wurde vereinzelt auf Führungs- und Fachebene angesprochen. Dieses Spannungsfeld kann als wichtige zu berücksichtigende Begleiterscheinung eingestuft werden, weil seine Relevanz an die Stärke der finanziellen Abhängigkeit von staatlichen Institutionen gebunden ist. Diejenigen USBI, die kaum oder keine staatlichen Mittel beziehen, sind diesem Spannungsfeld nicht ausgesetzt. Dem vom Prinzip her verwandten Spannungsfeld, den Druck des Kunden-Marktes auf die Zielgruppen zu übertragen oder aber diese davon abschirmen, sind dagegen grundsätzlich alle USBI ausgesetzt: Dringt der Leistungsdruck nicht bis zu den Zielgruppen durch, handelt es sich um geschützte Arbeitsplätze (Werkstätten), wird der Leistungsdruck gänzlich auf die Zielgruppen übertragen, handelt es sich um eine Profit-Organisation. Dementsprechend muss das USBI diese Spannungsfelder auf allen Ebenen berücksichtigen.

Wie bereits betont, sind die Klientinnen und Klienten in die Produktionsprozesse eingebunden, um zum unternehmerischen Erfolg beizutragen, die individuelle

Befähigung zu fördern und soziale Integration über persönliches Eingebundensein zu ermöglichen. So müssen (reguläre) USBI-Mitarbeitende im Umgang mit Klientinnen und Klienten einerseits markt- und betriebswirtschaftliche Logik und Werte (Produktivität, Termintreue, Qualität der Produkte oder Dienstleistungen) und andererseits betreuungsbezogene fachliche Logik und Werte vereinen. Um der täglichen Herausforderung des Ausgleichs von betriebswirtschaftlicher Effizienz und Betreuungs-Effektivität auf Fallebene gewachsen zu sein, ist bei regulären Mitarbeitenden resp. regulären Teams, die direkt mit den Zielgruppen zusammenarbeiten, ein stark ausgeprägter Kompetenzen-Mix von hard und soft skills nötig. Diese Anforderung macht spezifische Rekrutierungs- und Personalentwicklungs-Konzepte notwendig, um die doppelte Qualifizierung zu gewährleisten.

Das Spannungsfeld von betriebswirtschaftlicher Effizienz und Betreuungs-Effektivität auf Fallebene steht mit einem vergleichbaren Spannungsfeld auf struktureller Ebene der Gesamtorganisation in eng verzahnter Wechselwirkung. Für Führungsfunktionen in USBI gelten folglich ähnliche Anforderungen. Sowohl in operativer als auch in strategischer Leitung müssen Kompetenzen betreffend markt- und betriebswirtschaftlicher Logik mit Kompetenzen betreffend sozialstaatlicher und gemeinwohlorientierter Logik vereint werden, um in Konfliktentscheiden die optimalen Trade-offs zu erreichen: Hier sind einerseits Entscheidungen zu Spielräumen von Marktaufträgen oder den Qualitätsniveaus der angebotenen Produkte und Dienstleistungen zu treffen, andererseits Entscheidungen gegenüber dem Gemeinwohl. So zum Beispiel, wenn zu entscheiden ist, für welche Zielgruppen welche Aspekte von Befähigung in den Fokus genommen und welches Niveau an Befähigung angestrebt werden soll und kann und welche Art von Produktionsweise diese Befähigung ermöglicht. Noch wenig geklärt ist die Frage, unter welchen Bedingungen die notwendigen gemischten Kompetenzen eher in Personalunion oder eher arbeitsteilig förderlicher sind (Adam et al. 2016, S. 22f.).

Mit der Positionierung eines USBI auf dem Absatzmarkt kommt ein weiteres Spannungsfeld in den Blick – nämlich das Verhältnis zu Unternehmen, die primär ökonomische Ziele verfolgen. Für USBI mit dem Anspruch, ihre Zielgruppen bis zur Arbeitsmarktfähigkeit zu führen und in den ersten Arbeitsmarkt zu vermitteln, treten die regulären Unternehmen gleichzeitig in zwei Rollen auf: einerseits sind sie Konkurrenzunternehmen im Wettbewerb um die gleichen Kunden, und andererseits sind sie Partnerunternehmen, auf die ein USBI angewiesen ist, um ihren Zielgruppen am Ende des Befähigungsprozesses Zugang zu Arbeitsstellen und den Übertritt in den ersten Arbeitsmarkt zu ermöglichen.

Der Übergang von Klientinnen und Klienten in den ersten Arbeitsmarkt kann nicht angesprochen werden, ohne sich mit der Lock-in-Thematik auseinanderzusetzen, die sowohl im medialen wie akademischen Diskurs als Spannungsfeld prominent thematisiert wird. Der klassische Lock-in-Fall besteht darin, dass ein USBI eine Klientin oder einen Klienten trotz erlangter Arbeitsmarktfähigkeit im geschützten Rahmen in der Organisation weiter beschäftigt. Grund dafür kann erstens sein, dass das USBI keine produktiv starke Arbeitskraft verlieren will, weil dies die Markterlöse schwächen würde, oder zweitens, dass das USBI keine an die Klientin oder den Klienten gebundene Mittel für die Betreuung verlieren will, die seitens öffentlicher Auftraggeber an das USBI fließen. Eine dritte, ebenfalls empirisch thematisierte Variante wird hier nicht weiter vertieft, nämlich der Fall, dass der Verbleib von der Klientin resp. dem Klienten selber favorisiert wird, beispielsweise aufgrund subjektiver Bedenken hinsichtlich des Bestehens im ersten Arbeitsmarkt. In beiden erstgenannten Fällen wird auf Kosten der sozialen Ziele (Integration in den ersten Arbeitsmarkt) zu Gunsten des ökonomischen Erfolgs entschieden. USBI, die zurückhaltend bei der Vermittlung in den ersten Arbeitsmarkt agieren, betreffend Lock-in unter Generalverdacht zu stellen, wird der Komplexität und Unsicherheit dieses Übergangs nicht gerecht, da sich hier die Herausforderung der angemessenen Balance zwischen unterschiedlichen Zielbereichen besonders akzentuiert.

Von USBI-Führungskräften wird häufig auf das Gegenstück zur Lock-in-Problematik, nämlich auf die „Kick-out-Problematik" hingewiesen. Wenn Personen der Zielgruppe zu früh in den ersten Arbeitsmarkt vermittelt werden, die dort geforderte Leistung noch nicht erbringen können und die Stelle wieder verlieren, haben sie sich bei einem potentiellen Arbeitgeber langfristig den Zugang verbaut. Dies ist dann besonders problematisch, wenn regional oder branchenbedingt wenig potentielle Arbeitgeber existieren, die zur beruflichen Qualifikation der Klienten resp. des Klienten passen. Ein anderes Risiko von Kick-out besteht bei Zielgruppen mit einer erhöhten psychischen Vulnerabilität oder Suchtgefährdung, wo ein zu frühes Entlassen aus einem Setting mit betreuerischen Komponenten Rückfälle und somit Arbeitsunfähigkeit verursachen kann.

Oft wird bei der Thematisierung von Lock-in übersehen, dass die gesundheitliche und qualifikationsbezogene Einschätzung der Arbeitsmarktfähigkeit mit hoher Unsicherheit behaftet sein kann und in Bezug auf das Erreichen der sozialen Zielsetzungen mit mehr oder weniger riskanten Entscheidungen verbunden ist, je nachdem, ob der soziale „Ertrag" als hoch oder tief eingeschätzt wird. Um Entscheidungen begründen und mit den am Risiko beteiligten Stakeholdern diskutieren zu können, sind die Erfassung der Prozesse auf Fallebene und damit einhergehend die Erfassung des Befähigungsgrades resp. der Leistungsfähigkeit der Zielgruppen, sowie die Kommunikation der Prozesse und Entwicklung zentral. Dasselbe gilt auch auf struktureller Ebene. So wird bisweilen kritisiert, dass USBI sich darstellen, als würden sie das unternehmerische Risiko tragen, obwohl das Risiko faktisch von den Zielgruppen oder den öffentlichen Auftraggebern getragen werde. Aufgrund der Hybridität kann das USBI dieser Kritik weder mit einer hohen Eingliederungsquote noch mit einem hohen finanziellen Gewinn entgegnen, sondern nur mit einer möglichst exakten Erfassung seiner sozialen und ökonomischen Prozesse und deren Verzahnung.

Ebene der Resultate: Betrieblicher Erfolg dank erfolgreicher Begleitung
Das eingangs aufgeworfene Zelt-Dilemma lässt sich schließlich auflösen oder zumindest exakter erfassen, wenn die Verzahnung produktiver und betreuender Prozesse genauer betrachtet wird. Das Paradoxe an guter Begleitung durch eine Fachkraft im Produktionsprozess besteht darin, dass gutes Begleiten bedeuten kann, weniger zu begleiten und mehr zu produzieren. Durch gutes Begleiten können erstens Abwesenheitstage der Klientinnen und Klienten reduziert werden, zweitens kann die Produktivität der Zielgruppen gesteigert werden, wenn die Befähigung und Kompetenzsteigerung gelingt, und drittens kann sowohl von den Zielgruppen wie von den begleitenden Fachkräften mehr produziert werden, wenn weniger Begleitung erforderlich ist (Steigerung der Quantität). Aus einer solchen Aufwärtsspirale resultieren sowohl ökonomischer als auch sozialer Erfolg, was in der hybriden Logik die Anschaffung eines Zeltes – respektive allgemeiner gesprochen die autonome Entscheidung von USBI über die Verwendung generierter Überschüsse – rechtfertigt.

4 Schlussfolgerungen

Aus diesen Überlegungen lassen sich einige Schlussfolgerungen für die Führung und Steuerung von USBI als hybriden Organisationen ableiten. Wir haben gezeigt, dass Hybridität eine Reihe von Spannungsfeldern mit sich bringt. Abschließend skizzieren wir, wie wir diese für lösbar halten.

Bei profitorientierten Unternehmen besteht betreffend Datenerfassung zur Qualitätssicherung (Monitoring, Controlling) ein Trade-off: Geringerer Informationssammlungs- und Informationsaufbereitungsaufwand bedeutet zwar tiefere Kosten, dafür ist er aber mit größerer Unsicherheit bei Entscheidungen und somit einem höheren Risiko verbunden. Für USBI besteht bei der Erfassung ihrer Prozesse (Monitoring, Controlling) hingegen kein Trade-off: Ein hohes Maß an Information und Transparenz ist aufgrund der Kern-Hybridität, der nicht trennscharfen Durchmischung von Produktions- und Betreuungsprozessen, gerade darum zu leisten, weil möglichst gut ersichtlich sein muss, welche Risiken und

Chancen bei Entscheidungen für welche Stakeholder und vor allem für die Zielgruppen bestehen. Häufig wird von Führungskräften von USBI der Zielkonflikt zwischen einem schlanken Management-Überbau und dem adäquaten Erfassen von sozialen Prozessen sowie deren Wirkungen angesprochen. Es wird einerseits unterstrichen, dass Qualitätssicherung und Berichterstattung der sozialen Prozesse, d. h. der Entwicklung von Klientinnen und Klienten, aufwändig und kein direkt produktiver oder betreuerischer Prozess sei und daher aus ökonomischer und betreuerischer Hinsicht möglichst tief gehalten werden solle. Andererseits wird auch betont, dass betreffend sozialer Wirkung ein hohes Maß an Berichterstattung nötig sei, um auf Fallebene aktiv und gezielt intervenieren und um auf struktureller Ebene Rechenschaft ablegen zu können. Die explorativen Befunde weisen deutlich darauf hin, dass für USBI hinsichtlich Prozesserfassung folglich keine eigentlichen Zielkonflikte bestehen: es ist im Gegenteil sinnvoll, ein ausreichendes Maß an Ressourcen für die Prozesserfassung vorzusehen. Ist dies nicht der Fall, wäre ein USBI weniger eine hybride denn eine ambivalente Organisation. Bei einer ambivalenten Organisation kann nicht beurteilt werden, ob ihre Tätigkeit gesellschaftlich betrachtet ökonomischen oder sozialen Nutzen oder aber Schaden erzeugt.

Als eine zentrale Bedingung für einen erfolgreichen Umgang mit den erwähnten Spannungsfeldern identifizieren wir damit die Verwirklichung von Transparenz nach innen und nach außen und die vermehrte Investition besonders in die Erfassung der sozialen Wirkung. Damit erscheint Transparenz in einem anderen Licht und wird jenseits von „Bürokratie", „Generalverdacht" oder „Papiertigern" zu einem Weg, um die sozialen Ergebnisse und die betrieblichen Ergebnisse in ihrer Gesamtheit und in ihrer Wechselwirkung darzustellen. Transparenz dient so gleichzeitig der Qualitätssicherung, dem Wirkungsnachweis hinsichtlich der sozialen Zielsetzungen und der oftmals auch öffentlich eingeforderten Berichterstattung. Sie stellt aufgrund der engen Verzahnung von Produktions- und Betreuungsprozessen einerseits ein unternehmerisches Kerninteresse der hybriden Organisation USBI dar, und andererseits ebenfalls ein Kerninteresse der finanzierenden Auftraggeber. Weiterführend wäre aus dieser Perspektive darum ein partizipatives, partnerschaftliches Vorgehen, um spezifische Instrumente (z. B. zur Verknüpfung betriebswirtschaftlicher Informationen mit Informationen zum sozialen Wirkungsnachweis) gemeinsam mit den jeweiligen Stakeholdern, namentlich mit öffentlichen Auftraggebern, zu entwickeln. Auf diese Weise könnte das unternehmerische Selbstverständnis der USBI gestärkt werden, weil durch partizipative Zusammenarbeitsformen Instrumente entwickelt werden, die die Hybridität von USBI auch in der Steuerungslogik besser berücksichtigen.

Literatur

Adam, Stefan (Hrsg.). 2012. *Wirtschaftlich arbeiten und sozial handeln*, 2. erg. Aufl. Bern: Hauptverlag.
Adam, Stefan. 2009. Sozialfirmen – Wunschdenken oder Wirklichkeit? *Panorama* 6: 6–7.
Adam, Stefan, Jeremias Amstutz, Gregorio Avilés, Massimo Caimi, Luca Crivelli, Domenico Ferrari, Davide Pozzi, Daniela Schmitz, Bernadette Wüthrich, und Daniel Zöbeli. 2015. *Social enterprise in Switzerland: The field of work integration*. ICSEM Working Papers Nr. 19. Liege: The International Comparative Social Enterprise Models.
Adam, Stefan, Jeremias Amstutz, Gregorio Avilés, Enrico Cavedon, Luca Crivelli, Domenico Ferrari, Anja Gafner, Spartaco Greppi, Andrea Lucchini, Davide Pozzi, Daniela Schmitz, Bernadette Wüthrich, und Daniel Zöbeli. 2016. *Explorative Studie zu den Erfolgsfaktoren von Unternehmen der sozialen und beruflichen Integration*. Forschungsbericht Nr. 4/16. Bern: Bundesamt für Sozialversicherungen.
Adam, Stefan, Jeremias Amstutz, und Bernadette Wüthrich. 2014. Die Sozialfirma als Grundstein sozialer Innovation in der Schweiz. *Soziale Innovation*, Hochschule für Soziale Arbeit der Fachhochschule Nordwestschweiz, 9. Jg., 36–41.
Clark, David A. 2005. *The capability approach: Its development, critiques and recent advances*. Global Poverty Research Group. www.gprg.org/pubs/workingpapers/pdfs/gprg-wps-032.pdf. Zugegriffen: 20. Dez 2015.
Defourney, Jacques, und Marthe Nyssens. 2012. *The EMES approach of social enterprise in a comparative perspective*. EMES Working Paper, Nr. 3. Liege: EMES Research Network.
Emerson, Jed. 2003. *The blended value map: Tracking the intersects and opportunities of economic, social and environmental value creation*. http://www.blendedvalue.org/wp-content/uploads/2004/02/pdf-bv-map.pdf. Zugegriffen: 30. April 2016.
Glänzel, Gunnar, und Björn Schmitz. 2012. Hybride Organisationen – Spezial- oder Regelfall? In *Soziale Investitionen*, Hrsg. Helmut K. Anheier, Andreas Schröer, und Volker Then, 181–203. Wiesbaden: VS Verlag für Sozialwissenschaften.
Kehrli, Christin. 2007. *Sozialfirmen in der Schweiz. Merkmale, Nutzen, offene Fragen*. Luzern: Caritas-Verlag.
Renko, Maija. 2013. Early challenges of Nascent social entrepreneurs. *Entrepreneurship Theory and Practice*, 1045–1069.
Wüthrich, Bernadette, Jeremias Amstutz, und Stefan M. Adam. 2012. Sozialfirmen in der Schweiz. Eine empirische Annäherung. In *Die Sozialfirma – wirtschaftlich arbeiten und sozial handeln*, Hrsg. Stefan M. Adam, 2., erg. Aufl., 160–173. Bern: Hauptverlag.
Wüthrich, Bernadette, Daniel Zöbeli, und Domenico Ferrari. 2014. Sozialfirmen – worum geht es? *SozialAktuell* 12: 35.

Bernadette Wüthrich, lic. phil., ist wissenschaftliche Mitarbeiterin am Institut Beratung, Coaching und Sozialmanagement, Hochschule für Soziale Arbeit FHNW. Arbeits- und Forschungsschwerpunkte: Unternehmen der sozialen und beruflichen Integration, Arbeitsintegration, Sozialpolitik und Sozialstaat, Social-Impact-Modell, Soziale Probleme. E-mail: bernadette.wuethrich@fhnw.ch

Enrico Cavedon, lic. phil. und M.A., ist wissenschaftlicher Mitarbeiter am Institut Beratung, Coaching und Sozialmanagement, Hochschule für Soziale Arbeit FHNW. Arbeits- und Forschungsschwerpunkte: Unternehmen der sozialen und beruflichen Integration, Menschen mit Beeinträchtigung, berufliche Eingliederung, Wirkungsmessung und Evaluation. E-Mail: enrico.cavedon@fhnw.ch

Prof. Stefan M. Adam, M.A./M.Sc., ist stellvertretender Leiter des Instituts Beratung, Coaching und Sozialmanagement der Hochschule für Soziale Arbeit FHNW und Studiengangsleiter des MAS Sozialmanagement. Aktueller Forschungsschwerpunkt: Unternehmen der sozialen und beruflichen Integration. E-Mail: stefan.adam@fhnw.ch

Jeremias Amstutz, M.A., ist wissenschaftlicher Mitarbeiter am Institut Beratung, Coaching und Sozialmanagement, Hochschule für Soziale Arbeit FHNW. Arbeits- und Forschungsschwerpunkte: Sozialmanagement, Social-Impact-Modell, Entscheidungsprozesse in sozialen Organisationen, Sozialfirmen und Case Management. E-Mail: jeremias.amstutz@fhnw.ch

Die Gleichzeitigkeit von Leitung und Beratung/Betreuung in der Sozialen Arbeit

Brigitta Zierer

1 Der Nukleus der Sozialen Arbeit als Profession und Disziplin

Soziale Arbeit als im öffentlichen Auftrag organisierte *Dienstleistungsprofession* hat die Aufgabe, soziale Probleme und Diskriminierungen zu verhindern bzw. Lösungen für bereits entstandene soziale Bedarfslagen zu erarbeiten – gemeinsam mit KlientInnen, Problembeteiligten und/oder anderen (professionellen) HelferInnen im jeweiligen Lebensumfeld der KlientInnen. Sozialarbeiterinnen und Sozialarbeiter unterstützen Menschen dabei, soziale Gerechtigkeit, gesellschaftliche Partizipation, soziale Inklusion im Sinne eines gelingende(re)n, selbst bestimmten Alltags der KlientInnen zu ermöglichen. Soziale Arbeit ist zuständig für die *„Verhinderung oder Bearbeitung sozialer Probleme und Herausforderungen als Mitgestalterin gesellschaftlicher Entwicklungsprozesse."* (Uebelhart 2012, S. 246).

Die direkte oder indirekte personenbezogene Dienstleistung Sozialer Arbeit in der unmittelbaren Arbeit mit KlientInnen wird gleichzeitig produziert und konsumiert, erfolgt also „uno actu". SozialarbeiterInnen können ihre geplanten Interventionen nur in „Koproduktion" mit den (aktiven) KlientInnen umsetzen; das erfordert einen dialogischen Verstehens-, Verständigungs- und Verhandlungsprozess als Voraussetzung für die Qualität und den Erfolg des Hilfeprozesses (von Spiegel 2011, S. 254f.).

B. Zierer (✉)
FH Campus Wien, Wien, Österreich
E-Mail: brigitta.zierer@fh-campuswien.ac.at

Auf der Fallebene arbeiten SozialarbeiterInnen alleine oder in Teams mit Einzelpersonen, Familien, Gruppen oder größeren Systemen (z. B. Gemeinwesen). Sie orientieren sich dabei an ihrem rechtlichen Auftrag sowie an den konzeptionellen und materiellen Vorgaben ihrer Einrichtung bzw. Organisationseinheit, für die sie tätig sind. Im Fokus steht die Planung und Gestaltung von Kommunikationssituationen bzw. von Prozessverläufen über einen definierten Zeitraum. *Ernst Engelke* (Engelke 2004, S. 305f.) beschreibt folgende Aufgaben für die *Wissenschaft* Soziale Arbeit, die meist in Kooperation mit anderen „Menschenwissenschaften" (z. B. Psychologie, Pädagogik) erfolgt:

- die Bewertung sozialer Zustände (Bedingungen, Strukturen, Lagen, Prozesse und Situationen) von Menschen bzw. Menschengruppen nach ethischen Prinzipien der Menschenwürde und Menschenrechte,
- die sozialempirische Erforschung sozialer und als sozial problematisch definierter Zustände (Bedingungen, Strukturen, Lagen, Prozesse oder Situationen) von Menschen(-gruppen),
- die wissenschaftliche Erklärung dieser sozialen Zustände (Bedingungen, Strukturen, Lagen, Prozesse und Situationen), ihres Zustandekommens und Weiterbestehens,
- die Entwicklung von Theorien, Modellen und professionellen Handlungsmethoden zur Bewältigung sozialer Probleme,
- die Reflexion des gesellschaftlichen Standortes und der gesellschaftlichen Funktionen der Sozialen Arbeit und
- die Überprüfung der Interventionen der Sozialen Arbeit mit wissenschaftlichen Methoden.

Werner Thole (Thole 2012, S. 54) definiert als Kern der Sozialen Arbeit Subjekte und Lebenswelten, die mit ihren eigenen Ressourcen Lebenskrisen und Verunsicherungen nicht oder kaum bewältigen können, zu unterstützen und biografische Verunsicherungen als Folge von Desintegration aufzufangen. Menschen seien in institutionalisierte Lebenslaufregime neu einzubinden, dass für sie gesellschaftlich anerkannte, selbstverantwortete Wege durch das Leben wieder denkbar und möglich werden. *„Profession beschreibt das gesamte fachlich ausbuchstabierte Handlungssystem, also die berufliche Wirklichkeit eines Faches. Für die Soziale Arbeit kennzeichnet demnach der Begriff der Profession (…) die Realität der hier beruflich engagierten Personen sowie die von der Gesellschaft an sie adressierten Ansprüche und Wünsche. (…) Zielt die Profession auf Wirksamkeit, so setzt die Disziplin im Wesentlichen auf Wahrheit und Richtigkeit (…) anders formuliert: Geht es wissenschaftlichen Disziplinen primär darum, über Forschung, Reflexion* *und Produktion von Theorien Welt- und Gesellschaftsbilder zu kreieren und zu beeinflussen, wünschen Professionen, ihre AdressatInnen und KlientInnen durch Handeln zu beeindrucken, zu ‚bilden' und zu ‚helfen' (...). Stellen in der Praxis aktive SozialarbeiterInnen in ihrer Rolle als Teil der Profession eine Hilfeleistung zur Verfügung, ermöglicht die Disziplin über die Bereitstellung von Wissen erst die Übernahme dieser Leistungsrollen als ExpertInnen."* (Thole 2012, S. 21)

2 Funktionen der Sozialen Arbeit

Silvia Staub-Bernasconi (Staub-Bernasconi 2007, S. 273ff.) benennt folgende Arbeitsweisen bzw. Funktionen der Sozialen Arbeit im Hinblick auf die direkte bzw. unmittelbare Arbeit mit ihren AdressatInnen bzw. Zielgruppen:

- *Ressourcenerschließung* bezieht sich auf Probleme hinsichtlich der *körperlichen Ausstattung* (z. B. Krankheit, Behinderung) von KlientInnen, auf die *sozioökonomische Ausstattung* (z. B. Bildungsnöte, Erwerbslosigkeit, Verschuldung, Obdachlosigkeit) und die *sozialökologische Ausstattung* (z. B. fehlende, unzureichende bzw. unzumutbare Infrastruktur im Bereich Gesundheit, Soziales etc.). Die Ressourcenerschließung für Individuen, Familien oder Kleingruppen erfolgt als Sachhilfe bzw. wirtschaftliche Hilfe und wird auf der Straße und auf öffentlichen Plätzen angeboten oder erfolgt mit und für Gemeinwesen oder innerhalb von und für Organisationen.
- *Bewusstseinsbildung* als Arbeitsweise der Sozialen Arbeit beschäftigt sich mit Problemen der sozial und kulturell bedingten Funktionsweise und Entwicklung der emotional-ästhetischen, normativen und kognitiven Erlebensweisen/ Erkenntniskompetenzen als übergeordnete psychische Grundorientierungen oder Steuerungsfunktionen (Vgl. Staub-Bernasconi 2007, S. 275).
- *Modell-, Identitäts- und Kulturveränderung – interkulturelle Verständigung* bezieht sich u. a. auf Probleme der bewussten Verfügung über Begriffe und Aussagen (Wissen über sich selbst und die Welt). Ziel dieser Arbeitsweise ist die explizite Veränderung von Begriffen, Begriffssystemen, aber auch Werten und Plänen. *„Es geht um die Ausweitung und Bereicherung, Korrektur oder gar Ersetzung realitätsverzerrender Bilder inklusive Stigmata und Theorien über sich selber, andere Menschen und die Beziehungen zu ihnen, die Gesellschaft, die Natur usw."* (Staub-Bernasconi 2007, S. 277).
- *Handlungskompetenz-Training und Teilnahmeförderung* Die Veränderung der Handlungskompetenz und des Teilnahmeverhaltens von KlientInnen bezieht sich auf die Passivität oder Inkompetenz in der individuellen oder kollektiven

Gestaltung des Alltags (Handlungsroutinen, rollenbezogenes Handeln etc.) sowie auf selbst- oder fremdschädigendes Verhalten (z. B. Bildungsabbruch, Vernachlässigung der elterlichen Sorge). Soziale Arbeit versucht die Veränderung von Verhaltensmustern der Alltagsbewältigung (Copingstrategien) zu unterstützen und in diesem Zusammenhang die gesellschaftlichen Teilnahmechancen von KlientInnen zu erhöhen.

- **Soziale Vernetzung und der Ausgleich von Pflichten und Rechten** bezieht sich auf Probleme der sozialen Isolation bzw. des Fehlens befriedigender menschlicher Beziehungen, die durch die Auflösung bzw. Zerstörung sozialer Netze und Solidaritätsbeziehungen entstehen (können). Dabei geht es um soziale (Re-)Integration über informelle oder formelle soziale Mitgliedschaften (z. B. Nachbarschaft, Schule, Gemeinwesen). Die (Wieder-)Herstellung einer fairen Symmetrie zwischen Nehmen und Geben sowie Rechten und Pflichten soll unfaire asymmetrische Austauschbeziehungen zwischen Menschen ersetzen.
- **Umgang mit Machtquellen und Machtstrukturen** bezieht sich auf die Regeln der Verteilung von Gütern/Ressourcen, auf Regeln der Verteilung von Positionen, auf Regeln einer behindernden Macht sowie auf Erzwingungsmittel, die die direkte Gewalt gegenüber Menschen miteinschließt. Soziale Arbeit hat u. a. die Aufgabe, Befreiungsprozesse aus Abhängigkeiten zu unterstützen, die Erfüllung legitimer Ansprüche und Forderungen zu ermöglichen, behindernde Machtstrukturen zu reduzieren, Ermächtigungsstrategien zu erarbeiten, Regeln und Maßnahmen des fairen Teilens und Umverteilens zu schaffen.
- **Kriterien- oder Öffentlichkeitsarbeit** bezieht sich auf den Umgang mit vergesellschafteten, allgemeinen, institutionalisierten Werten, die der Definition sozialer Probleme zugrunde liegen bzw. sich auf diese beziehen. Diese Werte können in der Menschenrechtskonvention ebenso dargelegt sein wie in nationalen Verfassungen, in Sozial-, Zivil- und Strafgesetzgebungen, festgelegten Armutsgrenzen oder Existenzminima etc. Soziale Arbeit soll die Diskrepanz zwischen Wert bzw. Recht und missachtetem Wert bzw. Recht verkleinern, Willkür im Umgang damit aufzeigen und eine öffentliche Diskussion neuer Wertprioritäten anregen, um diese gegebenenfalls auch in neues Recht zu fassen. Dazu dient Öffentlichkeits- und Gremienarbeit.
- **Sozialmanagement** ist laut Silvia Staub-Bernasconi (Staub-Bernasconi 2007, S. 286) nicht auf die direkte Arbeit mit Adressat(inn)en und Zielgruppen gerichtet, sondern auf die Träger der Sozialen Arbeit und ihr Personal.

Hiltrud von Spiegel (2011) fordert im Sinne einer wissenschaftlich fundierten Praxis und einer systematischen reflexiven Professionalität, dass SozialarbeiterInnen als wissenschaftlich ausgebildete Fachkräfte ihre Deutungen und nachträglich auch ihr Handeln mit Bezug auf wissenschaftliche Wissensbestände begründen und reflektieren können. SozialarbeiterInnen müssen demnach über ein Beobachtungs-, Beschreibungs-, Begründungs-, Erklärungs-, Wertwissen sowie Handlungs- und Interventionswissen verfügen (von Spiegel 2011, S. 77f.).

Bereits bei *Alice Salomon*, einer der Pionierinnen der Sozialen Arbeit, finden sich Hinweise darauf, dass Soziale Arbeit die Kunst des Fallverstehens voraussetzt. In der Sozialen Arbeit, wo berufliche Handlungen als einmalige, nicht standardisierbare, reproduzierbare Schöpfungsakte erscheinen, ist es schwierig, Regeln und Maßstäbe für professionelles Handeln zu formulieren. Die verschiedenen Etappen der Professionalisierung der Sozialen Arbeit erhöhten die Anforderungen an die Fachkräfte hinsichtlich ihres „richtigen" beruflichen Handelns. Die Erwartungen an SozialarbeiterInnen sind seit der Qualitätsdiskussion ab Mitte/Ende der 1990er Jahre weiter gestiegen (Von Spiegel 2011, S. 85f.).

Zahlreiche der genannten Wissensbestände, die SozialarbeiterInnen im Rahmen ihrer Ausbildung erwerben und die im Zuge der beruflichen Tätigkeit um Berufs- bzw. Erfahrungswissen erweitert werden, können sowohl für verschiedenste Formen der Fallarbeit als auch für Führungsfunktionen von Nutzen sein. Eine Leitungsfunktion erfordert neben der unmittelbaren Fallarbeit noch einen weiteren – einen organisationsbezogenen – Blick, der besonders die Gestaltung günstiger Rahmenbedingungen für die MitarbeiterInnen und KlientInnen einer Organisation in den Fokus rückt.

3 Fachliche LeiterInnen zur Förderung der effektiven, effizienten Fallarbeit

Die Soziale Arbeit kann in einigen Handlungs- bzw. Arbeitsfeldern bzw. Organisationen auf eine langjährige Tradition vor allem im Bereich der fachlichen Leitung zurückblicken. SozialarbeiterInnen haben vor allem in kleineren bis mittelgroßen Organisationen oft Leitungsfunktionen inne, die daneben auch weiterhin eine Beratungs- bzw. Betreuungsfunktion für KlientInnen vorsieht.

Die Bewältigung von Arbeitsprozessen in der unmittelbaren Fallarbeit setzt zahlreiche koordinierende, organisatorische und administrative Tätigkeiten von Leitungspersonen voraus. Traditionelle Arbeitsbereiche wie beispielsweise die öffentliche Jugendwohlfahrt zeigen, dass SozialarbeiterInnen in Leitungsfunktion im Sinne der Qualitätskontrolle seit vielen Jahren als *fachliche LeiterInnen* gegenüber ihren KollegInnen fungieren, um eine effektive, effiziente Fallarbeit zu garantieren und wichtige ergebnis- und prozessbezogene Entscheidungen zu treffen.

Zumeist sind es Leitungskräfte auf verschiedene Hierarchieebenen innerhalb einer Einrichtung oder eines Amtes, die die Voraussetzungen dafür schaffen, dass die Fallarbeit effektiv und effizient erledigt werden kann. Sie entwickeln in Zusammenarbeit mit dem Träger und den Mitarbeitern die „praktische Ideologie" der Einrichtung, setzen im Hinblick auf die Lebenswelt der Zielgruppen konzeptionelle Schwerpunkte und Arbeitsprinzipien und erarbeiten Verfahrensgrundsätze sowie Schlüsselprozesse für die Fallarbeit. Sie sind für die Umsetzung der Konzeption und die Prozess-Steuerung mit allen organisatorischen Konsequenzen verantwortlich und sichern somit durch ihr „Management" die Fallarbeit ab (Von Spiegel 2011, S. 95).

Diese Form der fachlichen Leitung impliziert die Erwartung der MitarbeiterInnen, aber auch externen KooperationspartnerInnen, dass nur fachlich kompetente und erfahrene KollegInnen eine solche Leitungsfunktion innehaben können. Fachlich versierte LeiterInnen sollen die jeweils spezifischen Fragen, Herausforderungen und auch Lösungen in einem konkreten Fall kennen, um so MitarbeiterInnen Unterstützung und Sicherheit in ihrem täglichen beruflichen Tun bieten zu können. Darüber hinaus tragen sie im Sinne des Qualitätsmanagements dafür Sorge, dass die jeweils spezifischen (vor allem operativen) Ziele einer Organisation oder eines Fachbereiches in den einzelnen Arbeits- bzw. Schlüsselprozessen umgesetzt werden, um in erster Linie die KlientInneninteressen zu unterstützen und die KundInnenzufriedenheit zu sichern.

Das berufliche Handeln von Leitungspersonen in Einrichtungen der Sozialen Arbeit ist jedoch nicht unmittelbar nur auf die Hilfegestaltung im Einzelfall ausgerichtet, sondern *„hat stärker die Gestaltung der organisationsbezogenen Bedingungen in den Blick zu nehmen, innerhalb derer die einzelnen Fachkräfte mit ihren adressatenbezogenen Handlungsweisen agieren. ‚Fachlich gute Hilfe gestalten' ist mit anderen Anforderungen verbunden als ‚Organisationen gut steuern'."* (Merchel 2010, S. 22)

4 SozialarbeiterInnen als LeiterInnen: KollegInnen mit Zusatzfunktionen

Die fachliche Leitung in der Sozialen Arbeit erfordert das Eingebundensein in operative Tätigkeiten, die eine gewisse Nähe zu KlientInnen und KollegInnen voraussetzt. Das kann gleichzeitig jedoch auch Irritation bei allen Beteiligten in unterschiedlichen Kommunikationssituationen, Abläufen und Prozessen auslösen, wie nachfolgendes Beispiel zeigt:

Die BewohnerInnen eines *betreuten Wohnhauses für Wohnungslose* können etwa eine/n Wohnhausleiter/-in sowohl in der betreuenden Funktion als fallverantwortliche/n Sozialarbeiter/-in in der individuellen Fallsituation erleben, um gemeinsam individuelle Lösungen zur Verbesserung der jeweiligen Lebenssituation der BewohnerInnen zu erarbeiten. Die BewohnerInnen erleben aber dieselbe Person in der Leitungsrolle, die darüber hinaus wichtige Entscheidungen rund um die Aufnahme oder den Verbleib im Wohnhaus oder um die Einhaltung der Hausordnung treffen muss. Die BewohnerInnen erwarten sich von LeiterInnen auch, dass die Wohn- und Betreuungsqualität gewährleistet ist und dass eine/n Wohnhausleiter/in für Finanzierungs- und Personalagenden ebenso zuständig fühlt wie für das Beschwerdemanagement. BewohnerInnen erwarten zusehends aber auch mehr Mitsprache- und Mitgestaltungs- bzw. Partizipationsmöglichkeiten.

KollegInnen, die in diesem betreuten Wohnhaus für Wohnungslose dieselben sozialarbeiterischen Beratungs- und Betreuungstätigkeiten ausführen, erleben LeiterInnen einerseits als gleichberechtigte KollegInnen, die gemeinsam um Lösungen in komplexen Fallsituationen bemüht sind. LeiterInnen mit dieser Doppel- bzw. Mehrfachfunktion haben andererseits jedoch auch Personalverantwortung gegenüber ihren KollegInnen. Das bedeutet, dass sie MitarbeiterInnen in die Lage versetzen können müssen, sich engagiert für die gemeinsamen Ziele und Aufgaben der jeweiligen Organisation einzusetzen. MitarbeiterInnen wollen aber darüber hinaus im Sinne der MitarbeiterInnen-Zufriedenheit für ihr Engagement und Commitment anerkannt, motiviert und gefördert werden, um ein maximales Leitungspotenzial erreichen zu können, sie wollen gute Arbeitsbedingungen und ein funktionierendes Informations- und Wissensmanagement vorfinden.

LeiterInnen haben darüber hinaus weitere personalrelevante Verantwortlichkeiten: z. B. das Recruiting neuer MitarbeiterInnen, individuelle und organisationsbezogene Personalentwicklungsmaßnahmen, die Verabschiedung von MitarbeiterInnen, u.v.a.m.

Von LeiterInnen, die gleichzeitig auch KollegInnen in der unmittelbaren Fallarbeit sind, wird meist erwartet, dass sie im Sinne eines kollegialen Leitungsstils die Bedürfnisse aller KollegInnen gleich stark berücksichtigen und dass eine Entscheidungsfindung basisdemokratisch erfolgt. Entscheidungen werden eher diffus getroffen, um den Konsens im Sinne des guten Arbeitsklimas nicht in Frage zu stellen und Konflikte zu vermeiden (Simsa und Patak 2008, S. 36). Das Leitungsverhalten weist gleichermaßen sachbezogene wie soziale und emotionale (personenbezogene und gruppendynamische) sowie organisationsbezogene Dimensionen auf. (Merchel 2010, S. 14) MitarbeiterInnen erwarten im Sinne der MitarbeiterInnen-Orientierung von LeiterInnen auch, dass sie strategisch agieren können und mit den widersprüchlichen Erwartungen der Organisationsumwelt und den spezifischen Herausforderungen eines „Quasi-Marktes" gut umgehen können und Visionen haben, um den Fortbestand der Organisation und somit auch ihren Arbeitsplatz sichern zu können. Souveränität im Umgang mit betrieblichen Leistungsprozessen bzw. spezifischen Budgetlogiken oder mit Leistungsverträgen wird ebenso vorausgesetzt wie die Fähigkeit, in Krisensituation Lösungsvorschläge parat zu haben, die MitarbeiterInnen Stabilität geben können. MitarbeiterInnen wollen jedoch keineswegs wie KlientInnen behandelt werden!

5 Leitungspersonen agieren auf der normativen, operativen und strategischen Ebene

In Organisationen wird funktional zwischen einer normativen, strategischen und operativen Dimension und somit auch zwischen normativen, strategischen und operativen Führungsaufgaben unterschieden. Auf der *normativen Ebene* wird etwa durch Satzungen oder den gesetzlichen Auftrag geklärt, wozu die Organisation existiert. Der Organisationszweck wird im Leitbild dargelegt und nach innen wie nach außen kommuniziert. Das *strategische Management* konkretisiert diese normativen Vorgaben im Sinne einer Basis für die Zukunftssicherung. Strategisches Management plant die Ausrichtung des Unternehmens hinsichtlich der AdressatInnen bzw. Anspruchsgruppen und Dienstleistungsangebote, definiert Kooperationsfelder und Kernkompetenzen etc. Auf der *operativen Ebene* wird ausgeführt, was strategisch beschlossen wurde. Führung bedeutet in diesem Zusammenhang die Beeinflussung der Mitarbeitenden im Hinblick auf die Erreichung der beschlossenen Organisationsziele. (Herzka 2013, S. 27)

Leitungskompetenz, die über eine sozialarbeiterische Fachkompetenz hinausgeht, setzt u. a. ein umfangreiches Organisationswissen sowie Kompetenzen zur Analyse, Planung und Steuerung von Organisationen voraus. In verschiedenen Bereichen der Sozialen Arbeit ist neben der Fall- auch eine Systemkompetenz zur *fachlichen Steuerung* erforderlich, um qualitativ gute Leistungen zu gewährleisten und *„um sachzielorientierte (fachliche) und formalzielorientierte (wirtschaftliche) Kalküle miteinander in Verbindung zu bringen und mögliche Spannungen zwischen den unterschiedlichen Gestaltungsanforderungen und Steuerungslogiken (,Fachlichkeit' und ,Ökonomie') vor dem Hintergrund der fachlichen Aufgaben hinsichtlich ihrer Konsequenzen zu beurteilen und möglichst auszugleichen."* (Merchel 2010, S. 23)

Die *ökonomische (betriebswirtschaftliche) Steuerung* gewährleistet die sachangemessene und wirtschaftliche Verwendung finanzieller Ressourcen. Die *organisationsbezogene Steuerung* ermöglicht die Gestaltung innerorganisatorischer

Strukturen und Abläufe wie auch die reflexive Handhabung informeller Mechanismen in Organisationen. Die *mitarbeiterbezogene Steuerung* umfasst die Gestaltung der personellen Ressourcen und der interaktiven Bezüge bei der Erbringung sozialer Dienstleistungen. Die *Reflexion und Gestaltung der Außenbezüge* ist die Voraussetzung für die bewusste Wahrnehmung und Bewertung relevanter sozialpolitischer Entwicklungen, die für die jeweilige Organisation relevant sind und Auswirkungen auf die Leistungsvergabe und Leistungserbringung haben können. (Merchel 2010, S. 24)

Das *Luzerner Management-Modell* (Bürgisser et al. 2012) betont im Zusammenhang mit der Leitung in sozial(wirtschaftlich)en Organisationen zusätzlich die Bedeutung der Sozialpolitik. Die individuellen Gestaltungsmöglichkeiten von Leitungspersonen seien jedoch begrenzt, denn der gesellschaftliche Diskurs über soziale Probleme sowie die Ausgestaltung von Versorgungsnetzen ist nur indirekt mitgestaltbar. Das *Social Impact Modell* von Uebelhart und Fritze (2012) sieht eine wichtige Steuerungsfunktion der Sozialen Arbeit – gleichberechtigt neben Politik/Verwaltung und Wirtschaft – vor.

6 Was tun Führungskräfte? - Führung, Management und Leadership

Im Zusammenhang mit Leitungsfunktionen taucht erwartungsgemäß ein Diskurs rund um Führung, Leadership und Management auf. *„Alles ist möglich, um den Begriffen von Führung, Management und Leadership und deren Zusammenspiel Herr zu werden. (…) Mal sind es die ganz irdischen Expeditionen ins Tierreich und ein anderes Mal die antiken Götter, die für eine Begriffsbestimmung herhalten müssen."* (Böhmer 2014, S. 15).

Weick und Sutcliffe (2010) definieren in diesem Zusammenhang Management und Führung als „Das Unerwartete managen" – gekoppelt mit der Aufforderung zum achtsamen Management und organisationalem Lernen, denn Menschen sind keine Trivialmaschinen und deshalb grundsätzlich nicht steuerbar. Weder spezifische Persönlichkeitsmerkmale, noch ein bestimmter Führungsstil können den Erfolg einer Führungsperson garantieren.

Mit dem Begriff *Management* sind durchwegs sehr unterschiedliche Erwartungen gekoppelt: Es handelt sich um eine möglicherweise vorgesetzte Tätigkeit in einer Organisation, die riskant, problematisch, erhebend, verantwortungsvoll, vielleicht auch gut bezahlt sein kann. Die Begriffe *Führung* und *Leadership* stammen aus unterschiedlichen Sprachräumen, die in den jeweiligen Übersetzungen durchwegs synonym verwendet werden. V.a. in den USA werden mit dem Begriff

Leadership herausragende Fähigkeiten verbunden, die Menschen begeistern und Visionen schaffen können. Leader können demnach nur Personen sein, die die Fähigkeit besitzen, besondere Entscheidungen zu treffen. *Management* bedeutet Unternehmensführung (im Sinne von Verwaltung); *Führung* bedeutet Menschenführung. (Böhmer 2014, S. 16ff.).

Henry Mintzberg (1973) unterscheidet in Bezug auf Manager-Rollen zwischen

- *interpersonalen Rollen* (RepräsentantIn – „figurehead", FührerIn – „leader" und KoordinatorIn – „liaison"),
- *Informationsrollen* (InformationssammlerIn – „monitor", InformationsverteilerIn – „disseminator" und InformantIn von externen Gruppen – „spokesperson) und
- *Entscheidungsrollen* (UnternehmerIn – „entrepreneur", Krisenmanagerin – „disturbance handler", RessourcenzuteilerIn – „resource allocater" und VerhandlungsführerIn – „negotiator"). (Becker 2002)

ManagerInnen weisen ein initiatives Verhalten auf, das anderen Orientierung und Rückmeldungen gibt. Eindeutiges, konsequentes, authentisch-kongruentes Verhalten schafft Vertrauen, um die Ressourcen der MitarbeiterInnen optimal ausschöpfen zu können. Führungskräfte als „Kulturhelden" einer Organisation schaffen Strukturen und Prozesse und entwickeln sie dynamisch weiter. (Krüger 2009, S. 27)

Ruth Simsa und Michael Patak (2008) definieren im Zusammenhang mit Leadership in Nonprofit-Organisationen folgende Führungsaufgaben: 1. mich selbst führen, 2. meine MitarbeiterInnen führen, 3. die Zusammenarbeit gestalten, 4. die Organisation entwickeln, 5. die Aufgaben und Ziele erfüllen, 6. den strategischen Rahmen für meine Führungsaktivitäten setzen und 7. das Umfeld beobachten, relevante Trends erkennen und Rahmenbedingungen wahrnehmen und deren Bedeutung für meinen Verantwortungsbereich einschätzen. (Simsa und Patak 2008, S. 41)

Seit einigen Jahren wird ein neues Führungsverständnis diskutiert, das eine neue Führungskultur entlang neuer „Kernwerte" wie z. B. Integrität, Vertrauen, Verantwortung, Mut, Respekt und Nachhaltigkeit definiert (Wertekommission 2009).

7 Besonderheiten von Leitung im sozialen Sektor: zwischen Markt und Quasi-Markt

Seit etwa Mitte der 1990er Jahre wird das Management sozialer Dienstleistungsorganisationen (Sozialmanagement) diskutiert – meist im Kontext der veränderten Kooperationsbeziehungen zwischen den leistungserbringenden Organisationen und dem Staat als direktem bzw. indirektem Auftraggeber. Umfang, Entgelt und Qualität der Leistungen müssen in Verträgen spezifiziert und anhand festgelegter Parameter erbracht bzw. nachgewiesen werden. Der ‚aktivierende Staat' nimmt in diesem Gefüge eine stärker gestaltende Position zwischen Kostenträger, leistungserbringender Organisation und LeistungsempfängerInnen ein. *„Oftmals wird der Anschein erweckt, als sei die Erbringung sozialstaatlicher, personenbezogener Dienstleistungen nunmehr dem Markt überantwortet worden."* (Beckmann et al. 2009, S. 28f.)

Führungskräfte in sozialen Dienstleistungsorganisationen erfüllen unterschiedliche Funktionen und Aufgaben: sie repräsentieren eine (meist nicht auf Gewinn ausgerichtete) Organisation, ein Team oder einen (Fach-)Bereich und orientieren sich an der Erfüllung ganz spezifischer Aufgaben. In der Regel handelt es sich dabei um die Unterstützung, Beratung, Betreuung, Hilfestellung und Versorgung von Menschen in spezifischen Lebenssituationen. SozialarbeiterInnen bzw. andere professionelle (und teilweise auch ehrenamtliche) HelferInnen wollen gute Beratungs- und Betreuungsleistungen anbieten, die in erster Linie den AdressatInnen bzw. KlientInnen nutzt. (Tergeist 2015, S. 24f.)

Führung erfolgt meist im Zusammenspiel zwischen Organisation, Organisationsumwelt, Organisationszielen, den organisationsspezifischen Aufträgen, aber auch abhängig vom Aufbau und den Abläufen einer Organisation, ihren MitarbeiterInnen und vor allem ihren KlientInnen/AdressatInnen/Zielgruppen.

Eine Diskussion um den Führungsbegriff verweist auch auf die Problematik der *Wirkung* von Führung. Im Zusammenhang mit der Frage, wie Führung gelingen kann, braucht es zuvor definierte Ziele und Kriterien, an denen der Führungs*erfolg* gemessen werden kann. Im Sinne eines eher defizitorientierten Führungsverständnisses kann Führung als die Lösung von Problemen verstanden werden. Aufgabe von Führungspersonen ist es demnach, Situationen zu verbessern – d. h. es geht um die Leitung, Koordination und Steuerung von Tätigkeiten in einer Organisation, um die zeitliche Planung und den Einsatz verfügbarer personeller Ressourcen und Finanzmittel, das Setzen von Prioritäten innerhalb eines festgelegten Rahmens. Darüber hinaus geht es um die personelle Führung von MitarbeiterInnen und die Vertretung der Organisation nach außen und „nach oben" (Herzka 2013, S. 28) sowie um die Umsetzung konkreter Werte durch den jeweiligen Führungsstil.

> Führung geschieht nicht im isolierten Raum, sondern im Systemzusammenhang der sozialen Organisation unter anderem mit ihrer gesellschaftlichen Stellung und ihrer Umwelt, ihrer Zwecksetzung und ihrem Auftragsfeld, ihrem Organisationsentwicklungsstand und ihrem Aufbau- und Ablaufmodus, ihrem Personal, dem Kreis ihrer

Klienten und Klientinnen und (…) Anspruchsgruppen. Auch die sozialrechtlichen und trägerbedingten Rahmenbedingungen, die Strukturen und Prozesse, die Geschichte der jeweiligen Einrichtung und ihre organisationskulturellen Spezifika sind für den Kontext von Führung bedeutsam. Wie in dem sozialen System geführt wird und aufgrund der Strukturen und vorhanden Kompetenzen und Ressourcen geführt werden kann, ist die eine Seite; mit welchen Werten und Führungsstilen geführt wird, ist die andere Seite. (Tergeist 2015, S. 26)

Nonprofit-Organisationen sind häufig mit Widersprüchen konfrontiert, da sie oft an den Schnittstellen zwischen Privatwirtschaft, sozialen Bewegungen und der öffentlichen Hand agieren; sie müssen an all diese gesellschaftlichen Subsysteme anschlussfähig sein. Viele NPOs haben gelernt, vielseitig anschlussfähig zu sein und haben eine „*soziale Mehrsprachigkeit*" entwickelt, d. h. sie verfügen über die Fähigkeit, in unterschiedlichen Logiken zu agieren, mit unterschiedlichen Umwelten zu kooperieren und mit verschiedensten Personen verständigungs- und verhandlungsfähig zu sein.

Führung in diesem Bereich erfordert Flexibilität, Stabilität, hohe Konfliktfähigkeit und einen souveränen professionellen Umgang mit verschiedenen Anspruchsgruppen. Führungskräfte sollten die Sprache möglichst vieler Stakeholder beherrschen, sich in deren Denkweise einfühlen und ihre Interessen nachvollziehen können. Konfliktfähigkeit ist erforderlich, um unter widersprüchlichen Anforderungen nach außen hin handlungsfähig zu bleiben, aber auch, weil sich MitarbeiterInnen unter widersprüchlichen Umweltbedingungen häufig mit nur einer Seite solidarisieren und äußere Konflikte so zu organisationsinternen werden können.

Manche Nonprofit-Organisationen haben Schwierigkeiten mit der Etablierung formaler Strukturen, formaler Autorität und Macht. Häufig werden Formalstrukturen nur unklar formuliert oder trotz klarer Regelungen nicht eingehalten. Dienstwege werde umgangen, AnsprechpartnerInnen nicht angesprochen, in Entscheidungen werden zu viele oder zu wenige Personen einbezogen. Strukturen sind zwar klar formuliert, aber sind den handelnden AkteurInnen nicht bekannt. Es herrscht eine „Dominanz des Informellen". Bei Entscheidungen besteht infolgedessen ein hohes Maß an Begründungsbedarf sowie die Notwendigkeit der Einbeziehung möglichst vieler MitarbeiterInnen; das verlangsamt jedoch Prozesse und vergrößert häufig auch die Zufriedenheit der einbezogenen Personen, die das Gefühl haben, sinnlos mit Themen beschäftigt zu werden (Simsa und Patak 2008, S. 19f.).

Aufgabe von Führungskräften ist es auch, sich mit der Entwicklung und den möglichen Risiken *postbürokratischer Organisationen* auseinanderzusetzen, die auf Wandel, Flexibilität und Innovation ausgerichtet sind (Kühl 2015, S. 82).

Henry Mintzberg erkannte, dass dynamische Organisationsumwelten (in denen die Verbindungen und Anforderungen der einzelnen Subsysteme rasch und unerwartet wechseln), sowohl organische wie auch hierarchiefreie Organisationsmodelle erfordern, um schnell und adäquat auf Änderungen reagieren zu können. (Mintzberg 1979).

Organisationen im sozialen Sektor sind aktuell mit Dynamiken konfrontiert, die neue Konzepte der Unternehmensführung erfordern. In diesem Kontext wird aktuell der Ansatz der „Agilen Organisation" diskutiert, um sich den Erfordernissen und fragilen Rahmenbedingungen rascher anpassen und durch alternative Steuerungsgrundsätze (agile Strategien) die wachsende Komplexität bewältigen zu können; das setzt jedoch viel Vertrauen zwischen den vielen AkteurInnen in einer Organisation voraus. Die Suche nach der optimalen Organisationsstruktur in einer lernenden Organisation ist eine der größten Herausforderungen für Führungspersonen – auch in der Sozialen Arbeit.

8 Leiten in der Sozialen Arbeit abseits der unmittelbaren Fallarbeit

SozialarbeiterInnen in einer Managementfunktion haben jedoch jenseits der unmittelbaren Fallarbeit zahlreiche Funktionen zu erfüllen, um gute Rahmenbedingungen für die AdressatInnen/KlientInnen sowie für die MitarbeiterInnen zu schaffen.

> Man benötigt zur Herausbildung einer guten fachlichen Arbeit förderliche Rahmenbedingungen im Hinblick auf sachliche Ausstattung, Finanzen, Organisationsstrukturen (Strukturqualität). Die Fachkräfte müssen gute fachliche Kompetenzen und Motivationen entfalten, um angemessene Interaktionen gestalten zu können (Prozessqualität), damit Ziele erreicht werden, also effektiv gehandelt wird (Ergebnisqualität) und dabei der Ressourcenaufwand in einem angemessenen Verhältnis zum Ergebnis gehalten wird. (…) Die Organisation stellt die Rahmenbedingungen zur Verfügung, sie sorgt für Personal, das den Aufgaben angemessen ist, und achtet auf die Aufrechterhaltung und Weiterentwicklung von Qualifikation und Motivation der Fachkräfte, sie definiert Regeln und gibt methodische Orientierungen für angemessenes Handeln der Fachkräfte, sie stimmt die individuellen Handlungsweisen der verschiedenen Akteure aufeinander ab, sie schafft Möglichkeiten der Zielreflexion und der Bewertung der Wirtschaftlichkeit der Arbeit u. a.m. Wie also eine Organisation, in der Soziale Arbeit stattfindet, gestaltet wird, hat unmittelbare Auswirkungen auf die fachlichen Handlungsmöglichkeiten der Fachkräfte und damit auf die Chancen für die

Fachkräfte, ihre Absicht, gute Arbeit leisten zu wollen, realisieren zu können. Organisation und fachliches Handeln in der Sozialen Arbeit stehen also in einem unmittelbaren Zusammenhang zueinander. (Merchel 2015, S. 11f.)

Humanitäre und ideelle Werte spielen bei den bedarfsorientierten Angeboten eine zentrale Rolle und bestimmen das Menschenbild der Beschäftigten. Eine Gemeinsamkeit von sozial(wirtschaftlich)en oder Nonprofit-Organisationen ist ihre wertgeladene Organisationskultur. Gemeinsame moralische bzw. ethische Werte und ideologische Orientierungen sind Motiv für die Gründung einer Organisation und prägen das Tun der MitarbeiterInnen. Diese Wertorientierung kann jedoch auch dysfunktionale Effekte haben: Sie können zur Abschottung gegenüber der Umwelt benutzt werden, zur Einbremsung von Kontrahenten in Konflikten, zur Verhinderung notwendiger Veränderungen etc. Mit einer ideologischen Orientierung kann auch häufig eine hohe Emotionalität einhergehen, die anstrengend ist und einen funktionalen Umgang mit der Organisation erschwert. (Simsa und Patak 2008, S. 21).

Je kleiner eine Organisation ist, desto weniger hierarchisch und formal ist sie meist strukturiert. Führungs- bzw. Leitungskräfte sind besonders gefordert, einen ausgewogenen Umgang mit Macht und Verantwortung zu finden und neben einer transparenten Kommunikation einem häufig erwarteten kooperativem Führungsstil zu entsprechen, der nur im Zusammenspiel mit allen beteiligten MitarbeiterInnen möglich ist.

Die Bereitschaft, Konsequenzen zum Beispiel von Budgetkürzungen, Effizienzprüfungen und Qualitätskontrollen zu thematisieren, ist sowohl auf der rationalen wie auch auf der emotionalen Ebene erforderlich. Die Führungskraft schafft durch Einbeziehung und Beteiligung der Mitarbeitenden, durch Informations- und Wissensvermittlung die Voraussetzungen für die realistische Einschätzung von Situationen durch Mitarbeitende und für die Erarbeitung von Möglichkeiten zur Beeinflussung der relevanten Felder der Einrichtungen. Deshalb braucht es in sozialen Einrichtungen neben Strukturen und Regeln ein vertrauensorientiertes, authentisches und berechenbares Führungsverhalten. (Tergeist 2015, S. 25)

9 Die Ausgestaltung der Führungsrolle: Welcher Hut passt wann am besten?

Leitung ist auch ein strukturelles Thema für eine Organisation, die dafür entsprechende Vorgaben und Unterstützungsmöglichkeiten – z. B. Leitungscoaching oder Führungskräfteentwicklungsprogramme – vorsehen muss. Aufgaben-,

Kompetenz- und Verantwortungsbereiche müssen klar definiert werden, denn diesbezügliche Uneindeutigkeiten erschweren das effektive berufliche Handeln und belasten alle Beteiligten (LeiterInnen, KollegInnen/MitarbeiterInnen, KlientInnen, externe KooperationspartnerInnen).

Die individuelle Ausgestaltung der Führungsrolle ist mit komplexen Anforderungen, Erwartungen sowie Widersprüchen verbunden und hängt u. a. von verschiedenen Aspekten ab: vom Organisationstypus, den Organisationszielen, den AdressatInnen bzw. KlientInnen, dem Dienstleistungsangebot, der Organisationsgröße, der Rechtsform, der Finanzierungsform, der Umwelt, der Geschichte und Kultur einer Organisation, vom bisherigen Leitungsverständnis, aber auch davon, wie diese Leitungsfunktion besetzt wurde. Die Entscheidung für eine interne Besetzung der Leitungsfunktion wird häufig mit der Vorbildfunktion hinsichtlich der fachlichen Arbeit begründet. Nicht immer geht jedoch die Fachkompetenz einer Person mit der Fähigkeit zur Leitung eines Teams oder einer Organisation(seinheit) einher, d. h. ein/e gute/r Sozialarbeiter/in ist also nicht automatisch auch eine gute Leitungsperson!

LeiterInnen, die stark in die operative Beratungs- bzw. Betreuungstätigkeit eingebunden sind und eine Leitungsfunktion neben der sozialarbeiterischen Fallarbeit ausüben, sind besonders gefordert, ihre individuelle Rolle laufend zu reflektieren – besonders dann, wenn ein/e ehemalige/r Kollege/in zum Vorgesetzten geworden ist. *„Die ‚neue' Leitungsperson muss ihr Verhältnis von ‚Kollegentum' und ‚Leitungsposition' neu austarieren, und die Teammitglieder sehen in dem neuen Teamleiter, der ‚aus dem eigenen Laden kommt', immer noch ‚einen von uns', und erwarten, dass dieser sich nicht allzu weit von der erwarteten Kollegialität entfernt. Dies geht vielfach mit der Erwartung einher, er möge nicht so sehr in der Vorgesetztenrolle agieren, sondern gleichsam ihr ‚Teamsprecher gegenüber der oberen Ebene' sein."* (Merchel 2010, S. 15)

LeiterInnen müssen Veränderungsphasen in Organisationen, formale sowie informale Organisationsaspekte und Handlungsmuster oder Organisationskulturen (Schreyögg 2012, S. 139ff.) erkennen können und darauf aufbauend ihr berufliches Tun ausrichten. D. h. sie sollten ihren Blick auf das Eigenleben der jeweiligen Organisation ebenso lenken wie auf das Handeln der Organisationsmitglieder unter den jeweiligen Bedingungen des „Marktes". *„Qualitätsentwicklung findet systematisch und regelmäßig statt. Fördernd wird daran gearbeitet, die Veränderung von Einstellungen und die Entwicklung von Verhaltensalternativen zu Bisherigem im gemeinsamen Prozess zwischen Führungskräften und Mitarbeitenden zu erreichen."* (Tergeist 2015, S. 136)

Leitungspersonen sollten mit der „Einsamkeit" dieser Position ebenso wie mit Verantwortung und Konflikten umgehen können und sich der Macht-Asymmetrie gegenüber MitarbeiterInnen und auch KlientInnen bewusst sein.

SozialarbeiterInnen als LeiterInnen – v.a. wenn sie gleichzeitig auch beratend bzw. betreuend tätig sind – sind besonders gefordert, ihre verschiedenen Rollen klar zu definieren, um so intra- und interpersonelle Konflikte zu vermeiden. Eine Vermengung der verschiedenen Rollen wäre kontraproduktiv. Kein/e Kollege/-in möchte wie ein/e Klient/-in behandelt werden! Und KlientInnen wären gegebenenfalls überfordert, wie KollegInnen behandelt zu werden.

10 Individuelle Strategien zur Bewältigung der Doppelfunktion

SozialarbeiterInnen, die sowohl in beratender bzw. betreuender und zugleich in einer Leitungsfunktion tätig sind, haben verschiedene Strategien entwickelt, um die beiden beruflichen Funktionen gut „unter einen Hut zu bekommen".

- Eine gute *fachliche Qualifikation* und ein *umfangreiches Fachwissen* für die unmittelbare Arbeit mit KlientInnen (durch die Sozialarbeitsausbildung und laufende Weiterbildung) als auch für die zusätzliche Leitungsfunktion (z. B. durch ein entsprechendes Masterstudium und Fortbildungen) sind nützlich, um fachlich sicher auf unterschiedlichen Handlungsebenen agieren zu können.
- Die Ausverhandlung bzw. die Bestimmung des *Verhältnisses (z. B. 70:30) zwischen Leitungs- und Beratungs-/Betreuungsfunktion* kann dazu beitragen, LeiterInnen und auch MitarbeiterInnen den Schwerpunkt der jeweiligen Tätigkeit vor Augen zu führen.
- Die unterschiedlichen Rollen (Leitung und Beratung/Betreuung) sollten nach Möglichkeit zu *unterschiedlichen Zeiten* ausgeübt werden. D. h. für die Leitungsfunktion könnten etwa bestimmte (Halb-)Tage oder Sprechstunden reserviert werden.
- Die *Gestaltung des Settings* (z. B. die Nutzung bestimmter Räume für bestimmte Zwecke) kann dazu beitragen, dass sowohl KollegInnen bzw. MitarbeiterInnen und KlientInnen wissen, ob ein/e Sozialarbeiter/-in in beratender/betreuender bzw. leitender Funktion tätig ist.
- Die bewusste *Verwendung von Symbolen* (z. B. Kleidungsstücke, Mappen) kann ebenfalls dazu beitragen, Irritationen zu vermeiden.
- *Zeit zur Selbstreflexion* bzw. zur *Vorbereitung auf eine nächste Gesprächssituation* und eine mögliche räumliche Veränderung kann helfen, leichter zwischen den beiden Funktionen „switchen" zu können.

- Manche Situationen erfordern es dennoch, dass *konkret angesprochen wird*, welche Funktion gerade im Vordergrund steht.
- *Coaching* kann Leitungspersonen dabei unterstützen, diese Rollenklarheit und -sicherheit zu entwickeln bzw. zu erweitern.

11 Fazit

Soziale Arbeit kann nur dann gute Beratungs- und Betreuungsqualität erbringen, wenn neben kompetenten Fachkräften auch versierte LeiterInnen die Rahmenbedingungen für diese Tätigkeit gestalten. LeiterInnen sind Widersprüchen und Dilemmata unterworfen – v.a. wenn sie parallel zur Leitungs- auch eine Beratungs-/Betreuungsfunktion ausüben. Die verschiedenen Anspruchsgruppen (MitarbeiterInnen, KlientInnen, externe KooperationspartnerInnen, Fördergeber, SpenderInnen, Vorstandsmitglieder etc.) verfolgen unterschiedliche Interessen und erfordern unterschiedliche Kommunikationsformen.

SozialarbeiterInnen in Leitungsfunktion werden in erster Linie meist in Zusammenhang mit fachlicher Leitung und KlientInnen-Interessen gebracht. Aspekte der strategischen Unternehmensführung, der Umgang mit betrieblichen Leistungsprozessen, Personalführung, Sozialmarketing etc. werden von KollegInnen aus der Sozialen Arbeit oft eher als nachrangig wahrgenommen.

LeiterInnen in der Sozialen Arbeit benötigen jedoch abseits der unmittelbaren Fallarbeit zusätzliche Wissensbestände, die ein professionelles und souveränes Agieren innerhalb einer und für eine Organisation gewährleisten.

Literatur

Becker, Fred G. 2002. *Lexikon des Personalmanagements. Über 1000 Begriffe zu Instrumenten, Methoden und rechtlichen Grundlagen betrieblicher Personalarbeit*, 2. Aufl. München: DTV Beck.

Beckmann, Christof, Hans Uwe Otto, und Mark Schrödter. 2009. Management der Profession: Zwischen Herrschaft und Koordination. In *Vom Sozialmanagement zum Management des Sozialen? Eine Bestandsaufnahme*, Hrsg. Grunwald Klaus, 15-41. Hohengehren: Schneider. Hohengehren: Schneider.

Böhmer, Marco. 2014. *Die Form(en) von Führung, Leadership und Management. Eine differenztheoretische Explizierung*. Heidelberg: Carl Auer.

Bürgisser, Herbert, Christoph Buerkli, Jürgen Stremlow, Oliver Kessler, und Fernanda Benz. 2012. Skizze eines systemischen Management-Modells für den Sozialbereich. In *Auf der Suche nach Sozialmanagementkonzepten und Managementkonzepten für und in der*

Sozialwirtschaft, Bd. 2: Verschiedene Blickwinkel und bisherige Managementkonzepte, Hrsg. Armin Wöhrle, 231–283. Augsburg: Ziel.
Engelke, Ernst. 2004. *Die Wissenschaft Soziale Arbeit. Werdegang und Grundlagen*. Freiburg: Lambertus.
Herzka, Michael. 2013. *Führung im Widerspruch. Management in Sozialen Organisationen*. Wiesbaden: Springer VS.
Krüger, Wolfgang. 2009. *Führen. Jetzt! Leadership in stürmischen Zeiten*. München: Haufe.
Kühl, Stefan. 2015. *Wenn die Affen den Zoo regieren*, 6. aktualisierte Aufl. Frankfurt a. M.: Campus.
Merchel, Joachim. 2010. *Leiten in Einrichtungen der Sozialen Arbeit*. München-Basel: Ernst Reinhardt.
Merchel, Joachim. 2015. *Management in Organisationen der Sozialen Arbeit*. Weinheim-Basel: Beltz Juventa.
Mintzberg, Henry. 1979. *The structuring of organizations*. Englewood Cliffs: Prentice Hall.
Schönig, Werner. 2015. *Koopkurrenz in der Sozialwirtschaft. Zur sozialpolitischen Nutzung von Kooperation und Konkurrenz*. Weinheim-Basel: Beltz Juventa.
Schreyögg, Georg. 2012. *Grundlagen der Organisation. Basiswissen für Studium und Praxis*. Wiesbaden: Springer Gabler.
Simsa, Ruth, und Michael Patak. 2008. *Leadership in Nonprofit-Organisationen: Die Kunst der Führung ohne Profitdenken*. Wien: Linde international.
Staub-Bernasconi, Silvia. 2007. *Soziale Arbeit als Handlungswissenschaft*. Bern: Haupt UTB.
Tergeist, Gabriele. 2015. *Führen und leiten in sozialen Einrichtungen*. Köln: Balance.
Thole, Werner. 2012. Die Soziale Arbeit – Praxis, Theorie, Forschung und Ausbildung. In *Grundriss Soziale Arbeit. Ein einführendes Handbuch*, Hrsg. Werner Thole, 4. Aufl., 19–70. Wiesbaden: VS Verlag.
Von Spiegel, Hiltrud. 2011. *Methodisches Handeln in der Sozialen Arbeit. Grundlagen und Arbeitshilfen für die Praxis*, 4. Aufl. München: Ernst Reinhardt.
Uebelhart, Beat. 2012. Das Social-Impact-Modell (SIM) – vom sozialen Problem zur Wirkung. In *Management und Systementwicklung in der Sozialen Arbeit*, Hrsg. Agnes Fritze, Bernd Maelicke, und Beat Uebelhart. Baden-Baden: Nomos.
Uebelhart, Beat, und Agnes Fritze. 2012. Soziale Herausforderungen multiperspektivisch und wirkungsorientiert bearbeiten: Social Impact Modell. In *Auf der Suche nach Sozialmanagementkonzepten und Managementkonzepten für und in der Sozialwirtschaft Bd.2: Verschiedene Blickwinkel und bisherige Managementkonzepte*, Hrsg. Armin Wöhrle, 13–36. Augsburg: Ziel.
Weick, Karl E., und Kathleen M. Sutcliff. 2010. *Das Unerwartete managen. Wie Unternehmen aus Extremsituationen lernen (Systemisches Management)*. Stuttgart: Schäffer-Poeschl.
Wertekommission Initiative Werte Bewusste Führung. Führungskräftebefragung. 2009. Mathias Bucksteeg/Kai Hattendorf – http://www.wertekommission.de/wp-content/uploads/2015/02/Fuehrungskraeftebefragung_2009.pdf. Zugegriffen: 20. April 2016.

FH-Prof.[in] **Dr.**[in] **Brigitta Zierer** Lehrende und Studiengangsleiterin am Europäischen Masterstudiengang „Sozialwirtschaft und Soziale Arbeit" und Leiterin des Departments Soziales an der FH Campus Wien; Arbeitsschwerpunkte: Sozialwirtschaft und Soziale Arbeit, Organisation, Konzepte von Sozialer Arbeit, Sozialwirtschaft und Sozialmanagement, EU-Förderungen und internationale Kooperationen/Projekte; Supervisorin, Organisationsberaterin und Trainerin in freier Praxis. E-Mail: brigitta.zierer@fh-campuswien.ac.at

MitarbeiterInnen – Konstante oder Variable einer sozialen Organisation

Christina Pitsch

Wer sich in schlechten Zeiten nicht um gute MitarbeiterInnen kümmert, bleibt in guten Zeiten auf den schlechten MitarbeiterInnen sitzen.
(Towers Perrin Global Workforce Study – 2007)

Der Mensch, zentrales Thema im Handlungsfeld der Sozialen Arbeit. Dies trifft auch im Bereich des Personalmanagements zu. Denn eine Organisation ist nur dann erfolgreich, wenn das Personal eine qualitativ hochwertige Leistung über einen längeren Zeitraum erbringt. Personalmanagement hat die Aufgabe, angebotene Leistungen der Organisation als selbstverständlich wirken zu lassen. Dies gelingt nur dann, wenn das benötigte Personal für die jeweiligen Arbeitsbereiche gewonnen, geschult und am richtigen Arbeitsplatz eingesetzt wird. Weiteres ist Personalmanagement für die angemessene Verfügbarkeit von Personal und deren Aus- und Weiterbildung verantwortlich. Ein wichtiger Punkt in diesem Bereich ist auch das Miteinbeziehen der angehenden Bedürfnisse der Organisation (Von Eckardstein 2003, S. 140 und 2002, S. 363).

C. Pitsch (✉)
Pörtschach, Österreich
E-Mail: christina.pitsch@edu.fh-kaernten.ac.at

1 Personal als wesentliche Ressource

Das Personal wird als wichtigste Ressource in Organisationen gesehen. Ist es aber korrekt, Menschen als Ressource zu bezeichnen? Um diese Frage zu beantworten, müssen die Begriffe Ressource und Personal definiert werden.

Der Begriff Ressource wird in der Fachliteratur wie folgt beschrieben:

> I. Volkswirtschaftslehre: „Bezeichnung für: Produktionsfaktoren (Arbeit, Kapital, Boden) bzw. natürlich vorkommende Rohstoffe und Boden(schätze)… II Produktion: Mittel, die in die Produktion von Gütern und Dienstleistungen eingehen… " (Hadeler und Winter 2000, S. 2643)

Wenn die Definition auf eine Organisation umgelegt wird, ist festzuhalten, dass unter Ressource alle Produktionsfaktoren die einer Organisation zur Verfügung stehen gemeint sind. Diese Ressourcen werden in Strukturkapital, Kundenkapital und Humankapital unterteilt (Stadermann 2011, S. 31f.).

Äußerst kritisch zu sehen ist, dass eine Ressource voraussetzt, dass es immer jemanden gibt, der sie adäquat nutzen kann bzw. nutzt. Außerdem ist zu bedenken, dass es immer eine gewisse Verfügbarkeit von Ressourcen geben muss. Ressourcen können sich nicht gegen ihren vorgesehenen Einsatz wehren. Somit kann gesagt werden, dass die Anschauungsweise von Ressourcen eine „Ding" Betrachtung ist und dass der Mensch als Person in den Hintergrund rückt (Stadermann 2011, S. 31f.).

Ähnlich wie bei dem Begriff Personal, denn dieser reduziert einen/eine MitarbeiterIn auf jemanden der eine unselbständige Tätigkeit durchführt, sich den Zielen der Organisation unterwirft und diese auch nach außen repräsentiert (Von Eckardstein 2002, S. 364).

Zu hinterfragen ist, ob es zur MitarbeiterInnenbindung beiträgt wenn Personal ausschließlich als Ressource gesehen wird.

Als Personal werden MitarbeiterInnen bezeichnet, die in einem Abhängigkeitsverhältnis zu einer Organisation stehen. MitarbeiterInnen erbringen Leistung in Form von Arbeit gegen ein bestimmtes Entgelt (Stadermann 2011, S. 28).

Edvinsson und Brünig, zitiert nach Stadermann meinen, wenn Personal als Kapital gesehen wird, ist davon auszugehen, dass Humankapital den treffenderen Begriff darstellt. Der Terminus Humankapital ist nicht klar definiert. Generell wird in der Fachliteratur unter Humankapital folgendes verstanden: es zielt auf den/die MitarbeiterIn als Beitrag zu direkten oder indirekten Erreichung der betrieblichen Ziele ab. Das Personalmanagement legt den Fokus im Bereich Humankapital auf Vermögenswerte die immateriell an MitarbeiterInnen gebunden sind.

Im Vordergrund stehen jedoch immer die Fähigkeiten (körperliche Fähigkeiten oder Wissen) des/der MitarbeiterIn, die dazu beitragen, die vordefinierten Organisationsziele zu erreichen (Stadermann 2011, S. 35fff.). Humankapital stellt für eine Organisation einen dauerhaften und nachhaltigen Wettbewerbsvorteil dar, denn das Wissen und Können der MitarbeiterInnen ist für den Mitbewerb fast nicht nachzuahmen (Stadermann 2001, S. 43).

Angelehnt an Stadermann, wäre Humankapital der treffendere Begriff, da bei Humankapital der/die MitarbeiterIn wieder mehr als Mensch und nicht als „Ding" im Vordergrund steht, da der Begriff Ressource meist mit Schlagwörtern wie verbrauchen, ausbeuten oder benutzen in Verbindung gebracht wird. Hingegen wird Kapital als wertvoll erachtet. Es wird darauf abgezielt, Kapital zu bilden, zu vermehren und auch zu pflegen. Diese Begrifflichkeiten spiegeln mehr Wertschätzung gegenüber dem Personal wieder (Stadermann 2001, S. 38f.).

2 Vorteile des Bindungsmanagements

Organisationen, die im Dienstleistungssektor tätig sind, sind unweigerlich von qualifizierten und motivierten Personal abhängig. Es ist schon lange keine Selbstverständlichkeit mehr, in ein und demselben Unternehmen seinen/ihren beruflichen Einstieg und sein/ihr berufliches Ende zu absolvieren. Personal stellt das größte und wertvollste Kapital einer sozialen Institution dar. Aus diesem Grund ist es wichtig, MitarbeiterInnen solange wie möglich an ein Unternehmen zu binden – diese als Konstante in der Organisation zu halten.

Sir Alfred Ernest Ramsey stellte schon in den 1960er Jahren fest: „Never change a winning Team". Jede Organisation möchte erfolgreich sein und dies auch bleiben. Darum investieren viele Unternehmen in Personalbindung. MitarbeiterInnenbindung fängt vor dem Vertragsabschluss an, denn Organisationen halten weiterhin Kontakt mit ehemaligen BewerberInnen, PraktikantInnen, BeraterInnen oder KundInnen. Um diese im Fall eines Bedarfes so schnell wie möglich in das Unternehmen integrieren zu können. Somit ist Personalbindung eine ernst zu nehmende Daueraufgabe (Bröckermann 2004, S. 18f.).

Wenn eine soziale Organisation erfolgreich ist und dies auch bleiben möchte, kann das nur funktionieren, wenn in Mitarbeiterinnenbindung investiert wird. Menschen verbringen einen Großteil ihres Wachzustandes am Arbeitsplatz. Umso bewusster entscheiden sich ArbeitnehmerInnen für einen Beruf, der ihnen Freude bereitet. Es ist MitarbeiterInnen auch wichtig, dass sie sich mit der Organisation identifizieren können bzw. dass die Leitlinien des Unternehmens ihren eigenen ähneln (Loffing und Loffing 2010, S. 4).

Denn jeder von uns verfolgt persönliche Ziele wie beispielsweise eine Ausbildung oder das Verdienen von Geld. Manche Menschen möchte aber auch eine Tätigkeit ausüben um gesellschaftlichen Nutzen zu stiften. Diese Bestrebungen können meist nur mit dem Eintritt in eine Organisation erfüllt werden (Felfe 2008, S. 9). Nur MitarbeiterInnen die motiviert und zufrieden sind, werden längerfristig für dieselbe Organisation arbeiten (Loffing und Loffing 2010, S. 4).

MitarbeiterInnenbindung setzt ein stabiles und kontinuierliches Verhalten der Organisation sowie der MitarbeiterInnen voraus. Jedoch stellt sich die Frage, ob bei der geforderten Veränderung und Flexibilität, in Bezug auf den Wirtschaftsmarkt, die gewünschte Kontinuität und Stabilität noch geboten werden kann. Sollte dies nicht mehr der Fall sein, wird die Bindung an eine Organisation automatisch in Frage gestellt. Dies wirft die Frage auf, ob bei vorschreitender Globalisierung und Flexibilisierung MitarbeiterInnenbindung überhaupt noch ihre Berechtigung findet (Felfe 2008, S. 16f.).

Der Vorteil, der sich durch MitarbeiterInnenbindung ergibt liegt darin, dass dem Unternehmen Wissen und Know-how erhalten bleibt, welches durch den Verlust des/ der MitarbeiterIn verloren gehen würde. Durch hohe Verbundenheit zur Organisation sind MitarbeiterInnen auch bereit Veränderungen und Innovationen in der Organisation mitzutragen. Emotionale Verbundenheit veranlasst MitarbeiterInnen sich vermehrt Gedanken um das eigene Unternehmen zu machen und sie sind drauf bedacht, dass die Organisation weiterhin erfolgreich bleibt. Durch MitarbeiterInnenbindung kann eine soziale Organisation auf lange Sicht erfolgreich sein und dies auch bleiben.

3 Investition in MitarbeiterInnenbindung zahlt sich aus

Durch hohe Fluktuation der MitarbeiterInnen können Engpässe im Personal entstehen, welche gravierende Auswirkungen für Organisationen haben können. Im Schnitt verlassen 40 % der neuen MitarbeiterInnen im ersten Jahr die Organisation wieder und jede dritte Führungskraft kündigt noch in der Probezeit. Somit stellt sich die Frage ob die vorhandenen Instrumente des Personalmanagements, welche am Markt zur MitarbeiterInnenbindung angeboten werden, noch ausreichend sind oder ob Organisationen gezielt in Bindungsmanagement investieren sollten (Bröckermann 2004, S. 16).

Aus wirtschaftlicher Sicht nimmt eine Organisation bedeutenden Schaden, wenn sie MitarbeiterInnen verlieren, in welche im Vorhinein durch Weiterbildungsmaßnahmen, Führungskräfteprogramme oder Austauschprogramme viel Geld investiert wurden. Denn nicht nur die Investition ist verloren sondern auch das Wissen und Know-How welches sich diese Person angeeignet hat. Wenn MitarbeiterInnen keine Konstante in einer Organisation darstellen, erschwert dies eine langfristige und gesicherte Zukunftsplanung für das Unternehmen. Auch ist ein häufiger MitarbeiterInnenwechsel mit hohen Kosten verbunden. Somit wird auch die Nachhaltigkeit eines Unternehmens beeinflusst (Stockhausen und Scholl 2011, S. 5).

4 Bindungsmanagement als eigenständiger Bereich

Das nächste Kapitel geht darauf ein wieso Bindungsmanagement losgelöst von der Personalentwicklung betrieben werden sollte. Bindungsmanagement beschäftigt sich fast ausschließlich mit „strategisch wichtigen" MitarbeiterInnen. Das heißt sogenannte Leitwölfe stehen im Mittelpunkt des Retention-Managements. Für diese MitarbeiterInnen wird versucht eine passgenaue Aktivität zu schaffen. Die Suche nach geeigneten Führungsinstrumenten, Führungspersonen sowie das finden und Anwenden von Anreizsystemen zählt zu den Hauptaufgaben des Bindungsmanagements (Przybilla 2008, S. 33f.). Bindungsmanagement lässt sich durch unterschiedliche Ansatzpunkten steuern. Dazu zählen:

- Proaktives bzw. initiatives Handeln bezüglich der Kündigungsvorbeugung. Darunter werden Maßnahmen verstanden, die dem/der MitarbeiterIn klar und unmissverständlich darlegen sollen, dass die Organisation auf sie vertraut und ein Verbleiben im Unternehmen für sie lohnenswert wäre. Dies betrifft MitarbeiterInnen, bei denen angenommen wird, dass sie kündigen möchten.
- Reaktive Maßnahmen, um eine Kündigung rückgängig zu machen. Dies bedeutet ein unverzügliches Gespräch mit dem/der MitarbeiterIn einzuleiten, um ihn/sie zum Bleiben zu bewegen. Die Organisation nimmt Stellung zu übersehenen Warnsignalen und Unzufriedenheit des Mitarbeiters/der Mitarbeiterin. Dies zielt auf Personal ab, das unbedingt von der Organisation gehalten werden möchte.
- Die laufende Messung der Mitarbeiterzufriedenheit hilft vorbeugend gegen den Abgang von Personal.
- Die Bearbeitung von Mitarbeiterbeschwerden ist enorm wichtig, da diese indirekte Verbesserungsvorschläge seitens der MitarbeiterInnen sind (Przybilla 2008, S. 33f.).

Diese genannten Punkte sind markante Merkmale für ein erfolgreiches Bindungsmanagement. Jedoch sollte Bindungsmanagement nicht nur auf das Motivieren der MitarbeiterInnen zum Bleiben angesehen werden. Bindungsmanagement hat das Ziel, durch positives Beeinflussen der Leistungsbereitschaft von relevanten MitarbeiterInnen einen ökonomischen Mehrwert zu erzielen. Der Wert von MitarbeiterInnenbindung liegt nicht in einer möglichst geringen Fluktuationsrate, sondern in der Bindung von LeistungsträgerInnen und von MitarbeiterInnen, die für das Unternehmen eine Schlüsselposition übernehmen. Das Ziel ist es MitarbeiterInnen zu binden, die bereit sind sich für die Organisation über das normale Maß hinaus zu engagieren (Stockhausen und Scholl 2011, S. 6f.).

Warum sich Bindungsmanagement hauptsächlich mit relevanten MitarbeiterInnen eines Unternehmens beschäftigt liegt am:

- steigenden Wettbewerb um Talente
- zunehmenden Alter der jetzigen Führungskräfte (demographischer Wandel)
- immer rasanteren Strukturwechsel, in und rund um Organisationen (Bouabba 2014, S. 18f.).

Die Gallup Studie geht darauf ein, dass der Verbleib und die Motivation von MitarbeiterInnen enorm von der Führungskraft abhängig ist (Kestel 2015, S. 1). Das heißt, die Produktivität und Leistungsbereitschaft von der Belegschaft eines Unternehmens hängt von den Qualitäten der Führungskraft ab (Bouabba 2014, S. 18f.).

5 Faktoren für MitarbeiterInnen – darum binden wir uns an die Organisation

MitarbeiterInnenbindung setzt ein stabiles und kontinuierliches Verhalten der Organisation sowie der MitarbeiterInnen voraus. Sollte dies nicht mehr der Fall sein, wird die Bindung an eine Organisation automatisch in Frage gestellt (Loffing und Loffing 2010, S. 4).

Menschen verbringen einen Großteil ihres Wachzustandes am Arbeitsplatz. Umso bewusster entscheiden sich ArbeitnehmerInnen für einen Beruf oder ein Unternehmen. Es ist MitarbeiterInnen wichtig, dass sie sich mit der Organisation identifizieren können bzw. dass die Leitlinien des Unternehmens ihren eigenen ähneln (Loffing und Loffing 2010, S. 4).

MitarbeiterInnenbindung hat sich zum Ziel gesetzt, die Motivation von Menschen zu betrachten. Beispielsweise warum sich MitarbeiterInnen einer Organisation verbunden fühlen oder warum sie sich an eine Organisation binden. Weiteres setzt sie Maßnahmen zur Stabilisierung und Festigung der Beziehung des/der MitarbeiterIn zum Unternehmen um einen möglichst langen Verbleib zu sichern (Vom Hofe 2005, S. 8).

Wenn sich MitarbeiterInnen an eine Organisation binden tauchen Schlagwörter wie Zugehörigkeit, Identifikation und Verbundenheit auf. Dies sind Empfindungen welche die MitarbeiterInnen der Organisation gegenüber verspüren (Felfe 2008, S. 25).

Einen wichtigen Bestandteil im Bereich der MitarbeiterInnenbindung bildet das Commitment (Bindung). Commitment setzt voraus, dass Menschen Verbundenheit, Verpflichtung, Identifikation und Loyalität einer Organisation oder einem Unternehmen gegenüber verspüren. Nach Astrid Szebel-Habig geht ein Mensch im Laufe seines Lebens unterschiedliche Bindungen ein. Diese Bindungen werden aufgrund von:

- Überlebens-
- Schutz-
- Entwicklungs-
- Identifikations- oder
- zukunftssichernder Funktionen eingegangen (Szebel-Habig 2004, S. 11f.).

Die Grundlage einer funktionierenden Bindung ist eine Beziehung, die auf Vertrauen und transparenter Kommunikation aufgebaut wurde. Wenn Erwartungen auf Dauer positiv erfüllt werden, wird eine Beiziehung zur Bindung. Commitment wird auch als aktive Beziehung beschrieben, die sich durch Langfristigkeit und Stabilität auszeichnet. Diese Entwicklung basiert auf einen fortlaufenden Prozess der von gegenseitiger Beteiligung lebt (Szebel-Habig 2004, S. 34f.). MitarbeiterInnen die eine hohe Bindung gegenüber der Organisation haben sind bereit, mehr für den Erfolg des Unternehmens beizutragen und auf alternative Angebote zu verzichten.

Commitment lässt sich in folgende Ansätze unterteilen:

Affektives Commitment, beinhaltet den Wunsch in der Organisation zu bleiben, ein überdurchschnittliches Engagement für die Organisation an den Tag zu legen sowie, dass Personen sich mit Werten und Zielen der Organisation identifizieren können und diese vollständig akzeptieren (Felfe 2008, S. 27).

Kalkulatorisches Commitment, bezieht sich auf ein Abwägen von Kosten/Nutzen, die in Verbindung mit einer Veränderung stehen, zum Beispiel ein Arbeitsplatzwechsel (Ringlstetter und Kaiser 2008, S. 158). Dies stellt ein Abwägen der bisherigen erbrachten Investitionen zu den wahrscheinlich entstehenden Kosten dar, aus dem der erwartete Nutzen resultiert (Felfe 2008, S. 33).

Normatives Commitment, dabei stehen die moralischen Wertvorstellungen des Einzelnen im Vordergrund. Loyalität, Treue, Opferbereitschaft sowie der Wunsch nicht kritisiert zu werden, zeichnen diese Bindung aus (Felfe 2008, S. 36).

Commitment teilt sich nicht nur in unterschiedliche Beweggründe sich zu binden -, sondern auch in folgende Schwerpunkte auf:

- Organisationale Bindung
- Berufliche- tätigkeitsbezogene Bindung
- Teambezogene Bindung
- Führungskraft-bezogene Bindung
- Bindung gegenüber der Beschäftigungsform
- Bindung gegenüber der eigenen Karriere
- Bindung bezogen auf Veränderungen (Felfe 2008, S. 50).

Der Schwerpunkt des Commitments kann beliebig erweitert werden, da jeder Mensch andere Wünsche und Bedürfnisse mitbringt. Im Bereich des Commitments sind unterschiedliche Kombinationen von Bindung möglich.

Commitment setzt eine gewisse Motivation und Zufriedenheit der MitarbeiterInnen voraus. Aus diesem Grund wird diese Thematik in den nachfolgenden Abschnitten kurz aufgegriffen.

6 Zufriedenheit und Motivation als Teil der MitarbeiterInnenbindung

Zufriedene und motivierte MitarbeiterInnen sind das Fundament eines gelingenden Bindungsmanagements. Denn nur dann zeigen Instrumente der MitarbeiterInnenbindung Wirkung (Loffing und Loffing 2010, S. 10).

Motivierte und loyale MitarbeiterInnen tragen unter andern dazu bei, dass Einführungskosten für neue MitarbeiterInnen entfallen, dass Know-How und Wissen erhalten bleiben (keine Kosten durch Erneuerung entstehen) und dass keine Unstimmigkeiten bzw. Widerstand bei den verbleibenden MitarbeiteInnen entsteht (Knoblauch 2004, S. 103).

Zufriedenheit am Arbeitsplatz bedeutet, dass der/die MitarbeiterIn eine positive Einstellung zur Tätigkeit in Verbindung mit positiven Gefühlen hat und diese auch zeigt. Dies kann nur dann der Fall sein, wenn die individuellen Erwartungen des/der MitarbeiterIn (z. B. angemessene Belohnung) mit der aktuellen IST-Situation (z. B. erhaltene Belohnung) übereinstimmen (Loffing und Loffing 2010, S. 16f.).

Wie hoch die Zufriedenheit der einzelnen MitarbeiterInnen ist, hängt stark mit ihren Erwartungen zusammen. Denn nicht eine erfüllte Erwartung steigert die Zufriedenheit, sondern die erlebte übertroffene Realität der Erwartung. Die Zufriedenheit lässt sich somit in fünf Stufen unterteilen:

Erlebnis ++   Erwartung = Begeisterung
Erlebnis +   Erwartung = Zufriedenheit
Erlebnis =   Erwartung = Neutrale Einstellung
Erlebnis -   Erwartung = Unzufriedenheit
Erlebnis –   Erwartung = Enttäuscht
(Von Pepels 2004, S. 54 ff.)

Motivation bezieht sich auf Richtung, Ausdauer sowie Intensität des Verhaltens. Mit Richtung ist die Entscheidung gemeint: Warum dieser Job, diese Organisation, oder diese Aufgabe? Ausdauer bezieht sich auf die Hartnäckigkeit, mit der ein Mensch ein Ziel trotz Schwierigkeiten verfolgt und Intensität stellt die aufgewendete Energie dar. Jeder Mensch hat andere Motive um ein Ziel zu erreichen (Nerdinger 2012, S. 104).

Maslow teilt die Motive des Menschen in fünf Klassen (siehe Abb. 1):

Die ersten vier Motive werden als sogenannte Defizitmotive bezeichnet, da sie körperliche Gesundheit ermöglichen, aber nichts zur psychologischen Gesundheit beitragen. Die Spitze der Pyramide bezieht sich auf die sogenannten Wachstumsmotive in denen die Selbstverwirklichung oberste Priorität hat. In der Pyramide

Abb. 1 Maslow Pyramide (Maslow 1954 zit. nach Staehle)

wird nur dann aufgestiegen, wenn jede Stufe zur vollen Zufriedenheit der jeweiligen Person erfüllt ist (Maslow 1954, S. 35 ff. zit. nach Staehle 1999, S. 170).
Umgelegt auf die Organisation und den/die MitarbeiterIn könnte es wie folgt gesehen werden:

- *Physiologische Motive* → Nahrung, Schlaf und Wohnen
- *Sicherheitsmotive* → Arbeitsplatz und diverse Versicherungen
- *Soziale Bindung* → soziale Kontakte, Team, Familie, Freunde
- Selbstachtungsmotive → Anerkennung, Lob und Unabhängigkeit
- Selbstverwirklichung → Entfalten der Persönlichkeit

(Maslow 1954, S. 35 ff. zit. nach Staehle 1999, S. 170)

Interessant hierbei ist der Einwand von Frederick Herzberg, der zu bedenken gibt, dass wenn die ersten drei Stufen der Maslow Pyramide erfüllt sind, sich MitarbeiterInnen im Zustand der Nicht-Unzufriedenheit befinden. Das bedeutet, sie sind noch nicht dazu bereit, eine erhöhte Leistung zu erbringen (Knoblauch 2004, S. 108).

Die Chance der Organisation liegt darin, die unterschiedlichen Motivationsklassen der MitarbeiterInnen zu erkennen, diese aufzugreifen und MitarbeiterInnen darin Unterstützung bzw. Förderung anzubieten. Wie das eventuell aussehen könnte, zeigt Tab. 1 (angelehnt an Knoblauch 2004).

Motivation und Arbeitszufriedenheit eines Mitarbeiters/einer MitarbeiterIn liegen sehr eng beieinander, darum sollten diese Aspekte immer in Verbindung miteinander betrachtet werden. Wie in den vorangegangenen Abschnitten gezeigt, bezieht sich Motivation auf unterschiedliche Bedürfnisse, das Verhalten und die Motive eines Menschen. Arbeitszufriedenheit legt den Fokus auf die Einstellung zur Arbeit und den damit verbundenen Gefühlen. Die Zufriedenheit am Arbeitsplatz wirkt sich nicht nur auf die Produktivität und Leistungsbereitschaft der MitarbeiterInnen aus, sondern steht in unmittelbarer Verbindung zu Fehlzeiten, dem Arbeitsklima und der Zufriedenheit im Privatleben (Loffing und Loffing 2010, S. 16).

Die Chance der Organisation liegt darin, die Erwartungen der MitarbeiterInnen kennenzulernen. Eine Möglichkeit dafür ist die Zwei- Faktoren-Theorie von Herzberg. Dieses Modell geht davon aus, dass es zwei Bereiche von Faktoren gibt die sich auf die Arbeitszufriedenheit auswirken. Einerseits die Hygienebedürfnisse und andererseits die Motivationsbedürfnisse (Loffing und Loffing 2010, S. 19).

Mit Hygienefaktoren oder extrinsische Faktoren sind Rahmenbedingungen der Organisation gemeint, bspw. das Arbeitsumfeld oder die Arbeitsbedingungen. Diese Faktoren stellen keinen Mehrwert für den/die MitarbeiterIn dar. Werden diese Faktoren und die Erwartungen des Mitarbeiters/der Mitarbeiterin nicht erfüllt, ist das ein Auslöser für Unzufriedenheit (Pepels 2004, S. 55). Motivatoren oder intrinsische Faktoren, bspw. Verantwortung oder Beförderung, beziehen sich

Tab. 1 Motivationsklassen (Knoblauch 2004, S. 107)

Motivation	Führungskraft	Organisation
Selbstverwirklichung	• Herausfordernde Aufgaben • Eigenverantwortlichkeit bei Tätigkeiten • Gestaltungsmöglichkeiten	• Fort -und Weiterbildung • Flexibilität bei Arbeitszeiten • Aufgabenerweiterung
Wertschätzung	• Feedback • Transparente Kommunikation • Entscheidungsbefugnis	• Aufstiegsmöglichkeiten • Alternative Belohnung z. B. Zulagen • Adäquate Ausstattung
Zugehörigkeit	Partizipation	• Gemeinsame Aktivitäten • Mitarbeiter Newsletter • Teamarbeit
Sicherheit	• Klare Regeln und Vorschriften • Information von Erwartungen und Aufgaben	• Wirtschaftlicher Stand des Unternehmens • Arbeitsschutz • Sozialleistungen
Grundbedürfnisse	–	• Gehalt • Zur Verfügung stellen von Obst und Wasser • Gesundheitsfördernde Hilfsmittel

direkt auf die Tätigkeit bzw. auf die Arbeit. Dies sind Faktoren durch welche die Arbeitszufriedenheit steigt. Sind die Motivatoren nicht vorhanden, wird der/die MitarbeiterIn in den neutralen Zustand fallen (Loffing und Loffing 2010, S. 19).

Jedoch ist Motivation und Zufriedenheit alleine zu wenig. MitarbeiterInnen müssen ein gewisses Maß an „Können" welches sich als Qualifikation, Wissen und Erfahrung wiederspiegelt, sowie „Wollen", welches Normen, Ziele und erwartete Konsequenzen implementiert mitbringen. Denn dann kann erst eine Leistungsbereitschaft erzielt werden. Ein zielgerichtetes Handeln ist nur dann möglich, wenn ein Zusammenspiel von Können und Wollen stattfindet. Durch dieses Zusammenwirken sind MitarbeiterInnen bereit sich am Motivationsprozess zu beteiligen. Wird diese Wechselwirkung außer Acht gelassen, wird die Motivation seitens der Organisation nicht funktionieren und Unzufriedenheit ist die Folge (Knoblauch 2004, S. 102fff.).

In den letzten Absätzen wurde versucht zu zeigen, dass sich Bindungsmanagement eine Berechtigung in der Arbeitswelt und in Organisationen geschaffen hat. Doch wie kann es in die Praxis implementiert werden? Im nachfolgenden Kapitel wird ein Implementierungsmodell umrissen.

7 Unterschiedliche Kategorien von MitarbeiterInnen

Mitarbeiterbindung zielt darauf ab, die besten MitarbeiterInnen im Unternehmen zu halten. (Bertrand 2004, S. 266) Durch erhöhte Fehlzeiten von MitarbeiterInnen und geringer emotionale Bindung an das Unternehmen können bei einer Betriebsgröße von 2000 Angestellten jährliche Verluste von bis zu 1,3 Millionen Euro entstehen. Aus diesen Gründen werden MitarbeiterInnen in unterschiedliche Kategorien unterteilen (Kestel 2015, S. 1).

Knoblauch und Kurz unterteilen MitarbeiterInnen in drei Kategorien. Welche wie folgt aussehen:

Der/die A- MitarbeiterIn, sie erfüllen ihre Aufgaben immer vortrefflich und meist über den Erwartungen. Es lässt sich ein hohes Engagement erkennen, dass sie zum Erfolg führt. Sie zeichnen sich durch hohe Flexibilität, Interesse an Weiterbildung sowie exzellenten Ideen aus. Sie arbeiten vorausschauend und behandeln Kollegen und Vorgesetzte wie Kunden (Knoblauch und Kurz 2009, S. 33).

Der/die B MitarbeiterIn, erreicht fast immer sein/ihr vorgegebenes Ziel und erfüllt die geforderten Aufgaben in der regulären Arbeitszeit. Überstunden werden nur dann absolviert, wenn diese zeitgerecht angekündigt werden. In Ausnahmefällen können sie gleich produktiv sein wie ein/eine A MitarbeiterIn. Jedoch haben KollegenInnen oft das Gefühl nachfragen zu müssen, ob an alles gedacht wurde bzw. haben sie das Bedürfnis erledigte Dinge nochmals zu überprüfen (Knoblauch und Kurz 2009, S. 34).

Der/die C MitarbeiterIn, hat innerlich schon gekündigt. Sie zeigen wenig Interesse an Kunden, Weiterbildungen und Veränderungen, teilweise verhalten sie sich sogar destruktiv. Sie erledigen ihre Arbeit, jedoch meist unvollständig und ungenau (Knoblauch und Kurz 2009, S. 34).

8 Sieben Strategien der MitarbeiterInnenbindung

Knoblauch und Kurz gehen von sieben Strategien aus, um einen/eine MitarbeiterIn langfristig an die Organisation zu binden. Sie weisen darauf hin, dass ein/eine strategisch wichtige MitarbeiterIn immer wieder neue Arbeitsangebote erhalten sollte. Organisationen müssen sich darüber Gedanken machen, welche Anreize sie setzen können um diese MitarbeiterInnen langfristig zu binden (Knoblauch und Kurz 2008, S. 130f.).

Diese Anreize können in materielle und/oder immaterielle Reize geteilt werden. Materielle Reize sind Lohn, Prämien, Firmenwagen, Mobiltelefon auf Organisationskosten oder Sonderurlaub. Immaterielle Anreize sind Anerkennung, Lob, Förderung der beruflichen Entwicklung, Entscheidungsfreiheit, Zielvereinbarungen und die Chance der freien Arbeitsgestaltung (Knoblauch und Kurz 2008, S. 132).

Jedoch welche Anreize sind für MitarbeiterInnen bedeutender? Wie bereits erwähnt, unterscheidet Herzberg in seiner Studie extrinsische Anreize (Gehalt, Unternehmenspolitik, Arbeitsbedingungen, uvm.) und intrinsische Anreize (Anerkennung, Arbeitsinhalte, Verantwortung, uvm.). Er geht davon aus, wenn extrinsische Faktoren oder Hygienefaktoren erfüllt sind, ist der/die MitarbeiterIn nicht zufrieden, sondern befindet sich in einem neutralen Erlebniszustand. Dieser gesetzte Anreiz würde nur kurzfristig zur Motivation führen. Hingegen führen intrinsische Anreize zu langfristiger Motivation und Leistungsbereitschaft (Nerdinger 2012, S. 115ff.).

Somit können immaterielle Anreize dabei helfen MitarbeiterInnen langfristig an die Organisation zu binden. Wie dies aussehen könnte, beschreiben Knoblauch und Kurz in sieben Schritten. Es ist zu erkennen, dass diese Strategien sehr stark an das Instrument der Personalentwicklung angelehnt sind. Gesetzte Schritte werden sehr ähnlich geplant und durchgeführt.

1. **Mitwissen:** Dies bezieht sich auf die ersten Tage des/der neuen MitarbeiterIn. Hier steht die Einführung in die Organisation, das Kennenlernen der Kollegen, des Arbeitsplatzes und der Arbeitsaufgabe im Vordergrund. Ein wichtiger Grundsatz im ersten Punkt ist das Prinzip der „Offenheit" leben. Vorrangiges Ziel ist es, Grenzen abzubauen, Informationen zeitgemäß und genau weiterzugeben und die Möglichkeit mit seinem/seiner Vorgesetzten, wenn der Bedarf gegeben ist, ein Gespräch führen zu können (Knoblauch und Kurz 2008, S. 136–142).
2. **Mitdenken:** In einer Organisation sind MitarbeiterInnen aufgefordert, sich selbst miteinzubringen und mitzudenken. A-MitarbeiterInnen fällt das leicht, hingegen stellt dies für C-MitarbeiterInnen eine Herausforderung dar. Organisationen und MitarbeiterInnen verändern sich stetig. Aus diesem Grund sollte einmal jährlich eine Befragung der MitarbeiterInnen stattfinden. Durch das Ergebnis der einzelnen Fragebögen sollte genügend Input zusammenkommen, um mit dem/der MitarbeiterIn ein Gespräch bezüglich des Verhaltens gegenüber der Organisation und dem Arbeitsplatz durchzuführen. Auch die Einstellung zur Organisation und die beruflichen Ziele der MitarbeiterInnen können zum Thema gemacht werden. Die Fragebögen helfen auch dabei Mitarbeiter in die genannten A-, B-, und C-Kategorien einzuteilen. Die Auswertung der Bögen sollte in einem Vieraugengespräch stattfinden. Alternativ dazu kann auch ein Mitarbeiterbrief verfasst werden, dieser ist jedoch als unpersönlich anzusehen.

Der grundsätzliche Gedanke hierbei ist es, dass MitarbeiterInnen wissen woran sie sind. Dies kann auch wesentlich zur Arbeitszufriedenheit beitragen. Den MitarbeiterInnen sollte die Chance geboten werden, ihre Vorgesetzten zu beurteilen. Warum? Weil es wichtig ist dem Personal zu zeigen, dass in der Organisation auf allen Ebenen unternehmerisch gehandelt wird. Auch in diesem Bereich gibt es Führungskräfte in den Kategorien A, B und C. Um Verbesserungen durchführen zu können, muss die Organisation erstmals wissen, wo es Probleme bzw. Verbesserungspotenzial gibt. Auch trägt dies zur Zufriedenheit der MitarbeiterInnen und somit zur MitarbeiterInnenbindung wesentlich bei (Knoblauch und Kurz 2008, S. 143–153).

3. **Mitlernen:** Betrifft vorwiegend die Führungsebene. In diesem Punkt geht es darum, dass es enorm wichtig ist, MitarbeiterInnen Lob und Anerkennung auszusprechen. Dies sind Punkte die vornehmlich von Vorgesetzten wahrgenommen werden sollen. Wichtig dabei ist es den MitarbeiterInnen die Dinge sofort und mit Begeisterung zu sagen. Auch sollten MitarbeiterInnen ermutigt werden, weiterhin so zu handeln. Dabei kann ein einfaches „weiter so" ausreichen. Auch sollten Führungskräfte nicht um den heißen Brei reden sondern die Dinge beim Namen nennen - eine klare und unmissverständliche Aussage ist Gold wert. Ein weiterer Punkt ist zeitgerechtes Feedback an die MitarbeiterInnen. Das Ziel dieses Gespräches ist es, MitarbeiterInnen zu motivieren sich stetig zu verbessern und vermehrt Verantwortung zu übernehmen. Auch Weiterbildungsmaßnahmen gehören zu diesem Punkt. Motivierte MitarbeiterInnen wollen sich entwickeln, deswegen müssen externe und interne Weiterbildungsangebote gesetzt werden. Auch die Möglichkeit von Jobrotation oder des Querdenkerstammtisches kann in Betracht gezogen werden (Knoblauch und Kurz 2008, S. 157–174).

4. **Mitverantwortung:** Es sollten gemeinsame Ziele vereinbart werden um sicher zu stellen, dass MitarbeiterInnen und Organisation eine einheitliche Line verfolgen. Dies kann beispielsweise bei Quartalsgesprächen erfolgen. Wichtig ist es, Ziele messbar zu formulieren, damit MitarbeiterInnen wissen und auch sehen können, worin ihr Beitrag bzw. ihre Aufgabe steckt. Dabei kann es hilfreich sein den Weg bis zur Zielerreichung mithilfe einer Grafik monatlich zu visualisieren. Auch sollten heruntergebrochene Ziele für MitarbeiterInnen ein übergeordnetes Organisationsziel verfolgen. Bei der Zieleformulierung ist darauf zu achten das diese realistisch, anspruchsvoll, widerspruchsfrei und klar definiert verfasst werden. Mitverantwortung trägt wesentlich dazu bei, MitarbeiterInnen an das Unternehmen zu binden, da es einen kooperativen Führungsstil voraussetzt und die MitarbeiterInnen wissen, was ihre Aufgaben sind. Den Weg, wie sie ans Ziel kommen, können sie eigenständig wählen (Knoblauch und Kurz 2008, S. 175–194).

5. **Mitgenießen:** Bei diesem Punkt geht es darum, dem/der MitarbeiterIn das Gefühl zu vermitteln, dass er/sie ein wichtiger Bestandteil des Unternehmens ist. Wertschätzung und Anerkennung dem/der MitarbeiterIn gegenüber sind unerlässlich und kann auch nie zu intensiv betrieben werden. Zeichen der Wertschätzung könnten beispielsweise kostenloses Mineralwasser oder Obst sein, auch ein Brief zum Geburtstag oder gemeinsame Firmenaktivitäten können zum Ausdruck bringen, dass die Organisation den Einsatz und die Leistungsbereitschaft jedes Einzelnen schätzt (Knoblauch und Kurz 2008, S. 195–203).
6. **Mitbesitz:** Dieser Punkt bezieht sich auf zeitgerechte Karriereplanung und die Möglichkeit A-MitarbeiterInnen individuelle Leistungsanreize zu bieten, um diese an die Organisation zu binden. Diese Anreize könnten ein spezielles Fixum (Gehalt), eine Auszahlung von Prämien für Zielerreichung oder speziell erbrachte Leistungen sein. Eine weitere Chance bietet die Kapitalbeteiligung am Unternehmen. Dies stärkt das Wir-Gefühl in der Organisation, bindet den/die MitarbeiterIn an das Unternehmen, steigert die Arbeitsproduktivität, hebt den Pro- Kopf-Umsatz und ermöglicht eine verbesserte Kapitalrendite (Knoblauch und Kurz 2008, S. 204–213).
7. **Mit Werten unterwegs:** Das Ziel des letzten Punktes dieser sieben Strategien ist es, dass MitarbeiterInnen nicht ausschließlich aufgrund des Geldes bei der Organisation tätig sind. Wenn eine Organisation es geschafft hat, das Herz ihrer MitarbeiterInnen zu gewinnen, ist die MitarbeiterInnenbindung zu 100 % gelungen. Diese Phase zeichnet sich durch Übertragung von Verantwortung, ein wertschätzendes Arbeitsklima und Anerkennung gegenüber den KollegenInnen aus (Knoblauch und Kurz 2008, S. 214ff.).

Diese sieben Strategien können sicherlich nicht für jede Organisation eins zu eins angewandt werden. Jedoch bieten sie eine Anregung, wie die Vorgehensweise zur Implementierung von Bindungsmanagement aussehen könnte. Auch zeigen die Punkte deutlich, dass es nicht materielle Anreize sind, die Menschen dazu veranlassen langfristig in einer Organisation tätig zu sein, sondern, dass Wertschätzung, Lob, Anerkennung und eigenständiges Arbeiten viel verlockender sind als Geld.

9 Fazit

Die Kernaussage des Beitrages bezieht sich darauf, dass in Dienstleistungsorganisationen der/die MitarbeiterIn das Herzstück einer Organisation bildet. Gerade, weil im Bereich der Sozialen Arbeit der Mensch im Vordergrund steht und der Erfolg des Betreuungsprozesses, von motivierten und zufriedenen MitarbeiterInnen abhängig ist, sollte es sozialen Organisationen wichtig sein, MitarbeiterInnen so lange wie möglich als Konstante im Unternehmen zu halten. Ein weiterer Grund zur Bindung von MitarbeiterInnen geht aus der Studie vom Deutschen Bundesinstitutes für Berufsbildung hervor. Diese besagt, dass es einen Fachkräftemangel im Sozialbereich geben wird. Somit gewinnt die Bindung von MitarbeiterInnen nochmals an Bedeutung. MitarbeiterInnen können auch als Aushängeschlid eines Trägers gesehen werden. Mit ihnen steht und fällt das Image des Unternehmens.

Die Frage, ob MitarbeiterInnen eine Konstante, also etwas Andauerndes und Gleichbleibendes oder eher eine Variable, etwas Ungewisses und Unbestimmtes bilden, kann nicht mit einem einfachen ´Ja´ oder ´Nein´ beantwortet werden. Denn um Personal zu einer Konstanten zu machen, muss die Organisation sich bereit erklären MitarbeiterInnenbindung nicht nur im Personalmanagement zu verankern, sondern in der gesamten Unternehmenskultur. Das würde bedeuten, dass die MitarbeiterInnenbindung in den einzelnen Fachbereichen und den Führungsebenen implementiert werden muss. Das Unternehmen ist gefordert, sich mit den Bereichen Mitarbeiter Motivation und Zufriedenheit auseinanderzusetzen. Dies sind ausschlaggebende Bereiche für die Bindung von Personal. Das Personalmanagement ist gefordert kreative und innovative Anreize zu entwickeln, denn Entlohnung ist nicht der Hauptgrund warum MitarbeiterInnen sich an eine Organisation binden. Jede Organisation sollte an individuellen Ideen zur MitarbeiterInnenbindung arbeiten, wichtig dabei ist, dass die entworfenen Strategien an die Unternehmenskultur angepasst werden. Bindung von MitarbeiterInnen kann sich positiv auf die Wirtschaftlichkeit und das öffentliche Bild einer Organisation auswirken. Zufriedene und motivierte MitarbeiterInnen werden sicherlich ihren/seinen ArbeitgeberIn weiterempfehlen.

Literatur

Bouabba, Raschid. 2014. Bindungsmanagement- Wie binde ich meine Mitarbeiter? http://www.mcgb.de/docs/HRP_1402.pdf. Zugegriffen: 8. Febr 2016.
Bröckermann, Reiner. 2004. Fesselnde Unternehmen – gefesselte Beschäftigte. In *Personalbindung. Wettbewerbsvorteile durch strategisches Human Resource Management*, Hrsg. Reiner Bröckermann, und Werner Pepels, 15–50. Berlin: Erich Schmidt Verlag.
Felfe, Jörg. 2008. *Mitarbeiterbindung*. Göttingen: Hogrefe Verlag.
Hadeler, Thorsten, und Eggert Winter. 2000. *Gabler Wirtschaftslexikon. Die ganze Welt der Wirtschaft. Betriebswirtschaft, Volkswirtschaft, Recht und Steuern*, 15. Aufl. Wiesbaden: Gabler Verlag.
Kestel, Christina. 2015. Bindung steigt, Leidenschaft dümpelt. http://www.harvardbusinessmanager.de/blogs/gallup-index-mitarbeiterbindung-steigt-a-1022614.html. Zugegriffen: 08. Febr 2016.

Knoblauch, Rolf. 2004. Motivation und Honorierung der Mitarbeiter als Personalbindungsinstrument. In *Personalbindung. Wettbewerbsvorteile durch strategisches Human Ressource Management*, Hrsg. Reiner Bröckermann, und Werner Pepels, 101–130. Berlin: Erich Schmidt Verlag.

Knoblauch, Jörg, und Jürgen Kurz. 2009 *Die besten Mitarbeiter finde und halten. Die ABC-Strategie nutzen*, 2. Aufl. Frankfurt am Main: Campus Verlag.

Loffing, Dina, und Christian Loffing. 2010. *Mitarbeiterbindung ist lernbar. Praxiswissen für Führungskräfte in Gesundheitsfachberufen*. Berlin: Springer.

Maslow, Abraham H. 1954/1977. Motivation and personality. New York etc. 1954; deutsch: Motivation und Prsönlichkeit. Olten/Freiburg i.Br. 1977.

Nerdinger, Friedmann W. 2012. *Grundlagen des Verhaltens in Organisationen*, 3. Aufl. Stuttgart: W. Kohlhammer GmbH.

Przybilla, Anne. 2008. Personalrisikomanagement- Mitarbeiterbindung und die Relevanz für Unternehmen. *Wismarer Diskussionspapiere* 7:1–44.

Ringlstetter, Max und Stephan Kaiser. 2008. *Humanressourcen- Management*. München: Oldenbourg Wissenschaftsverlag GmbH.

Staehle, Wolfgang H. 1999. *Management*, 8. Aufl. München: Verlag Franz Vahlen GmbH.

Stadermann, Susanne. 2011. *Der Wert der Ressource Personal. Die Saarbrücker Formel als Instrument der Humankapitalbewertung*. Hamburg: Diplomica Verlag GmbH.

Stockhausen, Anton und Hartmut Scholl. 2011. Mitarbeiterbindung: Was wird getan – was kann man tun? Studie Mitarbeiterbindung.http://www.reflact.com/wpcontent/uploads/2011/05reflact_Mitarbeiterbindung_110513.pdf. Zugegriffen: 08. Febr 2016.

Szebel-Habig, Astrid. 2004. *Mitarbeiterbindung. Auslaufmodell Loyalität? Mitarbeiter als strategischer Erfolgsfaktor*. Weinheim: Belz Verlag.

Von Eckardstein, Dudo. 2002. Personalmanagement. In *Personalmanagement Führung Organisation*, Hrsg. Helmut Kasper, und Wolfgang Mayrhofer, 361–404, völlig neu bearbeitete Auflage. Wien: Linde Verlag.

Von Eckardstein, Dudo. 2003. Instrumente für das Personalmanagements in NPOs. In *Führung der Nonprofit Organisationen. Bewährte Instrumente im praktischen Einsatz* (2. überarbeitete und erweiterte Auflage), Hrsg. Rolf Eschenbach, und Christian Horak, 141–174. Stuttgart: Schäffer-Poeschel Verlag.

Vom Hofe, Anja. 2005. *Strategien und Massnahmen für ein erfolgreiches Management der Mitarbeiterbindung*. Hamburg: Verlag Dr. Kovač.

Von Pepels, Werner. 2004. Personalzufriedenheit und Zufriedenheitsmessung. In *Personalbindung. Wettbewerbsvorteile durch strategisches Human Resource Management*, Hrsg. Reiner Bröckermann, und Werner Pepels, 51–81. Berlin: Erich Schmidt Verlag.

Christina Pitsch schloss ihr Bachelorstudium der Sozialen Arbeit an der Fachhochschule Kärnten 2014 ab. Seit April 2016 arbeitet sie für einen der größten sozialen Träger Kärntens als Teamleitung für den Wohnbereich, die Organisation bietet berufliche Integration für Menschen mit Lernbeeinträchtigungen an. Das Masterstudium „Soziale Arbeit Entwickeln und Gestalten" hat sie im Sommer 2016 an der Fachhochschule Kärnten, Campus Feldkirchen, absolviert. E-Mail: christina.pitsch@edu.fh-kaernten.ac.at

Organisation eines europäischen Netzwerkes für SozialmanagerInnen – Struktur, Finanzierung, Steuerung

Theoretisch-konzeptioneller Beitrag auf Grundlage einer quantitativen Studie zur Organisation von europäischen Netzwerken

Jutta Sieren

1 Statement

Was sind zukünftige Herausforderungen an nationale Sozialpolitik und Wohlfahrtssysteme mit Blick auf Europa?

„Das vorhandene Wissen und der Katalog wissenschaftlicher Konzepte, müssen als Ressource Europas erkannt, diskutiert und genutzt werden. Es sollte aus den Fehlern der Vergangenheit gelernt werden und aus erfolgreichen Konzeptionen Nutzen gezogen werden. Nachhaltige Lösungen müssen gemeinsam, auf den bisherigen Erfahrungen aufbauend, entwickelt werden. Nicht Konkurrenz, sondern die Frage des sozialen Zusammenhalts sollte zukünftig im Vordergrund stehen.

Die Soziale Arbeit muss sich zu Wort melden. Die Diskussion über die Fachlichkeit muss von den Fachkräften europaweit selbst geführt werden."
(Studentische Arbeitsgruppe im Master-Studiengang Sozialmanagement, Modul „Interkulturelles Projektmanagement"; MSM 7; Hochschule München 23.03.2012)

J. Sieren (✉)
Bitburg, Deutschland
E-Mail: jutta_sieren@yahoo.de

2 Ausgangslage

Europa sieht sich derzeit großen politischen und wirtschaftlichen sowie gesellschaftlichen und umweltpolitischen Herausforderungen gegenüber. Nach der Ukraine-Krise ist die Flüchtlingskrise eines der bestimmenden Themen in Europa und der Weltpolitik. Armut und Arbeitslosigkeit (25 Millionen Arbeitslose) haben in Europa zugenommen, der soziale und territoriale Zusammenhalt hat sich zurück entwickelt (Europäischer Wirtschafts- und Sozialausschuss 2012). Außerdem wirken sich die staatlichen Maßnahmen zur Haushaltssanierung negativ auf die Bereitstellung von Sozialleistungen und auf die Einkommensumverteilung aus, wodurch der Wohlfahrtsstaat ernsthaft gefährdet und die Rückkehr zu einer auf intelligentes und nachhaltiges Wachstum ausgerichteten Entwicklung erschwert wird (Europäischer Wirtschafts- und Sozialausschuss 2012). Welchen Beitrag kann nun die Sozialwirtschaft aktuell zur Erreichung der in der Strategie Europa 2020 formulierten Ziele leisten?

Die Sozialwirtschaft als Ganzes spielt bereits gegenwärtig eine wesentliche Rolle im europäischen Aufbauwerk und leistet einen wichtigen Beitrag zu den strategischen Zielen und Prioritäten eines intelligenten, nachhaltigen und integrativen Wachstums (Europäischer Wirtschafts- und Sozialausschuss 2012, S. 113).

Der Europäische Wirtschafts- und Sozialausschuss betont die Notwendigkeit, dass die Sozialwirtschaft ihr kollektives Image deutlich präsentiert. Denn eine wirksame Weiterentwicklung und ein effektives Handeln einer jeden Gruppe der Sozialwirtschaft ist davon abhängig, wie geschlossen sich die Sozialwirtschaft in Europa nach außen präsentiert (Europäischer Wirtschafts- und Sozialausschuss 2012). Auf nationaler Ebene sieht sich Deutschland unter anderem der Herausforderung gegenüber, auf Empfehlung der Europäischen Kommission die Ausgabeneffizienz im Gesundheitswesen und in der Langzeitpflege sowie den Wettbewerb im Dienstleistungssektor zu steigern (ec.europa.eu 2013). Um Ressourcenzuflüsse sicherzustellen müssen Führungskräfte die Anschlussfähigkeit ihrer Organisation zu den wichtigen Funktionssystemen der Gesellschaft herstellen. Sie müssen politisch agieren und Kontakte zur jeweiligen demokratisch gewählten politischen Macht z. B. im Rahmen von Parteiarbeit, Lobbys, Verbänden oder Netzwerkarbeit, herstellen (Kolhoff 2012).

Der Europäische Wirtschafts- und Sozialausschuss betont, dass die Organisationsstruktur der sozialwirtschaftlichen Unternehmen sowie ihr Wertesystem eine plurale Matrix darstellen, die wirtschaftliche und soziale Ziele umfasst sowie deren Vereinbarkeit gewährleistet. Durch diese Organisationsstruktur erzeugen die sozialwirtschaftlichen Unternehmen einen wichtigen makroökonomischen und sozialen Nutzen für die Gesellschaft. Diese Annahme kommt ebenfalls in der Rede zur Lage der Nation 2013 vom damaligen Kommissionspräsident Manuel Baroso zum Ausdruck. Baroso ermutigte die Menschen, Wege zu finden Europa sowohl im Innern, als auch auf der internationalen Bühne stärker zu machen (Barroso 2013, S. 10). Aus diesem Grund sollen stärker in Innovation und Wissenschaft investiert und verstärkt Wissensallianzen sowie transeuropäische Netzwerke gefördert werden (Europäische Kommission 2012, S. 8).

3 Zentrale These

Ein Überdenken der aktuellen politischen Situation sowie der Voraussetzungen und Bedingungen in der europäischen Sozialwirtschaft führten zur zentralen These der im Jahr 2014 an der Hochschule München durchgeführten quantitativen Studie zur Organisation von europäischen Netzwerken:

In einem europäischen Netzwerk müssen Wissenschaft, Fachkräfte und Organisationen der Sozialwirtschaft gemeinsam agieren, um:

A) Kompetenzen zu bündeln
B) Wissen weiterzugeben
C) Nachhaltige Lö sungen zu entwickeln
D) sich zu Wort zu melden und einen sozialen Dialog in Europa zu führen.

Hieraus ergibt sich folgende Forschungsfrage:

Trägt ein europäisches Netzwerk dazu bei Kompetenzen zu bündeln, Wissen weiterzugeben und nachhaltige Lösungen für die Fachpraxis zu entwickeln?

Die aus der Forschungsfrage gewonnenen empirischen Befunde sind wissenschaftlich von Interesse. Sie reihen sich in die fachlichen Diskurse über die „Krise" und ihre Folgen für Wohlfahrtsstaaten und Soziale Dienste in Europa ein. Ebenso wie in die Diskussionen, inwieweit Netzwerke, Share Economy, Commons, verteiltes Wissen, kollektive Intelligenz und virtuelle Vernetzungen zur Bewältigung mangelnder Ressourcen beitragen können. Es wird einerseits um einen anderen Umgang mit wirtschaftlichen Mitteln und andererseits um eine veränderte Haltung und Neuorientierung innerhalb der Sozialwirtschaft diskutiert (Fröse 2014). Die empirische Studie geht u. a. der in diesem Zusammenhang häufig diskutierten Frage nach, inwieweit die Bildung von Netzwerken dabei hilfreich und weiterführend sein können und wie diese organisiert sein sollten, um zielführend sein zu können.

4 Zentrale Ergebnisse und Erkenntnisse

Im Forschungsprojekt wurden 251 Mitglieder aus fünf europäischen Netzwerken befragt. Es wurden gezielt europäische Netzwerke bzw. Kooperationen sowohl aus dem Bereich der Wissenschaft und Lehre als auch von der Basis der Sozialwirtschaft ausgewählt.

Durch die empirische Studie konnten am Bedarf orientierte Erkenntnisse über die Organisation von europäischen Netzwerken der Sozialwirtschaft gewonnen werden. Insbesondere darüber, ob und wie es durch ein Netzwerk gelingen kann, die Kompetenzen der Akteure zu bündeln, die Bereitschaft vorhandenes Wissen an Netzwerkmitglieder weiterzugeben zu nutzen und die Entwicklung nachhaltiger Lösungen für die Fachpraxis zu unterstützen.

Darüber hinaus konnten Informationen von praktischem Interesse für die Steuerung, die Kommunikation und den Wissenstransfer in Netzwerken akquiriert werden. Die erhobenen Daten geben Auskunft darüber, welche Einflussfaktoren für die Bildung und die Organisation von europäischen Netzwerken von Gewicht sind. Außerdem können die Ergebnisse darauf hinweisen, wie es gelingen kann, stabile und moderne Netzwerkstrukturen zur länderübergreifenden Zusammenarbeit aufzubauen. Die Auswertung der Daten wurde in die weiteren Überlegungen zur Organisation von Netzwerken mit einbezogen.

5 Methodenkritische Aspekte

Die Rücklaufquote der Studie betrug 17,9 % (n = 45). Gründe für den geringen Rücklauf könnten zum einen in einer geringen Bereitschaft der Netzwerker begründet sein, schriftliche Aussagen über das eigene Netzwerk zu machen. Zum anderen könnten die in § 75 SGB X in Verbindung mit § 67b SGB X festgelegten gesetzlichen Regelungen zur Übermittlung von Sozialdaten für die Lehre und Forschung den Rücklauf negativ beeinflusst haben.

Allerdings kann festgehalten werden, dass die Studie trotz des geringen Rücklaufs zu interessanten Erkenntnissen und Aussagen zur Organisation von europäischen Netzwerken sowie den Erwartungen der befragten Personen an europäische Netzwerke geführt hat.

6 Zentrale Ergebnisse und Erkenntnisse zur Forschungsfrage

Wie wurde nun die Mitgliedschaft in einem Netzwerk mit Blick auf die Forschungsfrage: *„Trägt ein europäisches Netzwerk dazu bei Kompetenzen zu bündeln, Wissen weiterzugeben und nachhaltige Lösungen für die Fachpraxis zu entwickeln?"* von den befragten Personen eingeschätzt?

In der Abb. 1 sehen 86 %; n = 39 der befragten Personen ihr eigenes Netzwerk als geeignet an, Wissen weiterzugeben. An zweiter Stelle der Bewertungen steht der Aspekt der Bündelung von Kompetenzen (77 %, n = 34). Etwas eingeschränkt, jedoch durchaus noch positiv sind die Aspekte des länderübergreifenden Dialogs (68 %, n = 40) und der Entwicklung nachhaltiger Lösungen (61 %, n = 27).

Mit Blick auf die Forschungsfrage kann festgestellt werden, dass die Mitgliedschaft in einem europäischen Netzwerk durchaus als geeignet angesehen werden kann, Wissen weiterzugeben und Kompetenzen zu bündeln, wenn bestimmte Voraussetzungen bei der Organisation von Netzwerken erfüllt werden. Durchaus

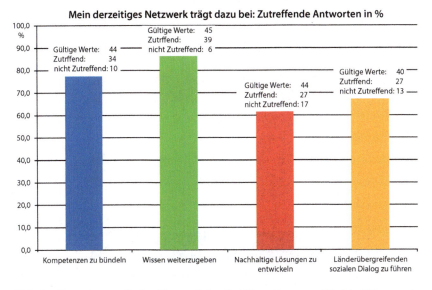

Abb. 1 „Trägt ein europäisches Netzwerk dazu bei Kompetenzen zu bündeln, Wissen weiterzugeben, nachhaltige Lösungen zu entwickeln und einen sozialen Dialog zu führen?" – Säulendiagramm

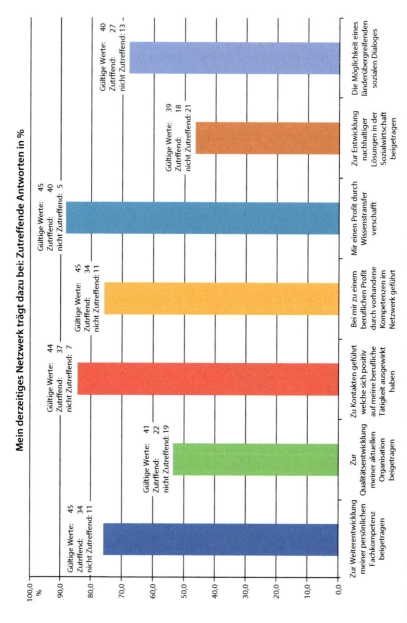

Abb. 2 „Führt die Mitgliedschaft in einem Netzwerk zu einem Mehrwert bei Mitarbeiter und Organisation?" Säulendiagramm

positiv zu bewerten ist ebenfalls der Aspekt des länderübergreifenden Dialogs (68 %, n = 40) sowie der Entwicklung nachhaltiger Lösungen (61 %, n = 27). Beim Aufbau eines Netzwerkes sollte deshalb darauf geachtet werden, dass Strukturen entwickelt werden, die den sozialen Dialog und die Entwicklung nachhaltiger Lösungen für die Sozialwirtschaft nicht vernachlässigen.

Abbildung 2 bezieht sich auf die Einschätzung der Befragten, in wie weit das eigene Netzwerk zu einem Mehrwert für sie selbst, ihre Organisationen oder die Sozialwirtschaft geführt hat.

Es wird deutlich, dass die Mitgliedschaft in erster Linie zur Weiterentwicklung der eigenen Fachlichkeit der befragten Personen geführt hat. Das Netzwerk hat bei 89 %, n = 40 der Personen zu einem Mehrwert durch Wissenstransfer geführt. Bei 84 %, n = 37 hat das Netzwerk zu Kontakten geführt, die sich positiv auf die berufliche Laufbahn ausgewirkt haben und bei 76 %, n = 34 der Befragten konnte die Fachkompetenz durch das Netzwerk weiter entwickelt werden. Die Möglichkeit eines sozialen Dialogs über die Ländergrenzen hinaus hat sich für 68 %, n = 27 ergeben. Bei 54 %, n = 22 hat die Netzwerkmitgliedschaft zur Qualitätsentwicklung der eigenen Organisation beigetragen. 46 %, n = 18 der Befragten hat das Netzwerk zur Entwicklung nachhaltiger Lösungen in der Sozialwirtschaft beigetragen.

Welche Tools tragen nun zur Zielerreichung bei und sollten zur Organisation von Netzwerken zur Verfügung gestellt werden?

Bündelung von Kompetenzen
Der Netzwerkfachkongress wird von 98 %, n = 44 als „wichtig" zur Bündelung von Kompetenzen bewertet; gefolgt von 91 %, n = 41 der Befragten, die den Wunsch nach einem eigenen Mailverteiler, in den alle Netzwerkmitglieder eingebunden sind äußern. 84 %, n = 38 sehen die Möglichkeit der Bündelung von Kompetenzen durch regelmäßige Treffen der regionalen Netzwerkgruppen. Die Tools „eigene Netzwerk Homepage", „gemeinsames Online-Archiv für Publikationen", „gemeinsames Online-Archiv zur Profilablage der Akteure" sowie der „Learning Space zur gezielten Bearbeitung verschiedener Themen" spielen zur Bündelung der Kompetenzen eine eher nachgeordnete Rolle (siehe Abb. 3)

Wissen weitergeben
Zur Weitergabe von Wissen wird die Wichtigkeit von Netzwerktreffen und Fachkongressen mit 96 %, n = 42 vor dem Wunsch nach einem Mailverteiler mit 89 %, n = 39 angeführt. 84 %, n = 37 äußern den Wunsch nach einem gemeinsamen Online-Archiv für Publikationen. Die Tools der „eigenen Netzwerkhomepage",

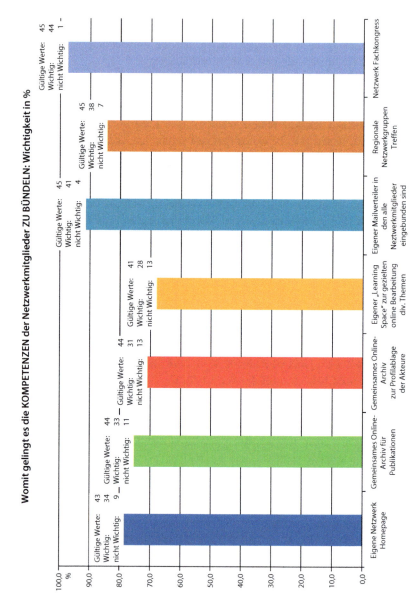

Abb. 3 „Welches der folgenden Tools ist Ihrer Meinung nach wichtig um die Kompetenzen zu bündeln? Säulendiagramm

"Archiv zur Profilablage der Akteure" sowie der eigene "Learning Space" bilden nach Meinung der Netzwerker zur Wissensweitergabe eine eher nachrangige Rolle (siehe Abb. 4).

Nachhaltige Lösungen entwickeln
Zur Entwicklung nachhaltiger Lösungen führen ebenfalls die Tools Netzwerkfachkongress 95 %, n = 37, eigener Mailverteiler 92 %, n = 35 und Regionale Netzwerktreffen 82 %, n = 31 die Liste der als „wichtig" angesehenen Tools an. Zur Entwicklung nachhaltiger Lösungen wird der „Learning Space" mit 72 %, n = 26 % ebenfalls als wichtig angesehen. Auf Grund der örtlichen Entfernungen in einem europäischen Netzwerk wird der „Learning Space" eine wichtige Rolle spielen und sollte bei den Überlegungen zum Netzwerkaufbau nicht vernachlässigt werden (siehe Abb. 5).

Sozialer Dialog
Auch hier stehen die beiden Tools „Netzwerk Fachkongress" mit 95 %, n = 39 und „eigener Mailverteiler" mit 88 %, n = 36 an der Spitze der Bewertungen. Zur Frage des sozialen Dialogs wird ein „Archiv zur Profilablage" mit 78 %, n = 32 als am dritt wichtigsten gesehen. Die Netzwerkhomepage befindet sich mit 75 %, n = 30, wie in den vorangegangen Darstellungen auch, im oberen Mittelfeld der Bewertungen (siehe Abb. 6).

Auf Grund der dargestellten Ergebnisse zu den persönlichen Erfahrungen und Vorstellungen der befragten Netzwerker kann festgestellt werden, dass ein europäisches Netzwerk unter bestimmten Voraussetzungen dazu beiträgt, Kompetenzen zu bündeln, Wissen weiterzugeben und nachhaltige Lösungen für die Fachpraxis zu entwickeln. Hinsichtlich der verschiedenen Tools kann festgehalten werden, dass kein Tool als unwichtig bewertet worden ist. Sehr deutlich wurde, das ein Mailverteiler, in den alle Netzwerker eingebunden sind sowie ein regelmäßiger Fachkongress durchgehend als am Wichtigsten zur Erreichung der verschiedenen Aspekte bewertet worden sind. Die Netzwerkhomepage befindet sich bei allen Darstellungen im oberen Mittelfeld der Bewertungen. Auf sie sollte bei einem Netzwerkaufbau nicht verzichtet werden.

Organisation von Netzwerken
Bevor Überlegungen zur Organisation eines Netzwerkes geführt werden, wird der Netzwerkbegriff erläutert, der in diesem Beitrag zu Grunde gelegt, und von Quilling et al. nach Brocke zitiert wird: *„als Netzwerk bezeichnet man in der Regel den losen Zusammenschluss von eigenständigen Akteuren mit unterschiedlichen, eigenständigen Interessen und mindestens einem gemeinsamen Ziel oder einer*

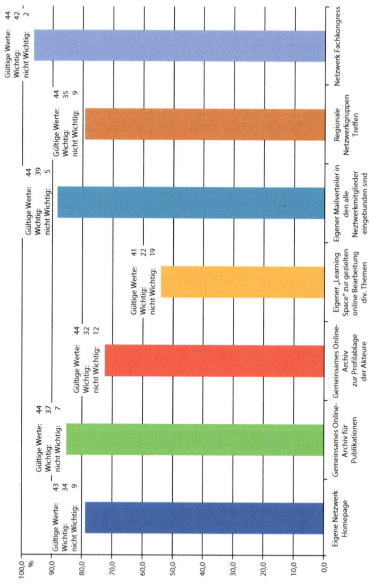

Abb. 4 „Welches der folgenden Tools ist Ihrer Meinung nach wichtig um Wissen weiterzugeben?" Säulendiagramm

Organisation eines europäischen …

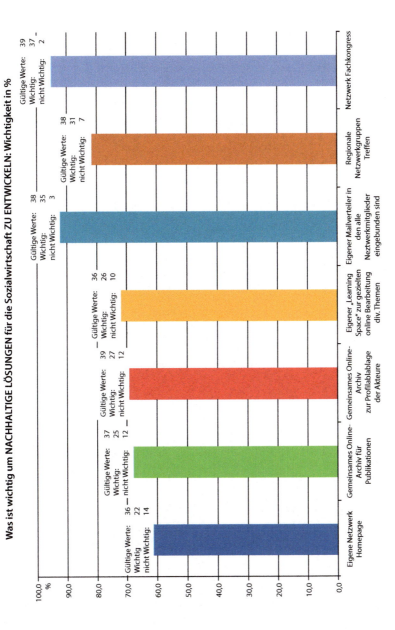

Abb. 5 „Welches der folgenden Tools ist Ihrer Meinung nach geeignet um nachhaltige Lösungen zu entwickeln?" Säulendiagramm

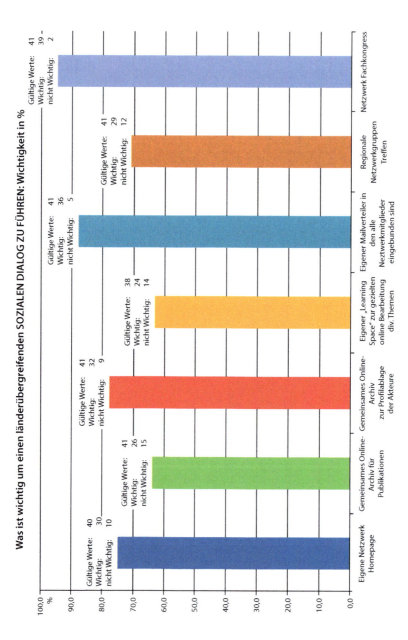

Abb. 6 Welches der folgenden Tools ist Ihrer Meinung nach wichtig um einen sozialen Dialog zu führen?" – Säulendiagramm

gemeinsamen Vision. ... Die Netzwerkarbeit hat dabei „die Aufgabe, Wissen und andere Ressourcen der verschiedenen Akteure zusammenzutragen, in einen neuen übergreifenden Kontext unterschiedlicher Problemwahrnehmungen und Interessen einzubringen (...) und über Sektor Grenzen hinweg neue Lösungsansätze zu entwickeln" (Quilling et al. 2013, S. 12).

Die Netzwerkarbeit wird hier als Methode zur Umsetzung bestimmter Ziele oder politischer Beschlüsse betrachtet, die häufig auch einen stark steuernden und infrastrukturverändernden Charakter haben (AWO Bundesverband 2004). Der Netzwerkbegriff geht somit weit über das klassische Verständnis von Kooperation hinaus: *„Kooperation dagegen stellt eine auf einzelnes Vorhaben bezogene, an der Problemlösung orientierte und damit zeitlich begrenzte informelle Zusammenarbeit zwischen zwei oder drei Akteuren dar. Im Grad der strukturellen Verdichtung liegt in diesem Verständnis die Abgrenzung zur Netzwerkarbeit, die die auf der Arbeitsebene häufig praktizierte Kooperation überwinden soll"* (AWO Bundesverband 2004). Kooperation kann daher als Voraussetzung bzw. Bestandteil von Netzwerkarbeit bezeichnet werden, die das Zusammenwirken möglichst aller relevanten Akteure verlangt, um die gemeinsamen Ziele zu erreichen (Quilling et al. 2013, S. 13). Die empirische Studie zur Organisation von europäischen Netzwerken hat ergeben, dass in den befragten Netzwerken und Vereinigungen aus verschiedenen Bereichen der Sozialwirtschaft Akteure angebunden sind, die gemeinsam ein oder mehrere Ziele verfolgen bzw. länder- und organisationsübergreifende Projekte auf der europäischen Ebene der Zusammenarbeit durchführen. Die evaluierten Netzwerke agieren damit sowohl auf der Makro-Ebene als auch auf der Meso-Ebene der europäischen Sozialwirtschaft und werden auf der operativen Mikroebene wirksam. Ein solches Netzwerk sollte auf soliden und modernen Netzwerkstrukturen basieren. Schubert stellt die These auf, *„das Netzwerken"* in einer engen Beziehung zum Governance-Begriff steht. Politische Steuerungsprozesse werden hier nicht mehr streng hierarchisch aufgefasst. Betont werden die gegenseitigen Abhängigkeiten der Akteure und eine Distanzierung zur traditionellen Staatsfixierung (Schubert 2012, S. 112).

Fürst/Zimmermann beschreiben drei Aspekte, die im Governance-Begriff eine Rolle spielen:

(a) *Die Bedeutung hierarchischer Strukturen nimmt ab und dezentrale Verantwortungsstrukturen gewinnen an Bedeutung.*
(b) *Die Kooperation umfasst staatliche, private und gesellschaftliche Akteure, Sektoren, Ressorts und Organisationen.*
(c) *Die Steuerung erfolgt im Prozess der Interaktion unter den Akteuren, die sich kontinuierlich über gemeinsame Problemdefinitionen und Handlungsziele verständigen.*
(Fürst und Zimmermann 2012, zitiert in: Schubert 2012, S. 112)

Schubert macht darauf aufmerksam, dass sich Netzwerke seit den 1990er Jahren vermehrt als Organisationsform durchsetzen (Schubert 2012: 108). Demnach können Netzwerkkooperation die Defizite traditioneller Organisationsmuster überwinden, in dem Schnittstellen definiert werden, gemeinsame Produkte durch „Systempartnerschaften" und in gegenseitiger Abstimmung für die geleisteten Beiträge entwickelt werden. Schubert stellt fest, dass sich der Trend zur Bildung von Netzwerken als neue Organisationsform international und global vollzieht. Die „Netzwerk-Kooperationen" streben kooperative Organisationsstrukturen an. Eindeutige Organisationsstrukturen treten zur Erreichung einer Fortschritts- und handlungsfähigen Netzwerkorganisation in den Hintergrund (Kraege). Dabei ist nach Vahs eine Verschiebung der reinen Orientierung an „effizienten Prozessen" zu Beginn der 90er Jahre, hin zum Interesse der Netzwerkorganisationen an „wirkungsvollen Prozessen" (Vahs 2012) festzustellen.

Struktur
Bei einem europäischen Netzwerk, in dem Akteure der verschiedenen Ebenen der Sozialwirtschaft eingebunden sind, handelt es sich nach Quilling et al. um ein sogenanntes „künstliches" oder „tertiäres" Netzwerk. In den tertiären Netzwerken des gemeinnützigen „Dritten Sektors" sind professionelle Ressourcen eingebunden, die ressort- und raumbezogene Kooperation, z. B. institutionelle Beziehungen in thematischen Handlungsfeldern (vgl. Quilling et al. 2013, S. 15) auch über die Ländergrenzen hinaus, ermöglichen. Netzwerke unterscheiden sich darüber hinaus u. a. durch die Art der Beziehungen der Akteure untereinander, welche stärker oder schwächer ausgeprägt sein können. Starke Beziehungen entstehen, wenn sich die Beteiligten sehr ähnlich sind, z. B. den gleichen Status haben, die gleichen Werte vertreten oder über einen gleichen Bildungsstand verfügen. Quilling et al. beschreiben Netzwerke, die ausschließlich aus solchen Akteuren bestehen, als weniger effizient. In diesen Netzwerken ist es häufig sehr schwierig, neue Ideen zu entwickeln oder zuzulassen. Es besteht die Gefahr, dass sich „Seilschaften" bilden oder Stillstand eintritt. Ebenso werden auch Netzwerke mit sehr schwachen Beziehungen als problematisch gesehen. Häufig sind keine oder zu wenige Anknüpfungspunkte vorhanden, sodass die Kommunikation schwierig ist. An dieser Stelle wird auf das Ergebnis der Frage *„Was finden Sie an Ihrem derzeitigen Netzwerk negativ?"* hingewiesen, bei der die Netzwerkakteure auf Kommunikationsprobleme und Probleme in der Zusammenarbeit der Akteure sowie auf Selbstbezug der Akteure aufmerksam machen. Ideal ist demnach ein Netzwerk, in dem ein ausgewogenes Verhältnis zwischen starken und schwachen Beziehungen besteht. So können die jeweiligen Vorteile genutzt und die Nachteile

minimiert werden. Optimal ergibt sich ein Gleichgewicht zwischen Vertrautem und Neuem, Ähnlichkeit und Verschiedenheit. (Quilling E. et al. 2013, S. 16).

Um die aktuellen Problemlagen der Sozialwirtschaft zu bewältigen, bedarf es eines großen und modernen Netzwerkes in dem starke und schwache Beziehungen der verschiedenen Ebenen und Wirkungsbereiche, über die Ländergrenzen der eigenen Sozialwirtschaft hinaus eingebundenen sind sowie moderner Kooperationsstrukturen im Sinne der Governance. Wobei die Mitglieder soweit als möglich partizipativ eingebunden werden sollten, denn ein Netzwerk ist nach Quilling et al. umso stabiler, tragfähiger und wirksamer, je mehr Partizipation ermöglicht wird, *„denn Partizipation trägt dazu bei, Menschen zu ermutigen, ihre Interessen selbst zu vertreten (Empowerment) und Kompetenzen aufzubauen"* (Quilling et al. 2013). Nach Schubert überwinden die „modernen Kooperationsstrukturen der Governance im Netzwerkmodul Barrieren der vertikalen Hierarchisierung und der horizontalen Sektorenabgrenzung, wobei die staatliche Agenturen zentrale Steuerungsfunktionen aufgeben und stattdessen zum Ko-Akteur werden (vgl. Schubert 2012, S. 112). In der Sozialwirtschaft ist es notwendig, das komplementäre Zusammenwirken der kommunalen Steuerungsebenen bei der Netzwerkkoordination zu berücksichtigen (Schubert 2012, S. 114).

In der folgenden Abbildung sind die Verantwortungs- und Steuerungsebenen der Netzwerkkoordination orientiert an Schubert (Schubert 2012, S. 114), übertragen auf die Ebenen eines europäischen Netzwerkes, dargestellt. Hierbei übernehmen die Steuergruppe und das Netzwerkmanagement die normative Verantwortung für das Netzwerk. Sie definieren den Orientierungsrahmen für das Netzwerk und sichern die Ressourcen als auch den Kommunikationsfluss. Der Leitbildprozess wird von dieser Ebene initiiert und gesteuert. Auf der strategischen Ebene findet die Zusammenarbeit der für die europäischen Projekte verantwortlichen Organisationen, Verwaltungen und Vertreter aus Forschung und Lehre statt. Von hier aus werden die europäischen Projekte fachlich beraten und begleitet, fachpolitische Themen und Erkenntnisse aus Forschung und Lehre diskutiert. Auf der operativen Ebene sind Unternehmen der Sozialwirtschaft angebunden, die in die Umsetzung von europäischen Projekten involviert sind. In der Abbildung wurde die untere operative Ebene hinzugefügt, diese bildet die Basis und die breite Mehrheit des Netzwerkes. Hier sind Netzwerkakteure angebunden, die in schwachen Beziehungen kooperieren. Es wurde bereits erwähnt, dass diese Ebene für ein europäisches Netzwerk von großer Bedeutung ist. Bassarak und Genosko (Bassarak und Genosko 2001, S. 31) machen ebenfalls auf das Konzept der *„Stärke schwacher Beziehungen"* aufmerksam. Nach Bassarak und Genosko bezieht sich Stärke in dem Zusammenhang auf das Austauschpotenzial an Informationen, der Begriff der „schwachen Beziehungen" auf den niedrigen Grad der Nähe zwischen den Akteuren.

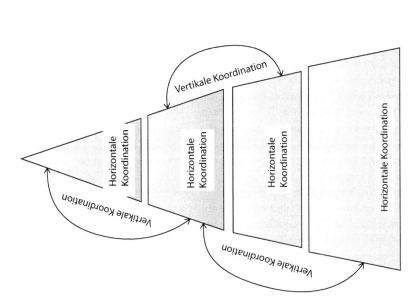

Abb. 7 Verantwortungs- und Steuerungsebenen eines europäischen Netzwerkes. Quelle: eigene Darstellung, erweitert in Anlehnung an: (Schubert 2012, S.115)

Die Ebene der schwachen Beziehungen dient u. a. dazu, Ergebnisse und Informationen aus den länderübergreifenden Arbeitsgruppen, den europäischen Projekten sowie Erkenntnisse aus Lehre und Forschung in die Breite der Sozialwirtschaft und über die Ländergrenzen hinaus zu tragen. Voraussetzung ist jedoch die regelmäßige Pflege der interaktiven Netzwerk-Homepage und ein zuverlässiger und zeitnaher Informationsfluss über den Mail-Verteiler, in den alle Netzwerkmitglieder eingebunden sind. Die Zusammenarbeit und Kooperation findet, wie in der Abb. 7 dargestellt sowohl horizontal als auch vertikal zwischen den Organisationen und über alle Ebenen des Netzwerkes hinweg statt.

Hier kann anschließend auf die positiven Aussagen zur eigenen Mitgliedschaft der befragten Personen in europäischen Netzwerken hingewiesen werden. Es wird deutlich, dass die positiven Bewertungen mit der Forderung nach klaren Netzwerkstrukturen, einer gepflegten Netzwerkhomepage sowie einem zeitnahen und schnellen Informationsfluss einhergehen.

Netzwerkaufbau

Da „tertiäre" Netzwerke allen Mechanismen sozialer, sehr komplexer Beziehungen unterworfen sind, gestaltet sich der Aufbau dieser Netzwerke nach Quilling et al. in der Regel deutlich schwieriger als der Aufbau eines primären oder sekundären Netzwerkes. Vor allem wenn das Netzwerk groß ist kann es schwierig sein, tragfähige und belastbare Netzwerkstrukturen aufzubauen. Netzwerke sind nicht klassisch hierarchisch organisiert. Es gibt häufig keine definierten Ebenen mit zugeordneten Aufgaben. Somit fehlt eine „natürliche" Steuereinheit. Die zur Frage *„Was finden Sie an Ihrem derzeitigen Netzwerk negativ?"* geäußerten kritischen Aspekte gehen ebenfalls in diese Richtung und könnten durch eine fehlende Steuereinheit bedingt sein.

Zwei zentrale Arbeitsgremien, die sich in fast allen Netzwerken wieder finden, sind die Steuerungsgruppe als zentrale Entscheidungsinstanz und das Netzwerkmanagement, das alle Ebenen und Maßnahmen koordiniert (Quilling et al. 2013, S. 21). Beim Aufbau von Netzwerkstrukturen sollte zuerst eine entscheidungsfähige Steuerungsgruppe einberufen werden. Diese These wird durch die Auswertungen der empirischen Studie zur Frage, ob ein europäisches Netzwerk von einer Steuergruppe koordiniert werden sollte, belegt. Hier sprechen sich 93 % der Befragten für die Implementierung einer Steuergruppe zur Koordinierung eines europäischen Netzwerkes aus (siehe Abb. 8).

Um die weiteren notwendigen Schritte zielgerichtet voran bringen zu können, wird von der Steuergruppe nach Quilling et al. ein kompetentes (Kern-) Team zusammengestellt, das die zentralen Arbeitsschritte vorbereitet. Bei großen Netzwerken die u. a. darauf angelegt sind, Strukturen nachhaltig zu verändern, bietet

Abb. 8 „Sollte ein europäisches Netzwerk von einer Steuergruppe koordiniert werden?" Gültige Werte: 45; fehlend: 0

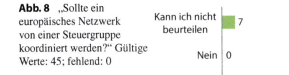

es sich an, einen wissenschaftlichen und/oder wirtschaftlichen Beirat einzurichten (Quilling et al. 2013, S. 23).

Im Folgenden wird auf Grund der Ergebnisse der empirischen Studie und der zitierten Literatur eine mögliche Struktur eines europäischen SOWOSEC Netzwerkes dargestellt (siehe Social Work and Social Economics, Kohlhoff 2012, S. 100). Alle Ebenen sind horizontal und vertikal miteinander vernetzt. Es bestehen moderne Strukturen nach dem Prinzip der Governance (siehe Abb. 9).

Es wird vorgeschlagen, dass der Aufbau eines europäischen Netzwerkes vom Hochschulnetzwerk SOWOSEC oder von bereits bestehenden internationalen Vereinigungen für Sozialmanagement, wie z. B. der INAS (Internationale Arbeitsgemeinschaft für Sozialmanagement/Sozialwirtschaft e. V.) oder der Bundesarbeitsgemeinschaft für Sozialmanagement/Sozialwirtschaft e.V. (BAG SMW) initiiert wird. Da in diesen Vereinigungen Akteure starker Beziehungen mit großem Einfluss kooperieren, sind sie prädestiniert die Rolle der Initiatoren zu übernehmen. In der Abbildung der Netzwerkstruktur in dem vorab dargestellten Beispiel eines europäischen Netzwerkes befindet sich im Mittelpunkt des Netzwerkes die Steuerungsgruppe, die sich aus je einem Mitglied der INAS, BAG SMW, dem SOWOSEC Hochschulnetzwerk sowie einem Vertreter der Sozialwirtschaft bildet. Da das SOWOSEC Netzwerk darauf angelegt ist, einen sozialen Dialog über die Ländergrenzen Europas hinweg zu führen, sollte ein wissenschaftlicher und wirtschaftlicher Beirat eingerichtet werden. Das Netzwerkmanagement übernimmt die Aufgaben der Kostenanalyse und Finanzplanung. In der dargestellten Struktur des SOWOSEC Netzwerkes kommt der Ebene der schwach angebundenen Netzwerkmitglieder eine große Bedeutung zu, da durch diese Ebene eine weite Tragbreite des Netzwerkes möglich wird. Auf der Ebene der Sozialmanagerinnen und Sozialmanager sowie Vertreterinnen und Vertreter aus Forschung und Lehre findet länderübergreifendes interkulturelles Projektmanagement statt. Zur Finanzierung der Projekte werden unter anderem Anträge im Rahmen der europäischen Förderprogramme gestellt. Diese Projekte werden durch das Angebot interkultureller Arbeitsgruppen und jährlicher Netzwerktreffen, zu relevanten Themen der europäischen Sozialwirtschaft ergänzt.

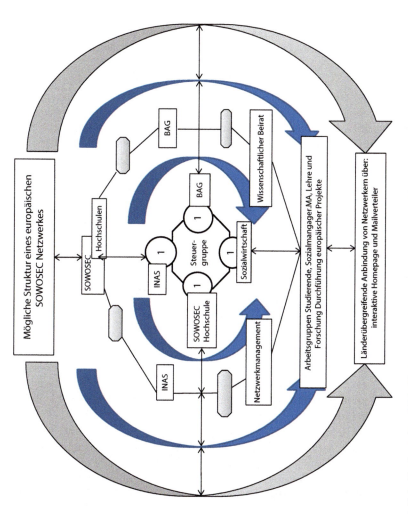

Abb. 9 Mögliche Struktur eines SOWOSEC-Netzwerkes. Quelle: eigene Darstellung

Finanzierung
Da es sich bei Netzwerken um eine Organisationsform handelt, sollte vor der Netzwerkgründung, wie bei jeder Unternehmensgründung die Finanzierbarkeit geprüft werden. Dabei werden Instrumente des Finanzmanagements eingesetzt. Das Finanzmanagement muss den Bedarf an finanziellen Mitteln auf der einen Seite prognostizieren und auf der anderen Seite die entsprechenden Maßnahmen ergreifen, um jederzeit eine ausreichende Finanzierung sicherstellen zu können (Schellberg 2011, S. 19).

Kosten- und Finanzplanung
Bei der Kostenplanung sollten unbedingt die Kosten für angemessenen Personalaufwand und eine entsprechende räumliche, materielle und informatische Ausstattung eingeplant werden, da der Erfolg des Netzwerkes unmittelbar mit einer professionellen Steuerung einhergeht. Die Auswertung der empirischen Studie hat ergeben, dass fehlende (Zeit-)Ressourcen und eine fehlende Steuerungsinstanz zu Problemen in der Zusammenarbeit sowie in der Kommunikation innerhalb des Netzwerkes führen können.

Beispielhafte Projekte können nur dann eine Ausstrahlung haben, wenn sie auch bekannt werden. Daher sollte im Finanzierungsplan auch einen ausreichenden Betrag für Informations- und Öffentlichkeitsarbeit sowie für Publikationen und vor allem zur Gestaltung und Pflege einer interaktiven Homepage vorgesehen werden (Quilling et al. 2013, S. 156). Eine interaktive Homepage sowie die Informationsweitergabe über Mail-Verteiler wurden als sehr wichtige Tools zur Zielerreichung des Netzwerkes identifiziert.

Bei der Kostenanalyse und Finanzplanung sollten nach Bassarak und Genosko neben den sicheren Transaktionskosten, mögliche Zusatzkosten berücksichtigt werden (Bassarak und Genosko 2001, S. 54).

Wie könnte nun ein Netzwerk finanziert werden und inwiefern sind die potenziellen Netzwerkmitglieder bereit einen eigenen finanziellen Beitrag hierfür zu leisten (siehe Abb. 10)?

46 % der Befragten sind der Meinung, dass ein Netzwerk mit Hilfe von Förderprogrammen der EU finanziert werden sollten. 25 % der Personen befürworten eine Finanzierung durch Mitgliedsbeiträge. Hier ergibt sich die Frage, in welcher Höhe die Netzwerkmitglieder bereit sind, einen eigenen Mitgliedsbeitrag zu leisten. 29 % der Befragten sind bereit monatlich einen Mitgliedsbeitrag zwischen 6€ und 10€ zu zahlen. 20 % würden zwischen 1€ und 5€ zahlen, 20 % sind jedoch nicht bereit einen eigenen finanziellen Beitrag zu erbringen. 10 % zahlen mehr als 10€, je 2 % jeweils mehr als 30€, 2 % mehr als 50€ und 2 % wären bereit etwas zu zahlen, sind allerdings wirtschaftlich nicht dazu in der Lage (siehe Abb. 11).

Abb. 10 „Wie sollte ein europäisches Netzwerk finanziert werden?" Gültige Werte: 42, fehlend: 3

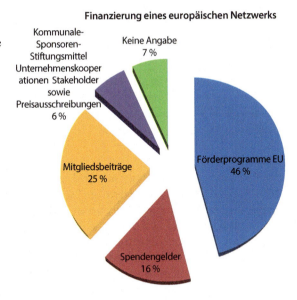

Abb. 11 „Was darf ein Netzwerk pro Monat kosten?" Gültige Werte: 38, fehlend: 7

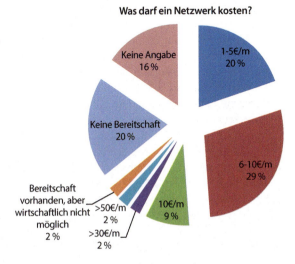

16 % der Befragten machten keine Angaben. Insgesamt sind 62 % der Befragten bereit sich an der Finanzierung eines Netzwerkes zu beteiligen. Neben der Möglichkeit der Netzwerkfinanzierung durch Mitgliedsbeiträge, Förderprogramme und Spenden sollten weitere Finanzierungsmöglichkeiten geprüft werden. Hierzu gehören interessante Hinweise einiger Netzwerkakteure. Diese benennen neben Sponsorenmittel auch Möglichkeiten wie Preisausschreiben, kommunale Ressourcen, Stiftungsmittel sowie Finanzierungen durch Unternehmenskooperationen oder Stakeholder.

Steuerung von Netzwerken
Die Koordination und Steuerung von großen Netzwerken ist eine sehr anspruchsvolle Aufgabe, da viele verschiedene Netzwerkpartner mit unterschiedlichen Rollen und Aufgaben zusammenarbeiten und gemeinsam mehrere Ziele erreichen wollen (Quilling et al. 2013, S. 69). Die Gründung eines europäischen Netzwerkes bringt zudem besondere Hürden mit sich, die durch die Entfernung der Netzwerkakteure und die sprachliche Vielfalt bedingt sind. Netzwerke sind nicht klassisch hierarchisch organisiert. Deshalb gibt es häufig keine definierten Ebenen mit zugeordneten Aufgaben, womit eine „natürliche" Steuereinheit fehlt (Quilling et al. 2013). Die Netzwerkmitglieder wurden in der empirischen Studie dazu befragt, wie ihrer Meinung nach ein Netzwerk erfolgreich gesteuert werden kann. In der Beantwortung der offenen Frage *„Wie kann ein europäisches Netzwerk Ihrer Meinung nach erfolgreich gesteuert werden"*, benennen die Befragten mit 44 %, n = 24 eine funktionierende Steuergruppe als einen der wichtigsten Faktoren. Dies ist kohärent zu den Angaben im Kontext der Frage „Was hemmt *die erfolgreiche Steuerung eines Netzwerkes?"*. Hier wurden unklare Strukturen und fehlende Steuerung als Gründe für ein Misslingen der Steuerung angegeben. Allerdings sehen die Befragten mit 47 %, n = 36 der Nennungen, Gründe für ein Misslingen der Steuerung in den Netzwerkakteuren selbst: So sagen 25 %, n = 19 der Nennungen aus, dass fehlende zeitliche Ressourcen der Akteure sowie Selbstbezug und Konkurrenz der Akteure 22 %, n = 19 zu einer schwierigen Netzwerksteuerung beitragen.

An dieser Stelle sollten die Ausführungen nach Schubert beachtet werden. Schubert beschreibt Netzwerke seit den 90er Jahren als neue Organisationsform. Dementsprechend muss beim Aufbau sowie der Steuerung von Netzwerken bedacht werden, dass Netzwerke allen Mechanismen sozialer, sehr komplexer Beziehungen unterworfen sind. Schubert betont die undeutlichen Grenzen und schwachen Formalisierungen von Netzwerkkooperationen in der Sozialwirtschaft, die die Steuerung des Netzwerkes erschweren (Schubert 2012, S. 116) und weist für die Netzwerkkooperation auf das Freiburger Managementmodell hin (Schwarz et al. 2002, S. 116).

Das Freiburger Managementmodell beschreibt drei Management-Säulen:

- Netzwerkcontrolling,
- Steuerung durch Netzwerkmanagement,
- Qualitätssystem (Schubert 2012, S. 117).

7 Ausblick und Handlungsempfehlungen

Die im Rahmen durchgeführten Arbeiten und gewonnenen Erkenntnisse konnte nachgewiesen werden, dass ein europäisches Netzwerk unter bestimmten Voraussetzungen durchaus geeignet ist, Synergien freizusetzen und zu einer qualitativen Weiterentwicklung der Institutionen sowie der eigenen Fachkompetenz beizutragen. Allerdings müssen dabei moderne, professionelle Netzwerkstrukturen aufgebaut werden. Es wurde in Anlehnung an Quilling et al. (Quilling et al. 2013) eine Handlungsempfehlung zur Netzwerksteuerung entwickelt und eine mögliche Struktur für ein SOWOSEC-Netzwerk vorgestellt. Alle Ebenen sollten in einem solchen Netzwerk sowohl horizontal, als auch vertikal miteinander vernetzt werden. Die operative Ebene der Sozialwirtschaft bildet in diesem Netzwerk die breite Basis. Hier werden die Erkenntnisse aus Lehre und Forschung in der Praxis umgesetzt sowie länderübergreifende europäische Projekte durchgeführt, sodass die Praxis von der Forschung und die Forschung von der Praxis profitiert. Zur Umsetzung der Strategie 2020 und zur Unterstützung des sozialen Dialogs werden von der europäischen Union in der Förderperiode 2014–2020 finanzielle Mittel zur Verfügung gestellt. Von dieser Förderung könnte auch ein SOWOSEC-Netzwerk in der dargestellten Struktur profitieren.

Im Statement der studentischen Arbeitsgruppe wurde zu Beginn der Arbeit gefordert, einen sozialen Dialog in Europa zu führen. Dieser Dialog hat auf europäischer Ebene jedoch längst begonnen. Die Europäische Kommission, der Europäische Wirtschafts- und Sozialausschuss (EWSA) sowie die Stadt Straßburg haben im Januar 2014 zu einer interaktiven europäischen Großveranstaltung zum Thema soziales Unternehmertum und Sozialwirtschaft in Europa eingeladen. An dieser Veranstaltung haben 2000 Vertreter der europäischen Sozialwirtschaft teilgenommen (Europäische Kommission 2014). In einem europäischen SOWOSEC-Masterstudiengang sollte der soziale Dialog nicht nur theoretisch in einzelnen Lehrveranstaltungen geführt werden. Vielmehr sollte der aktuelle sozialpolitische Dialog in Europa aktiv mitgestaltet werden. Der europäische Wirtschafts- und Sozialausschuss betont, dass die Sozialwirtschaft eine wichtige Rolle im Aufbausystem der EU sowie bei der Umsetzung der Strategischen Ziele 2020 spielt. Durch die Krise ist Europa derzeit jedoch noch weit von der Erreichung dieser Ziele entfernt.

Wenn in der Krise die gesellschaftliche Ungleichheit zunimmt, ist die Sozialwirtschaft besonders gefordert. Einerseits profitiert sie von der Krise, andererseits geht der Sozialwirtschaft für ihre Arbeit das Geld aus (Fröse 2014). Fröse gibt zu bedenken, ob es mittels der Netzwerke wirklich nur um die Bewältigung mangelnder Ressourcen geht? Oder steht das gesamte System auf dem Prüfstand? Sie macht darauf aufmerksam, dass es dabei nicht nur um einen veränderten Umgang mit Geld oder ein anderes Wirtschaften geht, sondern auch um Haltungen und Neuorientierungen. Netzwerke können bei diesem Prozess zu einem erwünschten „Hilfsmittel" werden. Fröse beschreibt das Entstehen von Netzwerken als eine logische Antwort auf diese Entwicklungen, da sich die Organisationen im Sozial-, Gesundheits- und Bildungsbereich neu und anders absichern müssen. Inwieweit die Diskussionen um Netzwerkarbeit hilfreich und weiterführend sind, kann nach Fröse derzeit noch nicht beurteilt werden (Fröse 2014). Ungeachtet dessen, sind die Akteure der Sozialforschung, sowohl Studierende als auch Vertreter aus Lehre und Forschung, gefordert, aus der eigenen „Komfort-Zone" heraus zu treten und über den eigenen Tellerrand hinaus aktiv zu werden. Denn die Zeiten sind günstig, die in diesem Beitrag angeregten Impulse umzusetzen, die dazu beitragen können, das sozialwirtschaftliche Profil zu schärfen. Die Akteure der Sozialwirtschaft sollten die derzeitige Beachtung in Europa und die finanziellen Mittel der europäischen Union nutzen. Sie sollten sich in länderübergreifenden Netzwerken zusammenschließen und den bereits begonnenen Dialog in Europa mitgestalten, damit die Sozialwirtschaft die Anerkennung erhält, die ihr aufgrund der wirtschaftlichen und sozialen Leistungen schon lange zu steht.

Literatur

Amerein, Bärbel, und Kurt Amerein. 2011. *Qualitätsmanagement: in Arbeitsfeldern der Frühen Bildung*. Köln.
AWO Bundesverband (Hrsg.). 2004. *Qualitätsentwicklung für lokale Netzwerkarbeit. Eine Arbeitshilfe für die Praxis*. Bonn.
Bassarak, Herbert, und Joachim W.A. Genosko. 2001. *Funktionen und Bedeutung von Netzwerken und Netzwerkarbeit*. Berlin.
Bassarak, Herbert, Dietmar Freier, und Rainer Heinz. 2001. *Voraussetzungen und Bedingungen kommunaler Netzwerkpolitik*. Berlin.
Bassarak, Herbert, und Werner Steffan. 2001. *Schlüsselqualifikationen von Sozialmanagern und Anforderungsprofil von Netzwerkern*. Berlin.
Bassarak, Herbert, Wolfgang, Gernert, Irene von der Heyden-Rynsch, Sigrun Mehls, und Walter Werner. 2001. *Beispiele kommunaler Netzwerkpolitik*. Berlin.
Bassarak, Herbert, und Armin Wöhrle (Hrsg.). 2008. *Sozialwirtschaft und Sozialmanagement im deutschsprachigen Raum, Bestandsaufnahme und Perspektiven*. Augsburg.

Bassarak, Herbert, und Sebastian Noll. (Hrsg.). 2012. *Personal im Sozialmanagement. Neueste Entwicklungen in Forschung, Lehre und Praxis*. Wiesbaden.

Bassarak, Herbert, und Armin Schneider (Hrsg.). 2012. *Forschung und Entwicklung im Management sozialer Organisationen*. Augsburg.

Beck, Reinhilde, und Gotthart Schwarz. 2011. *Konzeptions- und Leitbildentwicklung: Bestandsaufnahme und Prozessgestaltung. Optimierung von Leitungshandeln*. Studienbrief, 2., grundlegend überarbeitete Auflage, Brandenburg, 2011.

Beck-Texte. 2014a. SGB X. Bücher I–XII.

Beck-Texte. 2014b. Europa-Recht.

Böhm, Birgit, Michael Janßen, und Heiner Legewie. 1999. *Zusammenarbeit professionell gestalten. Praxisleitfaden für Gesundheitsförderung, Sozialarbeit und Umweltschutz*. Freiburg im Breisgau.

Diekmann, Andreas. 2011. *Rowohlts Enzyklopädie: Empirische Sozialforschung. Grundlagen, Methoden, Anwendungen*. Berlin.

Durao Barroso, José Manuel. 2013. Rede zur Lage der Nation. ec.europa.eu (2013) Europa 2020 in Deutschland. www.http://ec.europa.eu/europe2020/europe-2020-in-your-country/deutschland/country-specific-recommendations/index_de.htm. Zugegriffen: 13. April 2014.

Europäischer Wirtschafts- und Sozialausschuss. 2012. Die Sozialwirtschaft in der europäischen Union.

Koppmann, Reinhold. 2008. Netzwerkarbeit als Instrument des Kommunalen Politik- und Verwaltungsmanagements. Masterthesis, München.

Europäische Kommission. (2012). Mitteilung der Kommission an das europäische Parlament, den europäischen Rat, den Rat, die europäische Zentralbank, den europäischen Wirtschafts-und Sozialausschuss, die europäische Investitionsbank und den Ausschuss der Regionen. Maßnahmen für Stabilität, Wachstum und Beschäftigung, Brüssel.

Feld, Timm C. 2011. *Netzwerke und Organisationsentwicklung in der Weiterbildung*. Bielefeld.

Förschler, Hanns-Lothar. 2013. Strategische Neupositionierung sozialwirtschaftlicher Unternehmen der Freien Wohlfahrtspflege in Deutschland; Ansätze einer speziellen Unternehmenstheorie zwischen Marktwirtschaft und Gemeinwohlorientierung; Dissertation. Flensburg.

Fürst, Dietrich und Karsten Zimmermann. 2005, 2012. Governance - Ein tragfähiges Analysekonzept für Prozesse regionaler oder lokaler Selbststeuerung? Endbericht DFG Projekt. Typoskript: Leibniz Universität Hannover. In *Forschung und Entwicklung im Management sozialer Organisationen*, Hrsg. H. Bassarak, und A. Schneider, 112. Augsburg

Helmcke, Martina. 2008. *Handbuch für Netzwerk- und Kooperationsmanagement*. Bielefeld.

INAS. 2014. INAS-Fachkongress. Versorgung gestalten. Innovation - Kooperation - Vernetzung – Konkurrenz. http://www.inas-ev.eu/index.php. Zugegriffen: 13. April 2014.

Joint Degree. 2014. http://www.jointdegree.eu/index.php?id=5&lng=0. Zugegriffen: 24. Juli 2014.

Köhler, Helmut. 2014. Beck-Texte: Bürgerliches Gesetzbuch BGB: mit Allgemeinem Gleichbehandlungsgesetz, BeurkundungsG, BGB- Informationspflichten-Verordnung, Einführungsgesetz: Helmut Köhler: Bücher.

Kolhoff, Ludger. 2012. Sozialmanager, Netzwerker zwischen Sozialer Arbeit und den gesellschaftlichen Funktionssystemen. In *Forschung und Entwicklung im Management sozialer Organisationen*, Hrsg. Herbert Bassarak und Armin Schneider, 97–100. Augsburg.

Kolhoff, Ludger. 2013. *Unternehmensgründung und Entrepreneurship*. Brandenburg.
Kolhoff, Ludger, und Christine Gruber. 2005. *Die EU-Erweiterung. Herausforderungen für die Sozialwirtschaft*. Augsburg.
Kortendieck, Georg. 2011. *Sozialmanagement Praxis: Marketing im Sozialen Bereich*. Augsburg.
Kraege, Rüdiger. 1997. Controlling strategischer Unternehmenskooperationen. Aufgaben, Instrumente und Gestaltungsempfehlungen. In *Netzwerkorganisation in der deutschen Sozialwirtschaft -Entwicklung eines Modells für die kommunale Sozialplanung*, 109.
Nationale Agentur beim Bundesinstitut für Berufsbildung (BIBB): EU-Bildungspolitik, europäische Bildungskooperation, allgemeine und berufliche Bildung, Mobilität und lebenslanges Lernen. http://www.eu-bildungspolitik.de/. Zugegriffen: 06. April 2014.
Netzwerkorganisation in der deutschen Sozialwirtschaft -Entwicklung eines Modells für die kommunale Sozialplanung.
Post, Julia. 2014. Angewandte Sozialforschung. http://angewandte-sozialforschung.de. Zugegriffen: 24. Juli 2014.
Prümm, Hans Paul. 2009. *Rechtsformen und Unternehmensformen für die Erfüllung öffentlicher Aufgaben*. Brandenburg.
Quilling, Eike, Hans J. Nicolini, Christine Graf, und Dagmar Starke. 2013. *Praxiswissen Netzwerkarbeit. Gemeinnützige Netzwerke erfolgreich gestalten*. Wiesbaden.
Sagmeister, Monika. 2014. Wenn ich nicht mehr weiter weiß, gründe ich einen Arbeitskreis!? Bedingungen erfolgreicher Vernetzung. Abstract. http://www.inas-ev.eu/index.php/kongress-2011/inas-kongress-2014/programm. Zugegriffen 22. März 2014.
Schellberg, Klaus. 2011. *Finanzierung sozialer Organisationen*. Brandenburg.
Schick, Stefan. 2012. *Rechtliche und steuerliche Grundlagen in der Sozialwirtschaft*. Baden-Baden.
Schubert, Herbert. 2012. Netzwerkorganisation in der deutschen Sozialwirtschaft. Entwicklung eines Modells für die kommunale Sozialplanung. In *Sozialwirtschaft Diskurs: Forschung und Entwicklung im Management sozialer Organisationen*, Hrsg. Herbert Bassarak, und Armin Schneider, 101–125. Augsburg.
Schwarz, Peter, Robert Purtschert, Charles Giroud, und Reinbert Schauer. 2002. Das Freiburger Management-Modell für Nonprofit Organisationen. In *Netzwerkorganisation in der deutschen Sozialwirtschaft – Entwicklung eines Modells für die kommunale Sozialplanung 2002*, 116.
SONG: Netzwerk soziales neu gestalten. http://www.netzwerk-song.de/index.php?id=13. Zugegriffen: 14. Juni 2014.
Vahs, Dieter. 2003/2012. Organisation: Einführung in die Organisationstheorie und -praxis. In *Forschung und Entwicklung im Management sozialer Entwicklungen*, Hrsg. Herbert Bassarak, und Armin Schneider, 109. Augsburg.
Zierer, Brigitte. 2014. *EU-Programme: Förderung von sozialer Innovation und sozialer Versorgung? Unveröffentliches Manuskript*. Wien.

Jutta Sieren Staatlich anerkannte Erzieherin, Dipl. Sozialpädagogin (FH), Sozialmanagement M.S.M.,TQM-Beauftragte (EQ-Zert). Studium an der Kath. Fachhochschule Nordrhein-Westfalen in Aachen und an der Hochschule München. Langjährige Leiterin von Kindertageseinrichtungen, Fachberaterin für kommunale Kindertageseinrichtungen und

Kindertagespflege, Führungskraft im Kinder- und Jugendbereich bei elisabeth in Luxemburg. Arbeitsschwerpunkte: Sozialmanagement, Sozialwirtschaft, Qualitätsmanagement, Personalentwicklung, Führen und Leiten, Konfliktmanagement, Teamentwicklung, Konzeptionsentwicklung, Coaching, Fachberatung und Durchführung von Inhouse-Fortbildungen.
E-Mail: jutta_sieren@yahoo.de

Teil III
Strategische Optionen und Veränderungsanforderungen

Innehalten: Zeit für Veränderungen in der Sozialwirtschaft

Auf dem Weg der Professionalisierung zum vierten Wirtschaftssektor

Paul Brandl

1 Einleitung

Es ist der Versuch nach Jahren der Expansion in der Sozialwirtschaft eine Standortbestimmung derselben auf dem Weg der Professionalisierung zum vierten Sektor vorzunehmen. Das Sozialsystem wurde in den letzten Jahrzehnten stark ausgebaut, die Sozialwirtschaft ist stetig gewachsen. Es erscheint daher angebracht, am Beispiel der mobilen und stationären Altenbetreuung und -pflege in einer Art von zurückschauender Vorausschau zu reflektieren, was sich in diesem Segment der Sozialwirtschaft – stellvertretend für andere Bereiche – vor allem aus organisationstheoretischer Sicht getan hat. Darauf aufbauend wird der Versuch unternommen, Ansatzpunkte zu finden, die bei der Bewältigung der anstehenden Herausforderungen im Bereich der mobilen und stationären Altenbetreuung und -pflege Hilfestellungen für die Auftraggeber sozialer Dienstleistungen und das Sozialmanagement geben können.

P. Brandl (✉)
FH OÖ – Linz, Studiengang, Linz, Österreich
E-Mail: paul.brandl@fh-linz.at

2 Rückschau am Beispiel der Altenbetreuung in OÖ

Der demografische Wandel bzw. die älter werdende Bevölkerung ist in aller Munde. Beginnen wir bei der Rückschau mit der Entwicklung der Anzahl der Alten- und Pflegeheime ab 1994. Es ist auch 2016 eine weitere moderate Steigerung der Anzahl der Altenheime auf Grund der geltenden Sozialpläne zu erwarten (siehe Abb. 1) (Amt der oberösterreichischen Landesregierung – Abteilung Soziales 2011).

Ab 1996 wurde in Oberösterreich auch die mobile Altenbetreuung und -pflege stark ausgebaut. Das war die letzte größere, in Statistiken und dem verfügbaren Datenmaterial ablesbare strategische Entscheidung mit dem Leitspruch „Mobil vor Stationär" (siehe Abb. 2) (Amt der oberösterreichischen Landesregierung – Medienservice 2006).

Wenn wir als weiteres Kriterium für Veränderungen in diesem Segment der Sozialwirtschaft die Verweildauer der HeimbewohnerInnen in Alten- und Pflegeheimen heranziehen, dann zeigen mehrere Studien eine stark sinkende Tendenz: Während im Land Vorarlberg 2001 im Regionalen Bedarfs- und Entwicklungsplan noch von 5,4 Jahren die Rede ist, sprechen Schönberg und de Vries (2011) bereits von 2,6 Jahren und Mönikes (2015) bereits von 1,5 Jahren. Gleichzeitig

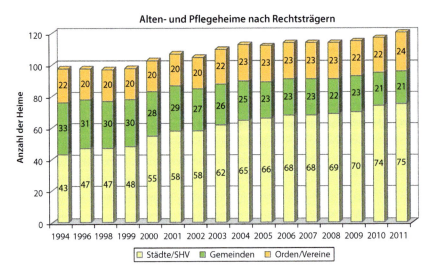

Abb. 1 Alten- und Pflegeheime in OÖ nach Rechtsträgern. (Amt der oberösterreichischen Landesregierung – Abteilung Soziales 2011)

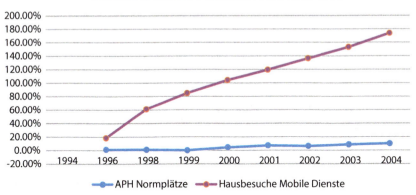

Abb. 2 Strategiewechsel „mobil vor stationär". (Amt der oberösterreichischen Landesregierung – Medienservice, 2006)

steigt auch der Betreuungsbedarf für die derzeitigen HeimbewohnerInnen an. Sichtbar wird dies in der Pflegegeldeinstufung (in Österreich: 7 Stufen) insgesamt sowie der potentiellen HeimbewohnerInnen ab Pflegestufe 3 (siehe Abb. 3) (Statistik Austria – 2015).

Geht man nach den in Oberösterreich etwa um das Jahr 2000 entstandenen Plänen zum weiteren Ausbau von Altenheimen, so müssten jetzt noch eine Reihe weiterer Heime gebaut werden, obwohl bereits erste „Sättigungstendenzen" in manchen Bezirken zu erkennen sind[1]. Gleichzeitig hört man u. a. von Altenheimen in Oberösterreich (Aussagen anonymisiert) oder der BRD (Vincentz Network 2015), die über zu wenig Auslastung klagen.

Die Erhöhung des Pensionsalters in Österreich für Männer von 60 auf 65 Jahre und ebenso das der Frauen bis 2033 macht eine professionelle Altenbetreuung und -pflege immer notwendiger, indem die Eltern zu einem Zeitpunkt pflegebedürftig werden, wenn deren Kinder noch in Arbeit stehen. Noch ein Aspekt zur demografischen Entwicklung: Es steigt die Anzahl der hochbetagten Menschen weiter an, gleichzeitig wird im selben Zeitraum die Anzahl von Personen mit einer „ferneren Lebenserwartung kleiner 10 Jahren" in deutlich geringerem Ausmaß steigen. Ähnliches gilt für die Anzahl der Pflegebedürftigen über 75 Jahre (siehe Abb. 4) (Schöfecker 2015, S. 16).

---

[1] Aussage von SHV-MitarbeiterInnen und Heimleitern, die anonym bleiben wollen.

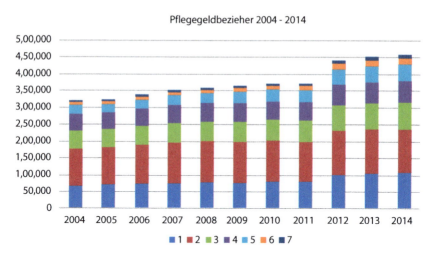

Abb. 3 Pflegegeldeinstufung 1–7 der HeimbewohnerInnen. (Statistik Austria 2015)

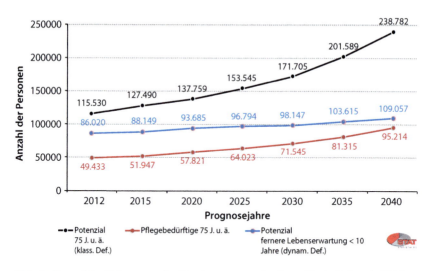

Abb. 4 Potenzielle Zielgruppen der Altenbetreuung und -pflege. (Statistik Austria 2015)

Von wem werden nun in Oberösterreich die professionellen Betreuungsleistungen erbracht? Die nachfolgende Grafik zeigt bei der stationären Pflege einen leicht sinkenden Prozentsatz, einen leicht steigenden Prozentsatz bei den

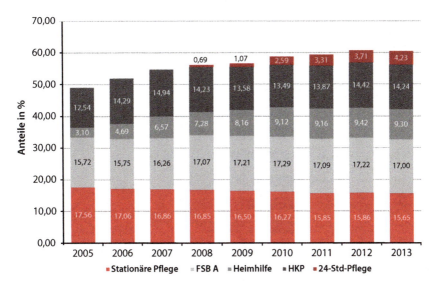

Abb. 5 Betreute Pflegebedürftige in OÖ nach Leistungsart. (Amt der oö. Landesregierung 2015)

FachsozialbetreuerInnen (FSB A) in der mobilen Altenbetreuung, eine stärkere Steigerung bei den mobilen Heimhilfen sowie eine geringfügigere Steigerung bei der mobilen Hauskrankenpflege (HKP). Ab 2008 wird auch der Anteil der 24-Std-Pflege erhoben und erreicht demnächst die 5 %-Marke (siehe Abb. 5) (Schöfecker 2015, S. 27).

Diesem Trend folgend sind auch eine Reihe neuer Wohnformen für ältere Personen entstanden (etwa Riedl 2014): Von der Versorgung durch „Essen auf Rädern" bis zum Wohnen mit Service, von Wohngemeinschaften im Alter über Tagesbetreuungseinrichtungen bis hin zum Generationenwohnen am Bauernhof und der sogenannten 24 h-Pflege. Auch sog. „Seniorendörfer" wurden nicht nur in den USA und der BRD bereits realisiert (Alt-werden-und-Spaß-dabei 2015). All diese Wohnformen ermöglichen einen gut versorgten Lebensabend in den „eigenen" vier Wänden. Dieser Wunsch nach einem möglichst langen Leben zu Hause findet sich in vielen Studien wieder (siehe Abb. 6) (u. a. Milleker 2006; Riedl 2014).

Wenn es um die Einschränkungen der Aktivitäten des täglichen Lebens geht, haben wir für unsere Betrachtung einzelne Tätigkeiten herausgenommen: Bücken und Niederknien, volle Taschen tragen, Stiegen steigen ohne Stock und die Fingerfertigkeit. Hierzu zeichnet die Gesundheitsbefragung der Statistik Austria von 2006/2007 folgendes Bild (Kolland 2010) und kann als ein Hinweis verstanden

Abb. 6 Vorstellbare Wohnformen im Alter. (Milleker 2006)

werden, dass sich die Ansprüche insbesondere an die mobile Altenbetreuung differenzieren, jedenfalls stark verändern werden (siehe Abb. 7).

Egal wie viele Statistiken wir noch zu Rate ziehen, es wird sich die Anzahl der Pflegebedürftigen und damit auch die anfallenden Kosten in Zukunft erhöhen. Wie auch neuere Studien (etwa Simsa 2015) zeigen, spüren die MitarbeiterInnen sozialer Dienstleister einen Geld- und Personalmangel. In derselben Studie finden sich allerdings wenig konkrete Hinweise, wie diesem Umstand zu begegnen wäre. Spätestens hier sind wir an einem Punkt angelangt, an dem es sich lohnt innezuhalten und die weitere Vorgangsweise der Auftraggeber von Sozialleistungen und damit des Sozialmanagements grundsätzlich zu überdenken.

Man kann die letzten 25 Jahre der Sozialwirtschaft als eine Art „Pionier- und Differenzierungsphase" – entsprechend dem Phasenkonzept nach Glasl et al. (2013) bezeichnen. Es galt, kontinuierlich Kapazitäten (nicht nur) in der mobilen und stationären Altenbetreuung zu schaffen und gleichzeitig auch bestehende Einrichtungen weiterzuführen. Der finanzielle Aufwand erhöht(e) sich beständig. Weitere gesellschaftliche Einflüsse waren und sind die zunehmende Erwerbstätigkeit von Frauen, das steigende Bildungsniveau, die Zunahme von Scheidungen und damit Singles,

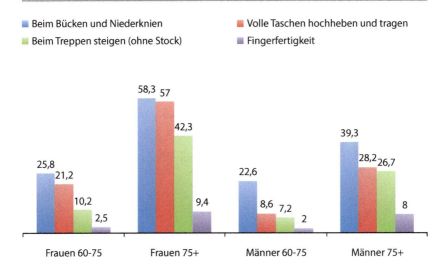

Abb. 7 Einschränkung der Aktivitäten des täglichen Lebens nach Alter und Geschlecht. (Statistik Austria, Gesundheitsbefragung 2006/2007)

der Zunahme von unterschiedlichen Wohnorten von Eltern und Kindern sowie auch der Zuzug in die Städte. In dieser Phase ging es insbesondere um den flächendeckenden Aufbau von Angeboten für die stationäre und in der Folge für die mobile Altenbetreuung und –pflege. Dem folgte konsequenterweise das Nachziehen von Ausbildungsangeboten zur Professionalisierung der Pflegeberufe (Amt der oberösterreichischen Landesregierung – Abteilung Soziales 2011). Verbunden mit diesem Aufbau von Kapazitäten waren und sind Unschärfen in den Angeboten vom teilweise zu geringen Ausmaß bei der mobilen Pflege bis hin zum anfangs sehr starren Angebot der stationären Altenbetreuung und -pflege in Anlehnung an ein Krankenhausmodell. Neben dem Aufbau von Kapazitäten galt es auch, Einrichtungen weiterzuführen und diese in Stand zu halten bzw. zu renovieren. Die Anzahl der mobil und zu Hause betreuten Personen nimmt weiter zu (siehe oben), ebenso die Individualisierung der Bedürfnisse eben dieses Personenkreises. Es verändern sich somit sowohl die Rahmenbedingungen als auch die Anforderungen an diese Dienstleistungen beständig.

In den letzten Jahren – durchaus voraussehbar – hat sich der Schuldenstand der öffentlichen Haushalte nicht nur in Österreich stetig erhöht. Dazu die Statistik zum Schuldenstand in Österreich (siehe Abb. 8) (Bürger und Kotanko 2015).

Die Bundes- und Landesregierungen begannen in den letzten Jahren langsam mit dem „Gegensteuern", wodurch es unschwer vorauszusagen, zu stagnierenden

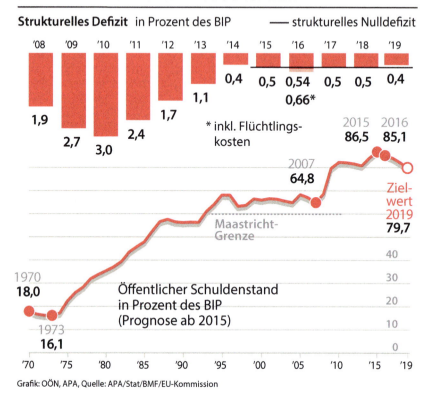

Abb. 8 Schuldenstand Österreichs 1970–2016. (Bürger und Kotanko, 15.10.2015)

Sozialbudgets und ggf. auch Kürzungen hinsichtlich der zur Verfügung stehenden finanziellen Mitteln kommen wird (ÖGB 2015). Man hat sich daher bei den öffentlichen Auftraggebern sozialer Dienstleistungen im Sinne der Weiterführung des bisherigen Denkens zunächst nach Kürzungen bei Input und auch Output umgesehen. Ein „Mehr vom Selben" wird in Zukunft nicht mehr möglich sein. Diese Aussage untermauert auch Harringer-Michlmayr bereits 2010 (S. 51ff.), indem sie darauf verweist, dass die Steigerungen des Sozialbudgets für den laufenden Aufwand aufgehen und zukunftsträchtige Investitionen unterbleiben müssen. Das Streichen und Zurücknehmen von Leistungen ist – in dieser Denkweise – dann der logische nächste Schritt. Man wird deshalb nach weiteren Handlungsalternativen suchen müssen.

3 Überlegungen für strategische Weichenstellungen

Heitger/Doujak (Heitger und Doujak 2014, S. 28f.) haben dazu eine Matrix aus Veränderungsnotwendigkeit und Veränderungsvermögen erstellt, in der man selbst die Sozialwirtschaft einordnen und die Möglichkeiten der kontinuierlichen Entwicklung oder alternativ dazu eines Hinauszögerns von als notwendig erkannten Maßnahmen ablesen kann (siehe Abb. 9).

Fragen und Überlegungen zu dieser Matrix ermöglichen die Positionierung eines sozialen Dienstleisters zunächst im IST und anschließend im SOLL. Wie hoch schätzen Sie die Veränderungsnotwendigkeit und die -fähigkeit der von Ihnen beurteilten Organisation ein? Wie wird Veränderung in diesem Unternehmen gelebt? Je länger (als notwendig erkannte) Veränderungen hinausgeschoben werden, desto mehr würde eine Organisation in Richtung „Überleben sichern" gehen müssen. Was steht nun im Bereich der Sozialwirtschaft an?

- Angesichts der angespannten budgetären Lage wird vermehrt die Frage zu stellen sein, wie die **Kosten gedämpft bzw. gesenkt** werden können.
- Gleichzeitig wird das Sozialmanagement die Aufgabe (auch proaktiv) übernehmen können/müssen sich auf **verändernde Bedürfnisse der KlientInnen** einzustellen.

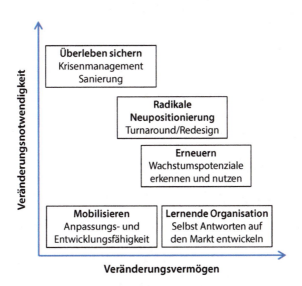

Abb. 9 Veränderungsrichtungen im Change Management. (Heitger und Doujak 2014)

Insbesondere der oben skizzierte Wunsch nach dem Lebensabend in den eigenen vier Wänden bringt die Entscheider und Anbieter von sozialen Dienstleistungen unter Zugzwang.
- War es in den vergangenen Jahren noch der **Input**, der Gestaltungsspielraum für die Auftraggeber von sozialen Dienstleistungen geboten hat, so kam mit der Zeit auch die Gestaltung des **Output**s im Sinne des Qualitätsmanagements und der Wirkungsorientierung bei der Erbringung von Dienstleistungen dazu. Es fehlte bisher das Augenmerk auf die **Effizienz von Prozessen und die Optimierung der Wirkung von Dienstleistungen** bei gleichbleibendem oder vermindertem Ressourceneinsatz.
- Je länger auf zielorientierte Veränderungen verzichtet wird, desto höher steigt die Notwendigkeit von radikalen Veränderungen.

Es ist daher an der Zeit unter Einbeziehung der technologischen Entwicklungen neue Fragen in Richtung einer zukünftigen Veränderung der sozialen Dienstleistungen (nicht nur) in der mobilen und stationären Altenbetreuung zu stellen:

- Welche Anforderungen werden in den nächsten Jahren an Altenheime gestellt, wenn die durchschnittliche Verweildauer auf etwa ein Jahr sinkt?
- Welche und wie müssen (nicht nur Pflege- und Betreuungs-)Dienstleistungen etwa für Personen mit eingeschränkter Mobilität neu organisiert werden, um einen möglichst langen Verbleib in den eigenen vier Wänden unter zumutbaren Bedingungen zu ermöglichen?
- Welche „alternativen" Wohnformen und welche Maßnahmen werden benötigt, um der Einsamkeit der älter werdenden Personen entgegen zu wirken und diesen trotzdem ein menschenwürdiges, selbständiges Leben („independent living") zu ermöglichen.
- Wie muss sich Sozialplanung verändern? Wie wäre ein Ansatz auf Basis des Sozialraums für KlientInnen und Auftraggeber sozialer Einrichtungen zielführend?
- Die bisher problemorientierte Vorgangsweise bei der Bearbeitung demografischer Entwicklungen könnte durch eine lösungsorientierten Herangehensweise ersetzt werden. Wie kann das umgesetzt werden?

Ein Paradigmenwechsel kündigt sich somit für die Sozialwirtschaft an: für die Auftraggeber, das Sozialmanagement und letztlich für die KlientInnen! Zwei Entwicklungsmodi sind dabei für die Auftraggeber nach dem St. Gallener – Management-Modell handlungsleitend (Rüegg-Stürm 2013):

1. Das **Optimieren** bestehender Einrichtungen etwa durch Einführen der Prozessorganisation (etwa Fischermanns 2013) und den dazu begleitenden Maßnahmen für das Umdenken von Führungskräften und MitarbeiterInnen (Weiss 2003). Darüber hinaus wird es einer Anpassung der Dienstleistungen an veränderte Anforderungen bedürfen.
2. Das konsequente **Neugestalten** von (sozialen) Dienstleistungen (Bullinger et al. 2005) aus der Kundenperspektive sollte hier ein weiterführender Ansatz sein, der versucht insbesondere aus dem Verstehen der Nutzerperspektive und dem enger werdenden Bedingungsrahmen der Auftraggeber Spielräume in der Sozialwirtschaft zu generieren.

Nachfolgend werden fünf Gedanken für den zukünftigen Weg der Sozialwirtschaft vorgestellt:

1. **Optimieren heißt auch über strukturelle Grenzen gehen**
   Im Sinne des Minimierens der Verschwendung von Ressourcen (egal ob in Form von Qualifikation, Zeit oder Material), kann etwa auf den theoretischen Ansatz des Kaizen (Imai 2001) oder des KVP (Crisand und Raab 2010) zurückgegriffen werden. Anwendungsbereiche finden wir beginnend bei den Lieferanten mit denen die optimale Lieferung vereinbart wird (etwa Lieferzeitpunkt, Lieferort, Rechnungslegung, Controlling durch den Lieferanten, …). Weitere spannende Möglichkeiten ergeben sich auch beim Neudenken von Schnittstellen zwischen Lieferanten und dem Kernprozess, die zur Einbeziehung von Service Levels und damit zu neuen Ausschreibungsinhalten führen werden (Karlinger 2012; Mertlseder 2015). Auch die Pflegedokumentation wird hinterfragt, inwieweit sie nichtwertschöpfende Teilprozesse oder Prozessschritte enthält.
2. **Neugestalten heißt zunächst anders denken**
   Um das Thema der Altenbetreuung und -pflege neu zu denken, erscheinen folgende Ansätze erfolgversprechend zu sein: aus der Sicht des Marketings kommt der Ansatz von „go go – slow go – no go" (Fargel 2012), also die Senioren aus dem Blickwinkel der abnehmenden Mobilität zu betrachten. Damit verändern sich auch die Anforderungen an Dienstleistungen, die Senioren für das tägliche Leben abseits der Pflege benötigen und nicht mehr selbst besorgen können. Es vermindert sich auch die Kontaktmöglichkeit mit Gleichgesinnten oder Gleichaltrigen und fördert die Zunahme von Einsamkeit. Weiters besteht auch die Möglichkeit über Definitionen des Begriffes „Dienstleistung" einzusteigen: Zum einen ist das Ausmaß der Beteiligung des „externen Faktors" (= Kunde, Klient, Angehörige) an der Erstellung der Dienstleistung zu hinterfragen (Bruhn 2013).

Es eröffnet sich dadurch die Möglichkeit, Dienstleistungen anders herum zu „konstruieren", wie am Beispiel des Wäscheservice zu Hause (Ritter 2011) oder der mobilen fachärztlichen Versorgung in Alten- und Pflegeheimen (Knogler 2014) gezeigt werden konnte. Somit wird das „Neugestalten" von Dienstleistungen eine Ergänzung zum Optimieren von Prozessen (Brandl und Riedl 2016). Insbesondere das aus der Psychotherapie kommende lösungsorientierte Denken (etwa Bamberger 2015) bringt „radikale" Ansätze etwa im Sinne der Beteiligung des Kunden an der Leistungserstellung: Selbst beteiligen ist mehr als versorgen. Ein ressourcenorientiertes Denken könnte danach fragen, welche Tätigkeiten SeniorInnen – auch wenn sie in Pension sind – im Rahmen einer Zeitbörse (Ebert 2015) erbringen können und wollen. Der individuelle Teilhabeplan (Bennewitz und Bremauer 2014; Mitterlehner 2015) für beeinträchtigte Menschen wäre dafür auch ein Vorbild, indem beeinträchtigte Menschen mit ihren Ressourcen gesehen werden. Über dieses Denken wird für einen Teil dieser Personen auch geringfügige Beschäftigung möglich und bringt dadurch das „All Inclusive for all"-Angebot großer Dienstleister ins Wanken. Wäre das auch für ältere Personen, nicht nur für Behinderte relevant? Können die regional denkende Gemeinwohlökonomie (Terra-Institut 2015) bzw. eine darauf aufbauende, konsequent umgesetzte Sozialraumorientierung (Zimmel 2015) einen Paradigmenwechsel in der mobilen und stationären Altenbetreuung und -pflege in Richtung von mehr Selbstbeteiligung und/oder mehr Nachbarschaftshilfe (etwa Becher und Hölscher 2015) weiterführen?

3. **Technologische Weiterentwicklungen systematisch einbauen**

Die Seniorenwirtschaft für das Segment der „slow go"-Kunden scheint zumindest in Österreich noch ein zaghaftes Pflänzchen zu sein (Weissenberger 2015). Dazu zählt auch die Arbeit von Pleiner (2014) mit der Idee, Dienstleistungen für weniger mobile Personen via Tablet zu bestellen. Während im Technologiebereich bereits die Industrie 4.0 diskutiert wird, scheinen Ansätze im Bereich der Sozialwirtschaft eher eine zufällige, denn systematische Entwicklung. Im Handel gibt es bereits einige Projekte im Bereich regionaler Online-Plattformen (u. a. shz.de 2011; Knott 2015). Auch der Einsatz von technologischen Lösungen im Rahmen der Vitaldatenmessung (etwa Vidamon 2015) bis zur seniorengerechten Ausstattung von Wohnungen beginnt sich zu entwickeln. Ebenso die Verblisterung von Medikamenten (Umbauer 2013) im Bereich der mobilen Altenbetreuung und –pflege oder der Einsatz von NFC-Technologien im Rahmen der Wäscheversorgung von Alten- und Pflegeheimen (Mertlseder 2015) sind bereits Thema. Es gilt Verhaltensänderungen zu unterstützen und auch eine menschenwürdige Vorgangsweise zu bewahren.

4. **Dienstleistungen neugestalten heißt auch (große) Organisationen umgestalten**
   In den letzten Jahren wurden die „entrepreneure" stark gefördert und in ihrer Bedeutung vermutlich überschätzt. Die kleinen schnellen Hechte (Brandl et al. 2013) bringen durchaus eine größere Zahl von gut laufenden Initiativen zu Stande, es fehlt ihnen meist die Kraft für eine flächendeckende Verbreitung. Anders bei als bei größeren Organisationen: Hier treffen wir bei produktnahen Dienstleistungen immer wieder auf Widerstände gegen neuartige Dienstleistungen (Brandl 2013). Diese neuen Dienstleistungen sind – weil unbekannt – für die Arbeitnehmer und Nutzer in ihrer Wirkung zu wenig vorstellbar. Es dauert bis zur erfolgreichen, flächendeckenden Einführung mehrere Jahre. Eine lösungsorientierte Organisationsweise hat viele Veränderungen im Gefolge (Bennewitz und Bremauer 2014). Es bedürfte daher einer Mehrzahl von Projekten, die ein Ausprobieren von neuen Dienstleistungen ermöglichen und eine Implementierung unterstützen.

5. **Beiträge zur schnelleren, systematischen und flächendeckenden Verbreitung von Innovationen**
   Neuerungen in der Sozialwirtschaft werden schon auf Grund der Leistungsverträge – sie enthalten keine Innovationskomponente – nicht wirklich gefördert. Es bleibt meist bei der Fortschreibung bisheriger Aufträge. Neben initiativen Führungskräften braucht es Institutionen wie die Fachhochschulen, die als innovative Nahversorger etwa für die stationäre und mobile Altenbetreuung beständig „neues Wissen" in den Bereich der mobilen und stationären Altenbetreuung bringen. Auch ein Umdenken auf Grund der sich verändernden Rahmenbedingungen bei den Auftraggebern und den Anbietern sozialer Dienstleistungen kann gefördert werden. Eine diesbezügliche Forschungsförderung für die Sozialwirtschaft würde hier unterstützend wirken.

Mit diesen fünf Themenbereichen für strategische Überlegungen werden die komplexen Anforderungen an die Führungskräfte sowohl der Auftraggeber sozialer Dienstleistungen als auch des Sozialmanagements sichtbar. Eine Umsetzung der oben angesprochenen Themenbereiche ist nicht nur im Bereich der mobilen und stationären Altenbetreuung möglich, sondern eignet sich auch – entsprechend adaptiert – für alle anderen Bereiche der Sozialwirtschaft.

4 Die Führungskraft wird zum Motor der Veränderungen

Es ist nicht nur eine Veränderung von Prozessen und Dienstleistungen sondern auch ein Wertewandel nötig, der neue Anforderungen an die sozialen Dienstleister generiert und damit die Führungskräfte (noch mehr) in den Mittelpunkt rückt.

Es kommen nicht (nur) neue Werte oben drauf, sondern es müssen auch alte, liebgewonnene Werte „verlernt" werden. Die Führungskraft wird vom Moderator zum Motor der Veränderung, wobei das Prozess- und Qualitätsmanagement einen hohen Stellenwert einnehmen wird (Brandl und Jungreitmayr 2015). Vier Punkte gilt es im Kreuzschwestern-Projekt gleichzeitig zu beachten:

- Ökonomische Vorgangsweise
- juristisch einwandfrei
- am Stand der Wissenschaft zu bleiben
- unter Einbeziehung der Unternehmenswerte der Kreuzschwestern

Ein Anpassen der Führungskräfteentwicklung und der Ausbildungen im Bereich des Sozialmanagements ist damit vorprogrammiert. Die Führungskraft mit seinem Team muss einen Nutzen in folgenden Bereichen erzielen (siehe Abb. 10) (DGQ 2014).

Eine Alternative zu diesen „Change-Ansätzen" wäre das Fortschreiben des bestehenden Handelns. Dies erinnert allerdings an die Tiroler Zeitschrift „Die Lokomotive" (7/1927): „ … als in wenigen Monaten die Tiroler Dampflokomotiven

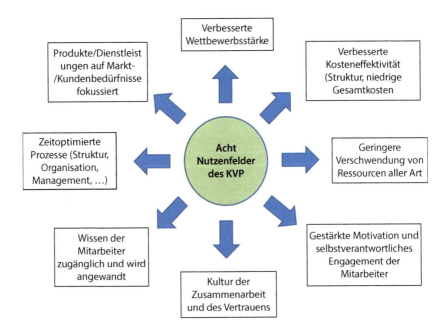

Abb. 10 Die acht Nutzenfelder des KVP. (DGQ 2014)

bald am elektrischen Draht standrechtlich dem Tod verfallen sein werden, jeder elektrische Leitungsmast ist ein Galgen für die Dampflokomotive." (Eisenbahnfreunde Lienz 2013). Aufgabe der Führungskräfte wird es daher sein müssen, trotzdem die Neuerungen einzuführen und die Folgen der Einführung von Neuerungen für die MitarbeiterInnen soweit möglich abzufedern.

Literatur

Alt-werden-und-Spaß-dabei. 2016. http://www.alt-werden-und-spass-dabei.de/. Zugegriffen: 13. Febr 2016.
Amt der oberösterreichischen Landesregierung – Abteilung Soziales. 2011. *Alten- und Pflegeheime in Oberösterreich*. Linz.
Bamberger, Günter G. 2015. *Lösungsorientierte Beratung: Praxishandbuch*. Weinheim.
Becher, Berthold, und Martin Hölscher (Hrsg.). 2015. *Wohnen und die Pflege von Senioren – Neue Versorgungsarrangements, neue Versorgungsmodelle*, 2. Aufl. Hannover.
Bennewitz, Dirk und Ralf Bremauer. 2014. Personenzentrierung in der Praxis – Best Practice aus Thüringen? http://www.liga-brandenburg.de/Personenzentrierung-in-der-Praxis-Bennewitz-Dirk-und-Bremauer-Ralf-%5BPDF%5D-848655.pdf. Zugegriffen: 30. Juli 2015.
Brandl, Paul. 2013. Soziale Dienstleistungen neu gestalten - bewährte Grenzen überschreiten. In *Kontraste*, 8/2013.
Brandl, Paul, und Victoria Jungreitmayr. 2015. *Der theoretische Background des Kreuzschwestern-Standard „QM 3 in 1"*. unv. *Manuskript zur Einreichung für den Teleios-Preis 2015*. Linz.
Brandl, Paul, Sebastian Martin, und Anton Konrad Riedl. 2014. *Kleiner Hecht und großer Wal – Der Einfluss der Organisationsgröße auf die Form des Sozialunternehmertums in Sozialunternehmertum*. Baltmannsweiler.
Brandl, Paul, und Anton K Riedl. 2016. Kosten senken und Kundennutzen optimieren. In *Sozialwirtschaft*, 1/2016.
Bruhn, Manfred. 2013. *Qualitätsmanagement für Dienstleistungen*, 9. Aufl. Berlin.
Bullinger, Hans-Jörg, Kristof Schneider, und August-Wilhelm Scheer. 2005. *Service Engineering: Entwicklung und Gestaltung innovativer Dienstleistungen*, 2. Aufl. Berlin.
Bürger, Jasmin, und Christoph Kotanko. 2015. Schelling will "aus der Regionalliga Ost zurück in die Champions League" in Oberösterreichische Nachrichten vom 15.10.2015.
Crisand, Ekkehard, und Gerhard Raab (Hrsg.). 2010. *Der Kontinuierliche Verbesserungsprozess (KVP): Konzept - System – Maßnahmen*. 4. Aufl. Hamburg.
DGQ – Deutsche Gesellschaft für Qualität. 2014. *KVP - Der Kontinuierliche Verbesserungsprozess, Praxisleitfaden für kleine und mittlere Organisationen*, Bd. 12–92. München.
Ebert, Johannes. 2015. Weiterentwicklung des Modells „ZeitBank55+", Leonstein.
Eisenbahnfreunde Lienz. 2013. Newsletter, 2/2013.
Fargel, Mathias. 2012. Achtung, hier kommen: Go Go, Slow Go und No Go, Mai. 8. http://www.magazin66.de/2012/05/achtung-hier-kommen-go-go-slow-go-und-no-go/. Stand: 20. Aug 2013.
Fischermanns, Guido. 2013. *Praxishandbuch Prozessmanagement – Das Standardwerk auf Basis des BPM Framework ibo-Prozessfenster®*. Gießen.

Glasl, Friedrich, Trude Kalcher, und Hannes Piber. 2013. Professionelle Prozessberatung: Das Trigon-Modell der sieben OE-Basisprozesse. Bern.
Harringer-Michlmayr, Marlene. 2010. *Das Finanzierungssystem der oö. Alten- und Pflegeheime unter besonderer Berücksichtigung der Kostenentwicklung kommender Jahre.* Linz.
Heitger, Barbara, und Alexander Doujak. 2014. *Harte Schnitte – Neues Wachstum, Wandel in volatilen Zeiten: Die Macht der Zahlen und die Logik der Gefühle,* 2. Aufl. München
Imai, Masaaki. 2001. *Kaizen: Der Schlüssel zum Erfolg im Wettbewerb.* Berlin.
Karlinger, Manuel. 2012. *Prozessoptimierung am Beispiel der Firma Dan Küchen – Beschaffung von Büromaterial.* Königswiesen.
Knogler, Marlene. 2014. *Neugestaltung der Dienstleistung „mobile Psychiater in Alten- und Pflegeheimen" – Bessere Leistungserbringung – geringere Kosten.* Linz.
Knott, Ingo. 2015. Für und Wider regionaler Online Plattformen. http://www.abensberg.de/wirtschaft/fuer-und-wider-regionaler-online-plattformen-aktuelles-3881. Zugegriffen: 20. Dez 2015.
Kolland, Franz. 2010. Herausforderungen im Alter. http://slideplayer.org/slide/872789/. Zugegriffen: 31. Dez 2015.
Land Vorarlberg. 2001. *Regionaler Bedarfs- und Entwicklungsplan 2000–2020.* Ergänzende Studie zum Bedarfs- und Entwicklungsplan des Landes Vorarlberg für pflegebedürftige Menschen. Bregenz.
Landeskorrespondenz. 2006. Altenpflege in Oberösterreich – Zahlen und Fakten zur aktuellen Situation und zur Debatte um die ‚illegale' Pflege. https://www.land-oberoesterreich.gv.at/50326.htm. Nr. 196, Zugegriffen: 25. Aug 2006.
Mertlseder, Tanja. 2015. *Entscheidungsgrundlage für eine optimierte Wäscheversorgung am Beispiel der vier Bezirksseniorenheime im SHV Freistadt.* Linz.
Milleker, David F. 2006. Wohnen im Alter: Bestandsaufnahme und Marktpotenziale. In *Allianz Dresdner Economic Research.* Working Paper, Nr. 70, Oktober 2.
Mitterlehner, Martin. 2015. *Seniorenwohnhaus Schloss Hall – Pilotprojekt SHG+.* Praktikumsbericht. Linz.
Mönikes, Martin. 2015. http://www.rp-online.de/nrw/staedte/langenfeld/wohndauer-in-altenheimen-sinkt-aid-1.4773541. Zugegriffen: 6. Juli 2015.
ÖGB. 2015. http://www.oegb.at/cms/S06/S06_23.a/1342555727263/home/protest-gegen-neuerliche-kuerzungen-im-sozialbereich. Zugegriffen: 10. Juni 2015.
Pleiner, Christina. 2014. *Konzept für eine Dienstleistungsplattform zur Unterstützung von älteren Menschen mit eingeschränkter Mobilität – zu Hause in der Modellregion Linz-Urfahr.* Engerwitzdorf.
Riedl, Anton Konrad. 2014. *Sozialer und demografischer Wandel in Oberösterreich: Neue Herausforderungen und Handlungsfelder für Gemeinden,* Vortragsmanuskript für die Zukunftsakademie OÖ. April 7. Linz.
Ritter, Simone. 2011. *Übertragung des Dienstleistungsmodells „Persönliches Wäscheservice" für Senioren auf weitere Anbieter sozialer Dienstleistungen.* Linz.
Rüegg-Stürm, Johannes. 2013. *Das neue St. Galler Management-Modell. Grundkategorien einer integrierten Managementlehre. Der HSG-Ansatz.* 2. Aufl. Bern.
Schöfecker, Michael. 2015. Demographische Alterung: Auswirkungen auf die künftige Pflegevorsorge in OÖ. Vortrag am 8.5.2015.
Schönberg, Frauke, und Bodo de Vries. 2011. Mortalität und Verweildauer in der stationären Pflege. *Theorie und Praxis der sozialen Arbeit* 5/2011.

Shz.de- Neue Online-Plattform für regionale Produkte. 2011. http://www.shz.de/schleswig-holstein/panorama/neue-online-plattform-fuer-regionale-produkte-id1362231.html. Zugegriffen: 6. Mai 2011.

Simsa, Ruth. 2015. Non-Profits leiden an Geld- und Personalmangel. Der Standard vom 14.9.2015.

Statistik Austria. 2015. http://www.statistik-austria.at/web_de/statistiken/menschen_und_gesellschaft/soziales/sozialleistungen_auf_bundesebene/bundespflegegeld/020067.html. Zugegriffen: 13. Febr 2016.

Terra-Institute. 2015. http://www.terra-institute.eu/. Zugegriffen: 30. Juli 2015.

Umbauer, David. 2013. *Optimierung der Medikamentenversorgung im mobilen Dienst*. Wilhering.

Vidamon GesmbH. 2015. http://www.vidamon.at/s/Infoblatt-reha_n.pdf. Zugegriffen: 30. Juli 2015.

Vincentz Network. 2015. http://www.altenheim.net/Karrierecenter-Veranstaltungen/Veranstaltungen/Pflegeheim-in-Deutschland-Ein-Auslaufmodell-oder-Zukunftskonzept. Zugegriffen: 9. Juni 2015.

Weiss, Mario. 2003. *Marktwirksame Prozessorganisation*. Frankfurt.

Weissenberger, Susanne. 2015. Chancen für die Seniorenwirtschaft – Senioren-Nahversorgung in der Urfahr-West-Donauregion, Feldkirchen.

Zimmel, Christina. 2015. *Sozialraumorientierung als Zukunft für die Altenhilfe*. Linz.

FH-Prof. Mag. Dr. Paul Brandl, Professor für Organisationsentwicklung und Prozessmanagement an der FH Oberösterreich – Department Sozialmanagement mit den Schwerpunkten auf Prozess- und Qualitätsmanagement sowie der Entwicklung von Dienstleistungen in der mobilen und stationären Altenbetreuung sowie im Bereich der Betreuung von Behinderten. E-Mail: paul.brandl@fh-linz.at

Nachhaltigkeit als Herausforderung und Zielsetzung des Managements sozialer Unternehmen

Armin Schneider

1 Warum Nachhaltigkeit als Thema für die Soziale Arbeit?

Nachhaltigkeit ist nicht nur aus ethischen und sozialen Gründen von Bedeutung, sondern auch aus handfesten ökonomischen Gründen und Abwägungen: Um den Anstieg des weltweiten Energiebedarfs um 50 % zu reduzieren bedarf es einer Investition von jährlich 130 Mrd. Euro, bei einer Rendite von 17 %, das erste Bankenstützungspaket der US-Notenbank im November 2008 betrug 600 Mrd. Euro bei einer Rendite von 0 %. Die Kosten für die Rettung der HypoRealEstate betrugen mindestens 135 Mrd. Dollar, die Gesamtentwicklungshilfe von 22 Geberländern 2007 nur 104 Mrd. Dollar (Leggewie und Welzer 2011, S. 37 und 47).

Wenn Soziale Arbeit von ihrem Professionsverständnis her sozialen Wandel gestalten will, darf sie nicht länger nur auf den Wandel reagieren, sondern muss auch ein umfassendes wirtschaftliches und politisches Verständnis für einen solchen Wandel haben. Was bisher dabei kaum berücksichtigt wird, ist die Dimension der Umwelt, der Nachhaltigkeit. Soziale Arbeit darf sich nicht auf die Themen der sozialen Beziehungen und soziale Umwelt beschränken, sondern muss weiter Umweltdimensionen mit einbeziehen. Soziale Probleme haben vor allem strukturelle

A. Schneider (✉)
Hochschule Koblenz, Fachbereich Sozialwissenschaften, Koblenz, Deutschland
E-Mail: schneider@hs-koblenz.de

Ursachen, diese hängen z. B. mit der ungleichen Verteilung von Gütern zusammen, mit Umweltproblemen, mit militärischen Konflikten, die oft auch den Hintergrund von Kämpfen um Ressourcen haben. Flüchtlinge, Armutsprobleme und Massenarbeitslosigkeit sind vor diesem Hintergrund keine Probleme an sich, sondern die Folgen der oben genannten strukturellen Probleme. Gerade die Ärmsten der Armen leiden am meisten unter der Umweltzerstörung: „*Tatsächlich schädigen der Verfall der Umwelt und der der Gesellschaft in besonderer Weise die Schwächsten des Planeten: ‚Sowohl die allgemeine Erfahrung des alltäglichen Lebens als auch die wissenschaftliche Untersuchung zeigen, dass die schwersten Auswirkungen all dieser Umweltverletzungen von den Ärmsten erlitten werden.'"* (Papst Franziskus 2015, S. 19) und: „*Wir kommen jedoch heute nicht umhin anzuerkennen, dass ein wirklich ökologischer Ansatz sich immer in einen sozialen Ansatz verwandelt, der die Gerechtigkeit in die Umweltdiskussionen aufnehmen muss, um die Klage der Armen ebenso zu hören wie die Klage der Erde.*" (a.a.O.: S. 20).

Wenn die sozialen Probleme und deren Ursachen nachhaltig angegangen werden sollen, muss dies auch Konsequenzen für das Management sozialer Organisationen haben. Umwelt und Nachhaltigkeit müssen Themen Sozialer Arbeit werden. Besthorn dazu: „*If we ask the question ‚what can social work do to eliminate environmental crisis?' we are likely asking the wrong question. The more appropriate question is 'what can social work do to improve the lives of people?' that is 'what can social work do to join with those peoples at local levels most impacted by environmental decline and most knowledgeable and prepared to take actions necessary to improve their unique situations?'*" (Besthorn 2014, S. 21).

Schließlich sind auch Ungleichheiten zwischen Arm und Reich zu beobachten, was Umwelt- und Ressourcenverbrauch angeht. Werden z. B. Flugreisen und Alltagsfahrten im Auto einbezogen, so gilt für Österreich (und sicher auch für Deutschland!), dass ein Haushalt des oberen Einkommensviertels viereinhalbmal so viele CO_2-Emissionen verursacht wie ein Haushalt des untersten Einkommensviertels (Brunner 2015, S. 112). „*Obwohl dieser Minderverbrauch auf dem Weg in eine ‚low-carbon-society' eigentlich positiv zu sehen wäre, wurde diese ‚Leistung' öffentlich bisher wenig gewürdigt, sondern oft durch höhere ökonomische und soziale Kosten ‚bestraft'*" (a.a.O.; S.122).

Auf den Punkt gebracht: Menschen, die am untersten Rande der Gesellschaft stehen, verursachen die geringsten Umweltschäden, leiden aber gleichzeitig am meisten an den veränderten Umwelt- und Klimabedingungen. Die Frage der sozialen Gerechtigkeit ist demnach sehr eng mit der Frage der Umweltressourcen verknüpft.

Was auch nicht vergessen werden soll und darf: Wenn es einen Bewusstseinswandel geben soll und Nachhaltigkeit stärker in den Köpfen der Menschen verankert werden muss, dann ist dies kein rein technologisches Thema, sondern entscheidend ein Thema der Sozial- und Geisteswissenschaften. Aber auch ein disziplinübergreifendes Thema, dass eben vor der Sozialen Arbeit keinen Halt machen kann und darf.

Den Zusammenhang zwischen sozialen Themen und der Nachhaltigkeit fasst Jackson (2013, S. 106) so zusammen: *„Eine ungleiche Gesellschaft ist eine Gesellschaft voller Angst, eine, die sich allzu leicht dem ‚Statuskonsum' hingibt. Dieser erhöht die allgemeine Zufriedenheit kaum, trägt aber erheblich zum nichtnachhaltigen Verbrauch von Ressourcen bei."*

2   Soziale Arbeit und Umwelt

Neben diesen allgemeinen Einschätzungen gibt es auch vielerlei Erfahrungen von Sozialer Arbeit im Bereich von Naturkatastrophen. Gerade in diesem Umfeld ist es die Soziale Arbeit, die hier wichtige Kompetenzen einbringen kann: „*The social work ethos, its language, values, techniques and core competencies are common and central to good Disaster Management. There is a link between the effect of Disasters on social development and vice versa. Social workers can help minimize the negative and optimise the positive impacts. Social Workers have a key role at every stage of the Disaster Management Cycle*" (Sewell 2014, S. 32).

Welche Rollen können Sozialarbeiter_innen in diesen Bereichen einnehmen? Hier einige Beispiele, die in unterschiedlichen Phasen bei Naturkatastrophen von Bedeutung sein können. Ein systematischer Blick wie etwa der der Munich Re auf Naturkatastrophen zeigt, dass hier vor allem ärmere Länder betroffen sind und diese oft auch Ursachen für Kriege, Verteilungskämpfe und Flucht sind (Munich Re 2015).

Beispielhaft werden hier die drei Stadien der Rettung, der vorübergehenden Unterbringung und des Aufbaus im Kontext von Erdbeben in China als Einsatzgebiete von Sozialarbeiter_innen genannt. Ähnliche Funktionen sind anzunehmen für die Arbeit von Sozialarbeiter_innen mit Flüchtlingen aus Kriegs- und Katastrophengebiete.

- Koordinator_innen in multidisziplinären Teams;
- Koordinator_innen zwischen Organisationen;
- Promotor_innen einer gerechten Verteilung;
- Konfliktmediator_innen;
- Ermöglichende für kollektive und individuelle Trauer- und Abschiedsprozesse;
- Advokator_innen gegenüber der Politik;

- Community-Organiser;
- Verbindung zwischen ökonomischer Entwicklung und sozialer Normalisierung; (Wang und Zhang 2014, S. 35ff.)

Als besondere Kompetenzen von Sozialarbeiter_innen in diesem Kontext werden u. a. deren Verankerung in der lokalen Gemeinschaft und deren Systemperspektiven genannt.

Gerade Menschen, die in naturnahen Lebensräumen leben, sind in besonderer Weise von Klimaveränderungen betroffen und leiden unter diesen Veränderungen am meisten. Die Verantwortung über Generationen hinweg drückt eine Lakota-Frau wie folgt aus: „*My Lakota teachings tell me that seven generations ago my ancestors planned for me in ways that assured a place for me in this contemporary world. I have the same responsibility to plan for the next seven generations. In that way, we continue as Indigenous Peoples*" (Weaver 2014, S. 70): Nachhaltigkeit wird hier beschrieben als wichtige Kultur indigener Völker.

Die Global Agenda for Social Agenda and Social Development (angedacht für die Jahre 2012 bis 2016) hat soziale und ökonomische Gleichheit, Würde und Wert von Personen, die Arbeit an einer ökologischen Nachhaltigkeit und die stärkere Berücksichtigung der Bedeutung menschlicher Beziehungen im Fokus (Hessle 2014, S. 152). Hierbei waren Zielgruppen sowohl die eigenen Organisationen der Sozialen Arbeit als auch Partner und nationale und internationale Organisationen. Damit wurde umfassend für die Soziale Arbeit die Bedeutung der Nachhaltigkeit dokumentiert und proklamiert.

Wenn von Nachhaltigkeit die Rede ist, dann geht es auch um die Zukunft und um Kinder, daher wird auch deren Einbezug in die nachhaltige Entwicklung gefordert. Kinder sind in der Lage, dazu beizutragen, sie bringen eigene Perspektiven ein, die Strategien bereichern und sollten hier ernstgenommen werden (Lombard und Viviers 2014, S. 82). Gerade Kinder sind es auch, die am stärksten direkt von Umweltproblemen betroffen sind.

„Grüne Soziale Arbeit" versucht nach Dominelli (2014, S. 143 ff.) einen ganzheitlichen Blick, eben auch auf die natürliche Umwelt und ihre expliziten und impliziten Einflüsse auf die „soziale Welt" zu richten: „*Green social work is essential for reducing the footprint that people leave on the environment, ensuring that all the earth's inhabitants have an equitable share of resources, protecting the earth's flora and fauna, and promoting sustainable forms of development that will not cost the earth or forfeit the future*" (a.a.O., S. 146). Rollen und Funktionen, die in diesem Kontext genannt werden:

- Ermöglichung;
- Koordination;
- Mobilisierung von Gemeinschaften und Ressourcen;
- Verhandlung;
- Mediation;
- Beratung;
- Advokat;
- Bildung;
- Training;
- Kulturinterpretation;
- Übersetzung zwischen Disziplinen;
- Therapie;
- Schutz von Ökosystemen und physischer Umwelt (a.a.O., S. 145f.).

Dass die natürlichen Ressourcen begrenzt sind, wird in Bezug auf die verschiedenen Elemente und Materialien bei Bardi (2013) im Bericht an den Club of Rome sehr eindrücklich beschrieben.

3 Herausforderungen für das Management

Die Ausführungen machen deutlich, dass Management generell ein Thema für die Soziale Arbeit ist und gerade im Umfeld von Umwelt- und Nachhaltigkeit die Managementkompetenzen einer Verstärkung bedürfen.

Tabelle 1 macht die verschiedenen Orientierungen einer Nachhaltigkeit deutlich. Dabei sollte es dauerhaft, wie auch in der Sozialen Arbeit, (auch und besonders) um eine ethische und soziale Orientierung der Nachhaltigkeit gehen (Schneider 2014b, S. 25):

Müller-Christ nennt in Bezug auf nachhaltiges Management Bestandteile eines geringen, eines mittleren und eines hohen Ambitionsniveaus: Ein geringes Ambitionsniveau besteht aus dem herkömmlichen Management unter Einbezug der Ökoeffizienz. Bei einem mittleren Ambitionsniveau kommt noch die Substanzerhaltung hinzu, bei einem hohen Ambitionsniveau schließlich noch die Verantwortung (Müller-Christ 2014, S. 30). Jeder der oben genannten Entscheidungstypen hat es mit Dilemmata zu tun, jede Managemententscheidung somit auch. Die Dilemma-Ursache einer „Jetzt-für-dann-für-andere-Entscheidung" liegt darin sowohl die eigenen Optionen von morgen als auch die der Anderen zu sichern.

Tab. 1 Nachhaltigkeitsdimensionen. Quelle: eigene Darstellung in Anlehnung an Müller-Christ, Georg (2011). Das Management einer nachhaltigen Unternehmensentwicklung. Vortrag ConSozial Nürnberg 02.11.2011 (eigene Notizen)

	Ökonomische Orientierung	Ressourcen Orientierung	Ethische und soziale Orientierung
Perspektive	Effizienz, Innovation	Substanzerhaltung	Verantwortung
Nachhaltigkeit	Als Geschäftsidee	Als Ressourcenrationalität: Knappheit an Rohstoffen, Energie u. a.	Als ethisch-moralischer Wert
Soziales	Als Geschäftsidee	Als Ressourcenrationalität: Knappheit an immateriellen Ressourcen: Fachkräftemangel, alternde Belegschaften u. a.	Als ethisch-moralischer Wert
Grundlagen		Materielle Ressourcen	Eigenwert von Mensch und Natur
		Immaterielle Ressourcen	Gegenüber Stakeholdern
	Produktion	Produktion und Reproduktion	Produktion, Reproduktion (auch bei den Stakeholdern)
Treiber	Wettbewerbsintensität	Absolute Ressourcenknappheit	Vertrauensverlust, Werthaltungen
Lösung	Wettbewerbsfähigkeit	Ressourcenverfügbarkeit	Rücksichtnahme
Zusammenfassung	„green washing", „social washing"	„umweltorientiertes Wirtschaften"	„nachhaltiges und soziales Wirtschaften"
Entscheidungen	Jetzt für jetzt	Jetzt für dann	Jetzt für dann und für Andere

Dabei müssen sich Zwecke ändern und auch die Legitimation der Entscheidung in Richtung einer Gemeinwohlorientierung (a.a.O. 2014, S. 384). Dies zeigt, dass eine Entscheidung für ein nachhaltiges Management mit einer ethischen und sozialen Orientierung das bisherige Wirtschaften an seine Grenzen bringt und sowohl ein neues Denken als auch neue Kompetenzen im Umgang mit Dilemmata erfordert.

In diesem Zusammenhang stellt Sukhdev (Sukhdev 2013, S. 27 und 219) das herkömmliche Unternehmen als Corporation 1920 dem des nachhaltigen Unternehmens als Corporation 2020 gegenüber (siehe Tab. 2):

Auch Rogall (Rogall 2012) beschreibt neben der ökologischen und ökonomischen Dimension des nachhaltigen Wirtschaftens eine sozial-kulturelle Dimension, die er in Ziele und Kriterien benennt, um Erfolge und Entwicklungen deutlich messbar zu machen. Bereiche sind hier Fehlentwicklungen in Wirtschaft und Politik, Soziale Unsicherheit, Chancenungleichheit und Zentralisierung, Konflikte und technische Risiken (Rogall 2012, S. 75). Integrierte Bilanzierungsmodelle sind mittlerweile vielfältig entwickelt (Sprinkart 2015). Beispiele wie z. B. die Beschaffungsleitlinie des Diözesan-Caritasverbandes Osnabrück machen deutlich, wie eine Nachhaltigkeitsorientierung umgesetzt werden kann. Dort heißt es unter dem Abschnitt: ökofaire Beschaffung und nachhaltiges Wachstum:

Tab. 2 Neue Anforderungen an zukunftsfähige Unternehmen. (Quelle: eigene Darstellung in Anlehnung an Sukhdev 2013, S. 27 und 219)

Merkmal	Corporation 1920 Herkömmliches Unternehmen	Corporation 2020 Nachhaltiges Unternehmen
Selbstverständnis	Größe und Skaleneffekte, industrielle Massenproduktion, Ziel: marktbeherrschende Stellung	Selbstverständnis, sich als Gemeinschaft zu begreifen
Beziehung zum Gemeinwesen	Aggressives Lobbying zur Erreichung von Wettbewerbsvorteilen	Eine Zielsetzung, die sich eng an denjenigen der Gesellschaft orientiert
Wichtige Beziehungen	Kunden: Umfangreiche Werbung, u. a. zur Schaffung von Nachfrage, Nutzung von menschlichen Unsicherheiten, um neue Produkte zu verkaufen	Mitarbeiter: Die Verpflichtung, sich zu einer Ausbildungsstätte zu entwickeln
Kapital	Einsatz von Fremdkapital, um Investitionen zu optimieren	Die Vision Kapital zu produzieren

„Bei der Entscheidung über die Anschaffung bestimmter Produkte sind für uns nicht nur Fragen der Qualität oder Wirtschaftlichkeit von Bedeutung. Die Beachtung und Berücksichtigung grundlegender Menschen – und Arbeitsrechte sowie Umweltstandards und Lebenszykluskosten (von der Produktion, über den Transport, dem Gebrauch bis zum Recycling) eines Produktes stellen ebenso Entscheidungskriterien dar. Vor jeder Entscheidung wird die Notwendigkeit einer (Neu-) Anschaffung geprüft." (Caritasverband 2012, S. 1). Neben ökonomischen Kriterien sind dort auch ökologische und soziale Kriterien beim Beschaffungsmanagement verbindlich.

Überlegungen sind auch zu einem „Ökologischen Supply Chain Management" vorhanden, dem Einbezug ökologischer Kriterien in die gesamte Lieferkette (Jammernegg et al. 2015).

4 Erste Ergebnisse und Annäherungen: Forschungsprojekt

In einem Forschungsprojekt an der Hochschule Koblenz wurde die Einführung einer nachhaltigen Unternehmensentwicklung beim Landesverband Unterweser-Ems des Deutschen Jugendherbergsverbandes (Förderung durch die Deutsche Bundesstiftung Umwelt) in den Jahren 2010 bis 2013 evaluiert. Im Forschungsprojekt wurden in einem triangulativen Forschungssetting verschiedene Stakeholder (Kunden, Mitarbeiter, Führungskräfte) vor, während und am Ende des Projektes nach ihren Einschätzungen, Bewertungen und Perspektiven befragt. Zentrale Erkenntnisse liegen darin, dass die so genannten weichen Faktoren der Personalführung sowie das überzeugte und glaubwürdige Handeln der Führungskräfte hierbei entscheidender sind als Anreizsysteme oder Methoden. Auffallend war dabei generell die hohe Sensibilität der Mitarbeiter_innen und der Führungskräfte für Umweltthemen und Nachhaltigkeit. Zusammenfassend lassen sich in dem Projekt folgende Feststellungen treffen:

1. *Das Projekt „Erlebnis Nachhaltigkeit" übt, wie bereits mehrfach beschrieben, einen positiven Einfluss auf die MitarbeiterInnen und deren Einstellung zur Nachhaltigkeit aus.*
2. *Die Bilanz des Projektes fällt deutlich positiv aus, sowohl was die Einschätzung in Bezug auf die eigene Einstellung, als auch was die Auswirkungen auf die Gäste betrifft. Das Projekt scheint nach Auffassung der Befragten auch nachhaltig in der Organisation verankert zu sein.*
3. *Das Projekt ist durchweg auf einen „fruchtbaren Boden" gefallen. Die zahlreichen Anregungen zu Nachhaltigkeit und die oft vertretene Auffassung, dass einige Maßnahmen „zu halbherzig" seien, zeigt, dass Nachhaltigkeit ein Thema der Jugendherbergen*

im Nordwesten ist, auf welches das Projekt aufbauen konnte. Auch das in dieser letzten Befragung abgefragte persönliche Engagement der MitarbeiterInnen und Führungskräfte liegt deutlich über dem Durchschnitt.
4. *In ihrem persönlichen Engagement liegt der Schwerpunkt bei den MitarbeiterInnen im Einkaufsverhalten, bei den Führungskräften im Mobilitätsverhalten.*
5. *Im Vergleich der Pilot-Jugendherbergen mit den anderen Jugendherbergen fällt eine höhere Sensibilität im Kontext der durchgeführten Maßnahmen auf. Allerdings zeigt sich in den Angaben auch, dass ein Nachholbedürfnis in Sachen Weiterbildung und Unterstützung insbesondere der Nicht-Pilot-Jugendherbergen erforderlich scheint. Beides spricht für den breiten Erfolg des Projektes.*
6. *Im Profil der Jugendherbergen werden auch in Zukunft die Bereiche junge Menschen und Nachhaltigkeit bedeutsam sein*
(Schneider 2014, Mitarbeiter_innenbefragung November 2013, S. 22f.).

Das Projekt zeigt, dass Nachhaltigkeit in einem Unternehmen der Sozialwirtschaft durchaus möglich ist und an den Überzeugungen der Mitarbeiter_innen ansetzen kann. Dazu bedarf es allerdings der Überzeugungskraft der Führungskräfte. Sinnvoll scheint auch die Übersetzung in Kennzahlen (in diesem Fall in Form eines Nachhaltigkeitsindex zu sein, ebenso wie die eher „erzieherische" Maßnahme des Anstoßes (z. B. zu einem Veggie-Day in der Jugendherberge mit entsprechenden Informationen). Und, was die Kosten angeht: „Die Kosten für nachhaltigeres Essen waren um weniger als 1 % höher, was durch eine Umstellung auf regionale Produkte und einen anderen Einkauf möglich wurde" (Schneider 2014a, S. 324).

Aus der Perspektive der Gäste lässt sich folgendes erkennen:

1. Wie schon in den Jahren zuvor identifiziert werden konnte, sind Bestandteile des Projektes für die Gäste am stärksten wahrnehmbar, wenn sie wie der Veggie-Day in den Alltagsablauf eingebunden sind und angekündigt, erläutert bzw. artikuliert werden.
2. Die Zertifizierungen werden auch in Bremen kaum wahrgenommen und spielen für die Buchung zumindest bei den befragten Personen keine Rolle. Hier könnte bspw. durch größere Poster an zentralen Orten ein größerer Teil der Gäste erreicht werden.
3. Ein wichtiger Punkt der letzten Erhebungen ist die Kundenbindung, die insbesondere Familien und Schulklassen [betreffen]. Hierbei wirkt sich die Nachhaltigkeitsorientierung [...] verstärkend aus. Ein besonderes Augenmerk sollte darauf gelegt werden, wie neue Gäste gewonnen werden können und welche Rolle dabei die Nachhaltigkeit spielt.
4. Nachhaltigkeit wird stark mit Essen (vegetarische, regionale Produkte) und mit Energie (Transport bzw. Strom) in Verbindung gebracht. Hier könnten vorhandene Nachhaltigkeitsstandards der Jugendherberge transparenter dargestellt werden (z. B. Flyer, Poster, Aufsteller etc.).

5. Gäste der Jugendherberge sind für das Thema Nachhaltigkeit sensibilisiert und nehmen das Thema im Alltag (in aller Unterschiedlichkeit und Intensität) ernst. Besonders Familien scheint dies als wichtiger Faktor zu gelten. Jugendherbergen können diese Sensibilität der Gäste für das Thema nutzen um ihr Profil in diesem Bereich zu schärfen und damit Kunden zu binden.
6. Die im letzten Bericht formulierte Hypothese, dass es drei verschiedene Typen von Gästen in Bezug auf Nachhaltigkeit gibt, lässt sich mit der aktuellen Erhebung bestätigen. Es gibt überzeugte Nachhaltigkeitsgäste, die selbst viel in Sachen Nachhaltigkeit unternehmen und denen Glaubwürdigkeit in diesem Bereich wichtig ist. Eine zweite Gruppe sind die neugierigen und suchenden Gäste, die Nachhaltigkeitsthemen ansprechend und als einen Bonus empfinden sowie die unbeeindruckten Gäste, die Nachhaltigkeit auf Nachfrage vielleicht wahrnehmen aber aus anderen Gründen buchen. Im Rahmen der aktuellen Erhebung können vier von zehn Interviews zur ersten Gruppe gezählt werden.
7. Im Rahmen der vorhergehenden Erhebungen konnte ermittelt werden, dass Glaubwürdigkeit zumindest für eine Gruppe von Gästen wichtig ist, die Aussagen als Maßstab für ihre eigene Bewertung machen (z. B. Schwarzwaldmilch auf Norderney, Coca- Cola-Werbung in Meppen). Daher sollten solche Aussagen ernst genommen und die Aussagen, die in Bezug auf Nachhaltigkeit getroffen werden, realistisch und einlösbar sein. Die Schaffung eines ökologischen Selbstverständnisses in den Herbergen, gekoppelt an eine gelungene Öffentlichkeitsarbeit durch die Projektverantwortlichen, sind wichtige Punkte, um Ängsten der Gäste in Bezug auf ein potentielles „green washing" vorzubeugen. Als reine Marketingstrategie taugt Nachhaltigkeit zumindest in diesem Kontext nicht. (Schneider 2014, Gästebefragung Oktober 2013, S. 17).

5 Nachhaltigkeit als Thema für die (Sozial-) Wirtschaft

„Soziale Arbeit soll und kann wirken, wenn sie die Nachhaltigkeit in all ihren Facetten einbezieht, dann kann sie selbst auch nachhaltig wirken! Auf der anderen Seite kann Nachhaltigkeit nur wirken, wenn eine soziale Dimension die Nachhaltigkeit bereichert!" (Schneider 2014a, S. 324). Die Bedeutung der Nachhaltigkeit für die eigene Glaubwürdigkeit als Unternehmen der Sozialwirtschaft haben einige Organisationen bereits erkannt.

Es gibt mehrere Felder, in denen Unternehmen hier die unterschiedlichen Dimensionen von Nachhaltigkeit einbeziehen können (Schneider 2014b, S. 27):

- Strategie eines nachhaltigen Managements: wo muss nachhaltig gearbeitet und gemanagt werden?

- Wo spielt die Nachhaltigkeit als Unternehmensziel eine Rolle, wo ist sie für Leitung und Geschäftsführung relevant?
- Wo ist Nachhaltigkeit im Alltag einer Organisation erlebbar? (auch kleine Erfolge zählen)
- Wo spiele eine ökologische und ethische Dimension bei relevanten Entscheidungen (Zulieferer, Personal, Dienstleistungen, ...) eine nachweisbare Bedeutung?
- Genügt die Personalentwicklung ethischen Ansprüchen in Bezug auf Nachhaltigkeit?
- Ist Nachhaltigkeit Thema auch in der Beziehung in Verbände, Politik und Rahmenbedingungen?
- Nachhaltigkeit darf nicht zum Nachteil auf dem Markt werden. Gerade Pioniere der Nachhaltigkeit müssen dies deutlich machen und die entsprechenden Rahmenbedingungen einfordern.
- Werden Misserfolge auf dem Weg zu mehr Nachhaltigkeit auch als Lernchancen der Organisation genutzt?
- Wo können Menschen auf dem Weg zu mehr Nachhaltigkeit mitgenommen werden?
- Wo stehen allzu schnelle und ehrgeizige Wachstumsziele einer qualitativen Nachhaltigkeit im Wege?
- Wie engagiert sich das Sozialunternehmen für Nachhaltigkeit in der Wirtschaft (bezogen auf Lieferanten, Subunternehmen, Einkauf, Kooperationen)?
- Wo können Chancen zur Motivation durch externe Begleitung oder Kooperationspartner mit ähnlichen Ideen und Zielen genutzt werden?

6 Beispiele zur Messung und zum Management von Nachhaltigkeit

Inzwischen sind eine Reihe von Möglichkeiten vorhanden, Nachhaltigkeit auch in sozialen Organisationen erkennbar, handhabbar, messbar zu machen und damit auch zu managen (hierzu vor allem Sprinkart 2015 und Luks 2015). Nicht zu vernachlässigen ist dabei, dass Nachhaltigkeit in einem Unternehmen auch eine sinnstiftende Wirkung hat und damit auch an der Motivation der Mitarbeiter_innen anknüpfen und diese fördern kann. Gerade in Zeiten eines Fachkräftemangels in der Sozialwirtschaft und vielfältigen Motivationskrisen kann Nachhaltigkeit auch das Innere eines sozialen Unternehmens vorteilhaft beeinflussen wie auch das Beispiel des Deutschen Jugendherbergswerkes zeigt.

Der *Social Return on Investment (SROI)* versucht soziale Aus- und Nebenwirkungen von Unternehmen messbar zu machen. Während ursprünglich im

SROI Wirkungen vor allem in Geldströmen gemessen wurden, werden heute vor allem im europäischen Kontext sechs verschiedenen Perspektiven der Wirkung beschrieben (Schellberg, S. 118) (bezogen auf den SROI der xit GmbH):

1. „Institutionelle Transferanalyse": Geldfluss zwischen der Organisation und der öffentlichen Hand.
2. „Individuelle Transferanalyse": Geldfluss zwischen Leistungsempfängern und der öffentlichen Hand.
3. „Alternativbetrachtung/Opportunitätserträge": Welche Kosten und Erträge hätte die öffentliche Hand, wenn es die Sozialleistung nicht gäbe?
4. „Regionalökonomische Wirkung": Nutzen der regionalen Wirtschaft durch die Institution.
5. „Wirkungen auf die Lebensqualität der Leistungsempfänger".
6. „Wirkungen auf die gesellschaftliche Wohlfahrt/das Sozialklima" (Schellberg 2015, S. 120).

Gerade die letzten beiden Bereiche zeigen auf, dass es um mehr als um Geldströme geht. Hier werden folgende Kriterien zu Rate gezogen:

- Emotionales Wohlbefinden
- Soziale Beziehungen
- Materielles Wohlbefinden
- Persönliche Entwicklung
- Physisches Wohlbefinden
- Selbstwirksamkeit
- Gesellschaftliche Teilhabe
- Rechte (Schellberg 2015, S. 135).

Die Autoren des SROI warnen vor Fehlschlüssen und Entscheidungsautomatismen: *„Menschen in den verschiedenen Kontexten müssen am Ende ethisch wertende Entscheidungen treffen – Sozialarbeiter in konkreten Einzelfällen, Geschäftsführer und Einrichtungsleiter für ihre Organisationen, Politiker in politischen Gremien. Doch die Entscheidungsrationalität kann sich mit dem Social Return on Investment deutlich verbessern"* (Schellberg 2015, S. 137).

Der *Social Reporting Standard* als Instrument der Berichterstattung gegenüber Mittelgebern setzt an einer Wirkungslogik an, Bestandteile sind: Gesellschaftlicher Bedarf, eingesetzte Ressourcen, angebotene Leistungen, erreichte Zielgruppen sowie erzielte Wirkungen (Rickert 2015, S. 58).

Auch gibt es Möglichkeiten einer *sozialen (und nachhaltigen) Gewinn- und Verlustrechnung*: „Das wesentliche Ziel einer sozialen Gewinn- und Verlustrechnung ist *es, die eigentlichen Prozesse des sozialen Engagements eines Unternehmens transparent darzustellen und einen Einblick in den geleisteten Aufwand und den daraus entstandenen gesellschaftlichen Nutzen zu gewähren"* (Ksienzyk 2015, S. 85). Die Sparda-Bank München eG entwickelt ihre Nachhaltigkeitsstrategie ausgehend von einer *Gemeinwohl-Bilanz,* deren oberstes Ziel es ist, nicht den Gewinn, sondern den Einsatz für das Gemeinwohl darzustellen (Lind und Miedl 2015, S. 192). Dabei spielt auch eine Kultur der Achtsamkeit eine Rolle, die durch Rahmenbedingungen gestützt wird. Neben einem Werte- und Beziehungsmanagement und der Gemeinwohlorientierung gehören explizit ein Stärkenmanagement und ein transpersonales Management dazu (a.a.O., S. 203). Auf die globale Dimension des Umgangs mit Personal in Unternehmen weisen Maurer et al. (2015, S. 84) hin: *"Internationale HRM-Praktiken [Human Resources Management, A.S.] von MNU [Multinationale Unternehmen, A.S.] können entweder Menschenrechte unterstützen oder verletzten und somit zur Erhöhung der globalen Gerechtigkeit oder der Ungerechtigkeit führen".* Zum einen ist die Personalfunktion eine Querschnittsfunktion, zum anderen sind Menschenrechtsthemen wie Kinderarbeit, Gesundheit und Arbeitsbedingungen als Kernaufgaben des Personalmanagements zu sehen (a.a.O., S. 89).

An eine Gemeinwohlbilanz hat sich die Schweisfurth-Stiftung (Gottwald 2015) versucht. Ein Überblick über die einzelnen (Handlungs-) Felder der Gemeinwohlbilanz zeigt wichtige Kriterien auf:

- Ethisches Beschaffungswesen
- Ethische Finanzdienstleistungen
- Arbeitsplatzqualität und Gleichstellung
- Gerechte Verteilung des Arbeitsvolumens
- Forderung und Förderung ökologischen Verhaltens der Mitarbeiter_innen
- Gerechte Einkommensverteilung
- Innerbetriebliche Demokratie und Transparenz
- Ethische Kundenbeziehung
- Solidarität mit Mitunternehmen
- Ökologische Gestaltung von Produkten und Dienstleistungen
- Soziale Gestaltung von Produkten und Dienstleistungen
- Erhöhung des sozialen und ökologischen Branchenstandards
- Sinn und gesellschaftliche Wirkung der Produkte/Dienstleistungen
- Beitrag zum Gemeinwesen
- Reduktion ökologischer Auswirkungen
- Gemeinwohlorientierte Gewinnverwendung
- Gesellschaftliche Transparenz und Mitbestimmung

7 Zusammenfassung und Ausblick

Eine Nachhaltigkeitsorientierung sozialer Unternehmen ist möglich und kann entscheidend zu deren Glaubwürdigkeit in der Öffentlichkeit beitragen. Wenn soziale Unternehmen soziale Ziele vertreten, so werden sie auch an ihrem eigenen Handeln als Wirtschaftssubjekte gemessen. Nur wenn soziale mit nachhaltigen Zielen verbunden werden, können diese auch erreicht werden. Dazu bedarf es einer Schärfung und Stärkung der Sozialwirtschaft in diesen Feldern. Ein „weiter so" mit Mitteln einer herkömmlichen Betriebswirtschaft gerät in die gleiche Falle, in der die derzeitige konventionelle Wirtschaft gerät: Wachstum ohne Grenzen bedeutet für Umwelt und Menschen Negativauswirkungen und eine Externalisierung von Kosten. Um Herausforderungen der Nachhaltigkeit in sozialen Unternehmen zu meistern und die Chancen einer solchen zu nutzen, sind für das nachhaltige und soziale Management erweiterte Erkenntnisse über den Umgang mit bisher in diesen Feldern kaum berücksichtigten Ambiguitäten erforderlich. Diese müssen in neue Kompetenzen münden. Auch in der Wirtschaft und in der Betriebswirtschaftslehre wachsen Bestrebungen, die Nachhaltigkeit zu berücksichtigen und eine solche Orientierung in das Management „einzubauen". Die Zukunft wird zeigen, ob die Sozialwirtschaft wartet, bis die Betriebswirtschaft umgesteuert hat oder ob sie mutig genug ist, hier selbstbewusst im eigenen Feld Neuerungen voranzutreiben. Wenn die Ziele und Vereinbarungen der Pariser Klimakonferenz von 2015 ernst genommen werden, dann muss stärker an sozioökonomischen und ökologischen Systemen gearbeitet werden und diese sind ihrer Natur nach nicht linear steuerbar. In Artikel 7 heißt es z. B. „Building the resilience of socioeconomic and ecological systems, including through economic diversification and sustainable management of natural resources" (United Nations 2015, S. 25).

Literatur

Bardi, Ugo. 2013. *Der geplünderte Planet. Die Zukunft des Menschen im Zeitalter schwindender Ressourcen*. München: Oekom.
Besthorn, Fred H. 2014. Environmental social work: A future of curiosity, contemplation and connection. In *Environmental change and sustainable social development*, Hrsg. Sven Hessle, 13–22. Dorchester: Ashgate.
Brunner, Karl-Michael. 2015. Soziale Ungleichheit, Gerechtigkeit und Nachhaltigkeit – Energiearmut in Österreich. In *Rethink Economy. Perspektivenvielfalt in der Nachhaltigkeitsforschung – Beispiele aus der Wirtschaftsuniversität Wien*, Hrsg. Fred Luks, 111–123. München: Oekom.
Caritasverband für die Diözese Osnabrück. 2012. Beschaffungsleitlinie. für den Caritasverband für die Diözese Osnabrück e.V.

Deutsches Jugendherbergswerk. 2014. *Nachhaltigkeitsbericht*. Bremen.
Dominelli, Lena. 2014. Environmental justice at the heart of social work practice: Greening the profession. In *Environmental change and sustainable social development*, Hrsg. Sven Hessle, 133–149. Dorchester: Ashgate.
Gottwald, Franz-Theo. 2015. Gemeinwohlbilanzen im Stiftungsbereich: Der Einstiegsbericht der Schweisfurth-Stiftung. In *Nachhaltigkeit messbar Machen. Integrierte Bilanzierung für Wirtschaft, Sozialwirtschaft und Verwaltung*, Hrsg. Karl Peter Spinkart, 215–244. Regensburg: Walhalla.
Hessle, Sven. 2014. *Environmental change and sustainable social development*. Dorchester: Ashgate.
Jackson, Tim. 2013. *Wohlstand ohne Wachstum. Leben und Wirtschaften in einer endlichen Welt*. München: Oekom-Verlag.
Jammernegg, Werner, Tina Wakolbinger, Patricia Rogetzer, und Thomas Nowak. 2015. Ökologisches Supply Chain Management. In *Rethink Economy. Perspektivenvielfalt in der Nachhaltigkeitsforschung – Beispiele aus der Wirtschaftsuniversität Wien*, Hrsg. Fred Luks, 67–78. München: Oekom.
Ksienzyk, Christiane. 2015. Soziale Gewinn- und Verlustrechnung als Medium der Transparenz für CSR-Aktivitäten. In *Nachhaltigkeit messbar machen*, Hrsg. Karl Peter Spinkart, 79–91. Regensburg: Walhalla.
Leggewie, Claus, und Harald Welzer. 2011. *Das Ende der Welt, wie wir sie kannten*, 2. Aufl. Bonn: Bundeszentrale für politische Bildung.
Lind, Helmut, und Christine Miedl. 2015. Eine bessere Wirtschaft für eine bessere Welt: Der Prozess der Gemeinwohlorientierung bei der Sparda-Bank München eG. In *Nachhaltigkeit messbar machen. Integrierte Bilanzierung für Wirtschaft, Sozialwirtschaft und Verwaltung*, Hrsg. Karl Peter Spinkart, 190–204. Regensburg: Walhalla.
Lombard, Antoinette, und Andries Viviers. 2014. Inclusion of children as stakeholders in social, economic and environmental development. In *Environmental change and sustainable social development*, Hrsg. Sven Hessle, 80–85. Dorchester: Ashgate.
Luks, Fred (Hrsg.). 2015. *Rethink economy. Perspektivenvielfalt in der Nachhaltigkeitsforschung – Beispiele aus der Wirtschaftsuniversität Wien*. München: Oekom.
Maurer, Iris, Michael Müller-Carmen, und Carina Rohr. 2015. Menschenrechte: Eine neue Aufgabe für die Personalfunktion. In *Rethink economy. Perspektivenvielfalt in der Nachhaltigkeitsforschung – Beispiele aus der Wirtschaftsuniversität Wien*, Hrsg. Fred Luks, 79–92. München: Oekom.
Müller-Christ, Georg. 2014. *Nachhaltiges Management*. 2. überarbeitete und erweiterte Auflage. Baden-Baden: Nomos.
Munich Re. 2015. Schadensereignisse weltweit 2014. http://www.munichre.com/site/corporate/get/documents_E-1016414227/mr/assetpool.shared/Documents/5_Touch/Natural%20Hazards/NatCatService/Annual%20Statistics/2014/mr-natcatservice-Naturkatastrophen-2014-Schadenereignisse-weltweit-geographisch.pdf. Zugegriffen: 24. Dez 2015.
Papst Franziskus. 2015. *Enzyklika Laudato Si*. Rom: Libreria Editrice Vaticana.
Rickert, Andreas. 2015. Öffentlichkeitswirksam über soziale Arbeit berichten: Social Reporting Standard. In *Nachhaltigkeit messbar machen*, Hrsg. Karl Peter Spinkart, 57–62. Regensburg: Walhalla.
Rogall, Holger. 2012. Nachhaltige Ökonomie. *Forum Nachhaltig Wirtschaften* 4(2012): 74–76.

Ruszynski, Ralf. 2009. *Entenvisionen. Eine Reise in die Nachhaltigkeit*. Bad Grönenbach: Uhl-Media.
Schellberg, Klaus. 2015. Der Social Return on Investment: Strategische Möglichkeiten für den Sozialbereich? In *Nachhaltigkeit messbar machen*, Hrsg. Karl Peter Sprinkart, 113–137. Regensburg: Walhalla.
Schneider, Armin. 2014a. Wie nachhaltig kann und soll Soziale Arbeit wirken? *Nachrichtendienst des Deutschen Vereins für öffentliche und private Fürsorge* 7(2014): 320–324.
Schneider, Armin (2014b). Unternehmenskonzepte: Sozial und nachhaltig wirtschaften. *Sozialwirtschaft* 2(2014): 24–27.
Schneider, Armin, und Antje Knieper-Wagner. 2014. *Forschungsprojekt Nachhaltige Unternehmensentwicklung im DJH Landesverband Unterweser-Ems. Zusammenstellung der Evaluationsberichte*. Koblenz (unveröffentlichter Bericht).
Sewell, Roland. 2014. Disaster management – action and impact: Perspectives for social work and social development. In *Environmental change and sustainable social development*, Hrsg. Sven Hessle, 23–32. Dorchester: Ashgate.
Spinkart, Karl Peter (Hrsg.). 2015. *Nachhaltigkeit messbar Machen. Integrierte Bilanzierung für Wirtschaft, Sozialwirtschaft und Verwaltung*. Regensburg: Walhalla.
Sukhdev, Pavan. 2013: *Corporation 2020*. Warum wir Wirtschaft neu denken müssen. München.
United Nations. 2015. *Framework convention on climate change*. Adoption of the Paris Agreement. FCCC/CP/2015/L.9/Rev.1. Paris.
Wang, Xiying, und Xiulan Zhang. 2014. Roles and functions of social workers in Wenchuan earthquake post-disaster intervention: Based on the three stage model. In *Environmental change and sustainable social development*, Hrsg. Sven Hessle, 32–40. Dorchester: Ashgate.
Weaver, Hillary N. 2014. Climate change and environmental justice: Indigenous perspectives from the United States. In *Environmental change and sustainable social development*, Hrsg. Sven Hessle, 65–71. Dorchester: Ashgate.

Prof. Dr. Armin Schneider hat die Professur für Management und Forschung an der Hochschule Koblenz inne und ist Direktor des dortigen Institutes für Bildung, Erziehung und Betreuung in der Kindheit|Rheinland-Pfalz (IBEB). Lehraufträge u. a. für Leadership und Management an der Hogeschool Zuyd in Maastricht (NL) und für Finanzwirtschaft und Ethik am Campus Institut in Oberhaching. E-Mail: schneider@hs-koblenz.de

Holistic Management Systems for Nonprofit Organisations

A Study-Based Comparison Between Germany and Australia

Bernd Schwien

The often-described failure of leadership in nonprofit organisations (Seibel 1994; Werther and Berman 2001, p. XVII, 15–16) can be basically explained in terms of the Principal Agent Theory with the principal having an information deficit about the situation of the agent. In the Third Sector, social professionals communicated for a long time that the client situation is so individual that the results of social work are not measurable. While not measurable, goals were not clearly defined, sufficient controlling was almost impossible and even undesired. This systematic lack of efficiency and effectiveness often turned into a Functional Dilettantism, a systematic strategy of failure. A very important result of the NPO paradigm shift was the introduction of Diagnosis Related Groups (DRG) in the healthcare system first 1998 in Australia and later in Germany (2004) that proved the measurability of health-related performance. Retention periods in hospitals were shortened dramatically in all countries with these DRG systems. More hospital cases were handled in fewer hospital beds and less time with mostly improved quality.

The Not-for-profit Sector Report of the Australian Government Productivity Commission from 2010 clearly asks for diversified management systems in NPOs that include Risk Management, Quality Management and further measure and evaluation methods (p. LV f.).

B. Schwien (✉)
FB Wirtschafts- und Sozialwissenschaften, Hochschule Nordhausen,
Nordhausen, Deutschland
E-Mail: schwien@fh-nordhausen.de

1 Theoretical Review and Background

NPOs have traditionally defined their purposes as supporting the poor, homeless, unfortunate and sick people through partly self-created programs and initiatives, rather than asking for the outcome of any activity. The activity itself dealt with people and was the outcome of the social work. This view explains why some NPOs define their strategy by listing their programs and initiatives on many pages rather than defining their achievable outcomes (Kaplan 2001, p. 358). Forbes described their difficulty in "developing surrogate quantitative measures of operational performance ... because [NPOs] frequently have goals that are amorphous and offer services that are intangible" (Forbes 1998, p. 184).

More and more governments, including those of Germany and Australia, are asking for clear measures for the outcomes of initiatives and programs. Rathgeb Smith observed that "Countries such as Germany have moved to introduce competitive tendering, pressuring nonprofits to adopt more commercial-type behaviour; hence many nonprofits are wrestling with market and community logics – a quite new and different situation for them. Hybridity, then, broadly defined, could be hypothesized as an outcome of the restructuring of the state in response of the fiscal crisis and NPM [New Public Management]" (Rathgeb Smith 2014, p. 10).

Since 1998 German statute law (KonTraG, later TransPuG; see figure 1) has demanded good governance in all capital companies including NPOs and quality control of social services by competitive tendering and contracting. In Australia social organisations feel more and more "swamped by contractual regulations" (Australian Government 2010, p. XXXII).

Additionally, based on the Australian Corporations Act 2001, the federal government makes demands for governance in NPOs. Initiatives like a number of Productivity Commission Reports since the early 1990s, the Australian Council for International Development (ACFID) with its Code of Conduct in 2010 ask for more transparency through the implementation of multi-perspective holistic management systems (see also ACNC [2013] "Governance for Good").

After defining and implementing a corporate governance codex, organisations need a multi-dimensional management system to provide transparency and to translate strategy into action. NPOs must learn to look forward and not backward to their transformed initiatives (Kaplan 2001, p. 358). Holistic management means a systematic approach that provides the interdependency between sustainability, multidisciplinarity, synergy, organisational intelligence, process management within an organisation as an open system (Gonschorrek and Pepels 2004, p. 252; Bleicher 2002 for the St. Galler Management-Concept, p. 3). Meaningful

Holistic Management Systems for Nonprofit Organisations

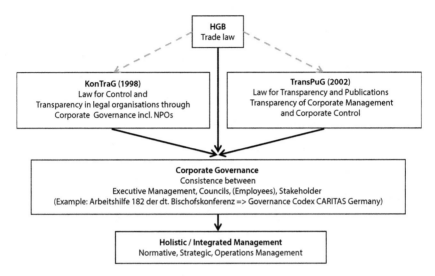

Fig. 1 German Statute Law and Corporate Governance in NPOs (HGB: Handelsgesetzbuch; trade law)

subsystems and initial points of holistic management systems are especially the Balanced Scorecard (BSC), Risk Management with Early Warning System, Quality Management, and leadership including personnel development, controlling and reporting. (Horváth and Partners 2007, pp. 271–377).

Another challenge for NPOs is the customer, who should be usually put on top of the strategic priority list. Is it "the one paying or the one receiving?" (Kaplan 2001, pp. 360–361). In this social context it is the so-called stakeholder, the multiple customer, whose perspective, attitudes, needs and interests should be clearly differentiated and addressed (Schwien 2015, pp. 88–90).

2 Methodology

This exploratory study used face-to-face interviews to collect information from executive employees working in large Australian and German nonprofit organisations. The interviews used a semi-structured survey with 83 questions. The interviews took between one and two hours. This research design was endorsed by the Queensland University of Technology's ethics committee.

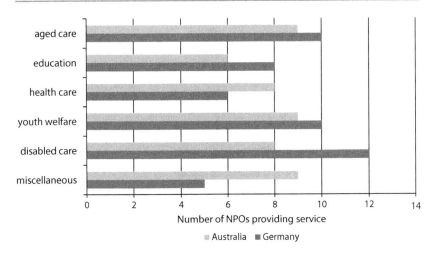

Fig. 2 Service fields of the interviewed NPOs

Executive staff from 14 Australian and 12 German organisations with more than 500 (Australia) and 1000 employees (Germany) were asked to participate. Some of these organisations employed more than 10,000 staff. These organisations provide a range of aged care, education, health care, youth welfare and disability services (Fig. 2).

In the interviews, the participants were asked to provide some general information, then they were asked questions about the status of holistic/integrated management systems in their organisation. The most common management instruments asked about were the BSC, Quality Management, Risk Management, Performance Planning and Review (for example goal oriented personnel talks on a regular basis), social added value and outcome.

Every interviewed manager confirmed his willingness to be part of this face-to face survey before the interviews were conducted. To make sure that a clear decision was made by the interviewees a scale of six options was chosen and the actual and target situation in the next two to three years for each criteria was asked for. For the following evaluation the software "Education Survey Automation Suite" (EvaSys; www.evasys.uk) was used. This software is very common in the German university sector. Scale, histogram, mean value and experimental standard deviation can be easily viewed for each question.

3 Hypothesis and Results

This study of NPOs was guided by five hypothesis which structured the results of the 10-page questionnaire.

▶ Hypothesis 1: Integrated management systems are utilised.

Most participating NPOs in both countries reported that they are working on the creation and implementation of a holistic management system due to the complexity of their offered services and the variety of expectations of their widespread stakeholders. Nowadays professional funding requires many differentiated types of information for the diversified interest groups. To stipulate a strategic target agreement within a periodic personnel talk with the employees, the goals must be clear, transparent and measurable in all organisational perspectives (Schwien 2015, pp. 109–110; 129–130).

Vision and mission must be transformed into a transparent strategy that has to be communicated to all stakeholders and employees for them to be motivated to understand and actively support the goals of the NPO. More and more competitive tender offers, especially in Australia, increase the pressure to prove the social added value and impact while in Germany additional trade laws like the KonTraG legally oblige social organisations also to provide a good governance (Schwien 2015, p. 46). All managing interviewees from both countries (see Fig. 3) confirmed that

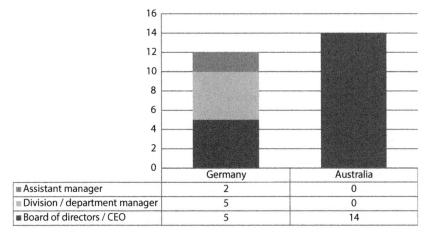

Fig. 3 Position of the interviewed NPO managers

they plan or already use holistic management systems as the only sustainable alternative to place the needed transparency for all stakeholders, especially the ones providing financial and other support.

▶ Hypothesis 2: The multidimensional Balanced Scorecard is utilised in its standard or hybrid form.

In relation to a multidimensional management system, the Balanced Scorecard of Kaplan and Norton has since the 1990s been THE chosen tool for lots of bigger organisations to be able to operate strategic approaches. It is not surprising that most surveyed NPOs in Australia and Germany use the BSC or are working on its development and implementation to use it (Schwien 2015, pp. 110–114; 130–134). While German social organisations tend to add a fifth dimension like environment, politics, ethics and prioritise certain dimensions for a limited time, Australian NPOs have recently realised that the development of BSC is mostly obligatory for their sustainable future. They are more behind in this development of integrated management systems and in finding the right version of BSC for their business. They sometimes talk about a fifth or even sixth dimension or combine formal targets like cash flow with their intangible objectives social ethics. This so-called hybridity "refers to heterogeneous arrangements, characterized by mixture of pure and incongruous origins, (ideal)types, 'cultures', 'coordination mechanism', 'rationalities', or 'action logics'." (Brandsen et al. 2005, p. 750).

In Germany 11 out of 12 surveyed NPOs use the BSC with four or five dimensions while in Australia only two do not use the BSC at all. All 14 interviewed NPOs plan to use the BSC-instrument in the future, some of them as a hybrid. In summary, the practice of NPOs in Australia and Germany confirms hypothesis 2 and the BSC, often as a hybrid form, is commonly used or planned to be used as a standard management instrument.

▶ Hypothesis 3: The employees are involved in the development and translation of the strategy into action.

In all interviewed German NPOs employees were involved in the development and translation from strategy into action. Employees were asked for cost-efficiency, client-orientation and individual initiatives to improve their range of responsibility. Generally annual goal-oriented personnel talks sensitize the staff to create a future-oriented social and sustainable culture of entrepreneurship. The employees are asked to define measurable and resource-based objectives. Managers more and more exercise a participative and trustful style of leadership to fully utilise employees' potential.

Holistic Management Systems for Nonprofit Organisations 217

In Australia the amount of participation in all kinds of decision-making is quite low. At present six surveyed social organisations do not include their staff in decision-making processes at all, while eight organisations only do so partially through personnel talks. For the coming years, four NPOs intend to fully involve their staff in decision making by measures. Therefore they plan to change their mostly hierarchical leadership into a more open and participative style. For the future all interviewees confirmed their intention to fully implement goal-based personnel talks on a regular basis in their organisation. These activities should be combined with further individual and professional training and educational activities.

To sum up, German managers prefer more cooperative leadership and expect measurable creativity and responsibility from their employees while Australian employees are not yet really involved in decision making. However, future development and strategy will encourage such involvement. That means hypothesis 3 is confirmed by German leaders while Australian managers plan to include their employees in the next two to three years. A cultural change is expected to be implemented.

▶ Hypothesis 4: From the changes in the Third Sector more and more holistic management systems arise.

All surveyed German NPOs reported that they have implemented a reporting system and controlling. In 10 cases this system was based on key data (Schwien 2015, p. 122). Reports, and especially financial reports on matters such as liquidity, are provided mostly promptly. In general the reporting system is unitary. Besides that five social organisations provide a unified document management system for full transparency. Asked about specific controlling instruments, most organisations used benchmarking, which is very common in German NPOs, followed by risk management, quality management (see Fig. 4), and portfolio- and SWOT-analysis. Customer and employee satisfaction are other commonly used tools.

	Interviewed organisations											
Integrated instruments	1	2	3	4	5	6	7	8	9	10	11	12
Balanced Scorecard	x	x	x	x	x	x	x	x		x		
Risk Management	x	x	x	x	x	x			x	x	x	
Quality Management	x	x			x	x						
Leadership and Human Resource Development	x	x	x	x	x		x	x	x			
Reporting und Controlling	x	x	x	x	x	x	x	x	x	x		

Fig. 4 Integrated management instruments in Germany

When asked about the integration of management instruments, respondents most commonly mentioned BSC, risk management, human resource development through periodic personnel talks and reporting/controlling. Eleven out of twelve social complex organisations practise holistic management already. The main advantage of holistic management is a whole goal-oriented overview on the NPO out of different perspectives. This leads to more transparency and unified activities of all participants including the stakeholders where required (Schwien 2015, p. 126). The main disadvantage is high costs and the effort required to develop and implement the holistic system and to generate the needed data and figures on a regular and timely basis.

In Australia, use of reporting and controlling was found to be very limited. Only four interviewees use these instruments on a regular basis. In the future, eight NPOs want to implement a reporting system. All surveyed organisations want to install an external control department. Eight managers see these instruments as a future factor of success (Schwien 2015, p. 141). One organisation does not even see sense in the use of business ratios for the future. A timely provision with important information is required by thirteen interviewed managers. At the moment, only two organisations have a unified reporting system, indicating that more transparency is not demanded at the moment. A unified documentation management system is only readily available in two cases, while thirteen NPOs plan to develop and implement such a system in the future. Eleven interviewees reported the use of benchmarking; other controlling instruments reported in use are best practice, social impact, and customer and employee satisfaction.

The integration of management instruments in Australian NPOs is quite homogeneous and widespread. Most surveyed organisations integrate BSC, risk management, quality management, leadership and human resource development, and reporting and controlling (Schwien 2015, p. 144; see Fig. 5). Australian managers

	Interviewed organisations													
Integrated instrumente	1	2	3	4	5	6	7	8	9	10	11	12	13	14
Balanced Scorecard	x	x	x	x	x		x	x	x	x		x	x	x
Risk Management		x	x	x	x	x	x		x		x	x	x	x
Quality Management		x	x	x	x	x	x	x	x		x	x	x	x
Leadership and Human Resource Development	x	x	x	x	x			x	x		x	x	x	
Reporting und Controlling	x	x	x	x	x	x	x	x	x		x	x		
Other	x	x	x	x	x	x	x	x			x	x		

Fig. 5 Integrated management instruments in Australia

practice holistic management to create cause-and-effect chains to get a better overview and understanding for the processes and their derived decisions. Social complex organisations tend to create holistic management systems to get a full overview about their variety of social services and address their stakeholders in an individual and specific way. Transparency and the chance to create proper analysis for adequate decisions are the main drivers of process, and thinking and acting holistically. On the other side, the big administrative effort and costs for development, implementation and permanent provision of data and business ratios must be considered. One organisation, for example, is using two different computer and software systems at the same time, which is a source of inefficiency and misunderstanding.

To sum up, almost all interviewees recognised that a meaningful integration of management systems is obligatory for a holistic understanding and sustainable future development, especially for complex NPOs. While German social organisations have more and longer experience with integrated management instruments because of governance-based law since 1998, Australian NPOs are more experimental in finding and adapting a management system. Basically, hypothesis 4 can be confirmed there will be no alternative but to create holistic management systems in the Third Sector now and in the future for Australia and Germany.

▶ Hypothesis 5: The compilation and demonstration of social added value and impact is important for social organisations.

While social services are intangible and very much depend on the client's motivation, workers in these organisations always claim that their results are not measurable. However, through defined quality management in fixed and tendered contracts, government funders are eagerly demanding more competition and transparent achievement of certain services or results.

This leads to the question of how far NPOs are able and willing to clearly present the social added value and impact of their daily social work. In Germany, six interviewees reported calculating the social added value of their work numerically, while four do so partly and two not at all. So far no methodology for measuring social added value is accepted. They are all subject to supposition like the social return on investment (SROI). When you talk about the economic outcome of the social service for a local government (for example less unemployment), nobody can answer whether the service or the changed mind of the client was causative. Some NPOs try to measure their success through soft facts like improved quality of life for certain disabled people. The current status is that stakeholders more and more transparently want to see the individual benefit and improvement for the person or group in need and the value and impact.

In Australia, thirteen surveyed managers fully or partly calculate the social added value and impact while only one organisation reported not doing so at all. As mentioned before, Australian NPOs are more experimental in measuring value and impact as this is often requested by the financing partners. Most of them have avoided the complex discussions around SROI and simply measure the number of people supported in a certain period, improved health and quality of life per AUS $, and individual success stories. For example, the "Walk a mile in my shoes" program claimed to have prevented suicides and positively changed lives. So far, the silver bullet for an agreed social added value and impact has not yet been found, but it should to be measured as well as possible.

To sum up, most participating social organisations in Australia and Germany measure the social added value and impact fully or partly, and they all see the necessity for transparency regarding this point. Australian NPOs seem to be more creative in their methods of measurement. For both countries hypothesis 5 can be confirmed. The compilation and demonstration of social added value and impact is not only important but increasingly obligatory in a competitive market to provide a rate of success on the way to the eternal social objective of an NPO.

4 Discussion

In the last twenty years improved, but expensive and often long-term methods for social care and the worldwide financial crises have put an increasing amount of pressure on the Third Sector. Here we find a lack of transparency in many ways. So far, there is no generally accepted definition of 'nonprofit' (Salomon, Anheier and associates 1999, pp. 3–4), with much of the sector still adopting 'muddling through' strategies as mentioned before. In addition the 'do-gooders' still tend to resist social measurability. The Third Sector arose in Germany through a mostly consistent development path starting with the milestone of Bismarck`s universal healthcare system in the late nineteenth century and the planned set-up of the welfare system with the rule of subsidiarity since the nineteen-twenties. Australian NPOs developed from local church initiatives and very intensive family and neighbourhood activities in the late nineteenth and early twentieth centuries. Federalism, especially in Australia, is very challenging and leads to peculiar organisational constructions in the social sector. "In some fields their application to third sector organisations is criticized by for-profit firms as giving the third sector an unfair advantage. ... It is surely anomalous that donations to wealthy yacht clubs are encouraged by tax deductibility while donations to the councils of social service are not" (Lyons 2001, p. 20).

Based on their rule-orientation, the more differentiated trade law in Germany since 1998 (see Fig. 1) to encourage good governance motivated or forced most welfare organisations to create their individual corporate governance codex. The increasing practice of governments requiring tendered contracts for social financing funding in both countries seem to require more transparency. In addition, the Australian Government Productivity Commission has been very critical of Australian NPOs in its reports since the mid-1990s. The commission's 2010 report strongly encouraged good governance and transparency with differentiated proposals for national social organisations supported by Mark Lyons through many examples (Lyons 2001, p. 26). Due to this pressure, organisations like the Australian Council for International Development (ACFID) were founded recently and created a Code of Conduct for Australian NPOs in 2012 (ACFID 2012, p.6). Additionally, the relationship between the Australian Third Sector and government is not clear and trustful (Lyons 2001, p. 225). Tendered contracts provide some compensation for the lack of differentiated and homogeneous social and trade laws: "Reform is needed to meet 'best practice' principles" (Commonwealth of Australia; Australian Government 2010, pp. XXIII and IV). Several models of contract-based government financial support have been tried in the last twenty years in Australia (Lyons 2001, pp. 183–190).

These developments have provided the basis in both Australia and Germany for more forced transparency inside NPOs for both employees and stakeholders. The third sectors of both countries have developed several codes for good governance based on their individual vision and mission. Especially Australian NPOs tend to adopt hybrid management systems derived from the for-profit sector like BSC with five perspectives or combined with risk management. "But the most central issues confronting many nonprofits today is the need to manage different institutional logics due to the increasing environmental turbulence and need to adapt their organisations due to the new environmental circumstances" (Rathgeb Smith 2014, p. 8).

This experimental situation for the managers in the Third Sector combined with the unique heterogeneity of the sector lead to correspondingly hybrid management systems (Brandsen et al. 2005, p. 750). Additionally, NPOs tend to isomorphism as a result to political and market changes. They recognise the changes in their market and adapt as a group in similar ways in order to survive. In this context basically three different mechanisms of institutional isomorphic change, each with its own antecedents, can be described. First, *coercive isomorphism* is driven by political influence. For example, NPOs have to react to tendered contracts by verifying that they have fulfilled the required quality conditions. Therefore they have to establish a quality management system and document the completion of the requested criteria. Second, *mimetic isomorphism* is the standard answer to uncertainty. NPOs are surrounded by uncertainties through permanent changes in the funding conditions, not unpredictable catastrophes in their vicinity such as the environmental disaster in Fukushima in 2013, and unclear financial funding. It looks like they usually are not driven by uncertainties. Third, *normative isomorphism* is often connected with professionalisation (Di Maggio and Powell 1983, pp. 147, 150, 154). The Third Sector with its heterogeneous complexity is searching for corresponding management instruments. The multidimensional BSC, combined with risk management, quality management and an early warning system, could be an answer to this requirement. An individual adaptation finally leads to hybridity.

In summary, holistic management systems could be an answer to these fundamental changes related to professionalisation in the Third Sector. These systems combine the needed transparency for all stakeholders with the basic information for the NPO management for the right sustainable decisions adjustable at all times in a social world full of apparent intangibles.

Conclusion

On the basis of five hypotheses about the existing and planned management systems in 26 complex Australian and German NPOs, most of which had more than 1,000 employees, it emerged that systems have to be increasingly integrated. Because of their heterogeneity in services, permanent political and legal transformation with strong federalism especially in Australia and an increasingly competitive market forced by tendered contracting, social organisations need to develop and implement holistic management systems. All employees must be actively included in the strategy and decision making. Individual environmental general regulations in each region often force NPOs to generate hybrid forms of these management systems to adapt to these often unique conditions. The often government-driven market rules lead to especially *coercive isomorphism* based on activities and decisions of social policy. Additionally, political actors more and more ask for the social added value and impact of a service. Most NPOs address this request in Germany often by SROI, but in Australia more by collecting data on a range of criteria such as improved quality of life.

Only hypothesis 3 revealed differences between the practice of German and Australian NPO leaders, with German managers preferring the participative style more while Australian leaders think and act more hierarchically. Most NPO leaders claim that their leadership style will become more participatory in the future.

Holistic Management Systems for Nonprofit Organisations 223

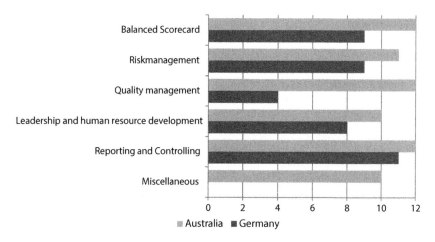

Fig. 6 Integrated management instruments in Australia and Germany

The more developed German trade law, which demands more transparency and good governance for social organisations, and the increasing practice of tendered contracts (with additional fixed quality-based conditions in both countries supported by the proposals of the Australian Government Productivity Commission) coerce the NPOs to develop new management strategies and change parts of their traditional culture. Third Sector employees must play a constantly active and creative part in the strategy, including responsibility as being their own entrepreneurs within a big social organisation. While Australian NPOs are actually more experimental in finding the right management mix, a lot of German NPOs have already implemented and adjusted their existing management tools. The next step will be the meaningful integration of these instruments to achieve holistic management.

Figure 6 shows that both countries already integrated several instruments to manage their NPO as a whole, always taking several perspectives. The BSC seems to be the best basic management tool with which other instruments can be integrated. Almost all interviewed managers reported that they use the BSC in its basic design or as a hybrid. In addition, the calculation of a social added value and impact is absolutely necessary. Finally development and implementation activities lead to individually adapted holistic management systems and seem to be obligatory for a sustainable development in a modern complex NPO on the example of Australia and Germany.

References

ACFID. Code of Conduct. 2012.
Australian Charities and Not-for-profits Commission (ACNC). Juli 2013, Version 2. Governance for Good.
Australian Government Productivity Commission. 2010. Contribution of the Not-For-Profit Sector – Productivity Commission Research Report.
Bertelsmann Foundation. 2011. *Social Justice in the OECD – How do Member States Compare?* Self-publishing.
Bleicher, Knut. 2002. Integriertes Management als Herausforderung. In *Integrierte Managementsysteme: Konzepte, Werkzeuge, Erfahrungen*, Hrsg. S. Schwendt, D. Funck, 2–23. Heidelberg: Physica.
Brandsen, Taco, Wim van de Donk, and Kim Putters. 2005. Griffins or Chameleons? Hybridity as a permanent an inevitable characteristic of the third sector. *International Journal of Public Administration* 28: 749–765.
Di Maggio, Paul J., and Walter W. Powell. 1983. The iron cage revisited: Institutional isomorphism and collective rationality in organisational fields. *American Sociological Review* 48: 147–160.
EvaSys. http://www.evasys.uk/education.html. Zugegriffen: 09. Sept 2015.
Forbes, Daniel P. 1998. Measuring the unmeasurable: Empirical studies of nonprofit organisation effectiveness from 1977 to 1997. *Nonprofit and Voluntary Sector Quarterly* 27(2): 183–202.
Gonschorrek, Ulrich, and Werner Pepels. 2004. *Ganzheitliches Management*. Berlin: BWV.
Horváth & Partners (issuers). 2007. *Balanced Scorecard umsetzen*, 4th edn. Stuttgart: Schäffer/Poeschel.
Kaplan, Robert S. spring 2001. Strategic performance measurement and management in nonprofit organisations. *Nonprofit Management & Leadership* 11(3): 353–370.
Kaplan, Robert S., and David P. Norton. March 2004. Strategy maps. In *Strategic Finance*, 27–35. Boston: Harvard Business School Press.
Lyons, Mark. 2001. *Third sector – The contribution of nonprofit and cooperative enterprise in Australia*. Crows Nest: Griffin Press.
Rathgeb Smith, Steven. 2014. Hybridity and nonprofit organisations: The research agenda. *American Behavioral Scientist* 1–15. doi:10.1177/0002764214534675.
Salamon, Lester M., Helmut K. Anheier, Regina List, and Stefan Toepler, S. Wojciech Sokolowski. 1999. *Global civil society – dimensions of the nonprofit sector*. Baltimore: Johns Hopkins University.
Schwien, Bernd. 2015. *Ganzheitliche Unternehmensführung in Nonprofit-Organisationen – Ein Systemvergleich zwischen Deutschland und Australien*. Baden-Baden: Nomos.
Seibel, Wolfgang. 1994. *Funktionaler Dilettantismus*. Baden-Baden: Nomos.
Seibel, Wolfgang. 1999. Successful failure: An alternative view of organisational change. In *When things go wrong: Organisational Failures and breakdowns*, eds. Helmut K. Anheier, 91–105. Thousand oaks: Sage.
Werther, William B., and Evan M. Berman. 2001. *Third sector management – the art of managing nonprofit organisations*. Washington D. C.: Georgetown University Press.

Prof. Dr. Bernd Schwien Dissertation: 1995 at the University of Oldenburg; 1988–1990 Corporate Financing Commerzbank Hamburg, 1994–2000 Produktmanager Otto Bock Health Care; 2001–2004 Manager for technology transfer business, University of Göttingen; since 2004 Professorship for Non-Profit-Management (Financing of Non-Profit-Organisations), University of applied sciences, Nordhausen; International lecturing- and research activities: Since 2011 various ERASMUS+-programs in France, Finland, Slovenia, Portugal, Netherlands, Czech Republic; 2010–2012 each 3 weeks winter school, Kyungpook National University of Daegu, Südkorea; 1semester in summer 2014, Fellowship at the Queensland University of Technology (QUT), Brisbane, Australia – NPO-research study about Holistic Management Systems in Germany and Australia. E-Mail: schwien@fh-nordhausen.de

Organisationale und interpersonelle Netzwerke

Chancen und Risiken für soziale Unternehmen

Monika Sagmeister

1 Vernetzung als Reaktion auf unternehmerische Herausforderungen

Einrichtungen der Sozialwirtschaft sind mit Herausforderungen konfrontiert, die ständig eine Anpassung der Organisation an diese Anforderungen erforderlich machen. Der Wunsch nach Anpassung und Veränderung kann dabei aus der Organisation selbst entstehen. Meist handelt es sich damit um Anregungen von innen, die durch Mitarbeitende oder die Unternehmensleitung an die soziale Einrichtung herangetragen werden. Anlässe hierzu können die finanzielle Entwicklung des sozialen Dienstleistungsunternehmens, die Personalsituation, die Unzufriedenheit mit Prozessen oder der Wirkung der sozialen Dienstleistung sein. Es gibt jedoch auch vielfältige Herausforderungen von außen, denen sich soziale Einrichtungen zu stellen haben. Einige von außen an soziale Einrichtungen herangetragenen Herausforderungen seien hier exemplarisch genannt. So können etwa Änderungen in der Gesetzgebung, wie aktuell bei der anstehenden Reform der Pflegeversicherung, sowie politische Entscheidungen wie die Frage des Familiennachzuges bei unbegleiteten, minderjährigen Flüchtlingen Auswirkungen auf soziale Einrichtungen haben. Erhalten soziale Einrichtungen Zuwendungen in Form von freiwilligen, öffentlichen Leistungen, kann beispielsweise der Rückgang von

---

M. Sagmeister (✉)
Duale Hochschule Baden-Württemberg Stuttgart,
Stuttgart, Deutschland
E-Mail: Monika.Sagmeister@dhbw-stuttgart.de

© Springer Fachmedien Wiesbaden GmbH, ein Teil von Springer Nature 2018
W. Grillitsch et al. (Hrsg.), *Gegenwart und Zukunft des Sozialmanagements und der Sozialwirtschaft*, https://doi.org/10.1007/978-3-658-21607-8_13

Gewerbesteuereinnahmen einer Kommune Einfluss auf die Finanzierung sozialer Dienstleistungen haben. Begrenzte kommunale Mittel werden dann neu überdacht. Mit Kürzungen ist zu rechnen. Je nach Standort kann auch Fachkräftemangel eine mehr oder weniger große Herausforderung darstellen. Fehlendes Personal stellt eine Gefährdung für die Dienstleistungserbringung und die bestehende Mitarbeiterschaft dar, indem Überlastungen riskiert oder Qualitätseinbußen hingenommen werden müssen. Führungskräfte der Sozialwirtschaft erwarten unter anderem folgende von außen an sie herangetragene Herausforderungen: Die Verschärfung des Fachkräftemangels, der Abbau des Sozialstaates und die damit verbundene Erhöhung der privaten Eigenvorsorge und deren Auswirkungen, die Verschärfung des Wettbewerbs, steigende Kosten bei sinkenden Erlösen, die Erhöhung der Regelungsdichte und Dokumentationspflicht sowie die Kürzung der Zuschüsse bei gleichzeitig steigenden Personalkosten (Sagmeister 2014, S. 136ff.).

Es bieten sich unterschiedliche Möglichkeiten an, mit diesen Herausforderungen umzugehen. In diesem Beitrag wird eine Reaktionsmöglichkeit genauer beleuchtet: Vernetzung. Als Vernetzung werden im allgemeinen Sprachgebrauch sehr unterschiedliche Aktivitäten bezeichnet. Es vernetzen sich Organisationen, Menschen, technische Geräte. Der technische Aspekt von Vernetzung, zum Beispiel über Computernetzwerke oder soziale (Medien-)netzwerke, wird hier außen vor gelassen. Deshalb bedarf es zuerst einer Bestimmung, welcher Vernetzungsbegriff dieser Arbeit zugrunde liegt. Anschließend wird auf organisationale Netzwerke sowie interpersonelle Netzwerke eingegangen und deren Chancen und Risiken beleuchtet.

2 Vernetzung - das Ergebnis von Aktivitäten in sozialen Netzwerken

Dieser Arbeit liegt ein eher soziologisch geprägter Vernetzungsbegriff zugrunde. In der Soziologie werden Netzwerke „neutral als eine Menge von Akteuren betrachtet, die über eine Menge von Beziehungen mit einem bestimmbaren Inhalt verbunden sind" (Wald und Jansen 2007, S. 93). Laut Weyer (2014, S. 47) handelt es sich dabei um ein Phänomen, das sich nicht mit den Begriffen System, Organisation und Interaktion gleichsetzen lässt. Im Mittelpunkt steht die grenzüberschreitende Kooperation, die nicht in das bestehende Bezugssystem integrierbar und deshalb nur über Kommunikationskanäle erreichbar ist. Zur Erläuterung nennt Weyer (2014, S. 47) folgende Beispiele:

- „die Kommunikation über Systemgrenzen hinweg (Politik und Wirtschaft),
- die Koordination unterschiedlicher Funktionen (Fertigung und Vertrieb),

- die Überbrückung kultureller Barrieren (Konzern und Bürgerinitiative) oder
- die Verknüpfung unterschiedlicher Interessen (Unternehmen mehrerer Branchen bzw. Stufen der Wertschöpfungskette)."

Wird dem Netzwerk noch der Begriff „sozial" vorangestellt, rückt der Beziehungsgedanke im Netzwerk noch mehr in den Vordergrund. „Unter sozialen Netzwerken verstehe ich hier ein Geflecht von sozialen Beziehungen, in das der Einzelne, kollektive oder korporative Akteure oder Gruppen von Akteuren eingebettet sind. Technisch gesehen handelt es sich um ein abgrenzbares Set von Elementen oder Knoten, für die eine oder mehrere soziale Beziehungen untersucht werden" (Jansen 2007, S. 1).

Ähnliche Definitionen finden sich bei Gruber und Rehrl (2007, S. 43), Trappmann et al. (2011, S. 16) oder bei Friedrichs (Friedrichs 1995, S. 155). Bei einem sozialen Netzwerk handelt es sich um Beziehungen zwischen einzelnen Menschen, Organisationen, Regionen bis hin zu Staaten. Um die unterschiedlichen Beteiligten in einem Netzwerk in einen Begriff zu fassen, werden diese unabhängig davon, ob es sich um Menschen oder Organisationen handelt, als „Akteur" bezeichnet (Rosenberg 2014, S. 18). Die Beziehungen der Akteure können freundschaftlicher oder verwandtschaftlicher Art sein, ein Machtgefälle beinhalten oder Transaktionen einschließen wie den Kauf oder das Verschenken von Gegenständen (Sagmeister 2014, S. 75). Im Zentrum dieser Arbeit stehen Beziehungen, die dem Zweck dienen sollen, sozialwirtschaftliche Unternehmen auf Herausforderungen am Sozialmarkt vorzubereiten oder der Bewältigung anstehender Anforderungen dienen.

Deshalb wird an dieser Stelle der Definition nach Weyer (2014, S. 48) gefolgt: „Unter einem sozialen Netzwerk soll daher eine eigenständige Form der Koordination von Interaktionen verstanden werden, deren Kern die *vertrauensvolle Kooperation* (Hervorh. im Original) autonomer aber interdependenter (wechselseitig voneinander abhängiger) Akteure ist, die für einen begrenzten Zeitraum zusammenarbeiten und dabei auf die Interessen des jeweiligen Partners Rücksicht nehmen, weil sie auf diese Weise ihre partikularen Ziele besser realisieren können als durch nicht-koordiniertes Handeln."

3 Organisationale und interpersonelle soziale Netzwerke

Diese Definition sozialer Netzwerke macht damit sowohl das Ziel als auch die Art und Weise der Vernetzung deutlich. Ziel sozialer Netzwerke nach Weyer (2014) ist die Zusammenarbeit, da die koordinierte Handlung an sich unabhängiger Akteure allen Beteiligten nutzt, indem das eigene Ziel erreicht werden kann. Die Zusammenarbeit ist dabei geprägt von Rücksichtnahme und Vertrauen.

Vernetzung findet also wie bereits erwähnt auf mehreren Ebenen statt. In diesem Beitrag werden zwei Ebenen genauer beschrieben. Einerseits findet Vernetzung auf der Ebene der Organisation statt. Durch lose Zusammenschlüsse etwa im Bereich der Beschaffung bis hin zu Fusionen sind hier unterschiedliche Intensitäten von Vernetzung möglich. Diese organisationale Ebene wird aber nur erfolgreich, sprich im gegenseitigen Nutzen erfolgen, wenn andererseits auch die interpersonelle Ebene berücksichtigt wird (Weyer 2014, S. 40). Die Zusammenarbeit wird von Menschen gestaltet. Hier wird auf das Konzept des sozialen Kapitals nach Bourdieu (1983, S. 191ff.) und Coleman (1988, S. 97) Bezug genommen und Bedingungen von erfolgreicher interpersoneller Vernetzung genauer beschrieben.

3.1 Inter- und intra-organisationale Netzwerke

Nach der Definition von Weyer (2014, S. 47) ist die „Koordination unterschiedlicher Funktionen (Fertigung und Vertrieb)" ein Aspekt von Vernetzung. Allerdings findet man in der Sozialwirtschaft mit Ausnahme der Behindertenhilfe kaum klassische Fertigungsbetriebe. Erstellt werden soziale Dienstleistungen. Doch auch die Dienstleistungserstellung bedarf unterstützender, betrieblicher Funktionen. Die funktionale Gliederung eines Sozialunternehmens umfasst neben der Dienstleistungserstellung auch die Investition und Finanzierung, den Absatz, die Beschaffung, die Personalverwaltung, das Controlling (Wöhe und Döring 2013, S. 44). Da auch soziale Einrichtungen genötigt sind zu wirtschaften, sprich ein optimales Verhältnis zwischen Faktoreinsatz und sozialer Dienstleistung herzustellen, werden Netzwerke genutzt, um die betrieblichen Funktionen zu optimieren, ohne die Qualität der sozialen Dienstleistung aus den Augen zu verlieren. Um intraorganisationale Netzwerke handelt es sich dann, wenn Verbindungen zu Organisationseinheiten außerhalb des eigenen Unternehmens bestehen (Rosenberg 2014, S. 21).

Die Intensität des Netzwerkes kann dabei sehr unterschiedlich sein. Eine lose Form der Kooperation liegt vor, wenn ein Unternehmen an ein anderes etwas leistet, wie die gegenseitige Überlassung von Personal oder Räumen (Wörle-Himmel und Neubert 2014, S. 5). Auch gemeinsame Pflegesatzverhandlungen bedingen keine intensive Zusammenarbeit, aber doch ein gemeinsames Vorgehen. Ein engeres Netzwerk besteht bei Einkaufsgemeinschaften von Krankenhäusern oder anderen Formen des „arbeitsteiligen Zusammenwirkens" (Wörle-Himmel und

Neubert 2014, S. 5), bei denen gemeinsame Gesellschaften gegründet werden, um eine Lücke in der Dienstleistungserstellung zu schließen oder betriebliche Funktionen optimaler auf zwei Einrichtungen verteilen zu können. So fand im Jahr 2004 die Fusion der „Zieglerschen Anstalten" mit dem Verein für „Evangelische Altenheime in Württemberg" statt (Züfle 2004, S. 426ff.). Ziel war in diesem Fall, sich gegenseitig mit seinen Stärken zu bereichern, da es so möglich war, die Schwachstellen des jeweiligen Fusionspartners auszugleichen und eine marktfähige Unternehmensgröße zu erreichen. So fehlte in einem Unternehmen das Fachwissen, um den Bereich der Altenhilfe zukunftsfähig aufzubauen und das andere Unternehmen verfügte nicht über die finanziellen Mittel, die bereits vorhandenen, innovativen Ideen im Bereich der Altenhilfe zu implementieren. Die Fusion stellt damit eine Optimierung im Bereich der Dienstleistungserstellung und der Finanzierung dar. Eine Fusion mit ähnlichem Hintergrund fand im Jahr 2002 zwischen den örtlichen Sozialeinrichtungen „Landshuter Institut e.V." und dem „Netzwerk e.V." im Raum Landshut (Bayern) statt. Jeder Verein für sich war kaum in der Lage eine professionelle Geschäftsführung und Verwaltung zu finanzieren. Gemeinsam wurde eine Unternehmensgröße erreicht, bei der die Kosten für eine hauptamtliche Geschäftsführung erwirtschaftet werden konnten.

Die beiden eben erwähnten Fusionen stehen damit exemplarisch für viele andere, die seither die Marktstellung von sozialwirtschaftlichen Unternehmen sichern sollen. Solche engen Netzwerke entstehen aber nicht nur zwischen, sondern auch innerhalb von Organisationen. Eines der bekanntesten Beispiele aus dem Non-Profit-Bereich dürften hier die Fusionen und Kooperationen zwischen einzelnen Kirchengemeinden darstellen, die seit Jahren viele Menschen persönlich betreffen (Jung und Ambruster 2014, S. 9). In diesem Fall handelt es sich um intraorganisationalen Netzwerken, bei denen die Unternehmenseinheiten innerhalb eines Unternehmens im Fokus stehen (Rosenberg 2014, S. 22). Die Akteure bestehen in diesem Fall entweder aus individuellen Mitarbeitern oder Personengruppen wie Teams, Abteilungen oder Tochtergesellschaften (Rank 2015, S. 18).

Der erhoffte Vorteil in Form von verbesserter Dienstleistungserstellung – also eines optimaleren Ressourceneinsatz der betrieblichen Funktionen – steht hier genauso im Mittelpunkt wie bei interorganisationalen Netzwerken. Es sollen Unsicherheiten bewältigt und unternehmerische Vorteile erzielt werden, die jemand alleine, sprich ohne Netzwerk, nicht erreichen kann (Jansen und Diaz-Bone 2014, S. 73). Rosenberg (2014, S. 26) gibt an, dass durch Netzwerke Standards innerhalb der eigenen Branche gesetzt werden können. Dabei wird von der Grundannahme ausgegangen, dass organisationale Netzwerke generell einen Nutzen erzeugen, indem Ressourcen materieller Art, wie die Optimierung der betrieblichen

Funktionen oder immaterieller Art, wie Informationen und Wissen, ausgetauscht werden. Deshalb operiert der organisationale Netzwerkbegriff mit der zielgerichteten Koordination von Akteuren, „die miteinander kooperieren, um ihre Interessen durchzusetzen" (Weyer 2014, S. 53). Zusammenarbeit erzeugt gemeinsame Identität im Netzwerk (Heidling 2014, S. 155). Die Konkurrenz kann über gemeinsame Projekte zu einer Kooperation werden, zumindest insoweit, dass der gemeinsame Projekterfolg gesichert ist. Erfolgversprechend erscheinen die Kooperationen im Netzwerk immer dann, wenn sich die Anpassungsnotwendigkeit in Grenzen halten (Wald und Jansen 2007, S. 96f.). Die Netzwerkpartner fühlen sich dann weiterhin autonom.

Weniger Beachtung scheint der Aspekt zu finden, dass organisationale Netzwerke auch Kosten erzeugen. Es entstehen Kosten für den Beziehungsaufbau. Es müssen geeignete Kooperationspartner gesucht werden. So sind im Alltag Mitarbeitende und Führungskräfte damit beschäftigt, Personen zu suchen, die Antwort auf ein Problem im Arbeitsalltag geben können. Netzwerke sind also mit Suchkosten verbunden. Manchmal bestehen die entsprechenden Beziehungen bereits, sind aber nach dem Verfahren „Versuch und Irrtum" aus reiner Sympathie entstanden. Sie erweisen sich erst im Nachhinein als nützlich für den Informations- und Wissensaustausch. Geht die Kooperation über eine informelle Zusammenarbeit hinaus, sind gegebenenfalls Kooperationsverträge auszuarbeiten und Verhandlungen zu führen. Auch anschließend bedarf es Zeit für die Beziehungspflege oder zeitliche Investitionen in entstehende Konflikte und Kontrolle (Rank 2015, S. 23–26). So können informelle Absprachen darüber, wer in der Region welche soziale Dienstleistung erbringt, schnell zu Konflikten führen, wenn diese Absprachen von einem Netzwerkakteur nicht als verbindlich betrachtet werden.

Zusammengefasst lässt sich feststellen, dass inter- und intraorganisationale Netzwerke viele Chancen für Sozialunternehmen bieten, da sie einen optimalen Ressourceneinsatz ermöglichen können, einen Nutzen bei der Bewältigung von Unsicherheiten bieten, die Zusammenarbeit Standards in der eigenen Branche setzen kann und vor allem ein Austausch von Information und Wissen stattfindet. Dies lohnt sich allerdings nur, wenn die dazu nötige Investition für den Beziehungsaufbau und -unterhalt beziehungsweise für die Vertragsausarbeitung und Kontrolle dazu in einer günstigen Relation stehen.

Wie bereits deutlich wurde, stehen aber hinter jedem Netzwerk nicht nur Organisationen oder betrieblichen Funktionen, sondern Menschen. Anliegen des Beitrags ist es nicht, die personalpolitische Dimension von intra- und interorganisationalen Netzwerken zu erörtern. Da aber der Mensch als Akteur auch hier eine Rolle spielt, stehen im nächsten Abschnitt interpersonelle Netzwerke im Vordergrund.

3.2 Interpersonelle Netzwerke

Im folgenden Abschnitt wird zuerst der Begriff des sozialen Kapitals geklärt, um darauf aufbauend, auf verschiedene Rahmenbedingungen interpersoneller Netzwerke einzugehen. Vorteilhafte und problematische Aspekte für soziale Organisationen werden anschließend aufgezeigt.

3.2.1 Sozialkapital als Ressource eines Netzwerkes

Die Verbindung zwischen strukturellen Rahmenbedingungen eines Netzwerkes und dem Handeln einzelner Akteure erfolgt über den Begriff des sozialen Kapitals. In der wissenschaftlichen Auseinandersetzung werden beim Sozialkapital meist Bezüge zu den Arbeiten von Bourdieu (1983, S. 191ff.) sowie Coleman (1998, S. 97) und Burt (1992, S. 12) hergestellt (Fliaster 2007, S. 107ff.; S. Gruber und Rehrl 2009, S. 971; Jansen und Diaz-Bone, 2014 S. 73). In den Fokus rücken somit die Beziehungen der Menschen untereinander und die Ressourcen, die ein Netzwerk zur Verfügung stellt. Nach Fliaster (2007, S. 119) ist Sozialkapital „die Gesamtheit von Ressourcen (vor allem Wissen, aber etwa auch emotionale Unterstützung, Rückendeckung usw.), die ein Akteur dank

- der spezifischen Beschaffenheit des sozialen Netzwerkes, bzw. seiner strukturellen Position in diesem Netzwerk (...)
- der Eigenschaft seiner dyadischen Netzwerkbeziehungen (Vertrauen usw.) und
- der Eigenschaften der anderen Netzwerkakteure (ihrer Ressourcen) usw. grundsätzlich in Anspruch nehmen kann, um seine Handlungsziele zu erreichen."

Jansen und Diaz-Bone (2014, S. 73) spezifizieren diese abstrakte Darstellung durch zwei Beispiele. Ein Akteur vernetzt Tauschpartner, die sich untereinander nicht kennen und sorgt damit für unternehmerische Profite, die die beiden Tauschpartner ohne die spezifische Position des Akteurs im Netzwerk nicht erreicht hätte. Übertragen auf die Sozialwirtschaft kann etwa die Geschäftsführung eines Sozialunternehmens mit landwirtschaftlichen Vorkenntnissen dafür sorgen, dass psychisch kranke Menschen, Betreuungs- und Beschäftigungsmöglichkeiten in der Landwirtschaft erhalten und sich dabei selbst unternehmerisch an der Vermittlung beteiligen. In diesem Fall wird die Bedeutung der Vermittlerposition zwischen den Sektoren „Landwirtschaft" und „Dienstleistung" sowie der Ressource „Wissen" deutlich. Ebenso kann soziales Kapital die Koordination an sich unabhängiger Akteure erleichtern, damit sie kollektiv auftreten. Dieses kollektive Auftreten kann positive Auswirkungen bei Entgeltverhandlungen haben. Kontakte erleichtern hier den Wissensaustausch und eine gemeinsame Position, die auf die Eigenschaft „Vertrauen" gründet.

Sozialkapital lässt sich nicht ausschließlich bewusst herstellen oder steuern. Meist liegt der Fokus der beteiligten Personen nicht auf der Produktion des Sozialkapitals, sondern auf einem Sachziel. Die Entgeltverhandlung und das gemeinsame Ziel eint die Gruppe. Soziale Verbundenheit und Sozialkapital entsteht als Nebeneffekt dabei eher zufällig (Sagmeister 2014, S. 76). Zudem ist soziales Kapital nicht durch einen Akteur alleine zu generieren und liegt deshalb nicht in der Hand einer Person. Soziale Netzwerke bestehen aus dyadischen Beziehungen. Sozialkapital generiert sich damit aus allen direkten und indirekten Beziehungen der Akteure eines sozialen Netzwerkes. Zu guter Letzt kann Sozialkapital nicht frei übertragen werden. Es existieren auch keine Eigentumsrechte an Sozialkapital (Jansen und Diaz-Bone 2014, S. 73).

Zusammenfassend lässt sich feststellen, dass Sozialkapital somit durch Akteure entsteht, die Ressourcen und Ziele in eine dyadische Beziehung einbringen. Es entsteht ein Netzwerk, das eine bestimmte Struktur aufweist, in der ein Akteur eine bestimmte Position einnimmt (Fliaster 2007, S. 119) Die Akteure profitieren von dieser Verbindung.

Unklar bleibt an dieser Stelle bisher, was unter der Struktur eines Netzwerkes zu verstehen ist und welcher Art der Profit ist. Deshalb wird im Folgenden unter den Rahmenbedingungen interpersoneller Vernetzung auf strukturelle Grundlagen sozialen Kapitals eingegangen und gewinnbringende sowie kritische Aspekte beleuchtet.

3.2.2 Rahmenbedingungen interpersoneller Vernetzung

Ausgehend von der Netzwerkstruktur wird die Intensität des Kontaktes, die Dauer der Beziehung, die räumliche Nähe sowie insbesondere der Stellenwert von Vertrauen in Netzwerken näher aufgezeigt.

Unter Netzwerkstruktur ist die Darstellung des Beziehungsgeflechts der Akteure im Netzwerk zu verstehen. Die Akteure bilden die Knoten eines Netzwerkes, die durch Kanten miteinander verbunden werden. Ein wichtiger Aspekt hierbei ist die Intensität des Kontaktes zwischen den Akteuren. Dazu wird unter anderem der Parameter „Stärke der Beziehung" herangezogen, um Netzwerkeigenschaften darzustellen. Beziehungen werden in starke, sogenannte „strong ties", und schwache Beziehungen „weak ties", unterschieden. Stärke wird durch die Art des Kontaktes und dessen Häufigkeit definiert:

„The strength of a tie is a (probably linear) combination of the amount of time, the emotional intensity, the intimacy (mutual confiding), and the reciprocal services which characterize the tie. Each of these is somewhat independent of the other, though the set is obviously highly intracorrelated" (Granovetter 1973, S. 1361).

Über die Vor- und Nachteile von *starken und schwachen Beziehungen* in Granovetters Grundlagenwerk wurde viel und häufig diskutiert. Die Vorteile von starken und schwachen Beziehungen sind wohl kontextabhängig zu sehen. Im Bereich der Familie oder Nachbarschaftshilfe sind strong ties sinnvoll, da sie von hoher Zugehörigkeit, Zuverlässigkeit und Verpflichtungen geprägt sind. Damit haben strong ties durchaus Auswirkungen auf soziale Dienstleistungen, da der informelle Beitrag bei vorhandenen strong ties die professionelle soziale Dienstleistung überflüssig macht. Pflege wird von den Angehörigen geleistet und nicht von der stationären Pflegeeinrichtung.

Im unternehmerischen Kontext stehen im Zusammenhang mit Netzwerken der Aspekt des Wissensaustausches und damit zusammenhängende Effekte wie „Kreativität" und „Innovation" im Vordergrund. Je mehr sich das Profil der Akteure unterscheidet und je geringer die Häufigkeit und Intensität der Begegnung ist, desto höher ist die Wahrscheinlichkeit, im Austausch zusätzliche und neue Informationen zu erhalten. Von Bedeutung ist dabei, dass es einen gemeinsamen Wortschatz gibt und geteilte Werte und Normen vorhanden sind (Zboralski und Gmünden 2009, S. 295).

Burt (1992, S. 25ff.) geht einen Schritt weiter und macht darauf aufmerksam, dass nicht nur die Kontakthäufigkeit ein entscheidendes Kriterium für den Informationsfluss darstellt, sondern auch, ob es einem Akteur gelingt, in sich geschlossene Netzwerke zu überbrücken. Fungiert ein Akteur als einziges Verbindungsmitglied zwischen zwei Netzwerken, überbrückt er ein sogenanntes *strukturelles Loch*. Es eröffnet sich der Zugang zu verschiedenen, nicht redundanten Informationen, die dieser Akteur zudem noch schneller erhält als andere. Die Stellung im Netzwerk entscheidet mit über die Einflussmöglichkeiten auf die Netzwerkakteure. Besonders gewinnbringend wird somit die Position beurteilt, die zwei voneinander unabhängige Netzwerke miteinander verbindet. Auch die oben beispielhaft erwähnte erfolgreiche Vermittlung zwischen den Sektoren „Soziale Dienstleistung" und „Landwirtschaft" kann durch die Überwindung dieses strukturellen Loches begründet werden.

Diverse empirische Studien zeigen die Vorteile von Netzwerkverbindungen auf. Nach Björk und Magnusson (2009, S. 669) führen Netzwerkkontakte durch den Austausch von Ideen zu innovativen Lösungen, auch für Unternehmen. Dahinter steckt die Idee, dass ein Eingebettet sein in ein Netzwerk und der vorhandene Wissensaustausch die „black box" des Innovators füllt (Fliaster 2007, S. 145) füllt. Perry-Smith und Shally (2002, S. 102) postulieren ähnliche stimulierende Effekte vor allem loser Verbindungen unter dem Aspekt der „Kreativität" im beruflichen Alltag, wobei Kreativität ausdrücklich auch unternehmerische Strategien und Lösungen für Geschäftsmodelle enthält (Perry-Smith and Shally 2002, S. 90).

Doch neben der Existenz von Netzwerkverbindungen und deren Intensität, scheinen auch andere Rahmenbedingungen hilfreich zu sein, um aus sozialem Kapital Vorteile zu ziehen. Podolny und Baron (1996, S. 689) bemerken, dass zudem *die Dauer der Verbindung* eine Rolle spielt. Dauerhafte Verbindungen sind für die Generierung von Wissen unabhängig von Ihrer Intensität vorteilhaft. Ändert man etwa seine berufliche Stellung, verliert man einen Teil seines sozialen Kapitals und damit wichtige Informationsquellen. Vorteilhaft scheint auch eine gewisse *räumliche Nähe* zu sein. Regionale Netzwerke erleichtern die Weitergabe von implizitem, kontextgebundenen und nicht handelbarem Wissen. Informations- und Kommunikationskosten können durch persönliche Kontakte gering gehalten und die Verständigung erleichtert werden (Heidenreich 2014, S. 164). Zu betonen ist, dass durch neue Medien selbstverständlich neue Wege zum persönlichen Austausch existieren und mittels Kommunikationstechnologie die zugrundliegende soziale Nähe auch über größere Entfernung hergestellt werden kann. Wichtig ist räumliche Nähe vor allem dann, wenn es um die Pflege persönlicher Kontakte geht.

Eine weitere Komponente ist das im Netzwerk vorhandene *Vertrauen*. Die diesem Beitrag zugrundelegende Definition von Weyer (2014, S. 48) spricht bereits von „vertrauensvoller Kooperation". Strengt sich eine Person im Netzwerk besonders an und es wird deutlich, dass der Akteur nicht ausschließlich eigennützig handelt, entsteht Vertrauen, das einen echten Mehrwert erzielt (Uzzi 1997, S. 43ff.). Vertrauen erzeugt Reziprozität, es werden hilfreiche informelle Details weitergegeben, auf unternehmerische Gefahren aufmerksam gemacht und mehr implizites Wissen ausgetauscht, als in nicht so vertrauensvollen Beziehungen. Vertrauen hat auch die Funktion, Komplexität und Ungewissheit zu verringern (Heidenreich 2014, S. 167). Verhaltens- und Beziehungsmuster werden dadurch erwartbar. Die Geschäftspartner können es sich erlauben, auf eine Absicherung von Gefährdungen zu verzichten, dadurch senken vertrauensvolle Verbindungen Transaktionskosten (Heidling 2014, S. 137). Ein Beispiel: Die Mitarbeitenden der stationären Jugendhilfe wissen durch die entstandene Vertrauensbasis, dass die Mitarbeitenden des Jugendamtes beim Hilfeplangespräch wohlwollend reagieren werden. Vorteilhaft sind hier neben der bereits erwähnten Dauer der Beziehung, ein ausgewogenes Verhältnis zwischen Autonomie und Abhängigkeit, eine geringe Zahl kooperierender Akteure sowie ein intensiver Austausch (Heidling 2014, S. 137f.).

Verfügt ein Unternehmen auf personeller Ebene über Sozialkapital, scheint auch hier ein sehr positives Bild von Netzwerken zu entstehen. Netzwerke sorgen für den Austausch von explizitem und implizitem Wissen, kollektives Wissen wird in Gruppen geteilt und führt im günstigsten Fall sogar zu organisationalem Lernen. Individuelles Lernen ist die Voraussetzung für eine lernende Organisation. „Erst durch Interaktion von Individuen setzt jedoch die notwendige Hinterfragung und Validierung individuellen Wissens ein, die schließlich zu einem gemeinsamen geteilten, gruppenübergreifenden Wissen der Unternehmung führt." (Bäppler 2008 S. 28f.).

Netzwerkverbindungen und sozialem Kapital werden viele positive Aspekte abgewonnen, dadurch fehlt mancherorts der kritische Blick auf Netzwerkbeziehungen. Wie festgestellt, sind strukturelle Löcher Verbindungen zwischen zwei Netzwerken. So sehen etwa Podolny und Baron (1996, S. 689) die Funktion dieser strukturellen Löchern nicht ganz so positiv wie Burt (1992, S. 25ff.). Sie unterscheiden zwischen schwarzen und weißen strukturellen Löchern beziehungsweise sehen diese als die beiden Enden eines Kontinuums. Strukturelle Löcher können Akteure in eine außerordentlich positive Position bringen, die mit entsprechenden sozioemotionalen Gewinnen verbunden ist. Für das Unternehmen und den Akteur ist das vorteilhaft. Wird aber die Position im strukturellen Loch vom Akteur als Zwangsstellung erlebt, weil etwa ein beruflicher Wechsel nicht möglich ist und der Akteur deshalb an dieser Position verharren muss, verursacht das auch entsprechend negative psychologische Effekte.

Hansen et al. (2001, S. 42ff.) bemerken weiter, dass die Interessen an Netzwerken, die individuelle Akteure haben, sich nicht zwangsläufig mit denen des Unternehmens decken müssen. Manchmal können Individuen-nützliche Investitionen in Netzwerkbeziehungen nicht abschätzen, weil die zukünftigen Bedürfnisse des Unternehmens aktuell noch gar nicht bekannt sind. So entstehen Überinvestitionen in soziale Beziehungen, die Zeit und Geld kosten, aber nicht zielführend für das Unternehmen sein müssen. Man denke nur an die Vielzahl von Arbeitskreisen, bei denen sich die eine oder andere Person fragt, ob das zeitliche Investment den Nutzen widerspiegelt. Die Freude einen netten Austausch gepflegt zu haben, ist dann der erstmal einzige Gewinn. Nachteile bringen auch enge Netzwerkbeziehungen mit sich. Bei strong ties ist es leichter, soziale Kontrolle auf einzelne Akteure auszuüben und deren Handlungsfreiheit einzuschränken (Weyer 2014, S. 73). Enge Beziehungen bergen auch die Gefahr, dass sich die Akteure nach außen abschotten und Querdenker nicht willkommen sind. Somit bleiben die Netzwerkpartner unter sich, wodurch Informationen und Einflüsse außerhalb der eigenen Werte und Normen nicht an sie herangetragen werden können (Sagmeister 2014, S. 80).

Interpersonelle Netzwerkbeziehungen bieten viele Vorteile und werden oft überschwänglich angepriesen. Trotz möglicher Risiken in Bezug auf ein zeitliches Überinvestment oder dem Gefühl von sozialer Kontrolle, haben interpersonelle Netzwerke unter Berücksichtigung der Dauer des Vertrauensverhältnisses und der Stärke der Beziehung positive Auswirkungen auf den Wissensaustausch. Neben explizitem Wissen wird in Netzwerken auch implizites Wissen weitergegeben. Dieser Wissensaustausch kann dazu beitragen, dass Kreativität, innovative Ideen und als Königsdisziplin organisationales Lernen gefördert werden.

3.3 Konsequenzen für Einrichtungen der Sozialwirtschaft

Bisher wurden gewinnbringende Rahmenbedingungen von intra- und interpersonellen Netzwerken aufgezeigt und die Bedeutung von persönlichen Kontakten im System dargelegt. Sowohl Vernetzung auf organisationaler als auch persönlicher Ebene bringt aber auch Kosten beziehungsweise Nachteile mit sich. Welche Konsequenzen die Leitung von sozialen Einrichtungen daraus ziehen kann, wird im folgenden Abschnitt verdeutlicht.

Interpersonelle Kontakte scheinen organisatorischen Netzwerken vorgelagert zu sein. Erst braucht es Informationen und Wissen über Veränderungsbedarf, um als mögliche Strategie inter- oder intraorganisationale Netzwerke zu implementieren. Dieses Wissen kann aus dem sozialwirtschaftlichen Unternehmen selbst stammen, indem Mitarbeitende sich über Erfahrungen austauschen und Handlungsbedarf äußern. Das Wissen kann aber auch aus Netzwerken außerhalb des eigenen Unternehmens generiert werden, indem Gespräche auf der übergeordneten Trägerebene, in kommunalen Netzwerken oder Fachzirkeln stattfinden. So können kreative Ideen zur Mitarbeiterakquise gewonnen werden, um dem Fachkräftemangel zu begegnen, gemeinsame Lösungen für anstehende Gesetzesänderungen gefunden werden und ein Austausch über neue Finanzierungsmodelle anstehen.

Spätestens an dieser Stelle wird die Bedeutung von „Vertrauen" nochmals deutlich. Es macht aus netzwerktheoretischer Sicht keinen Sinn, sich mit dem größten regionalen Konkurrenten über Finanzierungsmodelle auszutauschen, wenn die Konkurrenz dazu führt, dass kein Vertrauen vorhanden ist. Eine Zusammenarbeit ist nahezu ausgeschlossen. Ein uneigennütziges Handeln des jeweils anderen Akteurs ist nicht zu erwarten, was aber die Grundvoraussetzung für Vertrauen darstellt. Da soziale Unternehmen oft sehr lokal agieren, muss an dieser Stelle auch die von Heidenreich (2014, S. 164f.) postulierte räumliche Nähe als eine Komponente erfolgreicher interpersoneller Vernetzung kritisch betrachtet werden. Konkurrenz und Vertrauen stellen hier einen Widerspruch dar. Die Situation ist aber auch auf lokaler Ebene nicht aussichtslos. Wald und Jansen (2007, S. 196) stellen fest, dass die soziale Einbettung der Akteure durchaus Einfluss darauf hat, ob Vertrauen, Reziprozität und an Reputation ausgerichtetes Handeln stabile Kooperationen entstehen lassen. Von Vorteil ist eine Position, die durch viele Verbindungen, hohes Prestige, einer Maklerposition und damit einhergehend mit der Möglichkeit, neue und heterogene Kontakte zu pflegen, verbunden ist. Damit werden auch risikoreiche Kooperationen möglich. Vorteile bieten hier vor allem Netzwerke, bei denen gute Lösungen anderer Sozialbranchen ausgetauscht und übernommen werden können. Die Konkurrenz dürfte sich hier in Grenzen halten. Beachtet werden muss, dass bei immer größerer Annäherung das Netzwerk immer homogener wird mit dem Effekt, dass redundantes Wissen ausgetauscht wird. Neue Ideen sind ab einem bestimmten Schwellenwert dann nicht mehr zu erwarten.

Existiert eine vertrauensvolle, persönliche Beziehung zu den Netzwerkpartnern und steht die Konkurrenz im Hintergrund, können sozialwirtschaftliche Unternehmen von Netzwerken profitieren. In der Sozialwirtschaft ist eher selten mit unvorhersehbaren, rasanten Entwicklungen zu rechnen. Für Hansen et al. (2001, S. 32ff.) lohnt sich das Investment, Zeit in enge Verbünde zu stecken, wenn die Entwicklungsgeschwindigkeit nicht im Vordergrund steht und sich zeitgleich im Netzwerk strukturelle Löcher überbrücken lassen, die zu neuem Wissen führen. Letztendlich wird durch die Zusammenarbeit Zeit gespart, weil man durch das neu erlangte Wissen schneller zu einer der veränderten Situation angepassten betrieblichen Funktion kommt. Ein Beispiel könnten hier gemeinsame Lösungen zum demographischen Wandel sein, der soziale Organisationen sowohl beim Personal als auch beim Klientel aktuell, aber auch zukünftig beschäftigen wird.

Problematisch für die strategische Ausrichtung eines Sozialunternehmens bleibt, dass sich interpersonelle Netzwerke nicht ausschließlich strategisch steuern lassen. Ein Akteur kann nicht das ganze Netzwerk kontrollieren, sei seine Position auch noch so zentral. Nützlich sind Kontakte zu Personen, die hilfreiche Verbindungen zu anderen Netzwerken pflegen. Aber jeder Kontakt ist darauf angewiesen, dass das Gegenüber Interesse am Akteur zeigt. Deshalb können Netzwerkkontakte nur bedingt selbst hergestellt werden (Balkundi und Kilduff 2006, S. 431).

In den bisherigen Ausführungen wurde viel auf interpersonelle Netzwerke eingegangen. Dies liegt darin begründet, dass organisationale und interpersonelle Netzwerke sich gegenseitig bedingen und als Führungsaufgabe zu betrachten sind. So können vertrauensvolle, interpersonelle Verbindungen von sozialwirtschaftlichen Unternehmensleitungen dazu führen, dass Einkaufsverbünde, gemeinsame Geschäftseinheiten oder gelungene Fusionen entstehen. Führungskräfte müssen die Netzwerkkontakte nach innen und außen im Blick haben und dabei gegebenenfalls selbst das strukturelle Loch zwischen den beiden Einheiten überbrücken (Balkundi und Kilduff 2006, S. 433). Werden unternehmensübergreifende Projekte gestartet, wie die Zusammenarbeit von ambulanter und stationärer Altenhilfe, so wird die Brückenfunktion auf die Ebene der Mitarbeitenden übertragen. Will man Kosten durch Kontrolle, zum Beispiel für die Qualitätskontrolle in Grenzen halten, wird das gegenseitige Vertrauen eine große Rolle spielen. Den Führungskräften bleibt dann die Aufgabe, die strukturellen Rahmenbedingungen des Netzwerkes so zu gestalten, dass es funktionsfähig bleibt, wenn einzelne Personen das Netzwerk verlassen und neue hinzukommen. Also auch die interorganisationale Vernetzung braucht Vertrauen, aber nicht ausschließlich in einzelne Personen, sondern in das Gelingen des Netzwerkes insgesamt.

4 Fazit

Es lässt sich feststellen, dass interpersonelle Netzwerke organisatorischen vorgelagert sind. Das durch interpersonelle Netzwerke gewonnene Wissen führt dazu, dass organisatorische Netzwerke als Lösungsstrategie in Betracht gezogen werden. Vertrauen ist dabei eine besonders wichtige Voraussetzung für die Kooperation. Kosten zur Kontrolle der Zusammenarbeit werden gespart. Unter diesem Licht sind Netzwerke mit Konkurrenten in der Gestaltung schwierig, zumindest wenn sie um gleiche Ressourcen finanzieller oder personeller Art werben müssen. Anders kann es beispielsweise bei übergeordneten Zielen aussehen. Allerdings befinden sich diese regional agierenden sozialen Einrichtungen oft in unmittelbarer Nähe und räumliche Nähe ist für den Wissensaustausch durchaus ein Vorteil. Hier gilt es für Führungskräfte die Balance zwischen Vertrauen, räumlicher Nähe, Konkurrenz und Wissensaustausch zu finden. Netzwerkbeziehungen sind dyadisch und können deshalb nicht einseitig hergestellt werden. Ist der Kontakt gelungen, bedarf es der Investition in Form von Zeit. Da die Investition meist langfristig angelegt ist und den größten Nutzen bei langsamen Veränderungen erzeugt, können soziale Organisationen von Netzwerken besonders profitieren. Interorganisationale Netzwerke sind vor allem dann unproblematisch, wenn die Unternehmen in etwa machtgleich sind und sich niemand unterlegen fühlt. Abschließen soll hier ein Zitat von Hans-Peter Züfle (2004), der die Fusion zwischen Zieglerschen Anstalten und des Vereins für Evangelische Altenheime in Württemberg e.V. als Vorstand mitinitiiert hat:

> Sicherlich wäre die Bereitschaft beider Unternehmen, das Wagnis einer Fusion einzugehen, geringer gewesen, wenn sich nicht beide Vorstandsvorsitzenden im Verlauf der vielen Gespräche besser kennen gelernt hätten. Erst der enge persönliche Kontakt gab den Ausschlag. Eine Art Gentlemen´s Agreement bei einem Abendessen und einem guten Glas Wein besiegelte den Entschluss, die Fusion anzupacken. Denn, so ist das in einem diakonischen Unternehmen, entscheiden eben nicht nur die nackten Zahlen und Fakten: Der Mensch steht im Mittelpunkt. (Züfle 2004, S. 434f.).

Literatur

Balkundi, Prasad, und Martin Kilduff. 2006. The ties that lead: a social network approach to leadership. *The leadership Quarterly* 17(4):419–439.
Bäppler, Ellen 2008. *Nutzung des Wissensmanagements im strategischen Management*. Wiesbaden: Gabler.
Björk, Jennie, und Mats Magnusson. 2009. Where do good innovation ideas come from? Exploring the influence of network connectivity on innovation idea quality. *Journal of Product Innovation Management* 26(6):662–670.

Bourdieu, Pierre. 1983. Ökonomisches Kapital, kulturelles Kapital, soziales Kapital. In *Soziale Ungleichheit*, Hrsg. Reinhard Kreckel, 1983–198. Göttingen: Schwartz.
Burt, Ronald S. 1992. *Structural holes: the social structure of competiton*. Cambridge: Harvard University Press.
Coleman, James S. 1988. Social Capital in the creation of human capital. *American journal of sociology* 94: 95–120.
Friedrichs, Jürgen 1995. *Stadtsoziologie*. Opladen: Leske und Budrich.
Fliaster, Alexander 2007. *Innovationen in Netzwerken. Wie Humankapital und Sozialkapital zu kreativen Ideen führen*. München: Rainer Hampp Verlag.
Granovetter, Mark S. 1973. The strength of weak ties. *American journal of sociology*, 78(1): 1360–1380.
Gruber, Hans, und Monika Rehrl. 2007. Der Zusammenhang von individueller Entwicklung und der Übernahme der in Netzwerken geteilten Wissens-, Wert- und Handlungsbestände. *Vierteljahresschrift für Pädagogik*, 83(1): 36–48.
Gruber, Hans, Monika Rehrl. 2009. Netzwerkforschung. In *Handbuch Bildungsforschung*, Hrsg. Rudolf Trippelt, und Bernhard Schmidt, 2. Überarb. Aufl. 967–981. Wiesbaden: VS.
Hansen, Morten T., Joel M. Podolny, und Jeffrey Pfeffer. 2001. So many ties, so little time: A task contingency perspective on the value of social capital in organizations. In *Social capital of organizations*, Hrsg. Shaul M. Gabbay, und Roger Th. A. J. Leenders, 21–57. Bingley (UK): Emerald Group Publishing.
Heidenreich, Martin. 2014. Regionale Netzwerke. In *Soziale Netzwerke. Konzepte und Methoden der sozialwissenschaftlichen Netzwerkforschung*, Hrsg. Johannes Weyer, 3. überab. Aufl, 162–181. Oldenburg: De Gruyter.
Heidling, Eckard. 2014. Strategische Netzwerke. In *Soziale Netzwerke. Konzepte und Methoden der sozialwissenschaftlichen Netzwerkforschung*, Hrsg. Johannes Weyer, 3. überab. Aufl., 132–160. Oldenburg: De Gruyter.
Jansen, Dorothea. 2007. *Theoriekonzepte in der Analyse sozialer Netzwerke. Entstehung und Wirkungen, Funktionen und Gestaltung sozialer Einbettung* (FÖV Discussion Papers Nr. 39). Deutsches Forschungsinstitut für öffentliche Verwaltung Speyer.
Jansen, Dorothea, Rainer Diaz-Bone. 2014. Netzwerkstrukturen als soziales Kapital. Konzepte und Methoden zur Analyse struktureller Einbettung. In *Soziale Netzwerke. Konzepte und Methoden der sozialwissenschaftlichen Netzwerkforschung*, Hrsg. Johannes Weyer, 3. überab. Aufl., 71–104. Oldenburg: De Gruyter.
Jung, Stefan, André Armbruster. 2014. Reform oder Reformation? Paradoxien von Fusionen und Kooperationen und ein Vorschlag zur Erneuerung. In *Fusion und Kooperation in Kirche und Diakonie*, Hrsg. Stefan Jung, und Thomas Katzenmayer. Göttingen: V&R unipress.
Perry-Smith, Jill E., Christina E. Shally. 2002. The social side of creativity: a static and dynamic social network perspective. *The Academy of Management Review* 28(1): 89–106.
Podolny, Joel, und James N. Baron. 1996. Resources and relationships: Social networks and mobility in the workplace. *American Sociological Review* 62:: 673–693.
Rank, Olaf N. 2015. *Unternehmensnetzwerke. Erfassung, Analyse und erfolgreiche Nutzung*. Wiesbaden: Springer Gabler.
Rosenberg, Timo. 2014. *Intraorganisationale Netzwerke multinationaler Unternehmen. Eine empirische Untersuchung aus der Perspektive von in Deutschland ansässigen Auslandsgesellschaften*. Wiesbaden: Springer Gabler.
Sagmeister, Monika. 2014. *Netzwerke in der Freien Wohlfahrtspflege. Umgang mit Veränderungen durch Vernetzung der Führungskräfte*. Hamburg: Verlag Dr. Kovač.

Trappmann, Mark, Hans J. Hummell, und Wolfgang Sodeur. 2011. *Strukturanalyse sozialer Netzwerke. Konzepte, Modelle, Methoden*, 2. überarb. Aufl. Wiesbaden: VS.
Uzzi, Brian. 1997. Social structure and competition in interfirm networks. The paradox of embeddedness. *Administrative Science Quarterly* 42(1): 35–67.
Wald, Andreas, Dorothea Jansen. 2007. Netzwerke. In *Handbuch Governance. Theoretische Grundlagen und empirische Anwendungsfelder*, Hrsg. Arthur Benz, Susanne Lütz, Uwe Schimank, und Georg Simonis, 93–105. Wiesbaden: VS.
Weyer, Johannes. 2014. Zum Stand der Netzwerkforschung in den Sozialwissenschaften. In *Soziale Netzwerke. Konzepte und Methoden der Sozialwissenschaftlichen Netzwerkforschung*, Hrsg. Johannes Weyer, 3. überab. Aufl., 39–68. Oldenburg: De Gruyter.
Wöhe, Günter,und Ulrich Döring. 2013. *Einführung in die Allgemeine Betriebswirtschaftslehre*, 25. überarb. Aufl. München: Verlag Franz Vahlen.
Wörle-Himmel, Christof, und Anka Neubert. 2014. Die Zusammenarbeit gemeinnütziger Organisationen – rechtliche und steuerliche Aspekte. https://www.sozialbank.de/fileadmin/2015/documents/3_Expertise/3.3.6_Fachbeitraege/2014/Fachbeitrag_BFS-Info2014-9_Kooperationen.pdf. Zugegriffen: 19. Febr 2016
Zboralski, Katja, und Hans G. Gmünden. 2009. Kommunikation und Innovation. Die Rolle von Communities of Practice, In *Kommunikation als Erfolgsfaktor im Innovationsmanagement. Strategien im Zeitalter der Open Innovation*, Hrsg. Ansgar Zerfaß, und Kathrin M. Möslein, 289–303. Wiesbaden: Gabler.
Züfle, Hans-Peter. 2004. Fusion im Sozialbereich: Zieglersche Anstalten. Die Verschmelzung der Zieglersche Anstalten und des Vereins für Evangelische Altenheime in Württemberg e.V. In *Public Merger. Strategien für Fusionen im öffentlichen Sektor*, Hrsg. Andreas Huber, Stephan Jansen, und Harald Plamper, 423–435. Wiesbaden: Gabler.

Prof. Dr. Monika Sagmeister (Dipl. Sozialpäd. (FH), Dipl. Sozialbetriebswirtin (NDS FH), M.A.): Seit September 2014 Professorin für Sozialökonomie an der Dualen Hochschule Baden-Württemberg Stuttgart. Studium der Sozialen Arbeit und des Managements of Social Corporations an den Hochschulen in Landshut und Nordwestschweiz. Promotion an der Universität Regensburg zum Thema „Netzwerke in der Freien Wohlfahrtspflege. Umgang mit Veränderungen durch Vernetzung der Führungskräfte". Tätigkeit bei diversen sozialen Einrichtungen, zuletzt als Abteilungsleiterin der Diözesanen Kitas der Erzdiözese München und Freising. E-Mail: Monika.Sagmeister@dhbw-stuttgart.de

Kooperationsmanagement als Handlungsstrategie des Sozialmanagements

Fallbezogene Perspektiven am Beispiel des Projekts „Jugendliche erforschen Kinderrechte"

Waltraud Grillitsch und Christian Oswald

1 Entstehungsgründe: Kooperationen und Kooperationsanlässe am Beispiel des Systems „Schule"

Der Begriff der „Kooperation" bezeichnet in diesem Artikel Organisationskooperationen und organisationale Kooperationsnetzwerke als Synonym für eine übergreifende Zusammenarbeit juristisch eigenständiger organisationaler Einheiten (Organisationen oder Institutionen). Sydow (1993, S. 79) hat sich als einer der ersten AutorInnen intensiv mit Kooperationen beschäftigt und die Debatte mit folgender Definition geprägt: „Ein Unternehmensnetzwerk stellt eine auf die Realisierung von Wettbewerbsvorteilen zielende Organisationsform ökonomischer Aktivitäten dar, die sich durch komplex-reziproke, eher kooperative denn kompetitive und relativ stabile Beziehungen zwischen rechtlich selbständigen,

---

W. Grillitsch (✉)
Fachhochschule Kärnten, Studiengang Soziale Arbeit,
Feldkirchen i.K., Österreich
E-Mail: w.grillitsch@fh-kaernten.at

C. Oswald
FH Kärnten, Studiengang Soziale Arbeit,
Feldkirchen i.K., Österreich
E-Mail: c.w.oswald@fh-kaernten.at

wirtschaftlich jedoch zumeist abhängigen Unternehmungen auszeichnet. Ein derartiges Netzwerk, das entweder in einer oder in mehreren miteinander verflochtenen Branchen agiert, ist das Ergebnis einer Unternehmungsgrenzen übergreifenden Differenzierung und Integration ökonomischer Aktivitäten."

Die Betrachtungen von Sydow können insofern auf sozialwirtschaftliche Organisationen übertragen werden, als sich auch in der Sozialen Arbeit Wettbewerb um AdressatInnen, Fördermittel, Spenden, Ehrenamtliche sowie beispielsweise die Aufmerksamkeit der Öffentlichkeit ergibt – wohl zu berücksichtigen, dass ein stärker reguliertes Marktgeschehen bemerkbar ist. Kooperationen seien (Hinterhuber und Stahl 1996, S. 96ff.) besonders geeignet, um die eigenen Kernkompetenzen – also jene schwer nachahmbaren Ressourcen bzw. Fähigkeiten einer Organisation, die eine starke Positionierung der Organisation im Vergleich mit Mitbewerbern ermöglichen – zu stärken und zu halten, potentielle Kernkompetenzen aufzubauen und weiterzuentwickeln, sofern der Aufwand dafür geringer ausfällt, als der zukünftige Wert entfalteter Kompetenzen einzuschätzen sei. Maßgebliche Kompetenzlücken sollen jedoch ausgelagert bzw. durch Kooperationen kompensiert werden, statt diese selbst bewältigen zu wollen, da der damit verbundene Mehraufwand mit einer Schwächung der eigenen Stärken einhergehen könne.

Übertragen auf Soziale Arbeit und Sozialwirtschaft stellt sich die Frage, inwieweit sich Organisationen ihrer Kernkompetenzen bewusst sind und vorhandene Potentiale einer Konzentration auf Kernkompetenzen überhaupt schon gezielt genutzt werden. Für Institutionen und Organisationen Sozialer Arbeit würde die Fokussierung von Kernkompetenzen bedeuten, dass eigene Stärken bezogen auf bestimmte Handlungsfelder/Problemlagen, spezielle Konzepte/Methoden, ausgewählte Prozesse der Begleitung/Beratung oder spezifische AdressatInnen/Zielgruppen vertieft und ausgebaut werden. Bereiche, die nicht zu Kernkompetenzen gehören, würden von anderen Organisationen übernommen; Konkurrenz in der Sozialwirtschaft würde sich zugunsten einer verstärkten Spezialisierung verringern. Netzwerkarbeit und Vernetzungstätigkeit käme so eine noch bedeutendere Rolle zu, der Aufbau von Kooperationen mit anderen Einrichtungen und Institutionen könnte zur Schaffung von Nahtstellen führen.

Kooperationen sind dabei nicht beliebig, sondern bezogen auf Raum-Zeit-Zusammenhänge abhängig von zumindest drei Dimensionen: „Umfang", „Stabilität" und „Offenheit" Die Dimension „Umfang" bezieht sich auf die Größe von Kooperationen und die Anzahl der AkteurInnen in einer Kooperation, „Stabilität" beschreibt die Dauer von Kooperationsbeziehungen, die kurz-, mitteloder langfristig ausgelegt sein können und „Offenheit" bezieht sich auf die Interaktion mit Netzwerk-Externen sowie auf definierte Ein- und Austrittsbarrieren für (potentielle) KooperationspartnerInnen (Zundel 1999, S. 95, S. 101ff.). Aus der Erfahrung mit Kooperationsvorhaben lässt sich bezogen auf diese drei Dimensionen festhalten: Die Kapazitätsgrenze von Kooperationen bemisst sich an der Möglichkeit direkter Kommunikationsbeziehungen zwischen den wesentlichen AkteurInnen und Akteursebenen in regelmäßigen Abständen: zu wenig Kommunikation führt zu Missverständnissen und einem fehlenden Gefühl von Gemeinsamkeit. Je länger und stabiler die Kooperationsbeziehung, desto eher entstehen Vertrauen und produktive Zusammenarbeit zwischen den Partnerorganisationen. Ein Zuviel an Offenheit kann zur Destabilisierung der Kooperation führen und zu rigide Eintrittsbarrieren bewirken im Laufe der Zeit „Betriebsblindheit" bzw. verringerte Verbesserungs-, Weiterentwicklungs- und Innovationschancen.

Im Kontext schulischer und hochschulischer Bildung geht es zentral um Wissenszuwachs und Wissensentwicklung, so dass Lern- und Wissenskooperationen eine wesentliche Rolle spielen. Sie ermöglichen den Partnerorganisationen koordinierte Weiterbildung und eine Erhöhung individueller und kollektiver Kompetenzen durch gezielten Wissens- und Erfahrungsaustausch (Liebhart 2007, S. 301). Ergänzend ist für Sozialwirtschaft/das Sozialmanagement und die Soziale Arbeit anzumerken, dass (zivil)gesellschaftlich relevante Themen insbesondere einer interdisziplinären Reflexion bedürfen, um tatsächlich nachhaltige Wirkung zu erzielen. Damit einhergehen muss häufig eine umfassende Sensibilisierung betroffener Personen und relevanter gesellschaftlicher Bezugssysteme, um die Bereitschaft für Veränderungen zu bewirken. Der laufende Wandel gesellschaftlicher Gegebenheiten und der Handlungsbedarf damit befasster Institutionen üben Druck aus, wobei die Themen selten von einer Stelle, Organisation oder Institution alleine bearbeitbar sind. Soziale Arbeit und Sozialwirtschaft benötigen vernetzte Multiplikationssysteme, um gesamtgesellschaftliche Wirkung entfalten zu können. Abbildung. 1 verdeutlicht exemplarisch Herausforderungen aus dem gesamtgesellschaftlichen Umfeld und dem System „Schule", die gemeinsam als kooperative Handlungsfaktoren wirken können. Je mehr kooperative Handlungsfaktoren auftreten und je stärker diese korrelieren, desto wahrscheinlicher ist die Entstehung von Kooperationen zur institutionenübergreifenden Bewältigung von Herausforderungen.

Kooperationen bieten in diesem Zusammenhang Chancen für eine breite Verankerung schulischer und hochschulischer Anliegen. Die Vernetzung von ExpertInnen verschiedener Disziplinen und Professionen gewährleistet perspektivische Diversität. Durch Zusammenarbeit können vielfältige Synergieeffekte zur Verbesserung gesellschaftlicher Gegebenheiten (kollektive Sicht), schulischer Problemkonstellationen (systemische Sicht) bzw. zur Bewältigung sozialer und persönlicher Lebenslagen (individuelle Sicht) entstehen.

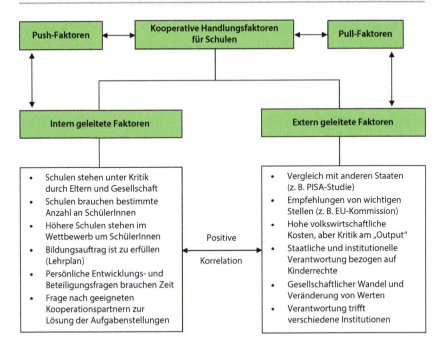

Abb. 1 Exemplarische Darstellung kooperativer Handlungsfaktoren für Schulen. (Eigene Darstellung in Anlehnung an die Systematik von Fontanari 1996)

Beispielhaft werden mögliche Kooperationsanlässe am Sparkling Science Projekt „Jugendliche erforschen Kinderrechte – JeKi" aufgezeigt. Am 20. November 2014 jährte sich die Unterzeichnung der UN-Konvention über die Rechte des Kindes zum 25. Mal. Dieses bedeutende Menschenrechtsdokument ist seit einem Vierteljahrhundert in Kraft, jedoch sind Kinderrechte noch nicht umfassend in allen relevanten Lebensbereichen implementiert (gesellschaftliche Dimension). Die Idee hinter dem vom Ministerium für Wissenschaft, Forschung und Wirtschaft entworfenen Programm ist grundsätzlich partizipativ (Sparkling Science 2015). Bei ‚Sparkling Science' forschen erfahrene WissenschaftlerInnen mit SchülerInnen gemeinsam in spezifischen Wissensgebieten (systemische Dimension). Im Projekt „Jugendliche erforschen Kinderrechte" forschen SchülerInnen gemeinsam mit ExpertInnen zum Thema Kinderrechte und beziehen sich schwerpunktmäßig auf Partizipationschancen in Schule und Gesellschaft. Aus der Projektantragsphase ergab sich das in Abb. 2 dargestellte Kooperationsnetzwerk.

Kooperationsmanagement als Handlungsstrategie des Sozialmanagements 247

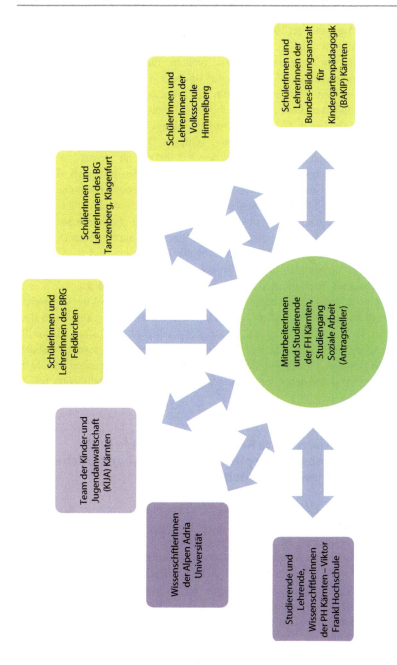

Abb. 2 Überblick über die Partnerorganisationen im Sparkling Science Projekt „Jugendliche erforschen Kinderrechte". (Eigene Darstellung)

Bei der Auswahl der Schulpartner wurde darauf geachtet, dass Kinder und Jugendliche von 6–19 Jahren im Projekt vertreten sind. Die Volksschule Himmelberg ist mit der gesamten Schule (vier bis fünf Klassen) vertreten, beim Bundesrealgymnasium (BRG) Feldkirchen ist die 3./4. Klasse der Unterstufe am Projekt beteiligt, beim Bundesgymnasium (BG) Tanzenberg ist die 3./4. Klasse der Oberstufe involviert und mit der Bundesbildungsanstalt für Kindergartenpädagogik (BAKIP) Kärnten beteiligt sich eine berufsbegleitende Schule, die auch den vorschulischen Bildungsbereich (0–6 Jahre) umfasst. Die Alpen-Adria-Universität beteiligt sich vor allem mit Personen aus dem Arbeitskreis für Menschenrechte und repräsentiert die Disziplinen „Rechtswissenschaft", „Friedenspädagogik /Friedensforschung" sowie „Geschichtswissenschaft". Die Pädagogische Hochschule ist als wesentliche Aus- und Weiterbildungsinstitution für LehrerInnen im Pflichtschulbereich vertreten, die Fachhochschule Kärnten, Studiengang „Soziale Arbeit" bringt Expertise im Themenschwerpunkt „Kindheit" und „Sozialmanagement" ein. Als Partnerin aus Wirtschaft und Gesellschaft wurde die Kinder- und Jugendanwaltschaft Kärnten ausgewählt, um eine praxisorientierte Perspektive der Arbeit mit Kinderrechten und Kinderrechtsverletzungen im Projekt zu verankern.

Die Option einer „Kooperation" könnte als schon gegenwärtig vorhandene Wahlmöglichkeit, aber vor allem als zukunftsorientierte Organisationsform neue Wege der Problembewältigung und Bearbeitung aktueller Herausforderungen für Soziale Arbeit, Sozialwirtschaft und Sozialmanagement bieten. Der Artikel beleuchtet in den weiteren Abschnitten die Frage, unter welchen Bedingungen sozialwirtschaftliche Organisationen Kooperation als produktive strategische Option wählen können.

2 Projektbezogene Kooperationen: Ziele und Aufgaben am Beispiel des Projekts „Jugendliche erforschen Kinderrechte (JeKi)"

Es lohnt, sich Rahmenbedingungen, Möglichkeiten und Grenzen von Kooperation zu vergegenwärtigen, um Vor- und Nachteile von Kooperation als mögliche Handlungsalternative abzuwägen. Die Bewältigung von Aufgabenstellungen erfolgt in diesem Sinne in einem Wohlfahrtsmix unter Berücksichtigung von Makro-, Meso- und Mikroebne, die Evers (2011) wie in Abb. 3 ersichtlich charakterisiert.

Eine breite Bearbeitung gesamtgesellschaftlich bedeutsamer Themen Sozialer Arbeit, der Sozialwirtschaft und des Sozialmanagements (hier z. B. die Implementierung von Kinderrechten im System „Bildung") kann im Regelfall besser in kooperativer Form erzielt werden, da Multiplikator-Effekte wirksam

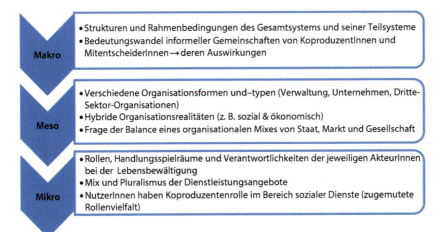

Abb. 3 Ebenen des Wohlfahrtsmix und beispielhafte Gegebenheiten auf den verschiedenen Betrachtungsebenen. (Evers 2011, S. 268)

werden – vorausgesetzt, die Kooperationspartnerinstitutionen finden eine Einigung über Ziele, Aufgaben und Prozesse der Zusammenarbeit. Für ein eindeutig gesamtgesellschaftliches Thema, wie dem der Kinderrechte, lassen sich nicht einzelne Institutionen definieren die zur Umsetzung anstehender Aufgaben als wesentlich gelten können. Die Implementierung von Kinderrechten muss auf verschiedenen institutionellen Ebenen und in sehr persönlichen Bezugssituationen zu Kindern und Jugendlichen erfolgen (siehe Abb. 4).

Auf einer gesamtgesellschaftlich bedeutsamen *Makroebene* findet sich die symbolische und wissenschaftspraktische Begründung des Projekts verankert. Symbolisch konnte JeKi an das fünfundzwanzigjährige Jubiläum der UN-Kinderrechtskonvention anknüpfen, wissenschaftspraktisch an die sogenannten ‚concluding observations' des UN-Kinderrechtsausschusses. Im komplexen Verfahren einer weltrechtlichen Absicherung von Kinderrechten formulieren die ratifizierenden Nationalstaaten regelmäßig Länderberichte, die dann in einem mehrstufigen Diskurs zuletzt durch den UN-Kinderrechtsausschuss in den ‚concluding observations' mit einem lobenden, rügenden und empfehlenden Feedback versehen werden.

In diesem letztmalig im Jahr 2012 für Österreich verfassten Feedback drückt der UN-Kinderrechtsausschuss unter dem Titel „Verbreitung und Bewusstseinsbildung" sein Bedauern darüber aus, dass in folgenden Punkten kinderrechtlicher Bildung Nachholbedarf bestehe:

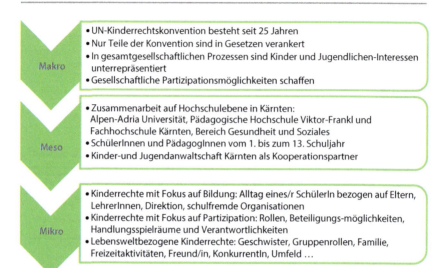

Abb. 4 Ebenen des Wohlfahrtsmix und beispielhafte Gegebenheiten auf den verschiedenen Betrachtungsebenen für das Projekt „JeKi". (Übertragung der Betrachtungen von Evers 2011 auf das Projekt „Jugendliche erforschen Kinderrechte")

- Kinderrechte seien nicht in den Lehrplänen der Primar- und Sekundarstufe enthalten (Pkt. 20)
- Es existiere keine systematische kinderrechtliche Schulung für alle Berufsgruppen, die mit und für Kinder arbeiten würden. (Pkt. 22)

Aus dieser Diagnose leitet der Kinderrechtsausschuss folgerichtige Empfehlungen für Österreich ab:

1.) „… seine Bemühungen um die Sensibilisierung der breiten Öffentlichkeit, insbesondere der Kinder, für die im Abkommen vorgesehenen Rechte durch die Einbeziehung der Kinderrechte in die Lehrpläne der Primar- und Sekundarstufe … erhöhen" (Pkt. 21) und
2.) sicherstellen, „… dass alle Berufsgruppen, die für und mit Kindern arbeiten, in angemessener Weise und systematisch in (den) Kinderrechten ausgebildet werden, insbesondere Lehrer … Sozialarbeiter und in sämtlichen Formen der alternativen Betreuung beschäftigte Mitarbeiter." (Pkt. 23)

Vor diesem Hintergrund stellte und stellt sich für JeKi die Herausforderung auf *Mesoebene* darin, relevante AkteurInnen und Institutionen zu vernetzen und von einer fruchtbaren Projektzusammenarbeit mit dem Ziel zu überzeugen, einen multiperspektivischen Blick auf Prozesse der Bildung kinderrechtlichen Bewusstseins auf diversen Ebenen des Bildungssystems zu gewinnen.

Für die Forschungspraxis unterlegt JeKi eine theoretische Prämisse der neueren Kindheitsforschung, insbesondere der „New Sociology of Childhood": Kinder werden hier als kompetente Subjekte ihrer eigenen Lebensvollzüge gedeutet. Dabei werden im Kontext eines sogenannten „Agencykonzeptes" die „... innovative and creative aspects of children's participation in society ..." (Corsaro 2005, S. 18) herausgestellt und untersucht. Insofern mussten während der Antragsphase auf *Mikroebene* von allen beteiligten WissenschaftlerInnen methodisch-pragmatisch umsetzbare Arbeitspakete entwickelt werden, die einerseits in einen sehr engen Rahmen schulischen Alltagsgeschehens integrierbar erschienen andererseits Raum für kreative Prozesse der Kinder und Jugendlichen offen hielten/halten.

Aus Perspektive des Kooperationsmanagements nun ist der gesamtgesellschaftliche Auftrag, Kinderrechte umfassend zu implementieren für einzelne Organisationen oder Personen isoliert nicht lösbar. Daraus ergibt sich eine typische Kooperationsaufgabe. Am Beispiel des Projekts „Jugendliche erforschen Kinderrechte (JeKi)" werden mögliche Zugänge der Vernetzung von Theorie und Praxis des Kooperationsmanagements sowie der Vernetzung von Bildungsinstitutionen und Personen kontrastiert.

3 Kooperationsmanagement: Spezifische Aufgaben in einzelnen Entwicklungsphasen von Kooperationen

Mayrhofer (2013, S. 102) führt aus, dass sich Nonprofit-Organisationen „hinsichtlich der Wichtigkeit von Zielen, Koalitionen und politischen Entscheidungen allenfalls inhaltlich, aber nicht substanziell vom Gegenstandsbereich betrieblicher Überlegungen" unterschieden. Auch für Nonprofit-Organisationen gilt dieser Argumentation folgend, dass „Aspekte wie Zielbildungsprozesse, das Verhältnis von Individuum und Organisation, Interesse der Organisationsmitglieder, Aushandlungs-, Tausch- und Machtprozesse oder multidimensionale Anreize und Beiträge, welche NPOs für ihre Mitglieder bereithalten (müssen), im Zentrum" stünden. Blumberg (1998, S. 21) geht von einem „Kooperationsmanagement bei potentiell opportunistischen aber sozial eingebetteten" PartnerInnen aus.

Unternehmensnetzwerke werden nicht als Maßstab aller Dinge gesehen, sondern als eine mögliche Organisationsform zur besseren Bewältigung von Herausforderungen und zur Nutzung von Synergien, Ressourcen- und Wissensvorteilen.

Im Falle einer Entscheidung für eine Kooperation müssen Kontakte zu potentiellen KooperationspartnerInnen aufgenommen und Verhandlungen geführt werden. Hier sollte darauf geachtet werden, welche Informationen in dieser Phase weitergegeben werden können, um opportunistisches Verhalten zu vermeiden (z. B. Einholen von Wissen von den Verhandlungspartnern, ohne die tatsächliche Absicht einer künftigen Kooperation). Insofern sind die generelle Eignung der KooperationspartnerInnen laut Killich/Luczak zu prüfen, die Potenziale der einzelnen Organisationen zu analysieren, Stärken und Schwächen sowie künftige interne und externe Entwicklungen und geeignete Strategien im Umgang damit zu hinterfragen. Davon ausgehend können Kooperationsfelder abgeleitet, Ressourcen, Aktivitäten und mögliche Probleme der Kooperation durchdacht werden. Aufbauend ist das Kooperationsprojekt genau zu definieren und die Gesamtzielsetzung sinnvoll auf die einzelnen Partnerorganisationen zu verteilen (Killich und Luczak 2003, S. 17ff.).

In dieser Phase der Kooperation ist die Entscheidung über die Anzahl der Partnerorganisationen und beteiligten AkteurInnen zu treffen, die Leistungsprofile sind abzugleichen, eine Ziel-Mittel-Abstimmung ist vorzunehmen und der Umgang mit unterschiedlichen Organisationsweisen und Unternehmenskulturen zu klären. Doppelarbeiten sollten vermieden und Synergieeffekte genutzt werden. Außerdem sind grundlegende Kompetenzverteilung und Dauer der Kooperation zu klären, ein Ertrags-/Kosten-/Budgetverteilungsschlüssel und mögliche Sanktionsmaßnahmen im Falle von kooperationsschädigendem Verhalten einzelner Partnerorganisationen oder AkteurInnen festzulegen (Hochfellner und Brunner 2001, S. 269f.).

Wesentlich ist eine Klärung der Finanzierung der Kooperation, wobei hier drei grundlegende Möglichkeiten bestehen (Howaldt und Ellerkmann 2005, S. 26):

- Finanzielle Eigenbeteiligung durch die PartnerInnen
- Öffentliche Anschubfinanzierung, danach selbsttragende Finanzierung
- Zeitlich befristeter Projektverbund, durch PartnerInnen oder öffentliche Fördermittel finanziert

Unternehmensnetzwerke sind nicht für jede organisationale Problemstellung geeignet, sondern es ist abzuwägen, ob ein Alleingang (z. B. ergänzt um Outsourcing-Überlegungen) in der Bearbeitung organisationaler Aufgabenstellungen, eine Kooperation mit geeigneten Partnerorganisationen oder sogar rechtliche und finanzielle Zusammenschlüsse vorteilhafter sind. Kooperationsbeziehungen bieten sehr viel Gestaltungsfreiraum und können von größtmöglicher Autonomie bis zu Formen größtmöglicher Integration reichen. Im Extremfall kann die Abgabe von Entscheidungsautonomie durch eine Fusion oder eine Zusammenführung einzelner Teilbereiche der Organisationen beschlossen werden (Anheier 2015, S. 165).

Kooperationen mit größtmöglicher Entscheidungsautonomie kommen ohne langfristige Verpflichtung der beteiligten Organisationen aus, kooperative Beziehungen mittlerer Autonomie bzw. Integration verpflichten sich mittelfristig zur Zusammenarbeit in bestimmten Teilaufgaben und sind vertraglich geregelt, bei Beziehungsformen mit höchster Integrationsintensität geben die Non-Profit Organisationen Aktivitäten und die damit verbundene Entscheidungsautonomie langfristig ab, in dem sie gemeinsame Management Service Organisationen (zur Bearbeitung von Management- und Administrationsaufgaben) gründen oder gemeinsame Tochtergesellschaften führen (Maier und Meyer 2013, S. 213).

Abbildung 5 bildet Schritte einer Entwicklung von Kooperationen als vier unterschiedliche Phasen ab, die divergierende Aufgaben und damit nötige Begleitmaßnahmen des Kooperationsmanagements erfordern.

Für jede spezifische Kooperation müssen geeignete Arbeitsformen gefunden werden, um die gemeinsame Produkt- und Dienstleistungsentwicklung sowie strategische und operative Zusammenarbeit zu erwirken. Dabei gibt es folgende Möglichkeiten, gereiht nach damit verbundener, zunehmender Kooperationsintensität (Howaldt und Ellerkmann 2005, S. 28):

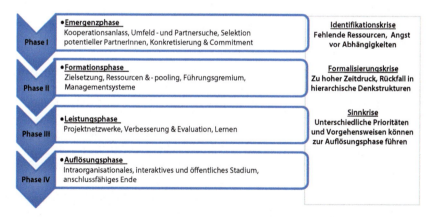

Abb. 5 Idealtypischer Phasenverlauf der Entwicklung von Kooperationen. (Darstellung in Anlehnung an Liebhart 2007, S. 33 ff.)

- Leitung der Kooperation bezogen auf die Kooperationsaufgaben
- Aufteilung von Ressourcen (z. B. Projektfördermittel)
- Erfahrungsaustausch und Informationsweitergabe
- Einrichtung von Kommunikationsplattformen
- Laufende Kooperationstreffen
- Organisationsübergreifende Workshops
- Gemeinsame Qualifizierungsmaßnahmen
- Übergreifende Projektteams
- Austausch oder zur Verfügung stellen von MitarbeiterInnen
- Dauerhafte Ausgründung der Kooperation als eigenständige Rechtsform

Eine Grenzziehung in Kooperationen durch die Partner ist ein subjektiv geleiteter Prozess, etwa aufgrund der Beratungsleistung Dritter, meist aber durch soziale Konstruktion der Netzwerkmitglieder. Die Grenzen von Informationspflichten, Leistungen und Verhaltensweisen in Kooperationen sind also umso unterschiedlicher abzustecken, je stärker die Orientierung der Netzwerkmitglieder differiert (Sydow 1993, S. 97). Rahmenbedingungen und individuelle oder organisatorische Grenzen anzusprechen und auszuloten bzw. zwischen den PartnerInnen auszuhandeln, bleibt eine wichtige Aufgabe im gesamten Kooperationsverlauf und ist kein Prozess, der mit der Formationsphase abschließbar wäre.

Metamorphosen gehören generell zu den wichtigen Eigenschaften von Kooperationen und machen deren spezifische Leistungsfähigkeit aus, wobei folgende typische Veränderungsmuster identifiziert werden können (Howaldt und Ellerkmann 2005, S. 31ff.):

- Änderung von Arbeitsschwerpunkten, Zielsetzungen, Arbeitsformen oder internen Regelsystemen und Strukturen
- Wandel von zeitlich befristeten hin zu dauerhaften Kooperationen aufgrund erfolgreicher Zusammenarbeit
- Schaffung von verbindlichen rechtlichen Strukturen als Basis für eine dauerhafte Zusammenarbeit
- Kontinuierliche Weiterentwicklung in offenen Strukturen mit mehr oder weniger flexiblen Kooperationsregeln: basierend auf Interessensausgleich, Aushandlung, vertrauensgeprägten Beziehungen und persönlicher Kommunikation

Werden derartige Metamorphosen von den Partnerorganisationen gleichsam im Projektverlauf vollzogen, kann dies die Kooperationsfähigkeit und Kooperationsbereitschaft stärken. Änderungsnotwendigkeiten bei unterschiedlichen Interessen können jedoch zu Konflikten und im Extremfall zu einer vorzeitigen Auflösung der

Kooperation führen. Die Lern- und Entwicklungsfähigkeit einzelner AkteurInnen sowie der Partnerorganisationen sollte bei unsicherem Projektverlauf ein wichtiges Auswahlkriterium bei der Wahl von Kooperationspartnern sein.

Nicht immer sind Kooperationskrisen (siehe Abb. 5) lösbar, mögliche Gründe für eine Beendigung von Kooperationen können nach Hochfellner/Brunner (Howaldt und Ellerkmann 2001, S. 26) und Staudt (1992, 247) vielfältiger Natur sein:

- Erfolgreicher Kooperationsabschluss (Zielerreichung)
- Zeitliche oder sachliche/finanzielle Begrenzung
- Strategische Umorientierung
- Alleingang, Akquisition oder Fusionen werden attraktiver als die Kooperation
- Unternehmensbedrohliche Krisen (Existenzgefährdung)
- Opportunismus und/oder schwerwiegende Regelübertretungen der PartnerInnen

Werden Krisen und Konflikte nicht erfolgreich bearbeitet, können Zerwürfnisse der PartnerInnen so eskalieren, dass sie zur Auflösung des Netzwerkes führen. Im Falle der Auflösung ist es meist schwierig, einvernehmliche und faire außergerichtliche Lösungen zu finden. Daher ist wesentlich, dass sich die Partnerunternehmen schon im Vorfeld, zum Zeitpunkt der erfolgreichen Kooperation, für mögliche Vorgehensweisen bei einer Auflösung oder bei Ausstieg einzelner PartnerInnen einigen. Auflösungsrisiken und die Vorgehensweise bei der Auflösung einer Kooperation sind schon frühzeitig (möglichst in der Formationsphase) mit zu denken, um sinnvolle Lösungen für die einzelnen Organisationen und AkteurInnen (z. B. hinsichtlich Haftungsfragen oder eingebrachten Mitteln) zu definieren. So könnte die Entscheidung über Formen der Konfliktlösung beispielsweise in Kooperationsverträgen verankert sein (z. B. Mediation oder Schiedsverfahren anstelle von Gerichtsverfahren). Für die Auflösung von Kooperationen sollte insbesondere in kleinräumigen Regionen ein anschlussfähiges Ende bevorzugt werden, da sich die ehemaligen KooperationspartnerInnen und Organisationen meist in anderen Kontexten oder bei anderen Projektvorhaben wieder treffen oder zusammenarbeiten müssen.

4 Kooperationsentwicklung: Phasenverlauf einer Kooperation am Beispiel des Projekts „Jugendliche erforschen Kinderrechte"

Unternehmensnetzwerke entstehen nur in den seltensten Fällen ‚von selbst'; Anstöße für Kooperationen gehen von PromotorInnen aus (Scheff 1999, S. 90f.). Diese können von beteiligten bzw. potentiellen Partnerorganisationen stammen, aber auch

Abb. 6 Lebenszyklen im Kooperationsprojekt „JeKi". (Übertragung der Darstellung in Anlehnung an Liebhart 2007 auf das Projekt Jugendliche erforschen Kinderrechte)

von Beratungseinrichtungen, der regionalen Wirtschaftsförderung oder Weiterbildungsträgern. PromotorInnen müssen im Vorfeld konkreter Aufbauaktivitäten eine grundlegende Zielklärung vornehmen, Chancen und Risiken sowie Aufwand und Nutzen abwägen und Überlegungen zur möglichen Struktur und Arbeitsweise anstellen (Howaldt und Ellerkmann 2005, S. 23f.). Im Projekt „Jugendliche erforschen Kinderrechte" fungierten die ProjektinitiatorInnen der Fachhochschule Kärnten als PromotorInnen, nahmen Kinderrechte als mögliches gemeinsames Interesse der potentiellen Partnerorganisationen zum Kooperationsanlass und vereinbarten Gespräche mit möglichen InteressentInnen an diesem Gemeinschaftsprojekt. Die wesentlichen Meilensteine im Projektverlauf zeigt Abb. 6.

Aufgrund der Stellung der beteiligten AkteurInnen können drei Grundmodelle von Kooperationsbeziehungen unterschieden werden (Faulstich und Zeuner 2002, S. 85f.):

- Bei einem Eingriffsmodell steuert eine höhere Instanz die Kooperation,
- das Austauschmodell legt auf die Abstimmung der Aktivitäten zwischen den Beteiligten wert,
- beim Fördermodell sollen nur Unterstützungsleistungen angeboten und jedenfalls die Entscheidungsfreiheit der AkteuerInnen aufrechterhalten werden

In der Kooperationspraxis erscheinen geeignete Mischformen dieser drei Modelle sinnvoll, daher versuchen die InitiatorInnen des Projekts „Jugendliche erforschen Kinderrechte" das geeignete Eingriffsmodell situativ zu variieren; z. B. ergeben sich unterschiedliche Anforderungen im Rahmen der einzelnen Lebensphasen der Netzwerke. Das *Fördermodell* ist aus Perspektive der Transaktionskosten am günstigsten, wird aber nicht in jeder Situation bzw. in jedem Netzwerk möglich sein, da die Gefahr einer Instabilität der jeweiligen Kooperation gegeben ist. Das *Eingriffsmodell* ist auf Dauer problematisch, denn sehr hohe Einbindung in ein Netzwerk mit wenig Spielraum für die Beteiligten wirkt sich flexibilitäts- und spezifitätsreduzierend aus und ist nicht geeignet für kreative oder innovative Zugänge/Projektvorhaben. Die Wahrung größtmöglicher Autonomie der Einzelorganisationen hat entwicklungsfördernde Konsequenzen auf ein Netzwerk, enthält aber auch die Gefahr einer „Entfremdung" der AkteurInnen als institutionsübergreifendes Projektteam oder der Organisationen vom Projektziel. Ideale Projektverläufe sind nur theoretisch denkbar, die Kooperationspraxis birgt eine Vielfalt von Herausforderungen, die institutionell, themen-, prozess- oder personenbezogen sein können (siehe auch Kap. Die Gleichzeitigkeit von Leitung und Beratung/Betreuung in der Sozialen Arbeit), Kooperationen brauchen daher kontinuierliche Verbesserungs- und Entwicklungsschritte, besonders wenn es um die Mehrung und Vertiefung von Wissen geht.

Die ‚Vitalisierungspotenziale' von und für Wissensnetzwerke werden von Morawietz anschaulich beschrieben: Grundlegendes Ziel sei, die Fortschrittsfähigkeit der Vernetzungen sicherzustellen, dabei sei eine Wechselwirkung zwischen den jeweiligen Unternehmen und dem Netzwerk gegeben. Einerseits kann ein Wissensnetzwerk über die Aktualisierung seiner Wissensbestände (durch die beteiligten PartnerInnen) Vitalisierung erfahren, andererseits leistet das Wissensnetzwerk einen bedeutenden Beitrag zur Vitalisierung der einzelnen beteiligten Partnerorganisationen. Realisiert wird dies beispielsweise durch multiperspektivische Betrachtungen von ‚Vitalisierungselementen', wie Technologieentwicklung, KundInnenorientierung oder organisatorische Prognose (Morawietz 2002, S. 230f.). Durch die Vielfalt der PartnerInnen im Projekt „Jugendliche erforschen Kinderrechte" entstehen permanent neue Ideen, Zugänge und Handlungsoptionen. Die Gefahr liegt hierbei in einer ‚Verselbstständigung' des Projekts: die ProjektpartnerInnen arbeiten so engagiert an den einzelnen Projektelementen, dass der vorgegebene Zeitrahmen für das Projekt nicht ausreicht, sondern ein hohes Maß an zusätzlicher Eigenleistung in das Projekt einfließt. Der hohe Arbeitsaufwand kann jedoch wiederum zu Unzufriedenheit der PartnerInnen führen, da ein Abgleich mit den tatsächlich zu leistenden Projektzeiten spätestens bei einer Berichtslegung unerlässlich ist.

Die Beendigung von Kooperationen kann geplant am Ende eines gemeinsamen Projekts erfolgen. Der Abschluss sollte dokumentiert und evaluiert, Kooperationserfahrungen ausgetauscht und reflektiert werden. Abschlussgespräche,

Abschlussworkshops und öffentliche Veranstaltungen können sich je nach Beendigungssituation als geeignet erweisen (Howaldt und Ellerkmann 2005, S. 33). Im Projekt „Jugendliche erforschen Kinderrechte" gilt das Projektende als integrierter Bestandteil des Projekts, was bei geförderten Forschungsprojekten der Regelfall ist. Mit Ende der (Teil-)Finanzierung endet meist die im Zeitverlauf aufgebaute, intensive Zusammenarbeit, wiewohl gemeinsame Aktivitäten, kommunikativer Austausch und fallweise, losere Kooperationsvorhaben und Veranstaltungen oder Publikationen weiter stattfinden können.

5 Wissensbonus: Fachliche Perspektiven und Rollen in der interdisziplinären und überinstitutionellen Zusammenarbeit

Geeignete Kooperationspartner sollten ähnliche oder gleiche Ziele verfolgen bzw. sich für die Kooperationsziele gewinnen lassen, komplementäre Stärken zu dem/den initiierenden Unternehmen aufweisen sowie ein gewisses Maß an Kooperationsbereitschaft und -fähigkeit besitzen (Howald und Ellerkmann 2007, S. 37). Das Sparkling Science Projekt „Jugendliche erforschen Kinderrechte – JeKi" profitiert besonders vom multiperspektivischen Zugang der ProjektpartnerInnen sowie der institituions- und fachspezifischen Expertise, die jeweils einen besonderen Fokus auf das Projektthema „Kinderrechte" richtet. Die Vielfalt der Perspektiven und Zugänge der außerschulischen Partnerorganisationen zeigt Abb. 7.

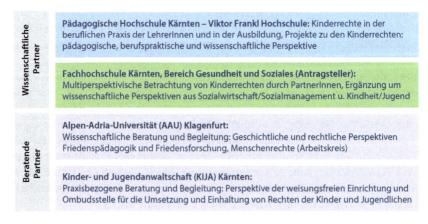

Abb. 7 Fachliche Perspektiven der außerschulischen Partnerinstitutionen. (Eigene Darstellung)

Die KooperationspartnerInnen müssen geeignete Steuerungselemente für die Zusammenarbeit festlegen und Maßnahmen für möglichst optimale Kommunikations- und Informationsbeziehungen schaffen. Dabei ist zwischen öffentlichen und für die ProjektakteurInnen zugänglichen Informationen, zwischen Informationen mit Geheimhaltungswert (meist Kooperationsbestandteile) sowie organisationsintern geheim zu haltenden Informationen zu unterscheiden (Hochfellner und Brunner 2001, S. 278). Neben einer Handlungs- und Entscheidungsebene ist eine Ebene der reflexiven Beobachtung wesentlich für die Weiterentwicklung von Wissen und die Ableitung von Handlungskonsequenzen für die Zukunft. Beide Ebenen (Tun und Reflexion) müssen zur Anwendung kommen. Das Management hat dafür Sorge zu tragen, dass Phasen des Tuns durch Phasen der Reflexion ergänzt werden (Soukup 2002, S. 205ff.).

Netzwerke benötigen eine Identitätsbildung nach innen und einen öffentlichkeitswirksamen Außenauftritt. Ziele werden verbindlich definiert, organisationale Strukturen und Spielregeln festgelegt. Die Schaffung eines kooperationsförderlichen Klimas ist eine weitere Herausforderung in dieser Phase (Howaldt und Ellerkmann 2005, S. 27).

Der Prozess der Identitätsbildung für das Kooperationsprojekt erwies und erweist sich im Falle des Projekts „Jugendliche erforschen Kinderrechte" als besonders herausfordernd, da in den einzelnen Partnerinstitutionen sehr unterschiedliche organisationsbezogene Rahmenbedingungen und Arbeitsrealitäten dominieren (siehe Abb. 8). Belastend auf die Zusammenarbeit wirkt, dass die außerschulischen Organisationen in anderen Kontexten auch Mitbewerber (z. B. um Studierende) sind. Wesentlich verbindende Elemente sind das Interesse für Kinderrechte, das

Pflichtschulen	**Volksschule (VS) Himmelberg:** Bewusstsein für „Kinderrechte" schaffen; erforschen und erproben von Kinderrechten im Schulgeschehen, mit besonderem Fokus aus den Schulschwerpunkt „Lebenskompetenzen und Soziales Lernen"
	Bundesrealgymnasium (BRG) Feldkirchen: Kinderrechte in der Schule mit Fokus auf Bildung und Partizipation, Kinderrechte in unterschiedlichen Generationen (Großeltern, Eltern, SchülerInnen); Einbezug regionalgeographischer Aspekte (z. B. Kinderrechtelandkarte)
Weiterführende Schulen	**Bundesgymnasium (BG) Tanzenberg:** Grundlegende Informationen zu Kinderrechten, nach Möglichkeit Anbindung an die vorwissenschaftliche Arbeit (VWA); Erhebungs-, Auswertungs-, Interpretations- und Darstellungsmethoden von Daten für die eigene VWA
	Bundesbildungsanstalt für Kindergartenpädagogik (BAKIP) Kärnten: Kinderrechte in der beruflichen Praxis als KindergartenpädagogInnen unter Berücksichtigung pädagogischer und berufspraktischer Perspektiven, thematische Anbindung an die VWA

Abb. 8 Projektfokus der schulischen Partnerinstitutionen. (Eigene Darstellung)

Interesse für spannende, gemeinschaftliche Forschung und das Engagement für die beteiligten SchülerInnen, um ihnen spannende Einblicke in Forschungsprozesse im Sinne der Sparkling Science Förderlinie zu ermöglichen.

Die Entwicklung von Wissen und Kompetenzen zu Kinderrechten, aber auch das Wecken von Forschungsinteresse bei den SchülerInnen sind besondere Ziele des JeKi-Projekts. Zugänge und Methoden des Lernens entwickeln und Lernerfahrungen für SchülerInnen anwendbar gestalten, stellen wesentliche Aufgaben der ProjektpartnerInnen dar, die laut Schnurer und Mandl wie folgt bewältigt werden können „Der Schlüssel zu einer möglichst optimalen Anwendung des Gelernten liegt aus individueller pädagogischer Perspektive in der Schaffung optimaler Rahmenbedingungen bei der Generierung von Wissen. Ziel einer optimalen Wissensgenerierung ist es, Wissensstrukturen aufzubauen, welche es ermöglichen, dieses Wissen in andere Kontexte zu transferieren, also flexibel anzuwenden." (Schnurer und Mandl 2004, S. 55). Anliegen der außerschulischen Partnerinstitutionen ist, SchülerInnen und Schülern eben diese Lernerfahrungen und diesen Wissensaufbau zu Kinderrechten in Kooperation mit den PädagogInnen zu ermöglichen, wobei Schulen eher darauf abzielen, den eigenen Lehrstoff sinnvoll zu ergänzen und SchülerInnen in der persönlichen und sozialen Entwicklung Unterstützung zu bieten.

Schul- und ProjektparterInnen sind insofern mit einer Abstimmungs- und Aushandlungsthematik konfrontiert, die dazu dienen muss, die Projektvorhaben möglichst optimal an das Schulgeschehen anzupassen, ohne „störend" auf den Schulalltag zu wirken. Dies ist Voraussetzung für die Bereitschaft von SchulpartnerInnen überhaupt an einem Projektformat wie „Sparkling Science" mitwirken zu *wollen* bzw. aufgrund der praktischen Erfordernisse des Lehrplans und der zeitlichen Kapazitäten überhaupt mitwirken zu *können*. Damit lässt sich auf kooperationsmanagementbezogene Ansätze und Herausforderungen kooperativer Projekte überleiten, die im nächsten Kapitel am Beispiel „JeKi" exemplarisch thematisiert werden.

6 Ansätze und Herausforderungen kooperativer Projekte am Beispiel „JeKi"

Die Selektion der NetzwerkpartnerInnen betrifft nicht nur die PartnerInnensuche, sondern PartnerInnen sind laufend im Hinblick auf ihre Kompetenzen und ihr Verhalten zu evaluieren, damit die Netzwerkleistungen entsprechend erbracht werden können. Dies betrifft auch das Ausscheiden und die Neuaufnahme von PartnerInnen (Sydow 2001, S. 312). Selbst wenn Projekte im Vorfeld detailliert geplant und mit den PartnerInnen abgestimmt wurden, kommt es im Projektverlauf zu

Änderungen in der PartnerInnenkonstellation. So verabschiedete sich eine Schule direkt nach Genehmigung des Projektantrages aus dem Projekt und eine neue Partnerschule wurde gesucht und aufgenommen. Auch konnten nicht alle PartnerInnen ihre Aufgabenpakete genau laut Erstantrag durchführen, da sich Erwartungen der Projektbeteiligten im Zuge des Projekts änderten und neue Ideen in Kooperation mit den Schülerinnen entstanden. Als problematisch stellte sich die Auswahl eines Maturajahrgangs heraus, da die SchülerInnen der beteiligten AHS keine Zeit mehr für das Projekt hatten. ProjektpartnerInnen brauchen viel Flexibilität und Anpassungsbereitschaft im Projekt.

Die Allokationsfunktion hat im Kooperationsmanagement besondere Bedeutung, sie sorgt für die Verteilung von Aufgaben, Ressourcen und Zuständigkeiten auf die einzelnen PartnerInnen im Rahmen von mehr oder weniger gleichberechtigten Verhandlungsprozessen. Die Intensität der Gleichberechtigung ist abhängig von der Netzwerkstruktur, in der die Allokationsfunktion ständig wahrzunehmen ist (Sydow 2001, S. 312f.). Die Idealvorstellung gleichberechtigter Verhandlungsprozesse ist in Kooperationsprojekten, die einen „Lead" aufgrund der Fördermodalitäten enthalten, schwer umsetzbar. Zudem bringen sich nicht alle PartnerInnen gleich intensiv in die Projektarbeit ein. Vor allem Projekte mit vielen, interdisziplinären PartnerInnen brauchen Arbeitsaufteilung und unterschiedliche Arbeitspakete. Nicht alle PartnerInnen halten sich an vereinbarte Aufgabenpakete und Projektzeiten, Projektbestandteile entwickeln ein Eigenleben und aufgrund des Engagements der PartnerInnen kann viel mehr als die vereinbarte Zeit in die Projektarbeit fließen. Die Allokation von Ressourcen und Information stellt eine besondere Herausforderung dar. Selbst wenn sich die projektleitende Organisation intensiv um Informationsvermittlung bemüht (z. B. wie im Falle des monatlichen Newsletters von JeKi), können sich ProjektpartnerInnen zu wenig informiert, oder gar ausgeschlossen fühlen. Wesentlich ist, die Hol- und Bringschuld von Information und Kommunikation sehr klar zu definieren und mit den PartnerInnen in möglichst gleichberechtigter Form auszuhandeln sowie Regelungen und Richtlinien für die Zusammenarbeit festzulegen.

Die Regulationsfunktion fokussiert die Entwicklung und Durchsetzung von Regeln der Zusammenarbeit, der Organisation und Konflikthandhabung und deren laufende Weiterentwicklung. Win-Win-Situationen sollen gesucht, partnerschaftliches Verhalten belohnt und netzwerkschädigendes Verhalten sanktioniert werden (Sydow 2001, S. 313f.). Die Regulationsfunktion in Kooperationen kommt hauptsächlich der projektleitenden Institution zu. Im Projekt involvierte Personen müssen durch die Eigenständigkeit und selbstbestimmte Durchführung der einzelnen Aufgabenpakete auch Selbststeuerungs- und -kontrollfähigkeiten aufweisen. Als besonders herausfordernd stellen sich die unterschiedlichen institutionellen

Regelungen und Organisationskulturen heraus, die zu unterschiedlichen Erwartungshaltungen hinsichtlich Aufgaben, Rollen und Regulatorien führen können. Die Erfahrung aus dem JeKi-Projekt zeigt, dass die Vernetzung der PartnerInnen mehr Gewicht und Zeit braucht, als dies in Projektrichtlinien der Fördergeberschaft vorgesehen ist. Häufigere Kommunikationsgelegenheiten zu schaffen, ist eine entscheidende Lernerfahrung für Folgeprojekte – ein persönliches Treffen der hauptsächlich involvierten PartnerInnen zur Detailabstimmung der Aufgabenpakete und zum Austausch von Erwartungen und Erfahrungen in einem zweimonatigen Turnus wäre sehr hilfreich.

Die Kooperationsevaluation erstreckt sich auf die einzelnen Kooperationsbeziehungen, das Netzwerk/die Kooperation als Gesamtheit, auf Leistungsbeiträge der PartnerInnen sowie auf Regeln der Zusammenarbeit und eingebrachte Ressourcen (Sydow 2001, S. 314). In diesem breiten Verständnis ist Kooperationsevaluation eine sehr zeitintensive Aufgabe, die laufend erbracht werden müsste. Am praktikabelsten wären regelmäßige Abstimmungstreffen mit den PartnerInnen, in denen Erwartungen, Vorstellungen und Wünsche offen eingebracht werden können. Dies erfordert bereits viel Vertrauen bzw. Vertrauensvorschuss der PartnerInnen. Die Kooperationsevaluation kann erst im Projektverlauf zunehmend an Qualität und Tiefe gewinnen, da erst Vertrauen entstehen muss.

Abschließend soll in diesem Kapitel als letzte wesentliche Herausforderung noch einmal auf die inhaltliche Dimension und das bisweilen idealtypische, wissenschaftliche Verständnis im Abgleich mit praktischen Realitäten und Gegebenheiten hingewiesen werden, ein Phänomen und eine Notwendigkeit, die in Kap. Das Zelt-Dilemma bereits in Kürze mit der Thematik „Wissen und Kompetenzvermittlung" angedeutet wurde: In der Begründung des Antrages, geht JeKi von einem an den neueren Kindheitswissenschaften geschulten Begriff von Kind/Jugendlichem aus; ein Begriff der vor allem den kreativen Subjektstatus von Kindern/Jugendlichen betont. Gerade diese theoretische Prämisse verbindet die kinderrechtlich bedeutsame Frage nach Partizipationschancen gelungen mit der Idee von ‚Sparkling Science', dass SchülerInnen zu ForscherInnen werden sollen. Schule aber als Bildungs*institution* muss ihren Alltag auf einer äußerst durchstrukturierten Raum-Zeit-Matrix organisieren; hier bleibt wenig Gelegenheit, sich hinreichend auf für partizipative Forschung produktive ‚Abschweifungen' einzulassen: Kreativität, Spontanität und Interaktionschancen, die bewirken könnten, die beteiligten Kinder und Jugendlichen, aber auch die Lehrkräfte jenseits des Kontextes Schule und seiner spezifischen, von asymmetrischen Rollenbeziehungen und Interaktionsritualen geprägten Lebenswelt kennenzulernen.

7 Zusammenführende Betrachtungen

Aus Sicht des Kooperationsmanagements können für den Projektverlauf folgende zentrale Punkte resümiert werden:

- Zeitressourcen und unterschiedliche institutionelle Rahmen als Herausforderung
- Inhaltliches Engagement und partnerschaftliche Kooperation als Erfolgsfaktoren
- Bewusstseinsbildung für Kinderrechte als interdisziplinäre und institutionsübergreifende Kernaufgabe
- Forderung nach verstärkten Bemühungen um gesellschaftliche Partizipation von Kindern und Jugendlichen

Das kooperative Zusammenspiel der vielfältigen Beteiligten Institutionen und Personen hat sich im Projektverlauf – gemessen an hohen Kosten hinsichtlich des Koordinationsaufwandes durch den Leadpartner bei gleichzeitig knappen Zeitressourcen für die Projektumsetzung – eine facettenreiche Arbeits-, Diskussions- und Ideenkultur durch reges Engagement aller involvierten Beteiligten entwickelt. Hier lässt sich auf ein stimmiges Zusammenspiel eines gemeinsamen thematischen Interesses mit permanenter ‚Abstimmungskommunikation' durch regelmäßig stattfindende Treffen, via Mail versendeter Newsletter zum Projektstand, Telefonate und Mailkorrespondenz hinweisen. Diese ‚Abstimmungskommunikation' als organisatorischer Mehraufwand wird durch die vielseitigen Ideen der engagierten PartnerInnen und die dadurch entstehende Lebendigkeit des Projekts jedenfalls kompensiert und ist rückblickend ein großer Gewinn für das Projekt.

Insofern darf davon ausgegangen werden, dass dieses aus unserer Sicht ertragreiche Kooperationsmanagement einen nicht unmittelbar sichtbaren, aber dennoch nicht zu unterschätzenden Faktor auch der inhaltlichen Dimension von JeKi darstellt: zumindest für einige relevante AkteurInnen der Kärntner Bildungslandschaft hat JeKi *Kinderrechtsbewusstsein* ebenso wie die *notwendige Teilhabe* mindestens in allen lebensphasenbezogenen gesellschaftspolitischen Bereichen zu einer nicht mehr revidierbaren Bildungsaufgabe geworden.

Literatur

Anheier, Helmut K. 2005. *Nonprofit organizations: Theory, management, policy*. London.
Blumberg, Boris. 1998. *Management von Technologiekooperationen. Partnersuche und vertragliche Gestaltung*. Wiesbaden.

Corsaro, Wiliam A. 2005. *The sociology of childhood*,2nd Ed. Thousand Oaks CA: Pine Forge Press.
Evers, Adalbert. 2011. Wohlfahrtsmix und soziale Dienste. In *Handbuch Soziale Dienste. Sozialpolitik und Sozialstaat*, Hrsg. Adalbert Evers, Rolf G. Heinze, und Thomas Olk. Wiesbaden.
Faulstich, Peter, und Christine Zeuner. 2002. Kompetenznetzwerke und Kooperationsverbünde in der Weiterbildung. In *Kooperation und interaktives Lernen in der Ökonomie*, Hrsg. Adelheid Biesecker, Wolfram Elsner, und Klaus Grenzdörfer, 81–92. Frankfurt am Main.
Fontanari, Martin. 1996. *Kooperationsgestaltungsprozesse in Theorie und Praxis. Modelltheoretische Implikationen*. Berlin.
Hinterhuber, Hans H., Heinz K. Stahl. 1996. Unternehmensnetzwerke und Kernkompetenzen. In *Management von Unternehmensnetzwerken. Interorganisationale Konzepte und praktische Umsetzung*, Hrsg. Klaus Bellmann, und Alan Hippe, 87–117. Wiesbaden.
Hochfellner, Elke, und Sabine Brunner. 2001. Kooperationsservicestelle. In *Kooperation und Netzwerke. Grundlagen und konkrete Beispiele*, Hrsg. Christian Hartmann, und Walter Schrittwieser, 261–281. Graz.
Howaldt, Jürgen, Frank Ellerkmann. 2005. Entwicklungsphasen von Netzwerken und Unternehmenskooperationen. In *Netzwerkmanagement. Mit Kooperation zum Unternehmenserfolg*, Hrsg. Thomas Becker, Ingo Dammer, Jürgen Howaldt, und Achim Loose, 2. Aufl., 23–26. Berlin.
Killich, Stephan, Holger Luczak. 2003. *Unternehmenskooperation für kleine und mittelständische Unternehmen. Lösungen für die Praxis*. Berlin/Heidelberg.
Liebhart, Ursula. 2007. Unternehmenskooperationen: Aufbau, Gestaltung, Nutzung. In *Management-Konzepte im Praxistest. State of the Art – Anwendungen – Erfolgsfaktoren*, Hrsg. Robert Neumann, und Gerhard Graf, 295–350. Wien.
Maier, Florentine, Michael Meyer. 2013. Organisation von NPOs. In *Handbuch der Nonprofit-Organisation. Strukturen und Management*, Hrsg. Ruth Simsa, Michael Meyer, und Christoph Badelt, 5. Aufl., 205–225. Stuttgart.
Mayrhofer, Wolfgang. 2013. Nonprofit-Organisationen aus betriebswirtschaftlicher Sicht. In *Handbuch der Nonprofit-Organisation. Strukturen und Management*, Hrsg. Ruth Simsa, Michael Meyer, und Badelt Christoph,5. Aufl., 89–106. Stuttgart.
Morawietz, Marco. 2002. *Integrative Wissensnetzwerke zur Unternehmensvitalisierung. Konzeptentwicklung, Fallstudie, Gestaltungsempfehlungen*. München/Mehring.
Scheff, Josef. 1999. *Lernende Regionen. Regionale Netzwerke als Antwort auf globale Herausforderungen*. Wien.
Schnurer, Katharina, Heinz Mandl. 2004. Wissensmanagement und Lernen. In *Psychologie des Wissensmanagements. Perspektiven, Theorien und Methoden*, Hrsg. Gabi Reinmann, und Heinz Mandl, 53–65. Göttingen.
Soukup, Christoph. 2002. Zu Risiken und Nebenwirkungen von Wissensmanagement. Wie Unternehmen sich vor allzu viel Wissen schützen können. In *Wissensmanagement. Zwischen Wissen und Nichtwissen*, Hrsg. Klaus Götz, 4. verb. Aufl., 191–208. München und Mering.
Sparkling Science. 2015. Programmziele. Ein Förderprogramm des BMWFW für die Zusammenarbeit mit Schulen. https://www.sparklingscience.at/de/info/programmziele.html. Zugegriffen: 07. Juli 2015.

Staudt, Erich. 1992. *Kooperationshandbuch. Ein Leitfaden für die Unternehmenspraxis.* Stuttgart/Düsseldorf.
Sydow, Jörg. (Hrsg.). 2001. *Management von Netzwerkorganisationen. Beiträge aus der „Managementforschung"*, 2. Aufl. Wiesbaden.
Sydow, Jörg. 1993. *Strategische Netzwerke – Evolution und Organisation*, Nachdruck der 1. Aufl. Wiesbaden.
UN-Kinderrechtskommission. 2013. Abschließende Bemerkungen – UN-Übereinkommen über die Rechte des Kindes (2012). Abruf über: Bundesministerium für Familie und Jugend 2015 – BMFJ 2015a. http://www.kinderrechte.gv.at/wp-content/uploads/2013/10/Abschlie%C3%9Fende-Bemerkungen-UN-Uebereinkommen-ueber-die-Rechte-des-Kindes-2012.pdf.
UN: UN-Konvention über die Rechte des Kindes. 1989. Abruf über: Bundesministerium für Familie und Jugend 2015 – BMFJ 2015. https://www.ris.bka.gv.at/Dokumente/BgblPdf/1993_7_0/1993_7_0.pdf.
Zundel, Phil. 1999. *Management von Produktionsnetzwerken. Eine Konzeption auf Basis des Netzwerk-Prinzips.* Wiesbaden.

FH-Prof. MMag. Dr. Waltraud Grillitsch Berufserfahrung: Professur für Soziale Arbeit und Sozialwirtschaft an der FH Kärnten (seit 02/2013), Projekte und Öffentlichkeitsarbeit Landesschulrat für Kärnten (09/2009–01/2013), Lektorate und Lehrtätigkeit (seit 01/2003) und Wissenschafts- und Projektassistentin (10/2001–03/2007) an der Alpen-Adria-Universität Klagenfurt (AAU). Ausbildung: Dissertationsstudium der Sozial- und Wirtschaftswissenschaften (09/2004–06/2009), Publizistik und Kommunikationswissenschaften (02/202–11/2006); Angewandte Betriebswirtschaftslehre (03/1998–06/2002) an der AAU. E-Mail: w.grillitsch@fh-kaernten.at

FH-Prof. Dr. Christian Oswald Berufserfahrung: seit 01/2013 Professor für Soziale Arbeit des Kindesalters an der FH-Kärnten. 07/1998–12/2012 Tätigkeit als pädagogische Fachkraft in einer Frankfurter Kindertagesstätte (UniKita e.V.), 01/2000–12/2012 Mitglied im Vorstand des Trägervereins der Einrichtung; 1996–1999, akademischer Tutor an der JWG-Universität Frankfurt am Main sowie verschiedene Lehrtätigkeiten. Ausbildung: 1989–1996 Studium der Soziologie, Politologie und Philosophie in Frankfurt am Main. E-Mail: c.w.oswald@fh-kaernten.at

Teil IV
Dienstleistungen neu denken

Klienten als (Teilzeit)Mitarbeitende

Georg Kortendieck

1 Soziale Arbeit als Dienstleistung

Soziale Arbeit wird in der Regel als Dienstleistung, als gemeinsame Leistung von Sozialarbeiter[1] und Klient, geleistet. Diese an sich ökonomische Sichtweise (Finis-Siegler 2009) wird nicht überall im Feld Sozialer Arbeit geteilt (beispielhaft Schaarschuch 2003).[2] Dabei wird weniger an die volkswirtschaftliche Bedeutung dieses Dienstleistungssektors gedacht, sondern vor allem an den privaten Nutzen, den Klienten durch Soziale Arbeit erlangen. Auch wenn Soziale Arbeit überwiegend durch öffentliche Mittel finanziert wird, stiften Einrichtungen der Sozialen

---

[1]Aus Vereinfachungsgründen wird die kürzere, meist männliche Form gewählt.
[2]„Wie kaum ein anderer Begriff in der Sozialen Arbeit kann die neuerliche Konjunktur der Dienstleistungskategorie, und mit ihr der Debatte über „Dienstleistung", als ein Ausdruck des Einzugs des neoliberalen Projekts in die Soziale Arbeit verstanden werden" (Schaarschuch 2003, S. 150). Eine differenziertere Diskussion nehmen Olk und Otto (2003, S. XVff.) vor.

G. Kortendieck (✉)
Ostfalia Hochschule Braunschweig/Wolfenbüttel, Fakultät Sozialwesen, Cloppenburg, Deutschland
E-Mail: g.kortendieck@ostfalia.de

Arbeit zunächst einen privaten Nutzen (als impact oder effect bezeichnet),[3] der Geldgeber strebt daneben einen zusätzlichen öffentlichen Nutzen (Outcome) an.[4] Dienstleistungen sind neben der Immaterialität durch ein hohes Maß an Integrativität bzw. Interaktivität gekennzeichnet. Das gilt nicht immer und in abgestuftem Maße deutlich mehr als bei Waren. Während der Hilfebescheid für einen Arbeitslosen in der Regel nur ein geringes Maß an Interaktivität verlangt, sind Beratungsgespräche durch ein hohes Maß gekennzeichnet. Man kann zwar bei der Warenproduktion den Kunden beteiligen – etwa durch Nutzerforen – der Integrationsgrad ist bei Dienstleistungen generell höher. Um die Integrativität zu betonen, wird Soziale Arbeit auch als personenbezogene Dienstleistung beschrieben.[5]

Davon zu unterscheiden sind Besonderheiten sozialer Dienstleistungen (Kortendieck 2011): Diese bestehen neben den nicht schlüssigen Austauschbeziehungen in eingeschränkter Problemlösungsfähigkeit der Klienten, einer möglichen Notlage und/oder Zwangslage.[6] Trotz dieser Einschränkungen wird der aktive

---

[3]Siehe hierzu ausführlich: Halfar (2014).
[4]Soziale Arbeit wird häufig als Kollektivgut bezeichnet. Das ist weniger dem Umstand geschuldet, dass das Ausschlussprinzip nicht greift oder keine Konkurrenz bei der Nutzung herrscht – beide Umstände treffen wohl bei präventiven Maßnahmen, nicht aber bei Interventionen zu. Neben dem Privatgutcharakter für den Klienten kommt ein meritorischer Gesichtspunkt, der dem Klienten eine von ihm nicht oder so nicht gewollte Nutzung mit impliziert (Finis-Siegler 2009). Als Kollektivgut kommt der öffentliche Nutzen hinzu, der einerseits durch das im Sozialen Bereich durchaus häufig (nicht zwingend erforderliche!) anzutreffende Gemeinnützigkeitsprinzip bei den Leistungsanbietern geschaffen wird, andererseits durch den öffentlichen Leistungserbringer selbst erstellt oder durch seine Rolle als Kostenträger mit „eingekauft" wird.
[5]Merchel (2015, S. 66ff.) bezeichnet Soziale Arbeit auch als soziale Dienstleistungen, die neben der Immaterialität durch Nicht-Speicherbarkeit, Individualität der Leistungen und durch Einbeziehung des Nachfragers/Nutzers (Merchel 2015, S. 68) gekennzeichnet sind. Diese Beschreibungen sind nicht zweckmäßig, weil sie den Eindruck vermitteln, dass typische Dienstleistungseigenschaften nur im sozialen Bereich zu finden sind. Die Aussage Merchels, dass soziale Dienstleistungen Vertrauensgüter seien (Merchel 2015, S. 67) begründet sich nicht durch die Besonderheiten sozialer Arbeit, sondern beruhen auf Aussagen der Informationsökonomie, die bestimmten, aber nicht allen Dienstleitungen ein Informationsproblem (Principal-Agent-Problem) unterstellen.
[6]Im Zusammenhang mit Dienstleistungen fällt immer wieder der Begriff Kunde. Wegen der Besonderheiten Sozialer Arbeit, wird der Kundenbegriff eher abgelehnt und der Begriff Adressat oder Nutzer bevorzugt (siehe Kortendieck 2013, S. 599ff.). Der Kundenbegriff soll deswegen vermieden werden.

Anteil der Klienten am Leistungsprozess durchaus erkannt und betont, obwohl Begriffe wie Klient („Abhängiger"), Adressat oder Nutzer ihm eher eine passive Rolle zuzuschreiben scheinen (siehe den Sammelband von Olk und Otto 2003). Vor diesem Hintergrund der Dienstleistungsforschung stellen sich folgende Fragen, die aus einer bewusst ökonomischen Sicht betrachtet und beantwortet werden sollen:

- Können durch eine stärkere Einbeziehung von Klienten Produktivitätsfortschritte erwartet werden, d. h. kann die Problemlösung besser, schneller oder günstiger erfolgen und welche Voraussetzungen sind dabei zu erfüllen?
- Wie werden die Integrations-Bereitschaft und das Integrations-Verhalten des Klienten erfolgreich gesteuert?

2   Der Klient als Produktionsfaktor

In der Praxis werden sehr unterschiedliche Grade an Klientenbeteiligungen wahrgenommen. Im Hochschulbereich beispielsweise beginnt die Studierendenbeteiligung bei der Vorlesung, die als Aktivität des Studierenden lediglich das Zuhören verlangt; sie geht weiter über das Seminar, das eher eine aktive Rolle verlangt bis hin zur Hausarbeitserstellung, bei der der Lehrende nur noch Berater, der Studierende dagegen selbst Ausführender ist. Hierbei ist der Studierende nicht nur ausführender Bestandteil der „Wissensproduktion", sondern verantwortlich für Konzeption, Informationssammlung und Umsetzung. Ähnliche Rollen haben Klienten inne (Fließ et al. 2015; Möller et al. 2009, S. 267):

- **Co-Production:** Klient stellt mit seiner eigenen Arbeitskraft einen Ressourcenpool dar (bspw. Eltern säubern die Außenanlagen der Kita).
- **Co-Designer:** Beim Hilfeplan sind der Jugendliche und seine Eltern beteiligt, Problemlösungsansätze mit zu entwerfen.
- **Führungssubstitut**: Klient beauftragt Mitarbeiter (z. B. Patient „ruft" nach dem Krankenpfleger).
- **Mitkunde**: Klient beeinflusst andere Klienten in der Gruppe.
- **Prosuming:** Gleichzeitigkeit von Produktion und Konsum; kooperative oder autonome Leistungserstellung durch den Kunden.
- **Customer Engagement**: Klienten engagieren sich für den Träger, bei dem sie Hilfe erhalten haben (z. B. über Mund-zu-Mund-Propaganda, Foren).
- **Value-Co-Creation:** Nicht der Klient ist an der Herstellung im Unternehmen beteiligt (Mensch zieht ins Altersheim), sondern umgekehrt: das Unternehmen beteiligt sich beim Klienten an der Herstellung (Pflegedienst kommt ins Haus).

Der Produktionsprozess gliedert sich in drei Phasen:

(1) Vor der Inanspruchnahme muss der Anbieter einer sozialen Dienstleistung wie der Klient selbst seine Leistungsbereitschaft herstellen. Im Mittelpunkt steht der Anbieter, der ein Konzept entwickelt, Räume anmietet und Personal eingestellt hat. Auf diese Weise entstehen für ihn Kosten, die vor der Inanspruchnahme durch den Klienten anfallen und daher als fix anzusehen sind. Je stärker seine Leistungsbereitschaft genutzt wird, umso geringer sind seine Stückkosten. In Pflegesatz- oder Fachleistungsstundenverhandlungen wird dieser Umstand berücksichtigt und beim Leistungsentgelt eine bestimmte Auslastung unterstellt.[7] Weniger Beachtung findet in dieser Situation der hilfebedürftige Klient. Dabei ergibt sich in dieser Phase der Hilfebedarf. Während dieses Zeitraumes handelt er weitgehend autonom, beschafft sich selber Informationen über Lösungsmöglichkeiten (so lange nicht eine Zwangssituation vorliegt) und wägt die Handlungsmöglichkeiten ab. Die Einflussmöglichkeiten der Anbieter Sozialer Arbeit beschränken sich auf Informationsangebote zur Prävention und über mögliche Leistungsangebote.

(2) Während der Inanspruchnahme ändert sich das Bild: Mitarbeiter arbeiten mit dem hilfesuchenden Klienten zusammen. Diesen interaktiven Prozess beeinflusst die Angebotsseite maßgeblich. Der Klient tritt als Co-Producer auf (z. B. muss der Jugendliche sein Bett selber machen, Küchendienst leisten oder zur Schule gehen). In unterschiedlichem Maß werden von ihm physische, kognitive und emotionale Leistungen abverlangt (Büttgen 2007, S. 17ff.) Er muss mit seinem Sozialverhalten zu einem Gruppenerfolg genauso beitragen wie durch Mitentscheidungen den weiteren Leistungsprozess beeinflussen.

(3) Wenn der Leistungsprozess abgeschlossen ist, was in der Sozialen Arbeit im Gegensatz zu anderen Branchen meist nicht nach einer Interaktionsperiode geschehen ist,[8] wird von dem Klienten noch ein „Customer Engagement" erwartet: Das kann ein Feedback im Seminar sein, eventuell die weitere Nutzung von Leistungsangeboten (z. B. Selbsthilfegruppen) sowie Mund-zu-Mund-Propaganda zu anderen Klienten und zum Kostenträger hin. Es kann so weit gehen, dass aus Klienten Ehrenamtliche und manchmal sogar hauptamtliche Mitarbeitende werden.

---

[7]Die unterstellte Auslastung liegt im Altenhilfe- wie im stationären Jugendbereich bei weit über 90 % Auslastung. Der Kostenträger „schöpft" dadurch den Vorteil sinkender Stückkosten (Kosten pro Fall) weitgehend ab.

[8]Im Altenheim schließt sich in der Regel keine Nachinanspruchnahmephase an. Diese liegt bei den Angehörigen sehr wohl vor: bspw. Waschung des Toten, Teilnahme an einer Trauergruppe, Weitergabe der Zufriedenheit/Unzufriedenheit an Dritte über die Leistungen des Altenheims, „Wiederinanspruchnahme" der Einrichtung durch Beeinflussung der Einzugsentscheidung bei anderen Angehörigen, Selbsteinzug ins Altenheim.

Der Leistungsprozess zwischen Sozialarbeiter und Klient soll gemäß der mikroökonomischen Produktionstheorie schematisch dargestellt werden, um weitere Zusammenhänge zu erschließen. Der Klient stellt mit seiner Leistung (physisch, kognitiv, emotional) einen Produktionsfaktor dar, der in Zusammenarbeit mit der Leistung der Sozialarbeiter ein bestimmtes Leistungsniveau erreicht. An der Hochschule arbeiten die Lehrenden mit den Studierenden bei Hausarbeiten zusammen, die je nach Arbeitseinsatz eine gutes oder nur ein ausreichendes Leistungsniveau zur Folge haben. Gleiche Ergebnisse infolge unterschiedlichen Arbeitseinsatzes können über eine Isoquante (Isoleistungslinie) dargestellt werden (siehe Abb. 1).

In diesem Fall erreichen Sozialarbeiter und Klienten bspw. ein bestimmtes Vermittlungsergebnis. Die Isoquante ist deswegen gekrümmt, weil man davon ausgehen kann, dass die Leistungen der Klienten nur in einem bestimmten Umfang und mit abnehmendem Erfolg durch die Soziale Arbeit und umgekehrt substituiert werden können. Ein bestimmtes Mindestniveau an Leistungen ist auf beiden Seiten zwingend erforderlich. Liegt dieser Mindestumfang nicht vor, ist eine Leistungserstellung nicht möglich bzw. zum Scheitern verurteilt. Innerhalb einer Integrationszone, die weitgehend von der obligatorischen Mindestleistung bestimmt wird,

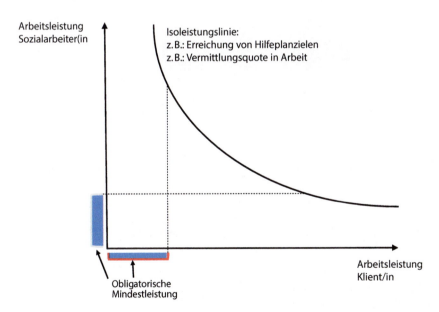

Abb. 1 Gemeinsame Leistungserstellung von Mitarbeiter und Klient (Corsten 2000, S. 151)

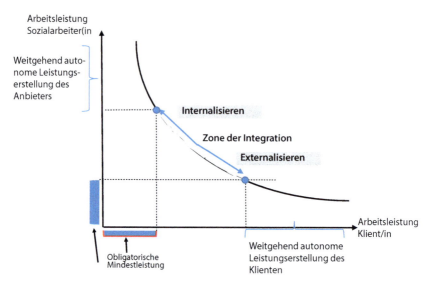

Abb. 2 Produktionsvorteile durch Einbeziehung des Kunden (Büttgen 2007)

können die Arbeitsleistungen gegenseitig substituiert werden (siehe Abb. 2). Dabei lenken Qualitäts- wie Kostengedanken auf beiden Seiten die Zusammenarbeit. Eine weitere Besonderheit von Dienstleistungen ist das Zusammenfallen von Leistungserstellung und Konsum, das uno-actu-Prinzip. Fehler werden sofort bemerkt und können nicht ohne weiteres korrigiert werden. Wenn auch die professionellen Mitarbeiter keine Fehler machen, so kann man dies bei den „unprofessionellen" Klienten nicht erwarten. Qualitätsfehler können vom Klienten selber ausgehen, die zum Scheitern oder zu einer Minderleistung führen.[9] Aus Qualitätsgründen könnte darum ein Anbieter geneigt sein, die Arbeitsleistungen des Klienten zum Teil selber zu bringen, um die Qualitätsprobleme zu reduzieren, also die Leistungsanteile der Klienten zu internalisieren. Andererseits kann er überlegen, ob nicht eine verstärkte Inanspruchnahme des Klienten seine eigenen Arbeitskosten senken könnte.[10] Dies gelingt dem Mitarbeiter über Externalisierung.

---

[9]Bspw. soll sich ein Klient bei einem Arbeitgeber vorstellen. Überlässt der Sozialarbeiter die Bewerbung dem Klienten könnten Fehler in der Bewerbung ein negatives Bild auf den Sozialen Dienstleister werfen.

[10]Der Professor gibt seinen Studierenden den Auftrag, mehrere Lehrbücher durchzuarbeiten, die er als Klausurliteratur festlegt, statt die Inhalte selber zu erklären. Das erspart ihm die Vorbereitung auf diese Inhalte.

Diese (komparativ) statische Betrachtung kann man natürlich aus dynamischer Sicht kritisch diskutieren: Durch stärkere Einbeziehung des Klienten mögen anfangs Qualitätsprobleme und damit verbunden Misserfolge auftreten. Der dadurch ermöglichte langfristige Lernerfolg führt dagegen nachhaltig zu besseren und vielleicht kostengünstigeren Ergebnissen. Externalisierung auf den Klienten wird damit zum Empowerment (Geigenmüller und Leischnigg 2009). Steigert einer der beiden Personen seine Leistung, kann ein besseres Ergebnis erzielt werden (in Abb. 3: Leistungsniveau 2). Die Leistung des Sozialarbeiters bleibt gleich, der Klient steigert dagegen sein Engagement.

In der mikroökonomischen Produktionstheorie werden dabei drei Szenarien diskutiert: Der Regelfall ist, dass der zunehmende Einsatz an Ressourcen eines Produktionsfaktors (hier der Klient: V2) zwar das Ergebnis verbessert, aber mit sinkenden Zuwachsraten an Erfolg. Je mehr sich die Klienten in einer Bildungsmaßnahme engagieren, umso mehr von ihnen werden in Arbeit vermittelt. Steigern sie ihr Engagement um 20 % mag die zunehmende Eingliederung bei ebenfalls 20 % liegen. Bei einer 50 % Steigerung des Klienten-Arbeitseinsatzes beträgt der zusätzliche Eingliederungserfolg 40 %, bei 100 % Steigerung des Arbeitseinsatzes 50 %.

Der zweite Fall sieht ein umgekehrtes Phänomen vor: Mit zunehmendem Engagement steigen die Ergebnisse überproportional an. Begründen könnte man diesen Produktionsfortschritt damit, dass der Klient zunächst bemächtigt werden muss, um arbeitsfähig zu sein.

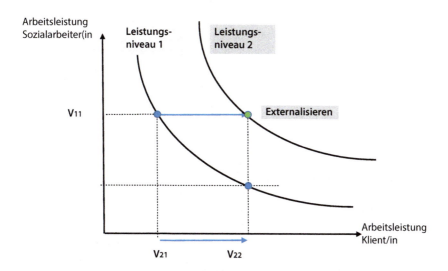

Abb. 3 Produktionsvorteile durch Einbeziehung des Kunden (eigene Darstellung)

Der dritte Fall kombiniert den zunächst steigenden Ertrag infolge steigenden Ressourceneinsatzes (Fall 2) mit der Vorstellung des ersten Falles: Es gibt einen ersten Wendepunkt des Erfolgs: Steigert man den Einsatz des einen Faktors, steigen zunächst die Erträge überproportional. Ab einem bestimmten Ressourceneinsatz gehen die Ertragszuwächse wieder zurück (zweiter Wendepunkt) bis sie unter Umständen sogar wieder fallen. Auf die soziale Arbeit übertragen bedeutet das ökonomische Ertragsgesetz, dass ein Zuviel an Beratung den Beratungserfolg gefährden kann, ein Zuviel an Lernen beim Studenten mehr Verwirrung als Klarheit schafft (vgl. Kubon-Gilke 2013, S. 105ff.).

Aus Sicht des Leistungsanbieters ergeben sich durch diese Überlegungen verschiedene Produktionsvorteile (Bruhn und Hadwich 2015):

- **Kostenvorteile:** durch Produktivitätssteigerung infolge höheren Klientenengagements. Der Betreuungsschlüssel könnte damit reduziert werden
- **Qualitätsvorteile:** durch eine bessere, individuelle Kundenbefriedigung
- **Zeitvorteile:** durch mehr Flexibilität für Klienten und Sozialarbeiter
- **Beziehungsvorteile:** durch Stärkung der Kundenbeziehung

Es stellt sich die Frage, ob der Klient als Mit-Arbeitender nicht mehr statt weniger Kosten verursacht, da er doch „angelernt" werden muss und seinerseits Fehler machen kann. Der hauptamtliche Mitarbeiter muss unter Umständen zunächst deutlich mehr Zeit aufbringen, um den Klienten zu verselbständigen. Weiterhin kritisiert vor allem Schaarschuch (2003), dass diese Sichtweise, den Klienten als Substitut zum hauptamtlichen Mitarbeiter zu sehen, nur dazu diene, Kosten einzusparen. Nun kann man dem entgegenhalten, dass es das Recht des Kostenträgers sein muss, möglichst geringe Kosten in der Bereitstellung Sozialer Arbeit zu fordern und deswegen alternative Wege zu prüfen. Außerdem ist der Kostenträger verpflichtet ein „ausreichendes" Leistungsniveau (etwa in der Eingliederungshilfe) und nicht ein in Noten ausgedrückt sehr gutes bis befriedigendes Leistungsniveau zu bezahlen. Wenn der Leistungsanbieter ein höheres Niveau bislang aus eigenen Mitteln gewährt hat, könnte eine Externalisierung auf den Klienten das Niveau bei geringeren Kosten aufrechterhalten.[11] Davon einmal abgesehen, kann der Leistungsanbieter sich auf die Tätigkeiten konzentrieren, die er besser beherrscht als der Klient und so gemeinsam mit dem Klienten ein besseres Ergebnis (in Abb. 3 das Erreichen von Leistungsniveau 2) erzielen.

---

[11]Im Marketing im Sozialen Bereich kann man beim Preismarketing als ein Instrument des operativen Marketings auch von Gegenleistungsmarketing sprechen (Kortendieck 2011).

3 Probleme mangelnder Integration und Erfolgsfaktoren einer verstärkten Klienteneinbindung

Bislang haben die Überlegungen die Schwierigkeiten einer verstärkten Klientenintegration in den Leistungsprozess vernachlässigt. Zwei Gründe hindern den Klienten daran, sich erfolgreich stärker einzubringen:

- Fehlende Bereitschaft
- Fehlende Kenntnisse

Zunächst kann es sein, dass dem Klienten gar nicht bewusst ist, welches Problem er hat und welchen Anteil er zur Problemlösung beitragen kann. Soziale Arbeit muss zunächst das Problembewusstsein beim Klienten anregen. Für den Klienten ist die Problemlösung mit sozialen Kosten verbunden wie eine Trennung von der Familie, ein Zugeben eigener Schuld oder Probleme (z. B. bei Suchterkrankungen) oder sogar die Inkaufnahme von Schmerzen (bei Entzug). Ängste vor dem anstehenden Prozess wie vor dem Scheitern kommen hinzu, so dass neben mangelnder intrinsischer Motivation eine Vielzahl von Gründen vorhanden sein können, weshalb sich der Klient weniger und schlechter einbringt, als er könnte (vgl. Kortendieck 2011, S. 71f.). Die Folgen sind das Scheitern des Hilfeprozesses (der Suchtkranke bricht den Entzug ab und trinkt wieder), höhere Kosten durch wiederholte Hilfeprozesse oder sich hinziehende Prozesse, was die sozialen Kosten für den Klienten erhöht (siehe Abb. 4).

Wie lässt sich die Klientenbeteiligung verbessern? Ansatzpunkte sind Integrationsvermögen und Integrationsverhalten. Das Integrationsvermögen des Leistungsanbieters beruht auf Bereitschaft, Kenntnissen und Fähigkeiten der haupt- wie ehrenamtlichen Mitarbeitenden. Dabei benötigen sie Fähigkeiten wie Empathie, die denen von Führungskräften gleichkommen: Sie müssen in der Lage sein, einen angemessenen Führungsstil zu praktizieren, um den Klienten als „part-time-worker" aufgabenbezogen wie menschlich zu integrieren. Gemäß dem Modell der situativen Führung nach Hersey und Blanchard ist nicht stets ein kooperativer, oder nach dem Modell von Blake und Mouton (managerial grid) ein stets leistungs- und personenorientierter Führungsstil angemessen, sondern ein der jeweiligen Situation des Klienten angemessener Führungsstil vermutlich erfolgreich. Der Mitarbeiter muss auf die Situation des Klienten mal autoritär (oder wertschätzend autoritär: autoritativ), mal kooperativ reagieren können (Gmür und Thommen 2011, S. 75).

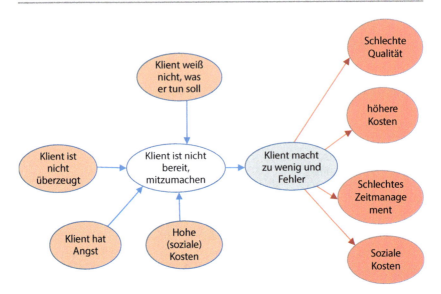

Abb. 4 Probleme mangelnder Integration (Büttgen 2009, S. 175)

Das Integrationsverhalten der Klienten hängt ebenso von Bereitschaft, Fähigkeiten und Kenntnissen ab.[12] Gleichzeitig wird eine subjektive Toleranzzone der Beteiligung unterstellt, innerhalb der der Klient bereit ist, Aufgaben zu übernehmen und Leistungen des Mitarbeiters zu substituieren. Der Klient (wie jeder Kunde) erwartet jedoch ein Mindestmaß an Leistungen vom Anbieter. Wird dieses nicht eingehalten, kann dies zur Leistungsverweigerung des Klienten führen (Haller 2015, S. 40 f.).

Im Dienstleistungsprozess verbessern sich die Integrationsbereitschaft und die Integrationsfähigkeit des Klienten durch verschiedene Kommunikationsmittel:

- **Verbesserungen des Wissens:** Qualifizierung bei der Maßnahme (Unterweisungen, Klientenvorgespräche) wie außerhalb der Maßnahme (Vorträge, Merkblätter)

---

[12]Zu den Motiven der Klienten siehe Büttgen (2009, S. 68 ff)

- **Verbesserung der Klientenumgebung:** Funktionalität der Räume (Wohn-, Besprechungs-, Aufenthaltsräume), Zeichen, Symbole (Farbwahl, Funktionalität), Ausstattung der Räume, Rahmung der Informationen[13]
- **Strukturierung der Klientenaufgaben:** Entscheidung über Back-Office und Front-Officebereiche[14] ; Depowerment: Festschreibung eines Tagesablaufs, Besuchszeiten und –Möglichkeiten; Empowerment: Förderung von Gruppenarbeit, gegenseitigem Coaching
- **Sozialisation des Klienten:** Realistische Beschreibung der Maßnahmen, Orte der Begegnung, Klienten als Mentoren

Eine besondere Rolle in der Zusammenarbeit zwischen Leistungsanbieter und Klienten andererseits kommt der inneren Einstellung des Klienten zu, dem Commitment mit der zu bewältigenden Aufgabe. Wie steht es mit der inneren Zustimmung zum Hilfeprozess und was kann das Commitment des Klienten beeinflussen? Das Commitment unterscheidet sich in affektives Commitment (Wie berührt bin ich von meinem Problem, wie berührt mich der Mitarbeiter des Anbieters?), normatives Commitment (Wie stehe ich grundsätzlich zum Leistungsanbieter und seinen Werten?) und kalkulatorischem Commitment (Was habe ich vom Hilfeprozess und wie verhalten sich meine Kosten zu meinem Nutzen?). Benkenstein et al. (Benkenstein et al. 2015, S. 227ff.) stellen dabei fest, dass affektives und normatives Commitment in der Praxis kaum zu unterscheiden sind und das affektive Commitment eine starke Wirkung auf die Integrationsbereitschaft hat. Der Kunde

---

[13]Thaler und Sunstein (2015) bezeichnen die Rahmung von Informationen als „Schubsen", als Nudging. Darunter verstehen sie die Art und Weise, wie Informationen bereitgestellt werden. Wenn man möchte, dass Studierende in der Mensa zum gesunden Obst greifen und nicht zum ungesunden Schokoriegel, muss man nicht mit Appellen daherkommen, sondern kann allein schon dadurch das Verhalten beeinflussen, in dem man den Apfel vorn in der Auslage in ein angenehmes Licht, den Schokoriegel dagegen weiter hinten und in ein unangenehmes Licht rückt. In der Praxis ist das leider meist genau anders herum.

[14]Im Rahmen des Blue-Printing, dem Beschreiben von Abläufen mit Hilfe von „Blaupausen", werden Tätigkeitsbereich grob nach Frontoffice („auf der Bühne") und Backoffice (hinter der Bühne) umschrieben. Prozesse im Backofficebereich laufen ohne den Klienten ab. Das schafft ein Standardisierungspotential und vermeidet leichter Fehler, die durch die Interaktion mit dem Klienten entstehen. Im Frontofficebereich dagegen findet Leistungserstellung und Konsum der Leistung uno actu stand. Dieser Bereich ist nur wenig standardisierbar und dadurch eher fehleranfällig (siehe hierzu: Fließ und Kleinaltenkamp 2004).

ist in diesem Fall intrinsisch im Leistungsprozess motiviert. Das kalkulatorische Commitment, das stark auf extrinsischen Anreizen basiert, hat dagegen nur eine schwache Wirkung auf die Integrationsbereitschaft. Einen positiven Einfluss auf das Commitment übt die Qualifikation des Klienten wie sein Wissen um die Integrationserfordernisse und deren Konsequenzen. Damit verbunden ist das Wissen des Klienten um seinen eigenen Anteil an der Problemlösung, seiner inneren Kontrollüberzeugung (siehe Abb. 5). Negativ auf die Integrationsbereitschaft wirken sich wiederum die Integrationsaufwendungen aus.

Wie kann man ein hohes affektives Commitment beim Klienten erzielen? Als Einflussfaktoren des Commitment gelten im Human Ressource Management (Gmür und Thommen 2011, S. 234f.):

- intensive Kommunikation zum Mitarbeiter: das bedeutet, dass der Klient als part-time worker das Gefühl hat als Person akzeptiert zu werden
- Erleben der eigenen Kompetenz
- interessante und abwechslungsreiche Tätigkeit
- partizipativer Führungsstil

Zusammenfassend kann man danach schließen, dass die Beteiligung des Klienten als Mit-Arbeiter von seiner eigenen Qualifizierung, von einem angemessenen Hilfesetting und von seiner intrinsischen Motivation abhängt, die wiederum durch

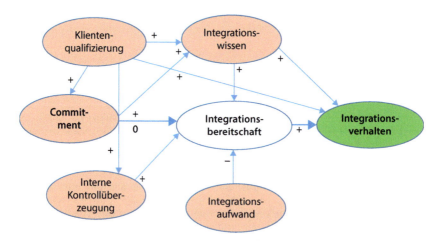

Abb. 5 Einflussfaktoren auf Integrationsbereitschaft und -verhalten (Büttgen 2007, S. 329; Benkenstein et al. 2015)

einen wertschätzenden, zugewandten und ihn stärkenden Führungsstil begünstigt wird. Bei standardisiertem unpersönlichem und vor allem wenig informierendem Verhalten der Mitarbeiter ist eher ein geringes Commitment zu erwarten.

4 Anbieter vs. Nutzerlogik

Bislang wurde die Zusammenarbeit mit dem Klienten aus Anbietersicht diskutiert. Der Klient ist ein Mit-Arbeiter, der dem Anbieter Kosten einsparen und die Qualität des Prozesses von seiner Seite aus verbessern kann. Dieser Anbieterlogik steht im (sozialen) Dienstleistungsbereich eine Nutzerlogik gegenüber: Nicht der Nutzer ist Teil des Wertschöpfungsprozesses des Anbieters (bspw. einer Suchtklinik), sondern umgekehrt: der Anbieter (der Sozialarbeiter) ist in einer bestimmten Episode der Problemlösung für den Klienten (hier: Überwindung der Sucht) Teil dessen Wertkette (Weiber und Ferreira 2015, S. 45). Für den Klienten besteht die Wertkette mit dem Ziel, sein Suchtproblem zu lösen, zunächst darin, selbst zu erkennen, welches Problem er hat (was häufig nur mit professioneller Hilfe gelingt), mögliche Lösungsalternativen für sich bewertet, schließlich sich auf eine bestimmte Form der Suchttherapie einlässt, um dann mit den Hilfestellungen, die er dort erhalten hat, ein suchtbefreites Leben zu führen. Der bzw. die genutzten Anbieter werden für den Klienten zu Co-Producern, nicht umgekehrt (Fließ et al. 2015; Vargo und Lusch 2004). In der Sozialen Arbeit hat vor allem Schaarschuch (2003) immer wieder diesen Perspektivenwechsel von der Anbieter- zur Nachfrager-Logik eingefordert. *"In einem großen Teil aller Interaktionen müssen die hier als Produzenten verstandenen Nutzer Sozialer Arbeit erst mithilfe der Tätigkeit der professionellen Ko-Produzenten in die Lage versetzt werden, ihre Nachfrage zu aktualisieren, zu formulieren und schließlich steuernd auf den Dienstleistungsprozess einzuwirken"* (Schaarschuch 2003, S. 158). Es mag im Einzelfall dem Klienten um Aufwandsreduzierung als Motiv für die Inanspruchnahme einer Hilfeleistung gehen. Meistens sind Hilfeprozesse für ihn selber wiederum aufwändig und zum Teil mit hohen sozialen Kosten verbunden (der Aufenthalt in der Suchtklinik wird am Arbeitsplatz und im Sozialen Umfeld nicht unentdeckt bleiben). Letztendlich geht es ihm um eine Verbesserung seiner Situation und damit seiner Lebensumstände. Dies soll mithilfe der mikroökonomischen Theorie dargestellt werden. Die Leistung von Sozialarbeiter und Klient kann als Ressourcenpool wie ein „Einkommen" als Budgetgerade wahrgenommen werden, der dem Klienten einen bestimmten Nutzen (U1) beschert (siehe Abb. 6.).

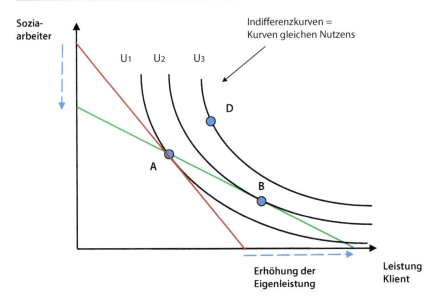

Abb. 6 Nutzensteigerung des Klienten durch Co-Produktion (Grün und Brunner 2002, S. 123)

Wenn der Sozialarbeiter mehr tut, die Leistung des Klienten gleichbleiben würde, würde die Gerade sich vom Ursprung weg nach rechts drehen. Leistet der Klient weniger, der Sozialarbeiter hält dagegen sein Arbeitsniveau, würde sich die Kurve zum Ursprung nach links drehen. In diesem Fall würde der Klient einen geringeren Nutzen erzielen. In Abbildung sechs reduziert der Sozialarbeiter zwar seine Arbeitsleistung, was prinzipiell zu einem geringeren Nutzen für den Klienten führen würde. In diesem Fall findet eine Externalisierung statt (aus Sicht des Anbieters): Der Klient übernimmt mehr Verantwortung und weitet seine Aktivitäten aus. Die Budgetgerade dreht und verschiebt sich gleichzeitig, so dass trotz reduziertem Engagement des Helfers bedingt durch eine höhere Eigenleistung des Klienten ein höheres Nutzenniveau (U2) erreichbar wird (Punkt B).

5 Fazit

Anbieter- oder Nutzerlogik? Beide Ansätze zeigen auf, dass ein verstärkter Einsatz des Klienten die Problemlösung verbessern und/oder günstiger machen kann. Wenn man aus Anbietersicht den Klienten als „Teilzeit-Mitarbeiter" ansieht, ergeben sich aus den grundsätzlichen Überlegungen, die auf der mikroökonomischen Theorie der Produktion beruhen, reizvolle Vertiefungen. Welche Voraussetzungen muss man (der Anbieter) erfüllen bzw. verstärken, um ein besseres Ergebnis zu erhalten. Ansatzpunkte sind einerseits die Klientenbefähigung – mehr Information – andererseits die Klientenbereitschaft zur Mitarbeit. Hier setzen personalpolitische Maßnahmen zur Stärkung des (affektiven) Commitment an. In der Kundenlogik könnte man die von sich aus erwarten. Hier versteht Schaarschuch (2003) die Rolle der Sozialen Arbeit so, dass sie den Klienten erst einmal sein Problem vergegenwärtigen muss. Problemlösungen stellen oft für den Klienten eine erhebliche psychische Belastung dar. Durch die Aktivierung des Klienten können demnach bessere und vielleicht billigere Problemlösungen erzielt werden. Beides stellt für die Beteiligten einen Gewinn dar.

Literatur

Benkenstein, Martin, Thomas Flöter, Ariane v. Stenglien. 2015. Commitment als Determinante der Kundenintegration in Dienstleistungsbeziehungen. In *Interaktive Wertschöpfung durch Dienstleistungen*, Hrsg. Manfred Bruhn, und Karsten Hadwich, 227–245. Wiesbaden.
Bruhn, Manfred, und Karsten Hadwich. 2015. Interaktive Wertschöpfung durch Dienstleistungen – Eine Einführung in die theoretischen und praktischen Problemstellungen. In *Interaktive Wertschöpfung durch Dienstleistungen*, Hrsg. Manfred Bruhn, und Karsten Hadwich, 3–29. Wiesbaden.
Büttgen, Marion. 2007. *Kundenintegration in den Dienstleistungsprozess – Eine verhaltenswissenschaftliche Untersuchung*. Wiesbaden.
Büttgen, Marion. 2009. Beteiligung von Kunden an der Dienstleistungserstellung: Lust oder Last? – Eine motivations- und dissonanztheoretische Analyse. In *Kundenintegration*, Hrsg. Manfred Bruhn, und Bernd Stauss, 63–89. Wiesbaden.
Corsten, Hans. 2000. Der Integrationsgrad des externen Faktors als Gestaltungsparameter in Dienstleistungsunternehmen – Voraussetzungen und Möglichkeiten der Externalisierung und Internalisierung. In *Dienstleistungsqualität*, Hrsg. Manfred Bruhn, und Bernd Stauss, 3. Aufl., 145–168. Wiesbaden.
Finis-Siegler, Beate. 2009. *Ökonomik Sozialer Arbeit*, 2. Aufl. Freiburg i.Brsg.
Fließ, Sabine, Steffen Dyck, Mailien Schmelter, und Maarten Volkers. 2015. Kundenaktivitäten in Dienstleistungsprozessen – die Sicht der Konsumenten. In *Kundenintegration und Leistungslehre*, Hrsg. Sabine Fließ, Michaela Haase et al., 181–205. Wiesbaden.
Fließ, Sabine, und Michael Kleinaltenkamp. 2004. Blueprinting the service company: Managing service processes efficiently. *Journal of Business Research* 57(4): 392–404.
Geigenmüller, Anja, und Alexander Leischnigg. 2009. Wirkungen aktiver Kundenbeteiligung in personenbezogenen Dienstleistungsbeziehungen – Implikationen für Strategien des Consumer Empowerment. In *Kundenintegration*, Hrsg. Manfred Bruhn, und Bernd Stauss, 403–421. Wiesbaden.
Gmür, Markus, und Jean-Paul Thommen. 2011. *Human Resource Management – Strategien und Instrumente für Führungskräfte und das Personalmanagement*, 3. Aufl. Zürich.

Grün, Oskar, und Jean Claude Brunner. 2002. *Der Kunde als Dienstleister- Von der Selbstbedienung zur Co-Produktion*. Wiesbaden.
Halfar, Bernd. (2014). Controlling in sozialwirtschaftlichen Organisationen. In *Lehrbuch der Sozialwirtschaft*, Hrsg. Ulli Arnold, Klaus Grunwald, und Bernd Maelicke, 4. Aufl., 768–788. Baden-Baden.
Haller, Sabine. 2015. *Dienstleistungsmanagement*, 6. Aufl. Wiesbaden.
Kortendieck, Georg. 2011. *Marketing für den Sozialen Bereich*, Augsburg.
Kortendieck, Georg. 2013. Kunde. In *Handwörterbuch der Sozialwirtschaft*, Hrsg. Klaus Grunwald, Georg Horcher, und Bernd Maelicke, 2. Aufl., 599–602. Baden-Baden.
Kubon-Gilke, Gisela. 2013. *Außer Konkurrenz - Außer Konkurrenz: Sozialpolitik im Spannungsfeld von Markt, Zentralsteuerung und Traditionssystemen. Ein Lehrbuch und mehr über Ökonomie und Sozialpolitik*, 2. Aufl. Marburg.
Merchel, Joachim. 2015. *Management in Organisationen der Sozialen Arbeit*. Weinheim und Basel.
Möller, Sabine, Martin Fassnacht, Raphael Heider. 2009 Wenn der Kunde mehr ist als ein Käufer und Nutzer – Motive kollaborativer Wertschöpfungsprozesse. In *Kundenintegration*, Hrsg. Manfred Bruhn, und Bernd Stauss, 265–280. Wiesbaden.
Olk, Thomas, und Hans-Uwe Otto (Hrsg.). 2003. *Soziale Arbeit als Dienstleistung*. München.
Schaarschuch, Andreas. 2003. Die Privilegierung des Nutzers. Zur theoretischen Begründung sozialer Dienstleistungen. In *Soziale Arbeit als Dienstleistung*, Hrsg. Olk, Thomas und Otto, Hans-Uwe, 150–169. München.
Thaler, Richard H., und Cass R. Sunstein. 2015. *Nudges – wie man kluge Entscheidungen anstößt*, 5. Aufl. Berlin.
Vargo, Stephen L., und Robert F. Lusch. 2004. Evolving to a new dominant logic for marketing. *Journal of Marketing* 68:1–17.
Weiber, Rolf, und Katharina Ferreira. 2015. Von der interaktiven Wertschöpfung zur interaktiven Wertschaffung. In *Interaktive Wertschöpfung durch Dienstleistungen*, Hrsg. Manfred Bruhn, und Karsten Hadwich, 31–55. Wiesbaden

Prof. Dr. Georg Kortendieck Diplom-Volkswirt, Professor für Betriebswirtschaftslehre im Sozialen Bereich an der Ostfalia, Hochschule Braunschweig-Wolfenbüttel, langjähriger Leiter und Geschäftsführer in der Erwachsenenbildung, Spezialisierungsgebiete: Marketing, Controlling, Unternehmensführung, volkswirtschaftliche Grundlagen der Sozialen Arbeit. E-Mail: g.kortendieck@ostfalia.de

Personenzentrierte Hilfen – Konsequenzen für das Management von Sozialunternehmen

Klaus Schellberg

1 Die Leistungssysteme in der Behindertenhilfe

Die Arbeit für Menschen mit Behinderung (Eingliederungshilfe) ist innerhalb der Sozialwirtschaft nach der Pflege und der Kindertagesbetreuung das drittgrößte Arbeitsfeld (Puch und Schellberg, 2010, S. 16) (BAGFW, 2012, S. 36). Hier finden sich stationäre Einrichtungen, Beratungsstellen, eine zunehmende Zahl an Angeboten des betreuten Wohnens und der ambulanten Dienste und die zahlreichen Arbeitseinrichtungen, allen voran die Werkstätten für Menschen mit Behinderung. Der Paradigmenwandel in Richtung Personenzentrierung betrifft daher zahlreiche Sozialunternehmen sehr grundsätzlich und wird wohl mittelfristig auf die gesamte Sozialwirtschaft ausstrahlen.

Deutschland verfügt über ein gut ausgebautes System der Versorgung von Menschen mit Behinderung. Lange Jahre konzentrierten sich die Leistungsanbieter auf untereinander gut abgestimmte Leistungssysteme, in denen Brüche und Barrieren vermieden werden sollten. Hierdurch entstanden die Komplexeinrichtungen, in denen Wohnen, Förderung und Therapie, Arbeit oder Tagesstruktur sowie Freizeitgestaltung „aus einer Hand" und untereinander abgestimmt stattfanden. Diese Einrichtungen wurden – dem räumlichen Möglichkeiten geschuldet – oftmals wenig

---

K. Schellberg (✉)
Evangelische Hochschule Nürnberg,
Stein, Deutschland
E-Mail: klaus.schellberg@evhn.de

zentral am Land aufgebaut. Aber auch in kleineren, städtisch gelegenen Einrichtungen finden sich oft eine „Rund-Um-Versorgung" im Bereich Wohnen und eine eng verzahnte Abstimmung mit dem Lebensbereich Arbeit/Tagesstruktur.

Der stärker individualisierte ambulante Bereich oder das betreute Wohnen hat sich erst in den vergangenen Jahren entwickelt und ist auch regional sehr unterschiedlich verbreitet (BAGÜS, 2016, S. 12). Insgesamt finden sich nach wie vor mehr als die Hälfte der Leistungsberechtigten in diesen stationären Wohnformen. Insbesondere im Bereich der Menschen mit geistiger Behinderung und der schweren körperlichen Behinderung sind die stationären Wohnformen hier noch vorherrschend.

Die Abstimmung von Leistungssystemen untereinander und in sich ermöglichen eine Versorgung, die frei von Schnittstellen und Brüchen ist, was insbesondere im Bereich der geistigen Behinderung auch ein wichtiges Qualitätsmerkmal der Leistung sein dürfte. Sie ermöglicht weiterhin den schnellen, in der Regel kostengünstigeren Aufbau von Angebotsstrukturen für eine flächendeckende Versorgung. Abstimmung führt in der Tendenz jedoch auch immer zu einer gewissen Form der Abschließung und zur Schaffung von standardisierten „All-Inclusive-Angeboten".

Diese Angebotsformen erleichtern die fallbezogenen Planungsverfahren deutlich. Die entscheidenden Fragen sind die nach der Wohnform (mit Nachtwache erleichtert). Sind hauswirtschaftliche und nächtliche Versorgung erforderlich, werden in der Regel die stationären Angebote gewählt. Die individuelle Entscheidung des Menschen mit Behinderung (oder seiner Angehörigen) besteht dann in der Entscheidung für einen konkreten Leistungsanbieter. Eine individuelle Betrachtung der Unterstützungs- und Förderbedarfe und der Abstimmung der Leistungssysteme hierauf erfolgt in der Regel nicht. Vielmehr erfolgt die Förderplanung innerhalb des Leistungsanbieters – oftmals auch direkt durch den Leistungsanbieter.

Der Planungsprozess in diesen pauschalen Leistungssettings (siehe Abb. 1) stellt sich daher oftmals wie folgt dar:

Beim Eintritt ins Hilfesystem (also der erstmaligen Diagnose einer Behinderung oder beim Wechsel in Lebensphasen) wird durch den Sozialleistungsträger der Hilfebedarf grundsätzlich festgestellt und die pauschale Entscheidung für ein Leistungssetting (z. B. stationär – ambulant) getroffen. Diese Entscheidung erfolgt teils in Personenkonferenzen unter Beteiligung der Menschen mit Behinderung, teils aber auch nach Aktenlage.

Oftmals wird der Leistungserbringer, also die konkrete Wohneinrichtung, in dieser Zeit durch den Menschen mit Behinderung oder seine Angehörigen gewählt. Es erfolgt dann keine Beurteilung durch den Sozialleistungsträger, ob sich aus fachlicher und unabhängiger Sicht noch andere, in diesem Fall geeignetere Angebote finden. Vielmehr erfolgt in einem sehr frühen Zeitpunkt eine Festlegung auf den konkreten Anbieter.

Abb. 1 Planungsprozess in pauschalen Leistungssettings

Dieser nimmt dann oftmals auch, nach Kenntnis dieses Falls, die notwendige Hilfebedarfseinstufung sowie Förder- und Unterstützungsplanung (Gesamtplan, Teilhabeplan) vor und legt diese dann dem Sozialleistungsträger vor. Die Planungslogik geht also nicht vom Einzelfall – unabhängig von der Leistung – sondern bereits vom Einzelfall im Rahmen des konkreten Anbieters (und seiner verfügbaren Angebote) aus. Diese Pläne werden dann zwar oft mit dem Sozialleistungsträger diskutiert, jedoch mit einer gewissen Informationsasymmetrie zwischen dem Anbieter, der den Menschen mit Behinderung bereits gut kennt, und dem Sozialleistungsträger. Weiterhin finden sich oftmals auch Lock-In-Effekte, d. h. ein Wechsel des Anbieters zu diesem Zeitpunkt wird durch die bereits entstandene Bindung erschwert.

Das Finanzierungssystem ist ähnlich pauschal wie die Leistungssettings. Die Finanzierung der Leistungsanbieter erfolgt über Tagesentgelte, die in fünf Hilfebedarfsgruppen untergliedert sind. Die Hilfebedarfsgruppen sind mit Personalschlüsseln hinterlegt, so dass der Leistungsanbieter in einer bestimmten Gruppe aufgrund seines „Hilfebedarfsgruppen-Mixes" einen bestimmten Personalstamm vorhalten kann, dies aber auch gegenüber dem öffentlichen Träger nachweisen muss.

In diesen Formen der pauschalen Versorgung ist eine individuelle Hilfe im Einzelfall durchaus möglich. Da keine detaillierte Leistungsplanung vorliegt, kann hier sehr flexibel auf Menschen und Fallkonstellationen reagiert werden. Dies geschieht aber in der Regel im Rahmen der Festlegung auf einen bestimmten Anbieter und seinen Möglichkeiten. Erschwert wird die Situation durch die relativ starren Grenzen zwischen stationären und ambulanten Angeboten, die ordnungsrechtlich (durch die Heimaufsicht) und leistungsrechtlich gezogen werden.

Die individuelle Betreuung erfolgt jedoch auf der Basis ideeller Motive, wird aber nicht durch das Finanzierungssystem oder anderen extrinsischen Steuerungsinstrumenten erzwungen. Die Neigung zu einer eher standardisierten Leistung könnte entstehen (Rohrmann, 2005). Durch die Personalschlüssel erfolgt eine implizite Leistungsdeckelung – individuelle Teilhabewünsche können nur im Rahmen des vorhandenen, refinanzierten Personals unterstützt werden. Durch die pauschale Zuordnung zu einer HBG kann und wird es passieren, dass der individuelle Bedarf nicht oder nur begrenzt berücksichtigt wird (Deutscher Verein f. öff. u. private Fürsorge, 2009, S. 5). Bei einheitlichen Entgeltsätzen stellt sich die Versorgung von Menschen mit hohem Hilfebedarf aus ökonomischen Gründen auch wenig attraktiv dar (Schellberg, 2014, S. 252). Die Finanzierung orientiert sich an den vorhandenen Strukturen, nicht an dem konkreten Bedarf des Menschen mit Behinderung.

2 Der Paradigmenwechsel zur Personenzentrierung

Der Grundstein für die Personenzentrierung wird schon Ende des 20. Jahrhunderts durch den Bericht über die *Lage der Psychiatrie in der Bundesrepublik Deutschland (Psychiatrie-Enquête) gelegt* (Enquete 1975, 1975). Hier wurden Fehlbelegungen kritisiert und die Forderung nach passgenaueren und bedarfsgerechteren Hilfen deutlich (Franz, 2013).

Mit der Verabschiedung der International Classification of Functioning, Disability and Health (ICF) durch die WHO im Jahr 2001 wurde der Wandel im Verständnis von Behinderung weltweit anerkannt. Behinderung ist im Sinne des Modells der ICF als das Ergebnis der negativen Wechselwirkung zwischen einer Person mit einem Gesundheitsproblem (ICD) und ihren Kontextfaktoren, Umweltfaktoren und personenbezogenen Faktoren, auf ihre funktionale Gesundheit gesehen (Schuntermann, 2009, S. 36). Behinderung entsteht im Hinblick auf einen Teilhabewunsch, der aufgrund der Kontextfaktoren nicht verwirklicht werden kann. Die Grundlage zu einer nicht-pauschalisierten, sondern sehr persönlichen Sichtweise von Behinderung ist gelegt.

Die UN-Behindertenrechtskonvention (2006) stellte dann eine völkerrechtliche Grundlage dar, auf die dann nationale Gesetzgebung aufbauen konnte. Sie schreibt in Artikel 3 unter anderem „die Achtung der dem Menschen innewohnenden Würde, seiner individuellen Autonomie, einschließlich der Freiheit, eigene Entscheidungen zu treffen, sowie seiner Unabhängigkeit;" sowie „die volle und wirksame Teilhabe an der Gesellschaft und Einbeziehung in die Gesellschaft" fest. Hieraus können dann verschiedene Elemente der Personenzentrierung abgeleitet werden, etwa die individuelle Gestaltung von Hilfen, die Berücksichtigung individueller Wunsch- und Wahlrechte sowie der Möglichkeit zu unabhängigen Entscheidung.

Die Arbeits- und Sozialministerkonferenz (ASMK) fordert daraufhin eine umfassende Reform der Eingliederungshilfe mit den Zielen

- Entwicklung zu einer personenzentrierten Teilhabeleistung, die die individuellen Bedarfe stärker berücksichtigt und das Selbstbestimmungsrecht der Menschen mit Behinderungen beachtet,
- Entwicklung eines durchlässigen und flexiblen Hilfesystems ... (ASMK, S. 5).

Im hieraus entstandenen Entwurf eines Bundesteilhabegesetz, der umfassenden Reform der Eingliederungshilfe, wird der Grundsatz der Personenzentrierung dann in das Gesetz aufgenommen (Bundesministerium für Arbeit und Soziales, 2016, S. 3). Durch verschiedene Elemente, der Trennung in Fachleistungen und Leistungen zum Lebensunterhalt und Wohnen, durch Wunsch- und Wahlrechte, durch die Aufhebung der Trennung von Wohnformen wird dies untermauert.

Nun ist es an dieser Stelle zu früh, die Auswirkungen des Gesetzes prognostizieren zu können. Hierzu ist es erst erforderlich, die gesetzliche Grundlage in ein konkretes Finanzierungs- und Leistungssystem umzusetzen. Dies wird erst nach Inkrafttreten des Bundesteilhabegesetzes und nach Inkrafttreten der jeweiligen Ländergesetze möglich sein.

3 Die Umsetzung in personenzentrierte Finanzierungs- und Leistungssysteme

Vor dem Hintergrund des geschilderten Paradigmenwandels entstanden in der Vergangenheit Modellprojekte zur Umsetzung der Personenzentrierung. Hierzu gehören insbesondere das Modellprojekt PerSeH in Hessen (Landeswohlfahrtsverband Hessen) und das Leistungsmodulprojekt in Mittelfranken (Bezirk Mittelfranken). Hier wurden personenzentrierte Leistungs- und Finanzierungssysteme mit Leistungsanbietern und Sozialleistungsträger umgesetzt.

Wesentliche Gestaltungselemente dieser Modellprojekte sind:

- Die Anwendung der ICF bei der Bedarfsplanung und hierbei insbesondere die hervorgehobene Rolle der individuellen Teilhabeziele sowie der Berücksichtigung individueller persönlicher Bedingungen und Umweltbedingungen.
- Die stärkere Einbeziehung des Menschen mit Behinderung in die Bedarfsplanung
- Die stärkere Wahrnehmung der Bedarfsplanung und Hilfebedarfseinstufung durch den Sozialleistungsträger und die Planung unabhängig vom Leistungserbringer

- Die Finanzierung der Leistungen über kleinere finanzielle Einheiten (Leistungsstufen oder Leistungsstunden) statt Tagessätzen
- Die Schaffung von kleinteiligeren Leistungseinheiten, wodurch auch größere Kombinationsmöglichkeiten von Leistungen und von Leistungsanbietern möglich werden. Es werden so individuelle Settings in stationären Einrichtungen ermöglicht.
- Die Finanzierung der Leistungen erfolgt entsprechend des individuellen Hilfebedarfs und nicht entsprechend der Struktur eines Anbieters oder in festen Gruppensettings.
- Die Wahlmöglichkeit zwischen Leistungsanbietern und Leistungskombinationen wird erhöht.
- Die Durchlässigkeit der Angebote, insbesondere zwischen stationären und ambulanten Wohnformen, wird erhöht, sowohl in der Leistungsplanung als auch in der Finanzierung.
- Es werden leistungserbringerunabhängige Beratungs- und Unterstützungsmöglichkeiten angestrebt.

Insgesamt folgt die Leistungsplanung und Finanzierung der in Abb. 2 aufgezeigter Logik.

Der Hilfebedarf des Leistungsempfängers wird anhand einer individuellen ICF-basierten Bedarfseinschätzung eingestuft. Mit dieser Einstufung ist ein (fiktives) individuelles Budget in Form von Leistungsstufen oder Leistungsstunden verbunden, das bei einem oder unterschiedlichen Anbietern verwendet werden kann.

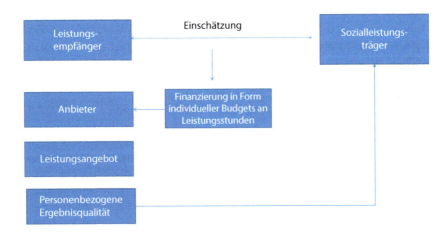

Abb. 2 Logik der individuellen Leistungsplanung und Finanzierung

Der Anbieter erbringt dann seine Leistungen – die Bedeutung der Strukturqualität (Stellenzahl, Fachkraftquoten etc.) rücken in den Hintergrund. Im Mittelpunkt steht die personenbezogene Ergebnisqualität, die vom Sozialleistungsträger überprüft wird.

Die Finanzierungssysteme sehen eine Differenzierung von Leistungen zum Lebensunterhalt und Wohnen sowie Organisation vor, die eher einheitlich, teilweise jedoch abhängig von dem jeweiligen Leistungsanbieter gewährt werden. Die individuelle Fachleistung wird individuell gewährt, in abhängig von der jeweiligen Einstufung.

4 Managementanforderungen für Sozialunternehmen

Wir gehen nun von einem Szenario aus, bei dem sich ein System, das sich an den Gestaltungsmerkmalen dieser Modellprojekte orientiert, flächendeckend für alle Behinderungs- und Angebotsformen etabliert hat. Hieraus sollen nun einige zentrale Anforderungen an das Management der Sozialunternehmen abgeleitet werden. Es geht hier nicht um die Beurteilung der Wirkungen auf die Leistungsempfänger und ihre Teilhabe- oder Lebensqualität, sondern um die Konsequenzen für die Arbeit der Sozialunternehmen in ihrer Rolle als Unternehmen und Dienstleister.

4.1 Integriertes Prozessmanagement

Die Vielfalt der individuellen Leistungsprozesse wird künftig zunehmen; es werden weniger Standardprozesse erfolgen können. Stattdessen werden kleinere Leistungspakete gebucht werden und in vielfältigen Kombinationen zusammengesetzt. Mit der individuellen Leistung wird die Finanzierung gekoppelt.

Es wird daher ein integriertes Prozessmanagement erforderlich werden, das seinen Ausgangspunkt bei der individuellen Leistungsplanung nimmt. Auf der aggregierten Ebene muss die Leistungsplanung mit einer Personalbedarfsplanung gekoppelt werden, um so die zentrale variable Kostenposition steuerbar zu machen. Ebenso müssen insbesondere die Raumkapazitäten (ggf. weitere Kapazitäten) vorgeplant werden. Gekoppelt mit einem Kapazitätsmanagement können so optimale Vorhaltegrade und die Deckung von Kapazitätsspitzen in Netzwerken vorgesehen werden.

Auf der finanzwirtschaftlichen Ebene wird die Leistungsplanung mit einem geeigneten Prognoseinstrument gekoppelt, um rechtzeitig die häufigeren Schwankungen erkennen zu können.

Das Prozessmanagement wird im Einzelfall die allgemeine Leistungsplanung in ein tägliches Leistungsprogramm übersetzen. Hieran wird die Personaleinsatzplanung gekoppelt. Mit dem Prozessmanagement kann das Schnittstellenproblem zwischen verschiedenen Leistungsanbietern und Leistungsformen gelöst werden: Wenn verschiedene Leistungsanbieter an einem Prozess mitwirken, können hier Übergabeprotokolle entstehen. Weiterhin können so Ansatzpunkte für die Steuerung des Einzelfalls durch das Hilfesystem entstehen, sei es in Form einer Steuerung durch den Leistungsanbieter oder aber durch die Unterstützung von Eigensteuerung durch Einträge in elektronische Kalender oder „Laufzettel". Durch geeignete technische Lösungen kann so auch das No-Show-Problem gelöst werden, in dem die Menschen mit Behinderung rechtzeitig anzeigen können, wenn sie bestimmte Leistungen an diesem Tag nicht in Anspruch nehmen werden.

Ebenso werden Verwaltungsprozesse eng gekoppelt werden müssen. Da die Leistungspakete weniger einheitlich und kleiner sein werden, werden mehr unterschiedliche Abrechnungen erfolgen müssen. Je nach Ausgestaltung des Systems werden möglicherweise die Leistungen auch dokumentiert werden müssen, oder aber zumindest die täglichen Anwesenheiten.

Das Prozessmanagement wird insofern eine integrierte Lösung sein müssen, da die Leistungsplanung direkt mit dem täglichen Leistungsprogramm, der Personalbedarfs- und Kapazitätsplanung, der Personaleinsatzplanung und einem Dokumentations- und Kommunikationssystem gekoppelt werden muss. Hierfür müssen Einrichtungen sich konsequent von organisatorischen Strukturen auf Geschäftsprozesse ausrichten und diese dann auch in geeigneten IT-Lösungen abbilden (siehe Abb. 3).

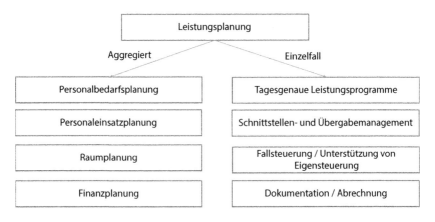

Abb. 3 Aufgaben einer integrierten Prozessplanung

4.2 Differenzierte Leistungsangebote, Immobilienmanagement und neue Akteure

Mit der stärkeren Personenzentrierung der Leistungsplanung werden nicht nur aus Unternehmenssicht, sondern auch aus Marktsicht kleinere Leistungspakete geschaffen. Dies führt zunächst einmal auf Seiten der Kunden – und zwar sowohl beim öffentlichen Sozialleistungsträger als auch beim Leistungsempfänger zu mehr Kombinationsmöglichkeiten und einer vielfältigeren Nachfrage. Bisher mussten in der Regel Systementscheidungen getroffen werden – für eine bestimmte Angebotsform und für eine konkrete Einrichtung. Künftig wird zwischen verschiedenen Leistungspaketen der Anbieter gewählt werden können. Aus Marketingsicht bedeutet dies, dass das Profil oder Alleinstellungsmerkmal in möglichst jedem einzelnen Leistungspaket zu finden sein muss und nicht mehr in einzelnen „Leuchttürmen" eines Anbieters. Auch hier wird es also notwendig, konsequent in Prozessen zu denken.

Durch die Auflösung der großen pauschalen Leistungssysteme werden künftig für einzelne Bausteine auch neue Leistungsanbieter auftreten können. Dies wird insbesondere die Bereiche Wohnen, Essensversorgung, Freizeitgestaltung, Transport sein. Die pädagogisch-fachliche Qualität wird möglicherweise nicht mehr ausreichend sein, um Qualitätsmängel in diesen Basisleistungen zu kompensieren.

Es werden künftig Auslastungsschwankungen für einzelne Leistungsbausteine, die eben abgewählt werden, entstehen können. Es wird insofern notwendig werden, sich mit dem Angebot und der Vermarktung einzelner Leistungsbausteine an bestehende oder neue Kunden auch aktiv zu beschäftigen. Speziell für den Leistungsbaustein „Wohnen" werden hier auch neue Immobilienkonzepte notwendig werden und Dienstleistungskonfigurationen mit Immobilienanbietern und technischen Dienstleistern entstehen. Es wird einen umfassenden Klärungsprozess mit den Ordnungsbehörden geben müssen.

Als neue Akteure werden die unabhängigen Teilhabeberatungen auftreten. Durch ihre Beratungsarbeit werden sie den Informationsstand und das Wahlverhalten der Kunden mit beeinflussen. Daher werden Leistungsanbieter Wege finden, diese Meinungsbildner und Entscheidungshelfer in ihre Kommunikationspolitik und Netzwerkarbeit einzubinden.

4.3 Erhebungsinstrumente, Vertragsmanagement und Umgang mit Risiken

Der Einschätzung des Leistungsbedarfs wird eine höhere Rolle zukommen, denn hiermit werden Leistungen und die Arbeitsteilung zwischen den beteiligten Anbietern nachhaltig gesteuert. Dem Erhebungsinstrument wird also eine zentrale

Bedeutung zukommen. Während bisher die Bedarfserhebung oftmals eher in einer qualitativen Beschreibung erfolgt, werden die Anforderungen an das System steigen. Es muss belastbare quantitative Daten liefern, die auch einer rechtlichen Überprüfung standhalten, da hieraus unmittelbar der Leistungsumfang bestimmt wird (und nicht mehr über den Umweg von in den Einrichtungen vorzuhaltendem Personal).

Während in einem pauschalen Leistungssystem im Rahmen des Leistungssystems eine laufende Umsteuerung von Leistungen möglich ist – sofern der Leistungsanbieter dies ermöglichen kann oder will – wird in einem personenzentrierten System die Leistung kleinteiliger festgelegt und womöglich auf mehrere Leistungsanbieter verteilt. Hierbei ist das individuelle Wunsch- und Wahlrecht zwar möglicherweise gestärkt, dann jedoch wird es keine laufenden Umsteuerungsmöglichkeiten geben. Schon allein aus Gründen der Arbeitsökonomie werden nicht ständig neue Einstufungen und Bescheide erfolgen können.

Die Bedarfseinschätzung muss daher stets auch den Umgang mit Schwankungen berücksichtigen. Dies kann durch höhere Wagniszuschläge erfolgen, durch flexible Korridore für den Leistungsumfang oder durch die Berücksichtigung von „Rückfallebenen" (z. B. Garantensystemen). Dies ist auch in den Leistungsvereinbarungen, aber auch den fallbezogenen Bescheiden oder Leistungsvereinbarungen aufzunehmen. Neben der Herausforderung, diesen Umgang mit Risiken in ein weitgehend kamerales Denken der öffentlichen Sozialleistungsträger einzuführen, besteht für das Controlling die Herausforderung, entsprechende Risiken quantifizierbar zu machen.

Die Bedarfseinschätzung im Rahmen der ICF bezieht auch persönliche Faktoren, sozialräumliche Ressourcen, Angehörige und Freiwilligenarbeit weitaus stärker als bisher mit ein. Diese sind jedoch durch die öffentlichen Träger, aber auch den Leistungsanbieter nur begrenzt steuerbar. Werden also sozialräumliche Ressourcen in den Leistungsbedarf verbaut (also etwa die Nachbarin, die einmal täglich beim Kochen unterstützt), stellt sich die Frage nach dem Umgang mit dem Ausfallrisiko.

Hier wird sich auch regelmäßig die Frage nach der Leistungsabgrenzung stellen: Sowohl vertraglich als auch in der praktischen Arbeit wird es notwendig werden, auch nicht vereinbarte und nicht geplante Leistungen durchzuführen. Wenn keine umfassende Garantenstellung vereinbart ist, müssen Leistungen zu bestimmten Zeitpunkten auch abgelehnt werden können.

Insgesamt wird also der Gestaltung eines funktionsfähigen Erhebungsinstruments und der geeigneten Vertragsgestaltung, die den Umgang mit Risiken einbezieht, sehr hohe Bedeutung zukommen.

4.4 Personalmanagement

Die Schlüsselstellung für das System der Personenzentrierung wird dem Personalmanagement zu kommen. Das Personal wird in fachlicher Hinsicht neue Kompetenzen brauchen, insbesondere die Kompetenzen in der Anwendung der der ICF und den daraus resultierenden Instrumentarien, Kompetenzen im Umgang mit sozialräumlichen Ressourcen, Angehörigenarbeit und Freiwilligenarbeit sowie im Umgang mit Zielformulierung und der Umsetzung von Leistungsplanungen.

Im Mittelpunkt wird jedoch die stärkere Orientierung an den individuellen Leistungsempfängern und ihren individuellen Teilhabezielen stehen. Es wird ein Kulturwandel einsetzen (müssen), um nicht Tagesabläufe oder Organisationsstrukturen, sondern die Leistungsempfänger und ihre individuellen Teilhabeziele konsequent in den Mittelpunkt zu stellen.

Die stärkere Individualisierung der Leistungen auf der einen Seite, andererseits aber die Notwendigkeit, attraktive Arbeitsplätze anzubieten mit ausreichender Beschäftigungssicherheit und -vergütung werden neue Personalkonzepte beflügeln, aber auch eine neue Schärfe in Entgeltverhandlungen und die politische Diskussion bringen.

5 Und dann…?

Die bislang starke Orientierung an Organisationsstrukturen und auch an pauschalen Settings war Resultat des Aufbaus von qualitativ hochwertigen und leistungsfähigen Versorgungsstrukturen. Die geringere Fokussierung auf individuelle Teilhabeziele und individuelle Leistungsangebote war eine hinnehmbare Nebenerscheinung.

Durch die Fokussierung auf die Personenzentrierung werden nun andere Schwerpunkte gesetzt und diesen Nebenwirkungen entgegengetreten. Sie erzeugt jedoch wieder eigene Nebenwirkungen, die wir zum Teil jetzt schon vermuten können – etwa nicht abgestimmte Steuerungssysteme, Wegfall von Angebotsstrukturen, teilweise aber noch gar nicht erahnen können. Finanzierungs- und Leistungssysteme sind zu keinem Zeitpunkt endgültig und perfekt, sondern werden sich weiter wandeln.

Dem Management der Sozialunternehmen wird hier eine zentrale Rolle zukommen: Sie sind eben nicht nur Anpasser und Ausführende, sondern eben auch Gestalter. Kein Leistungs- und Finanzierungssystem im Sozialbereich wird auf der grünen Wiese erfunden, sondern es berücksichtigt stets auch die bisherige Geschichte und setzt an vorhandenen Angebotsstrukturen an. So wird das Management durch die Schaffung von veränderungsfähigen Organisationen und durch eigene Innovationen den Wandel mitgestalten können.

Literatur

ASMK. (kein Datum). *Ergebnisprotokoll der 87. Arbeits- und Sozialministerkonferenz 2010 (24./25.11.2010)*. Von https://asmkintern.rlp.de/fileadmin/asmkintern/Beschluesse/Aeltere_Beschluesse/ergebnisprotokoll_87_asmk.pdf abgerufen.
BAGFW. 2012. *Einrichtungen und Dienste der Freien Wohlfahrtspflege - Gesamtstatistik 2012*. Berlin: Bundesarbeitsgemeinschaft der Freien Wohlfahrtspflege.
BAGÜS. 2016. *Kennzahlenvergleich Eingliederungshilfe der überörtlichen Träger der Sozialhilfe 2014*. Münster: BAGÜS.
Bezirk Mittelfranken. (kein Datum). *Entwicklungsprojekt Leistungsmodule*. Von http://www.bezirk-mittelfranken.de/fileadmin/user_upload/bezirk-mittelfranken/pdf/Soziales/Sonstige/Leistungsmodule_Zwischenbericht.pdf abgerufen.
Bundesministerium für Arbeit und Soziales. (2016). *Entwurf eines Gesetzes zur Stärkung der Teilhabe und Selbstbestimmung (Bundesteilhabegesetz)*. Von http://www.bmas.de/SharedDocs/Downloads/DE/PDF-Meldungen/2016/bundesteilhabegesetz-entwurf.pdf?__blob=publicationFile&v=1 abgerufen.
Deutscher Verein f. öff. u. private Fürsorge. 2009. *Empfehlungen des Deutschen Vereins zur Bedarfsermittlung und Hilfeplanung in der Eingliederungshilfe für Menschen mit Behinderungen*. Berlin.
Enquete 1975. 1975. *Enquete 1975 - Bericht über die Lage der Psychiatrie in der Bundesrepublik Deutschland*. Von http://www.dgppn.de/schwerpunkte/versorgung/enquete.html abgerufen.
Franz, Daniel 2013. *Anforderungen an MitarbeiterInnen in wohnbezogenen Diensten der Behindertenhilfe. Veränderungen des professionellen Handelns im Wandel von der institutionellen zur personalen Orientierung*. Marburg: Lebenshilfe-Verlag.
Landeswohlfahrtsverband Hessen. (kein Datum). *PerSEH - Personenzentrierte Steuerung der Eingliederungshilfe in Hessen*. Von http://www.lwv-hessen.de/webcom/show_article.php/_c-549/_nr-48/_lkm-1039/i.html abgerufen.
Puch, Hans-Joachim, und Schellberg Klaus. 2010. *Sozialwirtschaft Bayern. Umfang und wirtschaftliche Bedeutung*. Nürnberg.
Rohrmann, Albrecht. 2005. *Personenzentrierte Hilfen - Verpreislichung der Hilfen. Vortrag im Rahmen der 3. Europäischen Konferenz zur Qualitätsentwicklung in der Behindertenhilfe an der Universität Siegen am 15./16. März 2005*. Von https://www.uni-siegen.de/zpe/veranstaltungen/fruehere/europkonferenz3/alb-recht_rohrmann_personenzentrierte_finanzierung.pdf. Zugegriffen: 22. Febr 2016.
Schellberg, Klaus. 2014. *Finanzierung in der Sozialwirtschaft*. In *Lehrbuch der Sozialwirtschaft*, Hrsg. Ulli Arnold, Klaus Grunwald, und Bernd Maelicke, 224–274. Baden-Baden: Nomos.
Schuntermann, Michael F. 2009. *Einführung in die ICF*. Heidelberg: Ecomed Verlag.

Prof. Dr. rer.pol. Dipl.-Kfm. Klaus Schellberg Professor für Betriebswirtschaftslehre von Sozialunternehmen an der Evangelischen Hochschule Nürnberg, Gesellschafter der xit GmbH forschen.planen.beraten, Nürnberg. Arbeitsschwerpunkte: Finanzierung, Unternehmensführung und Marketing, Social Return on. E-Mail: klaus.schellberg@evhn.de

Marketing und Soziale Arbeit

Mehrwert für dezidive sowie assistive Kunden und die soziale Einrichtung am Beispiel der stationären Suchtkrankenhilfe

Axel Olaf Kern und Perpetua Schmid

1   Einleitung

Die Phase der frühen Auseinandersetzung von Personen mit einer Abhängigkeitserkrankung und möglichen Hilfeeinrichtungen wird unter dem Aspekt eines kundenorientieren Marketingansatzes betrachtet. Dabei wird untersucht, welche Informationen direkt und indirekt Betroffene einer Abhängigkeitserkrankung benötigen, um die für sie am besten geeignete (optimaler „match") Rehabilitationseinrichtung zur Entwöhnungsbehandlung wählen zu können.

Neben empirischen Untersuchungen zur Erhebung von Informationsbedarfen der jeweiligen Kundengruppen wird in einem weiteren Schritt aufgezeigt, über welche marketingspezifischen Kommunikationsinstrumente die von Abhängigkeitserkrankten und deren Angehörigen benötigten und gewünschten Informationen bereitgestellt werden können sowie auf welche wirtschaftlichen Herausforderungen dadurch Einrichtungen der stationären Suchtkrankenhilfe reagieren können. Dabei wird deutlich, dass kundenorientiertes Marketing einen Mehrwert für den Betroffenen und das Sozialunternehmen bietet.

A. O. Kern (✉) · P. Schmid
Hochschule Ravensburg-Weingarten, Weingarten, Deutschland
E-Mail: axel.kern@hs-weingarten.de

P. Schmid
E-Mail: perpetua.schmid@hs-weingarten.de

Die Herangehensweise basiert auf der Annahme, dass ein passgenaues Patienten-Einrichtungs-Matching den Therapieerfolg verbessert. Auf diese Annahme stützt sich auch die Projektgruppe des Lehrstuhls für Versorgungssystemforschung Rehabilitation an der Charité Berlin für die Entwicklung von Fallgruppen in der medizinischen Rehabilitation, sogenannte Rehabilitanden-Management-Kategorien (RMK) (Spyra et al. 2009, S. 438). Über die RMK-Gruppen soll die Bildung von homogenen Behandlungsgruppen möglich werden und in eine passgenaue Therapie münden. Nach Auffassung der Autoren beginnt das Matching nicht erst mit Bearbeitung des Antrags beim Kostenträger, sondern bereits bei der ersten Auseinandersetzung mit der eigenen Abhängigkeitserkrankung beziehungsweise der eines Angehörigen, Freundes, Mitarbeiters oder eines Kollegen. Die Suche nach ersten Informationen beginnt, um das eigene Verhalten bzw. das eines nahestehenden Menschen als Abhängigkeitserkrankung zu erkennen. Die Bereitstellung von hilfreichen Informationen und die dadurch verbundene Reduzierung von Informationsasymmetrien begünstigt bereits ein passendes Matching zwischen Abhängigkeitserkranktem und der geeigneten Suchthilfeeinrichtung.

Welche Informationen den Betroffenen, den Angehörigen und den Fachkräften in dieser Phase der Orientierung und Klinikvorauswahl relevant erscheinen, bedarf der Marktforschung.

2 Sucht und Abhängigkeit

„Sucht liegt dann vor, wenn vor dem Hintergrund eines Substanzkonsums eine prozesshafte Abfolge in sich gebundener Handlungen kritisch geprüfte, sorgfältig und folgerichtig gesteuerte Handlungsabläufe ersetzt" (Täschner 2010, S. 11). In den 1960er Jahren ersetzte die Weltgesundheitsorganisation (WHO) den Begriff „Sucht" durch die Bezeichnung *„Abhängigkeit", wobei bereits im Jahr 1957 die Weltgesundheitsorganisation Abhängigkeit definierte als „einen seelischen, eventuell auch körperlichen Zustand, der dadurch charakterisiert ist, dass ein Mensch trotz körperlicher, seelischer oder sozialer Nachteile ein unüberwindbares Verlangen nach einer bestimmten Substanz oder einem bestimmten Verhalten empfindet, das er nicht mehr steuern kann und von dem er beherrscht wird"* (Täschner 2010, S. 13).

Die Internationale Klassifikation der Krankheiten und verwandter Gesundheitsprobleme (ICD) führt in der derzeitigen Version (ICD-10) Abhängigkeitserkrankungen „im Bereich der F-Kategorien, die die Psychiatrie betreffen." Das Robert Koch-Institut beziffert die Zahl der erwachsenen, alkoholabhängigen Einwohner in Deutschland mit 1,6 Millionen Personen. Dies bedeutet, dass 2,4 Prozent der

Bevölkerung von Alkoholabhängigkeit betroffen sind (Robert-Koch-Institut 2011, S. 142).

Seit Beginn des 21. Jahrhunderts wurden in der Suchtkrankenhilfe verstärkt die ambulanten Angebote und Dienste, insbesondere ambulante medizinische Rehabilitationsmaßnahmen ausgebaut. Dieser erkennbar „dominante Trend zur Ambulantisierung" (Sell 2008, S. 6), die seit den 1990er Jahren gedeckelten Rehabilitationsbudgets sowie die Verkürzung der Bewilligungszeiträume führen zu einem unternehmerischen Handlungsbedarf in stationären Rehabilitationseinrichtungen.

Eine weitere Herausforderung bringt die Verkürzung der Therapiedauer mit sich, die sich bei bewilligten Therapien zur stationären Rehabilitation auf nur noch die Hälfte bis ein Drittel der Therapiedauer im Vergleich zu den bewilligten Therapiedauern vor zehn bis fünfzehn Jahren betragen (mdl. Mitteilung Kromer 2013). Somit können heute innerhalb eines Jahres bis zu doppelt so viele Patienten aufgenommen werden. Dies führt zu einem Anstieg der Verwaltungskosten, da jeder Patientenwechsel mit zusätzlichem organisatorischem Aufwand verbunden ist. Bedeutender jedoch ist, dass aufgrund der höheren Fallzahl das Ausfallrisiko zunimmt, dass Rehabilitanden zum bewilligten Aufnahmetag die Therapie nicht antreten. Leerstehende Betten und Umsatzeinbußen sind die Folge, wenn der Reha-Platz über ein Nachrückverfahren nicht zeitgleich neu belegt und mit dem Kostenträger abgerechnet werden kann.

Der Kunde in der Suchtkrankenhilfe

Die wichtigste Aufgabe des deutschen Sozialsystems besteht darin, wie in §1 Allgemeiner Teil des Sozialgesetzbuches I definiert, dazu beizutragen, jedem Bürger ein menschenwürdiges Dasein zu sichern und „besondere Belastungen des Lebens abzuwenden oder auszugleichen". Dass bei der Ausgestaltung der Rechte und Pflichten „den Wünschen des Berechtigten oder Verpflichteten entsprochen werden" soll, „soweit sie angemessen sind", hat der Gesetzgeber in § 33 SGB I verankert. Für den Bereich der medizinischen Rehabilitation wird in § 9 SGB IX das „Wunsch- und Wahlrecht des Leistungsberechtigten" spezifiziert. Durch diesen Rechtsanspruch wird der Abhängigkeitserkrankte zum Leistungsbezieher und somit zugleich zum Kunden, der auf die Wahl der geeigneten Einrichtungen Einfluss nehmen kann.

Mit der Änderung des Begriffs von Klient zu Kunde geht die Professionalisierung der Einrichtungen des sozialen Dienstleistungssektors einher, die sich zunehmend von der Haltung des souveränen Helfers zur Kundenorientierung wandelt (Rabeneck, o.J.).

Doch, auch wenn der Abhängigkeitserkrankte der Leistungsempfänger ist, ist er nicht als alleiniger, selbständig entscheidender (deziviver) Kunde zu betrachten,

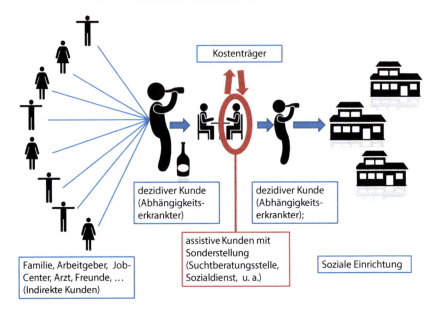

Abb. 1 Beziehungsgeflecht dezidiver und assistiver Kunden bei der Auswahl einer Suchtklinik (Quelle: Eigene Darstellung)

da zumeist weitere Personen die Entscheidung des Abhängigkeitserkrankten beeinflussen, eine medizinische Rehabilitation zu beantragen und anzutreten. Als assistive Kunden werden Personen und Institutionen definiert, die durch ihre persönliche Beziehung zu den dezidiven Kunden, beziehungsweise durch ihren professionellen Auftrag, Einfluss auf die Motivation zu einer Suchtbehandlung und die Wahl einer Suchthilfeeinrichtung haben. So können assistive Kunden nach dem Grad ihres persönlichen und professionellen Verhältnisses zum dezidiven Kunden unterschieden werden in persönlich assistive und professionell assistive Kunden. Final sind die Abhängigkeitserkrankten die dezidiven Kunden, da sie formalrechtlich alleine entscheiden, ob, in welchem Maße und in welcher Einrichtung der Suchtkrankenhilfe sie ihre Unterstützungsleistung wahrnehmen.

Abbildung 1 veranschaulicht, dass assistive Kunden durch ihr Verhalten Einfluss auf die Handlungen und Entscheidungen eines Abhängigkeitserkrankten nehmen. Der Suchtberater nimmt eine Sonderstellung im Kundenkontext ein. Dieser berät den Abhängigkeitserkrankten sehr wesentlich über die Therapiemöglichkeiten und über die Angebote der stationären medizinischen Rehabilitationseinrichtungen. Durch die beratende und oftmals (therapie-)begleitende Funktion des Suchtberaters kommt diesem unter allen assistiven Kunden eine Sonderstellung zu.

Werden die Zahl der Alkoholerkrankten und die dadurch verursachten wirtschaftlichen und sozialen Folgen betrachtet, müssten Marketingkonzepte von Suchthilfeeinrichtungen darauf ausgerichtet sein, auch die assistiven Kunden besser zu erreichen, um frühzeitig unterstützend Einfluss nehmen zu können (Feuerlein 2005, S. 48).

3 Marketing

Entgegen des üblichen, fälschlichen Verständnisses von Marketing als „Kunden-Überreden-Strategie" soll hier Marketing im Sinne von „Kunden-Überzeugen-Strategie" formuliert sein, was insbesondere bedeutet, den Kundennutzen, und hier sowohl des dezidiven als auch assistiven Kunden, zum Gegenstand unternehmerischen Handelns zu haben. Dass dies ein hohes Ziel ist wird daran deutlich, dass MEFFERT und BRUHN formulieren, *„die aktuelle Situation der Dienstleistungsmärkte [stellt] hohe Anforderungen an das Management von Dienstunternehmen"* (Meffert und Bruhn 2009, S. 3). Dabei formulieren sie, dass das marketingorientierte Unternehmen das Ziel hat, eine *„eng am Markt orientierte Analyse, Planung, Durchführung und Kontrolle sämtlicher Marktaktivitäten vorzunehmen"* (Meffert und Bruhn 2009, S. 3). Die strenge Kundenorientierung erfordert und beinhaltet *„den offenen Kontakt zum Kunden, die gezielte Erforschung von Kundenwünschen und die sich daraus ergebenden Anpassungen im Dienstleistungserstellungsprozess"* (Meffert und Bruhn 2009, S. 3).

3.1 Marketingverständnis

Esch, Herrmann und Sattler (2011, S. 4) verdeutlichen, dass *„der Kunde im Mittelpunkt des Marketings steht"*. Kundenorientierung ist somit definiert durch die genaue

- Kenntnis der Wahrnehmungen,
- Erfahrungen,
- Einstellungen sowie
- Erwartungen des Kunden und
- die Bereitstellung eines aus Kundensicht zufriedenstellenden Leistungsangebotes (Meffert und Bruhn 2009).

Dieses moderne Marketingverständnis deckt sich mit der Definition der American Marketing Association (AMA) aus dem Jahr 2004: *„Marketing is an organizational* *function and a set of processes for creating, communication and delivering value to customers and for managing customer relationships in ways that benefit the organization and its stakeholders."* (Meffert et al. 2012, S. 13). Marketing reicht vom Führungskonzept bis zur Grundlage für Strategien zur Informations- und Aktionsorientierung. Es stellt den Kundennutzen heraus und schließt ebenso das Beziehungsmanagement und die Werteorientierung ein (Vgl. Meffert et al. 2012, S. 13–18). Damit richtet sich Marketing auf nahezu alle Bereiche eines Unternehmens von der Produktentwicklung nach Kundenbedürfnissen, über die Führungsstrategie und die Personalführung bis hin zur Vertriebs- und Kommunikationspolitik. Erst dann kann der Kundennutzen generiert und ein Produkt oder eine Dienstleistung abgesetzt werden, da sich der Kunde nur bei einem erwartet hohen Grad an Bedürfnisbefriedigung für den Kauf entscheidet. Bei Dienstleistungen ist damit unmittelbar der Erfolg im Sinne der Qualitätssicherung berührt, da nur ein zufriedener Kunde den größtmöglichen Nutzen für sich zieht und damit die Qualität der Leistung bezeugt und den Erfolg des Unternehmens garantiert.

3.2 Marketingtheorie

Damit Marketing erfolgreich sein kann, ist eine detaillierte Erforschung der Wünsche und Bedürfnisse der Kunden unerlässlich.

Ziel des verhaltenswissenschaftlichen Ansatzes im Marketing ist es deshalb, Erkenntnisse über das Verhalten von Nachfragern und Organisationen zu erfassen und Marketingaktivitäten darauf auszurichten (Meffert, Burmann, Kirchgeorg 2012, S. 36). Der Abhängigkeitserkrankte als dezidiver Kunde trifft die individuelle Kaufentscheidung, wobei er zwar formalrechtlich nicht kauft, da er nicht selbst finanziert bzw. der Kostenträger ist, er jedoch die inhaltliche Entscheidung der Auswahl der Suchthilfeeinrichtung trifft und somit zum dezidiven Kunden wird.

Vertreter des informationsökonomischen Marketingansatzes fordern ferner eine umfassende und systematische Analyse der marktspezifischen Informations- und Unsicherheitsstrukturen (Meffert et al. 2012, S. 36). Vorhandene Informationsasymmetrien, die zwischen Anbietern und Nachfragern unterstellt werden und Verhaltensunsicherheiten hervorrufen, sollen verkleinert oder gar aufgehoben werden (Meffert und Bruhn 2009, S. 55).

Bevor sich ein Kunde für ein Produkt oder eine Dienstleistung entscheidet, wird er sich über dessen Eigenschaften informieren und nach seinen Kriterien prüfen, ob die jeweilige Leistung seine Bedürfnisse befriedigen hilft. Mitunter kommt der Wahl einer Suchthilfeeinrichtung der Charakter eines Vertrauensguts zu, da im Dienstleistungssektor und so auch bei Rehabilitationseinrichtungen nie alle Faktoren, die zu einem Therapieerfolg beitragen, bestimm- und beurteilbar sind, oder durch Erfahrung und intensive (Informations-)Suche soweit abgeklärt werden können, dass auf Vertrauen verzichtet werden könnte.

Im Sinne von Markenbildung, ist es zusätzlich zu dem streng kundenbezogenen Marketing für das Unternehmen bzw. die Einrichtung erforderlich, einen Charakter bzw. ein Image aufzubauen, um sich im Sinne der Kundenwahrnehmung von anderen Anbietern differenzieren und eine eigene Identität entfalten zu können. Unternehmen müssen „*echte Differenzierung*" erreichen und dürfen nicht versuchen, lediglich den Anschein von Authentizität zu erwecken. Kotler, Kartajaya und Setiawan (Kotler et al. 2012, S. 52) betonen, dass in der „*horizontalen Welt*" für ein Unternehmen bei einem Verlust der Glaubwürdigkeit der Verlust eines ganzen Netzes potentieller Käufer zu befürchten sei.

Da die Kundenbeziehungen bedeutend für den Unternehmenserfolg sind, stellen sie den Kern eines erfolgreichen Marketings dar.

3.3 Marketingmanagement

Abgeleitet aus den Marketingtheorien ergeben sich vier Kernaufgaben des modernen Marketingmanagements. Diese berücksichtigen die Kunden- und die Leistungsperspektive. Dabei ist es aus der jeweiligen Perspektive heraus wichtig, die bestehenden Produkte und Kundenbeziehungen zu pflegen (1), zu optimieren (2) und zeitgleich neue Produkte (Leistungen) zu entwickeln (3) sowie weitere Kunden (4) zu gewinnen.

Mithilfe der Situationsanalyse werden die wesentlichen Umfeld- und Marktbedingungen, die Verhaltensweisen der Marktteilnehmer und die relevanten Stakeholder erfasst. Sie dient dazu, fundierte Informationen für die strategischen und operativen Marketingentscheidungen eines Unternehmens zu liefern.

Die festgelegten Ziele bestimmen die Auswahl der jeweils passenden Marketingstrategie. Es wird festgelegt, durch welches unternehmerische Verhalten auf dem Markt agiert werden soll, welche Märkte und Marktsegmente für die Erreichung der Ziele die passenden sind und welche Akzente bei der Programmgestaltung durch den Einsatz der Marketinginstrumente gesetzt werden sollen (Meffert et al. 2012, S. 21).

4 Kommunikationspolitik

Für ein umfassendes Marketingmanagement in Unternehmen sind alle Marketing-Mix-Faktoren zu beachten. Da stationäre Einrichtungen der Suchtkrankenhilfe zur medizinischen Rehabilitation unter den Bedingungen des Dienstleistungsdreiecks agieren, ergeben sich jedoch Besonderheiten, welche die Bedeutung einiger

Marketingmix-Faktoren einschränken. So ist die Preisgestaltung aufgrund der Pflegesatzvereinbarungen mit den Kostenträgern (DRV, GKV) erheblich eingeschränkt. Ebenso können Produkte von Fachkliniken der Suchtkrankenhilfe im Verhältnis zu Unternehmen, die Produkte entwickeln, nur bedingt gestaltet werden. Um ein wirkungsvolles Marketingmanagement-Konzept für medizinische Rehabilitationseinrichtungen zu entwickeln, ist es notwendig, die Besonderheiten herauszuarbeiten und auf dieser Basis für die einzelnen Kliniken spezifische Produkteigenschaften, Distributionswege, Personalqualifikationen und Teamzusammensetzungen sowie Standortbesonderheiten zu definieren.

BRUHN definiert die *„Kommunikation eines Unternehmens (.) [als] die Gesamtheit sämtlicher Kommunikationsinstrumente und -maßnahmen eines Unternehmens, die eingesetzt werden, um das Unternehmen und seine Leistungen in relevanten internen und externen Zielgruppen der Kommunikation darzustellen und/oder mit den Zielgruppen eines Unternehmens in Interaktion zu treten"* (Bruhn 2010, S. 5).

Die Kommunikationspolitik eines Unternehmens betrifft sowohl die interne Kommunikation zwischen Unternehmen und Mitarbeitern als auch die interaktive Kommunikation zwischen Mitarbeitern und Kunden sowie die externe Kommunikation zwischen Unternehmen und Kunden (Bruhn 2010). Ein Teilbereich ist die Marketingkommunikation, wozu die Verkaufsförderung, das Sponsoring und das Direct Marketing zählen. Welche Kommunikationsinstrumente eingesetzt werden, richtet sich nach den relevanten Zielgruppen des Unternehmens. Zu den kommunikationspolitischen Marketinginstrumenten gehören:

- Media Werbung
- Verkaufsförderung
- Direct Marketing
- Public Relations
- Sponsoring
- persönliche Kommunikation
- Messen, Ausstellungen
- Event Marketing
- Social Media Kommunikation
- Mitarbeiterkommunikation. (Bruhn 2010, S. 12).

Zielgruppenanalyse
Für die Planung zielgruppenspezifischer Kommunikationsinstrumente bedarf es einer Analyse der Zielgruppen. Dabei ist es wichtig, die identifizierten Zielgruppen zu charakterisieren, um festzustellen, wie sie angesprochen und mit welchen Medien sie erreicht werden können.

Für die Entwicklung wirkungsvoller und passgenauer kommunikationspolitischer Instrumente müssen die Bedarfe und Bedürfnisse der Kunden genau erfasst werden. Somit nimmt die Marktforschung einen besonderen Stellenwert innerhalb des Marketings ein.

5 Kundenbefragung

„Wenn Du nicht an den Kunden denkst,
denkst Du gar nicht."
(Theodor Levitt)

„Marktforschung ist die systematische Sammlung, Aufbereitung, Analyse und Interpretation von Daten über Märkte und Marktbeeinflussungsmöglichkeiten zum Zweck der Informationsgewinnung für Marketingentscheidungen." (Böhler 2004, S. 19). Sie dient der empirischen Fundierung als Voraussetzung dafür, dass Unternehmen ihre Marketingaktivitäten an den Gegebenheiten und Bedürfnissen der Kunden und des Markts orientieren können. Marktforschung umfasst alle relevanten Umweltfaktoren eines Unternehmens (Koch 2009, S. 3) und bildet für das Management die Informationsgrundlage für die Ziel- und Maßnahmenplanung, Maßnahmenumsetzung und Maßnahmenkontrolle (Esch et al. 2011, S. 89).

Für die Beantwortung dieser Fragestellung wurden Experten in Form von qualitativen Interviews sowie Suchtberatungsstellen in Deutschland mithilfe eines Onlinefragebogens befragt. Als Experten der Suchtkrankenhilfe wurden Fachkräfte der Suchtkrankenhilfe identifiziert sowie direkt oder indirekt von Abhängigkeit Betroffene. Die Auswahl verfolgte das Ziel, möglichst viele Sichtweisen, Einblicke und persönliche Erfahrungen von Personen zu gewinnen, die unterschiedliche Bezüge zur Suchtkrankenhilfe haben und als dezidive beziehungsweise assistive Kunden zu verstehen sind. So wurden die qualitativen Interviews geführt mit:

- einer Sprecherin eines Elternkreises „Drogengefährdeter und drogenabhängiger Jugendlicher",
- Patientinnen und Patienten von drei verschiedenen Suchtkliniken,
- einem Suchtberater einer Suchtberatungsstelle,
- der Leiterin einer Einrichtung zur Drogensoforthilfe und
- der Aufnahmeleiterin einer namhaften Suchtklinik.

Für alle Gespräche wurde ein explorativer Interviewleitfaden entwickelt.
Dieser umfasste Fragen zu den Zugängen zum Suchthilfesystem, zu genutzten und hilfreichen Informationsquellen sowie zu persönlichen Erfahrungswerten mit

medizinischen stationären Rehabilitationseinrichtungen. Jeder Interviewpartner wurde abschließend zu seinen Wünschen und Reformideen des Suchthilfesystems befragt.

Für eine standardisierte Online-Befragung wurde die Gruppe der Suchtberater in Deutschland gewählt. Der Fragebogen erreichte insgesamt 1060 Suchtberatungsstellen in Deutschland im Jahr 2013, wobei eine Antwortquote von 42 % verzeichnet wurde.

5.1 Experteninterviews

Die qualitativen Interviews haben zusammenfassend ergeben, dass sich alle Beteiligten (Patienten der Suchtkrankenhilfe m/w, Elternkreis, Suchtberatung versch. Einrichtungsformen) grundsätzlich mehr Informationen wünschen. Eltern vermissen einen größeren Bekanntheitsgrad des Suchthilfesystems, so dass bei Anzeichen einer Suchterkrankung frühzeitig Wege ins Hilfesystem gefunden werden können.

Die Suchtberater wünschen von den Kliniken aktuelle Angaben zu deren therapeutischen Konzepten und Wartezeiten. Besonders hilfreich werden Informationen zu Besonderheiten der Rehabilitationseinrichtung, wie fremdsprachige Therapieangebote, neue Therapiekonzepte, aktuelle Patientenzusammensetzung (Alter) und auch, welche Ausschlusskriterien eine Klinik verfolgt gesehen. Für ihre Klientenberatung sind ihnen Angaben zu Folgendem hilfreich: ob es möglich ist, ein Einzelzimmer zu bekommen, welche Hausregeln gelten und welche Freizeitbeschäftigungen bestehen.

Abhängigkeitserkrankte saugen, deren Aussagen zufolge, alle Informationen zur Suchttherapie geradezu auf. Die lange Wartezeit und die Ungewissheit, was sie erwartet, führen zu einem immensen Informationsbedarf. Hierbei ist zu beachten, dass abhängigkeitserkrankte Personen häufig einen sehr sensiblen und feinsinnigen Charakter haben, der von Unsicherheit und Ängsten geprägt ist (Täschner 2010, S. 13). Deutlich wurde, dass eine Langzeittherapie viel Mut erfordert und viele Ängste weckt, die selbst gesteckten Ziele (wieder) nicht zu erreichen. Patienten verbinden mit einem Therapieaufenthalt einen Neuanfang für ihr Leben. So ist nachvollziehbar, dass sich Abhängigkeitserkrankte mit diesem Schritt entsprechend intensiv befassen zu wollen. Dabei sind jegliche Informationen von der Zimmereinteilung, über den Tages- und Wochenplan bis hin zur Freizeitgestaltung hilfreich. Gemäß jüngeren Erkenntnissen auch in der Marketingforschung ist die Bewertung eines Produkts bzw. einer Dienstleistung durch andere Kunden auch im Bereich der stationären Rehabilitation für potentielle Patienten bedeutend. So sollten von den Kliniken für Therapieinteressierte Möglichkeiten geschaffen werden, Fragen an aktuelle und ehemalige Patienten stellen zu können und beantwortet zu bekommen. So ist es für die Therapieinteressierten wertvoll zu erfahren, wie die aktuellen und ehemaligen Patienten die Zeit vor und während des Klinikaufenthalts erlebt haben, wie die Stimmung in den Häusern ist, wie auf Suchtdruck während der Wartezeit auf einen Therapieplatz reagiert werden kann und anderes mehr.

Ein intensives Auswahlverfahren, wie es in einer der ältesten Suchtkliniken Deutschlands erfolgt, führt dazu, dass diejenigen, die sich für diese Klinik entscheiden, entsprechend motiviert sind, dass die Erfolgsquote hoch und die Abbrecherquote gering ist. Die persönliche Bindung bereits vor Therapiebeginn und das gemeinsame „Ja" zu einer Therapie führt zu einer verschwindend geringen Quote sogenannter „Nicht-Therapie-Antreter".

Für die Entwicklung kommunikationspolitischer Instrumente kann zusammenfassend aus den qualitativen Interviews festgehalten werden, dass:

1. vermehrte Öffentlichkeitsarbeit gewünscht wird,
2. das therapeutische Konzept der Kliniken transparent dargestellt werden sollte,
3. Hausordnungen aktuell und übersichtlich gestaltet werden und öffentlich abrufbar gemacht werden sollten,
4. beispielhafte Tages- und Wochenpläne für die Interessenten hilfreich sind und
5. im Klinikbereich Bewertungsportale zunehmend an Bedeutung gewinnen.

5.2 Online-Befragung der Suchtberater

Für die Online-Befragung wurde die Gruppe der Suchtberater in Deutschland gewählt. Als die Gruppe derjenigen, die mit Abstand die meisten Vermittlungen in die stationäre medizinische Rehabilitation aufweisen, haben sie eine besondere Bedeutung in der Gruppe der assistiven Kunden. Zudem können sie über die Gespräche und Erfahrungen auf die Bedarfe und Bedürfnisse ihrer Klienten in Bezug auf die Wahl einer Klinik und die für die Entscheidung richtigen Informationen sehr genau eingehen.

Im Ergebnis wurde deutlich, dass nicht alle Suchtberater auf ausschließlich positive Erfahrungen mit Einrichtungen der stationären, medizinischen Suchthilfe blicken. Sie berichten von Beobachtungen „*wechselnder Qualität*". Da ein starker Zusammenhang zwischen persönlichem Kontakt des Suchtberaters zu Kliniken und Vermittlungsempfehlungen in diese Kliniken gesehen wird, ist es aus Sicht der Klinken unerlässlich, diese Kontakte zu pflegen und positiv zu akzentuieren. Im Sinne einer Service- und Kundenbindungsstrategie muss vonseiten der Kliniken sichergestellt werden, dass die Suchtberater diese Informationsplattform weiterhin nutzen, indem sie regelmäßig Fachtage zu aktuellen und informativen Themen organisieren. Zudem ist stets darauf zu achten, dass eine telefonische Erreichbarkeit gewährleistet ist, damit Suchtberater die notwendigen Informationen erhalten und auch deshalb eine Klinik als zuverlässig und kompetent erleben.

Die Frage nach den Informationsquellen der Suchtberater ergab, dass sich 36 Prozent an Fachtagen, zu denen Kliniken einladen, informieren. Darüber hinaus geben sie an, bei Klinikbesuchen oder telefonischen Kontakten Informationen zu generieren. Einen hohen Stellenwert als Informationsquelle hat das Internet, wobei die Informationen der Kliniken oft nicht übersichtlich dargestellt sind und häufig nicht aktuell sind. Bei der Frage, welche Informationen häufig fehlen, wurden Angaben über aktuelle Wartezeiten, Zimmertypen, Hausordnungen, Besuchsregelungen und das genaue Therapiekonzept genannt. Die Darstellung der therapeutischen Ausrichtung erscheint oftmals als *„wir-können-alles-Botschaft"*. Informationen über echte Spezialisierungen bleiben die Kliniken überwiegend schuldig.

Die Suchtberater gaben an, dass sich die Wünsche und Fragen der Abhängigkeitserkrankten vorwiegend um die Möglichkeit der Berücksichtigung von Wohnortnähe, dem Wunsch nach einem Einzelzimmer ranken und regelmäßig speziell nach geschlechtsspezifischen Einrichtungen gesucht wird. Darüber hinaus ist es für viele dezidive Kunden wichtig, Informationen zu einem beispielhaften Tages- und Wochenplan zu erhalten und über die Regeln des Hauses sowie Sport- und Freizeitmöglichkeiten informiert zu sein.

Als Informationsquelle für Abhängigkeitserkrankte dient aus Sicht der Suchtberater an erster Stelle deren Beratung, gefolgt von den eigenen Erfahrungen der Klienten durch vorherige Klinikaufenthalte und die Eigenrecherche im Internet und durch Flyer.

42 Prozent der Beratungsstellen bieten onlinebasierte Suchtberatung an. Insgesamt wurde deutlich, dass die Suchtberater vor allem von den Suchtkliniken bereitgestellte, aktuelle Informationen zu den verschiedenen Themen vermissen.

Dezidive und assistive Kunden wünschen sich von den Suchtberatern hilfreichere Informationen zur Auswahl geeigneter Einrichtungen der stationären medizinischen Rehabilitation.

Folgende Informationswünsche bestehen ...
... zum Aufnahmeverfahren:

- Welche Substanzabhängigkeiten werden behandelt?
- Welche Zielgruppe nach Alter, Geschlecht, Nationalität werden aufgenommen?
- Welche multifaktoriellen Begleiterkrankungen beziehungsweise Suchtauslöser werden therapeutisch behandelt?

... zu den Aufenthaltsbedingungen:

- Welche Regelungen sieht die Hausordnung vor?
- Wie ist ein Tages- und Wochenplan gestaltet?
- Gibt es Angebote für Angehörige?

... über die Entwöhnungsphase hinaus:

- Welche Adaptionsbegleitungen werden angeboten?

Bei der Entwicklung von kommunikationspolitischen Instrumenten müssen diese drei Phasen von den Rehabilitationsträgern ebenso beachtet werden wie die Adressierung der verschiedenen assistiven Kundengruppen. So ist zu klären, welche Kundengruppe welche Informationen benötigt. Dies kann eine Suchtklinik beispielsweise über eine gezielte Navigation auf der Homepage erreichen, welche die Informationen je nach Kundenportfolio aufbereitet vorhält.

6 Kommunikationspolitische Instrumente für die Suchtkrankenhilfe

Aus der Befragung lässt sich ableiten, dass Abhängigkeitserkrankte mit Unterstützung ihres sozialen Umfelds den Entschluss fassen, die Abhängigkeitserkrankung zu beenden. Das Marketingmanagement stationärer Rehabilitationseinrichtungen hat deshalb dezidive und assistive Kunden gleichermaßen zu beachten. In Abb. 2 wird deutlich, welche Kundengruppen von den Suchtkliniken bei der Entwicklung einer Marketingstrategie zu beachten sind.

In den Interviews mit den dezidiven Kunden zeigte sich, dass sich diejenigen, welche nicht in ihrer bevorzugten Klinik entsprechend ihres Wunsch- und Wahlrechts untergebracht waren, da die Zusage der Kostenübernahme nur für eine andere Einrichtung galt, nur unzureichend auf die Angebote der zugewiesenen Klinik einlassen. Anders die Patienten, die sich in ihrer bevorzugten Klinik befinden, die entsprechende Klinik deutlich positiver betrachten. Dies kann bedeuten, dass der Therapieerfolg geringer ausfällt oder sogar ausbleibt. Damit ist die Ergebnisqualität der Klinik insgesamt gefährdet. Somit erscheint es gerade aus diesem Grunde auch für die Klinik den optimalen „match" zwischen dezidivem Kunden und der eigenen Einrichtung durch sinnvolles Marketing sicher zu stellen.

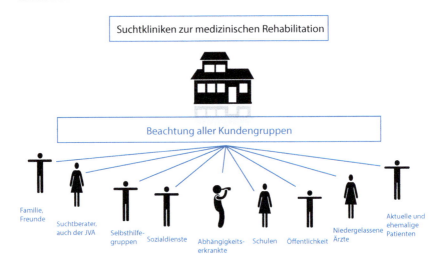

Abb. 2 Adressaten von Kundengruppen der Fachkliniken (Eigene Darstellung)

6.1 Erreichen der emotionalen Ebene dezidiver Kunden

Um im Sinne des Therapieerfolgs den optimalen „match" von dezidivem Kunden und Suchtklinik zu erreichen, ist die Erkennung und Wiedererkennung des Charakters bzw. Images für eine Suchtklinik zu erreichen, was sich dadurch erreichen lässt, sich als Marke zu positionieren und Emotionen zu vermitteln (Esch et al. 2011, S. 268). Der Konsument kauft ein Produkt, um ein positives Gefühl zu erleben. LEVITT formuliert dies pointiert: *„In the factory we make cosmetics. In the store we sell hope."* (Levitt 1986, S. 127). Dabei ist sicher zu stellen, dass es sich um ein gelebtes Selbstverständnis der Einrichtung handelt, da eine Inkonsistenz zwischen veröffentlichtem und gelebtem Leitbild den dezidiven Kunden nicht verborgen bleibt und dann zum Nachteil für die Einrichtung öffentlich wird.

Das „Consumer Insight", die emotionale Ebene des dezidiven Kunden, kann in Bezug auf stationäre Rehabilitationseinrichtungen aus den qualitativen Interviews mit den Patienten der Suchtkliniken darin gesehen werden, dass die Patienten an die stationäre medizinische Rehabilitation die Hoffnung knüpfen, Unterstützung zu erhalten, ihr Leben zukünftig wieder selbstbestimmt führen zu können. Daraus ergäbe sich ein Werbeslogan wie „Mit uns in Ihre selbstbestimmte Zukunft!" oder „Deine Chance auf Selbstbestimmung!"

Das erste Beispiel könnte mit folgenden „Reason Whys" belegt werden.

- „Weil Ihr Leben Grundlage unserer therapeutischer Arbeit ist." Dies bringt zum Ausdruck, dass der Patient und sein Leben im Mittelpunkt der Therapie stehen.
- „Sie bereits während der Therapiephase selbst bestimmen, welche Ziele Sie sich setzen." Dadurch wird die Selbstbestimmung als Therapieziel unterstrichen.
- „Und wir gemeinsam durch arbeitstherapeutische Angebote berufliche Perspektiven mit Ihnen eröffnen." Über den Aspekt der beruflichen Perspektive wird der Weg in die Zukunft betont.

Alle weiteren kommunikationspolitischen Maßnahmen müssen in die übergeordnete Werbebotschaft eingefügt sein.

6.2 Kommunikationspolitische Instrumente

Die Marketingziele, die sich aus den empirischen Untersuchungen ableiten lassen, reichen von Maßnahmen zur Erhöhung des Bekanntheitsgrads über die Verbesserung der Kundennähe und Kundenbindung bis hin zur Steigerung der Imagebildung im Sinne von Erkennbarkeit der spezifischen Vorzüge und Besonderheiten einer Einrichtung.

Von den gängigen kommunikationspolitischen Instrumenten sind die der „Öffentlichkeitsarbeit", des „Direct Marketings" und des „Event Marketings" diejenigen, welche für die Suchtkliniken und die Übermittlung der gewünschten und notwendigen Informationen an die jeweiligen Kundengruppen am geeignetsten sind. Abbildung 3 gibt einen Überblick, welche Ziele durch das jeweilige kommunikationspolitische Instrument erreicht werden sollen.

Öffentlichkeitsarbeit:	Direct Marketing:	Event Marketing
Über Bereitstellung von Informationen die Bekanntheit der Klinik erhöhen und dadurch Erstkontakte und Einstiege ins Hilfesystem erleichtern. ➢ Flyer an öffentlichen Orten auslegen ➢ Presseartikel u. a. m.	Verbesserung der Kundennähe und Kundenbindung durch persönlichen Kontakt zum Kunden. ➢ Direct Mailing ➢ Persönliche Gespräche ➢ Internetforum	Beeinflussung der Einstellungen und des Image. ➢ Fachtage in der Klinik, für Suchtberater und niedergelassene Ärzte ➢ Tag der offenen Tür ➢ Thementage in Schulen und Betriebe

Abb. 3 Bedeutende kommunikationspolitische Instrumente in der Suchthilfe. (Quelle: eigene Darstellung nach Meffert und Bruhn 2009, S. 287–295)

Welche kommunikationspolitischen Instrumente für die jeweilige Suchtklinik passend sind, muss über eine einrichtungsspezifische Konzeptentwicklung festgelegt werden. Dabei sind die individuellen Besonderheiten der jeweiligen Klinik, mögliche Alleinstellungsmerkmale, die Unique Selling Proposition (USP) der Rehabilitationseinrichtung zu berücksichtigen. Eine Erkenntnis der vorliegenden Studie, die auf alle Rehabilitationseinrichtungen der Suchtkrankenhilfe anwendbar ist, besteht darin, dass folgende Informationen von den Suchtkliniken veröffentlicht werden sollten:

- Therapeutisches Konzept
- Möglichkeit, Einzelzimmer zu belegen,
- beispielhafter Tagesablauf,
- beispielhafter Wochenplan,
- Sport- und Freizeitmöglichkeiten,
- Hausordnung,
- Angaben zu belegendem Kostenträger,
- „Echte" Spezialisierungen, fremdsprachige Therapie, Konzepte für Modedrogen-Konsumenten, besondere Altersgruppen usw.
- aktuelle Wartezeiten,
- aktuelle Fotos.

Auf Grund des spezifischen Leistungsangebots, der klinikindividuellen Ausstattung und der Einrichtungsphilosophie im Sinne von Imageaufbau, ist für jede Klinik ein Marketingkonzept individuell zu gestalten, um auch den regionalen Besonderheiten im Marktumfeld Rechnung tragen zu können.

7 Fazit

Wenngleich Marketing für soziale Einrichtungen oftmals als unethisch eingeschätzt wird, so zeigt diese Untersuchung, dass ein damit einhergehender Wandel vom Klienten zum Kunden vorteilhaft für alle Beteiligten ist. Die Einrichtung ist so zunächst gefordert, sich ihrer spezieller Kompetenzen im Therapiekonzept und der Besonderheiten der Einrichtungsstruktur Gewahr zu werden, um diese in einem nächsten, nahezu simultanen Schritt mit den einrichtungsindividuell erfassten Bedürfnissen und Wünschen der (potentiellen) Kunden abzugleichen. Dabei kommt der Einrichtung die Aufgabe zu, sowohl die Vorstellungen, Wünsche und Bedürfnisse der dezidiven Kunden, der Klienten, als auch der assistiven Kunden zu berücksichtigen, da diese einen maßgeblichen Einfluss im Entscheidungsprozess des dezidiven Kunden spielen und dies aus völlig gerechtfertigter Weise auf Grund deren persönlichen und professionellen Betroffenseins. Neben einem besseren „match" hinsichtlich der Passgenauigkeit des Therapieangebots und den Bedürfnissen der Kunden (assistive und dezidive) wird eine Zufriedenheit des dezidiven Kunden mit seiner Einrichtungswahl erreicht, die eine höhere Compliance schafft, welche im Ergebnis einen größeren Therapieerfolg für den „Klienten" als auch für die Einrichtung insgesamt erwarten lässt. Damit wird zudem erreicht, dass die Einrichtung betriebswirtschaftlich erfolgreicher agieren kann, da diejenigen Kunden die Leistungen der Einrichtung nachfragen, welche gleichsam Therapieresponder sind und somit keinen außerordentlichen Aufwand auf Grund von Sonderbetreuungsaufgaben verursachen. Zudem wird ein verbesserter Therapieerfolg auch für den Finanzierungsträger im Dienstleistungsdreieck und damit gesamtgesellschaftlich bemerkbar, da soziale Kosten im Falle von Therapieversagen vermieden werden können. Besonders hervorzuheben ist jedoch, dass mit einem besseren Einrichtungs-Kunden-Matching, welches durch Marketingaktivitäten der Einrichtungen in der Sozialwirtschaft erreicht wird, verbesserte Therapieerfolge zu erwarten sind. Diese verhelfen den Einrichtungen dazu, ihrem gesellschaftlich zugeschriebenen Auftrag besser gerecht zu werden und primär den dezidiven Kunden, dem Klienten, erfolgreich unterstützen, seinen Leidensdruck zu bewältigen, um wieder ein weitgehend selbstbestimmtes Leben führen zu können. Und diese marketingbedingten Vorteile lassen sich auf alle Einrichtungen der Sozialwirtschaft übertragen insbesondere zum Wohle der Kunden, der Klienten.

Literatur

Böhler, Heymo. 2004. *Marktforschung*. 3. Aufl. Stuttgart: Kohlhammer.
Bruhn, Manfred 2010. *Kommunikationspolitik. Systematischer Einsatz der Kommunikation für Unternehmen*, 6. Aufl. München: Vahlen.
Spyra, Karla, Cathleen Möllmann, Carsten Blume, und Johanna Böttcher.2009. Entwicklung eines Screening-Assessments für die Zuweisungssteuerung in der Suchtrehabilitation. 18. *Rehabilitationswissenschaftliches Kolloquium, DRV-Schriften 2009* 83: 438–439.
Esch, Franz Rudolph, Andreas Herrmann, und Henrik Sattler. 2011. *Marketing. Eine managementorientierte Einführung*, 3. Auflage. München: Vahlen.
Feuerlein, Wilhelm. 2005. Individuelle, soziale und epidemiologische Aspekte des Alkoholismus. In *Alkohol und Alkoholfolgekrankheiten*, Hrgs. Teyssen Singer, 42–54. Heidelberg: Springer.
Koch, Andreas. 2011. Problemanzeige der Sucht-Fachverbände 2011_02_18. Das System der Suchtrehabilitation gerät massiv unter Druck. Unter Mitarbeit von Stefan Bürkle, Jost Leune, Theo Wessel, Andreas Koch. Bundesverband für stationäre Suchthilfe, Caritas Suchthilfe e.V., Fachverband Drogen und Rauschmittel e.V., Gesamtverband für Suchtkrankenhilfe im Diakonischen Werk der Evangelischen Kirche in Deutschland e.V., zuletzt aktualisiert am 22.02.2011. Zugegriffen: 30. April 2013.

Koch, Jörg. 2009. *Marktforschung: Grundlagen und praktische Anwendung*, 5. Aufl. München: Oldenbourg.

Kotler, Philip, Hermawan Kartajaye, und Iwan Setiawan 2010. *Die neue Dimension des Marketings. Vom Kunden zum Menschen*. Frankfurt am Main: Campus.

Kromer, H. (Telefonat 29. April 2013). *Persönliche Mitteilung, Deutsche Rentenversicherung Baden-Württemberg*.

Levitt, Theodore. 1986. *The Marketing Imagination*. New York. In *Marketing*, Hrsg. Franz-Rudloph Esch, Andreas Herrmann, und Henril Sattler. München: Vahlen.

Meffert, Heribert, und Manfred Bruhn. 2009. *Dienstleistungsmarketing. Grundlagen - Konzepte - Methoden*, 6. Aufl. Wiesbaden: Springer.

Meffert, Heribert, Christoph Burmann, und Manfred Kirchgeorg. 2012. *Marketing. Grundlagen marktorientierter Unternehmensführung; Konzepte - Instrumente - Praxisbeispiele*, 11. Aufl. Wiesbaden: Springer.

Rabeneck, Jörn. (o.J.).Vom Klienten zum Kunden - Das neue Kundenverständnis in der Sozialen Arbeit. In *SGB VIII Online Handbuch*, Hrsg. Becker-Textor und Becker.

Robert-Koch-Institut. 2011. *Beiträge zur Gesundheitsberichterstattung des Bundes. Daten und Fakten: Ergebnisse der Studie „Gesundheit in Deutschland aktuell 2010"*. Berlin.

Sell, Stefan. 2008. *Vision sozialer Dienstleistungen und beschäftigungspolitischer Modelle für Suchtkranke im SGB II. Remager Beiträge zur aktuellen Sozialpolitik 02-08*. Remagen.

Täschner, Karl-Ludwig. 2010. *Therapie der Drogenabhängigkeit*, 2. Aufl. Stuttgart: Kohlhammer.

Prof. Dr. rer. pol. Axel Olaf Kern ist Inhaber der Professur für Gesundheitsökonomie und Sozialmanagement an der Hochschule Ravensburg-Weingarten. Seine Forschungsschwerpunkte sind Gesundheitsökonomie, Versicherungsökonomie, Sozialmarketing, Betriebliches Gesundheitsmanagement, Innovationsmanagement im Sozial- und Gesundheitswesen sowie Internationaler Sozial- und Gesundheitssystemvergleich. E-Mail: axel.kern@hs-weingarten.de

Perpetua Schmid ist Erzieherin, Dipl. Sozialarbeiterin, Master of Business Administration (MBA) und systematische Prozessberaterin und Coach (anerkannt vom Deutschen Berufsverband Coaching). Sie hat Berufserfahrung bei Trägern der öffentlichen Jugendhilfe, bei kirchlichen Trägern, der IHK sowie bei Verbänden und freien Wohlfahrtspflege. Aktuell arbeitet sie freiberuflich als Projektberaterin, in der Begleitung von Change-Management-Prozessen sowie als Lehrbeauftrage an der Hochschule Ravensburg-Weingarten in den Studiengängen Soziale Arbeit und Gesundheitsökonomie. E-Mail: perpetua.schmid@hs-weingarten.de

Anwendung systemdynamischer Modelle im Sozialplanungsprozess

Unterstützung für betreuende und pflegende Angehörige planen

Martin Müller und Alexander Scheidegger

1 Einleitung

Sozialplanung hat die Aufgabe, in einen komplexen dynamischen Prozess mit vielen Akteuren und mit sich überlagernden Rationalitäten steuernd einzugreifen, um wirksam und effizient Lebensqualität zu fördern. Entscheidungen werden auf der Basis unsicherer Information und unvollständigen Wissens über Zusammenhänge, d. h. unter Bedingungen beschränkter Rationalität (Mainzer 2015, S. 264) getroffen. Bekanntlich ist die Steuerung komplexer dynamischer Prozesse höchst herausfordernd. Eingriffe in komplexe dynamische Systeme zeigen oft nicht die gewünschte Wirkung. Sie werden durch nicht vorausgesehene Rück-, Spät- und Nebenwirkungen verzögert, verwässert oder sie verschärfen das Problem sogar, das sie lösen sollten (Sterman 2000). In der Literatur zur systemdynamischen Modellbildung und Simulation werden methodische Ansätze zur Steuerung komplexer

---

M. Müller (✉)
FHS St.Gallen, Hochschule für Angewandte Wissenschaften, Institut für Soziale Arbeit IFSA-FHS, St.Gallen, Schweiz
E-Mail: martin.mueller@fhsg.ch

A. Scheidegger
FHS St.Gallen, Hochschule für Angewandte Wissenschaften, Institut für Modellbildung und Simulation IMS-FHS, St.Gallen, Schweiz
E-Mail: alexander.scheidegger@fhsg.ch

© Springer Fachmedien Wiesbaden GmbH, ein Teil von Springer Nature 2018
W. Grillitsch et al. (Hrsg.), *Gegenwart und Zukunft des Sozialmanagements und der Sozialwirtschaft*, https://doi.org/10.1007/978-3-658-21607-8_18

Systeme beschrieben (Forrester 1961; Sterman, 2000). Diese Verfahren ermöglichen vertiefte Einsichten in das dynamische Verhalten komplexer Systeme. Sie helfen dabei, Annahmen präzise zu formulieren, Lösungsansätze zu entwickeln, und so problematisches Systemverhalten zu bewältigen.

Modellbildung und Simulation wurden in einem Sozialplanungsprozess eingesetzt. Gegenstand des Prozesses war die Situation pflegender und betreuender Angehöriger älterer Menschen. Die Steuerung von Dienstleistungen zu ihrer Unterstützung auf der kommunalen Ebene ist eine komplexe Herausforderung für Schweizer Kommunen. Im gemeinsamen Projekt „Angehörige stützen – Pflegenetze planen" der FHS St. Gallen, Hochschule für Angewandte Wissenschaften, dreier Stadtverwaltungen und der lokal tätigen Dienstleistungsorganisationen wurden gängige Ansätze der Sozialplanung mit mathematischer Modellbildung kombiniert. Dabei wurden gemeinsam erarbeitete Hypothesen über Wirkungszusammenhänge in mathematischen Modellen präzise beschrieben. Diese Modelle wurden mittels Simulation analysiert. Mit den Ergebnissen wurde ein Maßnahmenkatalog erarbeitet, in dem Wirkungen einzelner Maßnahmen im Gesamtkontext aufgezeigt werden. Die Analyse der Maßnahmen wird so einerseits der Komplexität der Situation gerecht. Andererseits reduziert sie diese so, dass sie eine zielführende Diskussion über die Wirkungen konkreter Handlungsoptionen für die Städte und Organisationen zulässt.

Das Projekt wurde im Rahmen des Programms „BREF-Brückenschläge mit Erfolg" durch die in der Schweiz ansässige Gebert Rüf Stiftung gefördert. Im Programm unterstützt die Gebert Rüf Stiftung in Zusammenarbeit mit swissuniversities, dem hochschulpolitischen Organ von Universitäten, Fachhochschulen und Pädagogischen Hochschulen, jährlich 5 Projekte.

Im Artikel werden die methodischen Folgerungen aus diesem Projekt diskutiert. In Abschn. 2 wird zunächst abstrakt ein methodisches Konzept beschrieben. Darin wird aufgezeigt, wie formale mathematische Modelle und Computersimulationen gängige Sozialplanungsprozesse ergänzen können. Anhand des 2014–2016 durchgeführten Praxisbeispiels wird in Abschn. 3 vorgestellt, wie die Methodik konkret umgesetzt wurde und welche Ergebnisse damit erzielt wurden. In Abschn. 4 werden auf der Grundlage des Projekts Potentiale und Herausforderungen für den Ansatz diskutiert.

2 Sozialmanagement und Simulation

In Abschn. 2.1 wird unser Verständnis über Herausforderungen in der Sozialplanung dargestellt. Davon ausgehend wird in den Abschn. 2.2 – 2.5 dargestellt, wie Modellbildung und Computersimulation mit gängigen Ansätzen kombiniert werden können. Im beschriebenen Planungsprozess wird ein gemeinsames Verständnis über zentrale Wirkmechanismen in mathematischen Modellen festgehalten. So basieren die Modelle auf Expertise, Beteiligung und Empirie. Sie ermöglichen Simulationsexperimente, in denen Maßnahmen im Gesamtzusammenhang getestet werden. Es wird argumentiert, dass dies eine besser abgestützte wirkungsorientierte Steuerung komplexer dynamischer Systeme ermöglicht.

2.1 Herausforderungen kommunaler Sozialplanung

Im ganzen Bereich Altern wie in den meisten Feldern der Sozialpolitik sind Unterstützungsangebote gekennzeichnet durch eine große Vielfalt an Akteuren, Organisationen, Zuständigkeiten, Kooperations- und Konkurrenzverhältnissen (vgl. Böhmer 2015, S. V). Der gesamte Bereich der Unterstützung ist „in funktionale Teilaufgaben zerlegt" (Schubert 2015, S. 137), was zu „operativen Inseln" (Schubert, a.a.O.) führt, die ihre Planung relativ isoliert abwickeln. Für die Planungsbeauftragten in den Kommunen wird die Planung zur „hochkomplexen Jonglage von verschiedensten Vorschriften, Konkurrenzen, Aushandlungen und Solidaritäten" (Böhmer a.a.O.). Bei der Herstellung und Erhaltung von Lebensqualität geht es nicht nur um Dienstleistungen und Ressourcenverteilung, sondern auch um die Gestaltung sozial-ökologischer Strukturen (Räume, Kommunikation) und Teilhabechancen. Die Sozialplanung hat es deshalb mit einem komplexen System zu tun, in dem sich unterschiedliche Rationalitäten überlagern und gegenseitig beeinflussen:

- die politischen Ebenen (Bund – Kantone – Gemeinden) mit ihren Regierungs- und Verwaltungsstrukturen
- öffentliche, kirchliche, verbandliche, privatwirtschaftliche Dienstleistungserbringer mit ihren unterschiedlichen Organisationslogiken
- Wissenschaft und Praxis mit unterschiedlichen Disziplinen und Fachlichkeiten
- bürgerschaftliche, zivile Netzwerke.

In der Planung gilt es nun, Maßnahmenbündel zu definieren, welche den unterschiedlichen normativen und fachlichen Vorgaben und Erwartungen entsprechen und die im Hinblick auf die erwünschten Auswirkungen plausibel sind. Eine zusätzliche Herausforderung besteht darin, dass die Wirkungen der (einzelnen) Maßnahmen sich gegenseitig beeinflussen und die Gesamtwirkung sich intuitiv kaum abschätzen lässt.

2.2 Aktuelles Planungsverständnis

Im Zuge der Neuen Steuerung (oder New Public Management) mit ihrer Betonung betriebswirtschaftlicher Logiken ist die Sozialpolitik seit den 1990er Jahren bestrebt, sich nach Wirkungs- und Effizienzkriterien auszurichten. Sozialpolitik wird als Teil der Standortpolitik im globalen Wettbewerb gesehen. Der Rationalisierungsdruck auf den Sozialbereich soll zu einer Reduktion staatlicher Ausgaben führen und privatwirtschaftliches Kapital zur Produktion sozialer Dienstleistungen mobilisieren (Dahme und Wohlfahrt 2015, S. 42).

Sozialplanung hat die Aufgabe, Dienstleistungen unterschiedlicher Anbieter sowie sozial-ökologische Strukturen abzustimmen, zu bündeln, Ressourcen zu verteilen, um wirksam und effizient Lebensqualität und Teilhabe zu fördern. Es handelt sich also um einen sozialräumlich orientierten Steuerungsansatz.

Der Deutsche Verein für öffentliche und private Fürsorge liefert folgende Definition:

> Sozialplanung in den Kommunen ist die politisch legitimierte, zielgerichtete Planung zur Beeinflussung der Lebenslagen von Menschen, der Verbesserung ihrer Teilhabechancen sowie zur Entwicklung adressaten- und sozialraumbezogener Dienste, Einrichtungen und Sozialleistungen in definierten geografischen Räumen (Sozialraumorientierung[5]). Sie geht über die dem Sozialwesen direkt zuzuordnenden Leistungen, Maßnahmen und Projekte hinaus. (Deutscher Verein für öffentliche und private Fürsorge 2011, S. 4)

Schubert weist darauf hin, dass sich Organisationen allerdings auch an Routinen orientieren, die sowohl durch staatliche Vorgaben, als auch durch gegenseitige Imitation sowie durch Anpassung an professionelle Normen nicht hinterfragte Regeln hervorbringen. Diese müssen nicht zwingend an effizienter Problembearbeitung orientiert sein, sondern sind vorrangig der Erzielung von Legitimität verpflichtet (Schubert 2011, S. 348). Entscheidungen werden auf der Grundlage bereits bekannter Information, unter Vernachlässigung anderer Sichtweisen und neuen Wissens, m.a.W. unter Bedingungen beschränkter Rationalität getroffen (vgl. Abschn. 1).

Weil Sozialpolitik im eigentlichen Sinne „ökonomische" Ziele verfolgt (die also über rein marktwirtschaftliche hinausgehen), können staatliche Organe als Leistungsfinanzierende die Notwendigkeit von Leistungen nicht allein festlegen und sich auf finanzielle Effizienz beschränken, sondern müssen weitere Kriterien und Akteure einbeziehen. Sozialwirtschaftliche Leistungsanbieter sind nicht ausschließlich Konkurrenten um staatliche Aufträge, sondern auch Verbündete, wenn es darum geht, Bedarfe zu definieren, d. h. Legitimität für staatliche Aufträge herzustellen. Sich auf die Durchsetzung gegenüber Konkurrenten zu konzentrieren, würde deshalb nicht notwendigerweise zu mehr Ressourcen führen. Netzwerkförmige Kooperationen sind erfolgsversprechender.

In der Sozialplanung sind staatliche, profitorientierte und gemeinnützige sozialwirtschaftliche Leistungserbringer zusammen mit den primären sozialen Netzen (als Koproduzenten sozialer Dienstleistungen) in die Planung einzubinden. Anstelle hierarchischer Planung tragen die kommunalen Organe die Verantwortung für die Prozesssteuerung und Netzwerkmoderation in diesem Dreieck (Backes und Amrhein 2011, S. 250; Schubert, 2011 S. 348 ff.).

Um Legitimität staatlicher Ausgaben herzustellen, müssen Bedarfe festgestellt und die Wirkungen der getroffenen Maßnahmen hinsichtlich der verbesserten Lebenslagen der Zielgruppen plausibilisiert werden. Sozialpolitische Zielsetzungen müssen sich an Bedürfnissen der jeweils fokussierten Zielgruppen und an gesamtgesellschaftlichen Interessen orientieren, also politisch ausgehandelt und entschieden werden. Grundlage dafür bilden solide Entscheidungsgrundlagen sowie geeignete Prozesse. Die Sozialplanung bewegt sich deshalb im Dreieck von Empirie, Expertise und Partizipation (Backes und Amrhein, a.a.O). Grundlegende Planungsschritte sind

- Bestandserhebung
- Bedarfserhebung
- Maßnahmenplanung

(Schubert et al. 2015, S. 132).

2.3 Group Model Building

Group Model Building ist ein Beteiligungsprozess, der durch eine Person mit Erfahrung in mathematischer Modellbildung und Simulation moderiert wird (Vennix 1996). Ergebnis des Prozesses ist ein formales Computersimulationsmodell zu einem spezifischen Problem, das eine gemeinsame Perspektive der beteiligten Personen darstellt und mit dem in der Gruppe die Wirkungen von Maßnahmen zur Problembewältigung analysiert werden.

Dem Verfahren zugrunde liegen die folgenden Annahmen: In einem komplexen Netzwerk von Organisationen gibt es unterschiedliche Konstruktionen von Realität. Die Unterschiede rühren von unterschiedlichen Organisationskulturen, Professionen, Interessenslagen und Anreizen her. Diese Unterschiede bestehen einerseits innerhalb der einzelnen Organisationen, andererseits zwischen den Organisationen.

Die in Abschn. 2.1 beschriebene Aufteilung einer Problemlösung in funktionale Teilaufgaben und operative Inseln führt dazu, dass Lösungsvorschläge oft für ein Teilsystem oder ein Teilproblem statt für das Gesamte optimal sind. Ebenso ergibt sich daraus, dass Wechselwirkungen zwischen Teilsystemen ignoriert werden. Eine eigene Entscheidung wirkt auf ein anderes Teilsystem und dieses wirkt zurück auf die eigene Problemstellung. Erschwerend für eine ganzheitliche Sicht kommt hinzu, dass derartige Rückwirkungen oft zeitverzögert auftreten und so nur schwer ihren Ursachen zugeordnet werden können.

Infolge der hohen Komplexität ist es nachvollziehbar, wenn Handlungsstrategien eher auf Routinen basieren, als dass sie darauf abzielen, im Sinne des Gesamtsystems die größtmögliche erwünschte Wirkung zu erzielen. Da jedoch, wie oben ausgeführt, die Notwendigkeit zunehmend erkannt wird, Unterstützungsangebote über ihre Wirkungen zu legitimieren, besteht ein Bedarf nach einer Gesamtsicht. Das aus einem Group-Model-Building-Prozess resultierende Modell reflektiert eine in der Gruppe verhandelte, konsensuale Sichtweise. Diese wird bei Vennix (1996) als „gemeinsames mentales Modell" bezeichnet. In einem gemeinsam erarbeiteten kausalen Diagramm werden aus einer interpersonalen und organisationsübergreifenden Perspektive die zentralen Mechanismen dargestellt, welche zu einem beobachteten problematischen Systemverhalten führen. Die organisationsübergreifende Perspektive mit einem Problemfokus ermöglicht es, eine gemeinsame Sichtweise auf das Problem zu entwickeln. In der Group-Model-Building-Literatur wird dieser Prozess als „alining mental models" beschrieben (Vennix 1996). Dies ermöglicht es, ganzheitliche Lösungsansätze zu entwickeln.

Einige dieser Vorteile bietet auch eine intuitive ad hoc Analyse in einer Diskussion, in der unterschiedliche Perspektiven zusammen gebracht werden, wie dies in verbreiteten Beteiligungsprozessen üblich ist. Im Group-Model-Building -Prozess wird jedoch ein formales Simulationsmodell gebildet. Dies zwingt die Prozessbeteiligten zur Reduktion und zur Einigung auf wenige wesentliche Wirkmechanismen. Die verwendeten Größen müssen präzise definiert werden. Außerdem wird das resultierende Modell formal analysierbar. Es bietet die Möglichkeit, das Verhalten des in der Gruppe verhandelten Modells mit empirischen Daten zu vergleichen.

2.4 Simulationsexperimente

Oben wurde beschrieben, wie in Simulationsmodellen Expertise, Beteiligung und Empirie verbunden werden können. Zusätzlich bieten Simulationsmodelle das Potential, Grenzen zu überwinden, welche Experimenten am realen System gesetzt sind.

1. In Simulationsmodellen können Grenzen des Experimentierens mit Handlungsoptionen überwunden werden. Experimente am Modell sind vergleichsweise kostengünstig, risikolos und ethisch unproblematisch. Es kann bewusst mit wirtschaftlich riskanten und ethisch problematischen Handlungsoptionen experimentiert werden, um mehr über das Systemverhalten zu lernen.
2. Ein Simulationsmodell bietet eine kontrollierbare Umgebung. Es können Experimente durchgeführt werden, in denen einzelne Einflussgrössen kontrolliert und unabhängig voneinander variiert werden.
3. Informationen aus Simulationsexperimenten sind vollständig und praktisch ohne Aufwand greifbar.
4. Während in der realen Welt Auswirkungen von Maßnahmen oft Jahre später eintreten, sind diese im Simulationsmodell sofort ersichtlich.
5. Durch die unmittelbare Verfügbarkeit der Simulationsergebnisse kann der Lernprozess mit dem Modell stark beschleunigt werden.

2.5 Simulationsgestützter Sozialplanungsprozess

Abbildung 1 zeigt den Sozialplanungszyklus nach Schubert (2014, S. 8) (vereinfacht), in dem Entscheidungen über Maßnahmen getroffen, mittels Sozialmonitoring Informationen über die Wirkung der Maßnahmen gewonnen und aus diesen Informationen wiederum Entscheidungen abgeleitet werden.

In Abb. 2 ist zusammengefasst, wie Group Model Building und Computersimulation den Sozialplanungszyklus ergänzen. Der gängige Planungszyklus ist diagonal kariert in sehr hoher Abstraktion dargestellt. Die fachlichen Felder „Ziele und Ressourcen definieren" sowie „Maßnahmenplanung" werden in der Box „Entscheidungen" zusammengefasst. Entscheidungen werden im Sozialplanungsprozess getroffen und Maßnahmen werden umgesetzt. Diese Maßnahmen zeigen à priori unbekannte Wirkungen auf ein Zielsystem in der realen Welt. Das Zielsystem wird beobachtet, indem Maßnahmen evaluiert, Bestände und Bedarfe erhoben werden. Diese fachlichen Felder sind in der Box „Information" zusammengefasst. Aus den Informationen werden Rückschlüsse auf zukünftige Entscheidungen getroffen.

In Abb. 2 ist vertikal kariert ein zweiter zyklischer Prozess eingezeichnet: jener des Lernens mit Hilfe von Simulationsmodellen. Die Darstellung eines Lernzyklus in der virtuellen Welt, welcher mit einem Lernzyklus in der realen Welt gekoppelt ist, wird als „Double Loop Learning" bezeichnet (Sterman 2000, S. 19). Das Modell ist ein Abbild der für ein bestimmtes Problem relevanten Aspekte der realen Welt. Mit Hilfe des Modells kann der Planungszyklus ebenso durchlaufen werden wie in der realen Welt. Entscheidungen werden im Modellsystem getroffen. Entwicklungen

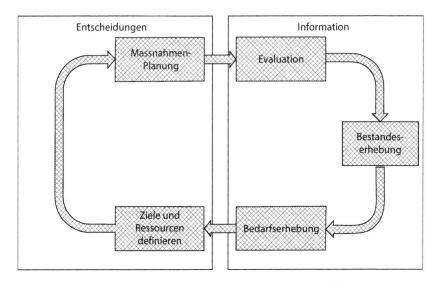

Abb. 1 Sozialplanungsprozess. Die Darstellung basiert auf Schubert (2014)

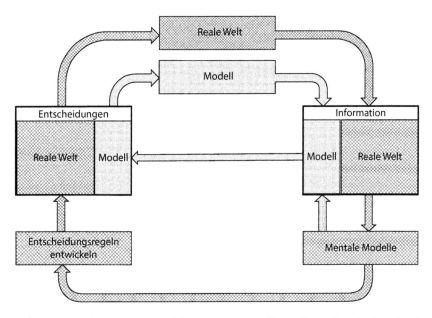

Abb. 2 Simulationsgestützter Sozialplanungsprozess. Eigene Darstellung basierend auf Schubert (2014) und Sterman (2000)

werden im Modell verfolgt und Informationen werden aus dem Modell gewonnen. Diese erlauben Rückschlüsse auf zukünftige Entscheidungen. Zentral für die Effektivität des Double Loop Learnings ist die Kopplung der beiden Lernprozesse. Ansatzpunkt für diese Kopplung ist der Group-Model-Building-Prozess. Dank diesem Prozess stellen Modelle eine gemeinsam verhandelte Sichtweise auf das Problem dar, das „gemeinsame mentale Modell". Die Annahme ist, dass sie deshalb bei den prozessbeteiligten Personen und ihren Organisationen anschlussfähig sind und eine hohe Akzeptanz erfahren. Dies soll ermöglichen, dass Ergebnisse aus der Simulation direkt in den realen Lernprozess einfließen. Im Modellbildungsprozess wird gemeinsame Realität konstruiert, die durch die Simulationsexperimente erweiterte gemeinsame Deutungen ermöglicht. Diese Informationen wirken zurück auf die mentalen Modelle der Prozessbeteiligten. Sie erlaubt es ihnen, Entscheidungsregeln zu erarbeiten, welche koordinierte Handlungen der beteiligten Akteure ermöglichen und sich in einem ganzheitlichen Sinne an der Problemlösung orientieren.

3 Methodik am Beispiel

In diesem Abschnitt wird beschrieben, wie im Projekt „Angehörige stützen – Pflegenetze planen" der simulationsgestützte Sozialplanungsprozess umgesetzt wurde.

3.1 Kontext

Ältere Menschen wollen und sollen so lange wie möglich in den eigenen vier Wänden leben können. Und selbst wenn das nicht mehr möglich ist, sollen sie ihre primären sozialen Netze nicht verlieren. Angehörige spielen eine tragende Rolle in der Pflege und Betreuung, ergänzt durch professionelle Dienstleistungen. Angehörige alter Menschen pflegten und betreuten in der Schweiz gemäß einer Berechnung des Büros BASS im Jahr 2013 im Umfang eines Gegenwerts von 3.5 Mia CHF. Der Gesamtaufwand aller Spitex-Organisationen der Schweiz betrug demgegenüber 2012 1,8 Mia CHF (Rudin und Strub 2014, S. 2). Seit einigen Jahren wird politisch eine Reduktion stationärer Betreuung angestrebt, was die Bedeutung der Angehörigen noch steigert. Durch gesellschaftliche Entwicklungen wie erhöhte Erwerbstätigkeit der Frauen, kleinere Familien, geographische Mobilität usw. besteht jedoch die Gefahr, dass das familiäre Pflegepotential absolut und vor allem im Verhältnis zum Bedarf gemäß der demographischen Entwicklungsprognosen weiter abnimmt.

Zudem ist das Potential der aktiv engagierten Angehörigen in vielen Fällen gefährdet. Über Belastungsfaktoren für pflegende Angehörige wird seit einiger Zeit intensiv geforscht (z. B. Perrig-Chiello und Höpflinger 2012; Fringer et al. 2013). Je länger die Betreuungszeit dauert oder je nach Verlauf des Pflegebedarfs einer betreuten Person, desto mehr steigt die Gefahr von Überforderungen dieser Angehörigen, sei es durch körperliche Überbeanspruchung, fehlende Erholungszeiten, Vereinsamung und Spannungen in den familiären Beziehungen. Die Auswirkungen sind nicht nur für sie selbst gravierend, sondern können auch weit reichende Auswirkungen für die Betreuten haben. Man denke an Vernachlässigung bis hin zu häuslicher Gewalt mit allen möglichen Folgewirkungen.

In der Praxis existieren neben den stationären Pflegeeinrichtungen Dienste, die einen wachsenden Teil der häuslichen Pflege anstelle von oder ergänzend zu Angehörigen abdecken. Neben traditionellen gemeinnützigen Organisationen treten vermehrt marktwirtschaftlich orientierte Unternehmen sowie private Pflegemigrantinnen auf. Verschiedene Organisationen und Verbände vermitteln für bestimmte Aufgaben Freiwillige zur Entlastung Angehöriger. Neben solchen subsidiären Entlastungsdiensten existieren Angebote, die darauf abzielen, Angehörige für ihre Aufgabe zu befähigen, meist in Form von Informationsvermittlung oder persönlicher Beratung. In einem bundesrätlichen Bericht (Bundesrat 2014) wird dargelegt, wie neben der Förderung solcher Angebote rechtliche und finanzielle Rahmenbedingungen zu Gunsten Angehöriger verändert werden könnten, u. a. um die Vereinbarkeit mit einer Erwerbstätigkeit zu verbessern.

3.2 Das Projekt „Unterstützung pflegender und betreuender Angehöriger älterer Menschen"

Das von einem interdisziplinären Team der FHS St. Gallen, Hochschule für Angewandte Wissenschaften, durchgeführte Projekt setzte sich zum Ziel, die Leistungen der Angehörigen und der professionellen Dienste optimal zu verschränken. Es sollen sowohl auf strategisch-planerischer (Rahmenbedingungen) als auch auf praktisch-alltagsnaher Ebene Handlungsoptionen für Politik und Dienstleistungserbringer geprüft werden. Im Rahmen des Projektes werden zentrale Begriffe wie folgt verstanden:

Angehörige

Ausgehend von Veränderungen in den herkömmlichen Familienstrukturen und damit zunehmender Bedeutung von Konkubinatspartnern, befreundeten, benachbarten und weiteren nahe stehenden Personen werden als pflegende und betreuende Angehörige Personen bezeichnet, für die folgende Kriterien zutreffen:

- Sie leisten pflegende und betreuende Unterstützung in der Alltagsbewältigung für bedürftige Personen ihrer Umgebung durch Tätigkeiten, die diese nicht (mehr) selbst erfüllen können.
- Sie erbringen ihre Leistungen regelmäßig, über eine gewisse Zeit und in einem Ausmaß, welches das in persönlichen Beziehungen übliche übersteigt.
- Sie erbringen ihr Engagement, weil sie eine persönliche Verbindung zu dieser Person haben.
- Das Engagement ist spontan und ohne Vermittlung einer Organisation entstanden.

Entlastende Angebote
sind Betreuungs- und Pflegeleistungen, die subsidiär zu den Leistungen von Angehörigen erfolgen, also den Angehörigen Arbeiten abnehmen und sich an die gepflegte und betreute Person richten.

Unterstützende Angebote
sind Maßnahmen und Leistungen, die sich direkt an betreuende Angehörige wenden und ihre eigenen Leistungen unterstützen (wie Informationsvermittlung, Beratung, Gesundheitsvorsorge usw.).

3.3 Projektorganisation

Das Projektteam der Hochschule setzt sich zusammen aus Mitarbeitenden von vier Instituten, die jeweils unterschiedliche Disziplinen vertreten: Soziale Arbeit, Angewandte Pflegewissenschaft, Modellbildung und Simulation, Alter (Soziologie, Public Health) sowie einem externen Experten vom Verband Heime und Institutionen Schweiz (Gerontologie). Partnerstädte sind Chur, Schaffhausen und St.Gallen, die mit 35,000 bis 70,000 Einwohnern als mittelgroße regionale Zentren gelten. Die Städte werden einerseits durch die für Altersfragen verantwortlichen Verwaltungsstellen repräsentiert, andererseits durch eine Fachgruppe. Diese ist zusammengesetzt aus Vertretungen der Dienstleistungsorganisationen im Bereich der ambulanten und stationären Pflege, Beratung und weiterer Dienste für Seniorinnen und Senioren sowie deren Angehörigen (siehe Abb. 3).

Das Projekt besteht aus drei Teilprojekten, die im Laufe des Gesamtprozesses laufend aufeinander bezogen werden:

1. Modellbildung und Simulation: Group-Model-Building-Prozess unter Beteiligung Projektteam und Praxisexperten der Partnerstädte; modellbasiertes Lernen mittels virtuellen Experimenten.

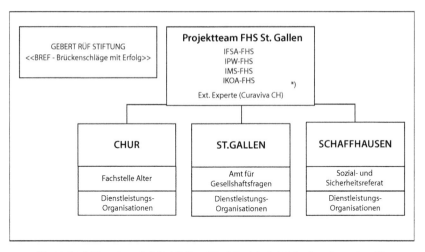

*) Soziale Arbeit, Pflegewissenschaft, Modellbildung&Simulation, Interdisziplinäres Kompetenzzentrum Alter

Abb. 3 Projektorganisation

2. Situationsanalyse: Bestandserhebung, Bedarfserhebung (literaturgestützt, Beteiligungsprozess mit Verwaltungen/Dienstleistungsorganisationen, Angehörigeninterviews);
3. Maßnahmenkatalog: Erarbeiten von Maßnahmen (unterstützende, entlastende Maßnahmen, Rahmenbedingungen) zuhanden der Städtepartner in Form eines moderierten Prozesses mit Verwaltungen und Dienstleistungsorganisationen, Validierung durch Ergebnisse der Angehörigeninterviews, Simulationen, Literatur).

Die Teilprojekte 2 und 3 können in einem Sozialplanungsprozess gemäß Abb. 1 verortet werden. Da in ihnen bekannte Methoden wie Befragung mittels Online-Fragebogen, Workshops, Leitfadeninterviews zur Anwendung kamen, wird auf eine ausführliche Darstellung verzichtet. Im Folgenden wird Teilprojekt 1, die Modellbildung und Simulation, als ergänzendes methodisches Verfahren vorgestellt.

3.4 Modellbildung und Simulation: Zielsetzung und Prozess

Das Teilprojekt Modellbildung und Simulation wurde als Group-Model-Building-Prozess organisiert. Eine Kerngruppe bestand aus dem interdisziplinären Projektteam der Fachhochschule. Vier erweiterte Gruppen umfassten zusätzlich Personen aus den Stadtverwaltungen und den Dienstleistungsorganisationen. Total waren rund 60 Personen im Prozess involviert.

Wie es bei komplexen Problemen fast unumgänglich und insbesondere für Group-Model-Building-Prozesse typisch ist, war die Problemdefinition anfänglich sehr vage. In diesem Stadium wurde bereits mit dem Bilden eines kausalen Diagramms begonnen, wie es im folgenden Abschn. 3.5 beschrieben ist. Erst allmählich kristallisierte sich eine geeignete Problemabgrenzung heraus, auf die im Modellbildungs- und Modellanalyseprozess fokussiert wurde:

- Betrachtungsgegenstand des Modells ist ein Pflege- oder Betreuungsarrangement,[1] in dem mindestens eine betreuungs- und/oder pflegebedürftige Person und eine pflegende und/oder betreuende Angehörige und allenfalls weitere Personen vorkommen.
- Mit dem Modell werden typische Zeitverlaufsmuster der Schlüsselgrösse „Pflege- und Betreuungsleistung" pflegender und betreuender angehöriger Personen in derartigen Arrangements erklärt.
- Betrachtungszeitraum ist das Zeitintervall vom Zeitpunkt des Verlusts der Selbständigkeit der betreuungs- und/oder pflegebedürftigen Person bis zu deren Tod.
- Aus dem Modell können Rückschlüsse auf die Wirkung von Maßnahmen im Pflege- und Betreuungsarrangement durch Dienstleistungsorganisationen gezogen werden.

3.5 Modellbildung: Kausales Diagramm

Im ersten Schritt wurde das Modell in Form eines kausalen Diagramms dargestellt. Ein kausales Diagramm ist ein qualitatives grafisches Modell. Es zeigt die zentralen kausalen Mechanismen auf, mit dem ein problematisches Systemverhalten erklärt werden kann. Es dient als Grundlage, um ein formales Simulationsmodell zu erstellen.

Ein kausales Diagramm setzt sich aus den vier Strukturelementen *Variable, Kausalbeziehung, Polaritätsbezeichnung einer Kausalbeziehung* sowie *Polaritätsbezeichnung einer Rückkoppelung* zusammen. In Abb. 4 ist ein Ausschnitt aus

---

[1] Unter einem Pflege- und Betreuungsarrangement verstehen wir die Form, in der Pflege und Betreuung sichergestellt, d. h. bewältigt und organisiert wird. Dabei können unterschiedliche Akteure beteiligt sein: Familie, Verwandte (informeller Sektor I), Nachbarn, Freunde, Freiwillige (informeller Sektor II), professionelle Pflege-, therapeutische und weitere Fachpersonen, und-dienste (formeller Sektor I), Haus-, Reinigungsdienste und weitere kommerzielle Anbieter (formeller Sektor II) (nach Blinkert 2007, S. 229).

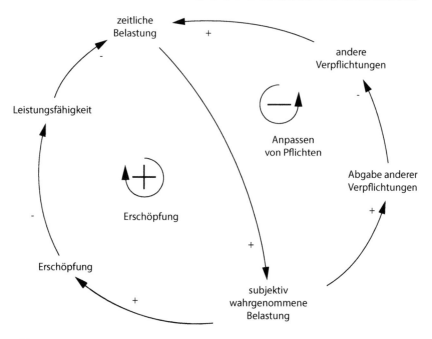

Abb. 4 Ausschnitt aus dem kausalen Diagramm des im Projekt erstellten Modells.

dem kausalen Diagramm des im Projekt erarbeiteten Modells dargestellt, in dem die Strukturelemente ersichtlich sind. Ein Pfeil positiver Polaritätsbezeichnung („+") zwischen zwei Variablen (z. B. X→Y) bedeutet: wenn alles andere gleich bleibt, dann verursacht eine Zunahme bzw. Abnahme von X eine Zunahme bzw. Abnahme von Y. Ist der Pfeil mit negativer Polaritätsbezeichnung versehen, dann bedeutet dies: wenn alles andere gleich bleibt, dann verursacht eine Zunahme bzw. Abnahme von X eine Abnahme bzw. Zunahme von Y.

Ein gerichteter Kreis solcher Kausalbeziehungen wird als Rückkopplung bezeichnet. Durch Multiplikation der Polaritäten aller Kausalbeziehungen im gerichteten Kreis ergibt sich die Polarität der Rückkopplung. Mit einem Minuszeichen in der Mitte der Rückkopplung wird eine negative Rückkopplung bezeichnet. Negative Rückkopplungen sind selbstkorrigierend. Eine äußere Einwirkung auf eine Variable in einem solchen Kreis führt zu einer Rückwirkung, die der ursprünglichen Wirkung entgegengesetzt ist (Sterman 2000, S. 144). Ein Pluszeichen bezeichnet eine positive Rückkopplung. Positive Rückkopplungen sind selbstverstärkend: eine äußere Einwirkung auf eine Variable führt zu einer Rückwirkung mit der gleichen Richtung wie die ursprüngliche Wirkung (Sterman 2000, S. 144).

In Abb. 4 ist beispielsweise eine positive Rückkoppelung mit der Bezeichnung *Erschöpfung* und eine negative Rückkoppelung mit der Bezeichnung *Anpassen von Pflichten* abgebildet. Eine äußere Einwirkung auf die Größe *zeitliche Belastung* wird durch die beiden Rückkoppelungen verstärkt bzw. korrigiert. Durch die Anpassung anderer Verpflichtungen, beispielsweise eine Reduktion der Erwerbsarbeitszeit, wird im Beispiel der Wirkung eines erhöhten Pflegebedarfs auf die Größe *zeitliche Belastung* im Zeitverlauf entgegengewirkt. Durch eine Erschöpfungsspirale kann die exogene Einwirkung sich jedoch andererseits selbst verstärken, und im Extremfall kann eine kleine Einwirkung ein Burnout auslösen.

Im Beispiel werden zwei Rückkoppelungen jeweils isoliert vom Gesamtzusammenhang diskutiert. Das gesamte kausale Diagramm enthält ein Geflecht von Kausalbeziehungen und den sich daraus ergebenden Rückkoppelungen, welche miteinander interagieren. Aus der mathematischen Theorie dynamischer Systeme ist bekannt, dass die Struktur der Rückkoppelungen eines Modells das typische Zeitverhalten der Variablen im System entscheidend beeinflusst: die Struktur treibt das Verhalten (Sterman 2000, S. 107).

Die im Abschn. 3.4 beschriebene Problemdefinition war am Anfang des Modellbildungsprozesses nicht vorhanden. In den ersten Modellbildungsworkshops schilderten die beteiligten Personen problematisches Verhalten von Pflege- und Betreuungsarrangements, bzw. die aus ihrer jeweiligen Sicht besonders relevanten Aspekte davon. In den Workshops waren jeweils zwei Experten für Modellbildung und Simulation anwesend. Diese protokollierten die Aussagen und begannen gleich während der Workshops, kausale Diagramme zu entwickeln. Nach und nach entstanden kausale Diagramme, in denen Aspekte aus verschiedenen Sichtweisen miteinander verknüpft wurden. Aus Sicht der Modellbildungsexperten muss in diesem Prozess stets das Ziel einer möglichst starken Problemfokussierung verfolgt werden. Es sollen zentrale Aspekte problematischen Systemverhaltens identifiziert werden. So wird das kausale Diagramm auf jene Mechanismen reduziert, die absolut nötig sind, um das problematische Systemverhalten zu erklären. Diesem Ziel der starken Reduktion setzen sich die übrigen Prozessbeteiligten oft entgegen. Sie streben an, dass ihre Sichtweise und ihr Problemverständnis möglichst vollständig im Modell abgebildet werden.

Zum Projektende einigte sich die Gruppe auf das in Abb. 5 dargestellte kausale Diagramm. Es wird im vorliegenden Artikel nicht detailliert beschrieben, da hier auf die Methodik und den Prozess fokussiert wird. Die Variablen und Kausalbeziehungen im linken Diagrammteil (schraffiert markiert) beschreiben die Dynamik der Rolle einer bestimmten pflegenden und betreuenden angehörigen Person im Pflege- und Betreuungsarrangement.

Im mittleren Teil des Modells (gepunktet) sind Variablen und Beziehungen abgebildet, welche Ressourcen und Belastungen der angehörigen Person beschreiben.

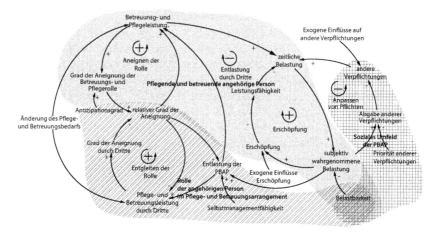

Abb. 5 Kausales Diagramm am Ende des Group Model Building Prozesses.

Im rechten Teil (kariert) sind Variablen dargestellt, welche Umfang und Dynamik sozialer Verpflichtungen der angehörigen Person ausserhalb der Pflege und Betreuung beschreiben. Die Größen dieser unterschiedlichen Bereiche sind durch Kausalbeziehungen miteinander verknüpft. Es werden somit Größen miteinander verknüpft, welche aus unterschiedlichen disziplinären bzw. institutionellen Perspektiven stammen. Dies weist darauf hin, dass die Grenzen des Betrachtungsgegenstands nicht durch disziplinäre oder institutionelle Grenzen gegeben sind. Vielmehr werden die Grenzen durch die oben beschriebene Problemdefinition festgelegt. Im konkreten Fall muss das Modell folglich typische Zeitverläufe der Grösse „Pflege- und Betreuungsleistung" plausibel erklären können und die Analyse der Wirkungen von Maßnahmen im Arrangement ermöglichen.

3.6 Systemdynamisches Simulationsmodell

Auf der Basis des kausalen Diagramms wurde ein formales mathematisches Simulationsmodell erstellt. Mit diesem wird das im Abschn. 3.4 beschriebene abgegrenzte System simuliert. Das bedeutet, dass in Abhängigkeit unabhängiger Eingabegrößen der Zeitverlauf der übrigen Systemgrößen über den Betrachtungszeitraum berechnet wird.

Mit den Eingabegrößen wird einerseits das zu simulierende Pflege- und Betreuungsarrangement charakterisiert. Andererseits werden wichtige äußere Einflüsse auf das System während des Simulationszeitraums beschrieben. In Tab. 1 sind

Tab. 1 Eingabegrößen (Auswahl)

Inputparameter	Beschreibung	Operationalisierung im Modell
Antizipationsgrad	Beschreibt, wie stark die pflegende und betreuende angehörige Person relativ zu anderen Personen und Organisationen im Arrangement zu Beginn der Betreuungsbedürftigkeit dazu neigt, zusätzlichen Pflege- und Betreuungsbedarf zu übernehmen	• 0 – gleich stark wie alle anderen Personen/Organisationen zusammen • Negative Werte: schwächer • Positive Werte: stärker [dimensionslos]
Priorität anderer Verpflichtungen	Beschreibt, wie stark die pflegende und betreuende angehörige Person dazu neigt, andere soziale Verpflichtungen außerhalb der Pflege in Belastungssituationen aufzugeben	Mittlere Zeitdauer, um die Gesamtbelastung durch Reduktion anderer Verpflichtungen dauerhaft auf ein subjektiv als angemessen betrachtetes Maß zu reduzieren [Jahre]
Pflege- und Betreuungsbedarf	Beschreibt den Zeitverlauf des Bedarfs nach Pflege- und Betreuungsleistungen zur Sicherstellung der Pflege und Betreuung im Arrangement insgesamt	Pflege und Betreuungszeit, wenn die Pflege und Betreuung vollständig durch professionelle erbracht würde [h/Woche]

exemplarisch einige Eingabegrößen beschrieben. Aufgrund der Eingabegrößen wird der Zeitverlauf der übrigen Systemgrößen des kausalen Diagramms errechnet. Das Berechnungsmodell besteht aus mathematischen Funktionen, welche die Zusammenhänge des kausalen Diagramms abbilden. Somit sind Abhängigkeiten zwischen Eingabegrößen und anderen Systemgrößen einerseits sowie Systemgrößen untereinander in der Weise im Modell berücksichtigt, auf die sich die Beteiligten im Modellbildungsprozess geeinigt haben.

Die Simulationsexperten bildeten das formale Modell nach den Vorgaben des kausalen Diagramms. Die mathematische Formulierung der im kausalen Diagramm dargestellten Wirkmechanismen ist indes kein eindeutiger Prozess, es besteht Interpretationsspielraum. Die Simulationsexperten standen im Austausch mit den Mitgliedern der Kerngruppe, um das kausale Diagramm in ihrem Sinne zu interpretieren.

Die errechneten Zeitverläufe für Schlüsselvariablen des Modells wurden der Kerngruppe und der erweiterten Gruppe präsentiert. Mithilfe des gemeinsam gebildeten kausalen Diagramms konnten sie plausibel erklärt werden. Als Folge dieses Prozessschritts akzeptierten die Prozessbeteiligten das Simulationsmodell als gemeinsam erarbeitetes Analysewerkzeug.

3.7 Empirische Validierung

Dank des formalen Simulationsmodells konnte die im kausalen Diagramm formulierte theoretische Erklärung zur Dynamik von Pflege- und Betreuungsarrangements empirisch plausibilisiert werden. Dazu wurde überprüft, inwiefern es mit dem Simulationsmodell möglich ist, rekonstruierte Verläufe realer Pflege- und Betreuungsarrangements abzubilden.

In vier möglichst unterschiedlichen Pflege- und Betreuungsarrangements wurden Eingabegrößen für das Modell auf der Basis der Interviewdaten geschätzt. Mit diesen Eingabegrößen wurden die Zeitverläufe der Variablen „subjektiv wahrgenommene Belastung" und „Pflege- und Betreuungsleistung" simuliert. Anschließend wurden die Simulationsergebnisse mit den Verläufen dieser Variablen verglichen, welche aus den Interviewdaten rekonstruiert werden konnten.

Exemplarisch ist in Abb. 6 der Zeitverlauf der Systemgröße „Betreuungs- und Pflegeleistung" für ein bestimmtes Pflege- und Betreuungsarrangement dargestellt.

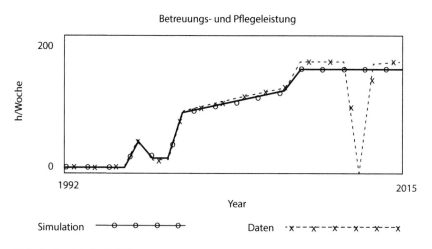

Abb. 6 Empirische Validierung

In Abb. 6 ist mit der gepunkteten Linie der rekonstruierte Zeitverlauf der Pflege- und Betreuungsleistung der im *Interview* befragten angehörigen Person über einen Zeitraum von 23 Jahren abgebildet. Mit der durchgezogenen Linie ist das Ergebnis der *Simulation* dargestellt. Dabei ist ersichtlich, dass wesentliche Aspekte des Zeitverlaufs durch die Simulation nachgebildet werden. Im Jahr 2012 kommt es zu einer Abweichung zwischen simuliertem Verlauf und rekonstruiertem Verlauf. Die Abweichung ist durch einen Spitalaufenthalt der betreuungs- und pflegebedürftigen Person zu erklären. Während der Zeit des Spitalaufenthalts reduzierte sich die Pflege- und Betreuungsleistung der angehörigen Person stark. Diese Abweichung konnte in der Simulation nicht nachgebildet werden.

Durch den Vergleich der Simulationsergebnisse mit den rekonstruierten Verläufen stellte sich heraus, dass Merkmale des Zeitverhaltens von Pflege- und Betreuungsarrangements, welche durch die Prozessbeteiligten als zentral eingestuft wurden, durch das formale Simulationsmodell erklärt werden konnten. Dies wurde als wichtiger Hinweis auf die Validität des Modells gedeutet im Hinblick auf seinen Zweck, Maßnahmen in Pflege- und Betreuungsarrangements zu beurteilen.

3.8 Identifikation von Systemverhaltenstypen

Mit dem formalen Simulationsmodell ist es grundsätzlich möglich, unterschiedliche Eingabegrößen beliebig zu kombinieren und daraus die Zeitverläufe der übrigen Systemgrößen abzuleiten. So wurde eine Vielzahl von Simulationsexperimenten mit einer großen Bandbreite von Eingabegrößen durchgeführt. Dazu wurden für die unterschiedlichen Eingabewerte Intervalle festgelegt, innerhalb derer diese variiert wurden. Dabei wurde auf die Interviews abgestützt. Die Intervalle sollten mindestens so breit sein, dass sie alle Arrangements der befragten Personen abdecken. Im Zweifelsfall wurden die Intervalle eher zu groß gewählt. Innerhalb der festgelegten Intervalle wurden dann die Eingabegrössen unabhängig voneinander variiert.

Die errechneten Zeitverläufe der Systemgrößen wurden mit dem Computer analysiert. So wurden vier unterschiedliche Typen von Zeitverläufen für die Größe „Pflege- und Betreuungsleistung" identifiziert. Diese werden als Systemverhaltenstypen bezeichnet. Ein Systemverhaltenstyp beschreibt idealtypisch das Zeitverhalten eines Pflege- und Betreuungsarrangements. Die vier Systemverhaltenstypen werden textlich folgendermassen beschrieben:

In *kritischen*[2] *Pflege- und Betreuungsarrangements* ist die pflegende und betreuende angehörige Person motiviert. Sie bewältigt Belastungssituationen vorwiegend selbst und nimmt nur unter übermäßiger oder lang anhaltender Belastung Entlastungen an bzw. hat nur dann Zugang zu entsprechenden Angeboten. Gründe dafür sind zum Beispiel fehlende Informationen, fehlende finanzielle Mittel, das Rollenverständnis der pflegenden und betreuenden Angehörigen Person oder entsprechende Rollen zuschreibungen. In Extremsituationen bricht das Arrangement typischerweise zusammen. Das bedeutet, die Pflege muss entgegen der Rollenbilder im Arrangement vollständig durch Dritte gesichert werden (in der Regel professionell; ambulant oder stationär).

Solche Extremsituationen kommen in der Pflege und Betreuung zwar oft vor, aber nicht zwingend. Bleiben sie aus, dann bewältigen kritische Arrangements die Pflege und Betreuung während des ganzen Verlaufs.

In *selbstregulierenden Pflege- und Betreuungsarrangements* übernehmen motivierte Angehörige wesentliche Teile der Pflege und Betreuung. Wenn sie an ihre Grenzen stoßen, stehen geeignete und genügende Ressourcen zur Verfügung, um sie passgenau zu entlasten und zu unterstützen. Unterstützungs- oder Entlastungsbedarf wird rechtzeitig erkannt und das Arrangement verfügt über geeignete Strategien, um die angehörige Person in Extremsituationen nachhaltig zu stützen.

In *resilienten Pflege- und Betreuungsarrangements* übernimmt eine motivierte angehörige Person die Verantwortung für die Pflege und Betreuung fast vollständig selbst. Sie verfügt über persönliche und soziale Ressourcen, um auch extreme und länger anhaltende Belastungssituationen zu bewältigen. Wo es absolut notwendig ist, zum Beispiel für Verrichtungen außer Haus oder für Pflegehandlungen, die durch Professionelle ausgeführt werden müssen, steht entsprechende Unterstützung zu Verfügung.

In *distanzierten Pflege- und Betreuungsarrangements* besteht eine distanzierte Beziehung zwischen betreuungs- und pflegebedürftiger Person und angehöriger Person in Bezug auf die Pflege und Betreuung. Die Gründe für diese Distanzierung sind vielfältig und sind zum Beispiel in der örtlichen oder beruflichen Situation, der Beziehung zur pflege- und betreuungsbedürftigen Person oder ihrer Einstellung zur Pflege- und Betreuungsrolle zu suchen. Der Prozess der Aneignung der Pflege- und Betreuungsrolle durch die angehörige Person findet nicht statt. Die angehörige oder die zu betreuende Person setzt dem Engagement enge Grenzen. So leisten Dritte, professionelle ambulante oder stationäre Dienste, in

---

[2] „kritisch" wird bezogen auf das Arrangement im Sinne der Bedeutung „eine möglicherweise das Arrangement gefährdende Wende ankündigend", nicht auf die Haltung oder Einstellung der beteiligten Personen.

Anwendung systemdynamischer Modelle im Sozialplanungsprozess 335

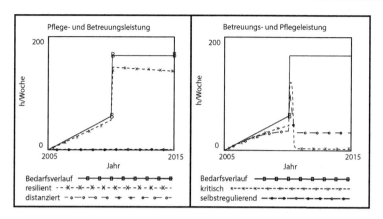

Abb. 7 Zeitverlauf der Systemvariable „Pflege- und Betreuungsleistung". Fixiert ist der Verlauf des Pflege- und Betreuungsbedarfs (durchgezogene Linie in beiden Abbildungen). Die simulierten Verläufe für die vier Systemverhaltenstypen sind mit den gestrichelten und gepunkteten Linien dargestellt.

Ausnahmefällen Freiwillige, den überwiegenden Teil der Pflege und Betreuung. Bei distanzierten Arrangements besteht allerdings ein erhöhtes Risiko, dass Pflegebedürftige keine bedarfsgerechte Pflege und Betreuung erhalten, wenn der Zugang zu professionellen Leistungen fehlt.

In Abb. 7 ist das simulierte Verhalten der Systemvariablen „Pflege- und Betreuungsleistung" für exemplarische Vertreter der vier Systemverhaltenstypen dargestellt.

Fixiert sind für alle vier dargestellten Fallverläufe die äußeren Einflüsse auf das System. Der wichtigste solche äußere Einfluss ist der Zeitverlauf des Pflege- und Betreuungsbedarfs. Dessen Verlauf über den Simulationszeitraum ist in der Grafik mit der durchgezogenen Linie dargestellt. Von Anbeginn der Betreuungsbedürftigkeit im Jahr 2005 steigt der Bedarf von anfänglich 0 linear auf 50 Stunden pro Woche im Jahr 2010. Zu diesem Zeitpunkt verschlechtert sich der Zustand der betreuungsbedürftigen Person massiv. Ab dem Jahr 2010 bis zu ihrem Tod im Jahr 2015 ist die Person rund um die Uhr pflegebedürftig (168 Stunden pro Woche). Die Zeitverläufe der Pflege- und Betreuungsleistung für die vier Systemverhaltenstypen wiederspiegeln Aspekte der oben dargestellten, textlichen Beschreibung:

- Distanziertes Arrangement: Die Pflege- und Betreuungsleistung der pflegenden und betreuenden Angehörigen steigt nie über wenige Stunden pro Woche an.

- Resilientes Arrangement: Die pflegende und betreuende Angehörige deckt mit ihrer Leistung den Bedarf während des gesamten Simulationszeitraums weitgehend ab.
- Kritisches Arrangement: Bis zum Jahr 2010 deckt die pflegende und betreuende Angehörige mit ihrer Leistung den Bedarf weitgehend. Zu diesem Zeitpunkt kommt es zu einem sprungartigen Anstieg des Bedarfs. Das Pflege- und Betreuungsarrangement ist zu diesem Zeitpunkt nicht in der Lage, die pflegende und betreuende Angehörige genügend zu entlasten. Deshalb bricht diese zusammen und nimmt die Pflege- und Betreuung nicht weiter wahr, obwohl sie sich mit dieser Rolle stark identifiziert.
- Selbstregulierendes Arrangement: Bis zum Jahr 2010 verläuft die Pflege- und Betreuungsleistung ähnlich wie im kritischen Arrangement. Beim sprungartigen Anstieg des Bedarfs entlastet das Arrangement die pflegende und betreuende Person. Sie ist weiterhin in der Lage, einen wesentlichen Teil der Pflege gemäß ihrem angepassten Rollenverständnis auszuüben.

Die unterschiedlichen Systemverhaltenstypen kommen in der Simulation dadurch zustande, dass unterschiedliche Eingabegrößen gewählt werden. So entfalten jeweils andere der im kausalen Diagramm dargestellten Wirkmechanismen Effekte, welche das Zeitverhalten des Systems entscheidend beeinflussen. Die Zeitverläufe sind an sich wenig überraschend. Die Beteiligten am Group-Model-Building-Prozess mit theoretischem und/oder praktischem Bezug zur Thematik bestätigen, dass alle identifizierten Verlaufsmuster in Pflege- und Betreuungsarrangements oft vorkommen. Dies stellt eine weitere Plausibilisierung des Modells dar.

Wichtiger als die einzelnen Verläufe ist, dass das Modell eine konsistente kausale Erklärung für alle diese oft beobachteten Verhaltenstypen darstellt. Dadurch können unterschiedliche Charakteristika von Pflege- und Betreuungsarrangements direkt mit den Systemverhaltenstypen in Verbindung gebracht werden. Die gewählten Eingabegrößen beschreiben das Pflege- und Betreuungsarrangement und bestimmen, zu welchem Systemverhaltenstyp dieses zugehörig ist. Zu jedem Systemverhaltenstyp gibt es einen zugehörigen Bereich von Eingabegrößen. An der Grenze zwischen den Bereichen zweier Systemverhaltenstypen hat das Modell die Eigenschaft, dass *kleine Änderungen an den Eingabegrößen große Änderungen im Systemverhalten bewirken.* Dadurch sind die Übergänge zwischen Paaren von Systemverhaltenstypen für die Analyse von Maßnahmen von besonderer Bedeutung. Eine Intervention durch Dienstleistungsorganisationen verändert nämlich die Charakteristik des Arrangements und wird im Modell durch Veränderung der Eingabegrößen abgebildet. Von besonderem Interesse sind Interventionen, die ein Arrangement von einem Systemverhaltenstyp in einen anderen bewegen.

→	distanziert	kritisch	selbstregulierend	resilient
distanziert	■	⋮⋮⋮	▓▓▓	▓▓▓
kritisch	⋮⋮⋮	■	▓▓▓	▓▓▓
selbstregulierend	╱╱╱	╱╱╱	■	▓▓▓
resilient	╱╱╱	╱╱╱	╱╱╱	■

Abb. 8 Übergänge zwischen Systemverhaltenstypen mit Bewertung. Unerwünschte Wirkungen schraffiert, erwünschte Wirkungen kariert, Wirkungen ohne eindeutige Bewertung gepunktet.

Diese entfalten eine große „Hebelwirkung." Kleine Veränderungen am Arrangement bewirken große Änderungen in dessen Verhalten über die Zeit.

3.9 Analyse von Maßnahmen

Ausgehend von allen vier Verhaltenstypen wird untersucht, welche Übergänge in einen anderen Verhaltenstyp durch eine Maßnahme ausgelöst werden können. Total existieren zwölf Übergänge zwischen Paaren von Systemverhaltenstypen. Diese sind in Abb. 8 dargestellt. Eine Zeile der Tabelle steht jeweils für den Systemverhaltenstypen, zu dem ein bestimmtes Pflege- und Betreuungsarrangement ohne Intervention gehört. Die Spalten in der Tabelle entsprechen dem Systemverhaltenstypen nach der Intervention. Die Muster der Tabellenzellen entsprechen der Bewertung des entsprechenden Übergangs aus Sicht der Projektgruppe. Schraffierte Felder stehen für unerwünschte Wirkungen. Löst eine Intervention also einen schraffiert markierten Übergang zwischen Systemverhaltenstypen aus, dann sollte diese vermieden werden. Kariert markierte Felder stehen für erwünschte Wirkungen. Diese Wirkungen von Interventionen werden angestrebt. Gepunktet markierte Felder stehen für Wirkungen, die sich nicht eindeutig bewerten lassen.

3.10 Maßnahmenkatalog

Im Beteiligungsprozess wurde eine Liste möglicher Maßnahmen zusammengetragen, welche aufgrund der praktischen Erfahrung sinnvoll erscheint. Bei dieser Liste stellen sich folgende Schwierigkeiten:

- Einen Katalog möglicher Maßnahmen zusammenzustellen, welcher bei den unterschiedlichen Zielgruppen spezifisch erwünschte Wirkungen zeigt.

→	distanziert	kritisch	selbstregulierend	resilient
distanziert		Lohnersatz	Lohnersatz	Lohnersatz
kritisch				
selbstregulierend		Lohnersatz		Lohnersatz
resilient				

Abb. 9 Mögliche erwünschte und unerwünschte Wirkungen der Maßnahme „Lohnersatz"

- Im Maßnahmenkatalog den Überblick über mögliche unerwünschte Wirkungen zu behalten.
- Wo dies nicht möglich ist, weil es auf Kosten der erwünschten Wirkung gehen würde, Begleitmaßnahmen zur Verfügung zu stellen, die das Abdämpfen von unerwünschten Wirkungen ermöglichen.

Für die Planungsbeauftragten der Städte wurden die vorgeschlagenen Maßnahmen mithilfe des Modells klassiert. Für jede vorgeschlagene Maßnahme wurden dazu die Übergänge in Abb. 8 notiert, die die Maßnahme auslösen kann. Dazu wird eine Annahme getroffen, welche Eingabegrössen des Modells durch eine Maßnahme verändert werden. Mittels Simulation wird ermittelt, welche Übergänge zwischen Systemverhaltenstypen diese Veränderung auslösen kann. Dies ist in Abb. 9 exemplarisch für die Maßnahme „Lohnersatz" dargestellt.[3] In einem Katalog werden die möglichen Wirkungen von Maßnahmen so beschrieben. Dadurch erhalten Planungsbeauftragte einen Überblick über mögliche Wirkungen der Maßnahmen auf unterschiedliche Typen von Pflege- und Betreuungsarrangements.

4 Diskussion

Im beschriebenen Projekt wurden Unterstützungsleistungen für pflegende und betreuende Angehörige älterer Menschen geplant. Dabei wurde ein gängiger Sozialplanungszyklus mit mathematischer Modellbildung und Computersimulation ergänzt. Am Group-Model-Building-Prozess beteiligten sich Personen der Fachhochschule St. Gallen, der Verwaltungen der drei Partnerstädte und derer Dienstleistungsorganisationen. Dabei wurden die folgenden Ergebnisse erreicht:

---

[3]Auf eine detaillierte Beschreibung der Maßnahme wird hier verzichtet.

1. Gemeinsame Problemdefinition: Mit dem Modell wurden Zeitverlaufsmuster von Pflege- und Betreuungsarrangements erklärt. Im Fokus stand der Verlauf der Pflege- und Betreuungsleistung durch eine bestimmte angehörige Person.
2. Kausales Diagramm: Dieses stellt die wichtigsten Wirkmechanismen dar, welche die Zeitverlaufsmuster erklären. Im kausalen Diagramm werden die unterschiedlichen Perspektiven der Prozessbeteiligten verbunden. Das Ergebnis stellt die zum Projektende erreichte konsensuale Sicht dar.
3. Formales Computersimulationsmodell: Dieses Modell basiert auf den Wirkmechanismen des kausalen Diagramms.
4. Überprüfung des kausalen Diagramms: Dazu wurden Simulationsergebnisse mit Zeitverlaufsmustern realer Fälle verglichen, die aus Interviewdaten rekonstruiert wurden.
5. Identifizieren von Systemverhaltenstypen: Mittels Computersimulation wurden vier Zeitverlaufsmuster identifiziert und als kritischer, distanzierter, resilienter und selbstregulierender Systemverhaltenstyp von Pflege- und Betreuungsarrangements beschrieben.
6. Wirkungsüberprüfung: Mit der Computersimulation wurde untersucht, welche Veränderungen an Pflege- und Betreuungsarrangements zu welchen Übergängen zwischen den Systemverhaltenstypen führen.
7. Differenzierung nach Typen: Die Wirkungen von Interventionen wurden differenziert nach Systemverhaltenstypen in einem Maßnahmenkatalog beschrieben. Dies erlaubte für die Städte eine massgeschneiderte Kombination und Priorisierung der Maßnahmen.

Die Methode erlaubt es also, praxisrelevante Handlungsempfehlungen abzugeben, die abgestützt sind auf Empirie, Expertise und Beteiligung.

Wie in Abschn. 2.2 gezeigt wurde, ist die Legitimierung von Maßnahmen in der Sozialplanung zentral. Dazu muss einerseits der Bedarf für die Maßnahmen von den Beteiligten anerkannt werden; andererseits muss die erwünschte Wirkung der Maßnahmen auf die Zielgruppen plausibel sein. Das im Gruppenprozess entstandene kausale Diagramm schafft dafür eine Grundlage, weil darin die gemeinsame Sicht auf Wirkungszusammenhänge im einzelnen Pflege- und Betreuungsarrangement abgebildet ist. Mit der Typologie der Verhaltenstypen kann beschrieben werden, welcher Maßnahmen es jeweils bedarf, um einen bestimmten Verhaltenstypen in die gewünschte Richtung zu beeinflussen.

Simulationsexperimente ermöglichen, die Wirkung veränderter Maßnahmen in einem bestimmten Pflege- und Betreuungsarrangement im Zeitverlauf zu untersuchen. Damit können Ist/Soll-Analysen in Bezug auf die angebotenen Dienstleistungen und Rahmenbedingungen vorgenommen und erwünschte und unerwünschte Effekte besser gesteuert werden. Im Praxisbeispiel wurden im Rahmen eines Beteiligungsprozesses „in der realen Welt" (vgl. Abschn. 3.5) und teilweise vor dem Hintergrund des kausalen Diagramms Maßnahmenvorschläge für die Unterstützung pflegender und betreuender Angehöriger erarbeitet (vgl. Abschn. 3.10). Dank der Koppelung mit den Simulationsergebnissen („Modell") konnten die Maßnahmen wesentlich differenzierter im Hinblick auf ihre Wirkungen beurteilt werden, als dies ohne Simulation möglich gewesen wäre. Insbesondere konnte die Komplexität der einzelnen Pflege- und Betreuungsarrangements mit vier idealtypischen Systemverhaltensmustern beschrieben werden. In der Anfangsphase des Projektes war es hingegen nicht gelungen, auf Basis plausibler Hypothesen wie geplant „Falltypen" zu bilden. Die Typologie ermöglichte es, auf einer „handhabbaren" Komplexitätsstufe Aussagen über Wirkungen von Maßnahmen in unterschiedlichen Pflege- und Betreuungsarrangements zu treffen. Es konnten somit Empfehlungen zu den vorgeschlagenen Maßnahmen abgegeben werden, anhand derer Städte und Dienstleistungsorganisationen Maßnahmen gezielt kombinieren und priorisieren können. Für die Dienstleistungsorganisationen und Städte wurde so ein Planungsbeitrag geleistet, den sie als wertvoll einschätzen.

4.1 Ausblick

Allerdings kann mit dem erzielten Ergebnis noch nicht sichergestellt werden, dass Anreizsysteme oder Regularien auf Ebene der gesamten Stadt (des gesamten Unterstützungssystems) tatsächlich die im Hinblick auf sozialpolitische Ziele günstigen Maßnahmen im richtigen Umfang auslösen. So könnte bspw. eine Reduktion der Plätze in Pflegeheimen zu einem Ausbau von ambulanten Dienstleistungen führen, weil die Nachfrage danach steigen würde. Ein zu großer Ausbau ambulanter Dienste könnte einen Anreiz zur Reduktion der Leistungen von Angehörigen führen, ein zu geringer zu ihrer übermäßigen Belastung und Ausbrennen.

Um solche Zusammenhänge und ihre Auswirkungen abzubilden, wäre es sinnvoll, ein kausales Diagramm der Makroebene „Stadt" zu erstellen und mit dem Modell der Pflege- und Betreuungsarrangements zu koppeln. In ein solches Makromodell müssten sowohl sozial-ökologische Rahmenbedingungen als auch die Dienstleistungen des gesamten Unterstützungssystems einbezogen werden. Das Makromodell würde die politischen Instanzen darin unterstützen, durch Setzen von Rahmenbedingungen und Anreizen den Verlauf der Pflege- und Betreuungsarrangements in Richtung der sozialpolitischen Ziele (bspw. „Erhalten und Nützen der Ressourcen pflegender und betreuender Angehöriger") zu beeinflussen.

Literatur

Backes, Gertrud M, Ludwig Amrhein 2011. Kommunale Alten- und Seniorenpolitik. In *Handbuch Kommunale Sozialpolitik*, Hrsg. Heinz-Jürgen Dahme, und Norbert Wohlfahrt, 243–253. Wiesbaden: Springer VS.

Bericht des Bunderates. 2014. *Unterstützung für betreuende und pflegende Angehörige. Situationsanalyse und Handlungsbedarf für die Schweiz*, 229. Bern: Schweizerische Eidgenossenschaft.

Blinkert, Baldo. 2007. Bedarf und Chancen. Die Versorgungssituation pflegebedürftiger Menschen im Prozess des demografischen und sozialen Wandels. *Pflege & Gesellschaft* 12.

Böhmer, Anselm. 2015. *Konzepte der Sozialplanung. Grundwissen für die Soziale Arbeit*. Wiesbaden: Springer VS.

Dahme, Heinz-Jürgen, und Norbert Wohlfahrt. 2015. *Soziale Dienstleistungspolitik. Eine kritische Bestandsaufnahme*. Wiesbaden: Springer VS.

Deutscher Verein für öffentliche und private Fürsorge. 2011. Eckpunkte für eine integrierte Sozial- und Finanzplanung in Kommunen. https://www.deutscher-verein.de/de/uploads/empfehlungen-stellungnahmen/2011/dv-08-11.pdf. Zugegriffen: 12. Feb 2016.

Forrester, Jay W. 1961. *Industrial Dynamics*. Cambridge: MIT Press.

Fringer, André, Livia Kiener, und Nicole Schwarz. 2013. Situation pflegender Angehöriger in der Stadt St.Gallen (SitPA-SG). Forschungsprojekt im Auftrag der Stadt St.Gallen. Abschlussbericht. St.Gallen: Institut für Angewandte Pflegeforschung (IPW-FHS), FHS St.Gallen, Hochschule für Angewandte Wissenschaften.

Gebert Rüf Stiftung. 2016. Handlungsfeld „BREF- Brückenschläge mit Erfolg". http://www.grstiftung.ch/de/portfolio/handlungsfelder/laufende_handlungsfelder/bref.html. Zugegriffen: 11. Feb 2016.

Mainzer, Klaus. 2015. Prozesse in komplexen dynamischen Systemen. In *Prozesse, Formen, Dynamiken, Erklärungen*, Hrsg. Rainer Schützeichel, und Stefan Jordan, 264–271. Wiesbaden: Springer VS.

Perrig-Chiello, Pasqualina, und Francois Höpflinger (Hrsg.). 2012. *Pflegende Angehörige älterer Menschen. Probleme, Bedürfnisse, Ressourcen und Zusammenarbeit mit der ambulanten Pflege*. Bern: Verlag Hans Huber, Hogrefe AG.

Rudin, Melania, und Silvia Strub. 2014. *Zeitlicher Umfang und monetäre Bewertung der Pflege und Betreuung durch Angehörige. Datenzusammenstellung und Factsheet*. Bern: Spitex Verband Schweiz.

Schubert, Herbert. 2011. Netzwerkmanagement und kommunales Versorgungsmanagement. In *Handbuch Kommunale Sozialpolitik*, Hrsg. Heinz-Jürgen Dahme, und Norbert Wohlfahrt, 347–359. Wiesbaden: Springer VS.

Schubert, Herbert. 2014. *Sozialplanung als Instrument der Kommunalverwaltung in Nordrhein-Westfalen – eine Strukturanalyse in den Städten und Kreisen*. Fachhochschule Köln, Fakultät für angewandte Sozialwissenschaften.

Schubert, Herbert, Stephanie Abels, Karin Papenfuss, Holger Spieckermann, und Katja Veil. 2015. Neuer Infrastrukturansatz für die sozialräumliche Altenhilfe. In *Sozialer Raum und Alter(n)*, Hrsg. Anne Van Riessen et al., 131–154. Wiesbaden: Springer VS.

Sterman, John D. 2000. *Business dynamics: systems thinking and modeling for a complex world*. New York: Irwin/McGraw-Hill.

Vennix, Jay A.M. 1996. *Group model building: Facilitating team learning using system dynamics*. Chichester: Wiley.

Martin Müller ist Co-Leiter des Instituts für Soziale Arbeit (IFSA-FHS) der Hochschule für Angewandte Wissenschaften St. Gallen, Schweiz. Er war Mitglied des Projektteams und ab Juni 2015 Leiter des Forschungs- und Entwicklungsprojekts „Unterstützung pflegender und betreuender Angehöriger älterer Menschen". E-Mail: martin.mueller@fhsg.ch

Alexander Scheidegger ist Dozent am Institut für Modellbildung und Simulation (IMS-FHS) der Hochschule für Angewandte Wissenschaften St.Gallen, Schweiz. Im Entwicklungsprojekt „Unterstützung pflegender und betreuender Angehöriger älterer Menschen" verantwortete er den Group Model Building Prozess und die Entwicklung und Analyse des formalen Simulationsmodells. E-Mail: alexander.scheidegger@fhsg.ch

Teil V
Social Entrepreneurship

Social Entrepreneurship als neues Leitbild der Sozialpolitik?

Von medialen Hypes und empirischer Evidenz eines neuen Phänomens

Katrin Schneiders

1 Social Entrepreneurship als neue sozialpolitische Organisationsform?

In den letzten Jahren wird von Politik und Teilen der Sozial- und Wirtschaftswissenschaft das sogenannte „Social Entrepreneurship" als neue sozialpolitische Organisationsform propagiert. So spricht das Bundesfamilienministerium den neuen „Sozialunternehmern" eine besondere Bedeutung zu, „weil sie aus einem gesellschaftlichen Antrieb heraus mit unternehmerischen Mitteln dazu beitragen, dass für unser Gemeinwesen relevante Herausforderungen wirksam bearbeitet und einer Lösung zugeführt werden" (BMFSFJ/Deutscher Bundestag 2012, S. 7).

Gemäß des Leitbildes „Everyone can change the world" (Bornstein 2007) werden in Deutschland unter dem Begriff des „Social Entrepreneurship" v.a. solche Unternehmen(sgründungen) subsummiert, die für sich in Anspruch nehmen, ökologische und soziale Probleme unter Einbezug betriebswirtschaftlicher Instrumente zu lösen. Zu den Handlungsfeldern gehören Klimaprojekte, Angebote für Kinder aus bildungsfernen Familien, niedrigschwellige Betreuungs- und Beratungsangebote für Familien, die Integration benachteiligter Bevölkerungsgruppen in den Arbeitsmarkt etc. Das Labeling „Social Entrepreneurship" geht u. a.

K. Schneiders (✉)
Hochschule Koblenz, Fachbereich Sozialwissenschaften,
Koblenz, Deutschland
E-Mail: schneiders@hs-koblenz.de

auf zwei stiftungsfinanzierte Agenturen zurück, die derartige Projekte unterstützen. Diese Unterstützungsagenturen – Ashoka und Schwab Foundation – agierten zunächst v.a. im angelsächsischen Raum, in den letzten Jahren werden jedoch auch zunehmend Projekte in Deutschland gefördert. Die Förderung besteht dabei vor allem aus einer hochprofessionellen Öffentlichkeitsarbeit sowie Fort- bzw. Weiterbildungsangeboten für (angehende) Gründer/-innen in den genannten Bereichen.

Im Kontext einer zunehmenden Ökonomisierung des sozialen Dienstleistungssektors (Heinze und Schneiders 2013), geriert die Zielsetzung der Social Entrepreneurs, durch eine „Verbindung von gesellschaftlicher Zielsetzung und unternehmerischer Funktionsweise sowohl für die Herausforderung der Finanzierung, als auch für die Herausforderung der Maximierung gesellschaftlichen Mehrwerts zukunftsweisende Impulse, auf die der Sozialsektor zunehmend angewiesen ist" (Oldenburg 2011, S. 156) zu entwickeln, zu einer verheißungsvollen Vision. Dies umso mehr, als mit den Wohlfahrtsverbänden die etablierten Akteure zunehmend mit Legitimationsproblemen zu kämpfen haben. Während für die „Social Entrepreneure" die Integration marktwirtschaftlicher Instrumente das Mittel der Wahl ist, haben sich die Wohlfahrtsverbände in den letzten 20 Jahren zunächst nur sehr widerwillig dem Ökonomisierungsmainstream gebeugt und neue Finanzierungsmodelle und Anforderungen an Wirkungsnachweise akzeptiert (Heinze und Schneiders 2013). Aktuell wird vielen Einrichtungen und Angeboten vorgeworfen, den durch die öffentlichen Kostenträger aufgebauten Druck ungebremst an die Mitarbeitenden weiterzugeben (Evans et al. 2013).

Ein Blick in die Geschichte zeigt, dass die Social Entrepreneure mit der Betonung der Bedeutung des zivilgesellschaftlichen Engagements Leitbilder aufnehmen, die auch die Sozialen Bewegungen der 1970er und 1980er in Deutschland aufweisen. In den 1990er Jahren wurde ein Großteil dieser Initiativen in den damaligen DPWV (heute Paritätischer Wohlfahrtsverband) integriert und ist heute Teil des korporatistischen Wohlfahrtsstaates. Von den neuen Akteuren geht insofern ein hoher Reiz aus, als sie (vermeintlich) eine Reaktivierung des Sozialen und eine Versöhnung von Unternehmertum und Gemeinwohl versprechen. Die „Mission Wohlfahrtsmarkt" (vgl. den gleichnamigen Titel von Grohs et al. 2014) jenseits etablierter Strukturen nimmt in ihnen Gestalt an. Im Folgenden werden nach einer Vorstellung der begrifflichen Vielfalt (Kap. Meritorik in der Sozialwirtschaft) vier Social Entrepreneure beispielhaft vorgestellt. Die Darstellung hat dabei eher den Charakter von „empirischen Anekdoten"[1] als systematischen Fallstudien.

---

[1] Ein Begriff, den ich aus einem Vortrag von Peter Zängl übernommen habe.

Auf dieser Basis wird abgeleitet, welche Herausforderungen, aber auch Chancen sich für etablierte Akteure ergeben (Kap. Über die Nichtsteuerbarkeit der Jugendhilfe und die gemeinsame Verantwortung von öffentlichen und freien Jugendhilfeträgern). Der Beitrag schließt mit einem Fazit, in dem die Bedeutung der Social Entrepreneure für den deutschen Wohlfahrtsstaat eingeschätzt wird.

2 Begriffliche Annäherung

Wodurch unterscheiden sich „Social Entrepreneure" von anderen Organisationen, die soziale Dienstleistungen in Deutschland anbieten? Angelehnt an die Nähe zu marktwirtschaftlichen Instrumenten/Modellen liegt eine Abgrenzung zu den Wohlfahrtsverbänden, die auch unter der Bezeichnung „freigemeinnützige Anbieter" geführt werden, auf der Basis der Rechtsform nahe. Bei genauerem Hinsehen ist jedoch feststellbar, dass in einigen dem frei-gemeinnützigen Sektor zugeordneten Einrichtungen bzw. ambulanten Angeboten durchaus auch unternehmerische bzw. marktgetriebene Elemente erkennbar sind. So bezeichnet sich bspw. die CBT Köln als sozialwirtschaftliches Unternehmen, das eine Vielzahl von unternehmerischen Elementen integriert hat; ähnlich wie die Stiftung Liebenau in Baden-Württemberg. Hinzu kommen immer mehr frei-gemeinnützige Anbieter, die (privat-gewerbliche) Tochtergesellschaften ausgründen. Auf der anderen Seite sind nicht alle privat-gewerblichen Anbieter ausschließlich renditeorientiert. Auch hier finden sich – insbesondere bei den kleinen und mittelständischen Unternehmen – viele Organisationen, dessen Wirtschaftsbetrieb auf Kostendeckung und nicht auf Rendite ausgerichtet ist. Die Rechtsform einer Organisation ist demnach nicht (mehr) mit einer Handlungsorientierung gleichzusetzen (vgl. hierzu auch die Beiträge in Hopt et al. 2005).

Social Entrepreneurs als hybride Organisationsformen, die verschiedene Rechtsformen vom gemeinnützigen e.V. bis hin zur (erwerbswirtschaftlichen) GmbH oder GbR aufweisen können, sind mit den vorhandenen Statistiken, die i. d. R. die Daten auf der Basis von Rechtsformen differenzieren, nur unzureichend erfassbar.

Bei den Social Entrepreneurs handelt es sich vor allem (aber nicht nur) um junge Menschen, die sich einem von ihnen wahrgenommenen gesellschaftlichen Problem annehmen und versuchen, es zu lösen – jenseits etablierter Strukturen und mit dem Ziel des wirtschaftlichen Erfolgs. Hier ist die Vision erkennbar, gesellschaftliche Lösungen zu entwickeln, die den Gegensatz zwischen marktwirtschaftlicher Rationalität und solidarischem Handeln überwinden. Eine wichtige Annahme der Social Entrepreneure ist dabei, dass ökonomische Handlungsstile hinsichtlich der Effektivität und Effizienz anderen, vor allem bürokratischen, überlegen sind. Dabei verfolgen die Akteure das Ziel, soziale Probleme wirtschaftlich tragfähig zu lösen – oft unter Einbeziehung neuer Formen ehrenamtlichen bzw. zivilgesellschaftlichen Engagements. Gemeinsam ist vielen, von den Unterstützungsorganisationen Ashoka bzw. Schwab Foundation geförderten Projekten bzw. Organisationen u. a. eine charismatische Gründerpersönlichkeit, die Integration prominenter Unterstützer/-innen v.a. zur Erreichung medialer Ressourcen, ein aktives Fundraising jenseits öffentlicher Finanzierungsmittel sowie das Aufgreifen von Feldern des sozialen Dienstleistungssektors, die sich besonders gut vermarkten lassen.

Bislang hat sich in Deutschland keine einheitliche Definition des aus dem angelsächsischen Bereich stammenden Begriffs des „Social Entrepreneurship" durchsetzen können. Eine Übersetzung aus dem Englischen („Sozialunternehmertum") ist angesichts der Besetzung dieses Begriffs auch durch etablierte Akteure bzw. der Wohlfahrtsverbände wenig eindeutig (vgl. die Beiträge in Brinkmann 2014).

Social Entrepreneurship weist eine hohe Heterogenität auf und zeichnet sich durch Innovativität, Hybridität und transzendente Lösungsansätze aus, die mit unternehmerischen Mitteln erreicht werden sollen und dabei zwar nicht zwangsläufig renditeorientiert sind, es aber sein können. Innerhalb des Social Entrepreneurship-Sektors können sehr unterschiedliche Organisationsformen verortet werden. Das Spektrum reicht dabei von der unternehmensnahen Stiftung mit einem Budget von mehreren Millionen Euro und dem Mitarbeiterstab eines Konzerns über die Initiative eines Einzelnen, der sich eines von ihm als drängend empfundenen sozialen Problems annimmt und dies zunächst als Einzelunternehmer ohne weitere Mitarbeiter/-innen bearbeitet. Quantitative Daten zur Zahl der Organisationen und ihrer Beschäftigten sowie den von ihnen bearbeiteten Tätigkeitsfeldern sind bislang nur in unsystematischer Form vorhanden. Dies ist vor allem auf die Hybridität der Organisationen zurückzuführen, die eine klare Zuordnung erschwert. Erste empirische Studien (vgl. die Beiträge in Jansen et al. 2013) zur Bedeutung und Reichweite von Social Entrepreneurship zeigen, dass die neuen Akteure allenfalls Nischen der Sozial- bzw. Arbeitsmarktpolitik bedienen.

3 Fallbeispiele

Vor diesem Hintergrund soll im Folgenden anhand von einigen Fallbeispielen aufgezeigt werden, in welchen Feldern sich neue Akteure im sozialen Dienstleistungssektor engagieren und inwiefern sie sich von den traditionellen Anbietern unterscheiden. Vorgestellt werden Projekte bzw. Organisationen, die mit einem der zahlreichen Awards der Social-Entrepreneurship-Szene ausgezeichnet wurden und/oder zu den Ashoka Fellows gehören (vgl. für weitere Beispiele Rummel 2011).

3.1 Spread the Word

Im Jahr 2009 gewannen drei Studierende der privaten Zeppelin Universität den bundesweiten Studenten-Wettbewerb „impACT³" mit ihrem Projekt „Spread the Word". Gemäß dem Motto „Marktschreier für gute Ideen" wollten die Studierenden das Marketing für Produkte, die in Justizvollzugsanstalten hergestellt werden, professionalisieren. Und zwar mit zwei Zielsetzungen: zum einen die ökonomischen Renditen zu erhöhen, um somit den Insassen höhere Löhne zahlen zu können und zum anderen „durch begleitende kommunikative Maßnahmen auf die gesellschaftlichen Hintergründe von Kriminalität aufmerksam zu machen" (Selbstdarstellung). Mit den Mitteln aus dem Award wurde ein Marketingkonzept für Taschen aus LKW Planen, die in der Justizvollzugsanstalt Heilbronn gefertigt wurden, erstellt. Darüber hinaus investierten die Gründer/-innen ihre eigene Arbeitszeit. Das Businesskonzept sah weiterhin vor, dass das zu gründende Unternehmen an den Vermarktungserlösen aus der Produktion der JVA beteiligt werden sollte, darüber hinaus war geplant, dass 5 % der Gewinne an Resozialisierungsprojekte gespendet werden sollten. Die Mittel aus dem Award konnten zwar ein erstes Projekt tragen, mittlerweile ist das Projekt jedoch eingestellt worden. Die drei Studierenden haben sich nach Abschluss des Studiums nicht dazu entschieden, die Idee weiterzuverfolgen, sondern haben sich für Masterstudiengänge bzw. andere berufliche Perspektiven entwickelt.

3.2 wellcome gGmbH

Als Konsequenz auf Meldungen über Vernachlässigungen, Misshandlungen und Missbrauch von sehr kleinen Kindern ist die Unterstützung und Beratung von jungen Eltern in den letzten Jahren verstärkt in den Fokus der Sozialpolitik geraten. Öffentliche Unterstützungsangebote gemäß §§ 27ff. SGB VIII konzentrieren sich oftmals auf sozial benachteiligte Familien. Das von Rose Volz-Schmidt 2002 initiierte Projekt „wellcome – Praktische Hilfe nach der Geburt" setzt zwar auch an der Unterstützung junger Familien an, fokussiert aber weniger die Defizite der Eltern. Vielmehr versteht sich „wellcome" als niedrigschwelliges Angebot für alle jungen Familien. Primäre Motivation war die eigene Betroffenheit der Gründerin, die als junge Mutter in einem neuen Wohnumfeld über keinerlei nachbarschaftliche, familiäre oder freundschaftliche Kontakte verfügte. Ziel von „wellcome" ist die Unterstützung von jungen Familien im ersten Jahr nach der Geburt eines Kindes. Hierfür vermittelt „wellcome" Ehrenamtliche, die die Familien in einem zeitlich festgelegten Rahmen (in der Regel zweimal pro Woche für einige Stunden) bei Alltagstätigkeiten unterstützen. Hierzu gehören Tätigkeiten wie die Betreuung des Säuglings oder der älteren Geschwisterkinder, die Begleitung bei Arztbesuchen oder die Übernahme von kleineren Besorgungen. Mithin Tätigkeiten, die auch Freunde oder Familienangehörige übernehmen könnten und für die keine fachliche Qualifikation erforderlich ist. Die Leistungen werden ohne monetäre Kompensationen erbracht: für die Eltern sind die Unterstützungsleistungen kostenlos und auch die Ehrenamtlichen erhalten für ihre Tätigkeit keine finanzielle Gegenleistung. Zur Finanzierung der Organisation der Unterstützungsangebote, der Schulung der Ehrenamtlichen sowie der fachlichen Begleitung nutzte „wellcome" in der Gründungsphase hauptsächlich Spendengelder und eine Anschubfinanzierung als Ashoka-Fellow. Mittlerweile handelt es sich um ein bundesweites Angebot, das in ca. 240 Städten mit über 4500 ehrenamtlichen Mitarbeitern umgesetzt wird. Das Wachstum wird im Wesentlichen in Form eines Franchise Konzeptes realisiert. Der Zentrale in Hamburg obliegt die Koordination der bundesweiten Öffentlichkeitsarbeit sowie das Betreiben einer Hotline, während die Vermittlungsleistungen von „wellcome"-Teams vor Ort erbracht werden, die in der Regel an Kommunalverwaltungen oder freie Träger angegliedert sind. Hauptfinanzierungsquelle der Zentrale sind weiterhin Spendengelder, in zunehmendem Maße jedoch auch Franchisegebühren von zurzeit ca. 500 Euro jährlich, die die einzelnen „wellcome"-Teams an die Zentrale entrichten.

Die erhebliche Expansion des Projektes ist auch auf die Auflage der Bundesinitiative „Frühe Hilfen" zurückzuführen. Seit 2012 stellt der Bund im Rahmen dieser Initiative den Ländern und Kommunen 177 Mio Euro zur Verfügung. Damit sollen niedrigschwellige Angebote finanziert werden, die die Hilfen zur Erziehung gemäß § 31 SGB VIII und gemäß §§27ff. SGB VIII ergänzen. Förderfähig sind laut Verwaltungsvereinbarung u. a. „Ehrenamtsstrukturen und in diese Strukturen eingebundene Ehrenamtliche im Kontext Früher Hilfen, die in ein für Frühe Hilfen zuständiges Netzwerk eingebunden sind, hauptamtliche Fachbegleitung erhalten, Familien alltagspraktisch begleiten und entlasten und zur Erweiterung sozialer familiärer Netzwerke beitragen" (Verwaltungsvereinbarung zur Bundesinitiative Netzwerke Frühe Hilfen und Familienhebammen 2012–2015 gem. § 3 Absatz 4 des Gesetzes zur Kooperation und Information im Kinderschutz).

Das Projekt „wellcome" erfüllt die Anforderungen an Personal und Organisationsstrukturen dieser Verwaltungsvereinbarung in geradezu beispielhafter Weise.

Folgerichtig werden die Mittel aus der Bundesinitiative in vielen Kommunen u. a. für die Finanzierung der hauptamtlichen Mitarbeiter der „wellcome" Teams vor Ort sowie die Franchisegebühren verwandt.

3.3 Chancenwerk e.V.

Ein zentrales Ergebnis der empirischen Bildungsforschung ist, dass Kinder mit Migrationshintergrund in Deutschland vergleichsweise niedrigere Bildungsabschlüsse erreichen bzw. keinen Schulabschluss erreichen als Schüler/-innen ohne Migrationshintergrund (Klieme et al. 2010; Bos 2012; OECD 2014; Tietze et al. 2012). Da ein erheblicher Teil der Kinder mit Migrationshintergrund in Familien mit geringem ökonomischem Potenzial aufwächst (Destatis und WZB 2016, S. 235), sind Ressourcen für gewerblichen Nachhilfeunterricht meist nicht vorhanden. Hiervon ausgehend wurde 2004 von einer Gruppe Studierender der „Interkulturelle Bildungs- und Förderverein für Schüler und Studenten e.V." mit dem Ziel gegründet, Kinder mit Migrationshintergrund bei schulischen Problemen zu unterstützen. Der Verein firmiert seit 2010 unter dem Namen „Chancenwerk" und wird von einem der Gründer, Murat Vural, als Geschäftsführer geleitet. 2006 wurde der Verein bzw. Murat Vural als Ashoka Fellow aufgenommen. Die Initiative zur Gründung hat u. a. biographische Wurzeln: Murat Vural, in Herne als Sohn türkischer Eltern geboren, hat nach der Zuwanderung nach Deutschland zunächst die Hauptschule, später das Gymnasium besucht. Anschließend absolvierte er ein Studium der Elektrotechnik an der Ruhr-Universität Bochum. Als Geschäftsführer ist er derzeit hauptberuflich bei „Chancenwerk" tätig. Das Konzept von „Chancenwerk" basiert im Wesentlichen auf einer gegenseitigen Unterstützung von Schülerinnen und Schülern bzw. Studierenden. Studierende (v.a. der Universitäten des Ruhrgebietes) erteilen Kleingruppen von Schüler/-innen von Abschlussjahrgängen intensiven, fachspezifischen Förderunterricht. Hierfür erhalten die Studierenden eine Aufwandsentschädigung und/oder können sich die Aktivitäten als credit points in ihren Studiengängen anrechnen lassen. Die Aufwandsentschädigung wird durch den Verein bezahlt. Für die Schülerinnen und Schüler ist die Teilnahme kostenlos, sie verpflichten sich jedoch, zweimal pro Woche Kinder der unteren Jahrgänge bei den Hausaufgaben zu betreuen bzw. im Falle besonderen Förderbedarfs zu unterstützen. Das Angebot richtet sich an alle Schüler und Schülerinnen, die Mitglied im Verein sind und einen monatlichen Mitgliedsbeitrag in Höhe von 10 Euro entrichten. Koordiniert werden diese niedrigschwelligen Unterstützungsangebote durch „Schulkoordinatoren", bei denen es sich in der Regel um Studierende handelt. Zu Beginn des Projektes konzentrierte sich das Projekt auf Kinder mit Migrationshintergrund, mittlerweile steht es allen Schülerinnen und Schülern mit entsprechenden Bedarfen offen.

Ausgehend von der Zentrale im nordrhein-westfälischen Castrop-Rauxel wird das Konzept von „Chancenwerk" mittlerweile an 33 Schulen in 17 Städten vor allem im Ruhrgebiet, aber auch in Hamburg, Hessen und Bayern umgesetzt. Neben ca. 220 studentischen Mitarbeitern beschäftigt der Verein ca. 30 Mitarbeiter/-innen, die konzeptionelle und koordinierende Tätigkeiten übernehmen. Die Finanzierung erfolgt zu einem geringeren Teil aus Mitgliedsbeiträgen, zum größeren Teil aus Spenden von Stiftungen und Unternehmen.

3.4 IQ Consult

Bei dem vierten Beispiel handelt es sich um einen der ersten Ashoka Fellows: Norbert Kunz wurde bereits 2007 als Fellow in das Netzwerk aufgenommen. In den folgenden Jahren wurde er mehrfach mit weiteren Preisen ausgezeichnet: 2010: Social Entrepreneur of the Year und 2013: Sustainable Entrepreneurship Award. Die Projekte und Initiativen sind im Bereich der Arbeitsmarkt- und Beschäftigungspolitik zu verorten. Zu den Zielgruppen gehören sowohl Empfänger/-innen von Arbeitslosengeld II, benachteiligte Jugendliche als auch Menschen mit Behinderung, mithin Gruppen mit Schwierigkeiten zum ersten Arbeitsmarkt. IQ Consult und seine zahlreichen Tochterunternehmen bzw. Ausgründungen fungieren dabei als Bildungsträger und Beratungsunternehmen; darüber hinaus wird Gründungsberatung für „neue Sozialunternehmen" im sogenannten Social Impact Lab angeboten. Letzteres wird mit Unterstützung von zahlreichen Stiftungen sowie in Partnerschaft u. a. mit dem Paritätischen Wohlfahrtsverband angeboten. Das 1994 gegründete Unternehmen mit einer Zentrale in Berlin hat sich in den letzten Jahren stark professionalisiert und beschäftigt mittlerweile ca. 35 festangestellte Mitarbeiter/-innen. Für die Finanzierung wird auf verschiedene private und öffentliche Quellen zurückgegriffen. So wird das Social Impact Lab von einer Reihe namhafter deutscher Stiftungen unterstützt, für Projekte im Bereich der Berufsbildung bzw. Arbeitsmarktpolitik wird aber auch auf öffentliche Mittel wie Europäische Förderprogramme (EQUAL), aber auch Landes- sowie Bundesmittel (bspw. des Bundesministeriums für Familie, Senioren, Frauen und Jugend) zurückgegriffen. Auf ehrenamtliches Engagement wird u. a. im Rahmen der Gründungsberatung zurückgegriffen (Business Angels für Gründer/-innen).

3.5 Zusammenfassung

Bei drei der vier Fallbeispiele handelt es sich um Projekte, die bei ihrer Initiierung alle Indikatoren eines Social Entrepreneurships im engeren Sinne erfüllten (keine öffentliche Finanzierung, Nutzung zivilgesellschaftlichen Engagements, charismatische Persönlichkeit), die sich jedoch innerhalb kurzer Zeit in etablierte Strukturen des Wohlfahrtsmarktes integrierten bzw. sich diese zunutze gemacht haben. Die erheblichen Skalierungseffekte sind u. a. auf die Promotion durch Prominente zurückzuführen. Am Beispiel des Projektes „Spread the word" zeigt sich jedoch auch die Fragilität derartiger Initiativen. Inwiefern unterscheiden sich die mittlerweile etablierten Projekte von Angeboten der öffentlichen bzw. frei-gemeinnützigen Kinder- und Jugendhilfe (wellcome gGmbH), der Arbeits- bzw. Berufsförderung (IQ Consult) sowie der gewerblichen Nachhilfe (Chancenwerk e.V.)?

Die von den Kommunen bzw. von freien Trägern der Kinder- und Jugendhilfe traditionell angebotenen Leistungen im Rahmen des SGB VIII umfassen die Unterstützung bei „Erziehungsaufgaben, bei der Bewältigung von Alltagsproblemen, der Lösung von Konflikten und Krisen sowie bei Kontakten mit Ämtern und Institutionen" (§ 31 SGB VIII). Auf diese kostenfreien Leistungen haben alle berechtigten Personen Anspruch. In den Leistungs-, Entgelt- und Qualitätsvereinbarungen werden diese Leistungen jedoch oftmals auf Familien/Lebensgemeinschaften, deren Selbsthilfepotential auf Grund außer- und innerfamiliärer Faktoren belastet ist und dadurch ein Bedarf an Hilfe zur Erziehung entstanden ist, beschränkt. Insofern konzentriert sich die Hilfe auf Familien in besonderen Problemlagen und wird ggf. auch von den örtlichen Jugendämtern veranlasst. Die Leistungen werden durch die Kommunen selbst oder durch freie Träger erbracht. In den jeweiligen Vereinbarungen zwischen Kostenträgern und Leistungserbringern wird festgelegt, dass die Leistungen durch ausgebildete Fachkräfte (in der Regel Sozialpädagogen/-innen bzw. Sozialarbeiter/-innen) erbracht werden müssen. Bei wellcome hingegen werden die Dienstleistungen nicht durch Fachpersonal, sondern durch Ehrenamtliche erbracht, die lediglich Fortbildungsangebote wahrnehmen, die von fachlich Qualifizierten angeboten werden. Chancenwerk unterscheidet sich von gewerblichen Unternehmen wie bspw. der in den letzten Jahren stark expandierten ZGS Bildungs-GmbH („Schülerhilfe") durch das Organisationsmodell sowie die Höhe der zu entrichtenden Kostenbeiträge. Das eingesetzte Personal weist zumindest auf der Ebene des Fachunterrichts in der Oberstufe ein ähnliches Niveau auf: auch ein Großteil der Nachhilfeinstitute arbeitet mit studentischen Honorarkräften. Der innovative Charakter der Projekte von IQ Consult liegt insbesondere in der Verbindung von Arbeitsmarktpolitik und Gründungsberatung.

Alle Akteure zeichnen sich durch eine sehr gute Öffentlichkeitsarbeit, den Einsatz ehrenamtlicher Kräfte und die Aktivierung verschiedener Finanzierungsquellen durch ein umfassendes und professionelles Fundraising aus. Die Angebote konzentrieren sich v.a. auf niedrigschwellige Beratungs- und Betreuungsangebote. Hinzu kommt bei vielen Akteuren eine hohe Transparenz bzgl. der eingenommenen Mittel und der Ausgaben.

4 Zwischen Stabilität und Wandel: Trends der Wohlfahrtsproduktion

Privatwirtschaftliche Akteure und insbesondere Social Entrepreneurs als Nischenunternehmer spielen in Deutschland weiterhin nur eine marginale Rolle. Die etablierten Arrangements weisen zum einen eine enorme Beharrungskraft auf, teilweise sind schon Tendenzen zur Usurpierung der Organisationen aus dem Umfeld des Social Entrepreneurship erkennbar. Dies geschieht z. B. durch die Integration in verbandliche Strukturen (IQ Consult) – der Paritätische Wohlfahrtsverband übernimmt hier die Rolle, die er auch schon in den 1970er und 80er Jahren zu Zeiten der Selbsthilfebewegung übernommen hat – oder aber der Aufnahme bzw. Integration neuer Konzepte in Form von Franchising (wellcome). Häufig stehen Alternativen zu etablierten Akteuren auch schlicht nicht zur Verfügung – wie bspw. in der Suchthilfe, Obdachlosenbetreuung oder der Beratung und Betreuung psychisch erkrankter Erwachsener. Diese Felder zeichnen sich zum einen durch das Erfordernis des Einsatzes professionellen, gut qualifizierten Personals aus und sind im Sinne eines Fundraisings jenseits öffentlicher Kassen auch nicht gut vermarktbar.

Festzuhalten ist jedoch, dass es den Social Entrepreneurs gelingt, nicht zuletzt durch die Nutzung der sogenannten sozialen Medien öffentliche Aufmerksamkeit auf sich zu ziehen, die wiederum für die Akquirierung von Fördermitteln und zivilgesellschaftlichem Engagement genutzt wird. Es ist unstrittig, dass Projekte wie Chancenwerk (oder auch „Teach First") sowohl für die Schulen hilfreich sind als auch Selbst- und Sozialkompetenzen der Schüler gestärkt haben. Die Frage, die sich aber auch stellt, ist die nach den strukturellen Folgen: Kann durch solche Social Entrepreneurship-Aktivitäten das Problem der Chancenungleichheit gelöst werden? Das ist der Anspruch, allerdings gibt es bislang nur 118 Fellows an 100 Schulen. Rekrutiert werden diese Fellows, die etwas bewegen wollen, vorwiegend aus Akademikermilieus. Hinzu kommt, dass das Projekt nur zu rund 20 % von der Zielgruppe finanziert wird, so dass es sich um kein einfach nachahmbares Modellprojekt handelt. Es geht in diesem Fall nicht primär um das

Organisationswachstum, vielmehr soll die Öffentlichkeit für das Problem der Bildungschancenungleichheiten sensibilisiert werden. Bei anderen Projekten geht es um eine bessere Integration von psychisch Kranken in den Arbeitsmarkt, Armutsbekämpfung oder die Mobilisierung von Studenten für die Betreuung von perspektivlosen Schülern (z. B. Rock your life gGmbH).

5 Verortung von Social Entrepreneurships im deutschen Dritten Sektor

Anders als liberale bzw. defizitäre Wohlfahrtsstaaten, in denen die Idee des „Social Entrepreneurships" entwickelt wurde, verfügt Deutschland über eine sehr lange Tradition von Dritte-Sektor Organisationen. Sie stellen eine besondere Kombination der Handlungsorientierungen der drei Steuerungsinstitutionen Markt, Staat und Gemeinschaft dar und werden meist mit dem Non-Profit Sektor gleichgesetzt. Die frei- gemeinnützigen bzw. wohlfahrtsverbandlichen Organisationen bieten Potenziale zur Kompensation systemimmanenter Besonderheiten sozialer Dienstleistungen. So kann bspw. die „Kostenkrankheit" (fehlende Rationalisierbarkeit sozialer Dienstleistungen), durch die Einbindung ehrenamtlichen bzw. freiwilligen Engagements sowie eine fehlende Renditeorientierung geheilt werden und der fehlenden Konsumentensouveränität mittels der sozialanwaltschaftlichen Funktion sowie durch die professionelle Dienstleistungserstellung begegnet werden. Vor diesem Hintergrund können gerade die deutschen Wohlfahrtsverbände als Idealtypen von Organisationen des „Dritten Sektors" bezeichnet werden. Verschiedene Entwicklungen der letzten Jahrzehnte haben jedoch dazu geführt, dass diese Multifunktionalität mittlerweile zur Blockade gerät. Einer Phase der Expansion und Verberuflichung sowie einer engen Verflechtung mit staatlichen Institutionen (Korporatismus) in den 1970er und 1980er Jahren folgte seit Mitte der 1990er Jahre im Zuge der Einführung des Neuen Steuerungsmodells bzw. der Modernisierung öffentlicher Verwaltung eine Verschiebung in Richtung der Steuerungsinstitution „Markt" – dieser Prozess kann auch als Ökonomisierung bezeichnet werden.

Sowohl Professionalisierung als auch Ökonomisierung sind jeweils zweischneidige Schwerter: Die Balance zwischen gemeinschaftlichen, bürokratischen und marktlichen Handlungsroutinen gerät zunehmend aus dem Gleichgewicht. Die Verantwortung dafür trägt zum einen die Politik, die durch Förderbedingungen und rechtliche Rahmenbedingungen in einigen Sektoren einen ruinösen Wettbewerb hervorgerufen hat, zum anderen aber auch ein Teil der Organisationen, die entweder auf die Fortsetzung korporatistischer Strukturen vertraut haben oder aber die Ökonomisierung blindlings vorangetrieben haben, ohne zu beachten, dass für ein Funktionieren im Dritten Sektor alle drei Handlungsrationalitäten integriert werden müssen. Die Professionalisierung der Wohlfahrtsverbände ist insofern ambivalent, als die Dienstleistungsqualität in der Regel zwar verbessert wird, die Einbindung zivilgesellschaftlichen Engagements aber ggf. leidet. Aus sozialwissenschaftlicher Perspektive handelt es sich auch bei Social Entrepreneurships um eine Form von hybriden Organisationen. Sie weisen somit viele Eigenschaften von den Dritte Sektor Organisationen auf, unterscheiden sich aber von den Wohlfahrtsverbänden darin, dass sie sich (zumindest dem Anspruch nach) stärker (markt)wirtschaftlicher Steuerungsinstrumente bedienen; auch eine Renditeorientierung wird nicht ausgeschlossen.

Angesichts der Trägerkapazität von bundesweit rund zwei Dritteln der sozialen Einrichtungen sind die Wohlfahrtsverbände nicht nur in sozialpolitischer Hinsicht mächtige Akteure, ohne deren Kooperation und Ressourceneinsatz viele soziale Dienstleistungen nicht angeboten werden könnten. Sie sind auch in beschäftigungspolitischer Sicht eine tragende Säule des Arbeitsmarktes, die in den letzten Jahren noch an Bedeutung gewonnen hat. Demgegenüber liegen bislang (noch) keine Erkenntnisse über die Nachhaltigkeit der Social Entrepreneurships vor.

Das Phänomen einfach zu ignorieren würde jedoch Potenziale vergeuden, die die neuen Organisationen durchaus aufweisen. Insbesondere in Sachen kreativer Öffentlichkeitsarbeit, der Akquirierung alternativer Finanzierungsquellen insbesondere durch Stiftungen, aber auch in Bezug auf die Aktivierung freiwilligen Engagements jüngerer Altersgruppen können Social Entrepreneurships durchaus als Beispiele dienen. Das Engagementpotenzial der sogenannten Generation Y, die wieder stärker die Sinnfrage stellt, wird von den etablierten Akteuren zu wenig genutzt. Social Entrepreneurships sind auch deshalb öffentlich so erfolgreich, weil sie aktuelle soziale Wandlungstendenzen wie die Säkularisierung und den Wertewandel und die daraus entstehenden Sinn-Lücken zu füllen vermögen. Sie bieten insbesondere Jüngeren eine „Spielwiese". Demgegenüber wirken wohlfahrtsverbandliche Strukturen, die teilweise auch die Zugehörigkeit zu den Kirchen bzw. einen entsprechenden Lebenswandel fordern, nicht immer zeitgemäß.

Die wohlfahrtsverbandlichen Akteure des sozialen Dienstleistungssektors stehen vor der Herausforderung, die durch die Professionalisierung und Ökonomisierung aus dem Gleichgewicht geratene Balance zwischen den verschiedenen Handlungsstilen wieder herzustellen. Bei arbeitsmarktpolitischen Projekten und Initiativen ist eine zusätzliche Herausforderung zu bewältigen: auf der einen Seite ist unternehmerisches Handeln im Sinne der Einwerbung zusätzlicher privater Mittel, der Entwicklung innovativer Produkte etc. gefordert, auf der anderen

Seite werden Integrationsbetriebe von Wirtschaft und Handwerk oftmals kritisch beäugt – sollte der unternehmerische Erfolg eine Konkurrenzsituation darstellen, wird schnell die Vernichtung von Arbeitsplätzen auf dem Ersten Arbeitsmarkt durch öffentlich subventionierte Arbeitsgelegenheiten angeprangert. Vor diesem Hintergrund scheint nur die Strategie einer kontinuierlichen Kommunikationspolitik sowie größtmöglicher Transparenz erfolgreich. Auch die Vermarktung der eigenen Leistungen (durch Benchmarking und/oder Evaluationen) sowie die Schaffung von Identifikationsmöglichkeiten für neue Bevölkerungs- bzw. Altersgruppen zur Aktivierung zivilgesellschaftlichen Engagements sind zukunftsfähige Strategien. Insbesondere in den großen Organisationen sollten darüber hinaus hierarchische Führungsmodelle überdacht werden, um die Mitarbeiter wieder stärker in die Organisationsentwicklung einzubinden und deren Innovationskraft in den Organisationen zu aktivieren.

Das zurzeit von der Europäischen Kommission propagierte Soziale Unternehmertum ist für die deutsche Situation insofern problematisch, als in anderen europäischen Staaten gänzlich andere Strukturen der Wohlfahrtsproduktion existieren. Forderungen, wie sie jetzt auch im Rahmen der aktuellen Diskussion um einen Sozialen Arbeitsmarkt gestellt werden, Interventionen unternehmensnaher zu gestalten, gehen an der deutschen Wirklichkeit und ihrer bereits sehr unternehmerischen bzw. hybriden Implementationsstruktur vorbei. Eine Unterscheidung zwischen alten und neuen Akteuren (die als „Social Entrepreneurs" bezeichnet werden), macht angesichts der Tatsache, dass sowohl von den etablierten, als auch von neuen Akteuren Innovationen ausgehen, wenig Sinn (siehe hierzu auch Rock 2014).

Literatur

Bornstein, David. 2007. *How to change the world: Social entrepreneurs and the power of new ideas*. New York: Oxford University Press.
Bos, Wilfried et al. (Hrsg.). 2012. *IGLU 2011. Lesekompetenzen von Grundschulkindern in Deutschland im internationalen Vergleich*. Münster: Waxmann.
Brinkmann, Volker (Hrsg.). 2014. *Sozialunternehmertum. Grundlagen der Sozialen Arbeit*, 1. Aufl. Hohengehren: Schneider.
Bundesministerium für Familie, Senioren, Frauen und Jugend (BMFSFJ)/Deutscher Bundestag (Hrsg.). 2012. Antwort der Bundesregierung auf die Kleine Anfrage der Abgeordneten Ulrich Schneider, Britta Haßelmann, Beate Walter-Rosenheimer, weiterer Abgeordneter und der Fraktion BÜNDNIS 90/DIE GRÜNEN. Drucksache 17/10731 – „Förderung von Sozialunternehmen". Berlin.
Destatis (Statistisches Bundesamt), und WZB (Wissenschaftszentrum Berlin) (Hrsg.). 2016. *Datenreport 2016. Ein Sozialbericht für die Bundesrepublik Deutschland*. Berlin.

Evans, Michaela, Viacheslaw Galchenko, und Josef Hilbert. 2013 Befund Sociosclerose–Sozialwirtschaft in der Interessensblockade? *Sozialer Fortschritt* 62: 209–216.
Grohs, Stephan, Katrin Schneiders, und Rolf G. Heinze. 2014. *Mission Wohlfahrtsmarkt. Institutionelle Rahmenbedingungen, Strukturen und Verbreitung von Social Entrepreneurship in Deutschland.* Baden-Baden: Nomos.
Heinze, Rolf G., und Katrin Schneiders. 2013. Vom Wohlfahrtskorporatismus zur Sozialwirtschaft? Zur aktuellen Situation der freien Wohlfahrtspflege in Deutschland. *Archiv für Wissenschaft und Praxis der sozialen Arbeit*, 44 (2): 4–17.
Hopt, Klaus J., Thomas v. Hippel, und Rainer W. Walz (Hrsg.). 2005. *Nonprofit-Organisationen in Recht, Wirtschaft und Gesellschaft. Theorien – Analysen – Corporate Governance.* Tübingen: Mohr Siebeck.
Jansen, Stephan A., Rolf G. Heinze, und Markus Beckmann. (Hrsg.). 2013 *Sozialunternehmen in Deutschland: Analysen, Trends, Handlungsempfehlungen.* Wiesbaden: VS Verlag.
Klieme, Eckhard, Cordula Artelt, Johannes Hartig, Nina Jude, Olaf Köller, Manfred Prenzel, Wolfgang Schneider, Petra Stanat (Hrsg.). 2010. *PISA 2009. Bilanz nach einem Jahrzehnt. Zusammenfassung.* Münster: Waxmann.
OECD. 2014. *PISA 2012 Ergebnisse: Was Schülerinnen und Schüler wissen und können. Schülerleistungen in Lesekompetenzen, Mathematik und Naturwissenschaften.* Germany: W. Bertelsmann. http://dx.doi.org/10.1787/9789264208858-de.
Oldenburg, Felix. 2011. Social Entrepreneurship: Ein politisches Programm zur Innovationsförderung im Sozialsektor. In *Social Entrepreneurship. Perspektiven für die Raumentwicklung*, Hrsg. Petra Jähnke, Gabriela B. Christmann, Karsten Balgar, 155–160. Wiesbaden: VS Verlag.
Rock, Joachim. 2014. Anything goes. Anmerkungen zur Debatte um Innovation, Wirkung und Entrepreneurship in der Sozialen Arbeit. In *Sozialunternehmertum*, Hrsg. Volker, Brinkmann, 43–60. Hohengehren: Schneider.
Rummel, Miriam. 2011. *Wer sind Social Entrepreneurs in Deutschland? Soziologischer Versuch einer Profilschärfung.* Wiesbaden: VS Verlag.
Tietze, Wolfgang et al. (Hrsg.). 2012. NUBBEK. Nationale Untersuchung zur Bildung, Betreuung und Erziehung in der frühen Kindheit. Fragestellungen und Ergebnisse im Überblick. o.O.

Prof. Dr. Katrin Schneiders lehrt Wissenschaft der Sozialen Arbeit mit dem Schwerpunkt Sozialwirtschaft im Fachbereich Sozialwissenschaften an der Hochschule Koblenz. Aktuelle Lehr- und Forschungsschwerpunkte: Auswirkungen des sozialen und demographischen Wandels auf Wirtschaft und sozialen Dienstleistungssektor, Sozialpolitische und -wirtschaftliche Aspekte von Inklusion. E-Mail: schneiders@hs-koblenz.de

Das neue wirtschaftliche Selbstverständnis im Management hybrider Organisationen am Beispiel Social Entrepreneurship

Peter Stepanek

1 Einleitung

Der Artikel behandelt das seit der Jahrtausendwende mehr an Bedeutung gewinnende Konzept des Social Entrepreneurship. Die Verbindung von sozialer Mission und wirtschaftlichen Zielen wird flankiert von verschiedenen Entwicklungen, wie der Ökonomisierung der Sozialen Arbeit auf Seite der NPO und einer an Bedeutung gewinnenden Nachhaltigkeitsdebatte auf Seite der PO. Social Entrepreneurship sprengt den Denkrahmen, in welcher Form soziale Dienstleitungen erbracht werden. So können auch Low Profit-Unternehmen in diesem Feld aktiv werden. Diesbezüglich stellt sich die Frage, ob es die Trennung im Profit (PO)- und Nonprofit (NPO)-Management in dieser Form in Zukunft noch brauchen wird, wenn ökonomische, ökologische und soziale Ziele zum Leitmotto des Management aller Unternehmen und Organisationen im 21. Jahrhundert werden.

Generell scheinen sich Profit-Organisationen (PO) und Nonprofit-Organisationen (NPO) in den letzten Jahren in Hinblick auf das Management immer ähnlicher zu werden. Es haben sich neue hybride Organisationsformen gebildet, sei es bezogen auf die Rechtsform der NPO (z. B. die Zunahme von gemeinnützigen GmbH (Stichlberger 2012, S. 30f.)) oder auf das Selbstverständnis als Social

P. Stepanek (✉)
FH Campus Wien, Sozialwirtschaft und Soziale Arbeit,
Wien, Österreich
E-Mail: peter.stepanek@fh-campuswien.ac.at

Entrepreneur (Förschler 2008, S. 1f.). NPO suchen Strukturen, in denen sie ihre soziale Mission verfolgen, sich zeitgemäß organisieren und ressourceneffizient agieren können. Manche erwirtschaften auch Gewinne, die wieder in die eigene Arbeit zurückfließen.

PO haben andererseits im Wettbewerb damit begonnen, die Mission ihrer Organisation stärker zu betonen und sich ihrer gesellschaftlichen Verantwortung stärker bewusst zu werden. Was vor einigen Jahren unter dem Schlagwort *Corporate Social Responsability (CSR)* im Management Einzug gehalten hat, findet z. B. in Kotlers Ansatz von Marketing 3.0 (Kotler et al. 2010) einen wesentlich konsequenteren Niederschlag. Darüber hinaus hat nicht zuletzt die Finanz- und Wirtschaftskrise die Diskussion über vermeintlich ökonomische Zwänge und die generelle Zukunft des Wirtschaftens befeuert. Begriffe wie *Gemeinwohlökonomie, Share(d) Economy* und *Postwachstumsökonomie* zeichnen ein (neues) anderes Bild des Wirtschaftssystems vor dem Hintergrund knapper Ressourcen (z. B. Jackson 2013; Paech 2014; Pufé 2014). Diese Konzepte verlangen nach einem neuen Typus von Unternehmen.

Im Spannungsfeld dieser Entwicklungen taucht zu Beginn des 21. Jahrhunderts in Literatur und Praxis verstärkt das Konzept des Social Entrepreneurs oder des Social Entrepreneurship auf, ein Hybrid zwischen Profit- und Nonprofit-Organisation (Faltin 2008, S. 26; Inmann 2009, S. 19; Uebelhart 2011, S. 238) bzw. „zwischen Markt, Staat und Gemeinschaft" (Heinze et al. 2011, S. 86), der unternehmerische und soziale Aspekte vereint. Dieser Hybrid verändert auch den Blick auf die betriebswirtschaftliche Steuerung in der Praxis und somit schlussendlich in der Management-Lehre. Welche Auswirkungen könnte das vermehrte Auftreten dieser Mischung aus PO und NPO in Zukunft haben? Der Beitrag widmet sich diesen Fragen:

- Woran erkannt man, dass SWO bzw. NPO sich immer stärker in Richtung PO bewegen?
- Welche Indizien gibt es, dass auch PO stärker soziale und ökologische Ziele verfolgen und sich im Sinne der Tripple-Bottom-Line den missionsgetriebenen NPO annähern?
- Ist die Trennung in NPO-PO bald überholt, weil ohnehin alle Unternehmen und Organisationen ihre Strategie und ihr Handeln sozial, ökonomisch und ökologisch ausrichten?
- Macht es in Zeiten der hybriden Organisationen und missionsgetriebenen PO noch Sinn, die Bereiche der betriebswirtschaftlichen Steuerung getrennt nach PO und NPO zu betrachten?

2 NPO rücken stärker Richtung Markt

In den letzten Jahren mehren sich die Befunde, dass die Sozialwirtschaft und die darin agierenden NPO einem erheblichen Struktur- und Finanzierungswandel unterliegen. Bereits seit den 1980er Jahren ist die Sozialwirtschaft einem Rationalisierungs- und Kommerzialisierungsdruck ausgesetzt, der mit der steigenden ökonomischen Bedeutung des Sektors und dem Finanzdruck des Staates im Zusammenhang steht (Bono 2006, S. 1f.; Gergs 2011, S. 173; Heinze et al. 2011, 86ff.). Schlagworte wie *Ökonomisierung der Sozialen Arbeit, New Public Management, Wirkungsorientierung* und *Social Return on Investment* sind nur einige Befunde dafür, dass auch das Management der SWO diesen Veränderungen angepasst werden muss.

Vor allem die geänderten Rahmenbedingungen und der Übergang von Zuwendungen (Subventionen) zu Leistungsverträgen wirken sich auf die Steuerungslogik und die Bedeutung des Steuerungskreislaufs aus (Bono 2006, S. 4f.; Förschler 2008, S. 1f.). Wie im Profitbereich gewinnt angesichts Wettbewerbsbedingungen um knappe Ressourcen (finanzielle Ressourcen ebenso wie personelle!) auch in der Sozialwirtschaft das strategische Management an Bedeutung. Horak et al. (2015, S. 3) beschreiben Strategien als „Wege und Aktionspläne einer Organisation zur Zielerreichung", die dazu dienen, dass Ressourcen optimal eingesetzt werden, um die Organisationsziele erreichen zu können. Im Sinne eines ressourcenorientierten Strategieansatzes werden am Weg zur Strategieentwicklung einfache, konsistente, langfristige und akzeptierte Organisationsziele formuliert, ein profundes Verständnis vom Organisationsumfeld entwickelt und die Ressourcen der Organisation objektiv bewertet (Grant und Nippa 2006, S. 28). Strategisches Management muss somit grundlegenden Charakter haben, die gesamte Organisation und alle ihre Funktionen umfassen, proaktiv und langfristig orientiert sein, auf Fakten basieren und rationale Entscheidungen vorbereiten, Ziele und Maßnahmen integrieren und Aufgabe des obersten Managements sein (Schneider et al. 2007, S. 37). „Die Praxiserfahrungen der letzten Jahre zeigen, dass das generelle Set an Instrumenten, das strategisches Management unterstützt, auch in NPO grundsätzlich angewandt werden kann, da es sich in der Regel um Instrumente handelt, die unterstützen sollen, komplexe Entscheidungssituationen kompakt aufzubereiten bzw. zu visualisieren." (Horak et al. 2015, S. 8).

Förschler (2008, S. 151) ist überzeugt, dass sich SWO einer eindeutigen Marktorientierung und Marktöffnung zuwenden müssen, um sich den veränderten Rahmenbedingungen anzupassen und auf den veränderten Märkten bestehen zu können. Diesbezüglich formuliert er, dass „die Prinzipien moderner privater

Dienstleister weitgehend auch für diese Unternehmen gelten" (Förschler 2008, S. 151). Insbesondere sind das „strukturelle Anpassungen, Prozessoptimierung, Kundenorientierung, Dienstleistungsbereitschaft, optimale Qualität zu angemessenem Preis, Flexibilität, Gewinnorientierung, Leistungs- und ergebnisgerechte Bezahlung der Mitarbeiterschaft" (Förschler 2008, S. 151). SWO brauchen Strukturen, um ihre Mission verfolgen, ihre Stakeholderbeziehungen managen und ihre Leistungen erbringen zu können. Diese müssen effizientes und effektives Arbeiten ermöglichen (z. B. Gem. GmbH statt Verein) und dem Selbstverständnis als Sozialem Dienstleister entsprechen (Bono 2006, S. 4f.; Förschler 2008, S. 151).

2.1 Finanzierungsalternativen

In den letzten Jahren hat sich vor allem die laufende Finanzierung der SWO stark verändert. Die Sparzwänge der öffentlichen Haushalte und der Wunsch der politischen Verantwortlichen nach mehr Effizienz, Kostenbewusstsein und sozialer Treffsicherheit haben zu massiven Veränderungen in der Zuteilung von Fördergeldern, Kostenbeteiligungen und Subventionen geführt. Gerade der Sozialbereich unterliegt einem besonderen Legitimationsdruck (Zauner et al. 2002, S. 6). Der Übergang von Zuwendungen oder Subventionen (Objektfinanzierung) zu Leistungsverträgen (Subjektfinanzierung) hat die Planbarkeit der finanziellen Ausstattung stark verändert und eine große Unsicherheit bzw. hohe Dynamik in die Budgets der Organisationen gebracht. Denn bei der Subjektfinanzierung wird die Organisation über die KonsumentInnen der sozialen Dienstleistungen finanziert und bekommt nicht mehr, wie bei der Objektfinanzierung, ein Gesamtbudget für ein bestimmtes Angebot (Bettig et al. 2013, S. 20). Das erhöht den laufenden Controlling-Aufwand, um z. B. Fallzahlen oder Betreuungsstunden zu prognostizieren oder die Personalbedarfsplanung abzustimmen.

Nach Zauner et al. (2002, S. 2) bringen diese Leistungsverträge die „Forderung nach Kostenbewusstsein, Wirtschaftlichkeit und Qualitätsmanagement zum Ausdruck". Diese konkreten Abmachungen zwischen Kostenträger und SWO beziehen sich auf die konkreten Leistungen, ihre qualitative und quantitative Gestaltung, die Dauer und die Gestaltung der Abrechnung und sind nicht selten mit Ausschreibungsverfahren und Wettbewerbsbedingungen kombiniert. Leistungsverträge haben auch Auswirkung auf die strategische Ausrichtung der SWO. Zauner et al. (2002, S. 6) stellen diesbezüglich fest: „ Eine Leistungsvertragslogik forciert die Entwicklung neuer Produkte und Dienstleistungen, sofern deren Finanzierung als chancenreich eingeschätzt wird". Sobald Fördergeber monetäre Anreize setzen, werden sich SWO auch abseits ihres Kerngeschäfts dafür interessieren. In manchen Bereichen, wo die Subjektförderung als Einkaufsmodell organisiert ist, in dem die KlientInnen mit einem Gutscheinsystem sich am Markt zwischen verschiedenen AnbieterInnen entscheiden können (Bettig et al. 2013, S. 47ff.), führt es zu einer starken Betonung des Marketings, um neue KlientInnen anzusprechen.

NPO und SWO haben nicht zuletzt durch die engen Grenzen der Leistungsvertragslogik in den letzten Jahren verstärkt damit begonnen, sich auch über den Markt zu finanzieren. Sie sind auf der Suche nach neuen Finanzierungsquellen, um fehlende Einnahmen auszugleichen oder all jene Bereiche finanziell auszustatten, die eben nicht Teil dieser Vertragslogik sind. Zwar ist der Bereich der nichtöffentlichen Finanzierungen in Österreich und in Deutschland prozentuell noch wenig bedeutend (Bono 2006, S. 3; Bettig et al. 2013, S. 19ff.), alternative Finanzierungsformen werden jedoch neben dem klassischen Fundraising an Bedeutung gewinnen. SWO bieten z. B. Unternehmen ihre eigenen Leistungen kostenpflichtig an (z. B. Seminare für Führungskräfte, Beratungsangebote für MitarbeiterInnen, etc.) oder gewinnen diese als Sponsoren für Projekte. Es werden vermehrt CSR-Kooperationen eingegangen (Schluckhuber 2015, S. 1). Auch Stiftungen rücken zur Finanzierung von Projekten in den Fokus (Bettig et al. 2013, S. 62ff.). Dass 2015 erstmals ein Buch (Zierer 2015) zum Thema EU-Förderungen für NPO am Markt erschien unterstreicht die Bedeutung dieser Finanzierungsquellen in der Sozialwirtschaft.

Mit dem Vormarsch des Internets und im besonderen Maße der Social Media Plattformen rückte eine andere alternative Finanzierungsform in den Fokus der SWO, das Crowd Funding (Schober et al. 2015, S. 385). Diese Form des Fundraising, die sowohl ein Finanzierungs- als auch ein Marketinginstrument darstellt, kann vom Spendensammeln bis zum Verkauf von Produkten und Dienstleistungen verschiedene Formen annehmen. Im Vordergrund steht eine *Story,* die sich über Social Media Kanäle wie z. B. Facebook, Twitter, Instagram u. a. gut verbreiten lässt und die *Crowd* dazu animiert, diese SWO zu unterstützen.

All diese alternativen Finanzierungsformen verlangen seitens des Managements der SWO nicht nur eine Hinwendung zum Markt und dessen Logik, sondern ein profundes Marketing- und Vertriebs-Know-how und das Schaffen von Strukturen, die sich diesen Aufgaben konsequent und professionell widmen. Der gestiegene Legitimationsdruck wirkt sich stark auf die Steuerungs- und Managementlogik aus, verlangt nach einem (umfassenderen) Controlling oder laut Bono (2006, S. 4f.) sogar nach einer neuen Organisationskultur. Das setzt aber ein personelles und finanzielles Investment voraus, das sich erst im Laufe der Zeit bezahlt machen wird.

2.2 NPO erzielen Überschüsse

Viele Studierende der Sozialwirtschaft[1] sind überrascht, dass Vereine überhaupt Gewinne machen dürfen. In der Praxis sind Überschüsse einzelner Jahre dabei überhaupt nicht selten. Diese Gewinne werden reinvestiert und nicht an die EigentümerInnen bzw. Mitglieder ausgeschüttet (Alter 2007; Inmann 2009, S. 20; Uebelhart 2011, S. 237). Gängig ist, dass diese Überschüsse als Quasi-Rückstellungen[2] *geparkt* werden, um keinen Gewinn auszuweisen. Diese Quasi-Rückstellungen, die eigentlich Rücklagen sind, stehen als Finanzpolster für Vorhaben oder Projekte in der Zukunft zur Verfügung.

Gewinne werden, in Abhängigkeit der Förderlogik, zum Teil bewusst geplant bzw. erzielt um zukünftige Investitionen finanzieren zu können, wenn diese Investitionen aus dem laufenden Budget eines Jahres nicht finanziert werden können. Dieses *Ansparen* für Infrastruktur bzw. zum Ausgleich von Kapazitätsspitzen steht sowohl mit der Mission der Organisation als auch mit dem gewünschten Kostenbewusstsein der Fördergeber im Einklang. Gewinne zu erzielen steht somit nicht automatisch in Konflikt mit der Mission einer SWO, sondern ermöglicht vielmehr in manchen Fällen, dass diese konsequent und dauerhaft erreicht werden kann.

2.3 Bedeutung der Betriebswirtschaft in der Sozialwirtschaft

Die Rahmenbedingungen und die Herausforderungen der Sozialwirtschaft verlangen zunehmend nach betriebswirtschaftlichen Kompetenzen. Eine Untersuchung[3] (Gansrigler 2016, S. 69ff.) zur Bedeutung der betriebswirtschaftlich Kompetenz bei Führungskräften in sozialen Einrichtungen in Wien zeigt, dass 95,8 % der Befragten dieser Kompetenz eine sehr hohe Bedeutung zumessen und diese auch für den eigenen

---

[1]Europäisches Masterstudium Sozialwirtschaft und Soziale Arbeit an der FH Campus Wien

[2]Rückstellungen stellen einen Aufwand dar, der den Gewinn reduziert. Sie dürfen gemäß dem österreichischen Recht nur für drohende Verluste gebildet werden oder für Abfertigungen, Urlaubsentgeltzahlungen oder Pensionsansprüche der MitarbeiterInnen. Rückstellungen werden, anders als Rücklagen, dem Fremdkapital zugerechnet. Während die Bildung von Rückstellungen den Gewinn vor Steuern reduzieren, erfolgt der Zugang zu Rücklagen aus dem versteuerten Gewinn. Rücklagen stellen Gewinnverwendung dar und werden dem Eigenkapital zugerechnet.

[3]Befragt wurden 104 Führungskräfte der Sozialwirtschaft in Wien mittels Online-Fragebogens im November 2015.

Führungsalltag sehen. 75 % sind immer/oft/gelegentlich mit Controlling beschäftigt, 73,3 % mit Budgetierung, 71,6 % mit der laufenden Buchhaltung, 65 % mit Sozialmarketing, 57,5 % mit Kostenrechnung und 49,2 % mit der Beschaffung von Eigenmitteln. In Zukunft werden vor allem Finanzierung (74,2 %), Controlling (71,2 %), Sozialmarketing (70 %) sowie Budgetierung (69,2 %) an Bedeutung gewinnen. Diese Daten belegen, dass wirtschaftliche Aspekte schon stark in den Führungsetagen der Sozialwirtschaft verankert sind. Möhle (2016, S. 33) sieht noch eine andere Bedeutung von wirtschaftlichen Aspekten. Neben das politische Mandat der Sozialen Arbeit sollte sich auch ein ökonomisches Mandat gesellen, das nicht zuletzt aus der Debatte um die Ökonomisierung, dem Neoliberalismus oder der Entwicklung des Social Entrepreneurs heraus abgeleitet werden kann. Es braucht eine „deutliche Positionierung der Sozialen Arbeit gegenüber der Wirtschaft", die vor allem auch die Frage eines Wirtschaftssystems aufgreift, das sozial und nachhaltig ist und im Sinne des Social Entrepreneurs auch ökonomische Handlungsoptionen aufzeigt (Möhle 2016, S. 33). Dass auch die Wirtschaft Veränderungen ausgesetzt ist, zeigt der folgende Abschnitt.

3 Der Wandel bei den Profit-Organisationen

Nicht nur die NPO rücken in ihrer Management-Logik näher an den gewinnorientierten Bereich. Auch PO rücken mehr von der rein gewinnorientierten Position ab und haben vermehrt damit begonnen, die soziale und ökologische Verantwortung in unterschiedlichem Ausmaß in ihre Strategien zu integrieren. Uebelhart (2011, S. 239) erläutert, dass sich auch PO vermehrt sozial und ökologisch engagieren, wohltätige Stiftungen gründen, sich im Fundraising für NPO einsetzen und ihren Mitarbeitenden Sozialeinsätze ermöglichen. Abgesehen von der Frage, welche Motivation hinter diesen Maßnahmen und Strategien stecken, können verschiedene Ansätze und Entwicklungen identifiziert werden, die diese Veränderungen dokumentieren, wie die Abkehr der ausschließlichen Gewinnmaximierung oder dem Entwurf eines neuen Wirtschaftssystem.

3.1 Tripple-Bottom-Line

Vor allem große, internationale Unternehmen haben in den letzten Jahren damit begonnen, CSR-Abteilungen einzurichten und CSR-Berichte zu publizieren. Unter Corporate Social Responsability (CSR) versteht man den freiwilligen Beitrag eines Unternehmens zu einer nachhaltigen Entwicklung im Sinne einer unternehmerischen Gesellschaftsverantwortung (Púfe 2014, S. 129).

Die Triple-Bottom-Line ist Teil der CSR-Strategie von Unternehmen und verweist darauf, dass unter dem Strich der Unternehmenserfolg nicht nur finanziell betrachtet wird, sondern ein weiteres Spektrum an Werten und Kriterien einbezogen wird. Sie umfasst somit ökonomische, soziale und ökologische Faktoren (Púfe 2014, S. 128f.). „Unternehmen, die das Konzept verfolgen, wollen mit ihrem Kerngeschäft zu einer nachhaltigen Entwicklung beitragen, die die Lebensgrundlage künftiger Generationen sicherstellt" (Lexikon der Nachhaltigkeit 2016a).

In der Öffentlichkeit wird dieses Engagement der Unternehmen sehr kritisch gesehen und oft als *Green Washing* bezeichnet, weil diese Unternehmen „sich mit ökologischen oder auch sozialen Leistungen brüsten, die entweder nicht vorhanden sind oder die minimal sind im Verhältnis zu negativen öko-sozialen Auswirkungen des Kerngeschäfts" (Lexikon der Nachhaltigkeit 2016b). Das Netzwerk Soziale Verantwortung (2012, S. 3) kritisiert, dass manche CSR- Initiativen zwar positive Effekte haben, die unternehmerische Verantwortung auf freiwilliger Ebene aber nicht zum gewünschten Ziel führen wird: „Sollen also soziale und ökologische Prinzipien Kernbestandteil unseres wirtschaftlichen Handelns sein, führt der Weg nur über anspruchsvolle regulative Kriterien und Maßstäbe der Unternehmensführung .... Selbstverpflichtungen von Unternehmen können darüber hinaus Handlungsoptionen für gesellschaftlich verantwortliche Unternehmensführungen aufzeigen". Unternehmen, die eine CSR-Strategie formuliert haben sind aber nicht automatisch als Social Entrepreneurship einzuordnen, da die wirtschaftlichen Ziele nach wie vor dominant sind (Flitzhugh und Stevenson 2015, S. 5).

Auch wenn es berechtigte Kritik an der Wirksamkeit der CSR-Maßnahmen gibt, zeigt allein die Tatsache, dass Unternehmen sich überhaupt mit diesen Themen beschäftigen, dass ein Bewusstseinswandel angestoßen wurde, der sich in verschiedenen Bereiche der Unternehmen, wie zum Beispiel im Marketing, widerspiegelt.

3.2 Wertorientiertes Marketing – Marketing 3.0

Was mit CSR seinen Ursprung genommen hat, wird im wertorientierten Marketing weitergeführt. Kotler et al. (2010) sehen in der Abkehr vom gängigen Kundenbegriff und in der Hinwendung zum Menschen die zentrale Aufgabe im Marketing des 21. Jhdt. Der als Marketing 3.0 bezeichnete Ansatz (wertorientiertes Marketing) rückt nicht mehr VerbraucherInnen, sondern den Mensch als ganzheitliche Wesen mit Kopf, Herz und Seele ins Zentrum des Marketings. „In einer chaotischen Welt suchen die Menschen Unternehmen, deren Mission, Vision und

Werte ihren ureigenen Bedürfnissen nach sozialer, wirtschaftlicher und ökologischer Gerechtigkeit entsprechen! Sie wünschen sich von Produkten und Dienstleistungen, die sie wählen, Erfüllung in funktioneller, emotionaler und seelischer Hinsicht." (Kotler et al. 2010, S. 22).

Die Menschen suchen somit verstärkt nach Lösungen, die ihnen die Angst davor nehmen, ob und wie die globalisierte Welt, eine bessere Welt wird. Marketing 3.0 hebt somit die Idee des Marketings auf die Ebene der menschlichen Sehnsüchte, Werte und seelischen Ansprüche. Es ist ein neues, strategisches *Denkkonzept* für Unternehmen, das die Kommunikation und Interaktion mit KundInnen und Stakeholdern stark verändert.

Unternehmen müssen dafür eine hohe Achtsamkeit und eine ausgeprägte Aufmerksamkeit für ihre Märkte entwickeln. Dazu gehört, den Begriff des *Kunden*, durch den des *Menschen* zu ersetzen. Während KundInnen Produkte oder Dienstleistungen eines Unternehmens nachfragen und die aktuelle Bedürfnisbefriedigung im Zentrum steht, möchte der Mensch mit seinen körperlichen, seelischen und geistigen Bedürfnissen (bzw. Ansprüchen) ganzheitlich wahrgenommen werden. Er oder sie erwartet sich über die konkrete Bedürfnisbefriedigung hinaus Beiträge und Lösungen zu sozialen und ökologischen Fragen. Unternehmen müssen einen positiven Beitrag für das Leben des Menschen und der Gesellschaft erbringen. Durch diese glaubwürdige Tätigkeit ziehen sie Menschen an. Diesbezüglich rücken Kotler et al. (2010, S. 47ff.) die Werte, die Mission und die Vision des Unternehmens ins Zentrum des Marketings. Nicht zuletzt sind es gerade die sozialen und ökologischen Auswirkungen der Globalisierung, die den Wunsch nach einer Abkehr vom gängigen Wirtschaftssystem befeuern und eine neue Wirtschaftsordnung notwendig erscheinen lassen.

3.3 Kapitalismus in der Krise

Nicht erst seit Ausbruch der Finanzkrise 2007 werden die Grenzen des Marktes hinterfragt und somit auch der Kapitalismus in Frage gestellt (Handelsblatt 2012; Wiebe 2012; Möhle 2016, S. 31). Schlagworte wie *Wirtschaftskrise, Ressourcenkrise, Verteilungskrise, Klimakrise, Werte- und Sinnkrise* werden immer öfter in Medien bedient. Dabei steht meistens das gängige kapitalistische Wirtschaftssystem mit seinen ökonomischen Zwängen, sozialen Ungleichheiten und ökologischem Raubbau am Pranger. Abseits von ökonomischen Mainstream werden alternative Wirtschaftsmodelle diskutiert, die einen neuen Typus von Unternehmen promoten und eine Abkehr von gängigen Konsummustern propagieren.

3.3.1 Gemeinwohl-Ökonomie

So lange der Erfolg eines Unternehmens am Gewinn gemessen wird und das Bruttoinlandsprodukt als Indikator für den Wohlstand eines Landes herangezogen wird, wird es keine nachhaltige Weltwirtschaft geben. „Nachhaltigkeit und Wirtschaft können nur dann in Einklang gebracht werden, wenn das Ziel des Wirtschaftens ein anderes wird, als das der Mehrung des Kapitals" (Felber 2014, S. 5). Die Gemeinwohl-Ökonomie als Alternative zum kapitalistischen System hat das Wohl aller Lebewesen zum Ziel. Das Wirtschaftssystem soll nachhaltig, ethisch, fair, demokratisch und kooperativ sein. Der Zweck des Wirtschaftens und die Bewertung von Unternehmenserfolg werden anhand Gemeinwohl-orientierter Werte, anstatt des Gewinns definiert. Das Kapital soll nur noch dort eingesetzt werden, wo es Gemeinwohl vermehren kann. Investments dürfen das ökologische, soziale und humane Kapital nicht mindern. Jedes Unternehmen muss eine positive Gemeinwohl-Bilanz vorweisen. Unternehmensgewinne dienen entweder der Stärkung der Unternehmen sowie der Einkommenserzielung und der Alterssicherung der UnternehmerInnen und der Beschäftigten, nicht aber der Vermögensvermehrung externer KapitalgeberInnen (Felber 2014, S. 5; Pufé 2014, S. 281ff.; Verein zur Förderung der Gemeinwohl-Ökonomie 2016a, b). Die Gemeinwohl-Ökonomie steht stark in der Kritik, da sie einerseits überhaupt nicht als ökonomische Schule angesehen wird und die Ergebnisse sich nicht auf Forschungsarbeiten stützen (Sator 2016) sowie weil sie als *linke Wirtschaftsfantasie* oder als *pseudokommunistisch* aufgefasst werden (Amon 2012; Frey 2014). Auch wenn die Gemeinwohlökonomie als Wirtschaftssystem wenig realistisch erscheint, ist die Möglichkeit eine Gemeinwohl-Bilanz zu legen ein vernünftiger und markttauglicher Rahmen für PO (und NPO), um die Wirkung der eigenen Geschäftstätigkeit zum Wohle der Gesellschaft zu reflektieren bzw. zu optimieren. Gerade für PO bietet es allein durch das Durchleuchten aller Zulieferketten und aller Produktions- bzw. Leistungsschritte einen 360-Grad-Blick, der als Anstoß zu mehr und konsequenteren Verantwortungsbewusstsein führen kann. Insofern ist dieser Zwischenschritt ein wichtiger Beitrag, auch wenn die „Vollausbaustufe" Gemeinwohlökonomie eine nicht zu erreichende Utopie bleibt.

3.3.2 Share(d) Economy

Im Mittelpunkt der Share(d) Economy (oder auch Peer Economy, Collaborative Consumption, Access Economy), die eigentlichen wie der Name suggeriert kein eigenes ökonomisches Modell für sich darstellt, steht die gemeinsame Nutzung von Gütern, Dienstleistungen und Fertigkeiten. Im Zentrum stehen *gegenseitiges Leihen und Teilen statt kaufen* sowie *nutzen statt besitzen* (Kaup 2013, S. 4).

Die Idee der gemeinsamen Nutzung ist keine Erfindung des 21. Jahrhunderts. Schon lange gab es z. B. Waschsalons, Büchereien oder gemeinschaftlichen Nutzung von landwirtschaftlichen Großgeräten (Wolf 2014). Die *Ökonomie des Teilens* hat in den letzten Jahren jedoch deutlich an Zuspruch erfahren. Als Gründe sieht Kaup (2013, S. 11) drei treibende Kräfte: das Internet, ein gestiegenes Ressourcen- und Umweltbewusstsein, und einen Wertewandel (Individualität und Multioptionalität).

Die Nutzungsgemeinschaften sind meist über Web-Plattformen vernetzt, können aber auch z. B. im Sinne von Hausgemeinschaften offline organisiert sein. Dabei treten UnternehmerInnen, Organisationen oder auch Privatpersonen als AkteuerInnen auf. Sie können profitorientiert oder nicht-profitorientiert sein (Kaup 2013, S. 4). Neben der Kosteneinsparung, stehen die Kommunikation und der Austausch mit anderen, die Ressourcenschonung und die CO_2 Reduktion Die Zahl 2 gehört tiefgestellt im Vordergrund (Kaup 2013, S. 11).

Betriebe, Organisationen und Zusammenschlüsse im Sinne der Share(d) Economy stellen in manchen Bereichen eine Konkurrenz für etablierte Angebote dar (z. B. UBER, Airbnb). Sie ermöglichen aber auch neue Geschäftsideen (z. B. Car-Sharing) bzw. stellen überhaupt neue Organisationsformen dar (z. B. Couchsurfing) die im Sinne von Peer-to-Peer-Angeboten mit herkömmlichen Unternehmen nichts gemein haben. Diese nicht-gewinnorientierten Initiativen machen sich die (Marketing) Logik des Marktes zu nutze. Die Share(d) Economy bietet viele Ansätze für die Sozialwirtschaft (Gemeinwesenarbeit). Da die kostenfreie, gemeinsame Nutzung von Gütern und Dienstleistungen immer auch mit der Abstimmung von Interessen und einem intensiven Kommunikationsprozess verbunden ist (seien sie online oder offline organisiert). Vereine oder Genossenschaften können eine bestehende Struktur für diese Angebote zur Verfügung stellen. Die Sozialwirtschaft bringt Management-Knowhow, die für diese Angebote sehr hilfreich sein könnten. Für Low Profit Social Entrepreneurship könnten kostenpflichtige Angebote Marktchancen bieten. Diese Low Profits könnten dazu verwendet werden, diese Investitionen dieser Angebote zu finanzieren (Fahrbach 2014, S. 11). Nicht zuletzt stützt sich auch die Postwachstumsökonomie, die im folgenden Abschnitt beschrieben wird, teilweise auf Gemeinschaftsnutzung.

3.3.3 Postwachstumsökonomie

Im 21. Jahrhundert werden sich zumindest die mitteleuropäischen Volkswirtschaften von großen Wirtschaftswachstumsraten verabschieden müssen. „Weil alternde, konsumübersättigte Dienstleistungsgesellschaften mit ihrer weitgehend ausgebauten Infrastruktur gar nicht mehr nennenswert wachsen wollen - und wenn, dann nur mehr künstlich angeheizt durch immer neue Verschuldung"

(Plass 2015). Darüber hinaus ist weiteres Wirtschaftswachstum nur mit globaler Umweltzerstörung und einem erhöhtem Ressourcenverbrauch möglich. In vielen Bereichen ist dieser Ressourcenverbrauch ohnehin schon an seine Grenzen gestoßen. Statt *Peak Oil* ist *Peak Everything* das neue Motto (Peach 2016). Die Wachstumsgrenzen stellen die Politik vor große Herausforderungen. „Österreich stolpert orientierungslos in eine *Postwachstumsökonomie*, ohne … *unternehmerisch* nachzudenken, wie wir Wirtschaft, Arbeitsmarkt und Finanzierung unseres Sozialsystems aus dem fatalen Wachstumszwang befreien und für die Zukunft widerstandsfähig machen könnten"(Plass 2015).

„Als *Postwachstumsökonomie* wird eine Wirtschaft bezeichnet, die ohne Wachstum des Bruttoinlandsprodukts über stabile, wenn gleich mit einem vergleichsweise reduzierten Konsumniveau einhergehende Versorgungsstrukturen verfügt." (Paech 2016). Sie steht laut Paech (2016) im Gegenzug zu den Ideen eines grünen, nachhaltigen Wachstums sowie gegen die Überlegungen, dass Wachstum auch ohne weitere Zerstörung der Natur und dem übermäßigen Verbrauch von Ressourcen möglich wäre oder gar CO_2 neutral erfolgen könne. Vielmehr zeigt Peach (2014, S. 71ff.) dass gerade das Bemühen Ressourcen effizienter einzusetzen oder energiesparende Geräte zu produzieren, durch die Logik der Fixkostendegression[4] höhere Stückzahlen fordert und so schlussendlich ein Mehr an Gesamtressourcen verbraucht wird.

Plass (2015) räumt aber ein, dass gerade „eine Wirtschaft ohne Wachstum, die trotzdem ein Mindestmaß an Wohlstand für alle sichern soll" einen wirtschafts- und verteilungspolitische Kraftakt erfordert, der „in erster Linie eine signifikante Verkürzung der Arbeitszeit" beinhalten würde. Die Postwachstumsökonomie ist somit eine Abkehr von der 40 h-Woche. In der Postwachstumsökonomie arbeiten die Menschen nur noch 20 Stunden im monetären Bereich, die restlichen Stunden werden im entkommerzialisierten Bereich geleistet. Die Umstellung erfolgt in fünf Transformationsschritten, die auch in der Abbildung 1 verdeutlicht werden.

1. Suffizienz: Abkehr vom Überfluss, weniger ist mehr-Prinzip
2. Subsistenz: Intensivierung der Selbstversorgung
3. Regionalwirtschaft: Förderung der regionalen Angebote

---

[4]Je mehr Stück erzeugt werden, desto geringer ist der Anteil an Fixkosten, die das einzelne Produkt tragen muss. was sich in einem geringeren Preis niederschlägt. Die teilweise sehr hohen Entwicklungskosten dieser ressourcen- oder energiesparenden Produkte verlangen somit, um am Markt zu erschwinglichen Preisen angeboten werden zu können, erst recht wieder hohe Stückzahlen in der Produktion, die mit einem Mehr an Ressourcen- und Energieverbrauch einhergehen.

Das neue wirtschaftliche Selbstverständnis im Management hybrider … 371

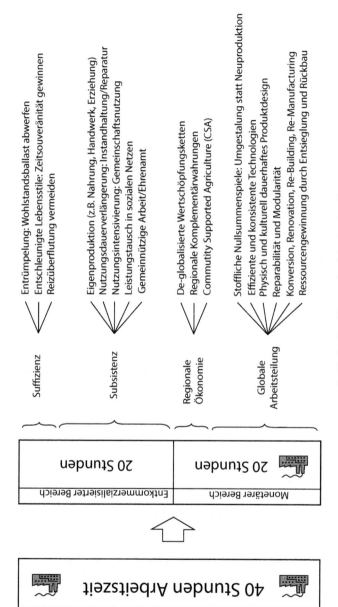

Abb. 1 (Peach 2014, S. 151)

4. Globale Arbeitsteilung mit Schonung von Umwelt und Ressourcen
5. Institutionelle Innovation wie Boden-, Geld- und Finanzmarktreformen, neue Unternehmensformen, Renaturierung- und Rückbauprogramme, uvm. (Peach 2014 S. 277ff.)

Für die Sozialwirtschaft und die Soziale Arbeit könnte dieses Modell auch ein Jobmotor sein, da sowohl im Anleiten, im Begleiten, im Moderieren und im Schlichten von Konflikten die im Bereich der entkommerzialisierten Arbeit (Entschleunigung, Abkehr von gängigen Konsummustern, Förderung nachhaltiger Lebensstile, vermehrte Eigenproduktion, gemeinsame Nutzung, Ausbau der Ehrenamtlichkeit in vielen Bereichen, usw.) entstehen könnten. Schon heute werden von gemeinnützigen Vereinen Reparaturservices angeboten (z. B. in Wien das Reparatur- und Servicezentrum R.U.S.Z), diese könnten ausgebaut und flächendeckend angeboten werden. Auch im Rahmen einer bedeutenden Regionalwirtschaft könnten z. B. Social Entrepreneurship reüssieren, da die Großkonzerne mit ihrer billigen, aber schädlichen Massenproduktion als Konkurrenz zurückgedrängt werden.

Auch wenn weder die Postwachstumsökonomie, noch die Gemeinwohlökonomie morgen wirtschaftliche Realität sein werden, rücken sie den Blick auf eine neue Form des verantwortungsvollen Wirtschaftens. Auch wenn diese Wirtschaftsmodelle utopisch klingen, wird die Zukunft weisen, wie globales Bevölkerungswachstum, Ressourcenverknappung und die Auswirkungen des Klimawandels schneller als gedacht eine Systemänderung erzwingen werden. Hackenberg und Empter (2011, S. 78) betonen die Rolle von Sozialunternehmen für die Zukunft von Wirtschaft und Gesellschaft. Gerade junge Entrepreneure (seien sie *social* oder nicht) sind für diese nachhaltigen Geschäftsmodelle zugänig. Volkswirtschaften, wie Österreich, deren Wirtschaft vor allem auf Klein- und Mittelunternehmen aufgebaut sind, haben gute Voraussetzungen, ihre Systeme langsam in diese Richtung zu verändern. Am Weg dorthin wird gerade der Social Entrepreneur ein Vermittler sein, der die Konzepte der beiden Wirtschaftswelten (NPO und PO) vereinen und scheinbare Gegensätze überwinden wird. Pauli und Haarstert (2011, S. 147f.) postulieren unter dem Schlagwort Blue-Economy die „Versöhnung von Ökonomie, Ökologie und Sozialem" und zeigen den Bedarf für hybride Organisationen.

4 Social Entrepreneurship als hybride Organisationen

Die Vermarktlichung des Sozialstaates die zur Ökonomisierung der Sozialen Arbeit geführt hat, hat auch bewirkt, dass vermehrt private Träger (bzw. private Unternehmen) soziale Dienstleistungen anbieten und zu klassischen NPO in Konkurrenz treten

(Möhle 2016, S. 31). Seit der Jahrtausendwende gewinnt das Konzept des Social Entrepreneurship (Faltin 2008, S. 27; Hackenberg und Empter 2011, S. 11; Heinze et al. 2011, S. 90; Möhle 2016, S. 16) an Bedeutung. Die Verbindung aus unternehmerischen Handeln und einer sozialen Mission ist zwar keineswegs neu, die Konsequenz mit der die beiden Bereiche verbunden werden, ist es allemal (Faltin 2008, S. 27; Achleitner und Spiess-Knafl 2010, S. 10). Social Entrepreneurship ist dabei aber keine eigenständige Organisations- oder Unternehmensform sondern vielmehr eine (neue) Denkschablone für hybride Organisationen innerhalb der Sozialwirtschaft. Gerade im deutschsprachigen Raum mit einer - im Verhältnis zum angelsächsischen Raum - ausgeprägten staatlichen Finanzierung des Sozialbereichs ist Social Entrepreneurship eine relativ neue Entwicklung, die laut Möhle (2016, S. 32) „das Verhältnis der Sozialen Arbeit und dem Markt in innovativer Weise verändern dürfte". Dass diese Form der Sozialen Dienstleistung noch nicht sehr weit verbreitet ist, zeigt auch der Umstand, dass es in Österreich laut einer Untersuchung von Schneider und Meier (2013, S. 18) nur 273 Social Entrepreneurship gibt (im Vergleich zu rund 400.000 Unternehmen). Eine Schätzung prognostiziert bis zum Jahr 2025 zwischen 1300 und 8000 (Vandor et al. 2015, S. VI). Social Entrepreneurship trägt auch zu einer Diversifizierung der Rechtsformen innerhalb der Sozialwirtschaft bei. Schneider und Meier (2013, S. 18) untersuchten 2013 österreichische Social Entrepreneurship und identifizierten sowohl Vereine (37,5 %) als auch Unternehmen (22,5 % GmbH bzw. gemeinnützige GmbH, 23,5 % andere Unternehmens-Rechtsformen, 17,5 % noch in Gründung). Insgesamt erscheint die Abgrenzung der verschiedenen Organisationstypen immer schwieriger bzw. ist diese in Zeiten hybrider Organisationen überholt (Uebelhart 2011, S. 236ff.; Schneider und Meier 2013, S. 25).

Um das Wesen des neuen Ansatzes verstehen zu können, muss man den Begriff Social Entrepreneur in seine beiden Bestandteile *Social* und *Entrepreneur* zerlegen. *Social* bezieht sich auf jede Form der Verantwortung für die Gemeinschaft, geht also über das deutsche Wort *sozial* hinaus und schließt z. B. auch die ökologische Verantwortung mit ein (Inmann 2009, S. 15). Das Wort *Social* steht in diesem Zusammenhang für eine soziale Veränderung (Social Change) oder soziale Wirkung auf die Gesellschaft (Social Impact) oder auf die Zielgruppe bzw. KlientInnen (Outcome) (Inmann 2009, S. 15ff.; Achleitner und Spiess-Knafl 2010, S. 13).

Entrepreneur bezieht sich auf das unternehmerische Selbstverständnis dieses Vertreters der Sozialwirtschaft. Im normalen Sprachgebrauch wird mit dem Begriff Entrepreneurship die Gründung eines Unternehmens bezeichnet. Faltin (2008, S. 28) verweist aber darauf, dass dieser Begriff der von Lujo Brentano, Joseph Schumpeter und Peter Drucker geprägt wurde, eine viel umfangreichere Bedeutung hat (Faltin 2008, S. 28–30; Harbrecht 2010, S. 8ff.). Schumpeter sah im Unternehmer vor allem einen Innovator, der Ressourcen neu kombiniert und den Markt durch neue Produkte *stört* und aus dem Gleichgewicht bringt. Jede ökonomische Entwicklung baut auf dem Prozess der schöpferischen bzw. kreativen Zerstörung auf. Durch eine Neukombination von Produktionsfaktoren, die sich erfolgreich durchsetzt, werden alte Strukturen verdrängt und schließlich zerstört. Die Zerstörung ist also notwendig – und nicht etwa ein Systemfehler –, damit Neuordnung stattfinden kann. Der Unternehmer ist der Agent dieses Wandels (Fueglistaller et al. 2012, S. 25). Laut Fueglistaller et al. (2012, S. 27) lassen sich fünf Kernelemente von Entrepreneurship identifizieren: der Entrepreneur, eine unternehmerische Gelegenheit, entsprechende Ressourcen, eine passende Organisationsform und eine günstige Umwelt. Es ist die Verantwortung des Entrepreneurs, diese Kernelemente zu verknüpfen und so Werte zu schaffen.

Erweitert man Schumpeters Verständnis von Entrepreneur um die soziale Komponente, kann man den Social Entrepreneur also als einen Agenten des sozialen und wirtschaftlichen Wandels verstehen. Es gibt eine breite Diskussion, wie dieser Begriff definiert bzw. abgegrenzt werden soll und wodurch sich Social Entrepreneur und Social Entrepreneurship voneinander unterscheiden.

Bisher gibt es keine eindeutige, gemeinsame Position oder Begriffsbestimmung innerhalb der Wissenschaft zu diesen beiden Begriffen. Achleitner und Spiess-Knafl (2010, S. 19) listen 27 verschiedene Definitionen auf. Dacin et al. (2010) sammelt sogar 37. Im Wesentlichen behalten die verschiedenen Definitionen vier Aspekte:

- eine soziale Mission,
- wirtschaftliche Ziele (Einkommen der UnternehmerIn, teilweise zusätzlich Gewinne),
- ein innovativer Ansatz und
- das Nutzen einer Gelegenheit.

In der Literatur zeigt sich, dass Social Entrepreneur mehrheitlich verwendet wird, wenn das (wirtschaftliche) Verhalten oder die Einstellung der Person des Entrepreneurs im Vordergrund steht. Social Entrepreneurship beschreibt hingegen die Idee der Verbindung von sozialen und wirtschaftlichen Zielen, die Aktivität des Verbindens von Mission und Gewinnorientierung (Achleitner und Spiess-Knafl 2010, S. 18ff.; Dacin et al. 2010). Im Folgenden wird der Begriff Social Entrepreneurship als der Rahmen bezeichnet, in dem eine soziale Mission und wirtschaftliche Ziele innovativ verfolgt werden. Social Entrepreneur bezieht sich auf die Anforderungen und die Gestaltung der Rolle der/des UnternehmerIn. Als Social Entrepreneur wird der oder die Person bezeichnet, die ein Social Entrepreneurship, sprich das Unternehmen gründet.

4.1 Die neue Steuerungslogik

Die hybriden Organisationen der Sozialwirtschaft zeigen, dass es ein Steuerungsverständnis braucht, das sich sowohl auf betriebswirtschaftliche Konzepte bezieht, als auch die soziale Identität der Organisation nicht aus dem Fokus verliert (Uebelhart 2011, S. 248ff.).

Social Entrepreneurs „agieren in größerer Unabhängigkeit von staatlichen Vorgaben, als dies für etablierte Wohlfahrtsverbände möglich ist" (Möhle 2016, S. 32), wobei das als Ursache und Wirkung dieser neuen Formen eines sozialen Dienstleistungsangebot angesehen werden kann. Durch die Zunahme von Leistungsverträgen, die viel weniger Spielräume für neue oder zusätzliche Angebote ermöglichen, sind alternative Finanzierungsformen gefragt. So hat der Wiener *Verein Ute Bock* bei dem neuen Projekt *Bockwerk* (Werkstattprojekt von und für Flüchtlinge) zunächst auf eine Finanzierung über Crowd Funding gesetzt. Einerseits aufgrund fehlender Finanzierung eines Beschäftigungsangebots für AyslwerberInnen, die in Österreich überhaupt nicht beschäftigt werden dürfen, andererseits weil eben die Produkte dieses Social Business am Markt angeboten werden können (Bockwerk 2016). Egal ob via Crowdfunding, Online-Shop oder eigenem Geschäft finanziert wird, taucht analog zur Frage, wie man Social Entrepreneurship definieren kann, die Frage auf, in welchem Ausmaß sich ein Social Entrepreneurship über den Markt finanziert bzw. finanzieren muss, um als ein solches zu gelten (Vandor et al. 2015, S. 7). Für Vandor et al. (2015, S. 8) kann man bei einem „Marktanteilseinkommen von mehr als 50 % des Gesamteinnahmen der Organisation" den Begriff Social Entrepreneurship durch den Begriff des Social Business erweitern. Ab 50 % sind die Markteinkünfte „wesentliches Charakteristikum der Organisation". (Vandor et al. 2015, S. 8) Aus Sicht des Autors ist aber weniger die Frage relevant, wie hoch der Anteil der Markteinkünfte tatsächlich ist oder ob laut Vandor et al. (Vandor et al. 2015, S. 8) z. B. Leistungsverträge als Markteinkommen betrachtet werden oder nicht, als der Aspekt, dass man sich überhaupt in eine Marktlogik begibt und die eigene Leistung am *Markt* anbietet. Denn durch die bewusste oder (mangels Leistungsverträge oder Subventionen) notwendige Entscheidung, verändert sich einerseits das Selbstverständnis der Organisation wie auch das Management. Strategisches Management, aber auch operative Managementbereiche, müssen in jedem Fall stärker betont werden. Im strategischen Bereich stellen sich z. B. die Fragen, welches Geschäftsmodell, welche Rechtsform und welche Zielgruppen mit dem Angebot angesprochen werden, im operativen Bereich rücken verstärkt Fragen des Marketings und des Controllings ins Zentrum.

Social Entrepreneurship verändert auch unseren Denkrahmen von Profit und Nonprofit. So wird diese Unterscheidung angesichts dieser Entwicklungen immer mehr in den Hintergrund rücken. „Die althergebrachte Unterteilung in For-Profit und Nonprofit-Organisationen hat sich überlebt – unterschiedliche Organisationsformen erbringen Wohlfahrtsleistungen" (Uebelhart 2011, S. 237). Fahrbach (2014 S. 11) bezeichnet in diesem Zusammenhang Low Profit als den Versuch, „die Lücke zwischen Non-Profit und For-Profit zu schließen". Diese Unternehmen erwirtschaften Renditen von 0–5 % auf die Investitionen. Wenn man davon ausgeht, dass auch EinzelunternehmerInnen ein Social Entrepreneurship betreiben, dann muss sogar nach österreichischem Recht ein Gewinn erwirtschaftet werden, um der/dem UnternehmerIn ein Einkommen zu ermöglichen (ein Ansetzen des Unternehmerlohns als Aufwand ist nicht möglich). Diese Einkommenserzielung ist nicht mit einer Gewinnausschüttung an AktionärInnen gleichzusetzen. Wir müssen also – wenn wir Social Entrepreneurship konsequent denken und leben – Low Profit als im Einklang mit der sozialen Mission anerkennen. In der Sozialwirtschaft erleben wir, dass immer mehr Profitunternehmen und Social Entrepreneur Angebote am Sozialmarkt anbieten. „Ob For-Profit, Low-Profit oder Nonprofit … Zur Lösung sozialer Probleme ist die Unterteilung überholt; es stellt sich vielmehr die Frage, welcher Akteur welchen gesellschaftlich-politisch legitimierten Gemeinwohlbeitrag liefert" (Uebelhart 2011, S. 240).

Die betriebswirtschaftliche Steuerungslogik der Social Entrepreneurship richtet sich also nach anderen Kriterien, also ob Gewinne erzielt werden, diese nur zum Teil ausgeschüttet werden oder ganz im Unternehmen verbleiben. Vielmehr ist die Ausgestaltung des Managements und der Einsatz verschiedener Instrumente wohl mehr davon abhängig, welchen Finanzierungsmix (Verhältnis von Markterlösen, Crowdfunding-Erlösen einerseits zu Spenden, Sponsoring oder Subventionen andererseits) man verfolgt, welche konkrete Mission man anstrebt, welches Selbstverständnis bei den GründerInnen vorherrscht (wirtschaftliches Start-up versus Gründung aus einer NPO heraus) und welche Rechtsform man wählt, die z. B. Auswirkungen auf die Art des Rechnungswesen hat. Auch Vandor et al. (Vandor et al. 2015, S. VII) sehen Unterschiede in der Steuerung je nach Organisationstyp oder Entwicklungsphase.

4.2 Was bedeutet das für die Sozialwirtschaft?

Die in den vorangegangen Kapiteln beschriebenen Entwicklungen forcieren ein neues Selbstverständnis innerhalb der SWO. Die Unterschiede in der Managementlehre von Organisationen und Unternehmen werden sich generell weniger ausschließlich über die Gewinnabsicht beschreiben lassen, als über verschiedene interne und externe Faktoren (Bono 2006, S. 39–49; Kalnbach und Eisenreich 2015).

Die Management-Tools der Betriebswirtschaft stellen dabei die möglichen Werkzeuge dar, die gemäß der an Einfluss gewinnenden Rahmen- und Umweltbedingungen im Sinne der Nachhaltigkeit eingesetzt werden, um eine effektive und effiziente Steuerung zu gewährleisten. Dabei determinieren der Einfluss und Dynamik der Makroumwelten, der Branchenwettbewerb, die Lebenszyklusphase der Organisation, die Organisationskultur, die Größe (Umsatz, Budget, Anzahl MitarbeiterInnen), die angebotenen Leistungen und andere Faktoren mehr die Auswahl der entsprechenden Planungs- und Steuerungsmethoden als allein die Frage der Gewinnorientierung.

Eine Untersuchung aus dem Jahr 2016[5] (Gansrigler 2016, S. 85) zeigt, dass die Organisationsgröße signifikanten Einfluss darauf hat, welche betriebswirtschaftlichen Aufgabenbereiche besondere Bedeutung haben. So sind die Themen Controlling, Budgetierung, Jahresabschluss und Kostenrechnung in großen Organisationen (mehr als 100 MitarbeiterInnen) der Sozialwirtschaft von höherer Bedeutung, als in kleinen Organisationen. Auch bei den verschiedenen Handlungsfeldern der Sozialen Arbeit zeigt sich bezogen auf die Bedeutung der betriebswirtschaftlichen Kompetenzen für die eigene Leitungstätigkeit bzw. den eigenen Berufsalltag eine signifikante Differenzierung (0 keine Bedeutung, 10 sehr hohe Bedeutung): die höchste Bedeutung wird diesen Themen im Handlungsfeld *Alte Menschen (9,86)* beigemessen. Dahinter folgen mit einigem Abstand *Behinderung (7,96), Bildung/Beruf/Arbeit (7,38), Gesundheit/Krankheit (7,2), Kinder/Jugendliche/Familie (6,64)* sowie *Wohnen/Wohnungslosigkeit (6,11)*. Wir müssen also insgesamt einen differenzierteren Blick auf Unternehmen und Organisationen werfen. Die Verallgemeinerung in PO und NPO scheint nicht mehr genügend Aufschluss in der Auswahl von Managementinstrumenten zu liefern. Auch für die Lehre hat dies Auswirkungen.

4.3 Eine Vision zum Schluss

Vor dem Hintergrund, dass hybride Organisationsformen innerhalb der Sozialwirtschaft an Bedeutung gewinnen werden (Vandor et al. 2015, S. VI) und vor der Entwicklung, dass die Zielsysteme aller Organisationen und Unternehmen ökonomische, soziale und ökologische Aspekte verfolgen müssen, stellt sich nicht mehr die Frage, ob wir eine eigene NPO-Managementlehre oder eine eigene Social Entrepreneurship-Managementlehre brauchen. Wir brauchen eine neue

---

[5]Befragt wurden 104 Führungskräfte der Sozialwirtschaft in Wien mittels Online-Fragebogens im November 2015.

Betriebswirtschaftslehre, die sich der Verantwortung für Menschen und Umwelt bewusst ist! Wir brauchen eine integrierte Sichtweise und ein Lernen vom Anderen. Die Unternehmen, die bisher nur auf Profit ausgerichtet waren, müssen von sozialen Organisationen lernen und eine soziale Mission formulieren, die gleichwertig neben der wirtschaftlichen steht. Im NPO-Bereich können wir die für PO formulierten Sichtweisen, Methoden und Instrumente nützen, um ökonomische Ziele zu erreichen, die neben den sozialen verfolgt werden. Es wird die Aufgabe aller Unternehmen und Organisationen sein, die Verschwendung von Ressourcen und den Raubbau an der Umwelt zu stoppen. Das bedeutet mit knappen Ressourcen weltweit ein Mindestmaß an Wohlstand, sozialen Frieden und eine intakte Natur zu ermöglichen, damit folgende Generationen die Lebensgrundlage erhalten wird. Die BWL kann – nicht zuletzt durch die Erfahrung im Umgang mit knappen Ressourcen – wichtige Beiträge dazu leisten. Die Sozialwirtschaft kann diesen Umbau des Wirtschaftssystems moderieren und wird gerade am Weg zu einem neuen Wirtschaftssystem zu einem gefragten Partner für Politik, Gesellschaft und Wirtschaft.

Literatur

Achleitner, Ann-Kristin, und Wolfgang Spiess-Knafl. 2010. Social Entrepreneurship – eine Einführung für Studenten. Technische Universität München. Kfw-Stiftungslehrstuhl für Entrepreneurial Finance. http://papers.ssrn.com/sol3/papers.cfm?abstract_id=1597706. Zugegriffen: 28. März 2016.

Alter, Kim. 2007. Social Enterprises: Typology. Virtue Ventures LLC. http://www.4lenses.org/setypology/print. Zugegriffen: 28. März 2016.

Amon, Michael. 2012. Wie man sich ein Weltbild richtig zurechtbiegt. Die Presse. http://diepresse.com/home/meinung/gastkommentar/726261/Wie-man-sich-ein-Weltbild-richtig-zurechtbiegt. Zugegriffen: 12. April 2016.

Bettig, Uwe, Harald Christa, Wolfgang Faust, Annette Goldstein, Ludger Kohlhoff, und Birgit Wiese. 2013. *Betriebswirtschaftliche Grundlagen in der Sozialwirtschaft*. Baden-Baden: Nomos Verlag.

Bockwerk. 2016. Bockwerk – über uns. http://www.bockwerk.at/pages/ueberuns. Zugegriffen: 8. April 2016.

Bono, Maria Laura. 2006. *NPO-Controlling – Professionelle Steuerung sozialer Dienstleistungen*. Stuttgart: Schäffer-Poeschl.

Dacin, Peter A., M. Tina Dacin, und Margaret Matear. 2010. Social Entrepreneurship: Why we don't need a new theory an how we move forward from here. *Academy of Management Perspectives* 24(3): 36–44.

Faltin, Günther. 2008. Social Entrepreneurship, Definitionen, Inhalte, Perspektiven. In *Social Entrepreneurship – Unternehmerische Ideen für eine bessere Gesellschaft*, Hrsg. Gerald Braun, und Martin French, 25–46. Rostock: HIE-RO.

Fahrbach, Christian. 2014. *Low-Profit-Investionen. Bewerten – finanzieren – fördern*. Wien: LIT Verlag.

Felber, Christian. 2014. Nachhaltigkeit und Gemeinwohl. In *Nachhaltingkeit*, Hrsg. Iris Pufé, 2. Aufl. München: UVK Lucius.

Fitzhugh, Helen, und Nicky Stevenson. 2015. *Inside social enterprise. Looking in the future*. Bristol: Policy Press.

Förschler, Hans-Lothar. 2008. Strategische Neupositionierung sozialwirtschaftlicher Unternehmen der Freien Wohlfahrtspflege in Deutschland. Dissertation Universität Flensburg

Frey, Eric. 2014. Felbers Gemeinwohl-Fantasien. Der Standard. http://derstandard.at/1395363527711/Felbers-Gemeinwohl-Fantasien. Zugegriffen: 12. April 2016.

Fueglistaller, Urs, Christoph Müller, Susan Müller, und Thierry Volery. 2012. *Entrepreneurship. Modelle-Umsetzung-Perspektiven. Mit Fallbeispielen aus Deutschland, Österreich und der Schweiz*, 3.Aufl. Wiesbaden: Springer-Gabler.

Gansrigler, David. 2016. *Relevanz von betriebswirtschaftlichen Kompetenzen für Führungskräfte in sozialwirtschaftlichen Organisationen*. Wein: Masterarbeit FH Campus Wien.

Gergs, Hans-Joachim. 2011. Ende des Sozialmanagements und Aufstieg des Social Entrepreneurs? Führung sozialer Unternehmen im 21. Jahrhundert. In *Social Entrepreneurship – Social Business: für die Gesellschaft unternehmen*, Hrsg. Helga Hackenberg, und Stefan Empter, 173–188. Wiesbaden: VS Verlag.

Grant, Robert, und Michael Nippa. 2006. *Strategisches Management. Analyse, Entwicklung und Implementierung von Unternehmensstrategien*, 5. aktualisierte Auflage. München: Pearson Studium.

Hackenberg, Helga, und Stefan Empter (Hrsg.). 2011. *Social Entrepreneurship – Social Business: für die Gesellschaft unternehmen*. Wiesbaden: VS Verlag.

Handelsblatt. 2012. Dossier – Kapitalismus in der Krise. http://www.handelsblatt.com/themen/dossier/krise-des-kapitalismus. Zugegriffen: 8. April 2016.

Harbrecht, Armin. 2010. *Social Entrepreneurship – Gewinn ist Mittel, nicht Zweck. Eine Untersuchung über Entstehung, Erscheinungswesen und Umsetzung*. Schriften des Interfakultiven Instituts für Entrepreneurship des Karlsruher Institut für Technologie. Karlsruhe: Scientific Publishing.

Heinze, Rolf G., Katrin Schneiders, Stefan Grohs. 2011. Social Entrepreneurship im deutschen Wohlfahrtsstaat – Hybride Organisationen zwischen Markt, Staat und Gemeinschaft. In *Social Entrepreneurship – Social Business: für die Gesellschaft unternehmen*, Hrsg. Helga Hackenberg, und Stefan Empter, 86–104. München: VS Verlag.

Horak, Christian, Martin Bodenstorfer, und Thomas Klein. 2015. Ziele und Strategien. In *Management der Nonprofit-Organisationen. Bewährte Instrumente im praktischen Einsatz*, Hrsg. Rolf Eschenbach, Christian Horak, Michael Meyer, und Christian Schober. 3. Aufl. Stuttgart: Schäffer-Pöschl.

Inmann, Barbara. 2009. *Social Entrepreneurship – Einflussfaktoren im Gründungsprozess eines Sozialen Unternehmens*. Saarbrücken: Verlag Dr. Müller.

Jackson, Tim. 2013. *Wohlstand ohne Wachstum. Leben und Wirtschaften in einer endlichen Welt*. München: Oekom Verlag.

Kalnbach, Peter, und Thomas Eisenreich. 2015. Unterjähriges Berichtswesen ist Selbstschutz in Sozial Wirtschaft. *Zeitschrift für Führungskräfte in sozialen Unternehmungen* 5(2015): 28–29.

Kaup, Gerd. 2013. Ökonomie des Teilens. Arbeiterkammer Steiermark. Abteilung Marktforschung. https://media.arbeiterkammer.at/stmk/Sharing_Economy_2013.pdf. Zugegriffen: 12. April 2016.

Kotler, Philip, Hermawam Kartajaya, und Iwan Setiawan. 2010. *Die neue Dimension des Marketings. Vom Kunden zum Menschen*. Frankfurt: Campus Verlag.
Lexikon der Nachhaltigkeit. 2016a. Triple bottom line und triple top line. https://www.nachhaltigkeit.info/artikel/1_3_b_triple_bottom_line_und_triple_top_line_1532.htm. Zugegriffen: 8. April 2016.
Lexikon der Nachhaltigkeit. 2016b. Greenwashing. https://www.nachhaltigkeit.info/artikel/greenwashing_1710.htm. Zugegriffen: 8. April 2016.
Möhle, Marion. 2016. Soziale Arbeit zwischen Markt und Marx. Facetten einer komplexen Beziehung in Sozialarbeit in Österreich. *Zeitschrift für Soziale Arbeit, Bildung und Politik* 1(16): 30–33.
Netzwerk Soziale Verantwortung. 2012. Corporate social responsability. Schein oder Nichtschein – das ist hier die Frage. http://www.netzwerksozialeverantwortung.at/media/CSR-Brochure2012_screen_final.pdf. Zugegriffen: 8. April 2016.
Paech, Niko. 2014. *Befreiung vom Überfluss. Auf dem Weg in die Postwachstumsökonomie*, 8. Aufl. München: Oekom Verlag.
Paech, Niko. 2016. Grundzüge einer Postwachstumsökonomie. http://www.postwachstumsoekonomie.de/material/grundzuege/. Zugegriffen: 12. April 2016.
Pauli, Gunther, und Markus Haarstert. 2011. Die Versöhnung von Ökonomie, Ökologie und Sozialem. Internationale Fallbeispiele. In *Social Entrepreneurship – Social Business: Für die Gesellschaft unternehmen*, Hrsg. Helga Hackenberg, und Stefan Empter, 147–157. Wiesbaden: VS-Verlag.
Plass, Volker. 2015. Vom Ende der hausbackenen Rezepte aus längst vergangener Zeit. Trend. http://www.trend.at/politik/meinung/vom-ende-rezepte-zeit-5992199. Zugegriffen: 12. April 2016.
Pufé, Iris. 2014. *Nachhaltigkeit*, 2. Aufl. München: UVK Lucius.
Sator, Andreas. 2016. Ökonomen wollen Ex-Attac-Aktivist Felber aus Lehrbuch streichen. Der Standard. http://derstandard.at/2000034370183/Oekonomen-machen-gegen-Attac-Aktivisten-Felber-in-Lehrbuch-mobil. Zugegriffen: 12. April 2016.
Schluckhuber, Barbara. 2015. *Kommen kleine, ehrenamtliche Nonprofit Organisationen in Frage gemeinsame CSR-Projekte mit Unternehmen zu initiieren*. Wien: Masterarbeit FH Campus Wien.
Schneider, Hanna, und Florentine Maier. 2013. *Social Entrepreneurship in Österreich*. Working Paper. Wirtschaftsuniversität Wien.
Schneider, Jürg, Christoph Minnig, und, Markus Freiburghaus. 2007. *Strategische Führung von Nonprofit-Organisationen*. Bern: Haupt Verlag.
Schober, Christian, Günther Lutschinger, Martin Winkler, Alexander Buchinger, und Thomas Kaissl. 2015. Fundraising. In *Management der Nonprofit-Organisationen. Bewährte Instrumente im praktischen Einsatz*, Hrsg. Rolf Eschenbach, Christian Horak, Michael Meyer, und Christian Schober, 3. Aufl. Stuttgart: Schäffer-Pöschl.
Stichlberger, Karin. 2012. *Die gemeinnützige GmbH als Alternative zum Verein nach dem VerG 2002. Errichtung und Besteuerung einer gGmbH am Beispiel des Medizinischen Expertenrings*. Bachelorarbeit FH Oberösterreich.
Uebelhart, Beat. 2011. Das Social-Impact-Modell (SIM) – vom sozialen Problem zur Wirkung. In *Management und Systementwicklung in der Sozialen Arbeit*, Hrsg. Agnes Fritze, Bernd Maelicke, und Beat Uebelhart. Kiel: Edition Sozialwirtschaft.

Vandor, Peter, Reinhard Millner, Clara Moder, Hanna Schneider, und Michael Meyer. 2015. Das Potential von Social Business in Österreich. Wirtschaftsuniversität Wien. https://www.awsg.at/Content.Node/files/events/20151105_Studie_Das_Potenzial_von_Social_Business_in_Oesterr.pdf. Zugegriffen: 18. April 2016.

Verein zur Förderung der Gemeinwohl-Ökonomie. 2016a.Gemeinwohl-Idee: Vision https://www.ecogood.org/allgemeine-infos/idee/vision-der-gemeinwohl-oekonomie.

Verein zur Förderung der Gemeinwohl-Ökonomie. 2016b Gemeinwohl-Idee: Eckpunkte https://www.ecogood.org/allgemeine-infos/idee/vorschlaege-der-gemeinwohl-oekonomie.

Wiebe, Frank. 2012. Verbessern, nicht beschimpfen. Handelsblatt. http://www.handelsblatt.com/meinung/kommentare/marktwirtschaft-verbessern-nicht-beschimpfen/6288670.html. Zugegriffen: 8. April 2016.

Wolf, Susanne. 2014. Nutzen statt besitzen. https://susanne-wolf.com/2014/05/30/nutzen-statt-besitzen-lebensart-juni-2014/. Zugegriffen: 12. April 2016.

Zauner, Alfred, Michael Meyer, Susanne Praschak, Wolfgang Mayrhofer, und Peter Heimerl-Wagner. 2002. Von der Subvention zum Leistungsvertrag. Neue Koordinations- und Steuerungsformen zwischen NPOs und dem öffentlichen Sektor und ihre Konsequenzen für NPOs. In *WU Jahrestagung „Forschung für Wirtschaft und Gesellschaft"*. Wirtschaftsuniversität Wien.

Zierer, Brigitta. 2015. *EU-Förderungen für Non-Profit-Organisationen*. Wien: Linde Verlag.

Mag. Peter Stepanek Jahrgang 1970, Studium der Internationalen Betriebswirtschaft Universität Wien, Lehrender und Forscher FH Campus Wien (Masterstudiengang Sozialwirtschaft und Soziale Arbeit, Sozialmanagement in der Elementarpädagogik), Unternehmensberater, Wirtschaftstrainer. E-Mail: peter.stepanek@fh-campuswien.ac.at

Teil VI
Evaluation, Messung und Wirkung

Social Impact Bonds: Ein unternehmerischer Ansatz zur Beförderung messbarer und relevanter sozialer Veränderung?

Uwe Kaspers

1 Hintergrund und theoretischer Rahmen

Social Impact Bonds (SIB) sind ein relativ neues Finanzierungsinstrument für soziale Dienstleistungen, in denen sich eine neue Aufgabenteilung zwischen dem öffentlichen und dem privaten Sektor realisiert. Die grundlegende Idee des Social Impact Bonds besteht darin, das Risiko mangelnden Erfolgs oder gar Misserfolgs zu privatisieren, während dieser Umstand unter den tradierten Randbedingungen i. d. R. zu versunkenen Kosten auf Seiten des Sozialleistungsträgers führt. Damit stellt der Social Impact Bond eine fundamentale Änderung der im sog. sozialrechtlichen Dreieck etablierten, institutionellen Architektur der beteiligten Akteure dar.

1.1 Ausgangslage: Sozialrechtliches Dreieck

Aufgrund der weitgehenden Etablierung des Sachleistungsprinzips im Bereich des Sozial- und Gesundheitswesens lässt sich die Beziehungsstruktur des Leistungsgeschehens in diesen Branchen mit Hilfe des sozialrechtlichen Dreiecks beschreiben (siehe Abb. 1).

U. Kaspers (✉)
Evangelische Hochschule Nürnberg, Sozialwirtschaft, Nürnberg, Deutschland
E-Mail: uwe.kaspers@evhn.de

Abb. 1 Sozialrechtliches Dreieck (eigene Darstellung)

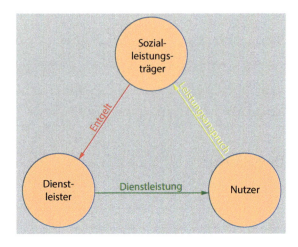

Wie das Modell andeutet, schuldet der Dienstleister die Gegenleistung für das Leistungsentgelt nicht unmittelbar dem Sozialleistungsträger, sondern dem Nutzer. Nur implizit enthält das Modell den Gedanken, dass ein sozialer Dienstleister auch dem Sozialleistungsträger – und damit der Allgemeinheit – eine soziale Wirkung schuldet. Der Grad, mit dem diese Schuld getilgt wird, ist im tradierten Arrangement in aller Regel nicht mit dem Entgelt gekoppelt. Ausnahmen wie z. B. der Vermittlungsgutschein in der Arbeitsförderung bestätigen diese Regel. Die Entkopplung von Vergütung und sozialer Wirkung hängt damit zusammen, dass die sozialen Dienstleister nicht bereit oder in der Lage sind, die damit verbundenen Risiken zu tragen. Der teilweise oder vollständige Ausfall von Entgelten im Falle des Zurückbleibens oder des Ausfalls einer intendierten sozialen Wirkung können jedoch getragen werden, wenn die Dienstleister über eine hinreichende Eigenkapitalreserve verfügen.

1.2 Reziprozität

Das Setting des sozialrechtlichen Dreiecks lässt sich unter Rückgriff auf die Erkenntnisse der Verhaltensökonomik zur Reziprozität untersuchen. Ausgehend von Alltagsbeobachtungen beschreibt Stegbauer Reziprozität als „eine Erwiderung einer Gabe, einer Tat, einer Rede, in einer bestimmten Form" oder als „die Gegenseitigkeit beim Erbringen von Leistungen" (Stegbauer 2002, S. 15). Sturm und Weimann fassen Reziprozität als soziale Norm auf (Sturm und Weimann

Abb. 2 spezielle Reziprozität (eigene Darstellung)

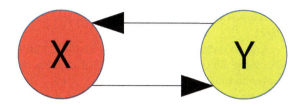

2001, S. 19). Falk definiert „Unter Reziprozität wird ein Verhalten subsumiert, bei dem freundliches oder kooperatives Verhalten belohnt und unkooperatives oder unfreundliches Verhalten bestraft wird." (Falk 2001, S. 1)

Wir unterscheiden direkte („echte") Reziprozität – auch spezielle Reziprozität genannt – von generalisierter Reziprozität. Spezielle Reziprozität beschreibt die unmittelbare Erwiderung von Kooperation oder unfreundlichem Verhalten. Im positiven Fall verstärkt sich in einem aufschaukelnden Prozess von Erwiderungen kooperativen Verhaltens eine Austauschbeziehung zwischen den Beteiligten. Die Beziehung zwischen Verwandten oder Nachbarn oder langjährige Geschäftsbeziehungen sind praktische Beispiele spezieller Reziprozität. Im negativen Fall führt Reziprozität zum Abbruch der Kooperation (siehe Abb. 2).

Generalisierte Reziprozität hingegen bezieht sich auf die Rezeption kooperativen Verhaltens und deren Erwiderung, nun jedoch nicht gegenüber dem ursprünglichen Partner sondern gegenüber einer dritten Person oder Personengruppe. Diese Situation können wir z. B. bei Menschen beobachten, die aus anderen Beziehungen wirtschaftlich gut ausgestattet sind und sich auf dieser Grundlage philanthropisch engagieren.

Ein einfaches Setting zur Untersuchung der Effektivität von spezieller und generalisierter Reziprozität ist das Diktatorexperiment – das wohl grundlegendste Experiment der Verhaltensökonomik. Es handelt sich um ein ebenso einfaches wie – vor dem Hintergrund der klassischen ökonomischen Theorie – überraschendes Experiment. Das Spiel wurde erstmals von Kahneman, Knetsch und Thaler (1986) in die ökonomische Literatur eingebracht. Hier bestimmt ein Spieler in der Rolle des Diktators X über die Aufteilung eines ihm zugedachten Startgeldes p zwischen ihm selbst und einem Mitspieler Y in der Rolle eines Empfängers. Der Mitspieler Y ist in diesem Spiel ohne jede Handlungsmöglichkeit.

Die Auszahlungsfunktion ist denkbar einfach:

$$e_{Ertrag} = p_{Startgeld} - x_{Abgabe}$$

Betrachten wir X als Nutzenmaximierer bzgl. e mit der freiwilligen Abgabe x als Steuerungsgröße, so lässt sich e leicht maximieren, indem x minimiert wird.

Die klassische ökonomische Theorie lässt also erwarten, dass der Diktator nichts abgibt.

X gerät dadurch jedoch in einen Konflikt, weil die Maxime der Nutzenmaximierung mit der Fairnessmaxime in Konflikt gerät. Während die Maxime der Nutzenmaximierung durch den Betrag $e = p - x$ beschrieben werden kann, kann die Fairnessmaxime als Vektor (e, x) oder $(p - x, x)$ parametrisiert werden. Wählt X eine Abgabe x in Höhe von p/2 oder mehr so ergibt sich ein Trade-off der Nutzenmaximierung zu Gunsten der Fairness. Im Falle einer Abgabe $x < p/2$ verhält es sich gerade umgekehrt. Wie lösen nun Versuchspersonen diesen Konflikt?

Das Experiment (hier Güth 2003) zeigt, dass sich nur ein geringer Teil der Versuchspersonen (hier 10 %) als kompromissloser Nutzenmaximierer verhält. Alle anderen (90 %) teilen mit ihren Mitspielern. Allerdings stellt auch kein Diktator X seinen Mitspieler besser als sich selbst, indem er in Höhe eines x im Intervall [p/2,p] abgibt. (Güth et al. 2003, S. 6 und 16)

Im Experiment erzielten die Y-Spieler im Durchschnitt 38 % der Einkünfte der X-Spieler (Diktatoren). Dieses Ergebnis mag Alltagserfahrungen bestätigen, erschüttert jedoch die ökonomische Standardtheorie. Denn Menschen, die sich auf das Konstrukt des „homo oeconomicus" verkürzen ließen, sollten als vollständig Eigeninteressierte überhaupt keine Abgaben leisten.

Die einseitige und einmalig gespielte Anordnung lässt sich nun leicht zu einer zweiseitigen abwandeln. Franzen und Pointner vollzogen diese Veränderung auf Grundlage der Vorarbeit von Diekmann (Diekmann 2004). Es handelt sich erneut um eine zweiseitige Variante mit einem fingierten Diktator – hier Proposer (X) genannt. Dieser gibt einen konstanten Betrag an die eigentliche Versuchsperson – den Responder (Y) – ab. In dieser Anordnung kann untersucht werden, inwieweit die Versuchspersonen in ihrem Aufteilungsverhalten auf eine möglicherweise durch den Diktator induzierte Norm reagieren. Die weitere Abwandlung besteht darin, dass eine wiederum fingierte dritte Person (Z) ins Spiel gebracht wird. Der Diktator (X) gibt wieder eine möglicherweise als Norm zu begreifende Aufteilung des Startgelds vor. Der Responder (Y) erwidert das Angebot jedoch nun nicht gegenüber dem Diktator (X), sondern gegenüber der dritten Person (Z). Diese Anordnung bildet die oben eingeführte Variante der generalisierten Reziprozität ab (siehe Abb. 3).

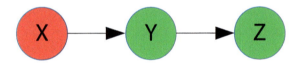

Abb. 3 generalisierte Reziprozität (eigene Darstellung)

Social Impact Bonds: Ein unternehmerischer Ansatz zur Beförderung ...

Schließlich wird zwischen positiver und negativer Reziprozität unterschieden. Positive Reziprozität liegt vor, wenn ein Diktator eine vergleichsweise großzügige Abgabe geleistet hat, damit dies als Norm im Raum steht und die Versuchsperson dies erwidert – also gleichfalls großzügig zurück- bzw. weitergibt. Eine vergleichsweise geringe Abgabe führt zum Szenario negativer Reziprozität. Die Verhältnisse lassen sich nun insgesamt wie folgt schematisch darstellen:

Umfang der Abgabe ...	gering	hoch
Spielpartner ...		
ursprünglicher Diktator	spezielle negative Reziprozität	spezielle positive Reziprozität
dritte Person	generalisierte negative Reziprozität	generalisierte positive Reziprozität

Im Rahmen des Experiments von Franzen und Pointner lässt sich positive generalisierte Reziprozität leider nicht nachweisen. Mehr noch: Sie tritt praktisch nicht auf. Im Falle der generalisierten Reziprozität ist es geradezu ohne Bedeutung, ob die Versuchsperson mit vergleichsweise wenig (5 von 20) oder mit vergleichsweise viel (15 von 20) ausgestattet wurde. In beiden Fällen wird durchschnittlich ein Betrag von knapp unter 6 weitergegeben. (Franzen und Pointner 2008, S.10f.)

Anders verhält es sich bei spezieller Reziprozität. Wie das Experiment zeigt, wird eine geringe Abgabe unmittelbar erwidert (Mittelwert: 5,65). Bei einer vergleichsweise hohen Abgabe (15 Geldeinheiten) des Diktators stellt sich bei der Abgabe ein Mittelwert von 10,15 ein. Zu einer Erwiderung der hohen Abgabe kommt es jedoch nur bei 25 % der Versuchspersonen. (Franzen und Pointner 2008, S. 9)

Weitere auf die Situation im sozialrechtlichen Dreieck anwendbare Erkenntnisse lassen sich aus einem von Güth und Schmidt 2002 publizierten „Ultimatum-Spiel" gewinnen. Konkret wurde ein Spieler Y darum gebeten einen Geldbetrag in Höhe von 1200 DM auf die Spieler X, Y und Z aufzuteilen. Spieler X musste dem Aufteilungsvorschlag zustimmen, während Spieler Z keinerlei Verhandlungsmacht zugewiesen war.

Ergebnis: Immerhin stellten 55 % der Versuchspersonen ihre Aufteilungsvorschläge so ein, dass Spieler Z genauso viele Mittel wie den beiden anderen zuflossen (also jedem Spieler 1/3 = 400 DM). Dieser Aufteilungsvorschlag erhielt auch hohe Zustimmungsraten in Höhe von knapp 97 %. Allerdings – und dies beleuchtet die „dunkle Seite" des Verhaltens einiger Probanden – wurde Spieler Z, der sich im Spiel ja nicht artikulieren konnte, in rund 25 % der Aufteilungsvorschläge mit 200 oder gar nur 100 DM „abgespeist", während sich die Spieler X und Y den verbleibenden, erheblich größeren Anteil der Verteilungsmasse dann im Verhältnis 600/400 oder 600/500 untereinander aufteilten. Auch diese unfairen Aufteilungsvorschläge erhielten mit mehr als 58 % noch vergleichsweise hohe Zustimmungsraten. (Güth et al. 2002)

Die Analogie zum sozialrechtlichen Dreieck drängt sich förmlich auf. Spieler Z – dem Hilfesuchenden ohne Verhandlungsmacht – droht eine Vernachlässigung seiner Interessen im Aushandlungsprozess zwischen Sozialleistungsträger und sozialem Dienstleister. Dies geschieht zwar nur in 1/8 der beobachteten Fälle (¼ der Vorschläge mit gut 50 % Zustimmungsrate). Der Defekt ist jedoch erheblich.

1.3 Zwischenfazit

Soziale Dienstleister in einer sozialrechtlichen Dreiecksbeziehung zwischen Sozialleistungsträgern und Nutzern befinden sich aufgrund der Trennung von Leistung und Gegenleistung in der Situation von spezieller Reziprozität. Untersuchungen haben gezeigt, dass spezielle Reziprozität bzgl. der Abgabebereitschaft des zunächst mit Mitteln ausgestatteten Akteurs eine ineffiziente Gestaltungsvariante darstellt. Selbst Steigerungen der Mittelausstattung führen zu keiner Erhöhung der Abgabebereitschaft.

Die Verhaltensökonomik zeigt weiter, dass die ungleiche Machtverteilung im sozialrechtlichen Dreieck die Gefahr birgt, dass in einer Größenordnung von ca. 1/8 aller Transaktionen die Belange der Hilfesuchenden nur geringe Priorität im Interessenausgleich zwischen Sozialleistungsträger und sozialem Dienstleister einnehmen.

Damit stellt die Verhaltensökonomik die Struktur des sozialrechtlichen Dreiecks grundsätzlich in Frage. Sofern sich nachweisen lässt, dass andere institutionelle Arrangements stärker auf Strukturen direkter Reziprozität abheben, lässt sich daraus ein Potenzial für einen Effizienzgewinn ableiten.

2 Intermezzo

Das Problem, effektive Hilfe für bedürftige Menschen – hier die Nutzer sozialer Dienstleistungen – im Umfeld eines ineffizienten institutionellen Settings – generalisierte Reziprozität – zu gewährleisten, ist vermutlich Jahrtausende alt. Etwas abstrakter geht es um die Gleichausrichtung von Moral und Anreizstruktur. Wie lässt sich Hilfe gewährleisten, wenn das Erfolgsrezept der speziellen Reziprozität eines „hilfst Du mir, helfe ich Dir" nicht greifen kann?

Christliche Moral bietet eine Lösung, die nicht etwa kompensierende Anreize, sondern die paradigmatische Umlenkung oder Gleichsetzung von generalisierter in spezielle Reziprozität zum Ansatz hat. Im Evangelium nach Matthäus ist formuliert: „Denn ich bin hungrig gewesen, und ihr habt mich gespeist. Ich bin durstig gewesen, und ihr habt mich getränkt. Ich bin Gast gewesen, und ihr habt mich beherbergt. Ich bin nackt gewesen und ihr habt mich bekleidet. Ich bin krank gewesen, und ihr habt mich besucht. Ich bin gefangen gewesen, und ihr seid zu mir gekommen. ... *Was ihr dem geringsten meiner Brüder getan habt, das hat ihr mir getan"* (Mt 25, Verse 36, 37 und 40). Hier wird die Kooperation zu Gunsten einer dritten Person (Z = dem bedürftigen Nächsten) zu einer Handlung an einer ersten Person (X = Gott), die – gleich einem generösen Diktator – eine zweite Person (Y = die durch das Bibelwort angesprochene Person) mit einer komfortablen Anfangsausstattung (Schöpfung) versorgt hat. Dadurch wird die Situation generalisierter Reziprozität auf die – wie experimentell gezeigt – deutlich wirksamere Variante der speziellen Reziprozität zurückgeführt.

Eine andere Variante zur Ertüchtigung generalisierter Reziprozität finden wir im Gebot der Erwiderung einer Hilfeleistung oder eines Gnadenaktes gegenüber Dritten, wie dies bei Matthäus 18 in den Versen 21–35 beschrieben wird. Hier wird einem Knecht, der seine Schuld nicht begleichen kann, diese vollständig erlassen (Mt, 18, Verse 26 und 27). Nun erwidert gerade dieser Begünstigte einem ihm gegenüber in der Schuld Stehenden diese Hilfeleistung nicht, indem er diesen Dritten ins Gefängnis wirft, anstatt auch ihm (reziprok) die Schuld zu erlassen (Mt. 18, Verse 28-30). Dies hat zur Folge, dass der ursprüngliche Schulderlass zurückgenommen und auch er „den Peinigern" überantwortet wird (Mt. 18, Verse 28–30).

Übertragen wir dies auf die Spielsituation, so sehen wir, dass Person X – der Diktator – die Möglichkeit hat, seine Gabe an Person Y zurückzunehmen, wenn das begünstigende Verhalten nicht gegenüber Dritten erwidert wird. Person X wird also mit einem Sanktionsinstrument ausgestattet, das die Transaktion X $\rightarrow$ Y unter den Vorbehalt der generalisierten Erwiderung durch die Transaktion Y $\rightarrow$ Z stellt.

Die Frage der Effizienz in helfenden Dienstleistungen, die von christlich orientierten Wohlfahrtseinrichtungen erbracht werden, soll hier nicht a priori gegenüber anderen eingeordnet werden, jedoch verbleibt zu konstatieren, dass christliche Moral offensichtlich einen mit den Erkenntnissen der experimentellen Ökonomik verträglichen Lösungsansatz für ein fundamentales Problem des Anreizes in einer helfenden Beziehung bereithält.

Die im folgenden Abschnitt aufgezeigte Struktur eines Social Impact Bonds weist nun eine auffallende Analogie zu den beiden oben beschriebenen Merkmalen christlich geprägter Moral auf.

3 Social Impact Bonds

3.1 Vom Dreieck zum Viereck

Im Setting des Social Impact Bonds besteht gegenüber dem sozialrechtlichen Dreieck die entscheidende Modifizierung zunächst in der Installation eines Investors zwischen den Sozialleistungsträger und den sozialen Dienstleister. Die Aufgabe des Investors besteht in der Vorfinanzierung der Aktivitäten des sozialen Dienstleisters. Seine Investition wird erst später nach Maßgabe der vom sozialen Dienstleister erzielten sozialen Wirkung durch den Sozialleistungsträger refinanziert. Direkte Zahlungen des Sozialleistungsträgers an den Dienstleister finden nicht statt.

Das Akteursarrangement in Gestalt eines – nennen wir es – Social Impact Vierecks (siehe Abb. 4) verschafft dem sozialen Dienstleister eine externe Kapitalreserve. Dadurch wird es dem sozialen Dienstleister möglich, das Ausfallrisiko, das sich aus einer Kopplung des Entgelts an den Erfolg seiner Leistung ergibt zu externalisieren. Der Sozialleistungsträger wird damit in die Lage versetzt, das Entgelt an die soziale Wirkung zu koppeln.

Weil nur wenige Investoren über ausreichendes Spezialwissen im Feld sozialer Dienstleistungen verfügen, wird in den Kreis der SIB-Partner ein Koordinator – auch Intermediär genannt – installiert. Neben der Projektkoordination widmet er sich insbesondere der Suche und Auswahl von sozialen Dienstleistern, die geeignet

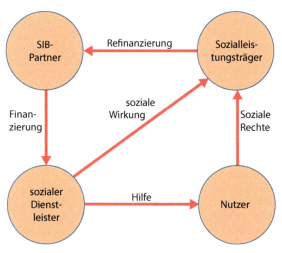

Abb. 4 SIB-Viereck (eigene Darstellung)

sind, die von den Sozialleistungsträgern gesetzten Ziele zu erreichen. Um die Unabhängigkeit der Evaluierung der sozialen Wirkung von den Interessen der Akteure sicher zu stellen, wird schließlich ein Evaluator beauftragt, der den Grad der Zielerreichung feststellt.

Ein Social Impact Bond wird in den folgenden Phasen abgewickelt:

1. *Bedingter Zuwendungsvertrag*
   Ein öffentlich-rechtlicher Sozialleistungsträger schließt mit einem Koordinator (Intermediär) einen Vertrag, der eine Zuwendung an die Erzielung von messbaren und bzgl. des Ergebnisniveaus definierten sozialen Wirkungen zu Gunsten einer Zielgruppe koppelt.
2. *Investition/Vorfinanzierung*
   Ein vom Koordinator akquirierter und ausgewählter Investor (Vorfinanzierer) überträgt im Rahmen eines – nun nicht mehr bedingten – Zuwendungsvertrages dem Koordinator – Zug um Zug – die Mittel zur Durchführung eines Sozialprogramms, mit dem die intendierten Wirkungen erreicht werden sollen.
3. *Durchführung des Sozialprogramms*
   Ein vom Koordinator akquirierter und ausgewählter sozialer Dienstleister – ggf. auch ein Konsortium von Dienstleistern – führt ein auf Wirksamkeit ausgerichtetes Sozialprogramm durch.
4. *Wirkungsmessung*
   Ein vom Koordinator akquirierter und ausgewählter sowie weitgehend unabhängiger *Evaluator* stellt das Niveau der erzielten Wirkung fest und bescheinigt dies gegenüber dem Sozialleistungsträger.
5. *Refinanzierung des Investors*
   Auf Grundlage des unter 1. geschlossenen Zuwendungsvertrages wird der Investor aus Mitteln des Sozialleistungsträgers gemäß dem erreichten Wirkungsniveau refinanziert. Der Investor erzielt auf diese Weise eine Risikoprämie. (Glaser 2012, S.34f.)

Social Impact Bonds sind ein seit dem Jahr 2010 – noch auf geringem Niveau – aufstrebendes Instrument der Finanzierung von sozialen Dienstleistungen. Nach einzelnen Bonds in Großbritannien und den Vereinigten Staaten bestanden im Jahr 2014 global immerhin 25 Bonds (Social Finance 2014, S.1ff.). Die ersten Projekte bezogen sich auf die Straffälligenhilfe. Dieser Bereich eignet sich ganz besonders für die objektive Verifizierung von sozialer Wirkung, weil die Senkung der Wiederverurteilungsrate von Straftätern zweifelsfrei gemessen werden kann. Auch ist mit der Verbesserung dieser Kennzahl unmittelbar eine monetäre Wirkung verbunden, weil die Haftvermeidung zur Kosteneinsparung im Justizhaushalt führt (Mulgan et al. 2011, S.30). Zwischenzeitlich sind die meisten – mehr als die Hälfte – der Social Impact Bonds im Bereich der beruflichen Integration von Jugendlichen und jungen Erwachsenen, die sich weder in Arbeit noch in Ausbildung befinden, angesiedelt. Auch hier sind die Effekte der Sozialprogramme in Gestalt der Vermittlung in Arbeit oder Ausbildung leicht ablesbar und zählbar.

3.2 Vorteile der neuen institutionellen Anordnung

Im Unterschied zum traditionellen Arrangement im Wohlfahrtssystem ist das Konstrukt des Social Impact Bonds durch eine weitgehende Trennung von institutionellen Interessen und Funktionen gekennzeichnet. Es ist von daher wertvoll, die hier geschaffene Situation mit den Instrumenten der Institutionenökonomik zu untersuchen.

3.2.1 Private Haftung
Private Haftung fungiert im Rahmen der Neuen Institutionenökonomik als Instrument zur Begrenzung von Prinzipal-Agent-Problemen. Private Haftung – die Beschränkung von Risikotragung auf eine oder wenige Personen – dient der Vermeidung von aufwendigen Kontrollverfahren, die alternativ notwendig wären, um die Entscheidungsfreiheit der Agenten und die Ausbeutung der Interessen des Prinzipals in Schranken zu weisen (Richter et al. Furubotn 2003, S.178)

Mit einem Social Impact Bond überträgt der Sozialleistungsträger die Haftung für Schlechtleistung auf den Investor. Daraus ergibt sich ein erstes funktionales Element des Settings. Dieses Element kommt dem Social Impact Bond tatsächlich exklusiv zu. Traditionell stehen weder der soziale Dienstleister noch ein Investor für ausbleibende Wirkung wirtschaftlich ein. Der Verlust staatlichen Mittel kann nicht im oben beschriebenen Sinne als Haftung bezeichnet werden, weil der Staat die Haftung aller Bürger bündelt und dem einzelnen Bürger so ein nur insignifikant kleiner Anteil dieses Verlustes zuzurechnen ist.

3.2.2 Selektionseffekt
Dass zur Erreichung wirksamer Sozialprogramme leistungsfähige soziale Dienstleister zu rekrutieren sind, ist keineswegs ein neuer Gedanke. Auf den ersten Blick ist nicht einzusehen, warum die Übertragung der Auswahl von sozialen Dienstleistern vom Sozialleistungsträger auf den Koordinator zu einer Qualitätsverbesserung führen sollte. Die Vorstellung, dass ein Koordinator durch Rekrutierung ungeeigneter sozialer Dienstleister einen Social Impact Bond zum Misserfolg führen könnte, zeigt jedoch, dass dies für die Entwicklung weiterer Bonds zu seiner

Disqualifizierung führen würde. Welcher Investor würde sich noch einem erfolglosen Koordinator anvertrauen? Mindestens die Reputation des Koordinators ist also eng an den Erfolg des Social Impact Bonds geknüpft.

Möglicherweise wird zwischen dem Koordinator und dem sozialen Dienstleister eine Entgeltvereinbarung getroffen, die den sozialen Dienstleister – wenn auch nur marginal – am Ausfallrisiko der Refinanzierung und damit am Risiko der eigenen Schlechtleistung beteiligt. Eigene Forschungen haben gezeigt, dass bereits das Angebot eines solchen Entgeltregimes einen erheblichen Selektionseffekt hat. Rund 25 % der Dienstleister stehen für eine Arbeit unter einem solchem Regime nicht mehr zur Verfügung; die verbliebenen Dienstleister wiederum leisten bemerkenswert engagierte Arbeit (Kaspers 2015, S. 163).

3.2.3 Signalling und Screening

Die Neue Institutionenökonomik befasst sich im Rahmen der Principal-Agent-Theorie mit den dysfunktionalen Wirkungen von Informationsasymmetrie zwischen einem Auftraggeber und einem Auftragnehmer. Signalling und Screening werden als Instrumente zur Verminderung dieser Asymmetrie betrachtet.

Signalling betrifft insbesondere die Phase vor Vertragsschluss und in dem hier relevanten Setting den Handlungsrahmen des sozialen Dienstleisters. Dieser hat durch aktives Informieren die Möglichkeit, sich als leistungsfähigen Partner darzustellen. Im Rahmen der Anbahnung eines Social Impact Bonds muss diesem klar sein, dass er vom Koordinator des Social Impact Bonds hier „beim Wort genommen" wird und mindestens die signalisierte Leistungsfähigkeit später zu liefern hat. Auch nach Vertragsschluss kann der Dienstleister das Signalling fortführen. Jedoch wird der Prinzipal bestrebt sein, die gewonnenen Informationen durch eigene Prüfungen abzusichern.

Screening betrifft deshalb insbesondere die Phase nach Vertragsschluss und hier den Handlungsrahmen des Koordinators und Evaluators. Diese werden den sozialen Dienstleister mit Blick auf die Kopplung des Entgeltsystems an die erzielte soziale Wirkung eng überwachen. Insbesondere der Koordinator als Agent des Investors hat höchstes Interesse, Frühindikatoren zu ermitteln, die ihm anzeigen, ob der Dienstleister bei der Abarbeitung des Sozialprogramms die intendierte soziale Wirkung tatsächlich erreichen kann. (Göbel 2002, S.110f.)

Aufgrund der oben beschriebenen Haftung des Investors und einer mindestens moralisch stark wirkenden Mithaftung des Koordinators und des sozialen Dienstleisters mit Blick auf eine mögliche oder unmögliche zweite Chance ist davon auszugehen, dass qualifiziertes Screening und Signalling im besonderem Maße durch das Setting eines Social Impact Bonds befördert wird.

3.2.4 Transaktionskosten

Die oben beschriebenen Aktivitäten sind keine exklusiven Merkmale von Social Impact Bonds. Es erscheint keineswegs ausgeschlossen, dass auch im Rahmen des traditionellen Dreiecksverhältnis großen Wert auf die Auswahl und den Informationsfluss (Screening) gelegt wird. Social Impact Bonds werden sich nur durchsetzen, wenn die mit ihnen verbundenen Transaktionskosten in Grenzen bleiben. Ihre Überlegenheit zum tradierten Arrangement kann – was nachzuweisen wäre – auch darin bestehen, kostengünstigere Verfahren der Qualitätssicherung und des Informationsaustauschs zu entwickeln.

Hierüber liegen noch keine gesicherten Erkenntnisse vor. Das gegenüber dem tradierten Setting der öffentlichen Finanzierung eher risikobehaftete Setting eines Social Impact Bonds legt eine eher unternehmerische als eine administrative Herangehensweise an soziale Dienste nahe. Unter den Bedingungen eines Social Impact Bonds ist ein hohes Maß an Selbstverpflichtung zur Zielerreichung notwendig. Dies könnte zum Abbau bürokratischer Verfahren und damit zur Begrenzung der Transaktionskosten beitragen.

3.2.5 Stiftungsbeteiligung in Niedrigzinsphase

Ein völlig anderes Argument für die Funktionalität von Social Impact Bonds lässt sich aus der Problematik von Niedrigzinsphasen für Förderstiftungen ableiten. Stiftungen, deren Kapital meist risikogemindert auf dem Kapitalmarkt angelegt ist, müssen in Zeiten niedriger Zinsen einen deutlichen Abfall ihrer Erträge aus Vermögensverwaltung und damit der Mittel, die in Förderung fließen können, hinnehmen. Da Förderung von Stiftungen in der Regel im Rahmen von „verlorenen" Zuschüssen erfolgen, müssen einmal verausgabte Mittel am Kapitalmarkt erneut erwirtschaftet werden.

Anders verhält es sich bei der Investition in Social Impact Bonds. Hier eröffnet sich eine Möglichkeit – dem Preissignal des Niedrigzinses folgend – Mittel vom Kapitalmarkt abzuziehen und unmittelbar in den sozialen Sektor zu investieren. Diese Investition stiftet damit unmittelbaren sozialen Nutzen und nicht erst in abgeleiteter Form durch Einspeisung der Zinsen in soziale Projekte. Die Refinanzierung durch den Sozialleistungsträger führt darüber hinaus zu einem Revolving-Effekt – das Kapital erneuert sich. Für den Fall, dass die Mittel in wirksame Projekte eingesetzt wurden, stehen diese für ein weiteres Projekt / einen weiteren Social Impact Bond zur Verfügung.

Es erscheint sogar denkbar, dass Stiftungen ihre Mittel gar nicht mehr direkt in Social Impact Bonds investieren, sondern vielmehr als mit fachlicher Expertise ausgestattete Bürgen auftreten und mit ihren Mitteln Investitionen von Finanzmarktteilnehmern in Social Impact Bonds absichern. Dadurch könnten – ähnlich wie bei Bürgschaftsbanken – erhebliche Hebeleffekte erzielt werden.

3.2.6 Bessere Kompatibilität mit Bedingungen effizienter Reziprozität

Mit Blick auf die im Zwischenabschnitt angedeutete Verbesserung der Bedingungen von generalisierter Reziprozität, können wir konstatieren, dass beide dort als hilfreich dargestellten Elemente im Setting des Sozial Impact Bonds zu finden sind.

1. Die Hilfe für einen Dritten ist implizit mit der Rückzahlung einer Schuld an denjenigen, der den Helfer mit einer Anfangsausstattungen versorgt hat, verbunden.
2. Es besteht in Form der Versagung der Refinanzierung des Investors durch den Sozialleistungsträger ein wirksamer Sanktionsmechanismus für den Fall, dass die soziale Wirkung – der Nutzen aus der generalisierten Reziprozität – nicht gestiftet wird.

Beides sind – wenn auch zunächst theoretische – starke Argumente für die Vorteilhaftigkeit von Social Impact Bonds.

4 Praktische Relevanz

Zwei breit publizierte und ambitionierte Feldexperimente werden zurzeit in Peterborough (Großbritannien) und New York (USA) im Bereich der Hilfe für Haftentlassene durchgeführt. 2015 wurde in Augsburg der erste Social Impact Bond in Kontinentaleuropa im Bereich der Integration von Langzeitarbeitslosen Jugendlichen und jungen Erwachsenen in den Arbeitsmarkt aufgelegt.

Auf Grundlage der Ergebnisse der ersten Kohorte des SIB in Peterborough zeigt sich, dass es tatsächlich gelungen ist, den Anteil der Wiederverurteilten gemessen an der Anzahl der Entlassenen aus kurzzeitiger Inhaftierung nachweislich zu reduzieren. Jedoch wurden – gemessen an den ursprünglich gesetzten Zielen – die gesetzten Benchmarks auch nicht wesentlich übertroffen.

Die Idee verbreitet sich. Wir finden 16 Social Impact Bonds in Großbritannien; vier in den USA; zwei in Australien; einen in Kanada; einen in den Niederlanden; einen in Belgien und einen in Deutschland.

5 Ausblick: verhaltensökonomischer Forschungsansatz

Die Funktion und Wirkung von Social Impact Bonds ist bisher noch kaum systematisch erforscht. Die Anordnung der in einem Social Impact Bond vertretenen Institutionen eignet sich besonders für eine Repräsentation in einem Laborexperiment.

Abb. 5 generalisierte Reziprozität im SIB (eigene Darstellung)

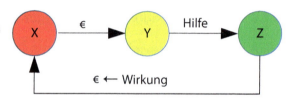

Es bietet sich daher an, das Setting des Social Impact Bonds in einem verhaltensökonomischen Experiment nachzubilden und zu untersuchen, ob sich das Verhalten von Helfern im Viereck tatsächlich anders darstellt als in der tradierten Dreieckssituation. Dazu kann eine Abwandlung des Diktatorexperiments genutzt werden, in dem die Weitergabe von Mitteln durch den Diktator die Wirksamkeit eines Sozialprogramms repräsentiert. Es können nun zwei Treatments modelliert werden. In beiden Treatments wird die Abgabebereitschaft einer Person Y an eine weitere Person Z getestet.

In Treatment 1 – dem traditionellen Ansatz – wird Y durch die Spielleitung mit Mitteln ausgestattet. Die Abgabebereitschaft an Person Z markiert den analog im sozialrechtlichen Dreieck bestehenden Grad altruistischen Verhaltens.

In einem weiteren Treatment 2 – der Repräsentation des Social Impact Bonds – wird Y von einer Person X ausgestattet. Der Rückfluss der Mittel an Person X hängt nun jedoch davon ab, inwieweit Y bereit ist, Mittel an Person Z weiterzugeben (siehe Abb. 5).

Ließe sich zeigen, dass Treatment 2 eine effizientere Weitergabe an Z hervorbringt, wäre dies ein starkes Argument für die Funktionalität des institutionellen Arrangements eines Social Impact Bonds.

Literatur

Diekmann, Andreas. 2004. The power of reciprocity. Fairness, reciprocity and stakes in variantes of the dictator game. *Journal of Conflict Resolution* 48(Ausgabe No. 4): 487–505.

Falk, Armin. 2001. Homo Oeconomicus Versus Homo Reciprocans: Ansätze für ein Neues Wirtschaftspolitisches Leitbild? In *Institute for Empirical Research in Economics – University of Zurich, Working paper Series*, Ausgabe Working Paper No. 79.

Franzen, Axel, und Sonja Pointner. 2008. Fairness und Reziprozität im Diktatorspiel. In *Die Natur der Gesellschaft. Verhandlungen des 33. Kongresses der Deutschen Gesellschaft für Soziologie (DGS) in Kassel, 2006 (CD-ROM)*, Hrsg. Karl-Siegbert Rehberg, 1–14. Frankfurt: Campus Verlag.

Glaser, Christoph. 2012. Der Staat zahlt nur, wenn die Gesellschaft profitiert: Social Impact Bonds – ein Modell für Deutschland? *Stiftungswelt* Dezember 2012, 34–35.

Göbel, Elisabeth. 2002. *Neue Institutionenökonomik – Konzeption und betriebswirtschaftliche Anwendungen*. Stuttgart: Lucius und Lucius.

Güth, Werner, Hartmut Kliemt, und Axel Ockenfels. 2003. Fairness versus efficiency – an experimental study of (mutual) gift giving. In *Papers on strategic interaction*, Hrsg. Max Planck Institute for Research into Economic Systems, 1–19.

Güth, Werner, Carsten Schmidt, und Matthias Sutter. 2002. Bargaining outside the lab – a newspaper experiment of a three-person ultimatum game. Max Planck Institute for Research into Economic Systems und University of Innsbruck.

Kahneman, Daniel, Jack L. Knetsch, und Richard H. Thaler. 1986. Fairness and the assumptions of economics. *The Journal of Business* 59(Ausgabe No. 4, Part 2): 285–300.

Kaspers, Uwe. 2015. *Das Anreizproblem in der Sozialwirtschaft*. BOD – Books on Demand, Norderstedt.

Mulgan, Geoff, Neil Reeder, Mhairi Aylott, und Luke Bo'sher. 2010. *Social impact investment. The challenge and opportunity of social impact bonds*. London: Young Foundation.

Richter, Furobotn. 2003. Neue Institutionenökonomik, Tübingen.

Social Finance Ltd. 2014. *The global social impact bond market*. London: Social Finance Ltd.

Stegbauer, Christian. 2002. *Reziprozität. Einführung in soziale Formen der Gegenseitigkeit*. Wiesbaden: Westdeutscher Verlag.

Sturm, Bodo, und Joachim Weimann. 2001. Experimente in der Umweltökonomik. In *FEMM working paper*, Band 2001, Ausgabe No. 7, Magdeburg 2001.

Uwe Kaspers Dipl. Sozialarbeiter und Dipl. Sozialwirt (MBA), Lehrkraft im Bereich BWL für Sozialunternehmen an der Evangelischen Hochschule Nürnberg, Berater für Sozialunternehmen im Bereich Kostenrechnung, Controlling und Unternehmenssanierung, Autor und Entwickler der sozialrechtlichen Datenbank SOLEX. E-Mail: uwe.kaspers@evhn.de

Stadtteil in der Schule – Strategie und Handlungsanalyse einer kindsbezogenen Armutsprävention

Ludger Kolhoff

1 Einleitung

Auch in Deutschland, einem der reichsten Länder der Welt, ist Armut ein reales Phänomen. Im Geschlechtervergleich sind es die Frauen, die stärker von Armut betroffen sind als die Männer und wenn man sich die Qualifizierung anschaut, haben niedrig qualifizierte Menschen ein höheres Armutsrisiko. Insbesondere sind aber Kinder und Jugendliche von Armut betroffen und zwar vorzugsweise dann, wenn sie alleinerzogen und bildungsfern, mit Migrationshintergrund und mehr als zwei Geschwistern in sozial belasteten Stadtteilen aufwachsen. Armut führt dazu, dass die betroffenen Kinder Mängel in den Bereichen Grundversorgung, Gesundheit, Bildung und Soziales sowie soziale Ausgrenzung erleben. Doch Unterstützungsmaßnahmen, die auf die Bildungsteilhabe oder auf die Vermeidung ungünstiger Lebensumstände im Kindesalter abzielen, können zu beachtlichen präventiven Effekten beitragen, wie bspw. das „Perry Preschool Programm" zeigt, das einen Effekt von 1:17 benennt (Hahlweg o.J.; Thomson 2015). (Ein investierter Dollar führt zu 17 Dollar Ertrag für die Gemeinschaft und für den Einzelnen.) Auch das Braunschweiger Projekt „Stadtteil in der Schule" setzt hier an. Es konzentriert sich auf die in Braunschweig durch eine besonders

L. Kolhoff (✉)
Ostfalia Hochschule für angewandte Wissenschaften, Fakultät Soziale Arbeit,
Wolfenbüttel, Deutschland
E-Mail: L.Kolhoff@ostfalia.de

hohe Kinderarmut gekennzeichneten Sozialräume der Grundschulen: Altmühlstraße, Rheinring und Bebelhof, mit dem Ziel, Teilhabechancen für Kinder in diesen sozialen Brennpunkten zu erhöhen, indem die im Sozialraum vorhandenen Strukturen und Ressourcen genutzt und aktiert werden. Das Projekt entstand in Folge einer Masterarbeit von Gebhardt zum Thema „Analyse zur Erfassung von Unterstützungssystemen an Grundschulen im Einzugsgebiet Braunschweig", die von der Bürgerstiftung Braunschweig in Auftrag gegeben worden ist. Durch die Studie wurden Versorgungslücken und z. T. mangelhafte Wirksamkeiten, Kooperationsqualitäten von Projekten und Partnern abgebildet, auf deren Basis Handlungsempfehlungen für zielgerichtete Fördermöglichkeiten für den Bereich der Grundschule abgeleitet wurden. Die Untersuchung und die darin beschriebenen Handlungsempfehlungen (Gebhardt 2016) führten im Jahr 2012 zu weiterführenden Schritten. Auf der Basis der Untersuchung wurde der Grundstein für das Projekt „Stadtteil in der Schule – Koordination-Vernetzung-Beratung" gelegt. In dem Projekt sollen modellhaft Strategien und Handlungswege einer kindsbezogenen Armutsprävention entwickelt, ausprobiert, implementiert und evaluiert werden. Es verfolgt folgende übergeordnete Ziele:

- Verknüpfung von bildungspolitischen und armutspräventiven Ansätzen an drei Grundschulstandorten in Braunschweig,
- Konstatierte und nachhaltige Lösungen im Bereich der Armutsprävention mit Vorbildcharakter installieren und begleiten,
- Gewinnung und Einbindung relevanter Akteure,
- Wirksamer Einsatz der zur Verfügung gestellten Mittel im Projekt,
- Anschub für Innovationen leisten und Weiterentwicklungen sicherstellen.

Für dieses Projekt wurden von 3 Stiftungen, der Bürgerstiftung Braunschweig, der Richard-Borek-Stiftung und der Stiftung Braunschweiger Kulturbesitz, 500.000,- Euro zur Verfügung gestellt. Die Stadt Braunschweig möchte das Angebot nach der Pilot-Phase, wenn es erfolgreich ist, weiterführen. Sie ist Partner im Projekt. Ebenso wie die Diakonie im Braunschweiger Land als Anstellungsträger für die drei im Projekt tätigen Sozialarbeiterinnen.

Das Projekt wurde für einen Zeitraum von drei Jahren (2014–2017) konzipiert und wird evaluiert. Der Evaluationsansatz orientiert sich am Struktur-Prozess-Wirkungs-Modell und umfasst folglich die Phasen der Struktur-, Prozess- und Wirkungsevaluation, um ausgehend von differenzierten Aussagen in den Sozialräumen, Ziele für die Prozessevaluation zu entwickeln, den Prozess einzuleiten und zu begleiten und die Wirksamkeit des Projektes zu evaluieren (siehe Abb. 1).

Abb. 1 Struktur-, Prozess-, Wirkungsevaluation

2 Strukturevaluation

Die das Projekt vorbereitende Strukturevaluation erfolgte 2013 und umfasste 2 Ebenen:

1. Eine allgemeine Erhebung in den Sozialräumen. Hierfür wurden Materialien des Referates Stadtentwicklung und Statistik der Stadt Braunschweig z. B. zur Bevölkerungsstruktur und zu sozialen Merkmalen, zur wirtschaftlichen Situation, zur Wohnsituation, zur räumlichen Struktur der Sozialräume, zur politischen Struktur und zu Problemlagen ausgewertet. Es wurde auf die Planungsbereiche der Jugendhilfe zurückgegriffen, die nicht immer deckungsgleich mit den Einzugsgebieten der Grundschulen sind, so dass hier leider einige Unschärfen zu verzeichnen sind. Weiterhin fanden Sozialraumbegehungen und Interviews mit Akteuren im Sozialraum statt.

2. Ergänzt wurde diese allgemeine Erhebung durch eine schulspezifische Erhebung. Es konnten differenzierte Aussagen über die Verhältnisse in den Sozialräumen der Grundschulen getroffen werden.

Im Folgenden werden einige der Ergebnisse präsentiert.

2.1 Grundschule Altmühlstraße

Das Einzugsgebiet der Grundschule Altmühlstraße befindet sich in den statistischen Planungsbereichen der Stadt Braunschweig 26 „Hermannshöhe" und 27 „Rothenburg Die Grundschule Altmühlstraße liegt im Bezirk Rothenburg, ihr Einzugsbereich, der im Schaubild (siehe Abb. 2) gelb unterlegt ist, erstreckt sich jedoch weitestgehend auf den Bezirk Hermannshöhe.

Der Anteil der Kinder, die im „SGB II-Bezug" leben, liegt bei 44 bis 52,6 Prozent. In der Erhebung wird hervorgehoben, dass es in diesem Sozialraum viele aktive Akteure gibt, die sehr gut miteinander vernetzt sind. So existiert eine Vielzahl von Verbindungen zwischen den Kindertagesstätten und zwischen Grundschulen und Kindertagesstätten. Zahlreiche Impulse scheinen auch von einer

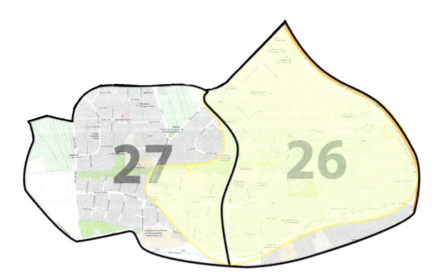

Abb. 2 Einzugsgebiet der Grundschule Altmühlstraße (Marschik 2016, S. 46)

Stadtteil in der Schule – Strategie und Handlungsanalyse …

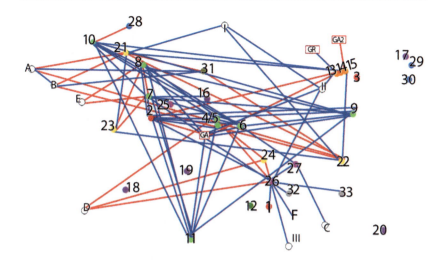

Abb. 3 Netzwerk der Grundschule Altmühlstraße (Gleiche Trägerschaft: *rot*; Kooperation/ Vernetzung: *blau*) (Marschik 2016, S. 56)

evangelisch-lutherischen Gemeinde auszugehen (siehe Abb. 3) (Marschik 2016, S. 45–56).

Die allgemeine und schulspezifische Erhebung macht deutlich, dass an der „Grundschule Altmühlstraße" gute Vernetzungen bestehen, die durch das Projekt gefestigt und nach Bedarf ergänzt werden sollen.

Aus der schulspezifischen Erhebung ergeben sich weiterhin Erwartungen, die sich in drei Bereiche einteilen lassen:

1. „Personelle Entlastung – Das Projekt Stadtteil in der Schule soll eine personelle Entlastung schaffen und die Schule in Gremien vertreten.
2. Integration der Eltern – Eine weitere Erwartung liegt in der besseren Beziehungsarbeit von Schule und Eltern. Die Kooperation soll gefördert und ausgebaut werden.
3. Bessere Vernetzung im Stadtteil – Kooperationspartner sollen identifiziert und möglichst effizient mit der Schule vernetzt werden, wobei bereits bestehende Kooperationen ausgebaut werden können.
4. Familiäre Struktur verbessern – Durch die 3 oben genannten Erwartungen, soll die familiäre Struktur der Schulkinder verbessert werden." (Galetzka und Liersch 2016, S. 85)

2.2 Grundschule Rheinring

Die Grundschule Rheinring befindet sich im statistischen Bezirk 28 der Stadt Braunschweig (siehe Abb. 4).

Hier liegt der Anteil der Kinder aus „Hartz IV-Familien" bei 42,6 Prozent und die Netzwerke sind in diesem Sozialraum geringer ausgeprägt als im Sozialraum der Grundschule Altmühlstraße (siehe Abb. 5) (Marschik 2016, S. 57–70).

Aus der schulspezifischen Erhebung wird ersichtlich, dass von den Befragten eher Wert darauf gelegt wird, die bestehenden Kooperationen qualitativ aus-, als zu viele neue Kooperationen aufzubauen. Angestrebt wird bspw. aus Sicht der Schulleitung eher die Integration neuer Angebote für die Eltern, wie z. B. Erziehungsberatung oder Elterntrainings. Diese sollen niedrigschwellig und somit für alle Eltern zugänglich sein. Ziel ist es, die Eltern mehr in den Schulalltag zu integrieren.

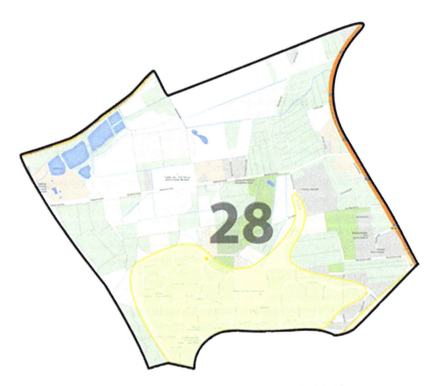

Abb. 4 Einzugsgebiet der Grundschule Rheinring (Marschik 2016, S. 58)

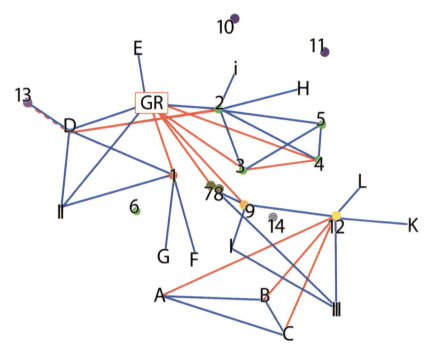

Abb. 5 Netzwerk der Grundschule Rheinring (Gleiche Trägerschaft: *rot*; Kooperation/Vernetzung: *blau*) (Marschik 2016, S. 69)

Aus der schulspezifischen Erhebung ergeben sich weiterhin folgende Erwartungen an das Projekt:"

1. Integration der Eltern – Durch zusätzliche elternspezifische Angebote sollen die Eltern besser in den Schulalltag integriert und zur Mitarbeit motoviert werden.
2. Bessere Vernetzung im Stadtteil – Bestehende externe Angebote sollen bekannt gemacht und dann als Unterstützung der Grundschule integriert werden. Hierbei sollten die jeweiligen Ansprechpartner klar erkennbar sein.
3. Außenwirkung – Die Ganztagsschule soll als Begegnungsstätte im Stadtteil wahrgenommen werden". (Galetzka und Liersch 2016, S. 85)

Thematisiert wird die Einbindung des Kollegiums, da die Lehrerinnen und Lehrer sich laut Aussage der Schulleitung eher auf ihren Unterricht konzentrieren wollen.

2.3 Grundschule Bebelhof

Der Sozialraum der Grundschule Bebelhof setzt sich aus den statistischen Bezirken 23 Zuckerberg und 22 Bebelhof zusammen. Der Einzugsbereich ist in Abb. 6 wiederum gelb unterlegt.

Der Braunschweiger Bezirk Zuckerberg ist ein Villenviertel und wenn man sich hier den „SGB II-Bezug" der Kinder anschaut, dann stellt man fest, dass dieser bei 0 Prozent liegt, während er im Sozialraum Bebelhof 47,2 Prozent beträgt. (Die Kinder aus dem Bezirk Zuckerberg leben im Einzugsbereich der Grundschule Bebelhof, aber ihre Eltern schicken sie nicht auf die Grundschule Bebelhof, sondern z. B. auf Privatschulen.) Auffällig ist, dass es in der Grundschule Bebelhof wenig Kooperationen im Sozialraum gibt, auch wenn die Grundschule mit vielen Einrichtungen kooperiert. Doch diese liegen außerhalb des Sozialraums und es gibt auch wenige Vernetzungen zwischen diesen Einrichtungen (siehe Abb. 7) (Marschik 2016, S. 71–81).

Abb. 6 Einzugsgebiet der Grundschule Bebelhof (Marschik 2016, S. 71)

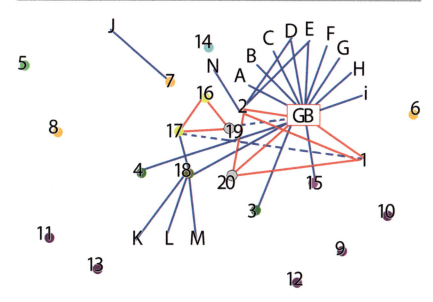

Abb. 7 Netzwerk der Grundschule Bebelhof (Gleiche Trägerschaft: *rot*; Kooperation/Vernetzung: *blau*) (Marschik 2016, S. 80)

Aus der allgemeinen und schulspezifischen Erhebung wird deutlich, dass an der „Grundschule Bebelhof" bereits einige Kooperationen bestehen, die jedoch aus Sicht der Schulleitung noch alle leicht bis stark ausbaufähig sind.

Aus der schulspezifischen Erhebung ergeben sich weiterhin folgende Erwartungen an das Projekt:"

1. Integration der Eltern – Beratung und Informationen für die Eltern, um diese zu befähigen, ihre Kinder an Bildung teilhaben zu lassen.
2. Bessere Vernetzung im Stadtteil – Angebote erkennen, auf die Belange der Schule abstimmen und in die Schule integrieren.
3. Außenwirkung – Die Grundschule soll als Koordinationszentrum verstanden werden.
4. Struktur verbessern – Die Lebens- und Lernstruktur der Kinder soll insgesamt verbessert werden". (Galetzka und Liersch 2016, S. 94)

Auch an der Grundschule Bebelhof stellt sich die Frage nach der Einbindung der Lehrkräfte, die nach Ansicht der Schulleitung schwerpunktmäßig ihren Bildungsauftrag verfolgen sollen.

3 Sozialraumspezifische Ziele für die Projektumsetzung und -evaluation

Die Ergebnisse der Strukturevaluation werden zusammengefasst und sozialraumspezifische Projektziele abgeleitet:

3.1 Grundschule Altmühlstraße

Aus den spezifischen Aussagen der Strukturanalyse lassen sich folgende Projektziele ableiten:

Spezifische Aussagen der Strukturanalyse		Abgeleitete Projektziele
Freizeitmöglichkeiten	Es sind Freizeitmöglichkeiten durch zahlreiche Begegnungsstätten und Kirchengemeinden vorhanden, die ihre Räumlichkeiten für Gruppierungen des Stadtteils zur Verfügung stellen	Vorhandene Strukturen sollten gestärkt werden
Beratungsangebote	Es sind Beratungsangebote wie Migrationsberatung, Jugendmigrationsdienst, Sozialberatung und Schuldnerberatung vorhanden. Problematisch ist die intransparente Struktur	Beratungsangebote unterstützen, Transparenz herstellen
Zentrale Akteure	Es werden folgende Akteure benannt: AGeWe, Stadtteilentwicklung e. V., Sozialstation DRK, AWO-Familienzentrum, Bürgerverein, Kulturpunkt West, Kinder- und Jugendzentrum Rotation, Kinder und Jugendzentrum Weiße Rose, Weststadtplenum	Die zentralen Akteure sollten angesprochen und eingebunden werden
Netzwerk- und Trägerstrukturen	Im Sozialraum existieren Netzwerk- und Trägerstrukturen	Vorhandene Netzwerk- und Trägerstrukturen sollten weiter unterstützt werden
	Impulse gehen von der Ev.-luth. Emmaus-Gemeinde aus.	Es sollte ein Kontakt zur Gemeinde hergestellt und gepflegt werden
	Vereine, Johanniter und THW sind nicht eingebunden	Vereine sowie Johanniter und THW sollten in die Netzwerkarbeit eingebunden werden

(Kolhoff 2016b, S. 131)

Hinzu kommen weitere Projektziele die aus den geäußerten Erwartungen abgeleitet werde, wie

- Öffentlichkeitsarbeit betreiben
- Transparenz über bestehende Angeboten herstellen, (Angebote sammeln und auf sie hinweisen, Internet oder/und Printmedien)
- Vernetzungen herstellen
- ehrenamtliches Engagement fördern
- Fokus zugunsten der non-formalen Bildung verschieben/Vorbehalte gegenüber Strukturen der Ganztagesschule abbauen
- Stadtteilzentren unterstützen und stabilisieren
- Verbindungen zum Sozialraum der Rheinring Grundschule, durch Netzwerke auf Stadtteilebene (AGeWe, Bürgerverein, Weststadtplenum, Kirchen) (Kolhoff 2016b, S. 131)

Auch aus der qualitativen schulspezifischen Erhebung werden Projektziele abgeleitet, wie:

- Vertretung der Schule in Gremien
- Personelle Entlastung
- Stärkere Integration der Eltern; Verbesserung der Beziehungsarbeit
- Bessere Vernetzung der Schule im Stadtteil. Kooperationspartner identifizieren und mit der Schule effizient vernetzen, bestehende Kooperationen ausbauen
- Familiäre Struktur verbessern
- Unterstützung bestehender Kooperationen
  - Die bestehenden Kooperationen sind sehr gut und sollten intensiviert und durch neue Partner ausgedehnt werden. Eltern sollten stärker beteiligt werden.
- Vorhandene Ressourcen nutzen
  - Strukturelle, insbesondere räumliche Ressourcen nutzen
  - finanzielle Ressourcen nutzen und weiter ausbauen
- Auf gute personelle Ressourcen, die gute innerschulische Vernetzung aufbauen
- Auf bestehende Strukturen aufbauen
  - bestehende Vernetzungen festigen und ergänzen
  - Pflege bestehender Kooperationspartner
- Elternarbeit verbessern
- das Feld der Primärprävention, insbesondere im Bereich Gesundheit, ausbauen
- Sozialkompetenz-Trainings aufbauen

- Rolle der Lehrkräfte definieren und mit den Lehrkräften abklären. (Kolhoff 2016b, S. 132)

Aus der quantitativen schulspezifischen Erhebung werden folgende Ziele abgeleitet:

Aussagen der quantitativen Erhebung		Abgeleitete Projektziele
Unentschuldigte Fehltage	Hohe Anzahl an unentschuldigten Fehltagen	Gründe für die hohe Anzahl unentschuldigter Fehltage eruieren
Klassenspezifische Zusatzangebote	Es ist keine Übersicht über klassenspezifische Zusatzangebote vorhanden	Zusammenstellung klassenspezifischer Zusatzangebote erstellen
Erziehungsberatung	Erziehungsberatung wird als sehr wichtig angesehen	Wünsche und Erwartungen der Eltern erfragen

(Kolhoff 2016b, S. 132f.)

Die Ziele werden geclustert und 5 Rahmenzielen zugeordnet, die bis 2017 erreicht werden sollen:
RZ 1: Primärprävention, insbesondere im Bereich Gesundheit, Ernährung und soz. Verhalten ausbauen
RZ 2: Elternarbeit verbessern
RZ 3: Vorhandene Ressourcen nutzen und ausbauen um schulische Akteure zu entlasten
RZ 4: Öffnung der Schule nach außen
RZ 5: Netzwerkarbeit (Kolhoff 2016a, S. 143f.)
Es ergibt sich die in Abb. 8 dargestellte Zielplanung.

Die aus der Strukturevaluation abgeleitete Zielplanung wird zur Blaupause für die Umsetzungs- und Prozessevaluationsplanung des Projektes.

Für jedes Einzelziel werden in moderierten Workshops Maßnahmen entwickelt, Zuständigkeiten festgelegt (Organisationsperspektive) und Zeiten und Ressourcen geplant.

Es werden Planungsübersichten zur Umsetzungsplanung des Projektes, aber auch für die Vorbereitung der Prozessevaluation erstellt, die sich an folgenden Fragen orientieren:

Wer (macht)	Organisationsperspektive
Womit	Ressourcen
Wann	Zeitschiene[1]
Was	Maßnahme
Warum	Ergebnisziel
Wie nachgewiesen	*Indikator*
Wo nachprüfbar	*Quelle der Nachprüfbarkeit*
Wozu	Rahmenziel

[1]Kategorie 1 (sofortige/ kurzfristige Umsetzung)
Kategorie 2 (kurzfristig Konzeptentwicklung, mittelfristig Umsetzung)
Kategorie 3 (Umsetzung kann erst nach Klärung der Rahmenbedingungen/ des Feldzugangs erfolgen)

RZ 1: Primärprävention, insbesondere im Bereich Gesundheit, Ernährung und soz. Verhalten ausbauen

- EZ 1.1.: Außerschulisches Bildungsangebot
- EZ 1.2: Aktivierung der Lehrer um die Sozialkompetenztrainings weiterzuführen und Steigerung der Wirksamkeit der Sozialkompetenztrainings
- EZ 1.3: Verbesserung des sozialen Verhaltens
- EZ 1.4: Ernährungsbewusstsein fördern
- Eigeninitiative bei der Ernährungszubereitung fördern

RZ 2: Elternarbeit verbessern

- EZ 2.1: Eltern aktivieren
- EZ 2.2: Allgemeine niedrigschwellige Sozial- und Lebensberatung für Eltern
- EZ 2.3: Information, zu speziellen Themen wie z.B. zum Bildungs- und Teilhabepaket
- EZ 2.4: Kontakt zu Problemfamilien herstellen, um die hohe Anzahl unentschuldigter Fehltage zu reduzieren
- EZ 2.5: Sinti- und Romaeltern sind in der Schule stärker integriert
- EZ 2.6: Teilnehmerzahl an Elternabenden erhöht
- EZ 2.7: Stärkung der Elternkompetenz (Sprache, Erziehung)
- EZ 2.8: Pos. Sicht auf versch. kulturelle Elterngruppen
- EZ 2.9: Lehrer und päd. MA erwerben interkulturelle Kompetenzen für einen adäquaten Umgang mit den Eltern

Abb. 8 Projektziele für den Sozialraum der Grundschule Altmühlstraße (Kolhoff 2016a, S. 146)

> **RZ 3: Vorhandene Ressourcen nutzen und ausbauen um schulische Akteure zu entlasten**

- EZ 3.1: Freizeitangebote nachhaltig ermöglichen
- EZ 3.2: Finanzielle Ressourcen weiter ausbauen
- EZ 3.3: Klassenspezifischer Zusatzangebote um Gruppenentwicklung zu stärken
- EZ 3.4: Auf gute personelle Ressourcen, die gute innerschulische Vernetzung aufbauen
- EZ 3.5: Entlastung der Lehrer
- EZ 3.6: Entlastung der Schulleitung
- EZ 3.7: Rolle von Frau Reichelt ist geklärt

> **RZ 4: Öffnung der Schule nach außen**

- EZ 4.1: Kooperation zur Jugendfeuerwehr
- EZ 4.2: Außerschulisches Sprachangebot für Kinder
- EZ 4.3: Schulfrühstück als kommunikativer Ort für niederschwellige Beratung, Gesundheitsförderung,
- EZ 4.4: Partizipation von Eltern und Schülern wird von Elternmitarbeit getragen und entwickelt sich ggf zu einem Elterncafe

> **RZ 5: Netzwerkarbeit**

- EZ 5.1: Beratungsangebote unterstützen, Transparenz herstellen und Öffentlichkeitsarbeit betreiben
- EZ 5.2: Vorhandene Netzwerk- und Trägerstrukturen unterstützen, auf bestehende Strukturen aufbauen, bestehende Vernetzungen festigen und ergänzen
- EZ 5.3: Zusammenarbeit mit den Akteuren im Sozialraum pflegen, um vorhandene externe Unterstützungsangebote zu stabilisieren und ggf. neue Unterstützungsangebote zu akquirieren
- EZ 5.4: Herstellung einer Kooperation mit einer Organisation die Sinti und Roma unterstützen
- EZ 5.5: Übergänge zwischen den, Betreuungs-. Bildungsinstitutionen ist verbessert
- EZ 5.6: Ehrenamtliches Engagement wird gefördert
- EZ 5.7: Vorbehalte gegenüber Strukturen der Ganztagsschule abbauen und informelle Bildungsanbieter in den Nachmittagsbereich der Ganztagsschule holen
- EZ 5.8: Kooperation mit Stadtteiltreffpunkten aufbauen und pflegen.
- EZ 5.9: Verbindungen zum Sozialraum der Rheinring Grundschule herstellen.
- EZ 5.10: Vertretung der Schule in Gremien der Weststadt.

Abb. 8 (Fortsetzung)

RZ 1: Primärprävention, insbesondere im Bereich Gesundheit, Ernährung und soz. Verhalten ausbauen

Organisations-perspektive	Ressource	Zeitschiene	Kategorie	Maßnahme	Quellen der Nachprüfbarkeit	Indikator	Zugehöriges Ergebnisziel
Frau R. (Herstellung der Kooperation: Johanniter (THW, o. a.))	– Räume, – evtl. AG – Honorar	Start nächstes Schuljahr Nach Absprache mit den Kooperationspartner	1	Schulsanitäter ausbilden als AG installieren (Ersthilfe) Kooperationen aufbauen: Johanniter, Ersthelfer für morgen, Schulsanitäter ausbilden Kooperation mit Eltern und Kinder - regelmäßig z. B. für ¼ Jahr für Kinder und Eltern Krankenkasse (Barmer GEK)	Feldnotizen Interview mit der Einrichtung die Schulsanitäter ausbildet z. B. Johanniter? Feldnotizen	Stattgefunden ja/ nein engere Zusammenarbeit (öfter als nur einmal) Strukturen gebildet, (AGs etc.) Beteiligung von 14 SchülerInnen	EZ 1.1. Außerschulisches Bildungsangebot Schulsanitäter werden tätig, neue belastbare Kooperationen Bereicherung des Schullebens

(Kolhoff 2016a, S. 153)

Für das zum RZ 1 gehörige EZ 1.1. ergibt sich z. B. die folgende Planungsübersicht: Nach dem gleichen Muster erfolgte die Umsetzungsplanung zu den weiteren Ergebniszielen zum Rahmenziel 1 und natürlich auch zu den folgenden Rahmen- und Ergebniszielen.

3.2 Grundschule Rheinring und Grundschule Bebelhof

Das gleiche Verfahren wird auch für die Standorte der Grundschulen Rheinring und Bebelhof angewandt, so dass sich die in den Abb. 9 und 10 dargestellten Projektziele ergeben.

RZ 1: Bewegung, Ernährung und Gesundheit

- EZ 1.1: Schultag durch Bewegung rhythmisieren
- EZ 1.2: Angebote zu Bewegung und Gesundheit werden in die Schule geholt
- EZ 1.3: Ernährungsbewusstsein der Kinder, aber auch der Eltern schärfen

---

RZ 2: Elternarbeit

- EZ 2.1: Integration der Eltern durch zusätzliche elternspezifische Angebote
- EZ 2.2: Identifikation mit der Schule
- EZ 2.3: Kooperation mit engagierten Eltern stabilisieren
- EZ 2.4: Ansprechpartner für Eltern auch bei Anträgen u. ä. (kulturelle Hintergründe der Eltern berücksichtigen)
- EZ 2.5: Erziehungskompetenz der Eltern stärken

RZ 3: Teilhabemöglichkeiten am Leben in der Gemeinschaft trotz finanzieller Armut

- EZ 3.1: Das Freizeit- und kulturelle Angebot soll erweitert werden

---

RZ 4: Es sollten Beratungsangebote in die Schule geholt werden

- EZ 4.1: Migrationsspezifische Angebote sollen in den Sozialraum geholt werden
- EZ 4.2: Angebote zur Qualifizierung der Eltern und sozialen Beratung sollen in den Sozialraum geholt werden
- EZ 4.3: Leistungen der Ämter und Behörden sollen im Sozialraum angeboten werden

Abb. 9 Projektziele für den Sozialraum der Grundschule Rheinring (Kolhoff 2016a, S. 175)

Stadtteil in der Schule – Strategie und Handlungsanalyse ...

RZ 5: Netzwerkarbeit

- EZ 5.1: Netzwerkmanagement aufbauen
- EZ 5.2: Bestehende Kooperationen nutzen und qualitativ ausbauen (vorhandene Beteiligungskultur fördern und unterstützen)
- EZ 5.3: Ressourcen akquirieren
- EZ 5.4: Generationenübergreifende Angebote
- EZ 5.5: Das ehrenamtliche Engagement soll weiter unterstützt und stabilisiert werden
- EZ 5.6: Verbesserung der Netzwerkqualität, Verbesserung der Personalstruktur
- EZ 5.7: Verbindung zwischen Einrichtungen und Akteuren aufbauen

RZ 6: Akzeptanz gegenüber Einrichtungen der Ganztagsschule fördern

- EZ 6.1: Es sollen Freiräume möglich sein (gegenseitige Akzeptanz, Anerkennung nonformaler Bildung)

RZ 7: Ressourcenmanagement

- EZ 7.1: Vorhandene räumliche Ressourcen stärker nutzen
- EZ 7.2: Verständigung über die Nutzung der Sporthalle, des Sportplatzes und der Mensa
- EZ 7.3: Positiv besetzte Projekte wie den Pausenkiosk etc. wieder aktivieren
- EZ 7.4: Auch die Lehrer unterstützen, die sich stärker auf das Unterrichtsgeschehen konzentrieren
- EZ 7.5: Befragung zum Themenfeld Migrationshintergrund
- EZ 7.6: Kulturelle Hintergründe zu den Lebenswelten von Schülern und Eltern und Fortbildung für die Lehrer und pädagogischen Fachkräfte aufarbeiten

Abb. 9 (Fortsetzung)

RZ 1: Kooperation mit den Eltern verbessern

- EZ 1.1 Beratung, Information von Eltern, um sie zu befähigen, die Gesundheit (körperlich, psychisch) ihrer Kinder zu fördern und/ oder ihre Kinder an Bildung teilhaben zu lassen
- EZ 1.2 Beratungsangebote zur Erhöhung der Erziehungskompetenz werden in Anspruch genommen.
- EZ 1.3 Verständnis der Eltern für das Schulsystem erhöhen, um die schulische Laufbahn der Kinder zu fördern. (Aktive Beteiligung der Eltern an Schulgremien)
- EZ 1.4 Gewählte Elternvertreter werden informiert und ggf. aktiviert
- EZ 1.5 Absprache mit externen Akteuren um Eltern auf ihre neue Rolle vorzubereiten und ihr Verständnis bezüglich des gesundheitlichen und sozialen Entwicklungsstands der Kinder zu erhöhen und ggf. Fördermaßnahmen einzuleiten

Abb. 10 Projektziele für den Sozialraum der Grundschule Bebelhof (Kolhoff 2016a, S. 206)

> **RZ 2: Teilhabemöglichkeiten von Kindern (in besonderen Lebenslagen) am Leben in der Gemeinschaft erhöhen**

- EZ 2.1 Schulische und außerschulische Freizeitangebote für Kinder in besonderen Lebenslagen werden erhöht und von den Kindern angenommen.

> **RZ 3: Netzwerkarbeit (Grundschule als Koordinationszentrum um vorhandene Kooperationen zu stärken und neue zu rekrutieren)**

- EZ 3.1 Bestehende Netzwerke zum Übergang Kita-Grundschule Bebelhof werden gepflegt und neue geknüpft.
- EZ 3.2 Erzieherinnen in den Kitas sind über die Anforderungen der Schule informiert.
- EZ 3.3 Kooperationen mit weiterführenden Schulen um den Übergang von Grundschulen auf weiterführende Schulen für Eltern und Kinder zu erleichtern und somit den Lernstart zu verbessern.
- EZ 3.4 Kooperationspartner zur Förderung der Lernentwicklung aktivieren
- EZ 3.5 Niederschwellige Beratungsangebote in der Schule
  - (Kooperation mit
  - ASD,
  - Erziehungsberatung,
  - Büro für Migrationsfragen,
  - Kinderschutzbund aufbauen und
- Optimierung der Zusammenarbeit mit dem Kinder und Familienzentrum)
- EZ 3.6 Optimierung der Zusammenarbeit mit dem Jugendzentrum
- EZ 3.7 Kooperationspartner für interkulturelle Projekte aktivieren
- EZ 3.8 Bestehende Kooperationen
  - „Schenk mir eine Stunde, Klasse 2000, Brückenjahr, Jugendzentrum TiB,
  - Löwenkids" festigen und ausbauen
- EZ 3.9 Bewährte AGs beibehalten, neue u.a. interkulturelle/ inklusive AGs initiieren
- EZ 3.10 Kooperation mit der Hans-Würtz-Schule fördern
- EZ 3.11 Abstimmung zwischen Grundschule Bebelhof und Hans-Würtz-Schule hinsichtlich Unterrichtsanfängen und Pausenzeiten
- EZ 3.12 Die bereits vorhandene Ehrenamtsstruktur sollte weiter ausgebaut werden.
- EZ 3.13 Kooperation mit dem Haus der Begegnung der Lebenshilfe (inklusive Begegnungen ermöglichen)
- EZ 3.14 Schlüsselpersonen im Sozialraum informieren
- EZ 3.15 OGS MA informieren und ggf. aktivieren
- EZ 3.16 Zusätzliche räumliche Ressourcen für das Projekt akquirieren

> **RZ 4: LehrerInnen in die Planung und Umsetzung des Projektes mit aufnehmen**

- EZ 4.1 Das Kollegium wird informiert
- EZ 4.2 LehrerInnen werden nach Bedarf aktiviert und sind bereit sich ehrenamtlich im Projekt zu engagieren

Abb. 10 (Fortsetzung)

4 Prozessevaluation

Die Prozessevaluation begleitet die Durchführungsphase des Projektes als Begleitforschung ab dem Schuljahr 2014/2015 bis zum Ende des ersten Schulhalbjahres 2016/2017. Die einzelnen Aktivitäten werden detailliert erfasst und dokumentiert, um die Zielerreichung des Projektes mit den Beteiligten abgleichen und überprüfen zu können. Es erfolgen Selbstevaluationen durch die Mitarbeiterinnen von „Stadtteil in der Schule" die dabei durch Studierende unterstützt werden. Die Selbstevaluationen orientieren sich an den Ergebniszielen und den entsprechenden vorher festgelegten Quellen der Nachprüfbarkeit, die zur Steuerung der Datenerhebung formuliert wurden. Die Erhebungsergebnisse werden dokumentiert (beobachtende Maßnahmen, Beobachtungen, Informationen (Quellen)).

Die dann folgende Bewertung orientiert sich an Indikatoren, die zu jedem Ergebnisziel formuliert wurden, bevor mit dem Projekt begonnen wurde. Die Bewertung erfolgt durch dritte, nicht an der Selbstevaluation beteiligte Personen, so dass eine Trennung von Beobachter- und Bewertungsebene gewährleistet ist. (Überprüft wird, ob Indikatoren angezeigt werden oder nicht. Wenn bspw. 5 von 10 Indikatoren angezeigt werden, gilt ein Ziel als zu ca. 50 % erreicht.)

Die Ergebnisse werden im Sinne einer kommunikativen Validierung an die Sozialarbeiterinnen und die sie unterstützenden Studierenden in moderierten Workshops zurückgespiegelt, so dass Unklarheiten und Unschärfen in den Dokumentationen der Selbstevaluationen korrigiert und abgestimmte Prozessevaluationsberichte erstellt werden können.

Es wurden Prozessevaluationen für das

- erste Schulhalbjahr 2014/2015
- zweite Schulhalbjahr 2014/2015 und das
- erste Schulhalbjahr 2015/2016 erstellt.

Die Prozessevaluationen dienen dem Projektmonitoring und -controlling. Erfreulicherweise konnten viele der Ergebnis- und somit auch der Rahmenziele erreicht werden, wie am Beispiel der Ergebnisse der Prozessevaluation zum Rahmenziel 3 „Netzwerkarbeit, Grundschule als Koordinationszentrum, um vorhandene Kooperationen zu stärken und neue zu rekrutieren" in der Grundschule Bebelhof für die drei Schulhalbjahre gezeigt wird.

4.1 Ergebnisse der Prozessevaluation des ersten Schulhalbjahres 2014/2015 an der Grundschule Bebelhof zum Rahmenziel 3 „Netzwerkarbeit, Grundschule als Koordinationszentrum, um vorhandene Kooperationen zu stärken und neue zu rekrutieren"

Das Ergebnisziel 3.1 „Bestehende Netzwerke zum Umgang Kita – Grundschule Bebelhof werden gepflegt und neue geknüpft" konnte zu 50 % erreicht werden. Die Kooperationsvereinbarungen werden zurzeit erarbeitet und abgestimmt. Ein Zustandekommen wird erwartet.

Das Ergebnisziel 3.2 „Erzieherinnen in den Kitas sind über die Anforderungen der Schule informiert", konnte nicht erreicht werden, da der Indikator erst im nächsten Schulhalbjahr erfüllt werden kann.

Das Ergebnisziel 3.3 „Kooperation mit weiterführenden Schulen, um den Übergang von Grundschulen auf weiterführende Schulen für Eltern und Kinder zu erleichtern und somit den Lernstart zu verbessern", gehört in die Kategorie 3. Es muss hier erst ein Zugang geschaffen werden.

Das Ergebnisziel 3.4 „Kooperationspartner zur Förderung der Lernentwicklung aktivieren", wurde weitgehend erreicht, da eine ganze Reihe von Projekten beispielsweise durch „Schenk mir 1 Stunde" unterstützt und somit die Indikatoren erfüllt wurden.

Das Ergebnisziel 3.5 „Niedrigschwellige Beratungsangebote in der Schule, Kooperation mit ASD, Erziehungsberatung, Büro für Migrationsfragen, Kinderschutzbund aufbauen und Optimierung der Zusammenarbeit mit dem Kinder- und Familienzentrum", konnte nur zu ca. 50 % erreicht werden, da der ASD eine Sprechstunde in der Schule ablehnt und ein Interesse an einer Zusammenarbeit nicht erkennbar ist. Einige andere Dinge wurden auf den Weg gebracht. Z. B. wird mit dem Kifaz ein Sprachkurs stattfinden. Auch haben Gespräche mit dem Kinderschutzbund stattgefunden.

Das Ergebnisziel 3.6 „Optimierung der Zusammenarbeit mit dem Jugendzentrum JuZe", wurde zu 66 % erreicht. Zwar fand kein AG-Angebot statt, aber ein Lese-Angebot und einmal pro Monat findet eine Spielpause durch Mitarbeiter des Jugendzentrums statt.

Das Ergebnisziel 3.7 „Kooperationspartner für interkulturelle Projekte aktivieren", ist zu 100 % erfüllt worden, obwohl es erst in K 2 bearbeitet werden sollte. Es haben entsprechende Gespräche mit der VHS und dem Büro für Migrationsfragen stattgefunden.

Stadtteil in der Schule – Strategie und Handlungsanalyse ...

Das Ergebnisziel 3.8 „Bestehende Kooperationen „Schenk mir eine Stunde", „Klasse 2000" etc. festigen und ausbauen", konnte ebenfalls erreicht werden. Es haben entsprechende Termine und Maßnahmen stattgefunden.

Auch zum Ergebnisziel 3.9 „Bewährte AGs beibehalten, neue u. a. interkulturelle inklusive AGs initiieren", gibt es eine positive Rückmeldung. Es konnten 2 neue AGs auf den Weg gebracht werden.

Die Ziele 3.10 „Kooperation mit der Hans-Würtz-Schule" und 3.11 „Abstimmung zwischen Grundschule Bebelhof und Hans-Würtz-Schule hinsichtlich Unterrichtsanfängen und Pausenzeiten" gehören in die Kategorie 3.

Die Ziele 3.12 „Die bereits vorhandene Ehrenamtsstruktur soll weiter ausgebaut werden" und 3.13 „Kooperationen mit dem Haus der Begegnung und der Lebenshilfe" gehören in die Kategorie 2. Gleiches gilt für das Ergebnisziel 3.14 „Schlüsselpersonen im Sozialraum informieren" und das Ergebnisziel 3.16 „Zusätzliche räumliche Ressourcen für das Projekt akquirieren".

Das Ergebnisziel 3.15 „OGS-Mitarbeiterinnen informieren und ggf. aktivieren" kann teilweise als erfüllt angesehen werden. So wurde „Stadtteil in der Schule" in der Dienstbesprechung vorgestellt, doch die OGS-Mitarbeiter arbeiten noch nicht im Projekt mit.

Tabellarische Übersicht zum RZ 3: „Netzwerkarbeit (Grundschule als Koordinationszentrum um vorhandene Kooperationen zu stärken und neue zu rekrutieren)"

Ergebnisziel	Indikator	Zielerreichung
EZ 3.1: „Bestehende Netzwerke zum Übergang Kita – Grundschule Bebelhof werden gepflegt und neue geknüpft"	5 Kooperationsvereinbarungen:- mit 3 Kitas (davon 2 Familienzentren) werden wiederbelebt- 2 neue mit neugegründeten Kitas	Die 3 Kooperationsvereinbarungen wurden noch nicht wiederbelebt Gespräche mit neuen Kitas haben stattgefunden, Kooperationsvereinbarungen werden gerade erarbeitet und abgestimmt. Ein Zustandekommen der Vereinbarungen wird erwartet. Einer von zwei Indikatoren ist zurzeit erfüllt: das Ziel wurde zu 50 % erfüllt
EZ 3.2: „Erzieherinnen in den Kitas sind über die Anforderungen der Schule informiert"	Teilnahme von mindestens einer MitarbeiterIn der Kitas (mit oder ohne Kinder) an den schulischen Hospitationsangeboten	Indikator kann erst 2015 erfüllt werden Ziel momentan zu 0 % erreicht

(Fortsetzung)

Ergebnisziel	Indikator	Zielerreichung
EZ 3.3: Kooperation mit weiterführenden Schulen, um den Übergang von Grundschulen auf weiterführende Schulen für Eltern und Kinder zu erleichtern und somit den Lernstart zu verbessern		Ziel der K3
EZ 3.4: Kooperationspartner zur Förderung der Lernentwicklung aktivieren	3 Projekte werden durch die Einrichtung des Projektes „Schenk mir eine Stunde" unterstützt	Es werden Projekte durch „Schenk mir eine Stunde" unterstützt. Beispielsweise die Gitarren-AG, die Adipositas-Prävention, Trauergruppe. Der Indikator ist somit erfüllt.
	5 Einzelmaßnahmen werden durch die Einrichtung des Projektes „Schenk mir eine Stunde" unterstützt	Es werden Einzelmaßnahmen durch „Schenk mir eine Stunde" unterstützt. Beispielsweise die Teilnahme eines Schülers am Schwimmunterricht.
	Vertrag/ Vereinbarung mit Zentrum für Lerntherapie	Eine Vereinbarung mit dem ZiL wurde erarbeitet. – Der Indikator kann als erfüllt angesehen werden
		Das Ziel ist zu mindestens 66 % erfüllt
EZ 3.5: „Niederschwellige Beratungsangebote in der Schule (Kooperation mit ASD, Erziehungsberatung, Büro für Migrationsfragen, Kinderschutzbund aufbauen und Optimierung der Zusammenarbeit mit dem Kinder und Familienzentrum"	1 x im Monat Sprechstunde des ASD ASD (1 Hj. Austausch mit MA,)	Eine Sprechstunde in der Schule wird vom ASD aus personellen Gründen abgelehnt, ein Interesse an einer Zusammenarbeit ist nicht erkennbar, somit sind zwei Indikatoren nicht erfüllt.
	1 x im Monat Sprechstunde der Erziehungsberatung	Erstes Treffen mit der Erziehungsberatung fand statt. Einige Kooperationen finden statt. Eine regelmäßige Sprechstunde findet noch nicht satt. Eine Einladung in die entsprechende Teamsitzung konnte somit nicht stattfinden.- die zwei entsprechenden Indikatoren sind nicht erfüllt
	Einladung in die Teamsitzung der Erziehungsberatung im Sj. 2014/15	
	Angebot des Familienzentrums nach Absprache mit der Schule	Es hat ein Gespräch mit dem Büro für Migrationsfragen und Frau S. stattgefunden - der Indikator ist erfüllt
	Kifaz (1 gemeinsames Angebot, pro Sj. und Nutzung von Synergieeffekten)	Im Frühjahr 2015 wird zusammen mit dem KiFaZ ein Sprachkurs stattfinden - Indikator erfüllt

(Fortsetzung)

Ergebnisziel	Indikator	Zielerreichung
	1 x im Sj. Gespräch mit der Leitung des Büros für Migrationsfragen	Somit fanden Absprachen zum Angebot des KiFaZ mit der OGS statt -Indikator erfüllt
	Einstiegsgespräch mit dem Kinderschutzbund	Es hat ein Gespräch mit dem Kinderschutzbund stattgefunden und ein gemeinsames Projekt wurde geplant - Indikator erfüllt
		4 von 8 Indikatoren sind erfüllt- das Ziel wurde zu 50 % erfüllt - Maßnahmen werden weiter in K2 - K3 bearbeitet
EZ 3.6: „Optimierung der Zusammenarbeit mit dem Jugendzentrum (JuZe)"	4 x im Jahr Treffen mit dem Jugendzentrum	Es haben im Jahr 2014 vier Treffen stattgefunden - Indikator erfüllt
	1 Angebot/pro Hj. des Jugendzentrums im AG Plan	Ein AG-Angebot findet momentan nicht statt -Indikator momentan nicht erfüllt
	1 x pro Mo. ein Pausenangebot des Jugendzentrums auf dem Schulhof	Es findet einmal pro Woche ein Leseangebot und einmal pro Monat eine Spielpause durch Mitarbeiter des JuZ statt - der Indikator ist erfüllt.
		2 von 3 Indikatoren sind erfüllt - das Ziel ist zu 66 % erfüllt - Ziel sollte ursprünglich in K 2 bearbeitet werden
EZ 3.7: „Kooperationspartner für interkulturelle Projekte aktivieren"	1–2 Informationsgespräche pro Schuljahr	Gespräche mit der VHS und dem Büro für Migrationsfragen haben stattgefunden- Indikator erfüllt!
	mindestens 1 Projekt findet pro Schuljahr statt	Es wird ein Sprachkurs mit dem BfMf geben.- Indikator erfüllt.
		2 von 2 Indikatoren erfüllt.- Ziel zu 100 % erfüllt, obwohl das Ziel erst in der K2 bearbeitet werden sollte
EZ 3.8: „Bestehende Kooperationen „Schenk mir eine Stunde", „Klasse 2000", „Brückenjahr", „Jugendzentrum TiB", „Löwenkids" festigen und ausbauen"	Kooperationen „Schenk mir eine Stunde", „Klasse 2000", „Brückenjahr", „Jugendzentrum TiB", „Löwenkids" bestehen weiter	Es haben Termine und Maßnahmen mit allen Kooperationspartnern stattgefunden. Beide Indikatoren sind erfüllt
	Maßnahmen finden weiter statt und werden ausgebaut	2 von 2 Indikatoren erfüllt - Ziel zu 100 % erfüllt

(Fortsetzung)

Ergebnisziel	Indikator	Zielerreichung
EZ 3.9: „Bewährte AGs beibehalten, neue u. a. interkulturelle/inklusive AGs initiieren"	1-2 AGs pro Sj. Besuchen Pro Hj 1 x neuen Honorarvertrag Evaluation in teilnehmender Beobachtung	Es gab 2 neue AGs - Indikator erfüllt Weitere Indikatoren müssen noch überprüft werden
EZ 3.10: „Kooperation mit der Hans-Würtz-Schule fördern"		Ziel der K 3
EZ 3.11: „Abstimmung zwischen Grundschule Bebelhof und Hans-Würtz-Schule hinsichtlich Unterrichtsanfängen und Pausenzeiten"		Ziel der K 3
EZ 3.12: „ Die bereits vorhandene Ehrenamtsstruktur soll weiter ausgebaut werden"		Ziel der K 2
EZ 3.13: „Kooperation mit dem Haus der Begegnung der Lebenshilfe (inklusive Begegnungen ermöglichen)"		Ziel der K 2
EZ 3.14: „Schlüsselpersonen im Sozialraum informieren"		Ziel der K 2 und K 3
EZ 3.15: „OGS MitarbeiterInnen informieren und gegebenenfalls aktivieren"	Stadtteil in der Schule ist mindestens 1 x pro Hj. Thema in einer Dienstbesprechung der OGS MA OGS MA arbeiten gemäß dem von Frau Schwetje ermittelten Bedarf im Projekt mit	SiS war Thema in der DB.- Indikator erfüllt Mitarbeit findet noch nicht statt -Indikator nicht erfüllt 1 von 2 Indikatoren erfüllt - Ziel zu 50 % erfüllt
EZ 3.16: „Zusätzliche räumliche Ressourcen für das Projekt akquirieren"		Ziel der K 2 und K 3

4.2 Ergebnisse der Prozessevaluation des 2. Schulhalbjahres 2014/15 an der Grundschule Bebelhof zum Rahmenziel 3 „Netzwerkarbeit, Grundschule als Koordinationszentrum, um vorhandene Kooperationen zu stärken und neue zu rekrutieren"

Das Ergebnisziel (EZ) 3.1 „Bestehende Netzwerke zum Übergang Kita – Grundschule Bebelhof werden gepflegt und neue geknüpft" wurde zu ca. 50 % erreicht. Es wurden keine Kooperationsvereinbarungen mit Familienzentren abgeschlossen, doch neue Kooperationsvereinbarungen mit 2 Kitas auf den Weg gebracht.

Das Ergebnisziel (EZ) 3.2 „Erzieherinnen in den Kitas sind über die Anforderungen der Schule informiert" wurde erreicht.

Das Ergebnisziel (EZ) 3.3 „Kooperation mit weiterführenden Schulen um den Übergang von Grundschulen auf weiterführende Schulen für Eltern und Kinder zu erleichtern und somit den Lernstart zu verbessern" wurde nicht erreicht.

Das Ergebnisziel (EZ) 3.4 „Kooperationspartner zur Förderung der Lernentwicklung aktivieren" wurde zu 1/3 erreicht. Der Indikator „3 Projekte werden durch die Einrichtung des Projektes *Schenk mir eine Stunde* unterstützt" wurde nicht erreicht. (2 Projekte werden durch *Schenk mir eine Stunde* unterstützt.) Auch der Indikator „5 Einzelfördermaßnahmen werden durch die Einrichtung des Projektes *Schenk mir eine Stunde* unterstützt" wurde nicht erfüllt. (Nur eine Einzelfördermaßnahme wurde durch *Schenk mir eine Stunde* unterstützt.) Doch konnte ein Vertrag mit dem Zentrum für Lerntherapie geschlossen werden.

Das Ergebnisziel (EZ) 3.5 „Niederschwellige Beratungsangebote in der Schule (Kooperation mit ASD, Erziehungsberatung, Büro für Migrationsfragen, Kinderschutzbund aufbauen und Optimierung der Zusammenarbeit mit dem Kinder und Familienzentrum)" wurde nur in Ansätzen erreicht. Es gibt keine kontinuierlichen Sprechstunden des ASD. Ein Gespräch mit dem Kinderschutzbund hat stattgefunden und Fr. S. und Fr. R.t besuchten eine Sitzung der Erziehungsberatung.

Das Ergebnisziel (EZ) 3.6 „Optimierung der Zusammenarbeit mit dem Jugendzentrum (JuZe)" wurde erreicht. Das Jugendzentrum bietet Pausen- und AG-Angebote in der Schule an.

Das Ergebnisziel (EZ) 3.7 „Kooperationspartner für interkulturelle Projekte aktivieren" wurde erreicht. Es fanden Informationsgespräche und mind. 1 Projekt statt.

Das Ergebnisziel (EZ) 3.8 „Bestehende Kooperationen „Schenk mir eine Stunde", „Klasse 2000", „Brückenjahr", „Jugendzentrum TiB", „Löwenkids" festigen und ausbauen" wurde erreicht. Die Kooperationen bestehen weiterhin und die Maßnahmen werden ausgebaut.

Das Ergebnisziel (EZ) 3.9 „Bewährte AGs beibehalten, neue u. a. interkulturelle/ inklusive AGs initiieren" wurde erreicht. Die bestehenden AGs laufen sehr gut und werden fortgeführt. Neue AGs wurden initiiert.

Das Ergebnisziel (EZ) 3.10 „Kooperation mit der Hans-Würtz-Schule fördern" wurde erreicht. Es gab gemeinsame Absprachen und es fand eine gemeinsame Sitzung mit dem Schülerrat des HWS statt.

Das Ergebnisziel (EZ) 3.11 „Abstimmung zwischen Grundschule Bebelhof und Hans-Würtz-Schule hinsichtlich Unterrichtsanfängen und Pausenzeiten" wurde nicht erreicht. Es haben keine Gespräche stattgefunden.

Das Ergebnisziel (EZ) 3.12 „Die bereits vorhandene Ehrenamtsstruktur soll weiter ausgebaut werden" konnte nicht erreicht werden.

Das Ergebnisziel (EZ) 3.14 „Schlüsselpersonen im Sozialraum informieren" mit dem Indikator „Gespräche z. B. mit dem Schulvorstand, Agentur für Arbeit (BuT), Ärzten haben stattgefunden" wurde erreicht.

Das Ergebnisziel (EZ) 3.15 „OGS MitarbeiterInnen informieren und gegebenenfalls informieren" konnte zu 50 % erreicht werden. „Stadtteil in der Schule" war Thema in einer Dienstbesprechung der OGS MA. Doch arbeiten die OGS MA noch nicht im Projekt mit.

Das Ergebnisziel (EZ) 3.16 „Zusätzliche räumliche Ressourcen für das Projekt akquirieren" konnte erreicht werden. Es konnte ein Raum eingeworben werden.

Tabellarische Übersicht zum RZ 3: „Netzwerkarbeit (Grundschule als Koordinationszentrum um vorhandene Kooperationen zu stärken und neue zu rekrutieren)"

Ergebnisziel	Indikator	Zielerreichung
Ergebnisziel (EZ) 3.1: Bestehende Netzwerke zum Übergang Kita – Grundschule Bebelhof werden gepflegt und neue geknüpft	5 Kooperationsvereinbarungen: Kooperationsvereinbarungen mit 3 Kitas (darunter 2 Familienzentren) werden wiederbelebt Es gibt 2 Kooperationsvereinbarungen mit den beiden neugegründeten Kitas	Zielerreichung ca. 50 %
Ergebnisziel (EZ) 3.2: Erzieherinnen in den Kitas sind über die Anforderungen der Schule informiert	Teilnahme von mindestens 1 Mitarbeiterin der Kitas (mit oder ohne Kinder) an den schulischen Hospitationsangeboten	Ziel erreicht

(Fortsetzung)

Ergebnisziel	Indikator	Zielerreichung
Ergebnisziel (EZ) 3.3: Kooperation mit weiterführenden Schulen um den Übergang von Grundschulen auf weiterführende Schulen für Eltern und Kinder zu erleichtern und somit den Lernstart zu verbessern	4 verschriftliche Absprachen Die teilnehmenden Lehrer der weiterführenden Schulen werden 1 x pro Jahr über die GS informiert.	Ziel nicht erreicht
Ergebnisziel (EZ) 3.4: Kooperationspartner zur Förderung der Lernentwicklung aktivieren	3 Projekte werden durch die Einrichtung des Projektes „Schenk mir eine Stunde" unterstützt 5 Einzelfördermaßnahmen werden durch die Einrichtung des Projektes „Schenk mir eine Stunde" unterstützt Vertrag mit Zentrum für Lerntherapie	Ziel zu 1/3 erreicht
Ergebnisziel (EZ) 3.5: Niederschwellige Beratungsangebote in der Schule (Kooperation mit ASD, Erziehungsberatung, Büro für Migrationsfragen, Kinderschutzbund aufbauen und Optimierung der Zusammenarbeit mit dem Kinder und Familienzentrum)	1 x im Monat Sprechstunde des ASD ASD (1 HJ. Austausch MA) 1 x im Monat Sprechstunde der Erziehungsberatung Einladung in die Teamsitzung der Erziehungsberatung im Sj. 2014/15 Angebot des Familienzentrums nach Absprache mit der Schule Kifaz (1 gemeinsames Angebot, pro Sj und Nutzung von Synergieeffekten) 1 x im Sj. Gespräch mit der Leitung des Büros für Migrationsfragen Einstiegsgespräch mit dem Kinderschutzbund	Ziel in Ansätzen erreicht

(Fortsetzung)

Ergebnisziel	Indikator	Zielerreichung
Ergebnisziel (EZ) 3.6: Optimierung der Zusammenarbeit mit dem Jugendzentrum (JuZe)	4 x im Jahr Treffen mit dem Jugendzentrum 1 Angebot pro Hj. Des Jugendzentrums im AG Plan 1 x pro Monat ein Pausenangebot des Jugendzentrums auf dem Schulhof	Ziel erreicht
Ergebnisziel (EZ) 3.7: Kooperationspartner für interkulturelle Projekte aktivieren	1-2 Informationsgespräche pro Schuljahr Mind. 1 Projekt findet pro Schuljahr statt	Ziel erreicht
Ergebnisziel (EZ) 3.8: Bestehende Kooperationen „Schenk mir eine Stunde", „Klasse 2000", „Brückenjahr", „Jugendzentrum TiB", „Löwenkids" festigen und ausbauen	Kooperationen „Schenk mir eine Stunde, Klasse 2000, Brückenjahr, Jugendzentrum Tip, Löwenkids" bestehen weiterhin Maßnahmen finden weiter statt und werden ausgebaut	Ziel erreicht
Ergebnisziel (EZ) 3.9: Bewährte AGs beibehalten, neue u. a. interkulturelle/inklusive AGs initiieren	AGs bestehen weiter AGs werden neu initiiert	Ziel erreicht
Ergebnisziel (EZ) 3.10: Kooperation mit der Hans-Würtz-Schule fördern	Mindestens 1 Absprache pro Hj. Mit Schulleitung, Lehrkräften und/oder Pädagogischen MA Mindestens 1 x pro Hj. Gemeinsame Sitzung mit dem Schülerrat der HWS/ 1 gemeinsame Aktivität der Schüler pro Sj	Ziel erreicht
Ergebnisziel (EZ) 3.11: „Abstimmung zwischen Grundschule Bebelhof und Hans-Würtz-Schule hinsichtlich Unterrichtsanfängen und Pausenzeiten"	Gespräche der Schulleitungen haben stattgefunden	Ziel nicht erreicht
Ergebnisziel (EZ) 3.12: Die bereits vorhandene Ehrenamtsstruktur soll weiter ausgebaut werden	2 x im Jahr gemeinsame/ inklusive Bastelaktion mit Schülern	Ziel nicht erreicht

(Fortsetzung)

Ergebnisziel	Indikator	Zielerreichung
Ergebnisziel (EZ) 3.14: Schlüsselpersonen im Sozialraum informieren	Gespräche z. B. mit dem Schulvorstand, Agentur für Arbeit (BuT), Ärzten haben stattgefunden	Ziel erreicht
Ergebnisziel (EZ) 3.15: OGS MitarbeiterInnen informieren und gegebenenfalls informieren	Stadtteil in der Schule ist mindestens 1 x pro Hj. Thema in einer Dienstbesprechung der OGS MA OGS MA arbeiten gemäß dem von Frau S. ermittelnden Bedarf im Projekt mit	Zielerreichung ca. 50 %
Ergebnisziel (EZ) 3.16: Zusätzliche räumliche Ressourcen für das Projekt akquirieren	Wenn ein Raum zur Verfügung steht, der bisher nicht von der Grundschule genutzt wurde und dieser Raum vorrangig für das Projekt genutzt werden kann	Ziel erreicht

4.3 Ergebnisse Prozessevaluation des 1. Schulhalbjahres 2015/2016 an der Grundschule Bebelhof zum Rahmenziel 3 „Netzwerkarbeit, Grundschule als Koordinationszentrum, um vorhandene Kooperationen zu stärken und neue zu rekrutieren"

Das Ergebnisziel (EZ) 3.1 „Bestehende Netzwerke zum Übergang Kita – Grundschule Bebelhof werden gepflegt und neue geknüpft" wurde zu ca. 80 % erreicht.

Das Ergebnisziel (EZ) 3.2 „Erzieherinnen in den Kitas sind über die Anforderungen der Schule informiert" wurde erreicht.

Das Ergebnisziel (EZ) 3.3 „Kooperation mit weiterführenden Schulen, um den Übergang von Grundschulen auf weiterführende Schulen für Eltern und Kinder zu erleichtern und somit den Lernstart zu verbessern" wurde in Ansätzen erreicht.

Das Ergebnisziel (EZ) 3.4 „Kooperationspartner zur Förderung der Lernentwicklung aktivieren" wurde erreicht.

Das Ergebnisziel (EZ) 3.5 „Niederschwellige Beratungsangebote in der Schule (Kooperation mit ASD, Erziehungsberatung, Büro für Migrationsfragen,

Kinderschutzbund aufbauen und Optimierung der Zusammenarbeit mit dem Kinder und Familienzentrum)" wurde zu ca. 75 % erreicht.

Das Ergebnisziel (EZ) 3.6 „Optimierung der Zusammenarbeit mit dem Jugendzentrum (JuZe)" wurde erreicht.

Das Ergebnisziel (EZ) 3.7 „Kooperationspartner für interkulturelle Projekte aktivieren" wurde zu ca. 75 % erreicht. (Durch die Zusammenarbeit mit „ELKO" (Büro für Migrationsfragen) und der VHS wurden durch die SSA neue Kooperationspartner für interkulturelle Projekte aktiviert (passendere Maßnahmen). Das Ziel kann nach vollständiger Durchführung der Projekte, sowie Umsetzung der angedachten Maßnahmen („LOT- Theater", „Haus der Begegnungen") voraussichtlich im 2. Schulhalbjahr 2015/2016 zu 100 % erreicht werden.)

Das Ergebnisziel (EZ) 3.8 „Bestehende Kooperationen „Schenk mir eine Stunde", „Klasse 2000", „Brückenjahr", „Jugendzentrum TiB", „Löwenkids" festigen und ausbauen" wurde zu ca. 70 % erreicht. Es haben Termine und Maßnahmen mit 3 von 5 Kooperationspartnern stattgefunden.

Das Ergebnisziel (EZ) 3.9 „Bewährte AGs beibehalten, neue u. a. interkulturelle/ inklusive AGs initiieren" kann aufgrund struktureller Bedingungen (mangelnde Räumlichkeiten und Festlegung der AGs auf einen Tag) zurzeit nicht erreicht werden. (Als Auffangposition sollen im 2. Schulhalbjahr 2015/2016 Projekte wie beispielsweise das „Clownsprojekt" oder „Rap- Projekt" stattfinden.)

Das Ergebnisziel (EZ) 3.10 „Kooperation mit der Hans-Würtz-Schule fördern" wurde erreicht.

Das Ergebnisziel (EZ) 3.11 „Abstimmung zwischen Grundschule Bebelhof und Hans-Würtz-Schule hinsichtlich Unterrichtsanfängen und Pausenzeiten" wurde nicht erreicht, da die Schulleitungen der Meinung sind, dass die Bus- und Aufsichtszeiten nicht veränderbar sind.

Das Ergebnisziel (EZ) 3.12 „Die bereits vorhandene Ehrenamtsstruktur soll weiter ausgebaut werden" konnte erreicht werden.

Ergebnisziel (EZ) 3.13: „Kooperation mit dem Haus der Begegnung der Lebenshilfe (inklusive Begegnungen ermöglichen)" wurde nicht erreicht.

Das Ergebnisziel (EZ) 3.14 „Schlüsselpersonen im Sozialraum informieren" wurde zu ca. 1/3 erreicht. (Es haben Gespräche mit der „Agentur für Arbeit" stattgefunden. 1 von 3 Indikatoren konnte angezeigt werden.)

Das Ergebnisziel (EZ) 3.15 „OGS MitarbeiterInnen informieren und gegebenenfalls informieren" konnte erreicht werden

Das Ergebnisziel (EZ) 3.16 „Zusätzliche räumliche Ressourcen für das Projekt akquirieren" konnte erreicht werden.

Stadtteil in der Schule – Strategie und Handlungsanalyse ...

Tabellarische Übersicht zum RZ 3: „Netzwerkarbeit (Grundschule als Koordinationszentrum um vorhandene Kooperationen zu stärken und neue zu rekrutieren)"

Ergebnisziel	Indikator	Zielerreichung
Ergebnisziel (EZ) 3.1: Bestehende Netzwerke zum Übergang Kita – Grundschule Bebelhof werden gepflegt und neue geknüpft	5 Kooperationsvereinbarungen: Kooperationsvereinbarungen mit 3 Kitas (darunter 2 Familienzentren) werden wiederbelebt Es gibt 2 Kooperationsvereinbarungen mit den beiden neugegründeten Kitas	Zielerreichung ca. 80 %
Ergebnisziel (EZ) 3.2: Erzieherinnen in den Kitas sind über die Anforderungen der Schule informiert	Teilnahme von mindestens 1 Mitarbeiterin der Kitas (mit oder ohne Kinder) an den schulischen Hospitationsangeboten	Ziel erreicht
Ergebnisziel (EZ) 3.3: Kooperation mit weiterführenden Schulen um den Übergang von Grundschulen auf weiterführende Schulen für Eltern und Kinder zu erleichtern und somit den Lernstart zu verbessern	4 verschriftlichte Absprachen Die teilnehmenden Lehrer der weiterführenden Schulen werden 1 x pro Jahr über die GS informiert.	Ziel wurde in Ansätzen erreicht
Ergebnisziel (EZ) 3.4: Kooperationspartner zur Förderung der Lernentwicklung aktivieren	3 Projekte werden durch die Einrichtung des Projektes „Schenk mir eine Stunde" unterstützt 5 Einzelfördermaßnahmen werden durch die Einrichtung des Projektes „Schenk mir eine Stunde" unterstützt Vertrag mit Zentrum für Lerntherapie	Ziel zu 1/3 erreicht
Ergebnisziel (EZ) 3.5: Niederschwellige Beratungsangebote in der Schule (Kooperation mit ASD, Erziehungsberatung, Büro für Migrationsfragen, Kinderschutzbund aufbauen und Optimierung der Zusammenarbeit mit dem Kinder und Familienzentrum)	1 x im Monat Sprechstunde des ASD ASD (1 HJ. Austausch MA) 1 x im Monat Sprechstunde der Erziehungsberatung Einladung in die Teamsitzung der Erziehungsberatung Angebot des Familienzentrums nach Absprache mit der Schule Kifaz (1 gemeinsames Angebot, pro Sj und Nutzung von Synergieeffekten) 1 x im Sj. Gespräch mit der Leitung des Büros für Migrationsfragen Einstiegsgespräch mit dem Kinderschutzbund	Ziel in Ansätzen erreicht

(Fortsetzung)

Ergebnisziel	Indikator	Zielerreichung
Ergebnisziel (EZ) 3.6: Optimierung der Zusammenarbeit mit dem Jugendzentrum (JuZe)	4 x im Jahr Treffen mit dem Jugendzentrum 1 Angebot pro Hj. des Jugendzentrums im AG Plan 1 x pro Monat ein Pausenangebot des Jugendzentrums auf dem Schulhof	Ziel erreicht
Ergebnisziel (EZ) 3.7: Kooperationspartner für interkulturelle Projekte aktivieren	1-2 Informationsgespräche pro Schuljahr Mind. 1 Projekt findet pro Schuljahr statt	Das Ziel wurde zu ca. 75 % erreicht
Ergebnisziel (EZ) 3.8: Bestehende Kooperationen „Schenk mir eine Stunde", „Klasse 2000", „Brückenjahr", „Jugendzentrum TiB", „Löwenkids" festigen und ausbauen	Kooperationen Schenk mir eine Stunde", „Klasse 2000", „Brückenjahr", „Jugendzentrum TiB", „Löwenkids" bestehen weiterhin Maßnahmen finden weiter statt und werden ausgebaut	Ziel wurde zu ca. 70 % erreicht
Ergebnisziel (EZ) 3.9: Bewährte AGs beibehalten, neue u. a. interkulturelle/inklusive AGs initiieren	AGs bestehen weiter AGs werden neu initiiert	Ziel nicht erreicht
Ergebnisziel (EZ) 3.10: Kooperation mit der Hans-Würtz-Schule fördern	Mindestens 1 Absprache pro Hj. Mit Schulleitung, Lehrkräften und/oder Pädagogischen MA Mindestens 1 x pro Hj. gemeinsame Sitzung mit dem Schülerrat der HWS/1 gemeinsame Aktivität der Schüler pro Sj	Ziel erreicht
Ergebnisziel (EZ) 3.11: Abstimmung zwischen Grundschule Bebelhof und Hans-Würtz-Schule hinsichtlich Unterrichtsanfängen und Pausenzeiten	Gespräche der Schulleitungen haben stattgefunden	Ziel nicht erreicht

(Fortsetzung)

Ergebnisziel	Indikator	Zielerreichung
Ergebnisziel (EZ) 3.12: Die bereits vorhandene Ehrenamtsstruktur soll weiter ausgebaut werden	2 x im Jahr gemeinsame/inklusive Bastelaktion mit Schülern	Ziel erreicht
Ergebnisziel (EZ) 3.13: Kooperation mit dem Haus der Begegnung der Lebenshilfe (inklusive Begegnungen ermöglichen)	2 x im Jahr gemeinsame/inklusive Bastelaktion mit SchülerInnen	Ziel nicht erreicht
Ergebnisziel (EZ) 3.14: Schlüsselpersonen im Sozialraum informieren"	Gespräche z. B. mit dem Schulvorstand, Agentur für Arbeit (BuT), Ärzten haben stattgefunden	Ziel zu 1/3 erreicht
Ergebnisziel (EZ) 3.15: OGS MitarbeiterInnen informieren und gegebenenfalls informieren	Stadtteil in der Schule ist mindestens 1 x pro Hj. Thema in einer Dienstbesprechung der OGS MA OGS MA arbeiten gemäß dem von Frau S. ermittelnden Bedarf im Projekt mit	Ziel erreicht
Ergebnisziel (EZ) 3.16: Zusätzliche räumliche Ressourcen für das Projekt akquirieren	Wenn ein Raum zur Verfügung steht, der bisher nicht von der Grundschule genutzt wurde und dieser Raum vorrangig für das Projekt genutzt werden kann	Ziel erreicht

Wie in der Strukturevaluation deutlich wurde, hat die Grundschule Bebelhof weniger Kontakte zu Organisationen im Stadtteil als beispielsweise die Grundschule Altmühlstraße. Doch sind viele neue Aktivitäten auf den Weg gebracht worden. Auch wenn nicht alle Ziele sofort erreicht werden konnten, war es doch möglich, durch die kontinuierliche Prozessevaluation Schwachstellen zu eruieren und entsprechend nachzusteuern (siehe Abb. 11).

Abb. 11 Nachsteuern

Aktuell erfolgt die Prozessevaluation des zweiten Schulhalbjahres 2015/2016, so dass zum Ende des Schuljahres 2015/2016 Berichte für das Schuljahr 2014/2015 und für das Schuljahr 2015/2016 vorliegen werden.

5 Wirkungsevaluation

Struktur- und Prozessevaluation sind die Basis der Wirkungsevaluation, die in der Projektabschlussphase im Schuljahr 2016/ 2017 stattfindet.

6 Zur Implementierung

Am Beispiel des Projektes „Stadtteil in der Schule" kann gezeigt werden, wie Präventionsprojekte erfolgreich auf den Weg gebracht werden können, wenn wichtige Entscheider miteingebunden werden. So wurde für dieses Projekt ein Steuerungskreis gebildet, in dem relevante Entscheider versammelt sind. (Im Steuerungskreis sind neben den Vertretern der Organisationen, die die Ressourcen für das Projekt zur Verfügung gestellt haben (Bürgerstiftung Braunschweig, Stiftung Braunschweiger Kulturbesitz, Borek-Stiftung), die zuständige Dezernentin der Stadt Braunschweig, die das Projekt ggf. weiterführen will, die zuständige Dezernentin der Landesschulbehörde als Vertreterin der Schulen und die Leitung der Diakonie als Anstellungsträger der Sozialarbeiterinnen, vertreten.)

Neben dem Steuerungskreis ist ein Arbeitskreis vorgesehen worden, in dem neben den Vertretern der Stadt Braunschweig aus den Feldern Koordination offene Ganztagsschulen und Gesundheitsplanung, die Schulleitungen der Grundschulen Altmühlstraße, Bebelhof und Rheinring, der Schulbezirkspersonalrat, ein Vertreter der Hochschule, die die Evaluation durchführt, Vertreter der Bürgerstiftung Braunschweig und der Ev. Landeskirche Mitglieder sind.

Die SchulsozialarbeiterInnen im Projekt haben die Aufgabe, Konzepte vor Ort zu entwickeln, in bestehende Netzwerke zu integrieren, neue Netzwerkstrukturen aufzubauen und bei der Evaluation mitzuarbeiten. Sie sollen die Zusammenarbeit und Kooperation zwischen den Schulen und Angeboten im Sozialraum der Schulen, die Zusammenarbeit und Kooperation mit den pädagogischen Fachkräften, und die Konzeptentwicklung auf Grundlagen von Bedarfs- und Zielgruppenanalysen sicherstellen.

Die Fachaufsicht liegt beim Anstellungsträger der Projektmitarbeiterinnen, der Diakonie. Der öffentliche Träger Stadt Braunschweig hat sich verpflichtet, zu regelmäßigen Dienstbesprechungen, Runden Tischen und/oder ähnlichen Formen des strukturierten Austausches beizutragen.

Literatur

Galetzka, Stefanie, und Carolin Liersch. 2016. Schulspezifische Erhebungen in den Grundschulen Altmühlstraße, Rheinring und Bebelhof. In *Stadtteil in der Schule*, Hrsg. Ludger Kolhoff, und Christof Gebhardt, 83–128. Wiesbaden: Springer VS.

Gebhardt, Christopf. 2016. Analyse zur Erfassung von Unterstützungssystemen an Grundschulen im Einzugsgebiet Braunschweig. In *Stadtteil in der Schule*, Hrsg. Ludger Kolhoff, und Christof Gebhardt, 11–42. Wiesbaden: Springer VS

Hahlweg, Kurt. (o.J.). Stärkung der elterlichen Erziehungskompetenz für alle Elternschichten. http://www.moabitwest.de/uploads/media/HahlwegLindau2006Handout-1.pdf. Zugegriffen: 1. April 2016.

Kolhoff, Ludger. 2016a. Planung der Prozessevaluation. In *Stadtteil in der Schule*, Hrsg. L. Kolhoff, und Ch. Gebhardt, 143–230. Wiesbaden: Springer VS.

Kolhoff, Ludger. 2016b. Zusammenfassung der Aussagen der Strukturevaluation und abgeleitete sozialraumspezifische Projektziele. In *Stadtteil in der Schule*, Hrsg. Ludger Kolhoff, und Christof Gebhardt, 129–142. Wiesbaden: Springer VS.

Kolhoff, Ludger, und Christof Gebhardt (Hrsg.). 2016. *Stadtteil in der Schule*. Wiesbaden: Springer VS.

Marschik, Nadine. 2016. Allgemeine Erhebungen in den Sozialräumen der Grundschulen Altmühlstraße, Rheinring und Bebelhof. In *Stadtteil in der Schule*, Hrsg. Ludger Kolhoff, und Christof Gebhardt, 43–82. Wiesbaden: Springer VS.

Thomson, Stephan L. 2015. Kosten und Nutzen von Prävention in der ökonomischen Analyse. Gutachten für den 20. Präventionstag. Frankfurt: Deutscher Präventionstag.

Prof. Dr. Ludger Kolhoff Studiengangleiter „Master of Social Management" an der Ostfalia (Hochschule Braunschweig/Wolfenbüttel), Vorsitzender der Bundearbeitsgemeinschaft Sozialmanagement/ Sozialwirtschaft an Hochschulen e.V.. E-Mail: L.Kolhoff@ostfalia.de

Optimieren und Neugestalten mit benchmark- und prozessorientiertem Qualitätsmanagement

Mehr Nutzen durch Qualitätsmanagement mit QMS 2.0

Paul Brandl

1 Ausgangspunkt: Kritik an bestehenden QM-Systemen

Es waren zwei Punkte, die Anlass zum nachfolgenden Artikel gaben. Auf der einen Seite ist dies die kritische Auseinandersetzung mit bestehenden QM-Systemen (Brandl 2015) insbesondere im Hinblick auf den zu geringen Nutzen von QMS bei gleichzeitig hohem Zeitaufwand im Zuge der Einführung. Auf der anderen Seite ist es die zu erwartende Entwicklung der öffentlichen Budgets, wo auch die sozialen Dienstleistungen hochwahrscheinlich mit einem enger werdenden Budgetrahmen konfrontiert sein werden. Es gilt daher eine strategische Neuausrichtung der Auftraggeber sozialer Dienstleistungen in Richtung Kostensenkung und gleichzeitiger Erhöhung des Kundennutzens zu unterstützen, so dass Führungskräfte in die Lage versetzt werden, dass sie sich ökonomische Handlungsspielräume für strategieumsetzende Veränderungsprojekte schaffen können. Dies auch im Sinne eines Auswegs aus dem Dilemma „weniger Budget = weniger Leistung" und vor der Tatsache, dass ein Hinauszögern von „optimierenden Maßnahmen" den zukünftig erwarteten Handlungsbedarf der Auftraggeber sozialer Dienstleistungen noch weiter vergrößert. Es gilt daher einen Weg aufzuzeigen, der theoriegeleitet eine

P. Brandl (✉)
FH OÖ - Linz, Studiengang Sozialmanagement,
Linz, Österreich
E-Mail: paul.brandl@fh-linz.at

Unterstützung für die Auftraggeber und Führungskräfte aufzeigt, welche Schritte in naher Zukunft in Richtung „Kostendämpfung und Erhöhen des Kundennutzens" gangbar sind. Diese strategische Ausrichtung will das nachfolgend dargestellte QMS 2.0 unterstützen. Damit soll eine Neuausrichtung des Qualitätsmanagements in diesem Artikel zunächst für die stationäre Altenbetreuung und –pflege vorgestellt werden. Mittelfristig ist auch ein Beitrag zur höheren Leistungsfähigkeit in der Sozialwirtschaft zu erwarten.

2 Theoretische Fundierung für ein QMS

2.1 Das St. Gallener Management-Modell als theoretische Grundlage

Wenn es gilt, den Kundennutzen zu erhöhen, dann muss „der Kunde" und damit die Dienstleistung schon in der Theorie im Mittelpunkt stehen. Wenn wir diesen Gedanken folgend nach theoretischen Modellen fragen, dann kommen wir zum St. Gallener Management-Modell, das als Herzstück die Theorie der Prozessorganisation beinhaltet. Geschäftsprozesse sind hier letztlich auf den Kunden[1] ausgerichtet. Dem Modell sowie der Theorie rund um das Prozessmanagement ist eine ständige Verbesserung immanent, indem zwei Handlungsrichtungen, genannt Modi, darin integriert sind: Das kontinuierliche Optimieren bzw. Verbessern der jeweiligen Organisation, insbesondere von Prozessen und Dienstleistungen, sowie – größeren Anpassungsbedarf vorausgesetzt - das Neugestalten von Dienstleistungen und letztlich Organisationen (siehe Abb. 1) (Rüegg-Stürm 2013).

Darauf aufbauend muss die Konzeption eines Qualitätsmanagements den Geschäftsprozessen (Rüegg-Stürm 2013) Rechnung tragen und gleichzeitig die inhaltlichen und zeitlichen Elemente Vision und Leitbild auf der normativen Ebene, sowie die strategischen Ziele eines Betriebes als mittelfristige Umsetzungsperspektive auf der operativen Ebene integrieren. Kern-, Unterstützungs- und Lenkungsprozesse sind im Rahmen der Unternehmenskultur und der -strukturen sowie mit ihren Modi des Optimierens und Neugestaltens der Ausgangspunkt der Bemühungen (siehe Abb. 2) (Wagner und Patzak 2015).

---

[1]Es kann der Kunde in der Sozialwirtschaft auch als Klient, Patient etc. bezeichnet werden. Es geht um die Rollen der Auftraggeber, Nutzer und Zahler. Die Bezeichnung muss zur Zielgruppe passen.

Optimieren und Neugestalten mit benchmark ... 439

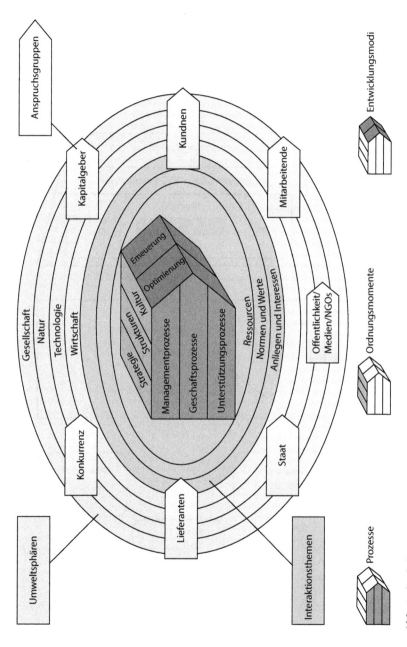

Abb. 1 St. Gallener Managementmodell (Rüegg-Stürm 2013)

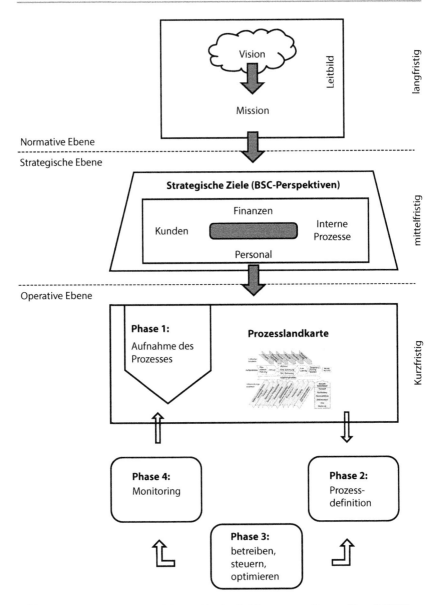

Abb. 2 Einbettung des Prozesslebenszyklus in ein Management-System (Brandl 2010)

Damit wäre die Einbettung eines Qualitätsmanagement-Systems in ein Management-System skizziert. Die Basis für das Modell des prozessbasierten QMS 2.0 für die stationäre Altenbetreuung und -pflege wäre geschaffen.

2.2 Der Prozesslebenszyklus als mentaler Mittelpunkt des QMS 2.0

Ausgehend von Wagner/Patzak (Wagner und Patzak 2015) haben wir den Prozesslebenszyklus – als allgemeine Struktur auch für andere Unternehmen der Sozialwirtschaft passend - etwas adaptiert und beginnen mit einer Prozesslandkarte in der Phase 1. Hier integrieren wir die Theorie des Prozessmanagements und schaffen damit einen Übergang zur Prozessbibliothek, die nur mehr optimierte Prozesse enthält. Dies ermöglicht in weiterer Folge das Erarbeiten von Referenzprozessen als „Vorbilder" und Standards eines QMS für andere Organisationseinheiten derselben Branche, also hier für andere Alten- und Pflegeheime. Damit kann die Implementierung eines QMS in weiteren Betrieben wesentlich verkürzt werden. Es entsteht mit der Zeit eine zumindest im Intranet verfügbare Prozessbibliothek (Phase 2), in dem das Befüllen mit den wichtigsten Prozessen und Kategorien des QMS 2.0 (siehe weiter unten) voranschreitet. In Phase 3 werden anschließend die Kennzahlen für das Controlling sowie für externe Auftraggeber – basierend auf den Prozessbeschreibungen - eingefügt, um dann in Phase 4 das Monitoring sowie daran anknüpfende strategische Überlegungen fundiert durchführen zu können. In jeder Phase muss eine kontinuierliche Verbesserung möglich sein (Brandl 2015):

Auf dem Weg zum QMS 2.0 orientieren wir uns an Abb. 3 ausgehend vom Leitbild und Strategien eines Unternehmens im Sinne einer deduktiven Vorgangsweise bei der Organisationsentwicklung. Alternativ erfolgt auch der Einstieg direkt über die Prozesslandkarte, wobei spätestens dann die Grundlagen des Qualitätsmanagements erarbeitet werden müssen (siehe Abb. 4) (Brandl und Jungreitmayr 2015).

Entsprechend dem Prozesslebenszyklus beginnen wir mit dem Entwurf einer Prozesslandkarte, um den beteiligten ProjektmitarbeiterInnen auch eine Orientierung zur Sichtweise auf den Betrieb im Sinne des Prozessmanagements zu ermöglichen und eine strukturierte Vorgangsweise festlegen zu können. Auch hier gehen wir von der Vorlage einer früheren Prozesslandkarte aus, überprüfen die Prozesse und das Wording. So adaptiert und auf Vollständigkeit geprüft wird dann eine Prozesslandkarte zur Basis für die weitere Entwicklung (siehe Abb. 5) (Burghofer 2015).

Spätestens zu diesem Zeitpunkt bedarf es der Erarbeitung und Einführung von Standards für die Prozessbeschreibung und –visualisierung. Auch hier kann als Beispiel die Vorlage eines anderen Betriebes herangezogen und adaptiert werden.

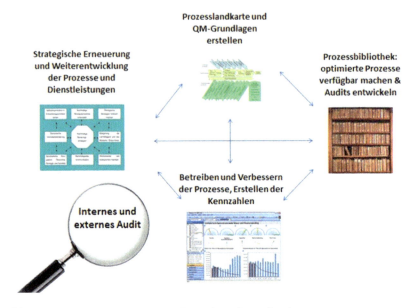

Abb. 3 Der adaptierte Prozesslebenszyklus (eigene Darstellung)

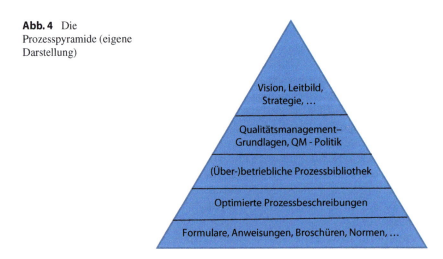

Abb. 4 Die Prozesspyramide (eigene Darstellung)

Optimieren und Neugestalten mit benchmark ...

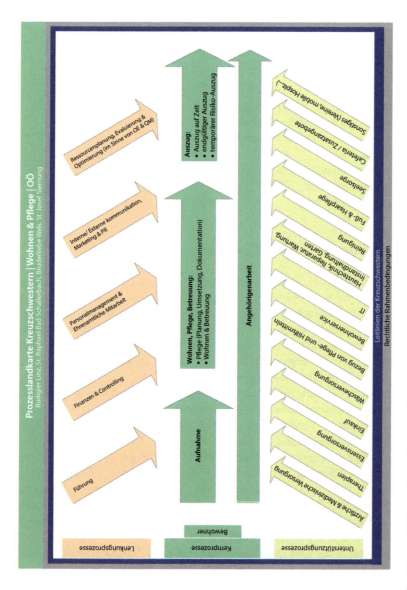

Abb. 5 Beispiel für eine Prozesslandkarte (Burghofer 2015)

Damit kann zeitsparend adaptiert und ergänzt werden. Inhaltlich lehnt sich die Prozessbeschreibung dabei etwa an Wagner und Patzak (2015, S.104) an:

- Prozessname
- Allgemeine Anmerkungen
- Prozessverantwortliche/r
- Prozesszweck
- Kunden/ Kundinnen des Prozesses
- Erwartungen des Kunden/der Kundin
- Erwartungen an den Kunden/die Kundin
- Input/Auslöser
- Outcome/Output: Ergebnis
- erster Prozessschritt
- letzter Prozessschritt
- Schnittstellen
- erforderliche Ressourcen
- Abkürzungen in den Prozessdarstellungen

Die Visualisierung der Prozesse basiert auf einem erweiterten Flussdiagramm, das zentral den Ablauf beinhaltet und entsprechend den Prozessschritten auch die Zuständigkeiten definiert sowie in einer weiteren Spalte alle erforderlichen Hilfsmittel tunlichst elektronisch zur Verfügung stellt. Beim ersten Mal muss dieser Prozess erarbeitet und optimiert werden. In weiterer Folge bedarf es „nur" mehr des Adaptierens und Ergänzens dieser Prozessbeschreibung an den jeweiligen Betrieb (siehe Abb. 6) (Burghofer 2015).

Nun bedarf es auch eines Rahmens für das QMS. Hier kommt wieder das St. Gallener Modell zusammen mit der Einordnung des QM in das QMS zum Zug. Ausgehend von der Vision und dem Leitbild werden alle Unternehmensbereiche angesprochen, wobei es immer um eine konsequente Ausrichtung auf den Kunden geht. Im Zentrum steht als strukturierendes Element das Führungsmodell von Weiss mit den sieben Aufgabenbereichen (siehe Abb. 7) (Weiss 2003, S. 127).

Nun sind die Prozesse und somit ist die Prozessoptimierung – wie man aus Abb. 7 entnehmen kann – bei weitem nicht das gesamte QMS. Es muss noch mehr an Nutzen stiften und diesen sichtbar machen. Dazu nehmen wir noch die Nutzenfelder des KVP zur Hand (siehe Abb. 8) (DGQ 2014).

Der Rahmen des QM muss damit auch auf diese Nutzenfelder ausgerichtet sein. Wir haben daraus die Aufgabenfelder für das QMS 2.0 generiert. In einer Erstfassung haben wir folgenden Rahmen festgelegt:

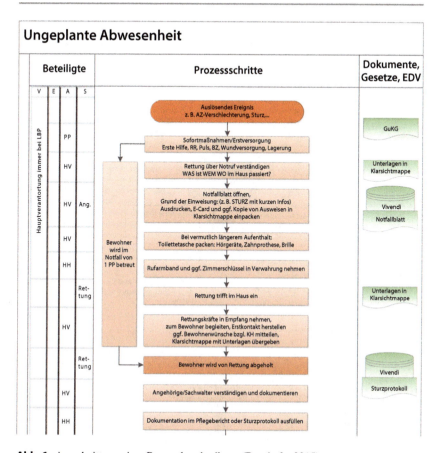

Abb. 6 Ausschnitt aus einer Prozessbeschreibung (Burghofer 2015)

Rahmen des Qualitätsmanagements
1. **Unternehmenspolitik und –strategie**
   a. Vision, Mission, Leitbild
   b. Unternehmensstrategie
2. **Führung - in Anlehnung an die Aufgabenbereiche nach Weiss** (2003):
   a. Zukunft des Hauses
      i. Strategieformulierung und -umsetzung
   b. Finanzen
      i. Kennzahlen – Monitoring - Maßnahmenplanung

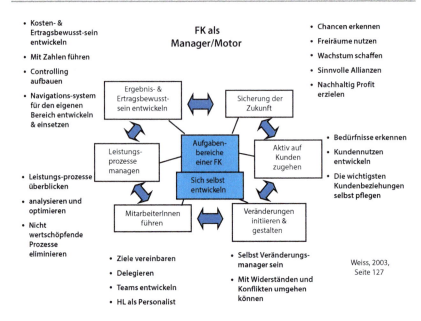

Abb. 7 Führungsmodell nach Weiß (eigene Darstellung)

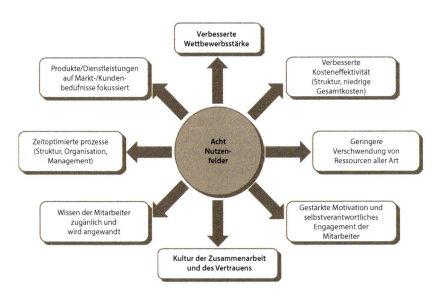

Abb. 8 Die acht Nutzenfelder des KVP (DGQ 2014)

c. Personal
   i. Personalplanung und -einsatz
   ii. Personalauswahl und -einführung
   iii. Personalentwicklung/Entwicklung von Wissen
   iv. Erhaltung der Personalressourcen
   v. Mitarbeitergespräch/Personalbeurteilung
   vi. Personalaustritt
   vii. Interne Kommunikation - Standards für Sitzungen, Protokolle und interne Informationsweitergabe
d. Marketing/Öffentlichkeitsarbeit
   i. Veranstaltungen für den Sozialraum des Alten- und Pflegeheimes
   ii. Pressearbeit
   iii. Bewohnerbeirat
   iv. Kooperationen etwa mit Kindergärten, Schulen und Vereinen
e. Prozesse/Qualität
   i. Einführung von Prozessmanagement incl. Prozesslandkarte und Dokumentation
   ii. Auditplan über drei Jahre und Umsetzung
   iii. Kontinuierlicher Verbesserungsprozess
   iv. Umsetzung von Verbesserungen

3. **MitarbeiterInnen**
   a. Zusammenarbeit
   b. Verbesserungsvorschläge
   c. Krankheit/Abwesenheit
   d. Überstunden/Urlaub
   e. Weiterbildung und Entwicklung
   f. Fluktuation - Mitarbeiterbindung
   g. Ehrenamtliche Mitarbeit, Freiwillige, ...

4. **BewohnerInnen iSv. Kundenorientierung**
   a. Biographie
   b. Selbstbewusstsein und -bestimmung, Lebensqualität
   c. Gemeinschaft, Lebensqualität
   d. Gesundheit
   e. Soziale Beziehungen, Menschlichkeit
   f. BewohnerInnen – Zielgruppen (Demente, Behinderte, ...)

5. **Relevante Prozesse - Organisation**
   a. Lenkungs- und Steuerungsprozesse
      i. Siehe Führung
   b. Kernprozesse

i. Aufnahme/Einzug
   ii. Betreuungs- und Pflegeplanung – incl. Dokumentation
   iii. Betreuung und –pflege nach ATL, incl. Tagestruktur und Feste im Jahreskreislauf incl. Ausflüge
   iv. Medizinische Betreuung
   v. Auszug
   vi. Angehörigenarbeit, Besucher
  c. Unterstützungsprozesse
   i. Medizinische Versorgung
   ii. Essensversorgung
   iii. Wäscherei
   iv. Reinigung, incl. HACCP
   v. Einkauf, Haustechnik und IT
6. **Kooperationspartner & Lieferanten**
  a. Gebäude- und Anlagenverwaltung
  b. Lieferanten
  c. Überbetriebliche Benchmarks verfolgen
  d. Externe Partnerschaften/Behörden/…

Damit sollten auch alle Qualitäts- und Ergebnisfelder des NQZ (NQZ – Nationales Qualitätszertifikat 2015) ausreichend abgedeckt sein. Es ist nachvollziehbar, dass mit dem obigen Qualitätsrahmen mit seinen Aufgabenbereichen für das Management eine Vielzahl von neuen Aufgaben heranstehen. Diese neuen Aufgaben gilt es soweit als möglich zu automatisieren und alte routinisierte, vielleicht auch vertraute Aufgaben bzw. Tätigkeiten loszulassen. Damit soll klar gesagt werden, dass es nicht nur ein „dazukommen" geben kann, sondern nach dem Umbau eine neue Routine geschaffen werden soll. Diese neuen Aufgabenbereiche gilt es nicht nur auf Personen aufzuteilen, sondern auch in ein dreijähriges Auditprogramm zu integrieren. Dahinter verbirgt sich ein dreijähriges Programm, das auch die Qualität der Prozesse – insbesondere im Hinblick auf ein Audit – unterteilt. Dazu werden entsprechend dem als Vorbild dienenden CMMI-Modell (Hertneck und Kneuper 2011) Reifegrade definiert, die wir auch in das QMS 2.0 integrieren wollen (siehe Abb. 9).

Schließlich bedarf es einer Festlegung, welche Prozesse unter Verwendung von Referenzprozessen auf welches Qualitätsniveau gebracht werden sollen. Wir haben die Erfahrung gemacht, dass damit Ressourcen in respektablem Umfang eingespart werden können. Weiterführend wären sog. Benchmarkprozesse wünschenswert, da damit die Effektivität und Effizienz der Referenzprozesse wissenschaftlich abgesichert werden könnte. Schließlich werden für das QMS 2.0

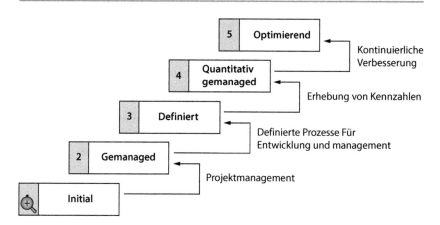

Abb. 9 Reifegrade für die Prozesse (Hertneck und Kneuper 2011)

zwei Arten von Audits gangbar. Zum einen sind das die sog. Selbstaudits, die von geschulten Führungskräften im eigenen Bereich und ausgebildeten Qualitätsmanagern gemeinsam durchgeführt werden sollen. Es sind dafür eher geringe Kosten anzusetzen, allerdings sehen wir auch die Gefahr der sog. „rosa Brille" und damit einer „sanfteren" Bewertung. Gleichzeitig würden wir hier auch an die Einführung von externen Audits denken, die etwa in Österreich im Rahmen des NQZ stattfinden könnten.

2.3 QMS 2.0: Einen Standard für die Branche entwickeln

Die Umsetzung der in einem Alten- und Pflegeheim erhobenen und optimierten Prozesse auf alle Organisationseinheiten der Kreuzschwestern hat gezeigt, dass die Ähnlichkeiten der Organisationseinheiten ziemlich groß sind (Jungreitmayr 2015). Bei der Übertragung eines Prozesses auf ein Alten- und Pflegeheim eines anderen Trägers konnte gezeigt werden, dass dadurch viel Entwicklungsarbeit und damit Zeitaufwand eingespart werden kann (Ziebermayr 2016). Aus diesen Erfahrungen und Erkenntnissen ziehen wir die Erwartung, dass eine Übertragung auf weitere Alten- und Pflegeheime anderer Träger hohen Nutzen stiften kann.

Die Entwicklung eines Branchenstandards mit Benchmarkprozessen ermöglicht es, Grundlagenarbeit tunlichst nur einmal zu leisten und die Perfektionierung dieses Modells im Zuge der Übertragung auf andere Organisationseinheiten sozusagen „im Gehen" zu erlangen. Das Instrument der Prozesslandkarte wird so zum zentralen Orientierungsinstrument. Sind dann noch standardisierte Prozessbeschreibungen und -visualisierungen für optimierte Prozesse sowie standardisierte Vorgaben für die anderen Kategorien des QMS 2.0 vorhanden, so steht der Entwicklung von Referenz- und Benchmarkprozessen der Weg offen. Prozessvarianten sollten möglich sein und überbetrieblich verfügbar gemacht werden. Geht man nun von ca. 130 Alten- und Pflegeheimen nur in Oberösterreich aus, so liegt es nahe, dass die Kategorien und Prozesse in jedem Haus in einem Ausmaß von höher als 60 % gleichartig und damit standardisierbar sind. Das oben dargestellte QMS zusammen mit den Reifegraden und den Referenzprozessen weist dazu den Weg. Hier wird es in einem weiteren Schritt um die Entwicklung von Vorgaben für die internen und externen Audits gehen.

In Zusammenarbeit mit den Kreuzschwestern I Wohnen & Pflege I OÖ haben wir auf dem Weg zur Entwicklung des QMS 2.0 bisher acht Teilprozesse erhoben, optimiert und befinden uns hier in der Umsetzungsphase der optimierten Prozesse. Die Umsetzung ist in den vier Alten- und Pflegeheimen vereinbart. Dies erfolgt auch in Zusammenarbeit mit der IT-Firma „x-tention Informationstechnologie GmbH" in Wels, so dass nach unseren Vorstellungen am Ende ein EDV-unterstütztes QMS 2.0 – anpassbar an das jeweilige Alten- und Pflegeheim - zur Verfügung stehen soll. Damit könnte auch eine IT-basierte überbetriebliche Prozessbibliothek mit geprüften Benchmark-Prozessen Wirklichkeit werden.

Literatur

Brandl, Paul. 2015. Benchmarkbasiertes, wertschöpfendes Qualitätsmanagement als Innovationsmotor für Alten- und Pflegeheime. Eine Skizze für ein Pilotprojekt. In *Soziale Versorgung zukunftsfähig gestalten*, Hrsg. Bernadette Wüthrich, Jeremias Amstutz, und Agnès Fritze. Wiesbaden: VS Verlag.

Brandl, Paul, und Victoria Jungreitmayr. 2015. *Der theoretische Background des Kreuzschwestern-Standard „QM 3 in 1", unv. Manuskript zur Einreichung für den Teleios-Preis 2015*. Linz.

Burghofer, Michael. 2015. *Der Kreuzschwestern-Standard – 2. Teil. Praktikumsbericht*. Linz.

DGQ - Deutsche Gesellschaft für Qualität. 2014. KVP - *Der Kontinuierliche Verbesserungsprozess, Praxisleitfaden für kleine und mittlere Organisationen*, Bd. 12–92. München: Hanser.

Hertneck, Christian, und Ralf Kneuper. 2011. *Prozesse verbessern mit CMMI® for Services: Ein Praxisleitfaden mit Fallstudien*. Heidelberg: dpunkt Verlag.

Jungreitmayr, Victoria. 2015. *Der Kreuzschwesternstandard - Entwicklung, Einführung und Nutzen eines Qualitätsmanagements*. Linz.

NQZ – Nationales Qualitätszertifikat. http://www.nqz-austria.at/ueber-das-nqz/das-nqz-modell/. Zugegriffen: 13. Febr 2015.
Rüegg-Stürm, Johannes. 2013. *Das neue St. Galler Management-Modell. Grundkategorien einer integrierten Managementlehre*, Der HSG-Ansatz. 2. Auflage. Bern: Haupt Verlag.
Wagner, Karl Werner, und Gerold Patzak. 2015. *Performance Excellence – Der Praxisleitfaden zum effektiven Prozessmanagement*, 2. Auflage. München: Carl Hanser Verlag.
Weiss, Mario. 2003. *Marktwirksame Prozessorganisation*. Frankfurt: Peter Lang Verlag.
Ziebermayr, Monika. 2016. *Transfer von Prozessbeschreibungen auf eine andere Organisationseinheit*. Praktikumsbericht. Linz.

FH-Prof. Mag. Dr. Paul Brandl Professor für Organisationsentwicklung und Prozessmanagement an der FH Oberösterreich – Department Sozialmanagement mit den Schwerpunkten auf Prozess- und Qualitätsmanagement sowie der Entwicklung von Dienstleistungen in der mobilen und stationären Altenbetreuung sowie im Bereich der Betreuung von Behinderten. E-Mail: paul.brandl@fh-linz.at

Teil VII
Bildung und Ausbildung

Zwischen Innovation und Konsolidierung – Studiengänge im Bereich Sozialmanagement/Sozialwirtschaft an deutschsprachigen Hochschulen

Andreas Markert

Im folgenden Beitrag wird die Entwicklung von Studiengängen im Bereich Sozialmanagement/Sozialwirtschaft an deutschsprachigen Hochschulen in der Bundesrepublik, der Schweiz und Österreichs rekonstruiert und fachlich eingeordnet. Mit Blick auf ihre Bedeutung für die Etablierung und Ausgestaltung entsprechender Studienangebote werden zunächst zentrale Konturen des bisherigen sozialmanagementbezogenen Theoriediskurses grob nachgezeichnet. Zudem werden professionsbezogene Grundlagen sowie Eckpunkte der aktuellen Forschungssituation im Feld des Sozialmanagements/der Sozialwirtschaft verdeutlicht. In einem nächsten Schritt werden hierauf aufbauend grundlegende empirische Daten zu den genannten Studiengängen vorgestellt und anschließend fachlich eingeordnet. Die für die Studiengangsentwicklung ebenfalls relevanten Analysen zur Ausbildungssituation im Bereich des Sozialmanagements/der Sozialwirtschaft (Boeßenecker und Markert 2014) können im Folgenden aus Platzgründen nicht berücksichtigt werden.

A. Markert (✉)
Hochschule Zittau/Görlitz, Görlitz,
Deutschland
E-Mail: amarkert@hszg.de

1 Sozialmanagement/Sozialwirtschaft – der Theoriekontext

Die Theoriesituation und -entwicklung im Feld Sozialmanagement/Sozialwirtschaft ist von einigen grundlegenden Spezifika geprägt. Zum einen ist daran zu erinnern, dass die Einführung des Sozialmanagements in weiten Teilen eine Reaktion auf politische und ökonomische Probleme des bundesdeutschen Sozialstaates bzw. auf Defizite sozialer Dienstleistungsproduktion war und die Etablierung des Sozialmanagements entsprechend v.a. von Akteuren des politischen, Verwaltungs- und Rechtssystems initiiert und vorangetrieben worden ist. Die Sozialwissenschaften, und hier insbesondere die Disziplin der Sozialen Arbeit, haben mehrheitlich auf diese Entwicklung nur reagieren können, wobei der entsprechende Diskurs v.a. in den ersten Jahren durch massive Kritik und Ablehnung sozialmanagerieller Ansätze und Strategien gekennzeichnet war.

Ein anderes Spezifikum der Theoriesituation und -entwicklung im Bereich Sozialmanagement/Sozialwirtschaft liegt in der Heterogenität und Komplexität ihres Gegenstandes und einer damit tendenziell einhergehenden Unklarheit, vielleicht sogar Unübersichtlichkeit der zugrunde gelegten Begrifflichkeiten. Angesichts der enormen Vielschichtigkeit der Organisationen der sozialwirtschaftlichen Praxis – das entsprechende Spektrum reicht von kleinen, in weiten Teilen auf ehrenamtlichem Engagement basierenden Initiativen über großformatige Organisationen der Freien Wohlfahrtspflege bis hin zu gewerblichen Sozialkonzernen – und der Pluralität vorgenommener Handlungsansätze, lassen sich in den Ausbildungsinstitutionen, Praxiseinrichtungen und theoretischen Diskursen eine Vielzahl unterschiedlicher, häufig wenig trennscharf verwendeter Begrifflichkeiten finden. Prägend für die gegenwärtige Theoriesituation im Feld Sozialmanagement/Sozialwirtschaft ist diese Konstellation insofern, als hinter den einzelnen Begrifflichkeiten und Ansätzen unterschiedliche theoretische Traditionen und Ableitungen stehen.

Ein weiteres Merkmal der Theoriebildung des Sozialmanagements bzw. der Sozialwirtschaft besteht in ihrer konkreten wissenschaftlichen Einordnung. Bspw. hat Marlies Fröse in diesem Zusammenhang darauf hingewiesen, dass „beide Begriffe Sozialwirtschaft wie auch Sozialmanagement ... im Kontext der deutschsprachigen Sozial- und Geisteswissenschaften kaum zu verorten [sind]" (Fröse 2012, S.100). Zudem werden beide Begriffe „weder in der Volkswirtschaftslehre noch in der Betriebswirtschaftslehre verwendet bzw. rezipiert ... Auch die anderen wissenschaftlichen Disziplinen wie etwa die Theologie, Soziologie, Erziehungswissenschaft oder Psychologie arbeiten mit anderen Begrifflichkeiten" (Fröse 2012, S. 102). Die Theorieentwicklung des Sozialmanagements und der Sozialwirtschaft realisiert sich insofern in einem engeren Sinne fast ausschließlich im Bereich der Sozialen Arbeit bzw. an der Schnittstelle zu betriebswirtschaftlichen Ansätzen, die den sozialen Bereich fokussieren. Mehr oder minder parallel hierzu finden thematisch relevante Theorieentwicklungen (in einem weiter gefassten Sinne) in anderen wissenschaftlichen Disziplinen statt – bspw. innerhalb der Politologie. Innerhalb des Sozialmanagements werden die dort generierten Ergebnisse und Erkenntnisse vermehrt beachtet und teilweise konstruktiv auf spezifische Aspekte und Anforderungen des Sozialmanagements bezogen.

Eine weitere Besonderheit der Theoriebildung im Kontext des Sozialmanagements und der Sozialwirtschaft besteht darin, dass es sich beim Thema Sozialmanagement um ein vergleichsweise junges Projekt handelt. Erst seit den späten 1980er/frühen 1990er Jahren lässt sich ein intensiver und dynamischer Diskurs über die theoretischen Grundlagen, Besonderheiten und Perspektiven des Sozialmanagements/der Sozialwirtschaft im deutschsprachigen Raum beobachten, wenngleich es bereits vor rund 100 Jahren, bspw. im Kontext der evangelischen und katholischen Soziallehre, fundierte sozialwirtschaftliche Reflexionen gab. Nur beispielhaft sei zum einen auf die französische Verhältnisse fokussierte Arbeit von Georges Weill-Cahn (Weill-Caen 1913) sowie auf die verbissenen sozialpolitischen Auseinandersetzungen um die Neuordnung der gesundheitlichen Versorgung und damit einhergehender Organisationsformen und Leitungsaufgaben (vgl. WSI 1981) verwiesen. Zum anderen lässt sich in diesem Zusammenhang u. a. der von Gerhard Weisser in den 1920er Jahren präferierte Ansatz einer verbindenden Sichtweise von gesamtwirtschaftlicher Betrachtung, sozialer Infrastruktur auf der Mesoebene und einer interventionsfähigen Handlungsprofession nennen (Henkel 1998).

Wesentlich für die Initiierung und Gestaltung der neueren Theoriediskussion war v.a. ein von Gaby Flösser und Hans-Uwe Otto Anfang der 1990er Jahre herausgegebener Band mit dem programmatischen Titel „Sozialmanagement" oder „Management des Sozialen" (Flösser und Otto 1992a). Insbesondere der gleichnamige Beitrag von Flösser und Otto profiliert unter professions-/ dienstleistungstheoretischen und sozialpolitischen Prämissen eine kritische und skeptische Haltung gegenüber einem engen, genauer gesagt zu eng geführten Begriff des Sozialmanagements, der sich v.a. auf organisationsinterne Optimierungen beziehe, nicht aber Reformen des Systems impliziere (vgl. Flösser und Otto 1992b, S. 15). Um diese Engführung zu verhindern, plädieren Gaby Flösser und Hans-Uwe Otto i.S. eines „Management des Sozialen" für eine „umfassende Sichtweise, die die Rollen aller Beteiligten im Produktionsprozess sozialer Dienstleistungen kontextualisiert, verhindert, daß im Dickicht der Sozialorganisationen konkurrierende Profilierungstendenzen eine Exklusion der Bedürfnisse ihrer Adressaten weiter vorantreibt" (Flösser und Otto 1992, S. 16).

Mittlerweile besteht innerhalb der wissenschaftlichen Diskussion zum Sozialmanagement/zur Sozialwirtschaft ein breiter Konsens darüber, dass „eine angemessene Etablierung sozialmanagerieller Vorgehenswiesen nur dann zu realisieren [sei], wenn diese nicht auf eine betriebswirtschaftliche Ausrichtung und Ausgestaltung reduziert, sondern fachlich gestaltet würde" (Kessl 2009, S. 44).

Versucht man die aktuell bestehenden Ansätze nach theoretischen Zugängen und inhaltlichen Schwerpunktsetzungen zu ordnen, so lassen sich bspw. die folgenden Konzeptvarianten unterscheiden (Merchel 2009, S. 67f.). Zum einen lassen sich in diesem Zusammenhang Konzepte identifizieren, die einen genuin betriebswirtschaftlichen Hintergrund aufweisen und allenfalls einen sehr marginalen Bezug zu Fundierungen der Sozialen Arbeit und zu den Spezifika des Sozialen aufweisen. Zum anderen lassen sich Ansätze benennen, die unter dem Label des Sozialmanagements Grundlagen der Sozialen Arbeit in den Vordergrund stellen und versuchen, „Theoreme und Konzeptformulierungen aus naheliegenden Wissenschaftsbereichen nutzbar zu machen und in den Kontext der Organisationsgestaltung in der Sozialen Arbeit einzubinden" (Merchel 2009, S. 68). Als dritte Richtung lassen sich unter dem Label der Sozialwirtschaft Managementstrategien anführen, die deutlich über die Grenzen der Sozialen Arbeit hinausreichen.

Bilanziert man die skizzierten Besonderheiten und Entwicklungen, so steht die Theoriebildung im Gegenstandsbereich des Sozialmanagements und der Sozialwirtschaft noch vergleichsweise am Anfang, wenngleich natürlich erste wichtige Schritte schon gemacht worden sind (vgl. bspw. Fröse 2012). In den nächsten Jahren sollte es deshalb sowohl darum gehen, die Anschlussfähigkeit des Sozialmanagements an andere wissenschaftliche Disziplinen weiter systematisch zu rekonstruieren und sich so einer „diskursiven Interdisziplinarität" (Fröse 2012, S. 120) anzunähern als auch – hiermit in Verbindung stehend – die „Verortung im Wissenschaftsgefüge und die Selbstreflexion" (Wöhrle 2009, S. 172) des eigenen Gegenstandes weiter zu fundieren. Die von Wöhrle 2012 herausgegebene dreibändige Bestandsaufnahme markiert in diesem Kontext eine durchaus neue Entwicklung. Dokumentiert wird nämlich nicht nur der inzwischen erreichte Stand der Diskussion und Forschung. Darüber hinaus werden erstmals Beiträge für eine nunmehr produktive Auseinandersetzung um die Relevanz, Begründung und Ausgestaltung des Sozialmanagements präsentiert, die den begonnenen Suchprozess zweifellos bereichern. Gleichwohl stellt sich die Frage, ob die Entwicklung einer eigenständigen integrierten und damit umfassenden Theorie des Sozialmanagements überhaupt leistbar bzw. funktional sinnvoll ist. Als eigenständiges Referenzsystem scheint ein solcher Versuch zu kurz zu greifen bzw. darin überfordert zu sein, komplexe Sachverhalte sozialer Infrastruktur konzeptionell, ordnungspolitisch, strategisch und operativ zu erfassen. Eingebunden in eine Neuformulierung von Sozialer Arbeit im Sinne einer sozialpolitischen und instrumentellen/methodischen Grundlegung macht der dann zu fokussierende Schwerpunkt „Sozialmanagement" allerdings durchaus Sinn und könnte dazu beitragen, die sich abzeichnende Atomisierung schon fast beliebiger Ansätze auf das rechte disziplinäre Gleis zurückzuführen.

2 Sozialmanagement/Sozialwirtschaft – der Professionskontext

Diese Konstellation korrespondiert tendenziell mit professionsbezogenen Anforderungen und Restriktionen. Versucht man vor diesem Hintergrund den Professionsstatus bzw. den „Professionalitätsanspruch des Feldes" (Merchel 2014) im Licht gängiger sozialwissenschaftlicher Professionskonzepte abzubilden, so wird man in vielfältiger Weise mit dem Faktum konfrontiert, dass es sich beim Thema Sozialmanagement/Sozialwirtschaft (wie bereits skizziert) um ein sehr junges Projekt handelt, dessen Gegenstandsbereich zudem nach wie vor nur recht diffus definiert werden kann. Insofern und mit Blick auf den an dieser Stelle zur Verfügung stehenden Rahmen, können die folgenden Überlegungen nur erste, sehr selektive Annäherungen an die groben Konturen des entsprechenden Professionsstatus sein. In diesem Zusammenhang kommt insbesondere ein seit einigen Jahren innerhalb der Professionssoziologie zu verzeichnender Paradigmenwechsel zum Ausdruck, in dessen Rahmen „1. ... eine Verlagerung weg von einem statischen Professionsverständnis hin zu einem dynamischen und prozesshaften Verständnis von Professionalisierung konstatiert werden kann (Pfadenhauer und Sander 2010, S. 373). 2. In der Folge der Bestimmung der Position der Professionen im gesellschaftlichen Kontext... rücken zunehmend die spezifischen Handlungsprobleme von Professionen und damit der besondere Charakter und die innere Logik professionellen Handelns ins Zentrum... (Merten 2008, S. 670). 3. Die Analyse von Machtressourcen der jeweiligen Berufsgruppe gewann an Bedeutung (Schmeiser 2006 S. 306)" (Motzke 2014, S. 85). Im Kontext dieser Entwicklungen sind in den letzten Jahren vermehrt handlungstheoretisch orientierte Ansätze entwickelt worden. Diese interaktionistisch ausgerichteten Konzepte fokussieren insbesondere Inhalte, Formen und Wirkungen spezifischer beruflicher Handlungskompetenzen bei der Bearbeitung definierter Problemlagen. Diese Fokussierung der realisierten Handlungsvollzüge setzt stärker auf die Qualität als auf die Exklusivität professionellen Handelns (vgl. für den Bereich der Sozialen Arbeit Dewe und Otto 2011). Entsprechend können auch Berufsgruppen, die nicht als klassische Professionelle gelten, aus kompetenzorientierter Sicht durchaus professionell, d. h. unter Einhaltung anerkannter beruflicher Standards, handeln.

Hier liegen wohl am ehesten Entwicklungs- und Andockmöglichkeiten für eine anzustrebende Professionalisierung des Sozialmanagement und der Sozialwirtschaft (vgl. ausführlicher Markert 2013).

3 Sozialmanagement/Sozialwirtschaft – der Forschungskontext

Die Rekonstruktion der Forschungssituation im Feld Sozialmanagement/Sozialwirtschaft erweist sich unter dem Strich zum gegenwärtigen Zeitpunkt als ein unsicheres, tendenziell überkomplexes Unterfangen. Diese Einschätzung basiert insbesondere auf den folgenden, sich teilweise gegenseitig beeinflussenden und verstärkenden Gesichtspunkten. Neben den bereits skizzierten terminologischen und kategorialen Unschärfen des Sozialmanagements und der Sozialwirtschaft impliziert die ungeklärte Theoriesituation u. a., dass thematisch relevante Forschungsergebnisse wissenschaftlicher Nachbardisziplinen (bspw. der Soziologie, Politologie oder der Managementtheorie) zwar teilweise an Konzepte, (Detail-) Fragestellungen und Forschungen des Sozialmanagements/der Sozialwirtschaft anschlussfähig und weiterführend sind, jedoch eine umfassende Rekonstruktion bzw. Systematisierung der Forschungssituation im Kontext des Sozialmanagements und der Sozialwirtschaft nicht gerade erleichtern.

Betrachtet man vor diesem Hintergrund die aktuell dominierenden Forschungszugänge, so handelt es sich bei den bisher vorliegenden Studien überwiegend um Arbeiten aus dem Bereich der angewandten Forschung, in deren Rahmen „Untersuchungen in bestimmten Anwendungsfeldern durchgeführt und Theorien auf Anwendungskontexte… hin überprüft" werden (Flick 2009, S. 307). Demgegenüber sind Forschungsprojekte, die unter dem Label der Grundlagenforschung von bestimmten Theorien ausgehen und deren Gültigkeit überprüfen, bislang kaum zu finden. Dieser Aspekt korrespondiert u. a. damit, dass Forschung in den Veröffentlichungen häufig mit dem Thema Entwicklung gekoppelt wird (vgl. bspw. Bassarak und Wöhrle 2008). Mit Blick auf die zeitliche Dimensionierung dominieren bei den veröffentlichten Forschungen eindeutig Querschnittstudien, die sich „nur auf einen Zeitpunkt oder eine kurze Zeitspanne, in der die Daten der Untersuchungseinheiten untersucht werden" beziehen (Micheel 2010, S. 57). Studien, die sich über längere Zeitintervalle erstrecken, sind bislang mehr als rar gesät. Wie an anderer Stellte schon angeführt, stellt Sozialmanagement ein recht junges Projekt dar. Dass die in diesem Feld tätigen ForscherInnen i. d. R. durch andere Disziplinen geprägt und sozialisiert sind, ist deshalb ebenso wenig überraschend wie die damit verbundenen Fokussierungen des jeweiligen Feldzugangs.

Gleichwohl lassen sich in den letzten Jahren Ansätze und Anstrengungen nachzeichnen, die auf eine `Verbesserung der Forschungssituation im Bereich der Sozialwirtschaft/des Sozialmanagement abzielen. Vor diesem Hintergrund ist zum einen auf mittlerweile vorliegende Abschluss- und Qualifikationsarbeiten zu verweisen. Dies insofern, als mit der boomartigen Ausweitung von Studienangeboten eine deutlich gestiegene und weiter steigende Zahl empirisch orientierter Abschluss- und Qualifikationsarbeiten einhergeht. Insofern liegen bspw. „sehr viele Untersuchungen auf der Ebene von Masterarbeiten vor, in denen auch Managementinstrumente und Denkmodelle im Blick auf die Anwendbarkeit auf eine konkrete Organisation geprüft wurden, jedoch haben die Ergebnisse wenig generelle Aussagekraft" (Wendt und Wöhrle 2008, S. 167). Zum anderen sind in den letzten Jahren im deutschsprachigen Raum zahlreiche Aus- und Weiterbildungsveranstaltungen zu unterschiedlichen Aspekten und Fragestellungen des Sozialmanagements und der Sozialwirtschaft durchgeführt worden. In diesem Zusammenhang sind vermehrt auch forschungsbasierte und -bezogene Ansätze und Projekte Gegenstand der entsprechenden Tagungen und Kongresse. Inhaltlich reicht das abgedeckte Spektrum von sehr spezifischen oder regionalen Themen bis zu Fragestellungen, die sich explizit mit grundlegenden Forschungsperspektiven der Sozialwirtschaft und des Sozialmanagements beschäftigen. Als regelmäßige Veranstalter fungieren im überregionalen und länderübergreifenden Kontext vor allem die Bundesarbeitsgemeinschaft Sozialmanagement (BAG), die Internationale Arbeitsgemeinschaft Sozialmanagement/Sozialwirtschaft (INAS) und die Fachgruppe Sozialwirtschaft der Deutschen Gesellschaft für Soziale Arbeit (DGSA).

Zu den von den genannten Dachverbänden und Organisationen durchgeführten Kongressen sind bislang einige Tagungsdokumentationen veröffentlicht worden, in denen regelmäßig vor allem anwendungsbezogene Forschungsarbeiten vorgestellt werden (vgl. bspw. Bassarak und Wöhrle 2008; Bassarak und Schneider 2012). Zudem werden sozialmanagement- und sozialwirtschaftlich relevante Forschungsarbeiten in unterschiedlichen sozialwissenschaftlichen Zeitschriften abgedruckt. Die entsprechenden Publikationen können jedoch allenfalls einen kleinen Ausschnitt der betreffenden Forschungsaktivitäten abbilden bzw. verzichten teilweise auf inhaltliche und thematische Schwerpunktsetzungen. Vor diesem Hintergrund ist Mitte 2013 das „Kölner Journal – wissenschaftliches Forum für Sozialwirtschaft und Sozialmanagement" erstmalig erschienen. Das Journal will diese Lücke schließen und versteht sich als „eigenständiges Periodikum zum wissenschaftlichen Gegenstandsbereich der Sozialwirtschaft und des Sozialmanagements" (Bassarak und Mroß 2013 S. 6), in dessen Rahmen auch regelmäßig Berichte aus den Bereichen Forschung und Entwicklung berücksichtigt werden sollen.

Unter dem Strich bleibt jedoch nach wie vor zu konstatieren, dass „der Bedarf für Forschung hinsichtlich des Managements in der Sozialwirtschaft mannigfach [ist]" (Wöhrle 2007, S. 152).

Es ist evident, dass – wie bereits angedeutet - die skizzierte Theorie-, Professions- und Forschungssituation nicht ohne Auswirkung auf die Ausgestaltung der Studienangebote im Feld der Sozialwirtschaft/des Sozialmanagements bleibt. Dies insofern, als dass die im Folgenden deutlich werdende Dynamik und die damit verbundene curriculare Diversität der bestehenden Studienangebote insbesondere den gegenwärtigen Stand der Theorieentwicklung in diesem Feld abbildet, reproduziert und zum Teil (mit-)bedingt.

4 Bestehende Studiengänge im Bereich Sozialmanagement/Sozialwirtschaft

Zum Wintersemester 2013/2014 existieren an deutschsprachigen Hochschulen insgesamt 155 Studienangebote im Bereich Sozialmanagement/Sozialwirtschaft – davon sind 115 an Hochschulen in der Bundesrepublik, 26 in Österreich und 14 in der Schweiz angesiedelt[1]. Setzt man diese Zahl in Beziehung zu der Situation der vergangenen Jahre, so lässt sich die Entwicklung Sozialmanagement relevanter Studiengänge an deutschsprachigen Hochschulen als kontinuierlicher Prozess der dynamischen Ausweitung und kaum übersehbaren Ausdifferenzierung entsprechender Lehrangebote beschreiben. Gab es Mitte der 1990er Jahre gerade einmal neun (sic!) entsprechende Studiengänge (Boeßenecker 1999), so erhöhte sich ihre Zahl in der Folgezeit stetig. Im Jahr 2000 waren es bereits 42 (Boeßenecker und Markert 2000 und 2001), drei Jahre später schon 71 (Boeßenecker und Markert 2003) und zum Wintersemester 2006/2007 näherte sich die Anzahl der Studiengänge im Bereich Sozialmanagement/Sozialwirtschaft mit 96 bereits stark der 100er-Marke an (Boeßenecker und Markert 2007; Markert 2008). Im Jahr 2011 waren bereits 118 Studienangebote zu verzeichnen. Damit hat sich die Anzahl der entsprechenden Lehrangebote innerhalb von knapp 20 Jahren versiebzehnfacht bzw. gegenüber der letzten Erhebung 2011 immerhin noch um rund ein Drittel erhöht.

Allerdings gilt es auf einen „Bereinigungsprozess" zu verweisen, denn nicht alle dieser angebotenen Studiengänge erwiesen sich als durch potentielle Nachfrager ausreichend akzeptiert und marktfähig.

---

[1]Berücksichtigt sind hierbei thematisch relevante grundständige sowie postgraduale/weiterbildende Studiengänge mit einem eigenen Abschluss und einem Mindestumfang von 60 ECTS (Boeßenecker und Markert 2014, S.38ff.)

Bei den Studienabschlüssen konkretisiert sich der mittlerweile vollzogene Bologna-Prozess darin, dass knapp drei Viertel der bestehenden Studienangebote Masterstudiengänge sind. Bachelorstudiengänge erreichen in diesem Zusammenhang eine Größenordnung von etwas mehr als 25 Prozent. Die postgradualen Programme sind oftmals berufsbegleitend organisiert. Ein erheblicher Anteil, insbesondere der postgradualen bzw. weiterbildenden Angebote, ist kostenpflichtig. Zumeist bewegen sich die Gebühren im vierstelligen, teilweise jedoch auch im (unteren) fünfstelligen Bereich. Von nur noch marginaler Bedeutung sind weiterbildende Studienangebote mit Zertifikatsabschluss.

Institutionell verankert sind die 155 Studiengänge zu rund 65 Prozent an Hochschulen für Angewandte Wissenschaften (HAW) (frühere Fachhochschulen) sowie Dualen Hochschulen (DH) und zu knapp 35 Prozent an Universitäten. Diese Befunde schreiben nicht nur die Entwicklungen der letzten Jahre fort (Boeßenecker und Markert 2014), sondern bestätigen eine tendenziell zunehmende Anbieterdominanz praxisnaher Hochschulen in diesem Feld.

Innerhalb der Hochschulen lässt sich nach wie vor eine Dominanz sozialwissenschaftlicher Fakultäten und Fachbereiche feststellen. Mehr als jedes dritte Studienangebot ist dort angesiedelt. Etwa jeder fünfte Studiengang wird von wirtschaftswissenschaftlichen Fakultäten angeboten und etwa jedes achte Angebot von Fakultäten, die unter dem kombinierten Label „Wirtschaft und Soziales" oder „Wirtschafts- und Sozialwissenschaften" o.ä. firmieren. Theologische sowie verwaltungswissenschaftliche Fakultäten/Fachbereiche erreichen in diesem Zusammenhang eine Größenordnung von unter zehn Prozent. Andere hochschulinterne Zuordnungen kommen demgegenüber nur in Einzelfällen vor.

An vielen Hochschulen werden die Studiengänge Sozialmanagement/Sozialwirtschaft in Kooperation mit anderen Institutionen durchgeführt. Neben diversen Kooperationen mit Einrichtungen der eigenen Hochschule lassen sich in diesem Zusammenhang v.a. die folgenden Institutionalisierungs- und Kooperationsformen konstatieren: Zum einen arbeiten einzelne oder auch mehrere Hochschulen mit externen Bildungsträgern und anderen sozialen Organisationen zusammen. Zum anderen besteht eine weitere, vergleichsweise häufig vorkommende Strategie in der Kooperation mit anderen Hochschulen. Waren in der Vergangenheit insbesondere Kooperationen von Hochschulen des gleichen ‚Typus' (v.a. von HAW) zu beobachten, so hat sich das Bild inzwischen insofern gewandelt, als vermehrt auch unterschiedliche Hochschulformen bei der Durchführung von Sozialmanagement-Studiengängen institutionell zusammenarbeiten. Ein drittes Kooperationsarrangement besteht darin, dass immer häufiger kommunale Verwaltungssysteme an der Umsetzung der Studienprogramme beteilig werden. Andere Kooperationsmodi, bspw. mit Landeskirchen oder Jugendringen, kommen demgegenüber nur in

Einzelfällen vor. Anzumerken ist in diesem Zusammenhang, dass die vor einigen Jahren noch feststellbare zunehmende europäische Dimensionierung bestehender Lehrangebote an Schubkraft verloren hat. Vor allem Studiengänge, die über binationale Kooperationen von Hochschulen hinausgehen, sind fast gar nicht zu verzeichnen.

Auf der Ebene der Trägerlandschaft fungieren seit einigen Jahren immer häufiger privatwirtschaftlich organisierte Hochschulen als Anbieter von Sozialmanagementstudiengängen. Mittlerweile sind mehr als zehn Prozent der implementierten Studienangebote im Bereich Sozialmanagement/Sozialwirtschaft diesem Trägertypus zuzuordnen. Eine Tendenz, die sich in den Trend ähnlicher Studienrichtungen durchaus einpasst.

5   Fachliche Einordnung der Ergebnisse

Die skizzierten Ergebnisse und Entwicklungen bestätigen die seit einigen Jahren zu beobachtenden Trends: Die Ausweitung der Studiengänge verläuft nach wie vor enorm dynamisch und vielschichtig. Während sich diese quantitative Dimension der Entwicklung von Sozialmanagement-Studiengängen umfassend und valide rekonstruieren lässt, lassen sich die damit verbundenen inhaltlich-curricularen Implikationen bislang nur in Ansätzen bestimmen.

Nimmt man in diesem Zusammenhang zunächst die durch die Politik zentral induzierten Hochschul- und Studiengangsreformen in den Blick, so ist der hiermit angestrebte Systemwechsel mittlerweile vollzogen. Von wenigen Ausnahmen abgesehen, sind vormalige Diplomstudiengänge mit fachhochschulischem und universitärem Abschluss inzwischen auf gleichwertige Bachelor- und Masterstudiengänge umgestellt. Jedoch lässt sich nach wie vor aufgrund fehlender, umfassender empirischer Rekonstruktionen kaum absehen, ob die im Rahmen des Bologna-Prozesses vorgenommene Neugestaltung der Studiengangsstrukturen auch wirklich zu einer kritischen Reflexion bisheriger Ausbildungstraditionen und somit ggf. zu einer Modernisierung professioneller Kompetenzen und beruflicher Identitäten führt. Vor dem Hintergrund der nach wie vor eher gering ausgeprägten Kooperationsneigung zwischen einzelnen Hochschultypen ist in diesem Zusammenhang wohl eher eine skeptische Betrachtung angebracht. Auch die im Kontext der sich weiter diversifizierenden Anbieterstruktur zu beobachtende, verstärkte berufsbegleitende Orientierung, „die strategisch auf eine Verzahnung von beruflicher und akademischer Bildung zielt und dem Erfordernis eines lebenslangen Lernens Rechnung trägt" (Boeßenecker und Markert 2007, S. 41), steckt nach wie vor in den Anfängen.

Denn welche qualitativen Folgen dies für die konkrete Ausgestaltung des sozialwirtschaftlichen Feldes genau hat bzw. haben wird, lässt sich ebenfalls gegenwärtig noch nicht exakt bestimmen.

Richtet man hiermit zusammenhängend den Blick auf weitere Fragen der sozialwirtschaftlichen Fachlichkeit, so ist auch in dieser Hinsicht eine gewisse Ernüchterung angebracht. Diese Einschätzung stützt sich u. a. auf Erfahrungen mit der Einführung sozialmanagement-basierter Verfahren und Methoden in unterschiedlichen Feldern der Sozialen Arbeit. Zwar scheinen sich hier Befürchtungen, durch die Anwendung sozialmanagement-orientierter Konzepte einer mehr oder minder massiven Deprofessionalisierung sozialpädagogischen Handelns Tür und Tor zu öffnen, bislang nicht zu bestätigen. Jedoch lassen sich auch keine grundlegend innovativen Effekte auf die (sozial-)pädagogische Praxis ausmachen (vgl. etwa Boeßenecker und Markert 2002; Kessl 2009).

Bezieht man in einem weiteren Schritt die skizzierte Studiengangsentwicklung im Bereich Sozialmanagement bzw. die immer noch in den Anfängen steckende Forschungssituation im Feld der Sozialwirtschaft auf Fragen einer diesbezüglichen Theoriebildung, bleiben auch hier die Konturen eher unscharf. Die von Otto 2002 vorgenommene Bewertung, dass „ein stimmiges Konzept des Sozialmanagement fehlt" (Otto 2002, S. 178), trifft zwar in vielen Bereichen immer noch zu, bedarf jedoch heute einer Relativierung. Denn inzwischen liegen durchaus weiterführende Konzepte vor, die Sozialmanagent entweder in den disziplinären Kontext der Sozialen Arbeit integrieren oder aber für andere Denk- und Theorierichtungen öffnen (vgl. bspw. zusammenfassend Wöhrle 2013).

Im Hinblick auf die Professionalisierungsfähigkeit und -notwendigkeit des Sozialmanagements sind vor diesem Hintergrund die Pfade (zumindest mittelfristig) vorgezeichnet. Dies insofern, als in diesem Zusammenhang vor allem stärker handlungstheoretisch-orientierte bzw. kompetenzbezogene Ansätze der Professionstheorie anwendbar erscheinen. Professionelles Handeln ist in dieser Perspektive vor allem anhand der Angemessenheit und Qualität der erledigten Tätigkeiten zu messen. Die nachgezeichnete Ausweitung und bestehende curriculare Diversität der Studiengänge im Bereich Sozialmanagement/Sozialwirtschaft steht hierbei einem anzustrebenden Professionalisierungsprozess zumindest nicht im Wege. Allerdings ist selbst unter diesem Blickwinkel die Wegstrecke einer Professionalisierung des Sozialmanagements noch sehr weit und hürdenreich.

Last but not least werden zukünftige Rekonstruktionen der Studienangebote im Bereich Sozialmanagement/Sozialwirtschaft der zunehmenden Verknüpfung gesundheits- und sozialwirtschaftlicher Managementqualifizierungen adäquat Rechnung tragen müssen – ein Sachverhalt, der u. a. eine hinreichende Ressourcenausstattung eines solchen Projektes voraussetzt.

Fluchtpunkt dieser (und anderer) Befunde ist u.e. die Notwendigkeit, die fachlichen und fachpolitischen Grundlagen der Sozialen Arbeit (wieder) stärker zu betonen und in diesem Sinne fundierte Managementstrategien reflexiv und kreativ in die sozialpädagogische Handlungskompetenz zu integrieren.

Literatur

Bassarak, Herbert, und Michael Mroß. 2013. Editoral. *Kölner Journal – wissenschaftliches Forum für Sozialwirtschaft und Sozialmanagement* 1(1): 5–8.
Bassarak, Herbert, und Armin Schneider (Hrsg.). 2012. *Forschung und Entwicklung im Management sozialer Organisationen*. Augsburg: Ziel.
Bassarak, Herbert, und Armin Wöhrle (Hrsg.). 2008. *Sozialwirtschaft und Sozialmanagement im deutschsprachigen Raum. Bestandsaufnahme und Perspektive*. Augsburg: Ziel.
Boeßenecker, Karl-Heinz. 1999. *Recherche. Studiengänge Sozialmanagement/Sozialwirtschaft/New Public Management*. Düsseldorf.
Boeßenecker, Karl-Heinz, und Andreas Markert. 2000. *Übersicht der Studiengänge Sozialmanagement/Sozialwirtschaft an deutschsprachigen Hochschulen*. Arbeitsmaterialien 12 des Forschungsschwerpunktes Wohlfahrtsverbände der Fachhochschule Düsseldorf. Düsseldorf.
Boeßenecker, Karl-Heinz, und Andreas Markert. 2001. *Übersicht der Lehrangebote im Bereich Sozialmanagement/Sozialwirtschaft an deutschsprachigen Hochschulen*. Arbeitsmaterialien 12a des Forschungsschwerpunktes Wohlfahrtsverbände der Fachhochschule Düsseldorf. Düsseldorf.
Boeßenecker, Karl-Heinz, und Andreas Markert. 2002. *Sozialmanagement studieren – das geht*. Sozial Extra, Nr. 2–3, 16–19.
Boeßenecker, Karl-Heinz, und Andreas Markert. 2003. *Studienführer Sozialmanagement/Sozialwirtschaft an Hochschulen in Deutschland, Österreich und der Schweiz*. Baden-Baden: Nomos.
Boeßenecker, Karl-Heinz, und Andreas Markert. 2007. *Sozialmanagement studieren – Studienangebote im Bereich Sozialmanagement/Sozialwirtschaft und Analysen veränderter Rahmenbedingungen*. Arbeitspapier der Hans-Böckler-Stiftung. Nr. 143. Düsseldorf.
Boeßenecker, Karl-Heinz, Andreas Markert. 2011. *Studienführer Sozialmanagement. Studienangebote in Deutschland, Österreich und der Schweiz: Befunde, Analysen, Perspektiven*. 2.A. Baden-Baden: Nomos.
Boeßenecker, Karl-Heinz, und Andreas Markert. 2014. *Studienführer Sozialmanagement. Studienangebote in Deutschland, Österreich und der Schweiz: Befunde, Analysen, Perspektiven*. 3. A. Baden-Baden: Nomos.
Dewe, Bernd, und Hans-Uwe Otto. 2011. Profession. In *Handbuch Sozialarbeit/Sozialpädagogik, München*, Hrsg. Hans-Uwe Otto, und Hans Thiersch, 4. vollständig überarbeitete Auflage, 1131–1142. München: Reinhardt.
Flick, Uwe. 2009. *Sozialforschung. Methoden und Anwendungen*. Reinbek: Rowohlt.
Flösser, Gaby, und Hans-Uwe Otto (Hrsg.). 1992a. *Sozialmanagement oder Management des Sozialen?* Bielefeld: KT.

Flösser, Gaby, und Hans-Uwe Otto (Hrsg.). 1992b. *Sozialmanagement oder Management des Sozialen?* In *Sozialmanagement oder Management des Sozialen?* Hrsg. Gaby Flösser, und Hans-Uwe Otto, 7–18. Bielefeld: KT.

Fröse, Marlies W. 2012. Zur Theoriebildung in Sozialwirtschaft und Sozialmanagement. In *Auf der Suche nach Sozialmanagementkonzepten und Managementkonzepten für die Sozialwirtschaft*, Hrsg. Wöhrle Armin, Bd. 1, 94–124. Augsburg: Ziel.

Henkel, Heinrich A. 1998. *Gegen den gesellschaftspolitischen Imperialismus der reinen Ökonomie. Gedächtnisschrift für Gerhard Weisser.* Marburg: Metropolis.

Kessl, Fabian. 2009. Sozialmanagement oder Management des Sozialen im Kontext post-wohlfahrtsstaatlicher Transformation. In *Vom Sozialmanagement zum Management des Sozialen. Eine Bestandsaufnahme*, Hrsg. Klaus Grunwald, 42–61. Baltmannsweiler: Schneider.

Markert, Andreas. 2008. Studiengänge im Bereich Sozialmanagement/Sozialwirtschaft – Anmerkungen zur aktuellen Situation und zu zukünftigen Herausforderungen. In *Soziale Arbeit und Sozialwirtschaft. Beiträge zu einem Feld im Umbruch*, Hrsg. Andreas Markert, Andrea Buckley, Michael Vilain, und Martin Biebricher. Berlin: Lit.

Markert, Andreas. 2013. Profession. In *Lexikon der Sozialwirtschaft. 2. Aktualisierte und völlig überarbeitete Auflage*, Hrsg. Klaus Grunwald, Georg Horcher, und Bernd Maelicke, 793–795. Baden-Baden: Nomos.

Merchel, Joachim. 2009. Zur Debatte um Sozialmanagement. Anmerkungen zu Bilanz und Perspektiven nach annähernd 20 Jahren. In *Vom Sozialmanagement zum Management des Sozialen. Eine Bestandsaufnahme*, Hrsg. Klaus Grunwald, 62–84. Baltmannsweiler: Schneider.

Merchel, Joachim. 2014. Rezension. In *Kölner Journal. Wissenschaftliches Forum für Sozialwirtschaft und Sozialmanagement, Nr. 1*, Hrsg. Herbert Bassarak et al. Baden-Baden: Nomos. http://www.socialnet.de/rezensionen/15285.php. Zugegriffen: 11. April 2014.

Merten, Roland. 2008. Professionalisierung. In *Wörterbuch Soziale Arbeit*, Hrsg. Dieter Kreft, und Inge Mielenz, 669–672. Weinheim: Beltz Juventa.

Micheel, Heinz-Günter. 2010. *Quantitative empirische Sozialforschung.* München: Reinhardt UTB.

Motzke, Katharina. 2014. *Soziale Arbeit als Profession. Zur Karriere ‚sozialer Hilfstätigkeit aus professionssoziologischer Perspektive.* Opladen: Budrich.

Otto, Ulrich. 2002. Zwischen Drinnen und Draußen. Aspekte des Sozialmanagement in pädagogischen Handlungsfeldern. Neue Praxis, 32. Jg. Nr. 2, 177–193.

Pfadenhauer, Michaela, und Tobias Sander. 2010. Professionssoziologie. In *Handbuch spezielle Soziologien*, Hrsg. Georg Kneer, und Markus Schroer, 1. Auflage, 361–378. Wiesbaden: Springer.

Schmeiser, Martin. 2006. Soziologische Ansätze der Analyse von Professionen, oder Professionalisierung und des professionellen Handelns. Soziale Welt Nr. 3, 295–318.

Weill-Caen, Georges. 1913. Die christlich-soziale Bewegung in Frankreich. In *Archiv für die Geschichte des Sozialismus und der Arbeiterbewegung*, Hrsg. Carl Grünberg, Dritter Band, 71–105. Leipzig.

Wendt, Wolf R., und Armin Wöhrle. 2008. Theoriebildung Sozialwirtschaft und Sozialmanagement. In *Sozialwirtschaft und Sozialmanagement im deutschsprachigen Raum. Bestandsaufnahme und Perspektiven*, Hrsg. Wolf R. Wendt, und Armin Wöhrle, 159–168. Augsburg: Ziel.

Wirtschafts- und Sozialwissenschaftliches Institut des Deutschen Gewerkschaftsbundes (WSI). 1981. *Seit über einem Jahrhundert ... : Verschüttete Alternativen in der Sozialpolitik*. Köln: Bund.

Wöhrle, Armin. 2007. Zum Stand der Theorieentwicklung des Sozialmanagements. In *Sozialwirtschaft und Sozialmanagement in der Entwicklung ihrer Theorie*, Hrsg. Wolf R. Wendt, und Armin Wöhrle, 101–159. Augsburg: Ziel.

Wöhrle, Armin. 2009. Zur Untersuchung des Sozialmanagements. Eine kritische Bestandsaufnahme und eine Vision. In *Vom Sozialmanagement zum Management des Sozialen. Eine Bestandsaufnahme*, Hrsg. Klaus Grunwald, 139–178. Baltmannsweiler: Schneider.

Wöhrle, Armin (Hrsg.). 2012. *Auf der Suche nach Sozialmanagementkonzepten und Managementkonzepten für die Sozialwirtschaft*, Bd. 1–3. Augsburg: Ziel.

Wöhrle, Armin. 2013. Mit welchen Begriffen des Managements argumentieren wir? *Kölner Journal. Wissenschaftliches Forum für Sozialwirtschaft und Sozialmanagement* 1(1): 34–59.

Prof. Dr. Andreas Markert Jahrgang 1966. Diplom-Soziologe, Dr. phil., Studium und Promotion an der Universität Bielefeld, Professor für Sozialarbeitswissenschaft an der Fakultät Sozialwissenschaften der Hochschule Zittau/Görlitz. Arbeitsschwerpunkte: Theorie und Empirie sozialer Dienste, sozialwissenschaftliche Praxisforschung, soziale Probleme und soziale Arbeit, Sozialmanagement und Sozialwirtschaft, Sozialberichterstattung. E-Mail: amarkert@hszg.de

Den Wohlfahrtsmix gemeinsam steuern?

Auf der Suche nach Wegen für die Integration von Studiengängen des Sozial- und Public-Managements

Andrea Tabatt-Hirschfeldt

1 Bedarf aus der Praxis an das Studium Sozialer Arbeit für die kommunale Sozialverwaltung

Im Bereich Public-Management der kommunalen Sozialverwaltung besteht ein großer Ausbildungsbedarf in den Studiengängen der Sozialen Arbeit. Eine genaue Bezifferung wie viele StudienabgängerInnen der Sozialen Arbeit bei kommunalen Trägern ihre Anstellung finden ist nicht möglich. Man kann jedoch aufgrund von verschiedenen Statistiken und Studien von ca. 25 % in Deutschland ausgehen: Während der Marktanteil der öffentlichen Träger nach Einrichtungen 16 % beträgt (Dahme et al. 2005), beträgt die Zahl der Erwerbstätigen aus der Fachrichtung Sozialarbeit/Sozialpädagogik in den Jahren 1996–2009 bei der öffentliche Verwaltung 26 % (Hammer 2012) (siehe Abb. 1).

Nach den aktuellen Auswertungen des statistischen Bundesamtes variieren die Marktanteile der öffentlichen Träger zwischen 1,4 % (ambulante Pflegedienste) und 30 % (Krankenhäuser). Dies ist nur bedingt aussagekräftig, denn wenn man beispielsweise die Krankenhäuser nicht nach Marktanteil sondern nach Bettenzahl, also Größe bestimmt, dann entfallen auf die öffentlichen Träger 48 % (Statistisches Bundesamt 2015). Einem evaluierenden Expertengespräch vom 06.10.2014

A. Tabatt-Hirschfeldt (✉)
Hochschule Coburg,
Salzgitter, Deutschland
E-Mail: andrea.tabatt-hirschfeldt@hs-coburg.de

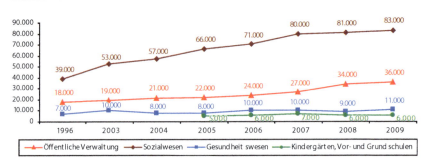

Abb. 1 Zahl der Erwerbstätigen aus der Fachrichtung Sozialarbeit/Sozialpädagogik in den Jahren 1996–2009: 26 % öffentliche Verwaltung (Hammer 2012)

zufolge, wird von den PraktikerInnen der fehlende Praxisbezug zur Kommunalverwaltung angemahnt. Eine Stadträtin verdeutlicht, dass in der Praxis Verwaltungsfachleute und Absolventen der Sozialen Arbeit zusammen treffen, was „nicht immer einfach" sei (Kohlhoff 2015, S. 33). Mehrere Stadträtinnen weisen darauf hin, dass bei Sozialarbeitsabsolvierenden sowohl wenig Wissen über kommunale Verwaltungen vorhanden ist als auch kaum Praxiserfahrungen. Es fehle eine spezifische Ausbildung für die Sozialarbeit in der Kommunalverwaltung (Kohlhoff 2015, S. 33). *Es sollten daher vermehrt Inhalte zum Arbeitsfeld kommunale Sozialverwaltung in Studiengängen der Sozialen Arbeit Eingang finden.* Ferner ist zu diskutieren, ob eigenständige duale Bachelor-Studiengänge Soziale Arbeit für die Sozialverwaltung sinnvoll sind. Beispielhaft sei hier der duale Bachelor Soziale Arbeit, Studienrichtung „Soziale Dienste" der Staatlichen Studienakademie Thüringen, Berufsakademie Gera, genannt (https://www.ba-gera.de/BAGera/Studiengaenge/Soziales/Soziale_Dienste.html).

2 Gemeinsamer theoretischer Hintergrund: Wohlfahrtsmix und Governance

Einen Bedarf an Verzahnung zwischen Sozial- und Public-Management Studiengängen – insbesondere im Masterbereich, dazu unten mehr – ergibt sich aus einem gemeinsamen theoretischen Hintergrund heraus: Die Grenzen zwischen den Sektoren Staat, Markt, dritter Sektor und informelle bzw. primäre Netze lösen sich zunehmend auf. Der intermediäre Bereich gemischter Wohlfahrtsproduktion weitet sich hingegen aus. Die Schweizer Kollegen sehen vor diesem Hintergrund das Sektorenmodell (siehe Abb. 2) als überholt an (Fritze et al. 2011).

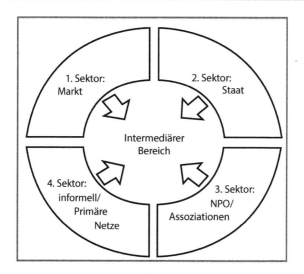

Abb. 2 Das Sektoren-Modell (eigene Darstellung in Anlehnung an Grunwald et al. 2013; Roß 2012; Arnold und Maelicke 2009)

Jeder der Sektoren weist seine eigene Funktionslogik auf:

- Der Markt basiert auf Kaufen und Verkaufen, Angebot und Nachfrage sowie Wettbewerb. Sein zentraler Wert ist Gewinnmaximierung und weitestgehende Freiheit von Regulierung.
- Der Staat ist rechtlich legitimiert, unterliegt der Gewaltenteilung und zeichnet sich durch relativ starre Hierarchien aus. Ihm geht es um Sicherheit und Gleichheit.
- Der 3. Sektor (NPO) zeichnet sich durch freiwilliger Mitgliedschaft, Vertrauen, Verhandlung und Interessenvertretung aus. Seine zentralen Werte sind Solidarität und Aktivität für die jeweiligen Zielgruppen.
- Der informelle Sektor (primäre Netze) basiert auf Zugehörigkeit, Zuneigung und nicht-monetärem Tausch. Handlungsleitend sind Verpflichtung und Reziprozität (Roß 2012).

Im intermediären Bereich durchmischen sich die Eigenlogiken der vier Sektoren, bei dem der Staat im Zuge der Daseinsvorsorge eine Mittelstellung einnimmt. In unterschiedlichen Konstellationen und Situationen findet ein Wechselspiel bzw. eine Durchmischung zwischen kommerziellen Zielsetzungen (Markt), zivilgesellschaftlich organisierter Hilfe (informelle Netze) sowie institutionalisierter Hilfe vollzogen nach verschiedenen Leitbildern (3. Sektor) satt (Böhmer 2014; Brinkmann 2010). Auch innerhalb von Organisationen werden die verschiedenen Sektorlogiken zunehmend kombiniert, sie hybridisieren und folgen nicht mehr allein einer Sektorlogik. Beispiele sind Beteiligungen von marktlichen Unternehmen in Kommunalverwaltungen zum „Konzern Stadt" oder auch die Selbstverpflichtung zu ökologischen und sozialen Zielsetzungen von Profit-Unternehmen als Ausdruck von Corparate Social Responsibility (Grunwald und Roß 2014).

In der Wohlfahrtsproduktion ist insbesondere eine Stärkung der individuellen Akteure zu verzeichnen. Exemplarisch lassen sich aufzeigen: Selbstbestimmung in der sozialen Teilhabe von Menschen mit einer Behinderung (auch: persönliches Budget), Selbsthilfegruppen und Selbsthilfezusammenschlüsse als gewichtige Akteure zur Versorgungsgestaltung im Gesundheitswesen oder Stärkung der Angehörigenpflege durch das Pflegestärkungsgesetz (Altenhilfe) (Wendt 2014). Die Begriffe „Wohlfahrtsmix", „Welfare Mix", „mixed economy of welfare" und „Wohlfahrtspluralismus" „werden Anfang der 1990er Jahre v.a. durch Adalbert Evers und Thomas Olk in die bundesdeutsche Fachdiskussion eingeführt (Evers und Olk 1996a)" und synonym verwendet (Grunwald und Roß 2014, S. 20). *Wendt hebt die Diversifizierung hervor indem durch die Gestaltung der Versorgung die Versäulung der einzelnen Hilfebereichen überwunden wird.* Gestaltet werden „vielfältige Übergänge und Mischungen integrierter Versorgung", womit aber auch eine gewisse Standarisierung einhergeht in Form von der Generierung von „Paketlösungen" für „bestimmte Personengruppen bzw. häufig vorkommende Bedarfskonstellationen" (Wendt 2010, S. 21 und 29). Der Hilfesuchende braucht in einer gemischten Wohlfahrtsproduktion vor allem Transparenz der öffentlichen und privaten Leistungsangebote, auch der zivilgesellschaftlichen Selbstorganisation. Für die Leistungsträger bedeutet der Wohlfahrtsmix nicht lediglich eine Addition ihrer Leistungen sondern eine integrierte Leistungserbringung auf der Grundlage interdisziplinärer Zusammenarbeit (Brinkmann 2014). *Zentrale Trends lassen sich in der mixed economy of welfare erkennen:*

- Systematische Einbeziehung des informellen Sektors (z. B. Mitwirkung von Familienangehörigen).
- Verstärkte Einbeziehung privat-gewerbliche, womit eine weitere Diversifizierung der Anbieter sozialer Dienstleistungen einhergeht.
- Der Staat in der Rolle des Initiators, Regulators und Moderators des Wohlfahrtsmixes. Er zieht sich auf seine Gewährleistungsverantwortung zurück, nimmt aber zugleich Kontextsteuerung wahr.

- Bedeutungszunahme individualisierter Versorgungsgestaltung im Sinne „maßgeschneiderter" personen- und situationsbezogener Hilfe-Pakete (Wendt 2010, S. 10)
- Systematische Einbeziehung freiwilligen bürgerschaftliches Engagements (Steinbacher 2004, zitiert in Grunwald und Roß 2014).

Die Versäulung zwischen den Sektoren wird schließlich auf Steuerungsebene durch den „governance of welfare" überwunden, wobei kommunale Steuerung gesellschaftliche und bürgerschaftliche Wohlfahrtssteuerung einbeziehen. Die Handlungsabstimmung erfolgt nicht vertikal nach Hierarchien sondern horizontal in komplexen Abstimmungsprozessen sozialpolitischer Willensbildung und in Abstimmung mit den Leistungserbringern vor Ort. Hierbei wird bewusst der Kontakt zu BürgerInnen als aktive Partner gesucht (Wendt 2014).

Governance ist definiert als „Gesamtheit der zahlreichen Wege, auf denen Individuen sowie öffentliche und private Institutionen ihre gemeinsamen Aufgaben regeln", was „sowohl formelle Institutionen und mit Durchsetzungsmacht versehe Herrschaftssysteme als auch informelle Regelungen, die von Menschen und Institutionen vereinbart oder als im eigenen Interesse liegend angesehen werden," umfasst (Commission on global Governance 1995). Im umfassenden Sinne geht es dabei um „alle Formen der sozialen Koordination, unabhängig davon, ob sie im staatlichen, ökonomischen oder zivilgesellschaftlichen Sektor stattfindet." (Holtkamp 2009, S. 368). *Damit überwindet Governance das Nebeneinander von Staat, Markt, NPO`s und Gesellschaft, und grenzt sich so gegenüber Governement, als Unterscheidung zwischen Steuerungssubjekt und Steuerungsobjekt ab.* In den letzten zwanzig Jahren war Governance „einer der wichtigsten politischen Forschungsschwerpunkte" und wurde auf unterschiedlichste Handlungsebenen, von global bis lokal sowie Regelungsbereiche von „Economic Governance" bis „Cultural Governance" bezogen (Grande 2012, S. 565). Als gemeinsamer konzeptioneller Kern lassen sich fünf Merkmale erkennen:

- Betonung *nicht-hierarchischer* öffentlicher Leistungserstellung, fußend auf der Kritik an Organisation und Planung durch den hierarchisch-bürokratischen Staat.
- *Zusammenwirken nicht-staatlicher und staatlicher Akteure* im Gegensatz zu der exklusiv staatlichen Produktion öffentlicher Güter.
- Als Folge entstehen *Interdependenzen auf verschiedenen Ebenen:* zwischen gesellschaftlichen Teilsystemen (Sektoren, s.o.), „territorialen Handlungsebenen (z. B. EU und ihren Mitgliedsstaaten) und zwischen verschiedenen Politikfeldern" (z. B. Soziales, Infrastruktur, Wirtschaft). Einhergehend ändern

sich die Anforderungen an den Staat und die Bedingungen öffentlicher Leistungserstellung. Es geht um Interdependenzbewältigung.
- Daraus folgt, dass *politisches Handeln erheblich komplexer* wird – sowohl institutionell in Bezug auf die Akteurskonstellationen als auch inhaltlich bezüglich der Problemkonstellationen.
- Insgesamt nimmt damit die *Bedeutung von Kooperation und Koordination* zu. Die normativen Governance-Konzepte, wie auch die analytische Governance-Forschung beschäftigen sich mit Bedingungen kooperativer Problemlösungen bzw. wechselseitiger Beeinflussung und der Koordination institutioneller und zivilgesellschaftlicher Akteure (Grande 2012, S. 566f.).

In der Praxis stellt sich die Frage nach den Erbringungsstrukturen, die hybrid auszugestalten sind. Hierbei durchmischen sich die verschiedenen Steuerungslogiken der Sektoren (s.o.). Governance ist geprägt von Netzwerkcharakter, Intermediarität, Informalität, Temporalität und Projektorientierung sowie transformierter Territorialität (Drilling und Schnur 2009, S. 17f. zitiert in Böhmer 2014, S. 74). Für den Bereich der Kommune hat sich der Begriff „(Good) urban Governance" (synonym auch „local governance") international[1] durchgesetzt. Hierbei werden zwei Aspekte betont: der Partizipative und die Selbstorganisation: Während die Partizipation den Prozess betont, in dem „politische Institutionen ihre Programme im Konzert mit zivilgesellschaftlichen Akteuren implementieren und in dem diese Akteure ihre Interessen einspeisen und so Einfluss auf städtische oder lokale Politik ausüben"; geht es bei sich selbst organisierenden Netzwerken um die Bewältigung von Interdependenzen, Ressourcenaustausch, der Einigung auf Regularien sowie die Autonomie des Staates (Schindler 2011, S. 30).

Dabei lassen sich zwei *Gestaltungsebenen des urban Governance* differenzieren:
- Strategische Ebene: Je nach Akteurskonstellation eröffnet sich der Einsatz verschiedenes Formen interkommunaler Kooperation („Public-Private –Partnership, Bürgerorientierung/ Partizipation, Bürgerschaftliches Engagement, Corporate Citizenship, Unternehmensnetzwerke und stadtregionale Partnerschaften" sowie interkommunale Zusammenarbeit).
- Operative Ebene: „Ko-Produktion öffentlicher Leistungen durch Staat/Kommunen, Wirtschaft", NPO`s und Assoziationen und Bürgerschaft: Partnerschaftliche Einbeziehung der privaten Akteure und BürgerInnen in die Wahrnehmung öffentlicher Aufgaben durch Kommunalpolitik und Verwaltung (Sinning 2005, S. 581).

---

[1] In den USA: „Urban-Regime"- Konzept, in Großbritannien: „community governance", in den Niederlanden: „interactive policy making" (vgl. Hill 2005, S. 521f.)

Den Wohlfahrtsmix gemeinsam steuern? 475

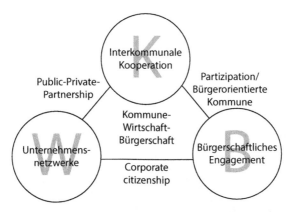

Abb. 3 Kooperationsformen im Urban Governance (Sinning 2005, S. 581)

In Ergänzung zu dem Modell (siehe Abb. 3) sind NPO's und Assoziationen zu nennen. Von Kommunalpolitik und Verwaltung wird eine transparente und partizipative Herangehensweise verlangt.

Für internationale Best Practice Beispiele von Urban Governance verweise ich auf: http://www.connective-cities.net.

Als gemeinsamen theoretischen Hintergrund weist damit sowohl der Wohlfahrtsmix als auch (urban) Governance einen Bedarf nach zwischen Sozial- und Public-Management verzahnten Studienangeboten auf.

3 Parallele Entwicklungslinien im Sozial- und Public-Management

Über den gemeinsamen theoretischen Hintergrund hinaus lassen sich zwei gemeinsame Entwicklungslinien sowohl im Sozial- als auch im Public-Management erkennen (siehe Abb. 4):

- *Paradigmenwechsel, vom Recht zum Markt*: Vor dem Hintergrund der Aktivierungspolitik in den 1990-Jahren haben (betriebs-) wirtschaftliche Konzepte sowohl in sozialen als auch in öffentlichen Organisationen Einzug gehalten. In Kommunalverwaltungen wird dies deutlich durch den Einzug des Neuen Steuerungsmodells (NSM). In Organisationen der Sozialen Arbeit wird seitdem die „Ökonomisierung der Sozialen Arbeit" bzw. die „neoliberalisierte Sozialarbeit" kritisch diskutiert.

Ähnliche Entwicklungslinien im Sozial– + Public Management
Zwei Paradigmenwechsel:
1. 1990-ger Jahre Marktstrukturen: Ökonomisierung / NSM
2. Governance: komplementäre Steuerungsformen / (Aktivierungs-)Politik

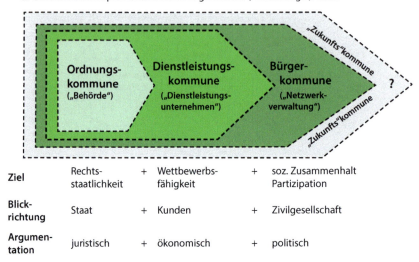

Abb. 4 Zwei Paradigmenwechsel kommunaler Steuerung (KGSt-Bericht 5/2013, S. 10)

- *Paradigmenwechsel, vom Markt zu Strategie und (Teilhabe-) Politik*: Im Governance werden Marktmechanismen zunehmend ergänzt durch netzwerkartige Steuerung; Bottom-up- Steuerung wird durch komplementäre Steuerungsformen ergänzt (s.o. auch Benz und Dose 2009). In Kommunalverwaltungen findet das Leitbild der Bürgerkommune Einzug. In der der Sozialwirtschaft wird die multidimensionale Wirkung Sozialer Arbeit reflektiert (SROI, verschiedene Ebenen: Impact, Effect, Output, Outcome). Zudem hat strategisches Management sowohl im Sozial- als auch Public-Management an Bedeutung gewonnen. Des Weiteren ist ein zunehmendes Interesse um fachliche bessere Lösungen durch politische Einmischung und Einflussnahme festzustellen. Obgleich politische Einmischung bereits 2003 als originär dem Sozialmanagement zugehörig erkannt wurde (Wöhrle 2003), wurde sie zugunsten der betriebswirtschaftlichen Ausrichtung eher randständig behandelt und in den letzten Jahren wieder zunehmend eingefordert. So auch bei den vergangenen INAS Tagungen, wie dem Auftaktvortrag zum INAS-Kongress 2012 (in Berlin durch Gotthard Schwarz) oder durch die Key-Note von Armin Wöhrle (INAS-Kongress 2016 in Feldkirchen). Auch perspektivisch rückt beim INAS Kongress in Dresden 2018 die gesellschaftliche

Verantwortung soziale Organisationen stärker in den Vordergrund. Der zweite Paradigmenwechsel ist allerdings weniger stark umrissen als der erste.

4 Forschungsfrage und Kategorienbildung

Aufgrund des gemeinsamen theoretischen Hintergrundes und der parallelen Entwicklungslinien von Sozial- und Public-Management stellt sich die Frage, wie in der Ausbildung und Lehre darauf zu reagieren ist: Nach wie vor werden Sozialmanagement und Public-Management getrennt voneinander gelehrt und so eine Versäulung vorgenommen (vgl. Studienführer Sozialmanagement und Sozialwirtschaft für Deutschland, Österreich und die Schweiz: Boeßenecker und Markert 2011). Vor dem Hintergrund zunehmend hybridisierender Organisationen, der Vernetzung auf verschiedenen Ebenen und dem Zusammenwirken innerhalb der urbanen Governance stellt sich die Frage, inwieweit dies praxistauglich ist bzw. welche Weiterentwicklungen anzustreben sind. Daraus ergibt sich die *Forschungsfrage: „Welche Vorstellungen, Ideen bzw. Verbindungen zwischen den Studiengängen des Sozialmanagements und Public-Management werden von den Akteuren an Hochschulen benannt, gesehen und angestrebt?"*

Aus den beiden Paradigmenwechseln wurden die beiden Oberkategorien für die Forschung zur Verzahnung von Sozial- und Public-Management Studiengängen auf der Grundlage einschlägiger Literatur generiert:

- *Oberkategorie 1 (OK 1): (Betriebs-)wirtschaftliche Instrumente angepasst an die Bedarfe des Feldes Sozialer Arbeit bzw. der Kommunalverwaltung. Diese Kategorie lässt sich auch als „Arbeiten im System" bezeichnen: d. h. ökonomische Instrumente werden in den Dienst der Sozialen Arbeit gestellt"* (Tabatt-Hirschfeldt 2014, S. 108f.).
- *Oberkategorie 2 (OK 2): Gemischte Wohlfahrtsproduktion und Governance/ beteiligungsorientierte politische Steuerung und strategische Ausrichtung. Die Kategorie kann man auch als „Arbeiten am System" bezeichnen. Dies bezeichnet einen Bedarf an Soziallobbying in Bezug auf politische Weichenstellungen, insbesondere der Sozialgesetzgebung* (Tabatt-Hirschfeldt 2014, S. 108f.).

Zu den Oberkategorien wurden aus der einschlägigen Literatur[2] heraus, deduktiv Operationalisierungen für die weitere Forschung in Unterkategorien vorgenommen.

---

[2]Beispielsweise: Jann et al. (2004), Kolhoff (2010), Maelicke (2011), Schellberg (2013) Tabatt-Hirschfeldt (2012) und Wöhrle (2008, 2011).

Die Erhebungsvorbereitung erfolgte auf der Grundlage einer Längsschnittuntersuchung: Studienführer Sozialmanagement und Sozialwirtschaft (Boeßenecker und Markert 2003 und 2011) sowie der Homepage der Bundesarbeitsgemeinschaft Sozialmanagement/Sozialwirtschaft (BAGSMW). Hier wurden vier Hochschulen für angewandte Wissenschaften (HAW`s) in Deutschland gefunden, an denen sowohl Sozial-Management (SM) als auch Public-Management-Studiengänge (PM) unterrichtet werden: Frankfurt am Main, Hamburg, Nordhausen und Osnabrück. Es wurde grundlegend davon ausgegangen, dass an HAW`s an denen sowohl Sozialmanagement als auch Public-Management gelehrt wird, Erfahrungen bei der Verzahnung der Studienangebote, zumindest in Teilbereichen vorliegen.

5 Dokumentenanalyse: 17 Modulhandbücher (Studiengänge Sozial- und Public-Management an deutschen HAW`s) und 10 Leitfadeninterviews mit Studiengangsleitungen

Auf der Grundlage der vorgefundenen Kategorien und Unterkategorien wurde eine Dokumentenanalyse anhand der Modulhandbücher vorgenommen. Untersucht wurden dabei 17 Studiengänge: vier Bachelorstudiengänge Sozialmanagement (SM), vier Masterstudiengänge SM, sechs Bachelorstudiengänge Public-Management (PM) und drei Masterstudiengänge PM. Diese wurden anhand einer strukturierten Inhaltsanalyse (in Anlehnung an Mayring 2010) ausgewertet. Folgende Ergebnisse wurden vorgefunden:

- Vergleich SM – PM: OK 1 (betriebswirtschaftliche Instrumente) war bei den Studiengängen Public Managements (PM) etwas stärker vertreten als bei den Studiengängen Sozialmanagement (SM). OK 2 (Governance und beteiligungsorientierte politische Steuerung) wurde deutlich weniger als OK 1 vorgefunden (etwas mehr in den Studiengänge SM als bei den Studiengängen PM). Zu klären wäre, ob die Unterkategorien von OK 2 insgesamt als weniger wichtig angesehen werden oder inwiefern sich hier eine Entwicklung abzeichnet und sich im Sinne des zweiten Paradigmenwechsels der Bereich im Aufbau befindet.
- Vergleich Bachelor-/Master-Studiengänge (BA – MA): Ein differenzierterer Blick verdeutlicht, dass OK 1 im Master PM am wenigsten vertreten ist, hingegen im Bachelor PM am meisten. OK 2 ist am wenigsten präsent in den Bachelorstudiengängen. Am stärksten hingegen in Master-Studiengängen.
- Bildung einer neue Oberkategorie: OK 3 als gemeinsame Klammer zwischen SM und PM. Bereits bei der Kategorienbildung wurde deutlich, dass

die Trennschärfe bei der Unterkategorienbildung zwischen SM und PM nicht immer gegeben ist (Unterkategorien Personalführung, Organisation, Controlling, Marketing, Changemanagement und Qualitätsmanagement). Bei der Dokumentenanalyse wurden weitere Unterkategorien vorgefunden, die sowohl im SM als auch im PM gelehrt werden.

Auf Grundlage der theoretischen Erarbeitung und der Entwicklungen im Sozial- und Publicmanagement wurden zwei Oberkategorien gebildet und diese codiert. Die jeweiligen Unterkategorien wurden anhand der Dokumentenanalyse bezüglich der vier HAWs untersucht und eine dritte Oberkategorie als gemeinsame Klammer gebildet. Die Fragen welche sich aus der Auswertung ergaben, wurden in einem Interviewleitfaden zusammengefasst und einem Pretest unterzogen. Im Wesentlichen wurde der Interviewleitfaden in zwei Teile gegliedert:

- Teil 1 – drei Hauptbereiche: bisherige Verzahnungen, künftige Entwicklung und mögliche Verbindungen sowie Hinderungsgründe für Verzahnungen zwischen SM und PM.
- Teil 2 – Kategoriencheck: Interpretation der in der Dokumentenanalyse vorgefundenen Daten und Fragen nach möglichen Verbindungen zwischen SM und PM (OK 3).

Der Interviewleitfaden für die Studiengangsleitungen Sozial- bzw. Publicmanagement findet sich in der Anlage 1.

Die 17 in der Dokumentenanalyse untersuchten Studiengänge werden von 15 Studiengangsleitungen vertreten (zweimal werden zwei Studiengänge durch jeweils einen StudiengangsleiterIn vertreten). Mit zehn Studiengangsleitungen konnten Interviews durchgeführt werden (drei persönliche Interviews, sieben Telefoninterviews). Die Interviews wurden im Zeitraum Ende Mai bis Mitte Juni 2014 geführt und dauerten jeweils knapp eine Stunde. Sie wurden transkribiert und den Aussagen jeweils Bewertungskategorien zugeordnet. Diese Codierung wurde einer Reliabilitätsprüfung[3] unterzogen.

Die Analyse erfolgte in den drei Hauptbereichen und bezüglich des Kategorienchecks jeweils unterlegt mit Ankerbeispielen in den jeweiligen Kategorien. Dabei wurde auf Unterschiede zwischen Bachelor- und Masterstudiengängen sowie auf

---

[3] Reliabilitätsprüfung: Überprüfung der Zuordnung von Textpassagen aus den Experteninterviews zu den Kategorien durch Armin Schneider, Professor für Empirische Sozialforschung, Sozialmanagement und Wissenschaft der Sozialen Arbeit an der Hochschule Koblenz

mögliche Unterscheidungen von Aussagen durch Studiengangsleitungen SM bzw. PM geachtet. Folgende Hauptaussagen ließen sich treffen:

- Hauptaussagen zu den drei Hauptbereichen:

Verzahnungen gab es entgegen der Grundannahme kaum. Lediglich eine Verzahnung mit einem Studiengang Betriebswirtschaft aufgrund eines persönlichen Kontakts zwischen den Studiengangsleitungen brachte die möglicherweise übertragbare Erkenntnis, dass ein gelingender Theorie-Praxis-Transfer von Bedeutung ist.

Mögliche Verzahnungen werden insbesondere bei den betriebswirtschaftlichen Studieninhalten (OK 1) gesehen.

Als *Mehrwert für Studierende* durch Verzahnungen zwischen SM und PM wurde formuliert: *Reflexion verschiedener Rollen bzw. Sichtweisen und die Thematisierung des Spannungsfeldes zwischen Ethik und Betriebswirtschaft.*

Die Hinderungsgründe für Verzahnungen sind vielfältig:
- Formale Hinderungsgründe: Es gibt PM-Bachelorstudiengänge, die die Nachfolge von Studiengängen an Verwaltungsfachhochschulen angetreten haben. Diese Studiengänge haben einen beamtenrechtlichen Laufbahnzugang und sind infolgedessen durch die Innenministerkonferenz (IMK) bezüglich ihrer Inhalte, Formate und bis hinein in die Prüfungsformen derart starr reguliert, dass eine Verzahnung nahezu ausgeschlossen ist. Derartige Masterstudiengänge gibt es jedoch nicht. Der *Bologna Prozess* hat zu einer Komprimierung der Lehrinhalte und Verschulung der Studiengänge geführt, was Freiräumen für Verzahnungen entgegenwirkt. Ferner verhindern *fachbezogenen Unterschiede* zwischen SM und PM eine gemeinsame Lehre. Umgekehrt erscheint eine fachbezogene Lehre beispielsweise bezüglich der unterschiedlichen Finanzierungsformen in Kommunalverwaltungen, Krankenhäusern oder Beratungsstellen etc. effizienter.
- Mit *Unterstützung der Hochschulleitung* ließen sich institutionelle Probleme der Verzahnung vermeiden (z. B. Wille und Stärkung der Binnenintegration der Fakultäten, Bereitstellung von Ressourcen, Lehrentlastung für Entwicklungsaufgaben, Kapazitätsausgleich für Lehrex- bzw. -importe etc.).
- *Informelle Hinderungsgründe*: fehlende Vision oder Idee, Studiengänge des SM und PM überhaupt zu verzahnen sowie ein Nichterkennen des Mehrwertes für die Studierenden.
- *Wechselwirkungen zwischen formalen und informellen Hinderungsgründen*: So wird z. B. das Bestreben nach Fortführung des Bestehenden („Verteidigung

heiliger Kühe") durch den Bolognaprozess teils sogar verstärkt. Dieser schafft seinerseits organisatorische und strukturelle Hürden.

- Kategoriencheck:

OK 1 ist in Bachelorstudiengängen stärker vertreten, weil hier die Grundlagen gelegt werden und eine berufliche Identität ausgebildet wird. Der Master dient der Vertiefung und Vorbereitung auf Führungsverantwortung. Infolgedessen finden sich Inhalte aus OK 2 stärker in Masterstudiengängen (explizit benannt werden in diesem Zusammenhang strategisches Management, Politik, Governance, Netzwerkarbeit sowie Personalführung).

Im Vergleich von OK 1 und OK 2 ergibt sich folgendes Bild:
- Formale Gründe: „softe Themen" (OK 2) lassen sich einfacher selber aneignen als „hard facts" (OK 1). Der Markt (Arbeitgeber) fordert stärker BWL-Grundlagen (OK 1).
- Informelle Gründe: Arbeitgeber empfinden ein Hinterfragen möglicherweise als „systemstörend" (spricht gegen OK 2). Infolge des Bolognaprozesses und der starken Verschulung von Studiengängen bleibt kaum Raum für „Querdenkertum" (OK 2). Zudem wird auf Abwertungstendenzen innerhalb der Professorenschaft hingewiesen, durch Betriebswirte (OK 1) gegenüber den Geisteswissenschaftlern (OK 2). Schließlich beeinflussen interne Machtstrukturen zwischen diesen Lagern maßgeblich die Entwicklung von Studiengängen.
- OK 3 (Verzahnungsmöglichkeiten): Personalmanagement, insbesondere qualitatives (Personalführung und Personalentwicklung), nimmt eine herausragende Stellung für eine Verbindung zwischen SM- und PM-Studiengängen ein. Die meisten Verzahnungsmöglichkeiten werden von den Studiengangsleitungen in OK 1 gesehen, die wenigsten in OK 2. Die beiden Unterkategorien „IT" und „Recht" wurden von den Studiengangsleitungen als mögliche Verbindungen neu erkannt, sie lassen sich OK 1 bzw. OK 2 nicht zuordnen.
- Bezüglich der Überschneidungsmengen wurde bereits anhand der Dokumentenanalyse der 17 Modulhandbücher ein erstes Ranking vorgenommen. Ein zweites wurde aufgrund der Aussagen aus den Leitfadeninterviews erstellt: Dabei wurde anhand der vorgefundenen Übereinstimmungen eine Schnittmenge gebildet (siehe Abb. 5).

Platz	Unterkategorie
1	Personalmanagement (Personalentwicklung, Personalführung …)
2	Organisation
3	Qualitätsmanagement
4	Changemanagement
5	Strategisches Management
6	Projektmanagement
7	Controlling
8	Ethik

Abb. 5 Ranking OK 3 aus Übereinstimmungen der Dokumentenanalyse der Einschätzung der Studiengangleitungen Sozial- und Public – Management

6 Ausweitung der Forschung: verzahnte Studienangebote im deutschsprachigen Raum

Da sich die Leitfadeninterviews mit den Studiengangsleitungen der getrennten Sozial- und Public-Management Studiengänge an den vier HAW`s in Deutschland eher auf fakultative Einschätzungen zu möglichen Verzahnungen bezogen, konnten Erfolgsfaktoren für verzahnte Studienangebote nicht identifiziert werden, wohl aber verschiedene Hinderungsgründe. Um der Frage nach Erfolgsfaktoren der Verzahnung, geeigneten Lehrformen und Lehrformaten, dem Studiengangsniveau (Bachelor oder Master? Konsekutiv oder berufsbegleitend?) sowie dem Umgang mit den genannten Hinderungsgründen nachzugehen, wurde die Forschung ausgeweitet auf bewusst verzahnte Studienangebote in Deutschland, Österreich und der Schweiz.

- In Deutschland gibt es nur einen Studiengang, der die Verbindung zwischen Sozial- und Publicmanagement herstellt: „Governance Sozialer Arbeit", duale Hochschule Stuttgart (Studiengangsleiter: Prof. Dr. Roß). Er wendet sich an „Führungskräfte in der Sozialen Arbeit – bei öffentlichen, frei-gemeinnützigen oder privaten Trägern in der öffentlichen Verwaltung, in Vereinen, gGmbHs, Stiftungen oder anderen Non-Profit-Organisationen…".[4] Hinzugezogen wurde noch der Studiengang „Sozial- und Gesundheitsmanagement", HAW Hamburg (Studiengangsleiter Prof. Dr. Dahlgaard). Dieser war bereits in die Forschung

---

[4]http://www.dhbw-stuttgart.de/themen/master/fakultaet-sozialwesen/governance-sozialer-arbeit/

eingegangen und versprach wegen seiner Verzahnung zwischen Gesundheits- und Sozialmanagement ebenfalls wesentliche Erkenntnisse. Er wendet sich ebenfalls an Führungskräfte: „Das berufsbegleitende Studium MBA Sozial- und Gesundheitsmanagement in Hamburg qualifiziert Führungskräfte in einer Leitungs-, Stabs- oder Referentenfunktion mit einem Hochschulabschluss, die seit mindestens zwei Jahren im Sozial- und Gesundheits- und Bildungsbereich tätig sind".[5]

- In Österreich wurde nur ein verzahnender Studiengang (Verzahnung SM und PM) an einer Fachhochschule vorgefunden: „Services of General Interest", FH Oberösterreich Campus Linz (Studiengangsleiter Prof. Dr. Lehner). Mit der „Zielgruppe... Menschen, die in Organisationen des Sozialwesens Führungs- und Leitungs- oder Steuerungsaufgaben innehaben bzw. künftig solche Funktionen übernehmen möchten."[6]
- Für die Schweiz wurde der Studiengang „Nonprofit und Public Management", Fachhochschule Nordwestschweiz (Studiengangsleiter Prof. Dr. Meyer) untersucht. Der Studiengang richtet sich an Personen mit „Leitungsfunktion in einer Nonprofit- Organisation oder in der öffentlichen Verwaltung."[7]

Auffällig ist, dass alle Studiengänge berufsbegleitende Master sind. Die Studiengangsleitungen haben zugestimmt, dass ihre Namen nicht anonymisiert werden, auch weil sonst Länderunterschiede kaum zu verdeutlichen sind. Im September 2014 wurden zwei Videogespräche (via Skype) mit je zwei Studiengangsleitungen aus Deutschland und Österreich bzw. Schweiz geführt. Der Interviewleitfaden für die Studiengangsleitungen im deutschsprachigen Raum zum verzahnten Studienangebot findet sich in Anlage 2.

Folgende Hauptaussagen lassen sich innerhalb der Kategorien aufzeigen:

- Erfolgsfaktoren Verzahnung: Eine *gute Durchmischung der Studierenden* der verschiedenen Sektoren öffentlicher, frei-gemeinnütziger und privat- gewerblicher Träger und Feldern der Sozialen Arbeit ist gut. Dies ermöglicht eine Vielfalt an Beispielen. Ferner ist ein gewisses Interesse am „Um-System" der eigene Organisation und den Rahmenbedingungen vonnöten. Dies bringt häufig das Innehaben einer Leitungsposition der Studierenden mit sich.

---

[5]http://www.haw-hamburg.de/ws-p&m/studium/mba-sozial-und-gesundheitsmanagement.html
[6]http://www.fh-ooe.at/sgi/
[7]http://www.fhnw.ch/wirtschaft/weiterbildung/mas-betriebswirtschaft-npo

- Umgang mit feldspezifischen Unterschieden: *In der Lehre sollten sowohl bewusst Gemeinsamkeiten gesucht* werden und der Mix der Funktionslogiken thematisiert werden (Hybridisierung von Organisationen). *Ebenso sollten Unterschiede der verschiedenen Sektoren thematisiert werden* (anhand von Beispielen, Auseinandersetzung mit den verschiedenen Funktionslogiken, Zielen und Umsetzungen der verschiedenen Sektoren). I.d.R. werden alle Inhalte gemeinsam gelehrt.[8]
- Mehrwert für Studierende: Die *Employability* der Studierenden erhöht sich insbesondere auf der Grundlage eines besseren Verständnisses des Wohlfahrtsmixes und der Erlangung von Umgangsformen mit der Hybridisierung der Organisationen (z. B. Netzwerkmanagement). Einhergehend sind verbesserte Jobchancen (Aufwärtsmobilität) sowie der Wechsel in Organisationen anderer Sektoren, teils bereits während des Studiums. Ferner die *Verbesserung berufsfachlicher Skills* wie zunehmende Verhandlungssicherheit, vergrößertes Handlungsrepertoire in Bezug auf andere Berufskulturen und dem Umgang mit verschiedenen Sektorlogiken.
- Lehr- und Lernformen: Wesentlich ist die *Anbindung der Lehrinhalte an die Berufspraxis*. Dies erfolgt in Form von Praxisbesuchen, der Einbringung von Führungsproblemen aus dem Berufsalltag oder Praxisprojekten insbesondere nicht im eigenen Sektor. Damit in Verbindung steht die *Auseinandersetzung mit der eigenen Rolle* z. B. durch gemeinsame Aufgabenstellungen bei denen die unterschiedlichen Perspektiven deutlich werden oder auch angeleitete Diskussionen bei denen verschiedene fachliche und sektorspezifische Positionen deutlich werden.
- Studiengangsniveau: es besteht Konsens bezüglich eines *berufsbegleitenden Masterstudiengangs*. In Bachelorstudiengängen steht die fachliche Fundierung sowie Entwicklung der Berufsidentität im Vordergrund. Ein zu früher Austausch mit anderen Berufsgattungen führt tendenziell zu „fachlichen Grabenkämpfen". Des Weiteren werden Berufserfahrung und im engeren Sinne Führungserfahrung als wesentlich erachtet. So kann die eigene Führungserfahrung reflektiert werden. Beispiele aus der Führungspraxis helfen Studierenden ohne Führungserfahrung hier Einblick zu gewinnen.

Bei der Führungserfahrung zeichnet sich möglicherweise ein Wechsel ab, der für die zukünftige Entwicklung verzahnter Studienangebote zu beachten ist: Haben in der Vergangenheit mehr Studierende mit längerer Führungserfahrung die berufsbegleitenden sektorverzahnten Masterstudiengänge besucht, so schicken in letzter Zeit zunehmend vermehrt Arbeitgeber MitarbeiterInnen in die Studiengänge, zur

---

[8]In Österreich werden 20 % der Lehrinhalte getrennt unterrichtet (Recht und Finanzierung).

Vorbereitung auf eine Führungsposition. Damit schwinden der Austausch und das Einbringen von Erfahrungen aus der Führungspraxis der Studierenden. Hier sollte nach neuen Studien-Formaten gesucht werden.

7 Diskussion BAGSMW-Kerngruppe Sozial- und Publicmanagement und Ausblick

Auf der Mitgliedsversammlung der Bundesarbeitsgemeinschaft Sozialmanagement/ Sozialwirtschaft (BAGSMW) haben sich am 11.05.2015 drei Kerngruppen gebildet um die strategische Ausrichtung der Arbeitsgemeinschaft umzusetzen. Unter Federführung der Autorin hat sich die Kerngruppe zur Verzahnung von Sozial- und Publicmanagement gebildet. Es gehören noch Prof. Dr. Herbert Bassarak (em. Nürnberg) und Prof. Dr. Michael Schmidt (Wiesbaden) der Gruppe an. Sie ist offen für weitere Mitglieder. Anlässlich der INAS Tagung in Feldkirchen 2016 hat sich Prof. Frank Unger (Fulda) dazu gesellt. Die Gruppe ist auch offen für INAS-Mitglieder aus Österreich und der Schweiz.

Der Stand der Diskussion in der Kerngruppe mit Mitgliedern der BAGSMW ist:
- Problematik: unterschiedliche Logiken, verschiedene Ebenen (Vergabe- und Verhandlungsverfahren) und Finanzierungsstrukturen erschweren die Verzahnung zwischen Sozial- und Publicmanagement.
- Bedarf: Soziale Arbeit muss (wieder) erkennbar sein. Was hohe Qualität Sozialer Arbeit bedeutet und bedingt, muss in den verschiedenen Feldern besprochen, den Kostenträgern gegenüber transparent gemacht und messbar sein. Dabei ist die Monetisierung eher banal (SROI), nicht banal ist hingegen die inhaltliche Ebene.
- Verzahnung: nebeneinander bestehende Studienangebote Sozialmanagement und Publicmanagement an einer Hochschule lassen sich eher schwer verzahnen. Eine Möglichkeit sind Hochschulkooperationen wie derzeit in Berlin (Kooperation von drei Hochschulen): Der gemeinsame Lehrbetrieb erfolgt seit dem Sommersemester 2016 durch eine gegenseitige Öffnung von Modulen inklusive Leistungsnachweisen der Studierende der Sozialen Arbeit, des Public- und Nonprofit-Management. Allerdings erschwert der unterschiedliche Studienaufbau (semesterübergreifende Module, Blockveranstaltungen, Wahlpflichtelemente versus durchgetaktete und wöchentliche unterrichteter Pflichtmodule) die Zusammenarbeit. Dazu ist ein beteiligter Studiengang kapazitär ausgeschöpft, weshalb Studienbewerber deshalb abgewiesen werden und die Zulassung aus anderen Studiengängen daher fragwürdig ist. Des Weiteren spielen Raumprobleme eine Rolle. Hier wurden Prof. Dr. Knappe in Absprache mit

Prof. Dr. Brüggemeier (Hochschule für Wirtschaft und Recht) angesprochen. Zu Erfolgsfaktoren der Verzahnung wollen sie in näherer Zukunft noch keine Aussagen treffen.
- Zukunftweisend: verzahnte, sektorübergreifende Studienangebote erscheinen richtungsweisend (s.o.). Hier sollten Studiengangsleitungen zur Diskussion angeregt werden. Dies sollte auch durch den Vortrag der Autorin vom 24.02.2016 auf dem INAS-Kongress angeregt werden. Hoffentlich erfolgen Denkanstöße auch durch diesen Beitrag im Tagungsband. Rückmeldungen sind willkommen!

Als Ausblick darf auf die BAGSMW-Tagung am 02.12.2016 in Berlin hingewiesen werden: „Governance und Sozialwirtschaft". Hier soll der Diskurs zwischen Wissenschaft und Praxis weitergeführt werden. Über den INAS-Verteiler wird eine Einladung erfolgen.

Anlage 1: Interviewleitfaden Studiengangsleitungen Sozial- und Public-Management

Einleitungsfragen:
Als Studiengänge die dem Sozialmanagement bzw. Public Management zuzuordnen sind habe ich an ihrer (Fach-)Hochschule diese.... Identifiziert.
Ist dies so richtig?
Frau/ Herr ...., sie sind Studiengangsleiter/in für den Studiengang ....
Seit wann leiten sie den Studiengang?
Weitere Fragen nach Verlauf des Interviews: Verzahnungen
bisherige Verzahnungen: Gab es in der Vergangenheit gemeinsame Seminare, Projekte o.ä. mit den Studiengängen SM bzw. PM?

- Welche Erfahrungen haben sie dabei gemacht?

mögliche Verbindungen sowie Hinderungsgründe:

- Welche Schnittmengen sehen sie Allgemein zwischen den Studiengänge SM und PM?
- Welche Verzahnungen zwischen SM und PM halten sie für möglich?

Mögliche Fragen:
Welche Trennschärfen sehen sie zwischen PM und SM?
künftige Entwicklung: Wie sehen sie die Weiterentwicklung beim SM/ PM?

- Was halten sie dabei für wesentlich?
- Was halten sie dabei für unwesentlich?
- Was ist zukunftsfähig?

Kategoriencheck
Darf ich ihnen grad die beiden Oberkategorien vorstellen die ich im Rahmen meiner Forschung bezüglich der Entwicklungen in Public- und Sozialmanagement gefunden habe und ihre Meinung dazu erfahren?

- Oberkategorie 1: (betriebs-)wirtschaftliche Instrumente angepasst an die Bedarfe des Feldes Sozialer Arbeit bzw. der Kommunalverwaltung
- Oberkategorie 2: gemischte Wohlfahrtsproduktion und Governance/ beteiligungsorientierte politische Steuerung und strategische Ausrichtung

OK 1: Die betriebswirtschaftlichen Instrumenten (OK 1) habe ich in den untersuchten Studiengängen der 4 HAW`s im Sozialmanagement (SM) und in den Studiengängen Public Management (PM) vorgefunden. Insgesamt mehr in Bachelorstudiengängen als in Masterstudiengängen.

OK 2: Governance/ Wohlfahrtsmix und beteiligungsorientierte politische Steuerung (Oberkategorie 2) wurde deutlich weniger bei den Studiengängen SM und PM vorgefunden als OK 1. Allerdings ist OK 2 stärker in den Masterstudiengängen vertreten als in den Bachelorstudiengängen.

Was meinen sie, woran liegt es? Ist OK 2 weniger wichtig oder ist hier eine Entwicklung abzusehen und OK 2 ist vielleicht noch im Aufbau, d. h. Lehrveranstaltungen werden erst zukünftig angeboten, oder was sonst?

Oberkategorie 3: Im Laufe der Kategorienbildung und noch verstärkt durch die Analyse der Module hat sich eine weitere Oberkategorie herausgebildet: OK 3 als gemeinsame Klammer/ Verbindungen zwischen SM und PM.

Welche Überschneidungsmöglichkeiten für eine gemeinsame Lehre, Projekte etc. sehen sie?

- Inwieweit verhindern die unterschiedlichen Handlungsfelder in sozialen Organisationen (SM) bzw. öffentlichen Verwaltungen (PM) eine gemeinsamen Lehre?

Abschlussfrage:
Gibt es aus ihrer Sicht noch Ergänzungen oder Dinge die sie zu dem Thema einbringen wollen?

Anlage 2: Interviewleitfaden für die Studiengangsleitungen im deutschsprachigen Raum zum verzahnten Studienangebot

1. Erfolgsfaktoren für eine Verzahnung:
   - Was muss passieren, damit die Studiengänge zusammen funktionieren?
   - Wie wird mit den Spezifika der unterschiedlichen Felder/ feldspezifischen Unterschieden (Sozial und Public bzw. Gesundheit) umgegangen?
2. Bedingungen gemeinsamen Lernens:
   - Welche Studiengangs-Niveaus sollte man miteinander verzahnen (grundständig/berufsbegleitend, Bachelor/Master)?
   - Welche Lehr- und Lehrformen haben sich bewährt?
3. Mehrwert für Studierende:
   - Was haben die Studierenden davon?

Literatur

Arnold, Ulrich, und Bernd Maelicke. 2009. *Lehrbuch der Sozialwirtschaft*, 3. überarbeitete Auflage. Baden-Baden: Nomos.
Benz, Arthur (Hrsg.). 2009. *Governance – Regieren in komplexen Regelsystemen*, 2. Aktualisierte und veränderte Auflage. Wiesbaden: Verlag für Sozialwissenschaften.
Böhmer, Anselm. 2014. Choreographie der Sozialplanung – Hybride Steuerungsmodi im Wohlfahrtsmix. In *Öffentliche und Soziale Steuerung – Public Management und Sozialmanagement im Diskurs*, Hrsg. Andrea Tabatt-Hirschfeldt, 65–83. Baden-Baden: Nomos.
Boeßenecker, Karl-Heinz, und Andreas Markert. 2003. *Studienführer Sozialmanagement, Sozialwirtschaft an Hochschulen* in Deutschland, Österreich *und der Schweiz*, 1. Auflage. Baden-Baden: Nomos.
Boeßenecker, Karl-Heinz, und Andreas Markert. 2011. *Studienführer Sozialmanagement, Sozialwirtschaft an Hochschulen* in Deutschland, Österreich *und der Schweiz*, 2. Auflage. Baden-Baden: Nomos.
Brinkmann, Volker. 2014. Sozialunternehmen: Expandierende Sozialwirtschaftsakteure zwischen Public Management und Sozialmanagement – Diskurs zur Differenz und Synergie intermediärer, investiver und wirkungsorientierter Steuerung. In *Öffentliche und Soziale Steuerung – Public Management und Sozialmanagement im Diskurs*, Hrsg. Andrea Tabatt-Hirschfeldt, 125–150. Baden-Baden: Nomos.

Brinkmann, V. 2010. *Sozialwirtschaft. Grundlagen – Modelle – Finanzierung*. Wiesbaden: Verlag für Sozialwissenschaften.
Commission on Global Governance. 1995. Nachbarn in Einer Welt, SEF 1995.
Dahme, Hans-Jürgen, Gertrud Kühnlein, Norbert Wohlfahrt, Monika Burmester, und Hans -Böckler-Stiftung (Hrsg.). 2005. *Zwischen Wettbewerb und Subsidiarität – Wohlfahrtsverbände unterwegs in die Sozialwirtschaft*. Berlin: edition sigma.
Fritze, Agnes, Bernd Maelicke, und Beat Uebelhart (Hrsg.). 2011. *Management und Sytementwicklung in der Sozialen Arbeit*. Baden-Baden: Nomos.
Grande, Edgar. 2012. *Governance-Forschung in der Governance-Falle? – Eine kritische Bestandsaufnahme*. PVS, Jg. 4/2012,565–592.
Grunwald, Klaus, und Paul-Stefan Roß. 2014. Governance Sozialer Arbeit. Versuch einer theoriebasierten Handlungsorientierung für die Sozialwirtschaft. In *Öffentliche und Soziale Steuerung – Public Management und Sozialmanagement im Diskurs*, Hrsg. Andrea Tabatt-Hirschfeldt, 17–64. Baden-Baden: Nomos.
Hammer, Veronika. 2012. *Statistisches Bundesamt 2007, 2008 und 2010: Mikrozensus-Sonderauswertungen für die Hochschule*. Coburg/Bonn (unveröffentlicht).
Hill, Herrmann. 2005. *Urban Governance und Lokale Demokratie, Information zur Raumentwicklung*. Heft 9/10.2005.
Holtkamp, Lars. 2009. *Governance-Konzepte in der Verwaltungswissenschaft*. Neue Perspektiven auf alte Probleme von Verwaltungsreformen. In polis 67/2009.
KGSt-Bericht 7/ 2013. 2013. *Das Kommunale Steuerungsmodell (KSM)*. Köln: KGSt
Kohlhoff, Ludger (Hrsg.). 2015. *Zur Entwicklung eines verzahnten Studienangebots zum Sozial- und Publicmanagement- Dokumentation eines Expertengesprächs vom 06.10.2014 in Berlin*. Brandenburg an der Havel: HDL.
Mayring, Philipp. 2010. *Qualitative Inhaltsanalyse – Grundlagen und Techniken*. 11. Aufl. Weinheim: Beltz.
Roß, Paul-Stefan. 2012. *Demokratie weiter denken. Reflexionen zur Förderung bürgerschaftlichen Engagements in der Bürgerkommune*. Baden-Baden: Nomos.
Schindler, Delia. 2011. *Urban Governance – Wandel durch das Leitbild Nachhaltigkeit?* Kassel: university press GmbH.
Sinning, Heidi. 2005. *Partizipation – neue Anforderungen an eine bewährte Governanceform, Information zur Raumentwicklung*. Heft 9/10.2005.
Statistisches Bundesamt. 2015. Gesundheit Grunddaten der Krankenhäuser, Statistiken der Kinder- und Jugendhilfe, Pflegestatistik, Distatis.
Tabatt-Hirschfeldt, Andrea (Hrsg.). 2014. *Öffentliche und Soziale Steuerung – Public Management und Sozialmanagement im Diskurs*. Baden-Baden: Nomos.
Wendt, Wolf Rainer 2014. Versorgung meistern auf jeder Ebene und in eigener Sorge und Regie das Leben führen: Aspekte von Governance in der Sozialwirtschaft. In *Öffentliche und Soziale Steuerung – Public Management und Sozialmanagement im Diskurs*, Hrsg. Andrea Tabatt-Hirschfeldt, 84–104. Baden-Baden: Nomos.
Wendt, Wolf Rainer. (Hrsg.). 2010. *Wohlfahrtsarrangements, Neue Wege in der Sozialwirtschaft, Forschung und Entwicklung in der Sozialwirtschaft*. Baden-Baden: Nomos.
Wöhrle, Armin. 2003. *Grundlagen des Managements in der Sozialwirtschaft*. Baden-Baden: Nomos.

Prof. Dr. Andrea Tabatt-Hirschfeldt ist seit März 2009 Professorin für Organisationslehre, Sozialwirtschaft und Sozialmanagement an der Hochschule Coburg, Fakultät Soziale Arbeit und Gesundheit. 18-jährige Berufserfahrung© als Sozialarbeiterin bei der Stadt Braunschweig. Mitglied im geschäftsführenden Vorstand der Bundesarbeitsgemeinschaft Sozialmanagement/ Sozialwirtschaft (BAGSMW) und im erweiterten Vorstand der Internationalen Arbeitsgemeinschaft Sozialmanagement/ Sozialwirtschaft (INAS). E-Mail: andrea.tabatt-hirschfeldt@hs-coburg.de

Managing Amid Paradoxes: Perspectives of Non-Profit Management Education

Michael Herzka und Chris Mowles

1 Introduction

Feeling 'lonely at the top' 'can be a sudden and strong experience when becoming a manager. New roles come with new demands from different groups, their interests being very diverse and often conflicting. Colleagues begin to approach you differently, sometimes with vague expectations and sometimes with very specific agendas of their own. You spend most of your day with many people in many meetings, wondering who is on who's side and whether you'll be invited to join existing alliances or should form your own. Take last week's senior management meeting for example. It seemed like a complete waste of time until the director started talking about the possibility of budget cuts next year. This got you a bit worried and you began to calculate whether, when and how this could affect your department. All the other managers were probably occupied with similar concerns. Should you have talked to one or the other about it? Maybe nothing will happen

---

M. Herzka (✉)
Berner Fachhochschule, Bern, Schweiz
E-Mail: michael.herzka@bfh.ch

C. Mowles
University of Hertfordshire, Hertfordshire, Großbritannien
E-Mail: c.mowles@herts.ac.uk

with the budget but you better be prepared. Anyhow, how much can you really afford to worry about the future while trying to manage the present?

More often than not managers find themselves in contradictory and paradoxical situations: They are for example expected to encourage co-operation and team spirit within their department but have to weigh individual performances competitively against each other in questionable rankings. Similar mechanisms apply to themselves as members of the senior management group: they are hoping to achieve something together as colleagues and are at the same time trying to outdo each other. Or they realise how much they depend on other managers for advice and support but only with the aim to get a bigger share of the financial resources or win the CEO's attention. And occasionally everybody gets invited to a workshop on innovation where they should all 'think outside the box'. However, these events often turn out to be more about alignment and conformity rather than questioning and creativity. Co-operating and competing at the same time, being part of a group while aiming to stand out as an individual, lacking trust in colleagues when sharing of doubts and anxieties would be called for: these are everyday experiences of organizational life. Like all employees, regardless of whether they have been around for some time or just joined, managers have to muddle through, taking into account – as best as they can – the internal dynamics of the organisation and potential external influences. Additionally they feel responsible for the achievements of their unit and – to a certain extent – for the wellbeing of their individual staff. And like everybody else managers are entangled in a web of multiple loyalties to people upwards, downwards and sideways, inside and outside the organisation. The standard business curriculum does not prepare them for this.

The authors of this paper take the position that managers need to accept the fact that they are "in charge but not necessarily in control" (Mowles 2015, p. 117). This is even more a given when we focus on managers in the non-profit sector, in particular those in social, education and health organisations. Working with and for vulnerable people is the raison d'être of Human Service Organizations (Hasenfeld 2010). Due to the nature of the work, the organisational structures and the divergent expectations of clients, staff, funding bodies as well as the general public these organisations are constantly confronted with great tensions and exposed to significant risks (Herzka 2013; Herzka and Mowles 2015). Their managers are under a lot of pressure and find themselves responding to many urgent demands. The reality of management in these 'multiple and complex' organisations (Anheier 2000) is therefor much more challenging than just fulfilling the standard tasks according to the "PODSCORB" formula (Planning, organizing, staffing, directing, coordinating, reporting and budgeting).[1]

---

[1]The classical core functions of management as proposed by Gulick and Urwick in the 1930s, based on Fayol (Steffensen 2015).

One way to deal with this is to further develop individual and collective skills of reflection and reflexivity within an organisation. Based on our own experience as managers, lecturers and consultants 'reflecting together' is however not just another tool or technique (Stacey 2012) to cope with pressure or to control the unknown but a social activity that starts from the assumption that as a manager one is never really "on top of things" but always caught up in the hurly-burly. Reflection, then, is intended to help focus on the qualities and contours of the particular circumstances we find ourselves in. This paper tries to give an account of what we have become to call 'reflective and reflexive management practice' as a key component in management further education.

2 The Contradictions and Paradoxes of Management

Experiencing contradictory demands from various stakeholders and/or paradoxical challenges such as the "stable instability" of organisational life or the injunction that we might "plan to innovate" is part and parcel of being a manager in every organisation. For example, in the UK Higher Education (HE) sector at the moment there have been huge changes towards marketization of the sector made over the last 10 years by subsequent governments. This has involved the government withdrawing funding from humanities subjects in universities (because they are deemed not to contribute directly to economic development), which in turn has led to universities charging fees, up to £9000 a year, for students taking any subject as a way of compensating for loss of funds. This has been accompanied by a government-led five yearly evaluation exercise called the Research Excellence Framework (REF) which judges universities' research output in very narrow ways resulting in league tables of 'achievement'. The creation of a market place has provoked great instability and the government has explicitly said that they expect there to be winners and losers because the current configuration has too many players. No university, no matter where they currently stand in the league table, wants to be the one which doesn't succeed. Where a university sits in the league table has a big impact on the quality of students and staff it can attract. The last REF evaluation exercise ended in December 2014. The government has said that there will be big changes to the next REF but hasn't said what they will be, and the first thing which happened after the last exercise was a complete overhaul of the government body responsible for the defining it, and which is not yet complete.

The situation leaves universities with many dilemmas and a great deal of uncertainty and fear for managers in the sector. They have to plan, but they do not yet know what they are planning for. The government body responsible for the next REF exercise is still in a state of disarray and is not a credible interlocutor.

Universities have to plan in a way that makes them appear as professional as every other HE institution, but at the same time they need to do so in ways which makes them look distinctive: they have to be the same but different. They are obliged to compete with other universities, although their historical tendency has been largely to co-operate. They have to make financial plans without knowing the extent to which their position in the current league table will affect recruitment, and whether the regime of higher fees will put students off becoming undergraduates in the first place. There is no option to do nothing, but with changes in the sector taking some years to come to fruition it is hard to know what to do which might look like a mistake by the time of the next evaluation.

Additionally, relationships are altered between colleagues in the same institution: if this organisation needs to shrink then whose job will have to go? The same disciplinary process which was used to rank universities is often used between colleagues in the same university in terms of productivity to determine who is contributing most to the organisation's survival according to standards set in the overall ranking process. The irony is that any distinctiveness between universities begins to be ironed out in the ranking process as universities compete towards the same set of standards.

The situation outlined in this brief case study is probably typical for many non-profit organisations which, for one reason or another, are obliged to adapt to dramatically changing circumstances when the nature of the changes are not yet evident. In contemporary management discourse there can be a great deal of idealization and unrealistic talk about managers' ability to create the future when very often the future of not-for-profits is greatly determined by funding bodies, regulation, government whim or the ebb and flow of social and economic change. This is not to argue that just anything can happen: an organisation committed to, say, counselling services for addicts, is unlikely to abandon these services in favour of offering higher education degrees in the way we are often told that private sector companies can jettison non-profitable products in favour of new ones. But the exact nature of what happens, and how it happens is radically unpredictable. As the analytical sociologist Peter Hedström argues (2005), dramatic change can arise from the extraordinary combination of very ordinary events and circumstances.

In this article we argue against the claims of the majority literature that management can be best understood as a linear scientific discipline, based on the idea of a predictable future achieved through logical and rational step-by-step tools and techniques. Instead we borrow by analogy from the complexity sciences, drawing in particular from the body of literature developed at the University of Hertfordshire (Stacey et al. 2000; Stacey 2010, 2012; Mowles 2011, 2015) known as complex responsive processes of relating, because of the latter's ability to give a convincing account of the paradoxical and uncertain nature of social life. In drawing attention to paradox we understand it as a particular form of contradiction, the capacity of the human mind to consider one idea and its opposite both at the same time, which has intrigued human beings for millennia. For example, one of the earliest examples is the Cretan or liar's paradox. attributed to the poet Epimenides, who claimed that 'all Cretans are liars', a true/false paradox. Whichever conclusion we come to about this statement leaves us with a dilemma. If the statement is true, then Epimenides, a Cretan, is lying and the statement is false. If the statement is false, that not all Cretans are liars, then Epimenides must by lying, which makes the statement true. The statement is unresolvable because one conclusion immediately leads you to the opposite pole. Paradoxes can be maddening, but they can also be helpful in deepening our understanding of complex situations (see Mowles 2015 for an in-depth exploration of this idea).

The reason that we turn to the non-linear complexity sciences as a source domain for thinking about organisational life is that in computer-based simulations of complex activity in the shape of Complex Adaptive Systems models (CAS) also demonstrate paradoxical properties. Based on the iteration and reiteration of non-linear equations CAS manifest patterns which are both stable and unstable both at the same time, and are predictably unpredictable. Photographs of coast lines, ferns, the shapes of leaves and trees all demonstrate the same properties[2]: in fact, the paradox of stable-instability can be seen everywhere in nature and is not just experienced in social life. Combining insights from the complexity sciences with similar observations from sociology and philosophy, the perspective of complex responsive processes argues that there are a variety of paradoxes which pervade social life. For example, we are all individuals, but only realise our individuality because there are other individuals; we are both an "I" and a "we" at the same time, an idea developed by the process sociologist Norbert Elias (1991). Because of the development of their physiology, human beings are capable of taking themselves as an object to themselves, which the pragmatic psychologist and philosopher George Herbert Mead explored in his work *Mind, Self and Society* (Mead 1934). We might understand this process, the ability to hold the paradox of self and self–as-object, as manifesting itself as reflection and reflexivity, ideas which we will explore further below.

A slightly different but equally critical tradition of thought is challenging mainstream management approaches from an organisational sociology perspective. In his discussion of the respective literature Klaus Grunwald (2012) shows that

---

[2]The mathematician B. Mandelbrot called such self-similar patterns 'fractals'. A typical example in nature is a branch of a tree that itself looks like a tree formed by several smaller branches (see also Mowles 2015, p. 18).

paradox as well as the related but distinct phenomena of dilemma and contradiction have for some time been well recognised in management literature. He points out however, that most approaches do not overcome the intention to control the uncontrollable, i.e. the emerging patterns of human interaction and inherent tensions. Although some strands of management thinking acknowledge non-linear causality in their theories they still pretend being able to foresee and predict the future in a rather instrumental way. Or they claim that paradox and complexity can be harnessed for the good of the organisation, which is still within the paradigm of control. For a more realistic perspective we share Grunwald's view that a manager's role is to find ways for the organisation to work on/with dilemma and paradox, rather than opting for quick solutions where there can be none. By fostering diversity of viewpoints and creating space as well as time for debates the organisation should aspire to include the collective knowledge and experience of all members of staff, even if in the end a decision has to be made which only reflects some of them. Accepting that we can not get around planning and deciding in organizational life and thereby always exclude some options and alternative views, we can nevertheless try to find ways discussing together the choices that we make as individual managers and as a group of co-workers. And we can reflect on how we experience these conversations.

By drawing on complexity sciences by analogy and on organisational sociology we are reaching for alternative ways of paying attention to the flux and change of complex organisational life. Our assumptions are that the game of organisational life is never stable, never in equilibrium, but rather in a paradoxical state of stable instability and predictable unpredictability. Our response as educators is to develop methods which encourage our students to value their daily experience of working in environments which are constantly in motion, and where they are both in control and not, can act with intention, but are also constantly responding to the intentions of others.

3 Reflection and Reflexivity

To restate our argument thus far, we have been exploring the inherent contradictions of every day organisational life which arise from competing demands and the radical unpredictability of social life. And we have been raising questions about the adequacy of an orthodox management discourse which relies on a plethora of tools and techniques based on notions of linearity, technical rationality and control. Instead we have offered an alternative account of the evolution of social life which is based on the idea that whatever we understand by culture, the habits, customs and accepted ways of behaving, it is both stable and unstable at the same time. We are capable of making predictions about the way that things will turn out, but these are likely to be highly fallible: just as we have predictions and plans based on them, so does everyone else. It is only through the interweaving of everyone's plans and intentions that society emerges which takes on a dynamic that no-one has planned or intended.

One valuable capacity to cultivate in managers, from our commitment to taking paradoxes seriously, is the ability to countenance the stable-instability, predictable-unpredictability of organisational life and not rush to resolve it, or pretend that it can be harnessed "for the good". This is not to advocate putting off decisions, but rather to contemplate them with all their rich contradictions for as long as organisational circumstances allow. We advocate both reflection and reflexivity as essential capabilities for contemporary managers as they engage with organisational complexity. The difference that we draw between the two capabilities is that reflection involves drawing back in a more measured contemplation of phenomena which present themselves (Latin *reflectere*: to turn or bend back) while reflexivity involves the additional turn in thought towards the contemplation of what the consequences are for me/us. It is important not to over-inflate the claims for reflection and reflexivity given that, as Lynch (2000) points out that reflexivity is quite an ordinary human capability and may not necessarily lead to deep insights. It would be a mistake to eschew the pervasive tools and techniques of conventional management only to produce yet another panacea. However and at the same time, we still make the case for the cultivation of reflective and reflexive skills in managers, and we believe they can be cultivated, because of their potential for allowing managers to hold together a variety of paradoxes: their particular circumstances with more general trends, the requirement to compete and co-operate, the obligation to plan to be innovative and to maintain the contradiction of being in charge but not necessarily in control.

Inherent in our perspective is also a set of assumptions about the nature of knowledge useful for the practice of management, particularly, but not exclusively to the management of non-profit organisations. These assumptions shape our thinking as management educators about how to organise our management programmes. Rather than assuming that managers just need knowledge of an abstract kind, usually formulated in the tools and techniques of management, and which are supposed to be helpful irrespective of time and context, our intention is to focus as well on practical knowledge, knowledge produced in specific contexts amongst specific groups of people at a particular time and place. This is knowledge produced from within practice rather than 'about' practice and turns on the distinct particulars of a configuration of people doing their best to resolve a concrete set of problems.

To pursue our interest in paradox further, we understand that practical knowledge is never divorced from abstract theorising, but is its particular instantiation at a specific time and place: practical knowledge draws on rich theoretical background, but is adapted to contextual requirements which can only be decided on the basis of practitioners' experience, and often in a deliberative way. The way forward in complex situations is often not obvious and requires a group of colleagues practised in deliberating together (which explains our reference above to the importance of taking in a variety of viewpoints).

From an academic perspective, which is usually predicated on the idea that theory is the highest form of knowledge, the gold standard if you will, then practical knowledge is deemed to have limited generalizable value. However, the kind of generalizability that we strive for is of a different order. We encourage our students to talk about their every day experiences as a way of provoking recognition in their peers. When students describe their everyday working environments and the particular problems they are wrestling with, their colleagues will notice family resemblances, will resonate with some details and not with others, will recognise themselves in the situations under review. When narratives of the games of organisational life are powerful, they provoke powerful responses in those engaged in hearing them. When educators and students then draw attention to the common patterns emerging in people's narratives it affords good opportunities for reflection and reflexivity in a powerful and concrete way. The appeal, then, is to people's experience and not just to their store of cognitive knowledge.

When students attend the Doctor of Management programme at the University of Hertfordshire, for example, they are encouraged to develop their reflexive skills in a number of ways. Firstly, during the four, four day residential weekends each year, they are expected to meet three times in the tradition of the Institute of Group Analysis (Foulkes 1964, 1990). This means that for an hour and a half the whole research community, usually around 16 students and five faculty members, meets without an agenda and without anyone formally in charge (although faculty members are clearly more powerful than students in this situation). The point of the exercise is to pay attention to the here and now, the ordinary processes that affect the group as a temporary organisation, and to practise noticing and saying out loud what normally gets overlooked or unsaid. After three to four years on the programme, students often become very adept at this and skilful at noticing what might be of importance to the community as a whole. It becomes a kind of a training in sitting with the anxiety of uncertainty since no-one knows what will come up and be spoken about, as well as developing a fluency in dealing with responsive processes. Over time participants become much more comfortable with conflict, for example: it becomes depathologised as a potentially ordinary and every day occurrence as members of a community see reality differently and learn to deal with that difference. A community meeting, as we term it, is conducted as a meeting with nowhere to get to: we simply stop at the end of an hour and a half after practising deliberating together.

Secondly students are required to write their thesis as an emergent series of projects which they must share with a selected group of their peers and supervisor. Everyone in the smaller group reads everyone else's work and critiques it, and in order to do so it involves them working out what they think and why they think it. Writing one's own thesis and commenting two or three others is a good exercise in understanding multiple points of view. The ability to critique involves dispassionately engaging with an academic argument with which one does not necessarily agree. One might argue that this is also a reflexive discipline, to engage with a different point of view and present it to the good whether one agrees with it or not. This too takes self-distanciation.

The very first project new students are required to write is an experiential and academic autobiography. The point of the exercise is to investigate and discuss the thought collectives (Fleck 1934/1979) of which one has been part and how this has affected the student's thinking. What is taken for granted in any particular way of seeing the world and how is the student now thinking about how they were thinking then? The project has to demonstrate the reflexive ability of explaining a particular understanding of the world, how this influenced the student to follow particular courses of action, and then to go on to say how they now understand this nexus of theory and practice.

Individual reflection of professional practice and academic studies as well as intensive group work on these reflections are key features of the Doctor of Management Program at Hertfordshire University Business School. This way of working and learning also influenced our joint non-profit management teaching in Switzerland.

4　From Training to Practice: Creating Reflection Space

From 2008 to 2015 we worked with more than 300 managers participating in a further education programme[3]. These students represented a wide range of professional expertise from the non-profit and public management sector, namely social work and social science, health, education, church, community development, international aid, environmental organisations. Some students also came

---

[3]We refer to the non-profit leadership courses at Zurich University of Applied Sciences, School of Social Work.

from commercial enterprises. An estimated two thirds of participants had only recently taken up their first management position. Others had been managers for some time, looking to improve their leaderships skills either to move up in the current organisation or broaden their options in the larger non-profit and public service job markets. Only a few large employers in these sectors run explicit leadership development or 'high potential' programs, most participants therefore found themselves on a career path they had not planned for. How to cope with the new role as line managers became an important and recurring theme during the courses. Intrinsic motivation was generally very high and costs (fees, study time) on average being shared equally between individuals and their employers.[4]

The curriculum was originally built around the key classical leadership and management subjects such as strategy development, human resource management, communication etc., taught by colleagues who were all academics as well as practitioners with experiences from the non-profit and the for-profit world. 'Reflection' was included into the curriculum in a rather instrumental way, i.e. reflecting on the relevance of the course content in view of assuring smooth transfer to reality.

However, in response to positive students' contribution reflection and reflexivity became a key element of the curriculum, a development process that was much supported by other colleagues who contributed with their wide range of skills as coaches, organisational development specialists, therapists or professional supervisors.[5] Over the years we've found ourselves constantly remodelling parts of the curriculum, building not only on the feedback from students and to our individual and collective experiences as lecturers. We share of course certain assumptions and convictions about management, teaching and learning but did not follow a very explicit strategy or model. The classroom is a temporary organisation in its own right and only a fraction of what is happening can be planned for.

Although every group of students/managers is different, several common themes have emerged over the years:

- Our starting point is a basic understanding that any form of learning and in particular further education is a co-constructed endeavour based on whatever people bring to the event. However, we observe that social workers, teachers or

---

[4]Other than undergraduate and graduate studies further education programmes have to operate on a full cost-covering basis in Switzerland. Sharing costs of further education between employer and employee is common practice in many sectors and part of staff retention and staff development policies.
[5]We thank Silvia Frost, Santino Güntert and Jeremy Hellmann for their important contributions.

health workers sometimes doubt whether their previous professional experience is helpful or hindering when taking up a management position. (It can be both of course.)
- As an alternative to a mainly instrumental approach in management education we invite participants to talk to each other more about their everyday experiences, rather than looking for recipes that are of very limited use. Even though as professionals they are quite used to sharing "real cases" with each other, to do the same as managers can be difficult if management professionalism is construed as having the answers and being in control. The paradoxical message that only through experiencing uncertainty one can gain some certitude is not easy to digest. However most managers are relieved to learn that everybody else is also struggling trying to cope with paradox or dilemma.
- To be reflexive as a group means developing the capacity better to pay attention to what is going on "right now", including questioning the persons and roles involved. Owing to the formal setting of a management course the group becomes a temporary organisation and it is worthwhile to reflect on that joint experience. To look at how we are interacting right *now* in *this* classroom with *these* colleagues and their experiences, expectations, concerns, etc. is quite a demanding form of group conversation. As there is nothing to be "solved" or "finalised" some participants might be frustrated and begin to question the point of the whole activity. This is of course also a reality in all organisations.
- Our approach to reflection and reflexivity does not come as a packaged tool[6] and we use a variety of methods: we invite managers to reflect together in small groups as peers on what is going on in their respective work places. In larger groups we draw on group analytical experiences to think about how we are interacting in the here and now. We encourage students through written assignments to reflect on how they are thinking and what difference this makes to practice. Some of these written thoughts can then be discussed either with a learning group and/or with an individual coach.
- We do not focus much on how 'it' can be transferred from the classroom to the everyday life. However, in view of their usually extensive professional experience with peer-coaching or peer supervision[7] this does not seem to be a major challenge for non-profit managers. Some continue to meet privately to talk with peers about their daily practice, others focus on creating more space for reflection within their organisations. The practical difficulties are similar in most

---

[6]These are also on offer. See for example Mintzberg's coachingourselves.com.
[7]Sometimes also called intervision. The concepts are overlapping and used synonymously. For a suggested joint European terminology see Judy und Knopf (2015).

organisations: creating opportunities (i.e. finding time and space), clarifying rules and defining roles such as facilitating, acknowledging the institutional framework and agenda (Moon 2004).

In summary our perspective suggests a more modest role for managers in their organisations, where they proceed from an acknowledgement of non-linear causalities, emergence of unpredictable patterns of interaction in organisation, stable instability and the impossibility of foreseeing the future. Managers in organisations of the social, health and education sectors are particularly exposed to paradox, dilemma and other forms of contradictory demands due to the nature of their organisation's task. They are concerned with human vulnerability as a core business, are operating in a morally charged environment and are dependent on fast changing political and social environments for funding and legitimacy. One of the roles of managers is to be alert to what is going on inside and around the organisation, how the multiplicity of demands affect each of the organization's members, their relationships with each other and their co-operation, including the manager herself. Reflexive managers support the development of a practice of "paying attention to the quality of conversational life in the group" (Mowles 2015, p. 175). They recognise how they are themselves participants rather than observers. There is no position 'outside' of what is going on, but only involvement that we can try to be more detached about.

Conclusion

As managers themselves have to come to terms with conditions of uncertainty and unpredictability, then so does management education. Many taught programs in the non-profit sector follow instrumental approaches of conveying classical for-profit business skills (strategy, change management finance, marketing, human resource management). However, there is also a tradition of building on the social work, health and education profession's own experiences in management development. These include a high regard for communication and participation, plurality and diversity, professional and organisational ethics (Fröse 2005). An attentive, dialogic attitude[8] towards the other has always been an essential feature of the so-called helping professions, long before 'mindfulness' became recognised as the latest management technique.

---

[8]Our inadequate paraphrase of what Fröse (Fröse 2005, p. 374) much more precisely describes as "zugewandter Blick". For a discussion of management and leadership based on the philosophy of Dialogic see also Herzka (2013).

It also involves valuing practical knowledge developed in concrete situations where students are invited to notice and reflect upon patterns of behaviour, their own and other people's, which demonstrates employees' propensity to get caught up in the game of organisational life. This is knowledge developed from within practice for practice. It draws, of course, on wider more abstract theories about organising, but focuses instead on how these theories are functionalised. The intention is to provoke resonance and recognition and to trigger students to reflect upon their own experiences of being involved in similar situations.

The response from our work with executive students over the years supports the view that management education (rather than teaching) has to develop the same modesty we suggest for management practice. We advocate creating more space for peer-coaching of managers within the formal management education setting. Learning groups offer not only opportunities to share and discuss one's own cases (issues, problems, successes etc.) as managers with other managers. They also enable participants to look jointly at how they interact with each other in such a group, fulfilling certain roles (teacher, student, seasoned manager, novice, etc.), sharing individual expectations and working with the collective wisdom of individual knowledge and experience.

Reflexive practice in social, health and education mirrors the critical and emancipatory mandate of these professions. With historical reference to totalitarian views of economic progress paired with all-encompassing social control, Andreas Lob-Hüdenpohl (2007) reminds us of the necessity to question constantly professional and organisational practice as an essential ethical reflection. We suggest building on this self-image of the professions as a useful perspective for management education and management practice.

References

Anheier, Helmut K. 2000. *Managing non-profit organisations: Towards a new approach.* London: Centre for Civil Society, LSE (Civil Society Working Paper 1).
Elias, Norbert. 1991. *The society of individuals.* Oxford: Blackwell.
Fleck, Ludwik. [1934] 1979. *Genesis and development of a scientific fact.* Chicago: University of Chicago Press.
Foulkes, Siegmund H. 1964. *Therapeutic group analysis.* London: George Allen and Unwin.
Foulkes, Siegmund H. 1990. *Selected papers of S.H. Foulkes: Psychoanalysis and group analysis.* London: Karnac.
Fröse, Marlies W. 2005. Komplexität managen – das Darmstädter Management-Modell. In *Management Sozialer Organisationen,* Hrsg. M. W. Fröse, 353–399. Bern: Haupt.
Gardner, Fiona. 2014. *Being critically reflective.* Basingstoke: Palgrave.

Grunwald, Klaus. 2012. Zur Bewältigung von Dilemmata und Paradoxien als zentrale Qualifikation von Leitungskräften in der Sozialwirtschaft. In *Personal im Sozialmanagement*, Hrsg. H. Bassarak, and S. Noll, 55–79. Wiesbaden: Springer VS.
Hasenfeld, Yeheskel. (Ed.). 2010. *Human services as complex organizations* (2nd ed.). Thousand Oaks: Sage.
Hedström, Peter. 2005. *Dissecting the social: On the principles of analytical sociology*. Cambridge: Cambridge University Press.
Herzka, Michael. 2013. *Führung im Widerspruch: Management in Sozialen Organisationen*. Wiesbaden: Springer VS.
Herzka, Michael, and Mowles, Chris. 2015. Risiko, Unsicherheit und Komplexität: Grenzen des Risikomanagements. In *Risiko und Soziale Arbeit. Diskurse, Spannungsfelder, Konsequenzen*, Hrsg. Hanspeter Hongler, and Samuel Keller, 115–130. Wiesbaden: Springer VS.
Judy, Michaela, and Wolfgang Knopf (Eds.). 2015. *ECVision. Supervision and coaching in Europe: Concepts and competences*. Wien: Wiener Volkshochschule. http://www.anse. eu/ecvision/products.
Lob-Hüdepohl, Andreas. 2007. Berufliche Soziale Arbeit und die ethische Reflexion ihrer Beziehungs- und Organisationsformen. In *Ethik Sozialer Arbeit. Ein Handbuch*, Hrsg. Andreas Lob-Hüdepohl, and Walter Lesch, 113–161. Paderborn: Schöningh.
Lynch, Michael. 2000. Against reflexivity as an academic virtue and source of privileged knowledge. *Theory, Culture & Society* 17(3): 26–54.
Mead, George Herbert. 1934. *Mind, self and society from the standpoint of a social behaviorist*. Chicago: Chicago University Press.
Moon, Jennifer A. 2004. *Reflection in learning & professional development* (Repr. ed.). London: RoutledgeFalmer.
Mowles, Chris. 2011. *Rethinking management: Radical insights from the complexity sciences*. London: Gower.
Mowles, Chris. 2015. *Managing in uncertainty. Complexity and the paradoxes of everyday organizational life*. London: Routledge.
Stacey, Ralph D. 2010. *Complexity and organizational reality: Uncertainty and the need to rethink management after the collapse of investment capitalism*. London: Routledge.
Stacey, Ralph D. 2012. *Tools and techniques of leadership and management*. London: Routledge.
Stacey, Ralph D., Douglas Griffin, and Patricia Shaw. 2000. *Complexity and management: Fad or radical challenge to systems thinking?* London: Routledge.
Steffensen, Bernd. 2015. Fayol (1916): Administration industrielle et générale, prévoyance, organisation, commandement, coordination, contrôle. In *Schlüsselwerke der Organisationsforschung*, Hrsg. Stefan Kühl, 264–267. Wiesbaden: Springer VS.
Thompson, Sue, and Neil Thompson. 2008. *The critically reflective practitioner*. Basingstoke: Palgrave.

Prof. Dr Michael Herzka is lecturer in non-profit management, leadership and organization at Bern University of Applied Sciences. He has worked in international development NGOs, in education and health organizations and as an independent consultant. E-Mail: michael.herzka@bfh.ch

Prof. Dr Chris Mowles is Director of the Complexity and Management Group and its Doctor of Management programme at the University of Hertfordshire Business School (UK). He has worked in the public service, in international development NGOs and as an independent management consultant. E-Mail: c.mowles@herts.ac.uk

Zukunftsstrategien und Synergie erzeugende Optionen des Sozialmanagements und Schulmanagements

Herbert Bassarak

Mit diesem Beitrag soll zwar kein neues, noch nie in der Sozialwissenschaft, der Erziehungswissenschaft oder der Bildungspolitik thematisiertes Kapitel aufgeschlagen, aber dennoch ein immer dringender und an Bedeutung gewinnender Bereich öffentlichen Dienstleistungsmanagements vertieft werden, um mit Blick auf die wachsende Komplexität der Gesellschaft – interdisziplinäre – Überlegungen zu evidenzbasierten ‚*Zukunftsstrategien und Synergie erzeugende Optionen des Sozialmanagements und Schulmanagements*' zu erörtern, die bisher eher im Hintergrund liegen. Zugestandener Maßen kann festgestellt werden, dass die sich um Sozialmanagement im Kontext mit Schulmanagement rankenden Themenkomplexe der ‚academic community' inzwischen deutlich breiter aufgestellt sind und sich hierum die wissenschaftliche Forschung, Politikberatung und berufliche Praxis bemüht (Bassarak 2004, 2008).

Die von beiden Erziehungs- und Bildungssystemen ‚*Schule*' und ‚*Jugendhilfe*' zu erfüllenden Kernaufgaben erfahren aufgrund der fortschreitenden gesellschaftlichen Diversifizierung (z. B. Fülle an Lehr- und Lernzielen für die Schülerinnen und Schüler, vielfältige Familienformen, Erziehungsvorstellungen und sozio-kulturelle Hintergründe in den unterschiedlichen Sozialräumen) einen Bedeutungszuwachs. Bei den Kooperationspartnern existieren oftmals komplexe

---

H. Bassarak (✉)
TH Nürnberg Georg Simon Ohm, Sozialwissenschaften,
Lauf an der Pegnitz, Deutschland
E-Mail: herbert@bassarak.de

© Springer Fachmedien Wiesbaden GmbH, ein Teil von Springer Nature 2018
W. Grillitsch et al. (Hrsg.), *Gegenwart und Zukunft des Sozialmanagements und der Sozialwirtschaft*, https://doi.org/10.1007/978-3-658-21607-8_27

Strukturen, komplizierte Verfahrensweisen und daraus resultierende, schwierig zu bewältigende Momente der Zusammenarbeit. Hierbei fehlt es oftmals an einem gemeinsamen Grundverständnis von der Arbeit am und mit jungen Menschen; es fehlt an einem untereinander abgestimmten Design von Bildung, Erziehung und Betreuung mit eindeutig definierten Aufträgen, Rollen, Funktionen sowie Zuständigkeiten und Abgrenzungen (auch in zentralen Managementbereichen). Nicht selten fehlt es an einer gegenseitigen Wertschätzung der involvierten Akteure, an gemeinsamen Dispositionen hinsichtlich der zu erreichenden Ziele, einem integrierten Zielsystem sowie an einer dem Wohle der jungen Menschen dienenden Prozesskultur, an systemübergreifender Zusammenarbeit und Vernetzung (z. B. im Kontext kommunaler Netzwerkpolitik). So gilt es – die vielen vielfältigen Bedürfnissen und Anforderungen der unterschiedlichen Interessensgruppen berücksichtigend - mögliche Hürden und Risiken, aber auch Chancen und etwaige Schnittstellen, Überschneidungsmengen und Verknüpfungsmöglichkeiten (z. B. Wirkungsketten) herauszuarbeiten, um kompetente und tragfähige Antworten finden zu können. Dabei sollten – vornehmlich orientiert an zentralen Grundlagen und Prinzipien des Projektmanagements – nicht so sehr sektorale oder zeitbefristete Einzelmaßnahmen in den primären Fokus geraten, sondern auf dem Prinzip einer ‚*Lernenden Organisation*' sich gründend Chancen einer gemeinsamen, vor allem ganzheitlichen Organisationsentwicklung der beiden Erziehungs- und Bildungssystem Schule und Jugendhilfe betrachtet und partnerschaftlich genutzt werden.

Der in diesem Kontext verwendete Begriff ‚*systemisch*' beschreibt eine systemtheoretisch begründete Herangehensweise. Da es unterschiedliche Systemtheorien gibt, wird – um allein die Tragweite und Tiefe zu verstehen – der Begriff ‚systemisch' zum Teil unterschiedlich definiert. Für Luhmann (1994, S. 15ff.) beschreibt der Begriff ‚*System*' weder ein Ding, noch einen Raum, sondern eine Differenz – die Differenz von System und Umwelt. Die Annäherung an den Begriff erfolgt hier einerseits auf der Basis der soziologischen Systemtheorie und andererseits einer an dieser Theorie orientierten Beschreibung der Schulsozialarbeit (siehe hierzu auch Hafen 2005). Laut Peters bringt ‚*Schulsozialarbeit ... die Systemkompetenz der Jugendhilfe in die Kooperation mit Schule ein und ist Vermittlungsinstanz im Bildungssystem. Das Wissen um die Funktionsweise und Struktur der Jugendhilfe und die Verbindung in ihr System sind wichtige Grundlagen für erfolgreiche Schulsozialarbeit*' (Peters 2014, S. 23). Schneider gelangt aufgrund dieser Tatsache zu der Erkenntnis: ‚*Wenn der Schulsozialarbeit von ihrem Verständnis her eine ganzheitliche Betrachtung der ihr anvertrauen Adressatinnen und Adressaten von Bedeutung ist, muss sie zum einen das System hierfür im Einzelfall nutzbar machen (Arbeit im System), aber auch das System in seiner Kompetenz weiterentwickeln (Arbeit am System)*' (Schneider 2016). Dieser Erkenntnis zustimmend – ausgehend von der Kritik an der institutionellen

Zergliederung der eigentlich ganzheitlich wahrzunehmenden Daseinsvorsorge - können selbstkritisch mehrere Argumente ins Feld geführt werden. Hinsichtlich der Erreichung des Ziels eines in sich abgestimmten Systems, von der Entwicklung einer zunächst eher additiven, hin zu einer integrierten, in sich abgerundeten Gestaltung, die letztlich von der Wissenschaft und beruflichen Praxis als Symbiose von Schulmanagement und Sozialmanagement wahrgenommen werden kann, besteht den Beschäftigten ein insgesamt langer und zum Teil verschlungener Marsch durch die Institutionen bevor (Bassarak 2004). Denn es werden vor allem vor Ort etliche Schwierigkeiten und Barrieren zu überwinden sowie praxistaugliche strategische Allianzen und Netzwerke (Bassarak und Genosko 2001) zu schmieden sein.

Durch sozial- und bildungspolitische Veränderungen entstehen permanent neue Baustellen, wachsen Anpassungserfordernisse und Gelingensbedingungen in beiden Erziehungs- und Bildungsinstanzen ‚Schule' und ‚Jugendhilfe'. So sollte Schule generell zu einem lebensbereichernden Lernort gemacht werden.

Da bekanntlich Stillstand in aller Regel Rückschritt bedeutet stellen die gesellschaftspolitischen Veränderungen die involvierten Akteure, insbesondere die für das Management Verantwortlichen, vor neue Aufgaben und Herausforderungen. Dazu zählen beispielsweise die sich permanent verändernden Funktionen und Rollen von Lehrerinnen und Lehrern, von Schulsozialarbeiterinnen und Schulsozialarbeitern, von Schulleitungen und Schulverwaltungen als aktive Initiatoren und Manager von Entwicklungsprozessen, die mit weitreichenden Kompetenzänderungen, Konsequenzen und der Zurückgewinnung verlorenen Vertrauens und Systemvertrauens verbunden sind. Denn in Deutschland wird z. B. der Lehrerberuf vielfach noch als Halbtagsberuf verstanden – Lehrerinnen und Lehrer fühlen sich zum Teil weitgehend nur dem Unterricht verpflichtet. Dieser Zustand ist im Interesse der Schülerinnen und Schüler und deren Erziehungsberechtigten möglichst konstruktiv zu lösen, was auch ein Zusammenführen der Managementbereiche erforderlich macht. Es gilt einen ‚*Wandel durch Annäherung*' zu gestalten, vor allem für die in den Führungs- und Leitungspositionen verantwortlich Agierenden.

Im Kontext von Schulmanagement und Sozialmanagement, die zunächst im jeweiligen Systemzusammenhang ihrer Organisation stehen und insbesondere vor Ort zur Wirkung kommen müssen, geht es zum einen um Lebensbewältigung der jungen Menschen in der Schule. Zum anderen geht es um Schuleffektivitätsforschung sowie um eine wissenschaftlich fundierte Fort- und Weiterbildung im Sinne der Professionalisierung und qualitätssichernden beruflichen Handelns bis hin der Schulsystementwicklung und der Begleitung der Schulen auf dem Weg einer permanent ‚*Lernenden Schule*'. Schulentwicklung bezieht sich dabei auf die sogenannten inneren Schulangelegenheiten (z. B. Erziehung, Lehrpläne, Unterricht) und Schulentwicklungsplanung auf die äußeren Schulangelegenheiten (z. B. Errichtung und Unterhaltung der Schulgebäude).

Die Verantwortung tragenden Akteure müssen in die Lage versetzt werden, Strukturen und Verfahrenswege der Schulentwicklung in den Bereichen Organisationsentwicklung, Personalentwicklung, Unterrichtsentwicklung und Schulsozialarbeit zu initiieren und qualitätssichernd zu planen, zu organisieren, zu gestalten, zu vernetzen und zu steuern.

Durch die fortschreitende demografische Entwicklung, die anhaltende Nachfrage nach Schulen des längeren gemeinsamen Lernens, den damit verbundenen fortschreitenden Auflösungsprozess von Haupt- und Realschulen sowie durch das Schulwahlverhalten der Erziehungsberechtigten und die strengen Gründungsbedingungen für Sekundarschulen und Gesamtschulen erfordern einerseits vermehrt Handlungsnotwendigkeiten für die verantwortliche Politik. Zudem ist seit vielen Jahren wissenschaftlich mehrfach belegt (siehe z. B. Rolff 1967), dass unser bundesrepublikanisches Schulsystem nicht begabungsgerecht ist und viel zu früh selektiert. Andererseits ist zwar unstrittig, dass es Unterschiede hinsichtlich der Leistungsfähigkeit von Schülerinnen und Schüler gibt. Allerdings widerlegen z. B. der Wandel des Schulwahlverhaltens und die regionale Spreizung der Bildungsbeteiligungen den Anspruch einer Begabungsgerechtigkeit. Des Weiteren gibt es keine wissenschaftlich schlüssigen Argumente für ein mehrfach gliedriges Schulsystem und keine eindeutig Definition, was eine Hauptschulbegabung, was eine Realschulbegabung oder was eine Gymnasialbegabung ist.

Darüber hinaus sollten systematisch Überlegungen zur Neuorganisation kommunaler Bildungsangebote – unabhängig von der Zuständigkeit der Städte, Landkreise und Gemeinden – auf der Grundlage ihrer jeweiligen Schulentwicklungsplanung bei der Gestaltung ihres eigenen Schulversorgungssystems möglichst frühzeitig gemeinde- und ggf. auch kreisübergreifend betrieben werden, um eine im beiderseitigen Interesse liegenden Abstimmung mit den umliegenden Schulträgern zu erreichen.

Das Gebot der Stunde für das Schulmanagement muss insofern ‚*interkommunale Schulentwicklungsplanung*' lauten. Diese Vorgehensweise ist jedoch nicht mit einem Verzicht auf kommunale Entscheidungsbefugnisse gleichzusetzen, sondern vielmehr eine Orientierungshilfe für die einzelnen Schulträger und deren Schulmanagement.

1 Soziale Probleme und Problemlagen

Schulsozialarbeit als originärer Bestandteil der Jugendhilfe ist immer eine Form helfenden Handelns mit dem Auftrag der aktiven Einmischung (Mielenz 1981; Früchtel et al. 2013, S. 185f.) zur Vermeidung und Lösung sozialer Probleme und Problemlagen und deren nachgehender Behandlung.

Doch was ist die originäre Aufgabe von Schulsozialarbeit? Etwa die Systemstabilisierung der Erziehungs- und Bildungsinstanz Schule mit ihren diffizilen Selektionsmechanismen?

Was sind die primären sozialen Probleme und Problemlagen im Arbeitsfeld der Schulsozialarbeit? Etwa eine Steigbügelhalterung zur zusätzlichen Absicherung einer Leistungssteigerung der Schülerinnen und Schüler?

Wie sind soziale Probleme und Problemlagen zu erkennen? Etwa mittels spezifischer Methoden, Instrumente und Techniken der empirischen Sozialforschung (quantitativ und qualitativ), der Schulentwicklungsforschung sowie der Sozial- und Jugendhilfeplanung (siehe u. a. Bassarak 1976; Bassarak et al. 2001)?

Und wie kann sozialen Problemen und Problemlagen erfolgversprechend begegnet werden? Etwa durch die Beförderung eines ‚Wandels durch Annäherung' von ‚Schulmanagement' und ‚Sozialmanagement' mittels strategischer Allianzen in optimierten Regiebetrieben?

Soziale Probleme, primärer Ausgangspunkt beruflichen Handelns in der Sozialen Arbeit und folglich auch in der Schulsozialarbeit, in dem hier verstandenen Sinne sind Phänomene, die aufgrund eines erforderlichen aber fehlenden (z. B. soziale Isolation im Klassenverband) oder nicht funktionierenden (gestörte soziale Beziehung unter Schülerinnen und Schülern) Verhältnisses zwischen

- Einzelnen und Einzelnen (Person X und Person Y);
- Einzelnen und sozialen Systemen (wie den Systemen ‚Schule' und ‚Jugendhilfe') und
- zwischen sozialen Systemen

entstehen und denen man z. B. durch Schulsozialarbeit Aufmerksamkeit und Hilfen in Form von ausgleichenden, korrektiven oder prophylaktischen Maßnahmen zukommen lässt.

Soziale Probleme werden dann – eingebettet in diesem Kontext – zum Gegenstand der Schulsozialarbeit, wenn

- ein solches Problem die Lebenssituation und -welt einer einzelnen Schülerin bzw. eines Schülers oder das binnenstrukturelle Arbeitsklima in einer Klasse bestimmt oder zu bestimmen droht;
- dieser Zustand von wenigstens einem der Beteiligten (z. B. Schüler, Erziehungsberechtigter, Lehrer) als soziales Problem wahrgenommen und definiert wird;
- dieser Zustand durch die den Beteiligten zur Verfügung stehenden Kompetenzen und/oder Ressourcen nicht bewältigt werden können.

Spezifische Problembereiche bei fehlender oder gestörter sozialer Beziehung im zuvor genannten Sinn sind z. B.

- materielle oder physische Versorgungsprobleme (z. B. Armut und Gesundheit betreffend);
- erzieherische Versorgungsprobleme (z. B. bei alleinerziehenden Elternteilen);
- sozio-kulturelle Versorgungsprobleme (z. B. Schülerinnen und Schüler mit Migrationshintergrund);
- sozial-emotionale Annahmeprobleme (z. B. Verkraften und Bewältigen traumatischer Erlebnisse).

Im ‚Sozialmanagement' sind im Kontext einer sich generell einbringenden und sich einmischenden Sozial- und Jugendhilfeplanung Sozialindikatoren (z. B. Sozialindikatoren-Tableaus) zur Eruierung sozialer Probleme und Problemlagen bekannt wie z. B.

- Bildungsstand (siehe z. B. den gesetzlich normierten Auftrag gemäß Artikel 31 BayEuU);
- Versorgungsgrad mit sozialen Einrichtungen, Diensten und Veranstaltungen (z. B. Tageseinrichtungen für Kinder, Erziehungsberatungsstellen, Familienberatung, Jugendzentren, arbeitswelt-, schul- und familienbezogene Jugendarbeit);
- Bedürftigkeit nach gesellschaftlichen Transferleistungen wie Hartz IV, Wohngeldbedürftigkeit;
- Verwahrlosung;
- Kriminalität (z. B. Aufkommen an Jugendgerichtshilfefällen);
- Alkoholismus- und Drogenkonsum (z. B. Verstöße gegen das Betäubungsmittelgesetz).

Die wachsende Ursachenkomplexität sozialer Disparitäten (siehe z. B. Bassarak 1983; Miosga 2015) und fortschreitende Verschlüsselung sozialer Probleme und Problemlagen erfordern zunehmend ein qualifiziertes berufliches Handeln der involvierten Akteure (Fach-, Feld- und personale Kompetenz), der für das ‚Schulmanagement' und das ‚Sozialmanagement' Verantwortlichen ebenso wie auch der Schulsozialarbeiterinnen bzw. Schulsozialarbeiter (siehe u. a. §§ 78b, 79a, 81 Nr.3 SGB VIII).

Die vielfältigen und oftmals wechselseitigen Innovationsprozesse inhaltlicher Beeinflussung und prägender Gestaltung könnten von ‚Schulmanagement' und ‚Sozialmanagement' adaptiert werden, indem struktur-, prozess- und funktionsbezogene Vorgehensweisen des jeweils anderen Systems – dem Grunde nach und/ oder teilweise – übernommen und auch tatsächlich genutzt würden.

Allgemeine Zielperspektiven des Management und folglich des beruflichen Handelns der für Schulsozialarbeit Verantwortlichen sind in diesem Kontext die Herstellung oder Wiederherstellung

- der Handlungsautonomie bei den Schülerinnen und Schüler sowie deren Erziehungsberechtigten bzw. aller involvierten Adressaten mit dem Ziel der ‚*Hilfe zur Selbsthilfe*' und
- durch die Schaffung neuer bzw. die Integration in vorhandene Lebenswelten (z. B. hinsichtlich der primären Erziehungsinstanz Familie) und Sozialräume (Schule als Lebens- und Lernort).

Mit dieser doppelten Zielperspektive, die zugleich zwei zentrale Handlungsebenen bedeuten, nämlich die vor allem auf die Schülerinnen und Schüler bezogene sowie die zielgruppenbezogene (z. B. der Klassenverband) und sozialraumorientierte Sichtweise (z. B. auf Soziotope) unterscheidet sich Schulsozialarbeit grundsätzlich von anderen helfenden Dienstleistungen.

Das berufliche Handeln in den auftrags- und aufgabenbezogenen Arbeitsfeldern der Schulsozialarbeit verfügt mittlerweile über eigene Arbeitsmethoden und spezifische Arbeitstechniken (siehe Bassarak 2015). Das methodische Vorgehen unterliegt dabei prozessorientiert mehreren Ebenen, Schritten und Phasen:

- Problemerkennung und -erfassung,
- Problemanalyse,
- Problembewertung,
- Aufgabenformulierung,
- Planung und Handlungsplan,
- Handlungs- bzw. Umsetzungsstrategien,
- Durchführung,
- Kontrolle und Controlling,
- Evaluation und
- Fortschreibung.

Von diesem methodischen Vorgehen ist in der Schulsozialarbeit die Anwendung/ Nutzung berufsspezifischer Arbeitstechniken zu unterscheiden wie z. B.

- Gesprächstechniken (z. B. Zielvereinbarung bei Mediation),
- Beobachtungstechniken (z. B. teilnehmende Beobachtung),
- Dokumentationstechniken (z.B. Aktenführung),

- Veranstaltungstechniken (z. B. Seminare, Events) und
- Planungs- und Organisationstechniken (z. B. Rollen- und Planspiel, Netzplantechnik),

die auch für die Zusammenführung von Sozialmanagement und Schulmanagement von großem Interesse sein dürften.

Schulsozialarbeit kann hier – eingebettet und getragen von Sozialmanagement und Schulmanagement – als Motor problemlösender Maßnahmen und letztlich zur Bewältigung sozialer Probleme und Problemlagen dienen.

2 Systemtheoretische Grundlagen für Schule und Jugendhilfe

Der Begründer der soziologischen Theorie selbstreferentieller Systeme (Luhmann 1993) knüpft in seiner Theoriekonstruktion an die Arbeiten Parsons an (siehe auch Willke 1991, Morel et al. 1993). Ziel war und ist es, eine fachuniverselle Theorie zu begründen, die in ihrem Komplexitätsgehalt der Komplexität realer sozialer Systeme angemessen ist. Luhmann bringt den systemischen Charakter seiner Theorie in der Feststellung zum Ausdruck, dass sie mittlerweile einen Komplexitätsgrad erreicht habe, der sich nicht mehr linear erklären lasse (Luhmann 1993, S. 14). Luhmann überwindet den vorherrschenden systemtheoretischen Gebrauch der Begriffe *‚Struktur'* und *‚Funktion'*. Die Begriffe *‚Struktur'* und *‚Funktion'* finden zwar noch vielfach Verwendung; sie verlieren allerdings ihre vorrangige Bedeutung. Vielmehr werden die Begriffe *‚Selbstreferentialität'* und *‚Autopoiesis'* durch Anknüpfung an die Theorie Maturanas (1982, 1987) und Valeras, in der die Selbstorganisation des Systems primär in den Blick genommen wird, zu grundlegenden Prämissen.

Systemtheorie ist demnach als ein *‚ ... interdisziplinäres und operatives Theorieprogramm zu verstehen, das mit einer besonderen erkenntnistheoretischen Perspektive Erscheinungen aller Art als Ergebnis oder Prozess gegliederter und stabilisierter wechselseitiger Verbundenheit beschreibt'* (Hennen 2002, S. 587) und zeichnet sich (nach Stünzner 1996, S. 39f.) durch sieben allgemeine Charakteristika aus:

1. Ganzheiten werden nicht mehr in ihre Bestandteile zerlegt, um aus den Eigenschaften der einzelnen Elemente auf Beschaffenheit und Eigenschaften eines Systems zu schließen. Es wird vielmehr davon ausgegangen, dass Systeme etwas anderes - mehr - als die Summe ihrer Teile sind.

2. Systeme sind nicht ohne Austauschbeziehungen zu ihrer Umwelt denkbar, transformieren Inputs auf je spezifische Art und Weise und geben schließlich systemspezifische Outputs ab.
3. Systeme sind auf Erhalt ihrer Identität orientiert und bedürfen daher einer Flexibilität und Dynamik, um Anpassungsprozesse an eine sich verändernde Umwelt vollziehen zu können.
4. Systemtheorie thematisiert Komplexität und hebt daher besonders auf das Gefüge der Beziehungen (und die für die Dynamik von Systemen verantwortlichen Wechselwirkungen; vgl. Hennen 2002, S. 588) der Systemkomponenten ab.
5. Systemtheorie geht davon aus, dass ein Gefälle zwischen der Komplexität von Umwelt und der von Systemen existiert.
6. Die Bedingungen für das Überleben von Systemen vor dem Hintergrund von Komplexität bildet das Zentrum systemtheoretischer Überlegungen.
7. Der Anspruch der Systemtheorie auf Allgemeingültigkeit ergibt sich aus der Annahme, dass für alle Systeme gültige Gesetze, Prinzipien, Prozesse und Ursachen existieren.

Unter einem System wird bei dem hier zu diskutierenden Gegenstandsbereich des Verhältnisses von ‚*Schulmanagement*' und ‚*Sozialmanagement*' eine Gesamtheit von Elementen verstanden, die miteinander verbunden sind und interagieren. Ein System agiert sinngebend und reagiert entsprechend seines zielgerichteten Auftrages im Rahmen der ihm zur Verfügung stehenden Ressourcen und Möglichkeiten in der Regel selbstbestimmend. Es kann einerseits von außen angeregt werden, sich zu verändern; andererseits kann es auch mit negativen Vorzeichen instrumentalisiert werden. Doch die Art und Weise, wie sich das jeweilige System ändert, hängt primär von seinen eigenen Regelwerken sowie kreativen Potenzialen, Talenten und sonstigen Elementen ab. Daraus lässt sich folgern, dass die Hilfe immer ‚*Hilfe zur Selbsthilfe*' bzw. ‚*Selbstveränderung*' ist. Die Systemtheorie zeigt also strukturelle und funktionale Möglichkeiten und Grenzen kommunikativer Beeinflussung und wechselseitiger Abhängigkeit gleichzeitig auf.

Die Systemtheorie sieht Organisationen dem Grunde nach als lebende Systeme, die aus sich selbst heraus spontane Ordnungen bilden und daher nicht so sehr das Ergebnis einer planenden Vernunft, sondern viel eher das Resultat von natürlichen Wachstums- und Entwicklungsprozessen sind. Eine Organisation besteht dabei aus verschiedenen Systemelementen, welche ein dynamisches Netzwerk von Wechselbeziehungen untereinander und mit ihrer Umwelt bilden. In der Systemtheorie wird laut Luhmann die traditionelle Differenz von Ganzem und Teil durch die Differenz von System und Umwelt ersetzt; sie ist eine funktionalistisch und nicht kausal erklärende Theorie (vgl. auch Krieger 1998, S. 18).

Unsere Welt ist den zuvor stehenden Ausführungen zufolge weder System noch Umwelt, sondern die Einheit von System und Umwelt. Wie zuvor skizziert geht die Systemtheorie davon aus, dass jedes System seine Grenze zu seiner Umwelt laufend dadurch zieht, dass es seine systemeigenen Operationen (selbstreferentiell) aneinanderreiht. Hafen (2016) greift Luhmanns systemtheoretischen Ansatz auf und wählt als Beispiel ein Loch, dessen Rand nicht fassbar ist (obwohl der Rand gerade *nicht* das Loch ist). So ist ein System ohne Bezug zu seiner relevanten Umwelt nicht denkbar.

In der soziologischen Systemtheorie werden drei Systemebenen unterschieden, die für sich wechselseitig relevante Umwelten darstellen:

- die Ebene der sozialen Systeme mit ihren Kommunikationen,
- die Ebene der psychischen Systeme mit ihren Wahrnehmung und Gedanken und
- die Ebene der organischen (insbesondere der körperlichen) Systeme mit ihren biologischen Operationen.

Dazu kommt die physikalisch-materielle Umwelt (z. B. das Schulgebäude), die selbst nicht systemisch ist, weil Materie nicht einer dynamischen Abfolge von Operationen entspricht.

Neben der Einführung und Beachtung der Begrifflichkeit ‚*System*' wurde auch eine spezifische Differenzierung zwischen einem ‚*sozialem System*' und einem ‚*psychischem System*' vollzogen. Beide kommunizieren und interagieren mit ‚Sinn', wobei neben der Beziehung zwischen Individuen drei involvierte Sinnsysteme klassifiziert werden können. Es handelt sich einerseits um zwei psychische Systeme (Person X und Person Y) und andererseits um ein soziales System, welches das Beziehungsverhältnis darstellt und verdeutlicht. Allerdings ist hierbei keines der involvierten Systeme auf ein anderes System zurückführbar.

Die verschiedenen Systeme sollten sich - nicht zuletzt im Interesse der Schülerinnen und Schüler – soweit wie möglich gegenseitig durchdringen, also wechselseitig beeinflussen und womöglich verändern, halt interpenetrieren, und somit einen ‚*Wandel durch Annäherung*' mittels gemeinsamer Co-Evolution erzeugen und folglich die jeweilige Anschlussfähigkeit aktiv befördern. Interpenetration gibt es demnach - wie zuvor skizziert - z. B. im Verhältnis von ‚*psychischen Systemen*' und ‚*sozialen Systemen*'. Dabei stellt jedes interpenetrierende System die eigene Komplexität mit seinen Potentialen und Talenten bei der Konstitution des anderen zur Verfügung.

Die Systemtheorie geht den zuvor stehenden Ausführungen folgend von relevanten ‚*sozialen Systemen*' aus und versucht innerhalb dieser Systeme Muster zu finden. Von Bedeutung ist, was auf die psychischen und biologischen Systeme

(Mensch) einwirkt, die in diesem System inkludiert sind und wie diese wiederum auf die sozialen Systeme wie ‚*Schule*' und ‚*Jugendhilfe*' wirken. So sind ‚*Schule*' und ‚*Jugendhilfe*' soziale Systeme, halt Organisationssysteme, deren Mitgliedschaftsgruppen verschiedene Organisationseinheiten bilden (z. B. Abteilung Jugendarbeit, äußere Schulangelegenheiten) und über jeweils spezifisch geregelte Handlungsabläufe verfügen (z. B. Zensurenkonferenz, Hilfeplanverfahren bei den ‚*Hilfen zur Erziehung*' gemäß § 36 Abs. 2 SGB VIII).

Bezogen auf den hier thematisierten Gegenstandsbereich erfordern die komplexen Aufträge und Aufgaben der Systeme ‚*Schule*' und ‚*Jugendhilfe*' und deren Erfüllung für Schulsozialarbeit zum einen ein solides und zugleich kompatibles Zielsystem sowie eine gut durchdachte Aufgabenwahrnehmung und -kontrolle sowie zum anderen ein funktionales Management auf den normativen, strategischen und operativen Ebenen. Aufgrund der zum Teil sehr komplexen Aufträge, Aufgaben und vielschichtigen Interdependenzen, die allein schon durch die in den einzelnen Bundesländern unterschiedlichen normativen Vorgaben und atomisierten Aufgabenteilungen deutlich zu Tage treten, sind beide Erziehung- und Bildungsinstanzen ‚*Schule*' und ‚*Jugendhilfe*' besonders auf professionelle Methoden, Instrumente und Techniken der Planung, Organisation, Qualitätsentwicklung und -sicherung sowie Steuerung angewiesen.

In dem System ‚*Jugendhilfe*' wirken wiederum verschiedenartige Subsysteme einschließlich ihrer Wechselwirkungen. Es gibt u. a. das ‚*Funktionssystem*' in der Gesellschaft, das sozialarbeiterische ‚*Organisationssystem*' (z. B. Jugendamt) und das sozialarbeiterische ‚*Interaktionssystem*' (z. B. Beziehung zwischen Ratsuchenden und Sozialarbeiter). Keines der Systeme kann dabei auf das ‚*Sinnsystem*' des anderen Systems direkt Einfluss nehmen, es bietet jedoch indirekt über die ‚*Schulsozialarbeit*' ‚*brückenschlagende Kommunikations- und Interaktionsstränge*' und ‚*Sinnangebote*' an.

In der Systemtheorie wird ‚*Interpenetration*' demnach zum Zwecke struktureller Koppelung bei beidseitiger Qualifizierung verstanden als ein aktives wechselseitiges ‚*Durchdringen von Systemen mit fremden Leistungsanforderungen*' (Westerbarkey 1995, S. 154). Das bedeutet, dass kein System ohne das andere System optimal funktionieren und eine hundertprozentige Zielerreichung garantieren kann.

Somit können – den zentralen Erkenntnissen der Systemtheorie folgend – für den hier zu behandelnden Gegenstandsbereich Möglichkeiten und Grenzen gegenseitiger Beeinflussung aufgezeigt werden. Durch Kenntnis und Anteilnahme am Sinnsystem des jeweils anderen Systems können Synergieeffekte erzeugt, Interdependenzen verstärkt und schlussendlich die Anschlussfähigkeit erhöht werden. Offenheit sowie Kommunikations- und Interaktionsstränge können qualifiziert werden, z. B. dadurch, dass Sprachcodes des Gegenübers und weniger der eigene Fachjargon eingesetzt wird. Ziele, Inhalte, Arbeitsformen und Methoden können besser vermittelt, didaktisch genutzt und für erforderliche Prozesse der Identitätsfindung des anderen sensibilisiert werden.

Allerdings sind neben den Chancen und Möglichkeiten auch Hindernisse und Grenzen des Machbaren zu beachten. Denn das Sinnsystem eines anderen (z. B. das Selektions- und Auslesesystem der ‚Schule') kann von dem anderen System (z. B. das Prinzip der Freiwilligkeit, ‚Jugendhilfe' als offenes, nicht sanktionierendes System) nicht absolut antizipiert, jedoch reflektierend zur Kenntnis genommen werden.

Es gilt von dem System ‚Jugendhilfe' zu erkennen und zu beachten, dass durch die dem Grunde nach operative Geschlossenheit des Systems ‚Schule' Grenzen des Zusammenwachsens oder gar einer symbiotischen Verschmelzung vorgezeichnet sind. Diesbezüglich ist anzumerken, dass das System ‚Schule' selbst entscheidet und dies zum großen Teil in eigener Verantwortung - nicht zuletzt aufgrund der durch den Gesetzgeber vorgegebenen Normen und Werte, in Aktion und Reaktion. So gibt z. B. Artikel 31 BayEUG hinsichtlich der ‚Zusammenarbeit mit Jugendämtern und Einrichtungen der Erziehung, Bildung und Betreuung' vor, dass

- Schulen in Erfüllung ihrer Aufgaben mit den Jugendämtern und den Trägern der freien Jugendhilfe sowie anderen Trägern und Einrichtungen der außerschulischen Erziehung und Bildung zusammenarbeiten;
- Schulen das zuständige Jugendamt unterrichten sollen, wenn Tatsachen bekannt werden, die darauf schließen lassen, dass das Wohl einer Schülerin oder eines Schülers ernsthaft gefährdet oder beeinträchtigt ist und deshalb Maßnahmen der Jugendhilfe notwendig sind und
- Schulen durch Zusammenarbeit mit Horten und ähnlichen Einrichtungen die Betreuung von Schülerinnen und Schülern außerhalb der Unterrichtszeit fördern sollen.

Kritiker merken hierzu an: Selbst wenn die Beurteilung und Bewertung des Erreichens bzw. Nichterreichens von Lernzielen einer einzelnen Schülerin bzw. eines Schülers Außenstehenden noch so widersinnig erscheinen mag; in seinem eigenen Sinnsystem macht es für das System ‚Schule' ursächlich durchaus Sinn, zu selektieren. Im internen Verhältnis des Systems ‚Schule' und seiner eigenen Organisationeinheiten besteht binnenstrukturell folglich immer Anschlussfähigkeit.

Für eine ganzheitliche Problemsichtweise, Beratung und Hilfe ist vor allem systemische Soziale Arbeit erforderlich. Ein zentrales Merkmal beruflichen Handelns in der Sozialen Arbeit und somit auch der Jugendhilfe ist es, Rat- und

Hilfesuchende ganzheitlich zu erfassen und dem Leistungsberechtigten – soweit weit möglich – umfassende Angebote zu offerieren, die sich primär auf dessen Lebenswelt beziehen. Jugendhilfe nimmt demnach unter Berücksichtigung individueller, zielgruppenbezogener sowie gesellschaftlicher Ressourcen sowohl den Rat- und Hilfesuchenden als auch dessen soziale Probleme und Problemlagen sowie die sein Befinden determinierende sozio-kulturelle, sozio-ökonomische sowie psycho-soziale Situation in den Blick seines Denkens, Fühlens, Wahrnehmens und Handelns, mit dem primären Ziel der Entwicklung, Vermittlung, Implementierung und Stabilisierung von Handlungskompetenz (Hilfe zur Selbsthilfe).

Mit Aufkommen und Verbreiterung der ‚*Familientherapie*' auf systemischer Grundlage in den 70er Jahren wurde der Jugendhilfe eine neue Problemsicht-, Zugangs- sowie Erklärungsweise zuteil, die zu einem grundlegenden Paradigmenwechsel führte. Die der Familientherapie zugrunde liegende Systemtheorie, der eine grundlegend andere Erkenntnistheorie (als das psychoanalytische Konzept) zugrunde liegt, stellt auf Personen, Strukturen und Funktionen ab, die sich innerhalb und zwischen (Sub-)Systemen ergeben. Zentrale Aufgabe und Ziel dieser systemisch-strukturellen Problemsicht- und Zugangsweise, die durch die Hinzunahme der Kommunikationstheorie mit ihren prozessorientierten Komponenten aufgefüllt ist, der ‚*systemischen Jugendhilfe*' ist es, innerhalb der Familie sowie in Organisationen der Sozialen Arbeit generell tragfähige Beziehungsstrukturen wieder herzustellen, aufzubauen, zu sichern und verschüttete Ressourcen zu aktivieren. Der Begriff ‚*System*' findet in diesem Kontext als Metapher Verwendung. Er bezeichnet Elemente, z. B. Menschen, zwischen denen bestimmte Beziehungen bestehen, welche sich z. B. als wiederkehrende Abläufe, Regeln oder Muster beobachten lassen (z. B. Schülerinnen und Schüler im Klassenverband, Familien). In diesem Zusammenhang sind für die praktische Arbeit vor Ort folgende Aspekte von Bedeutung:

- Jedes Denken, Fühlen, Wahrnehmen und Handeln, jede Person, jeder Teilaspekt steht immer in einem Netz von (Rahmen-)Bedingungen, die interdependent sind, also sich gegenseitig beeinflussen können. Eine isolierte Betrachtung wäre daher unzureichend und unvollkommen.
- Alle sozialen Probleme und Problemlagen sind multikausal verursacht. Dabei wirken die vorfindbaren Bedingungen, Situationen und Prozesse als unterschiedliche Einflussgrößen.

Die Abkehr von dem ‚*Ursache-Wirkung-Prinzip*', dem linearen Kausalitätsdenken hin zu dem zirkulären, kybernetischen Kausalitätsprinzip, nach dem die Realität eines Menschen untrennbar mit seinem gesellschaftlichen Kontext verknüpft ist

(z. B. dem System ‚Schule'), bedeutet, dass das Verhalten des Schülers bzw. der Schülerin nur im Zusammenhang mit seinem bzw. ihrem ihm bzw. sie umgebenden Beziehungsgefüge verstanden werden kann. Die gegenseitige Bezogenheit von Zuständen bzw. Prozessen wird zum Gegenstand und Ausgangspunkt der Schulsozialarbeit, deren Angebote auf eine Veränderung von Beziehungsmustern – in sozialen Gruppen, sowie in dem ‚Schulsystem' und dem „Jugendhilfesystem' – abzielen.

3 Entwicklungspotentiale, Ressourcen und Stellschrauben

Die hier zu diskutierenden ‚Zukunftsstrategien und Synergie erzeugende Optionen des Sozialmanagements und Schulmanagement' lösen unterschiedliche Assoziationen aus, beispielsweise bezüglich der Anforderungen zur Erhaltung und Schaffung gleichwertiger Lebensverhältnisse. Diese sind multikausal und eröffnen vielseitige Perspektiven gemeinsamen Denkens und Handelns, ohne zum gegenwärtigen Zeitpunkt wissenschaftlich exakt benennen zu können, welche Rahmenbedingungen und Faktoren bedeutsamer und welche weniger bedeutsam sind. Deshalb erfordert das Hier und Jetzt ein zielgerichtetes Zusammenführen von ‚Schulmanagement' und ‚Sozialmanagement', eine evidenzbasierte Zukunftsstrategie und folglich eine umfassende Grundlagenforschung einschließlich einer fundierten anwendungsbezogene Forschung und Entwicklung. Das Grundgesetz der Bundesrepublik Deutschland (GG) enthält Regelungen zur Schaffung gleichwertiger Lebensverhältnisse (Artikel 72 Abs. 2 und 4, 106 Abs. 3 GG). Auf den Gebieten des Artikels 74 Abs. 1 Nr. 4, 7, 11, 13, 15, 19a, 20, 22, 25 und 26 hat der Bund das Gesetzgebungsrecht, wenn und soweit die Herstellung gleichwertiger Lebensverhältnisse im Bundesgebiet oder die Wahrung der Rechts- oder Wirtschaftseinheit im gesamtstaatlichen Interesse eine bundesgesetzliche Regelung erforderlich macht.

‚Gleichwertig' bedeutet also nicht ‚gleichartig'. Die Förderung gleichwertiger Lebensverhältnisse und Arbeitsbedingungen wird demnach als Ziel bestimmt, welches zunächst eine gesamtgesellschaftliche Aufgabe und keine alleinige Aufgabe des Staates ist. Dennoch bedeutet dieses Ziel für den Staat und seine Untergliederungen, dass dieser diesem Ziel bei all seinen Handlungen ein besonderes Gewicht beizumessen hat. Ein Rechtsanspruch auf gleichwertige Lebensverhältnisse kann hieraus jedoch nicht hergeleitet werden.

Darüber hinaus sind die unterschiedlichen historischen, kulturellen, gesellschaftlichen und strukturellen Voraussetzungen der einzelnen Bundesländer und Spezifika ihrer Landesteile zu berücksichtigen. Der Staat muss allerdings nicht nur allerorts Mindestvoraussetzungen für die Befriedigung menschlicher Bedarfe bereithalten und sicherstellen, wie dies schon durch das Sozialstaatsprinzip (Artikel 20 GG) geboten ist, sondern er muss auch dafür Sorge tragen, dass die Menschen überall auch gleiche Chancen für ihre Lebensentwicklung haben.

Lebensverhältnisse sind demnach umfassend zu verstehen und beinhalten sämtliche Bereiche wie das Wohnen, die Bildung, die Freizeit, die Erholung und kulturelle Leistungen sowie die berufliche Entwicklung eines Jeden, auch die Erziehungs- und Bildungssysteme *‚Schule'*, die *‚Jugendhilfe'* und somit die *‚Schulsozialarbeit'*.

Eine Reflexion der zuvor stehenden Anregungen geben erste Hinweise und Impulse hinsichtlich weiterführender Forschungsbedarfe sowie auf Machbarkeitspotentiale, Realisierungschancen sowie Schwierigkeiten und Barrieren möglicher Schwerpunkte des hier behandelten Gegenstandsbereiches. Was sollte in einer ersten Phase an Entwicklungspotentialen, Ressourcen und Stellschrauben ins Blickfeld genommen werden, und was könnte diesbezüglich erforderlich und hilfreich sein? Was wäre primär zu beachten?

- Aufbau gegenseitigen Vertrauens und Systemvertrauens durch vertrauensbildende Gespräche über das jeweilige Bildungsverständnis und die Gemeinsamkeit stärkende Maßnahmen (z. B. Win-Win-Möglichkeiten) sowie durch Bildungsforschung;
- Erkennung der Möglichkeiten und Grenzen, Analyse vorhandener Normen und Werte, Zurverfügungstellung sinnstiftende Orientierung und qualifizierender Handlungsempfehlungen (z. B. normative Rahmenbedingungen wie UN-Konventionen, insbesondere Kinderrechtskonvention, Flüchtlingskonvention und der Behindertenrechtskonvention sowie der Bildungspolitik des Bundes, der Kulturhoheit der Länder, der Landesschulgesetze, des SGB VIII - etwa §§ 8a, 11, 13, 14, 16, 22a, 81 –, der Jugendhilfe- und Landesausführungsgesetze sowie kommunaler Rechtsetzung);
- Anerkennung und Akzeptanz der Dispositionen des Erziehungs- und Bildungskonzeptes des Gegenübers als gleichberechtigte Partner;
- Organisation von Schule und Jugendhilfe (z. B. Aufbau- und Ablauforganisation)
- Lebenswelt- und Sozialraumorientierung (im Kontext familiäre Erziehung und Sozialisation sowie der Lern- und Lebenswelt Schule);
- Bildungsplanung, Ausbildung, Studium und fachliche Qualifikation (z. B. Studium der Sozialen Arbeit, beispielsweise Studienschwerpunkt Schulsozialarbeit an TH Nürnberg; Bachelor-Studiengänge Soziale Arbeit - Soziale Dienste an Schulen (TH Regensburg); Masterstudiengang Schulsozialarbeit an der Katholischen Universität Eichstätt-Ingolstadt; Modul Schulsozialarbeit im Lehramtsstudiengang an der Katholischen Universität Eichstätt-Ingolstadt sowie zertifizierte Fort- und Weiterbildungsangebote;

- Arbeitsformen und handlungsleitende Prinzipien der Schulsozialarbeit (Sicherung des Wohls der jungen Menschen, Arbeitsform Arbeit mit Einzelnen, Arbeitsform Arbeit mit Familien, Arbeitsform Gruppenarbeit, Arbeitsform Gemeinwesenarbeit, Schaffung positiver Lern- und Lebensbedingungen, Schutz personenbezogener Informationen und Daten, Freiwilligkeit, soziales Lernen, Ganzheitlichkeit, Beteiligung z. B. in Form partizipativer Mitwirkung und Teilhabe, Klassenrat, Schülerparlamente, Niedrigschwelligkeit, Strategie der Einmischung);
- Zusammenwirkung mehrerer Fachkräfte und kollegiale Beratungssysteme (z. B. Teamarbeit, Supervision, Coaching, Mentoring);
- Gewährung spezifischer Leistungen in gemeinsamer Verantwortung von Jugendhilfe und Schule mit dem Ziel der Erhöhung der Bildungschancen, der Vermeidung von Schulabsentismus, unterschiedlicher Beratungsmethoden, personenbezogene individuelle Förderung der Bedürfnisse, Interessen und Wünsche und folglich der Persönlichkeit der Schülerinnen und Schüler, außerschulische Jugendbildung, schulbezogene Jugendarbeit und Jugendsozialarbeit, Bewältigung sozialer Probleme und Konflikte einschließlich Krisenintervention, Arbeit mit Erziehungsberechtigten Gestaltung von Übergängen mittels Übergangsmanagement), Entwicklung von Schulprogrammen und Mitwirkung bei der Schulentwicklung, gemeinsame Informations- und Öffentlichkeitsarbeit;
- Qualitätsentwicklung und -sicherung (z. B. Projektevaluationen auf der Basis der §§ 78b, 79a SGB VIII und Entwicklung von Konzeptionen, Konzepten, konzeptionellen Grundsätzen und deren verbindliche Verankerung;
- Vereinbarung von Leitsätzen und Leitbildern (Graf und Spengler 2000) z. B. Erkennung von Diversität, sozialen Disparitäten und Erreichung gleich*wertiger* Lebensverhältnisse, Vermeidung und Abbau von Chancenungleichheit, Recht der kommunalen Selbstverwaltung, Gebot der Pluralität und Vielfalt (siehe z. B. § 3 SGB VIII);
- partnerschaftlichen Zusammenarbeit (siehe z. B. §§ 4, 80, 81 SGB VIII, Kontraktmanagement, Kooperationsverträge zwischen den beteiligten öffentlichen und freien Trägern der Jugendhilfe sowie den Schulen und Schulbehörden)
- Anforderungsprofil hinsichtlich der beruflichen Handlungskompetenz (Fach-, Feld- und personale Kompetenz);
- Erschließung von Bildungswelten, -angeboten und –räumen sowie Initiierung von Bildungspartnerschaften und Gestaltung von Bildungslandschaften;
- Gemeinsames Management und gemeinsame Planung (z. B. Schulmanagement, Sozialmanagement, integrierte Schulentwicklungs- und Jugendhilfeplanung)
- Arbeitsansätze (z. B. Funktion und Bedeutung des systemischen Ansatzes, des fachspezifischen, beispielsweise interkulturellen und migrationsbezogenen

Ansatzes, des sozialraumorientierten Ansatzes, des lebensmilieuspezifischen Ansatzes, der Kommunikation, Interaktion und Kooperation, der Vorbeugung und nachgehende Betreuung hinsichtlich Gewaltprävention, Mediation und Streitschlichtung, der Beteiligung, der Emanzipation, des eigenverantwortlichen Handelns und der demokratischen Teilhabe sowie partnerschaftlichen Zusammenarbeit und Netzwerkarbeit);
- Ressourcen (z. B. Finanzen, Personal, Empowerment, Räumlichkeiten, materielle Ausstattung (Arbeits- und Verbrauchsmaterialien);
- Trägerschaft von Schulsozialarbeit (z. B. Schulsozialarbeit in Trägerschaft der öffentlichen und freien Jugendhilfe und in schulischer Trägerschaft der Kommunen und Länder);
- Interessenvertretung von Schulsozialarbeit und politische Lobbyarbeit (z. B. durch Jugendämter und Landesjugendämter, Bundesarbeitsgemeinschaft Schulsozialarbeit des Fachbereichstages Soziale Arbeit, Kooperationsverbund Schulsozialarbeit, Landesarbeitsgemeinschaften, -arbeitskreise und -initiativen, Gewerkschaft Erziehung und Wissenschaft, Gewerkschaft Ver.di und sonstiger Zusammenschlüsse wie der Liga der Wohlfahrtsverbände).

Es müssen gut nachvollziehbare und vor allem praktikable Antworten auf die vielschichtigen Fragen zu einer transparenten Gestaltung und soliden institutionellen Verankerung eines noch zu entwickelnden Steuerungssystems für das Zusammenwirken der Erziehungs-, bildungs- und Betreuungssystem ‚Schule' und ‚Jugendhilfe' gefunden werden:

- *Formen:* (z. B. gegenseitige Hospitationen, Runde Tische, Dienstbesprechungen, Konferenzen, gemeinsam organisierte, durchgeführte sowie evaluierte Fachveranstaltungen zu gemeinsam ausgewählten spezifischen Themen wie die beiderseitige Teilnahme an sozialräumlich orientierten Aktivitäten, Modellen und Projekten sowie sozialräumlich arbeitenden Gremien);
- Austauschmöglichkeiten über fachliche Veränderungen und Weiterentwicklungen von Zielen und *Zielsystemen:* (z. B. zur Schaffung gleich*wertiger* Lebensverhältnisse am lern- und Lebensort ‚Schule');
- *Aufgaben:* (z. B. Information, Aufklärung, Beratung, Hilfen zur Erziehung, Zusammenarbeit mit schulpsychologischen Diensten sowie außerschulischen Einrichtungen, gemeinsam durchzuführende Elternabende zu spezifischen Themen wie dem Umgang mit Absentismus oder von Inobhutnahmen);
- *Inhalte:* (z. B. Abstimmung des - klassischen - Repertoires schulischer Pädagogik mit den Inhalten, Arbeitsformen, Methoden und Verfahrensweisen öffentlicher und frei-gemeinnütziger Träger der Jugendhilfe, etwa die gemeinsame

Erarbeitung eines jeweils personen - bzw. familienbezogenen inner - und außerschulischen Förderkonzeptes zur Inklusion);
- *Strukturen:* (z. B. zur Aufbau – und Ablauforganisation der beiden Systeme ‚Schule' und ‚Jugendhilfe', Vereinbarung über die Anwendung eines Sozialindikatorensystems zur Eruierung sozialer Disparitäten an dem Lern – und Lebensort ‚Schule' und seinen vielleicht sozial belasteten Soziotopen, Beschäftigung von Fachkräften für Schulsozialarbeit auf Lehrerstellen, Zusammenarbeit von Lehrerinnen und Lehrern sowie sozialpädagogischen Fachkräften bei Kindeswohlgefährdung, Bestandserhebungen hinsichtlich standortspezifischer Besonderheiten, Kooperationsvereinbarungen, Qualitätsentwicklungsvereinbarungen, abgestimmtes sozialräumliches Handlungskonzept der örtlichen und ggf. überörtlichen Träger der Jugendhilfe, der freien Träger der Jugendhilfe und Schulträger);
- *Verfahrensweisen:* (z. B. Zusammenarbeit und Teamarbeit mit Fachkräfte im Sinne der §§ 72 Abs. 1 und 72a SGB VIII und darüber hinaus, Einbeziehung der Wohnbevölkerung, Zusammenarbeit mit Leistungserbringern und Leistungsempfängern, Hilfeplankonferenzen im Kontext des § 36 Abs. 2 SGB VIII) sowie
- *sonstigen Aktivitäten:* (z. B. für die Leitungskollektive von ‚Schule', ‚Jugendhilfe' und ‚ASD/KSD' bzw. entsprechende Führungs – und Leitungsebenen der jeweiligen Träger).

Angesichts der komplexen Aufgaben und erkennbaren Wirkungszusammenhänge bedarf es in diesem Konzept des ‚Schulmanagements' und des ‚Sozialmanagements' einer zielgerichteten Verknüpfung der zuvor benannten Handlungsfelder. So könnte im Rahmen eines konzertierten Projektmanagements eine mehrstufige und – zumindest zum Teil – multifunktionale kohärenten Gesamtstrategie erfolgversprechend sein. Dieser Erkenntnis Rechnung tragend existieren etliche kleinere und größere Stellschrauben zur Planung, Organisation und Steuerung von – gemeinsamen – Zielen, die letztendlich für beide Systeme Synergieeffekte erzeugen können. Eine diesbezüglich zu konzipierende kohärente Gesamtstrategie sollte demnach auf eine – möglichst weitgehende – Symbiose des Schulmanagements und des Sozialmanagements ausgerichtet sein.

Doch nach dem Stand der aktuellen Erkenntnis ist dieses Gesamtziel weder durch das Sozialmanagement und das Schulmanagement noch durch die Schulsozialarbeit zu erreichen. Denn die Komplexität des hier zu behandelnden Gegenstandsbereiches wird allein durch das grundgesetzlich garantierte ‚Selbstverwaltungsrecht der Gemeinden' (Artikel. 28 Abs. 2 GG), durch die Kulturhoheit der Länder (Artikel 30 GG) und durch das auf den Ebenen des Bundes, der Länder und der Kommunen normierte Gebot der Vielfalt und der Pluralität der Träger der Jugendhilfe (§ 3 SGB VIII) mit Sicherheit nicht geringer.

Die Auswahl der einzelnen, zum Teil stark differierenden Handlungsfelder von Schulmanagement und Sozialmanagement richtet sich pragmatisch an der zentralen Leitfrage aus, was zum einen im Kontext des Bologna-Prozesses und seinen Auswirkungen sowie zum anderen insbesondere auf nationaler Ebene getan und verbindlich geregelt werden kann, ohne andere Ansätze auszublenden. Ziel einer für diesen Gegenstandsbereich zukunftsweisenden Strategie muss es sein, Schülerinnen und Schüler nachhaltig zu qualifizieren und zu stärken. In einem Prozess der Strategieentwicklung sollten daher auch die politischen Rahmenbedingungen analysiert und Strategien zur Verbesserung der Erziehung, Bildung und Sozialisation behutsam entwickelt werden.

Im Vordergrund sollten - wenn möglich alternative - tragfähige Vorschläge stehen, die Schritt für Schritt interdisziplinär und prozessorientiert entwickelt und zu mehr Vertrauen und Systemvertrauen in den beiden Erziehungs- und Bildungsinstanzen ‚Schule' und ‚Jugendhilfe' und folglich zu einer Qualifizierung des Schulmanagements und Sozialmanagements führen.

Literatur

Bassarak, Herbert. 1983. *Sozialindikatoren als Grundlage kommunaler Jugendhilfeplanung - Zur Planung der Sozialisationsbedingungen im Rahmen einer integrierten Stadtentwicklungsplanung.* Dortmund.
Bassarak, Herbert. 1987. *Aspekte der Sozialplanung: Schule – Freizeit.* Dortmund.
Bassarak, Herbert. 2004. Plädoyer für Schulsozialarbeit. In *Bundeskongress Schulsozialarbeit an Hochschule München – Schulsozialarbeit – Impuls für die Bildungsreform?* Hrsg. Herbert Bassarak, Bernhard Eibeck, und Günther Schedel-Gschwendtner, 5ff. Frankfurt am Main.
Bassarak, Herbert. 2008. Aufgaben und Konzepte der Schulsozialarbeit im neuen sozial- und bildungspolitischen Rahmen. Düsseldorf. Unter Mitarbeit von Grote, H., Grote, St., Binder, H.
Bassarak, Herbert. 2015. *Masterstudiengang Schulsozialarbeit/Lehramtsstudiengang Schulsozialarbeit-Module an der Katholischen Universität Eichstätt-Ingolstadt.* Vortrag auf dem Fachbereichstag Soziale Arbeit an der HTWK Leipzig. Leipzig.
Bassarak, Herbert, Klaus Bethlehem, und Norbert Kelbert (Hrsg.). 2001. *Qualitätsmanagement durch Jugendhilfeplanung.* Münster.
Bassarak, Herbert, und Joachim Wilhelm Alois Genosko. 2001. *Funktionen und Bedeutung von Netzwerken und Netzwerkarbeit.* Berlin.
Bayerisches Gesetz über das Erziehungs- und Unterrichtswesen (BayEUG) in der Fassung der Bekanntmachung vom 31.05.2000, zuletzt geändert am 22.12.2015 (GVBl 2015, S. 458).
Früchtel, Frank, Gudrun Cyprian, und Wolfgang Budde. 2013. *Sozialer Raum und Soziale Arbeit. Textbook: Theoretische Grundlagen*, 3. überarbeitete Auflage. Wiesbaden.
Graf, Pedro, und Maria Spengler. 2000. *Leitbild- und Konzeptentwicklung.* Augsburg.
Grundgesetz für die Bundesrepublik Deutschland in der im Bundesgesetzblatt Teil III, Gliederungsnummer 100-1, veröffentlichten bereinigten Fassung, zuletzt geändert durch Art. 1 G v. 23.12.2014 I 2438.

Hafen, Martin. 2005. *Soziale Arbeit in der Schule zwischen Wirklichkeit. Ein theoriegeleiteter Blick auf ein professionelles Praxisfeld im Umbruch*. Luzern.
Hafen, Martin. 2016. Systemische Schulsozialarbeit. In *Lexikon der Schulsozialarbeit*, Hrsg. Herbert Bassarak. Baden-Baden. (Im Erscheinen).
Hennen, Manfred. 2002. Systemtheorie. In *Wörterbuch der Soziologie*, Hrsg. Günter Endruweit, und Gisela Trommsdorf, 587. Stuttgart.
Krieger, David J. 1998. *Einführung in die allgemeine Systemtheorie*. München.
Luhmann, Niklas. 1993. *Soziale Systeme. Grundriß einer allgemeinen Theorie*. Frankfurt am Main.
Maturana, Humberto R. 1982. *Erkennen. Die Organisation und Verkörperung von Wirklichkeit*. Braunschweig.
Maturana, Humberto R., und Francisco J. Varela. 1987. *Der Baum der Erkenntnis*. Bern.
Mielenz, Ingrid. 1981. Die Strategie der Einmischung - Soziale Arbeit zwischen Selbsthilfe und kommunaler Politik. In *Neue Praxis*, Jahrgang 11, Sonderheft 6, 57–66. Lahnstein.
Miosga, Manfred. 2015. *Gleichwertige Lebensverhältnisse in Bayern – Nicht nur Aufgabe der Kommunen! Expertise im Auftrag des BayernForums der Friedrich-Ebert-Stiftung*. München.
Morel, Julius, Eva Bauer, Tamás, Meleghy, Heinz-Jürgen, Niedenzu, Max Preglau, und Helmut Staubmann. 1993. *Soziologische Theorie. Abriss der Ansätze ihrer Hauptvertreter*. München.
Peters, Dörte. 2014. Schulsozialarbeit und die Frage der Zuständigkeit – Normen und Realität. In *Archiv für Wissenschaft und Praxis der sozialen Arbeit 1/2014*, 16ff. Berlin.
Rolff, Hans-Günter. 1967. *Sozialisation und Auslese durch die Schule*. Heidelberg.
Schneider, Armin. 2016. Ethik und Schulsozialarbeit. In *Lexikon der Schulsozialarbeit*, Hrsg. Herbert Bassarak. Baden-Baden (Im Erscheinen).
Stünzner, Lilia. 1996. *Systemtheorie und betriebswirtschaftliche Organisationsforschung: Eine Nutzenanalyse der Theorien autopoietischer und selbstreferentieller Systeme*. Berlin.
Westerbarkey, Joachim. 1995. *Journalismus und Öffentlichkeit. Aspekte publizistischer Interdependenz und Interpenetration*, 152–162. In Publizistik.
Willke, Helmut. 1991. *Systemtheorie*. Stuttgart, New York.

Prof. Dr. Herbert Bassarak Ausbildung: Verwaltungsfachkraft, Studium Sozialarbeit, Erziehungswissenschaft und Raumplanung, Jugendamtsleiter seit 1977, Promotion, Professor für Sozialarbeit & Sozialpädagogik an TH Nürnberg (SS 1985 – WS 2014/15). Schwerpunkte: Schulsozialarbeit, Sozialmanagement, Sozialplanung; Vorsitzender LAG Schulsozialarbeit Bayern e.V. sowie Vorstand BAG Schulsozialarbeit; Nürnberg. E-Mail: herbert@bassarak.de

Teil VIII
Aktuelle Diskurse aus den World Café Diskussionen der Konferenz – zusammengefasst durch die DiskussionsleiterInnen

Innovationen in kleinen Organisationen: Herausforderungen, Themen und Zukunftsfelder für Social Entrepreneurship

Peter Stepanek

1 Drei Länder – Drei Perspektiven

In diesem World-Cafe wurden das Thema Social Entrepreneurship von 10 TeilnehmerInnen aus Deutschland, Österreich und der Schweiz diskutiert. Dabei zeigten sich unterschiedliche Perspektiven auf diese hybride Organisationsform der Sozialwirtschaft. In einer angeregten Diskussion wurden Praxiserfahrungen, Praxisbeobachtungen und Forschungsergebnisse lebhaft diskutiert. Im Folgenden werden einige Diskussionsstränge dargestellt.

Analog zur Diskussion in der Literatur wurden zu Beginn unterschiedliche Definitionen ausgetauscht. Es zeigte sich, dass es auch an diesem Tisch nicht einfach ist, zu einer eindeutigen und von allen akzeptierten Definition zu gelangen, was man unter Social Entrepreneurship versteht. Während diese Organisationen in Österreich in vielen Fällen von EntrepreneurInnen aus dem Feld der Sozialen Arbeit gegründet werden, hat der überwiegende Teil der GründerInnen in Deutschland einen betriebswirtschaftlichen Hintergrund. In der Schweiz werden Social Entrepreneurship oft auch in Sozialökonomischen Betrieben diskutiert.

P. Stepanek (✉)
FH Campus Wien, Sozialwirtschaft und Soziale Arbeit,
Wien, Österreich
E-Mail: peter.stepanek@fh-campuswien.ac.at

In Deutschland hat sich gezeigt, dass Menschen mit einem betriebswirtschaftlichen Hintergrund besser mit den neuen, alternativen Finanzierungsinstrumenten und ihrer Marketinglogik zurechtkommen (Stichwort: Crowdfunding oder Share(d) Economy). Gerade diese Social Entrepreneurship, die nicht von Menschen aus dem Sozialbereich gegründet wurden, agieren in neuen Feldern oder Bereichen der Gemeinwesenarbeit oder in speziellen Sozialräumen. Oft besetzen sie dort Nischen oder bieten Zusatzangebote. Kritisch wurde diskutiert, dass man bei diesen GründerInnen ein gewisses *Rosinenpicken* feststellen kann. Social EntrepreneurInnen treten in jene Marktbereiche ein, die für sie lukrativ erscheinen und in denen Markterträge erzielt werden können. Nicht nur, dass sie in diesen Bereichen den klassischen NPO und Wohlfahrtsverbänden Konkurrenz machen, tragen sie durch den Einsatz von weniger qualifizierten Personal im Bereich der Sozialen Arbeit oder einem hohen Einsatz von Ehrenamtlichen zur Deprofessionalisierung der Sozialen Arbeit bei.

Eng damit, ist auch die Frage verbunden, in welchen Handlungsfeldern der Sozialen Arbeit diese Unternehmen tätig sind, tätig sein können bzw. welche Handlungsfelder und Aufgaben sich nicht für die Marktlogik der Social EntrepreneurInnen eignen. Breiter Konsens herrschte, dass Social Entrepreneurship nicht im Bereich der grundlegenden Versorgung tätig sind, da sich diese Bereiche auch nicht mit einer wirtschaftlichen Logik erschließen lassen. Auch der stationäre Bereich sollte aus Sicht der TeilnehmerInnen den klassischen NPO vorbehalten bleiben. Social EntrepreneurInnen agieren somit eher im Bereich von (ambulanten) Zusatzangeboten, die sich in einer Marktlogik organisieren lassen.

Die Diskussion um die Definition von Social Entrepreneurship hat aber nicht nur Bedeutung für den wissenschaftlichen Diskurs, sie ist auch für die Beurteilung der Relevanz dieser Unternehmen für die Praxis der verschiedenen Länder wichtig. Je nachdem, wie weit man diese Definition fasst, lassen sich mehr oder weniger Organisationen diesem Bereich zuordnen bzw. unter diesem Begriff zusammenfassen. Kurzum, je weiter die Definition, desto größer ist die Anzahl an Unternehmen und desto höher wird somit die Relevanz für die Sozialwirtschaft ausfallen.

Ausgehend vom Erfahrungsbericht einer österreichischen Social Entrepreneurin wurden auch verschiedene Erfolgsfaktoren und Hürden diskutiert. Besonders dem passenden Netzwerk kommt große Bedeutung zu, um an die relevanten Personen und die nötigen Informationen heranzukommen. Zu den Vorteilen zählt auch ein hohes Maß an Freiheit und Unabhängigkeit, vor allem von Förderstellen, die Qualitäts- und Leistungsmaßstäbe vorgeben. Der Preis der Freiheit ist oftmals ein geringerer Verdienst und eine größere finanzielle Unsicherheit.

Die zahlreichen Risiken und die fehlende Gründungskultur im sozialen Sektor stellen Gründe dar, warum so wenige Menschen aus dem Sozialbereich diese hybride Organisation wählen, um soziale Dienstleistungen am Markt anzubieten. Dies schlägt sich auch in der überschaubaren Anzahl an Social Entrepreneurship in allen drei DACH-Ländern nieder. Möchte man mehr SozialarbeiterInnen dazu bringen, ein Social Entrepreneurship zu gründen, braucht es mehr Impulse zum Thema Unternehmensgründung in den Ausbildungen zur Sozialen Arbeit und im Bereich Sozialmanagement.

Trotzdem bleibt die Frage offen, wie relevant die wenigen Social Entrepreneurship im Vergleich zu den großen Wohlfahrtsverbänden mit tausenden MitarbeiterInnen sind? Handelt es sich weniger um einen Paradigmenwechsel, als vielmehr um einen medialen Hype? Ist Social Entrepreneurship ein Trend, der ideal in die Welt der Hipster passt? Werden diese Unternehmen auch in Zukunft nur Nischenangebote für klar definierte, enge Zielgruppen anbieten, weil diese Unternehmen marktfähige Produkte brauchen, die aber in der sozialen Grundversorgung und in vielen Beratungsangeboten nicht zu finden sind? Diese Fragen konnten im World Cafe nicht geklärt werden, wären es aber wert, in weiterer Folge beforscht zu werden.

Mag. Peter Stepanek Jahrgang 1970, Studium der Internationalen Betriebswirtschaft Universität Wien, Lehrender und Forscher FH Campus Wien (Masterstudiengang Sozialwirtschaft und Soziale Arbeit, Sozialmanagement in der Elementarpädagogik), Unternehmensberater, Wirtschaftstrainer. E-Mail: peter.stepanek@fh-campuswien.ac.at

Innovative Hochschulausbildung: Künftige Rahmenbedingungen, didaktische Methoden und Lernumgebungen

Michael Herzka

1 Ausgangslage

Hochschulen bedienen immer mindestens drei Anspruchsgruppen: Sie haben erstens die Anliegen der Studierenden zu berücksichtigen, diese sind ihre primäre Zielgruppe. Im Bereich der Sozialen Arbeit und der Sozialpädagogik ermöglichen insbesondere die *Fachhochschulen* eine praxisnahe Berufsbefähigung und bieten vielfältige Weiterbildungen an. Sie schaffen die Möglichkeit zur Spezialisierung, beispielsweise im Bereich Sozialmanagement und Sozialwirtschaft. Damit orientieren sich die Hochschulen zweitens immer auch an den Bedürfnissen der Praxis. Der Arbeitsmarkt verlangt nach rasch einsetzbaren Fachleuten. Diese sollen einerseits bereits möglichst umfassend ausgebildet sein, anderseits aber auch offen und flexibel, bereit laufend Neues zu lernen. Und drittens erfüllen die Hochschulen einen gesellschaftlichen Bildungsauftrag, den sie in ihrer jeweiligen Ausrichtung als Universitäten oder Fachhochschulen selber auch aktiv mitgestalten.

Aus diesem multiplen Auftrag und den damit verbunden unterschiedlichen und bisweilen gegensätzlichen Stakeholder-Interessen ergeben sich vielfältige Spannungsfelder, das gehört zum Geschäft. Die Hochschulen müssen ihre Ausrichtung und ihre ‚Kundenorientierung' wie alle Unternehmen periodisch überprüfen, ihr Sensorium für gesellschaftliche Veränderungen schärfen. Ob sich die Dinge graduell oder

M. Herzka (✉)
Berner Fachhochschule, Bern, Schweiz
E-Mail: michael.herzka@bfh.ch

grundsätzlich verändern, wie früh man dies jeweils mitbekommt, ob man gewisse Entwicklungen aktiv und unter Einsatz von Zeit und Geld mitgestaltet oder ob man sie leise vorüberziehen lässt, bleiben letztlich immer riskante unternehmerische Entscheidungen. Unbestritten ist, dass auch Hochschulen verpflichtet sind ‚strategisch' zu denken, Prioritäten zu setzen und mit der Außenwelt angemessen zu kommunizieren. Innovation setzt Interaktion voraus.

Gegenwärtig sind um Umfeld verschiedene Veränderungen auszumachen, die – ohne Anspruch auf Vollständigkeit – jede für sich und in ihrem Zusammenspiel die Hochschulentwicklung nachhaltig beeinflussen:

- Die Hochschulen stehen unter einen wachsenden Finanzdruck. Von den Sparmaßnahmen der öffentlichen Haushalte werden auch die Bildungseinrichtungen nicht verschont. Der Aufwand für die Akquise von Drittmitteln steigt, auch wenn diese zu einem großen Teil wiederum aus staatlichen oder halbstaatlichen Förderprogrammen stammen. Aus der Zusammenarbeit mit privaten Geldgebern (kommerziellen Investoren wie philanthropische Stiftungen) ergeben sich Chancen für innovative Projekte, sofern die Fallstricke von Abhängigkeit und Einflussnahme bedacht werden.
- Das System der sogenannten höheren Bildung ist selbst in Entwicklung. Weiterhin bleibt das Verhältnis von Fachhochschulen zu den Universitäten und Bildungsinstitutionen klärungsbedürftig. Zunehmend wichtiger werden Kooperationen, auch international bzw. interkontinental sowie über Sprachgrenzen hinweg. Englisch hat sich als weltumspannende Wissenschaftssprache vorläufig etabliert. Was es genau bringt, wenn nun auch viele deutschsprachige Hochschulen mehr schlecht als recht englischsprachige Lehrgänge anbieten bleibt dahingestellt. Der ‚Markt' der Hochschulabschlüsse wird zudem durch private Anbieter angereichert. Was ein Bachelor oder Master wert ist, ob tatsächlich eine Titelinflation stattfindet und wie die Arbeitswelt darauf reagiert, muss weiter beobachtet werden.
- Der technologische Wandel, namentlich hinsichtlich neuer Medien bzw. Social Media, bietet Innovationsräume für Lehre und Forschung, erfordert aber zunächst eine entsprechende Investition von personellen und finanziellen Ressourcen. Die Medienkompetenz der Studierenden übersteigt gelegentlich diejenige der Dozierenden und manifestiert sich in einem veränderten Lernverhalten.

2 Thesen

Aus diesen Überlegungen möchte ich für die Diskussion zu vier Themenfeldern Thesen und Gegenthesen formulieren:

Zum Auftrag der Hochschule
a. Es hat sich trotz der vielen Reformen wenig verändert. Kernaufgaben sind weiterhin die Vermittlung von Fachwissen und Methodenkompetenz. Die Studierenden holen sich was sie brauchen. Sie lernen, effizient zu lernen und Prüfungen zu bestehen, unabhängig von der seit Jahrzehnten beklagten Verschulung der akademischen Lehre.
b. Mit ‚Bologna' verschwindet das klassische Bildungsideal. Für die Studierenden geht es vor allem um effizientes Punktesammeln, für die Hochschule ergibt sich der leidige ‚Sudoku-Effekt'. Kühl (2012). Was sich mit Sicherheit sagen lässt: Früher oder später kommt die nächste Reform.

Zum Lernverhalten der Studierenden
a. Lernen ändert sich in einer digitalen Welt fundamental: Copy-Paste ist eine Schlüsselqualifikation, man klickt sich die Dinge so zusammen. Selbständiges Denken ist hinderlich. Erforschen, recherchieren etc. wird unattraktiv. Alles Wichtige findet sich auf Wikipedia. Arbeiten schreiben ist lästig, Ghostwriting ein gutes Geschäft.
b. Immer online zu sein ist langweilig. Studierende suchen an der Hochschule die soziale Interaktion. Sie wünschen sich einen intellektuellen Austausch mit anderen Studierenden und inspirierenden Dozierenden. Die Chance der Hochschule ist der kritische Diskurs als Live-Debatte.

Zum Umgang mit Neuen Medien
a. Die Hochschulen befinden sich hier noch im Experimentier-Stadium, mit mehr oder weniger Geschick. Jede Vorlesung wird abgefilmt, ins Netz gestellt und nennt sich dann MOOC (massive open online course). Basiswissen kann auch in einem Trickfilmchen dargestellt werden. Lehrveranstaltungen verkommen zu einem Medley aus PowerPoint-Animationen und YouTube-Sequenzen.
b. Die Hochschule' wird selbst zum Sozialen Medium. Ideen werden über Blogs ausgetauscht, Forschungsergebnisse getweetet. Die Hochschule öffnet sich dem nicht-akademischen Publikum, kann ihr Wissen sehr viel weiter verbreiten (open access). Sie trägt zu einer lernenden Gesellschaft bei und ist nicht mehr bloß für eine vererbbare Bildungselite da.

Zu Sozialmanagement/Sozialwirtschaft
a. Ein eigenes Fachgebiet lässt sich weiterhin nicht definitiv zwischen Sozialer Arbeit und Wirtschaftswissenschaft verankern, dies ist der eigentliche USP: Sozialmanagement bleibt schillernd und daher attraktiv.
b. Im Zuge der sich verschärfenden Rahmenbedingungen und Konkurrenz (z. B. zu den Business Schools) wächst der Legitimationsdruck. Sozialmanagement

entschwindet der Sozialen Arbeit und wird als spezielle Betriebswirtschaftslehre bzw. Subdisziplin von NPO-Management oder Public Management den Wirtschaftsfakultäten einverleibt.

3 Diskussion

Wie die Diskussion zwischen Dozierenden, Studierenden Vertreterinnen der Praxis gezeigt hat, setzen sich die an der ‚Veranstaltung Hochschule' Beteiligten aus ihrer je eigenen Perspektive mit den spezifischen Rollen, Aufgaben und Erwartungen auseinander. Es besteht reges Interesse an einem multilateralen Diskurs, der sich auch grundsätzlich mit Gegenwart und Zukunft der Hochschule in der Gesellschaft befasst. Einige Punkte seien hier zusammenfassend hervorgehoben:

- Neue Medien sind nicht mehr neu, aber weiterhin ein brisantes Thema. Einerseits scheinen praktischen Fragen der Nutzung noch teilweise ungelöst: Welche Bedeutung haben Lernplattformen für die Didaktik? Soll/darf Facebook auch in der ‚offiziellen' Kommunikation von Dozierenden mit Studierenden genutzt werden? Welche Fragen stellen sich hinsichtlich Urheberrechte? Wie gehen wir mit der teilweise mangelhaften Wissenschaftlichkeit vielgenutzter aber nicht geprüfter Online-Quellen um (Wikipedia)? Andererseits sind damit auch grundlegende Fragen des Lehrens und des Lernens verbunden: Muss es Sorge bereiten, wenn längst nicht mehr alle Studierenden über einen Bibliotheksausweis verfügen bzw. diesen nicht nutzen? Welche Zusammenhänge bestehen zwischen der allzeitigen Verfügbarkeit von Suchmaschinen und der beobachteten Abnahme von Recherche-, Lese- und Schreibkompetenzen bei den Studierenden? Ersetzten Google-Algorithmen die kritische Selektion von Quellen? Werden unterschiedliche inhaltliche Positionen überhaupt noch wahrgenommen und diskutiert? Werden damit die Lehrenden zunehmend zu ‚Entertainern', bleibt ihnen im besten Fall die Rolle der Moderatorin?
- Ein wichtiges Thema war der Druck, welche die ständigen Evaluationen auf Dozentinnen und Dozenten ausüben. Sowohl Dozierende wie auch Studierende begrüßen Maßnahmen zur Qualitätssicherung und -entwicklung, bezweifeln aber teilweise den Nutzen der aktuellen Praxis. Zu beachten ist allerdings, dass hier wohl große Unterschiede in der Handhabung zwischen den verschiedenen Ländern und Hochschulen bzw. Studiengängen bestehen. Es werden jedoch auch Chancen gesehen, aufgrund der wenig befriedigenden Situation zu neuen, innovativen Formen des Dialogs zwischen Lehrenden und Lernenden zu finden und die Lehre kooperativ weiterzuentwickeln.

- Was die Hochschulbildung insgesamt betrifft, ist ein vorsichtiger Optimismus auszumachen. Betont wurde, dass die Eigenständigkeit der Fachhochschule erhalten werden müsse. Als deren große Stärke wurde die Nähe zur Praxis hervorgehoben. Gleichzeitig sollen aber Potentiale der Akademisierung genutzt werden, beispielsweise durch verstärkte Kooperationen oder die Ermöglichung von Promotionen. Damit werden auch Hoffnungen verbunden, ‚Sozialmanagement' noch besser als Fachgebiet zu verankern.
- Die Studierenden, so war deutlich zu vernehmen, studieren aus wohlüberlegten Gründen an einer Fachhochschule. Sie wünschen sich noch vermehrt interaktive Lehrveranstaltungen und praxisnahe Ausbildungsformate (Exkursionen, studentische Forschungsprojekte etc.), wie sie an der gastgebenden FH Kärnten gepflegt werden.
- Zum Schluss der Diskussion bleibt die von allen geteilte Sorge um die Qualität der Bildung, nicht zuletzt angesichts der sich abzeichnenden oder bereits spürbaren Ressourcenknappheit im Bildungswesen.

4 Ausblick

Wo geht die Reise hin? Sozialmanagement beziehungsweise Management in Organisationen der Sozialwirtschaft hat sich als Fachgebiet auch bei weiterhin ungeklärter Verortung zwischen Sozialer Arbeit, Sozialwissenschaft und Betriebswirtschaftslehre in den Hochschulen gut etabliert. Bei allen Bemühungen zur Koordination und Vereinheitlich des europäischen Hochschulraumes, gestalten sich die strukturellen und kulturellen Rahmenbedingungen, die Weiterentwicklung von Fächern und Studiengängen oder auch die Praxisorientierung in Österreich, Deutschland und der Schweiz jedoch recht unterschiedlich. Ausgehend von einem inzwischen mehrjährigen länderübergreifenden Fachdiskurs ist dieser Diversität auch in den Debatten innerhalb der INAS vermehrt Rechnung zu tragen. Unterschiede und Gemeinsamkeiten sind noch stärker herauszuarbeiten, damit könnten vielfältigen Erfahrungen für die gesamte Community besser nutzbar gemacht werden.

Die Fachhochschulen werden in den kommenden Jahren zunehmend gefordert sein, ihre spezifische Position in der Bildungslandschaft zu begründen und zu schärfen. Bei allem Akademisierungsdruck kann es nicht das Ziel sein, sich zu Quasi-Universitäten zu entwickeln. Die Stärken der Fachhochschulen sind wissenschaftlich fundierte, praxisorientierte Aus- und Weiterbildungen. Es ist daher zu begrüßen, wenn der Dialog zur sogenannten Praxis, zu Organisationen im näheren und weiteren Umfeld der Hochschulen, wieder vermehrt angestrebt wird.

Angeregt durch die Vielfalt der Perspektiven können dabei neue Formen der Lehre, innovative Forschungsideen und praxisrelevante Entwicklungsprojekte entstehen. Wer wäre besser geeignet für diesen Dialog als die ‚Brückendisziplin' Sozialmanagement/Sozialwirtschaft?

Literatur

Kühl, Stefan. 2012. Der Sudoku-Effekt: Hochschulen im Teufelskreis der Bürokratie. Eine Streitschrift. Bielefeld: Transcript Verlag.

Prof. Dr. Michael Herzka ist Dozent für Nonprofit-Management, Führung und Organisation an der Berner Fachhochschule, Fachbereich Soziale Arbeit. Langjährige Tätigkeit in Fach- und Führungsfunktionen (Entwicklungszusammenarbeit, Bildung, Gesundheit,). E-Mail: michael.herzka@bfh.ch

Gestaltung sozialer Dienstleistungen: Fragen der Einbindung von AdressatInnen, Aspekte des Service Design

Anton Konrad Riedl

Im **ersten Teil des Workshops** wurde folgender **Input** gegeben:

Ausgangslage
In der Sozialwirtschaft sind neue Entwicklungen festzustellen, die schlagwortartig wie folgt zu charakterisieren sind:

- Vom Auf- und Ausbau sozialer Dienstleistungen hin zur Überprüfung der Wirksamkeit der sozialen Dienstleistungen
- Von der Gestaltung von Arbeitsabläufen hin zur Prozessorganisation der Gesamtorganisation sozialer Dienstleister
- Von der Steigerung von Effektivität und Effizienz interner Arbeitsabläufe hin zu neuen Kooperationsformen mit „Lieferanten" in Form neuer Geschäftsmodelle
- Von einer gesicherten gesetzlichen Finanzierung der Dienstleistung hin zu neuen Finanzierungsformen
- Von der Haltung von Professionals „unter sich" hin zur Einbindung von Freiwilligen der Zivilgesellschaft in die Erbringung/Organisation der sozialen Dienstleistung
- Änderung der Sichtweise: weg von einer Problem- hin zur Lösungs-Orientierung

---

A. K. Riedl (✉)
Linz, Österreich
E-Mail: anton.riedl@fh-linz.at

Zielsetzung
des Workshops war es, folgende Fragestellungen zu bearbeiten:

- Welche wesentlichen Trends und Entwicklungen sind zu erwarten (Chancen/Gefahren)?
- Wie kann eine weitere Professionalisierung der sozialen Dienstleistungen bei knapper werdenden Ressourcen gelingen?
- Welche theoretischen Konzepte können dabei die Anbieter bei der Weiterentwicklung der sozialen Dienstleistungen unterstützen?

Als **theoretischer Hintergrund** wird das neue **St. Galler Management-Modell** (siehe Abb. 1) als Bezugsrahmen der Dienstleistungs-Entwicklung vorgeschlagen; es diente in der Diskussion als Orientierungsrahmen zur Einordnung der verschiedenen Debattenbeiträge.

Die **Diskussion im World-Café** zu den Themenstellungen

- *Einbindung von AdressatInnen,*
- *künftige Anforderungen und Aufgabenstellungen bei der Gestaltung von sozialen Dienstleistungen,*
- *Aspekte des Service Designs*

orientierte sich an folgenden **Hauptthemen:**

- Was sind die relevanten **Themenstellungen und Fragen** an die sozialen Dienstleister seitens der Stakeholder
  - Nachfrager
  - Auftraggeber
  - Zivilgesellschaft
  - Mitbewerber, …..?
- Wer sind die relevanten Stakeholder?
- Was sind mögliche **Erwartungen der AdresssatInnen** heute/in Zukunft?
- Was kommt beim „**Kunden**" an?
- Wie sind **soziale Dienstleistungen in Zukunft** zu gestalten (Inhalte, Vorgehensweise zur Entwicklung, …..)
- In welcher Form kann der **Ansatz des Service Design** verwendet werden?

Die **Einbindung von AdressatInnen und ihrer Bedürfnisse** sowie die konkrete Gestaltung von sozialen Dienstleistungen wurde exemplarisch diskutiert:

Gestaltung sozialer Dienstleistungen: Fragen der Einbindung …

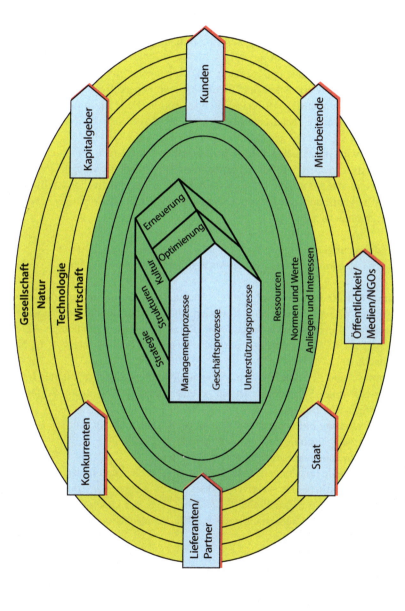

Abb. 1 Das neue St. Galler Management-Modell (Rüegg-Stürm 2003, S. 22)

- **Adressaten Menschen mit Beeinträchtigung**: Der „Personenzentrierte Ansatz" in Form einer niedrigschwelligen Begleitung und Betreuung von Menschen mit Beeinträchtigung (Lebenshilfe Südtirol), finanziert durch die Familienagentur (Würde und Selbstbestimmung der Person werden ernst genommen) zeigt gute Erfolge.
- **Adressaten Jugendliche**: Begegnung auf „Augenhöhe" am Beispiel der Organisation Aufbauwerk Nikolsdorf/Lienz sowie von Jugendzentren in Kärnten, die teilweise ungünstige Öffnungszeiten aufweisen. Neue Ideen für die offene Jugendarbeit und Jugendzentren angepasst an die lokalen Bedürfnisse sind erforderlich.
- **Lernen vom informellen Sektor im Sozialbereich**: Gerade die Flüchtlingsbewegungen des letzten Jahres zeigen, dass eine Flexibilisierung von Strukturen und Arbeitsweisen hilfreich sein kann. Eigeninitiative und teilweise Selbst-Organisation der Dienstleistungen können hier als wichtige Ansätze übernommen werden.

Schlussfolgerungen

Aus der Diskussion konnten folgende **Anregungen** gewonnen werden:

- Zum **Transfer von Ideen** können Hochschulen als Ideen- und Impuls-Geber sowie als Wissens-Broker genutzt werden, ebenso wie etablierte soziale Organisationen: Beispielsweise werden vom Roten Kreuz Tirol Studien als Anregungen zur Weiterentwicklung des Gesundheit-und Sozialdienstes verfügbar gemacht.
- Zentral scheint eine **Abkehr vom „Schachtel-Denken"** in den etablierten Leistungsfeldern der Sozialwirtschaft hin zu einer stärkeren Vernetzung Sektoren- und Träger-übergreifend.
- Eine **Besinnung auf Grundsätze der sozialen Arbeit** scheint zentral:
  - Hilfe zur Selbsthilfe
  - Einbeziehung und Partizipation der Betroffenen
  - aufsuchende Sozialarbeit: Betroffene aktiv aufsuchen und finden
  - gesellschaftlicher Perspektivenwechsel: woran messen wir Erfolg der sozialen Arbeit? Am „gesellschaftlichen Klima", an der Lebensqualität, an der Kultur des Umganges miteinander, ... Ein sozialer Klimawandel wurde als wichtig eingeschätzt.
- **Rolle der Wissenschaft:**
  - Entwicklung von Kriterien zur Qualität, angepasste Methoden der Evaluation
  - Wissens-Transfer, um „Good-Practice-Beispiele" weiter zu geben.

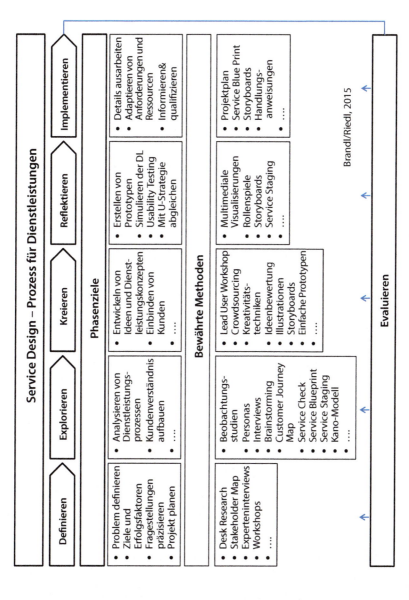

Abb. 2 Der Service Design-Prozess für Dienstleistungen (Brandl und Riedl 2015)

– Bearbeitung konkreter Themenstellungen und Fragen der Sozialwirtschaft und ihrer Organisationen in Form von Abschlussarbeiten sowie in (Lehr-) Forschungsprojekten.
- Als **hinderlich** wird die mangelnde Sichtbarkeit sozialer Dienstleistungen genannt, die keine „Sozial-Denkmäler" (für politische) Entscheider und Finanziers bietet.

Die **Nutzung des Konzeptes „Servicedesign" zur Dienstleistungs-Entwicklung** konnte aus zeitlichen Gründen nicht mehr diskutiert werden; die grundsätzliche Brauchbarkeit im Bereich der Sozialwirtschaft wurde bestätigt. Die Darstellung (siehe Abb. 2) des Service Design Prozesses für Dienstleistungen soll eine erste Anregung für ein systematisches Vorgehen zur Erstellung von sozialen Dienstleistungen bieten.

Die **zukünftigen Herausforderungen** im Sozialbereich zur Gestaltung zeitgemäßer Dienstleistungen unter den Aspekten fachlicher Qualität und Wirtschaftlichkeit bedürfen einer gemeinsamen Initiative seitens der Auftraggeber (Politik, Verwaltung), der Leistungserbringer sowie von Experten aus Praxis und Wissenschaft.

Ein erster Schritt könnte sein, nach der Methode des Open Space die relevanten Themenfelder zu identifizieren und konkrete Arbeitsgruppen zur Erarbeitung umsetzbarer Lösungsansätze zu konstituieren. Dazu sind die relevanten Stakeholder und Akteure einzuladen und zur Mitarbeit zu gewinnen.

Weiters liegt es im autonomen Bereich der Lehre und Forschung an Hochschulen, einzelne Themen in Forschungsprojekten und Abschlussarbeiten qualifiziert zu bearbeiten.

Möge das Werk gelingen!

Literatur

Brandl, Paul, und Anton Konrad Riedl. 2016. Service Design: Kosten senken, Kundennutzen erhöhen, SOZIALwirtschaft 1/2016, 30–31.

Rüegg-Stürm, Johannes. 2003. *Das neue St. Galler Management-Modell: Grundkategorien einer integrierten Managementlehre.* Der HSG-Ansatz, Bern-Stuttgart-Wien, 2. durchgesehene Auflage 2003.

FH-Prof. Anton Konrad Riedl Mag.Dr.rer.soc.oec, war nach langjähriger Tätigkeit als Geschäftsführer und Berater von Einrichtungen im Sozial- und Gesundheitsbereich von 2007 bis 2016 Professor für Strategie und Innovation an der FH Oberösterreich, Department für Gesundheits-, Sozial und Public Management, Campus Linz. Desweiteren war er als Entwicklungsbegleiter und Coach von Sozialorganisationen tätig. E-Mail: anton.riedl@fh-linz.at

Printed by Printforce, the Netherlands